Erzählkulturen im Medienwandel

Waxmann Verlag GmbH
Steinfurter Straße 555, 48159 Münster
info@waxmann.com

Rostocker Beiträge zur Volkskunde und Kulturgeschichte

Herausgegeben von Christoph Schmitt

Band 3

Waxmann 2008
Münster / New York / München / Berlin

Christoph Schmitt (Hrsg.)

Erzählkulturen im Medienwandel

Waxmann 2008
Münster / New York / München / Berlin

Bibliografische Informationen der Deutschen Nationalbibliothek
Die Deutsche Nationalbibliothek verzeichnet diese Publikation in der
Deutschen Nationalbibliografie; detaillierte bibliografische Daten sind
im Internet über http://dnb.d-nb.de abrufbar.

Gedruckt mit Unterstützung der Märchenstiftung Walter Kahn

Rostocker Beiträge zur Volkskunde und Kulturgeschichte, Band 3

ISBN 978-3-8309-1564-5

© Waxmann Verlag GmbH, Münster 2008

www.waxmann.com
info@waxmann.com

Umschlagabbildung: Markku Laakso: „Verteidigung des Sampo" (1999)
nach der gleichnamigen Vorlage von Akseli Gallén-Kallela (1896)
Umschlaggestaltung: Matthias Grunert, Münster

Gedruckt auf alterungsbeständigem Papier,
säurefrei gemäß ISO 9706

In memoriam Reimund Kvideland
(28.1.1935 – 6.6.2006)

Inhalt

VI.   Product is Hero – Hero is Product.
Überlieferte Helden im Werbekontext

VII.   Intermediale Bezüge im Amateurtheater und Amateurfilm

VIII. Media Lore. Erzählter Medienwandel

Christoph Schmitt

Einleitung

„One of the most important observations
to come out of narratology itsclf
is a deep structure quite independent of its medium."
(Seymour Chatman)

Zu den jüngeren Schlüsselbegriffen medienwissenschaftlicher Tagungen, Semi-
nare, Arbeitsgruppen und ganzer Forschungsprojekte zählt der Begriff des
„Medienwandels" („media change"). Medieninnovationen folgen in immer kür-
zeren zeitlichen Abständen aufeinander, „neue" Medien mit globalisierender
Wirkung treten zu soeben erst klassisch gewordenen hinzu und verweisen ihre
Vorgänger auf andere Systemplätze. Die sich daraus ergebenden Fragen sind
dringlicher geworden, obwohl sie nicht sämtlich neu sind. Medienwandel grün-
det auf Medienbegegnung, die zu Medienverschiebung und Medienfusion führt.
Dabei werden Grenzen überschritten und neue Grenzverläufe ausgehandelt.
Schon in den 1960er Jahren lieferte der kanadische Medientheoretiker Marshall
McLuhan ein Beschreibungsmodell für mediale Transformationen und Medien-
vermischungen. Sein Konzept von „Hybridisierung" hob darauf ab, dass aufein-
andertreffende Medien sich nicht einfach addieren, sondern miteinander kreu-
zen, und dass die Medienhybride „gewaltige neue Kräfte und Energien"[1] freiset-
zen würden. Mag man seine Thesen auch kritisch betrachten, so hat sich die
Schubkraft dieser Entwicklung längst offenbart: Die Tektonik des klassischen
Medienverbunds ist durch die neuen Medien in Bewegung geraten. Die Alltagskultur und ihre Erzählgewohnheiten haben sich dadurch massiv verändert.

Um mediale Begegnungen besser fassen zu können, entwickelten Literaturwissenschaft und Linguistik, angeregt durch namhafte Avantgarde-Künstler, das
Konzept der Intermedialität, das in den 1990er Jahren Karriere machte. Diese, in
Fortschreibung des Intertextualitätskonzeptes[2] und im Rekurs auf das Hypertext-
modell[3] entstandene Begriffsbildung schuf fortan eine transdisziplinäre Schnittstelle für die Kultur-, Literatur-, Kunst- und Medienwissenschaften. Ihre Bedeu-

---

[1] Marshall McLuhan: Die magischen Kanäle. Understanding Media. Dresden/Basel 1994, S.
   84.
[2] Vgl. dazu Jürgen E. Müller: Intermedialität und Medienhistoriographie. In: Intermedialität
   analog/digital. Theorien – Methoden – Analysen, hrsg. von Joachim Paech und Jens
   Schröter. München 2008, S. 31-46, hier S. 37-39.
[3] Vgl. Uwe Wirth: Hypertextuelle Aufpfropfung als Übergangsform zwischen Intermedialität und Transmedialität. In: Transmedialität. Zur Ästhetik paraliterarischer Verfahren, hrsg.
   von Urs Meyer, Roberto Simanowski und Christoph Zeller. Göttingen 2006, S. 19-38, hier
   S. 22-27.

tung ist allerdings, je nach dem zugrunde gelegten Medienbegriff, so vielfältig wie die Diskurse, in denen das Konzept geschaffen wurde. Heute zeigt sich, dass dieser Ansatz nicht nur „in" war, sondern zu einem neuen methodischen Grundverständnis der Medienwissenschaften beigetragen hat.

Dieser Schnittstelle schließen sich die hier versammelten 23 Autorinnen und Autoren unter dem Schirmbegriff des „Medienwandels" an. „Media change" ist ein sehr weit zu fassender Begriff. Am selbstverständlichsten wird er für medientechnische Innovationen gebraucht, die verbesserte Distributionsformen oder die Nutzung bislang nicht umsetzbarer Zeichensysteme ermöglichen. Medienwandel ist darüber hinaus jedoch auf die Veränderung von macht- und ordnungspolitischen, wie medienrechtlichen, Rahmenbedingungen, auf gravierende inhaltliche, thematische und formalästhetische Umbauten des Programmangebotes sowie auf Wandlungsprozesse in der Zusammensetzung von Rezipienten und deren Aneignungsstilen gemünzt. Das alles ist zusammenzulesen und als dynamisches, historisch veränderbares Netzwerk zu betrachten. Jede Veränderung dieses Netzwerks trägt zum Medienwandel, zur Medienregression, -evolution oder -revolution bei.

Worin liegt nun die Besonderheit dieses Bandes? Der gemeinsame Nenner besteht in der Frage nach der Wandelbarkeit des Erzählens und von Erzählkulturen im Gefolge einer Medienentwicklung, die durch Medienwechsel und Medienberührungen geprägt ist. Dabei geht es weithin um populäres Erzählen. Die Verfasserinnen und Verfasser spüren den „Odysseen der Stoffe und Motive durch die medialen Verwertungsketten"[4] nach. Indem sie den Gang populären Erzählens durch die Medien beschreiben und deuten, unterscheidet sich dieser Band von der klassischen Medienphilologie, die populären Stoffen ausweicht, wenn diese, wie im Regelfall, weniger komplex sind.

Die Beiträge entstammen überwiegend Volkserzählforschern (folk narrative researchers), die vom 1. bis 5. September 2004 an der Universität Rostock die dritte Arbeitstagung der „Kommission für Erzählforschung" zum Thema „Erzählkulturen im Medienwandel" durchführten.[5] Da jede historische Zeit und jedes Milieu über eine eigengeprägte Erzählkultur verfügen und damit zugleich über eine Konstante, die sich im Begriffsbild des „homo narrans"[6] niederschlägt, ist im Titel von „Erzählkulturen" die Rede. Organisiert wurde die Tagung vom Institut für Volkskunde (Wossidlo-Archiv), das einen traditionellen Forschungsschwerpunkt in der Erzählforschung aufweist. Die Kommission zählt zu den thematischen Arbeitskreisen der Deutschen Gesellschaft für Volkskunde.

Ein Hauptanliegen des Bandes sind Medientransformationen, wenn z.B. ein mündlicher Text verschriftlicht oder Literatur verfilmt wird. Dieses Unter-

---

4 Rainer Leschke: Einführung in die Medientheorie. München 2003, S. 309.
5 Tagungsbericht siehe Fabula 46 (2005), S. 131-136 (Bernd Rieken).
6 Vgl. Albrecht Lehmann: Reden über Erfahrung. Kulturwissenschaftliche Bewusstseinsanalyse des Erzählens. Berlin 2007, S. 43-49.

suchungsfeld wird von der Intermedialitätsforschung als „Medienwechsel"[7] bezeichnet. Doch erschöpft sich das Problem nicht darin, wie Erzählüberlieferungen und Erzählkontexte durch Medienwechsel oder Medienkombinationen (wie zwischen Wort-Text und Bild-Text) selektiert, verändert, deformiert, weiterentwickelt oder vervielfältigt werden; vielmehr zielt die Frage auch darauf, wie Erzählbedürfnisse und -traditionen ihrerseits die Medien beeinflussen, deren Entwicklung mitbestimmen oder gar Medienwechsel mit auslösen.

Die Klammer dieses Bandes besteht daher in der Erkundung des Verhältnisses von Narrativität und Medialität, von „homo narrans" und „homo medialis"[8] schlechthin. Die Schlüsselfragen sind: „Was machen die Medien mit dem erzählenden Menschen?" und „Was macht der homo narrans mit den Medien?" Damit eröffnet sich zugleich eine transmediale Perspektive: Erzählungen, welche die Medien durchwandern, bieten ein tertium comparationis zwischen den Medien. Stoffe und Motive, Stile und Darstellungsweisen stehen quer zu den Einzelmedien. Erzählen ist ein transmediales Phänomen, auch wenn jede Narration nur medial vermittelbar ist. So jedenfalls sah es Seymour Chatman, einer der bekanntesten Vertreter der strukturalistisch geprägten Narratologie: „One of the most important observations to come out of narratology is that narrative itself is a deep structure quite independent of its medium. In other words, narrative is basically a kind of text organization, and that organization, that schema, needs to be actualized ..."[9]

Ausgangspunkt der Volkserzählforschung, auch Folkloristik genannt, sind lebendige Erzählvorgänge. Die hervorragendsten Vertreter dieser sich einst aus Sammlungen von Erzählgut rekrutierenden Wissenschaft haben auch der Erzähltheorie (Narratologie) zugearbeitet. Das an volkskundlichen, ethnologischen oder kulturanthropologischen Instituten vertretene Fachgebiet stand von Beginn an in internationalen Bezügen. Davon zeugt der schon 1907 in Helsinki gegründete Folkloristische Forscherbund. Von daher war der Blick der Volkserzählforscher stets grenzüberschreitend – geografisch wie disziplinär –, ob sie als Volkskundler ihre vertraute Umgebungskultur oder als Ethnologen fremde Erzählkulturen registrierten und interpretierten. Heute organisiert sich dieses Spezialgebiet durch viele internationale Organisationen, wie die „International Society for Folk Narrative Research" (ISFNR) oder die „Societé Internationale d'Ethnologie et de Folklore" (SIEF). Wie die Folkloristen ihre Schlüsselkom-

---

[7] Irina O. Rajewski: Intermedialität und remediation. Überlegungen zu einigen Problemfeldern der jüngeren Intermedialitätsforschung. In: Intermedialität analog/digital (wie Anm. 2), S. 47-60, hier S. 53.

[8] Dieses Begriffsbild kursiert seit jüngerem in anthropologischen Annäherungsversuchen zur Medienwissenschaft: Homo medialis. Perspektiven und Probleme einer Anthropologie der Medien, hrsg. von Manfred L. Pirner und Matthias Rath. München 2003.

[9] Seymour Chatman: What Novels Can Do That Films Can't (and Vice Versa). In: On Narrative, hrsg. von W.J. Thomas Mitchell. Chicago/London 1981, S. 117-136, hier S. 117.

petenz in die Medienwissenschaft einbringen können, welche Quellen und Methoden sie für welche Probleme der Intermedialitätsforschung anzubieten haben, sollte daher auch für benachbarte Fächer anregend sein.

Den Fokus auf den Wandel und das Wandelbare zu richten, resultiert aus dem Selbstbefreiungsversuch des Fachs Volkskunde, mit dem es sich von der Reliktforschung löste, um Überliefertes im historischen Kontext zu betrachten. Erzähl- und Brauchtypen, Schmuckmotive oder Geräteformen wurden nicht mehr nur in möglichst vielen Varianten nebeneinander ausgebreitet und katalogisiert, sondern dienten als Quellen, um kulturelle Wandlungsprozesse, möglichst bis in die Gegenwart, zu erklären. Raum, Zeit und das Soziale galten dabei als erklärende Variablen, während Medialität als grundsätzliche Bezugsgröße des Faches lange Zeit verkannt wurde. Dabei war für die Entstehung der Volkskunde eine bis dahin vernachlässigte Form von Medialität, die Mündlichkeit, geradezu ursächlich: Folk narrative researchers traten nämlich erst auf den Plan, als Massenlesestoffe, Hörfunk und Film die „alten Erzählgemeinschaften" verdrängten. Folkloristen fühlten sich daher berufen, das noch mündlich kursierende Material zu sichern.

Bestimmend war dabei der „Hegegedanke", dem die elektronischen Medien zunächst abträglich schienen. Doch bald erkannten auch Folkloristen, dass sie der Erzählkultur nützlich sein konnten. So wurde etwa in Deutschland das frühe Radio von Volkskundlern für Sammelzwecke oder auch bildungspädagogisch genutzt, indem man die Hörer über den Wert der „alten" Geschichten belehrte. Und er diente als Medium, um Volkskultur „wiederzubeleben". Beides lässt sich etwa an der Hörfunkarbeit des mecklenburgischen Volkskundlers Richard Wossidlo (1859-1939) ablesen,[10] dessen Nachlass am Tagungsort besichtigt werden konnte.

Medialität wurde also schon immer von Folkloristen erforscht, indem sich der Fokus von der Schriftüberlieferung auf mündliche Traditionen verlagerte. Abgesehen von wenigen Ausnahmen wurde sie aber kaum reflektiert, beschränkte sich auf Einzelbeobachtungen und blieb weithin vortheoretisch. Gleichwohl deutet sich manches, was heute im Zusammenhang mit Medienwandel und Medienbegegnung behandelt wird, schon bei den frühen Folkloristen an, wenn man sich diese neu erschließt, anstatt sie wegen aus der Mode gekommener Paradigmen über Bord zu werfen.

Sichtbar wurde das Verhältnis zwischen Mündlichkeit und Schriftlichkeit als Funktionsdifferenz dieser Medien, wobei man um deren Grenzziehung bemüht war, ohne die Berührungsflächen als intermediale Korrelationen zu erkennen.

---

[10] Vgl. Christoph Schmitt: Volkskundler im frühen Rundfunk. Zur Regionalisierung des Hörfunks im „Niederdeutschen Sendebezirk" (1924-1932). In: Leben – Erzählen. Beiträge zur Erzähl- und Biographieforschung, hrsg. von Thomas Hengartner und Brigitta Schmidt-Lauber. Berlin 2005, S. 429-460, hier S. 446 f.

Insofern werden hier Aspekte der sog. „primären Intermedialität"[11] behandelt. Bestimmender ist jedoch ein Beobachterstandpunkt, der den Gang von Erzählmotiven und -typen verfolgt, weshalb sich der Forscher an einem bestimmten Punkt der Entwicklung mit einem Medienwechsel konfrontiert sieht, hier stoppen oder ihn einschließen kann. Tut er letzteres, betritt er das Forschungsfeld der sog. „sekundären Intermedialität"[12], wo es um Literaturverfilmung oder dieser vergleichbare Prozesse der Modulation eines Zeichenverbundsystems in ein anderes geht. Auch die Beiträge dieses Bandes setzen weithin die Wissenschaft von einem „richtigen Text", der sachgerecht zu ermitteln und sprachgerecht zu verstehen ist,[13] fort, also das, was für die Philologie, von der Editions- bis zur Filmphilologie, wesenhaft ist. Zugleich tragen sie damit zur Geschichte intermedialer Bezüge bei, die sich nach Joachim Paech weithin als eine Geschichte von Formen und damit als ästhetische Dimension darstellt, wie schon Lessing an der Laokoon-Gruppe das mediale Differenzial zwischen bildenden und narrativen Künsten formulierte.[14]

Die größte Schwierigkeit bereitete den Volkserzählforschern dabei die Einbeziehung des Bildes. Zwar sind sie mit Bildüberlieferungen vertraut, wie die Massenbilderforschung, ihr Beitrag zum illustrierten Flugblatt oder dem Bilderbogen zeigt; abgesehen von Ansätzen, die sich eigenständiger auf populäre Bildbotschaften konzentrieren, was sich in Begriffsschöpfungen wie der „Bildlore"[15] oder „Visuellen Anthropologie" niederschlägt, wurde das Bild jedoch eher in dienender Funktion, als Illustration von Wort-Texten, behandelt. Die Forschungsarbeit blieb wortverhaftet, das gesprochene oder geschriebene Wort dominierte. Die eigenständige Ausdruckskraft des Bild-Textes wurde vor allem methodisch nicht adäquat durchdrungen. Vom „iconic turn" oder „pictorial turn" blieb die Volkskunde lange Zeit unberührt, weshalb es immer neuer Anstöße bedarf, daran zu erinnern.[16] So verankert, hing die Folkloristik erst recht der Erforschung des bewegten Bildes, dem populären filmischen Erzählen, nach. Erst die Filmsemiotik verhalf dazu, Filme als eigenständiges Erzählmedium, befreit vom literarisch fixierten Blick, zu behandeln. Noch heute fällt es der

---

[11] Leschke (wie Anm. 4), S. 308 f.

[12] Ebd., S. 299-324 („Medienphilologie und sekundäre Intermedialität").

[13] Vgl. Klaus Kanzog: Einführung in die Filmphilologie. 2. Aufl. München 1997, S. 11.

[14] Joachim Paech: Intermedialität. Mediales Differenzial und transformative Figurationen. In: Intermedialität. Theorie und Praxis eines interdisziplinären Forschungsgebiets. Berlin 1998, S. 14-30, hier S. 25-27.

[15] Nils-Arvid Bringéus: Volkstümliche Bilderkunde. München 1982 [Bildlore – studiet av folkliga bildbudskap. Stockholm 1981].

[16] In jüngerer Zeit: Der Bilderalltag. Perspektiven einer volkskundlichen Bildwissenschaft, hrsg. von Helge Gerndt und Michaela Haibl. Münster/New York/München/Berlin 2005; siehe auch den Tagungsband zum 36. Kongress der Deutschen Gesellschaft für Volkskunde in Mainz: Bilder – Bücher – Bytes. Zur Medialität des Alltags, hrsg. von Michael Simon und Thomas Hengartner. Münster/New York/München/Berlin [in Vorbereitung].

volkskundlichen Erzählforschung leichter, die – allenfalls illustrierten – Wort-Texte der über das Web verbreiteten Geschichten („Internetlore") zu beschreiben, als Filme zu analysieren.

Heute gibt es wohl keinen ethnologischen oder kulturanthropologischen Ausbildungsgang, der den Medien – und damit den durch Medien adaptierten, verdrängten oder umgeschaffenen Traditionen – nicht Rechnung trägt. Die Folkloristik als eine Wissenschaft vom Erzählalltag hat diese Entwicklung erkannt, und mit diesem Band will sie sich dazu einmal mehr positionieren.

Die ersten Beiträge widmen sich dem medialen Beziehungsgeflecht von Oralität und Literalität. Visualität ist hierbei noch kein Einflussfaktor. Luisa Rubini Messerli (Lausanne) geht der Frage nach, wie der Medienwechsel der „printing revolution" um 1500 die populäre Erzählkultur genauer beeinflusste, ob dabei aus gedruckten Handschriften oder der Mündlichkeit bzw. mittelalterlichen „Vocalité" geschöpft wurde. Deshalb behandelt sie Druckerzeugnisse kleineren Formats, die das Gros der „littérature de large circulation" bilden. In Beziehung gesetzt wird diese Medienverflechtung mit einem binationalen Kontakt, mit Austauschprozessen zwischen der italienischen und deutschen Erzähllandschaft. Geht es hierbei um den medialen Transfer von Erzähltypen, wie sie im AaTh/ATU-Katalog[17] verzeichnet sind, widmet sich Gesa Mackenthun (Rostock) einer nordamerikanischen Strömung postkolonialer Literatur, in der auf indigene orale Kulturen zurückgegriffen wird. Die literarische Realisierung der Idee konzeptioneller Mündlichkeit, hier verbunden mit dem Anspruch auf kulturelles Überleben („cultural survival"), bietet ein Beispiel für die sog. „figurative Intermedialität" bzw. für „Remedialisierung".[18]

Die folgenden Ausführungen beschäftigen sich mit Aspekten radiophonen Erzählens: Alfred Messerli (Zürich) zeichnet an Lisa Tetzners Leben nach, wie eine Märchenerzählerin den frühen Hörfunk als Medium nutzte und stellt sich die Frage, welchen Einfluss das elektronische Medium auf Erzählduktus, Textauswahl und Rezeption hatte. Der Fokus liegt auch hier auf dem Prozess von Remedialisierung, der sich beim Radio als Reoralisierung darstellt. Helmut Fischer (Hennef) behandelt den Hörfunk als Werbefunk, der sich Kürzesterzählungen, die sog. „Sekundengeschichten", zunutze macht.

Filmische Transformationen von Märchen und Sagen bilden mit acht Beiträgen einen deutlichen Schwerpunkt des Bandes. Zum Einstieg stellt Willi Höfig (Rodenäs, jetzt Niebüll) Adaptionen von Märchen und Sagen im Stummfilm vor, was die Frühgeschichte dieser Filmgenres ebenso wie die Ontologie des

---

[17] Hans-Jörg Uther: The Types of International Folktales. A Classification and Bibliography. Based on the System of Antti Aarne and Stith Thompson. Bd. 1-3. Helsinki 2004 (FF Communications 284-286).

[18] Irina O. Rajewski: Intermedialität und remediation. Überlegungen zu einigen Problemfeldern der jüngeren Intermedialitätsforschung. In: Intermedialität analog/digital (wie Anm. 2), S. 47-60, hier S. 50 f.

Kinos erhellt. Siegfried Becker (Marburg) geht der Frage nach, wie die filmische Inszenierung von Sagenstoffen im nationalsozialistischen Film der Vermittlung von Ideologie diente. An klassisch gewordenen Verfilmungen westlicher Herstellungsländer, die sich orientalische Märchen zur Vorlage nehmen, zeigt Ulrich Marzolph (Göttingen) auf, wie diese als Matrix für westliche Stereotypen genutzt wurden. Christine Shojaei Kawan (Göttingen) verfolgt die Wandlungen des Hexenbildes im modernen Unterhaltungsfilm, die zu einem positiven Hexenmythos geführt haben. Andrea Kölbl (München) spürt dem „narrative image" und „Star Image" von Hollywood-Liebesfilmen nach, indem sie an der Entsprechung zur Märchenstruktur ansetzt. Am Beispiel von Zeichentrick-Großserien behandelt Helmut Groschwitz (Regensburg) das transmediale Phänomen von Serialität. Selbstreferenziellen, parodierenden und ironisierenden Bezügen zu Märchenkonventionen geht Brigitte Frizzoni (Zürich) am Beispiel eines abendfüllenden Zeichentrick-Bestsellers nach, ein Beitrag, der zugleich das Phänomen von Intertextualität im Kontext von Intermedialität veranschaulicht. Inwieweit überlieferte dämonologische oder monströse Motive einer Veränderung unterliegen, wenn sie die Kinematographie erreichen, beleuchtet schließlich Bernd Rieken (Wien).

Der Verbindung „moderner Sagen" mit Massenmedien und dem World Wide Web ist der nächste Themenkomplex gewidmet. Er wird von Wilhelm F.H. Nicolaisen eröffnet, der den Werdegang ausgewählter Contemporary Legends in der Presse verfolgt, und von Ingo Schneider (Innsbruck) fortgeführt, der das Aufblühen dieser Gattung im Internet beschreibt und daraus der Erzählforschung erwachsende Aufgaben ableitet.

Angst vor Fremdheit und dem „Anderen" prägen den Alltag, weshalb sie von den Massenmedien in spezifischer Weise aufgegriffen werden. Davon handelt das nächste Problemfeld. Ausgehend von der estnischen Medienlandschaft beschreibt Reet Hiiemäe (Tartu) angstbesetzte Themen der Medienagenda. Da die Medien unbewusste Ängste der Rezipienten konkretisieren würden, folgert sie eine angstvermindernde Wirkung der Massenmedien. Eine besondere Verflechtungsform intermedialer Bezüge behandelt Theo Meder (Amsterdam), indem er dem medienvermittelten Wechselverhältnis zwischen Sage und Realität anhand von Erzählungen über Immigranten nachgeht. Dabei stützt er sich auf das Konzept von „Ostension", das Erzählungen als handlungsauslösend ansieht. Den umgekehrten Weg, dass Migranten über sich selbst in den Medien erzählen und damit die Realität gerade rücken, schildert der Folklorist Lassi Saressalo (Tampere/Finnland) aus seiner Praxis als Kulturdezernent.

Der nächste Themenkomplex behandelt intermediale Bezüge in Folklorisierungsprozessen und Werbekampagnen. Outi Tuomi-Nikula (Turku/Finnland) behandelt die Popularisierung des finnischen Nationalepos in der finnischen Gegenwartskultur, wobei sie die medialen Modulationen des Kalevala u.a. in der politischen Werbung (Propaganda) oder in der politisch ambitionierten Kunst nachzeichnet. Susanne Hose (Bautzen) geht den regionalen, vornehmlich touristischen Werbezwecken dienenden Aneignungsprozessen der Krabat-Figur nach. Waltraut Bellwald (Winterthur) und Ingrid Tomkowiak (Zürich) schildern den Entstehungs- und Tradierungsprozess einer Schweizer Werbefigur, die als Serienheld einer an Kinder adressierten Bildergeschichte schließlich vielfältig medial adaptiert wurde.

Christina Niem (Mainz) widmet sich am Beispiel des Playback-Theaters des intermedialen Beziehungsgefüges von Spielen und Erzählen. Intermediale Aspekte auf der Performance- und Rezeptionsebene verbinden sich im Ansatz von Kathrin Pöge-Alder (Leipzig), die der Frage nachgeht, wie Schüler ihre Märchenvorstellungen filmisch umsetzen.

Den Reigen beendet Reimund Kvideland (Bergen/Norwegen) mit Erzählungen über Medien. Die von ihm beschriebene Media-Lore schildert die narrative Verarbeitung des Erstkontaktes weniger gebildeter Schichten mit neu eingeführten Medien, die das vormoderne Raum- und Zeitgefühl durcheinanderbrachten.

Mein Dank gilt der Deutschen Forschungsgemeinschaft für die Finanzierung der internationalen Tagung und der Märchenstiftung Walter Kahn, die durch einen Druckkostenzuschuss das Erscheinen dieses Bandes ermöglicht hat. Danken möchte ich weiterhin Christine Hinz für die Vorredigierung der Beiträge, Ricardo Ulbricht für die Übersetzung des englischsprachigen Aufsatzes von Theo Meder und dem finnischen Künstler Markku Laakso für die Abdruckgenehmigung des Titelfotos über die „Verteidigung des Sampo" („Sammon puolustus") aus dem Jahre 1999 nach der gleichnamigen Vorlage von Akseli Gallén-Kallela (1896).

Dieses Buch ist zwei namhaften Kollegen gewidmet. Der eine ist Siegfried Neumann, der sich im Rostocker Institut für Volkskunde seit mehr als fünf Jahrzehnten erfolgreich der Erzählforschung widmet und kurz vor seinem 75. Geburtstag steht. Der andere ist Reimund Kvideland. Wenn sich die Redaktionsarbeiten im belasteten Alltag einer Universität auch viel zu lange hingezogen haben, was der Herausgeber durch Aktualisierung sämtlicher Beiträge zu lindern suchte, so bedauert er es, dass er dem unermüdlichen, international hoch geschätzten Erzählforscher sein Belegexemplar nicht mehr überreichen konnte. Am 6. Juni 2006 wurde Reimund Kvideland durch einen plötzlichen Herztod aus dem Leben gerissen. Er war ein Freund und ein in Rostock gern gesehener Gast. Damit ist der Erzählforschung neben dem Verlust eines großen Volkserzählforschers ein zutiefst integrativ wirkender Wissenschaftler verloren gegangen.

I.

Medienkontakt und -wandel
am Beispiel von Oralität und Literalität

Luisa Rubini Messerli

Gedruckte „Märchen" aus Handschriften oder Mündlichkeit?
Ein Medienwandel um 1500 in Italien und Deutschland

Wie die jüngeren Ansätze in der Kulturwissenschaft gezeigt haben, bewirkt ein Medienwandel *ipso facto* nicht die Verdrängung der älteren Medien, sondern eine Umformung der kommunikativen Landschaft, in der die neuen und alten Medien miteinander koexistieren, kooperieren oder konkurrieren. Die Schriftkultur verdrängt nicht die Mündlichkeit, ebenso wenig der Buchdruck die handschriftliche Kommunikation. Der mediale Umbruch der so genannten *printing revolution* hat in diesem Sinne vieles von seinem „revolutionären" Habitus verloren.[1] Dennoch – neben den zahlreichen Aspekten der Kontinuität mit der vorangegangenen handschriftlichen Kultur – sind die innovativen Elemente nach Gutenberg unverkennbar, und ihre Tragweite schlägt sich auch in den populären Kulturen nieder.

Im Rahmen der dritten Tagung der Kommission für Erzählforschung zum Thema „Medienwandel" möchte ich das Augenmerk auf die Wirkung des Buchdrucks auf traditionelles Erzählgut, d.h. auf Texte richten, die im internationalen Aarne-Thompson-Katalog verzeichnet sind. Dabei werde ich mich auf Druckerzeugnisse (sowohl Inkunabeln als auch Frühdrucke) nur kleinen Formats und Umfangs beschränken, die das Gros der „littérature de large circulation" bildeten. Obwohl sie sich von vornherein an jene Lesekundigen richteten, „die auch Adressaten der lateinischen Fachwerke waren und deren Bedürfnis nach schneller und aktueller Information, nach Lebensregeln wie nach unterhaltender Lektüre nicht geringer war als ihr Bildungshunger"[2], stellten sie ihres niederen Preises wegen ein zugängliches Produkt auch für eine breitere (urbane) Leserschaft dar, so dass sie – dank auch eines mit der Zeit zunehmenden buchtypologischen Popularisierungsprozesses – eine nachhaltigere Wirkung in literalen und semioralen Rezeptionsprozessen erwirken konnten als die teuren Foliobände.

Es wird sich zeigen, dass die ersten Märchen (im weitesten Sinn) innerhalb dieses Korpus zunächst erschienen und gedruckt wurden, Jahrzehnte bevor die

---

[1] Zur Kritik des Revolutionsbegriffs vgl. Asa Briggs and Peter Burke: Social History of the Media. From Gutenberg to the Internet. Cambridge (UK) 2002; zur Etablierung einer textlichen Festigkeit durch den Buchdruck im Vergleich zur „Beweglichkeit" oder *mouvance* (Paul Zumthor) von mittelalterlichen Handschriften, was Voraussetzung für die Entfaltung und Etablierung der Wissenschaften, letzthin des Fortschritts ist, vgl. Adrian Johns: The Nature of Book. Print and Knowledge in the Making. Chicago/London 1998.

[2] Reinhard Wittmann: Geschichte des deutschen Buchhandels. Ein Überblick. München 1991, S. 39.

historischen Sammlungen des Giovan Francesco Straparola (1550; 1555) und des Giambattista Basile (1634; 1636) ans Licht kamen. Die ältere Forschung (u.a. Reinhold Köhler, Aleksandr N. Veselofskij, Johannes Bolte oder Letterìo di Francia) hat sich zum Teil schon mit diesen ersten Texten beschäftigt, ohne sie jedoch im Kontext der damaligen Buchproduktion bzw. des gesamtliterarischen (also auch volksliterarischen) Kommunikationssystems zu betrachten. Im Folgenden werde ich mich hauptsächlich am italienischen Buchmarkt orientieren und anhand ausgewählter Beispiele die Gunst des deutschen Lesepublikums in Betracht ziehen, um mögliche Parallelen herauszufinden. Obwohl beide literarischen Landschaften je eigene Topographien aufweisen, sind wichtige Phänomene der kulturellen Übertragung um 1500 zwischen Italien und Deutschland im Gange: die Übernahme durch Übersetzung von italienischen, humanistischen Texten in deutscher Sprache einerseits, die Einführung des Buchdrucks auf italienischem Boden durch deutsche emigrierte Handwerker andererseits. Dass der literarische Austausch beide *circuits* umfasste, zeigt sich daran, dass Boccaccios *Griseldis*, Marco Polos Reisebericht und eine Rochus-Vita[3] die Schrittmacher der italienischen, volkssprachigen Literatur waren, die auf Deutsch verlegt wurden.[4]

Hier möchte ich vor allem fragen, wann die ersten Novellen- und Märchentexte im Buchdruck erschienen, ob sie bereits handschriftlich überliefert waren, oder ob sie aus dem mündlichen Bereich übernommen wurden – wobei die mittelalterliche Mündlichkeit (nach Paul Zumthor „Vocalité") nicht mit Folklore gleichzusetzen ist –, in welchem Zusammenhang sie mit den anderen gedruckten Textsorten standen, und wie sie die (spätere) mündliche Erzähltradition beeinflussten.

Italienische und deutsche Literatur in den Druckoffizinen

Für Italien hat Amedeo Quondam die Situation wie folgt charakterisiert: Rund 20 % aller Wiegendrucke waren in der Vulgärsprache, also auf Italienisch. Das italienischsprachige Buch setzte sich langsam – wenn auch diskontinuierlich – stetig durch: Von 21 % in der Zeitspanne von 1469 bis 1480 steigt es auf 48,3 % im darauf folgenden Jahrzehnt. An der Schwelle zum neuen Jahrhundert erfährt

---

3 Ohne Titel. Incipit: „Verzene gloriosa alta regina". Explicit: „da pestilentia zi guardi e di quel foco | Ecco finise questa digna historia | Dominicho da Uincentia fu el com | positore. FINIS." [Mailand: Leonardo Pachel und Ulrich Scinzenzeler, um 1478], 4°, Bl. 6. Der Autor des Textes in Oktaven, der sich im Explicit nennt, war vermutlich ein Bänkelsänger. Der Text erschien in deutscher Prosa in Wien, beim Drucker der Rochuslegende, 1482. Erstes Blatt abgebildet in Otto Mazal: Paläographie und Paläotypie. Zur Geschichte der Schrift im Zeitalter der Inkunabeln. Stuttgart 1984, Abb. 76.

4 Alfred Noe: Der Einfluss des italienischen Humanismus auf die deutsche Literatur vor 1600. Ergebnisse jüngerer Forschung und ihre Perspektive. 5. Sonderheft Internationales Archiv für Sozialgeschichte der deutschen Literatur. Tübingen 1993, S. 314.

es einen explosionsartigen Aufschwung. In einem einzigen Jahr (1500) werden 10 % aller Inkunabeln in der Vulgärsprache gedruckt.[5]

Was den Kanon der gedruckten und angebotenen Bücher anbelangt, ist keine Revolution im Gange. Nach Armando Petrucci[6] war er anfangs amodern, d.h. ausgerichtet auf antike Klassiker sowie bewährte Schul- und Andachtsbücher und deutlich ärmer als jener der handschriftlichen Produktion derselben Zeit. Die Situation änderte sich erst im Übergang vom 15. zum 16. Jahrhundert, als die Drucker vermehrt Gegenwartsautoren publizierten, was auf den Einfluss bedeutender Intellektueller und Literaten, wie Pietro Bembo oder Aldo Manuzio, zurückzuführen ist, die mit Druckern zusammenarbeiteten und diesen neue Publika erschlossen.[7] Zuerst wurden diejenigen Werke gedruckt, die bereits eine handschriftliche Tradition hatten. Darüber gibt es leider keine auch nur annähernde Schätzung, wie wir sie für Deutschland haben.

In Deutschland waren rund die Hälfte aller Wiegendrucke keine Erstausgaben, sondern „Nachdrucke" von Handschriften.[8] Nach Manfred Sauer weisen alle Inkunabeln eine Tradition auf, und zwar in der Weise, dass dem Druck Handschriften vorausgehen oder dass die Gruppe, zu der die gedruckte und bearbeitete Einzelschrift gezählt werden kann, seit langem bekannt ist. „Wenn wir bei der Analyse immer wieder darauf hinweisen, dass das Werk bereits ‚beliebt und bekannt' war, als es in die Druckwerkstätte gelangte, so war uns diese Feststellung wichtig in Hinblick auf die Tradition."[9] Sie ermöglichte dem Drucker, das Risiko besser abschätzen zu können.[10] Das Gros des Gedruckten

---

5 Amedeo Quondam: La letteratura in tipografia. In: Letteratura italiana. Volume secondo. Produzione e consumo. Direzione: Alberto Asor Rosa. Torino 1983, S. 555-686, hier S. 589. Wichtige Korrekturen zu Quondams Daten bringt Neil Harris; vgl. ders.: Statistiche e sopravvivenze di antichi romanzi di cavalleria. In: Il cantare italiano fra folklore e letteratura, a cura di Michelangelo Picone e Luisa Rubini. Firenze 2007, S. 383-412.

6 Vgl. Armando Petrucci: I percorsi della stampa; da Gutenberg all'„Encyclopédie". In: La memoria del sapere. Forme di conservazione e strutture organizzative dall'antichità a oggi, a cura di Pietro Rossi. Roma/Bari 1990, S. 134-164.

7 Ebd., S. 139-142; Peter Amelung: Humanisten als Mitarbeiter der Drucker (am Beispiel des Ulmer Frühdrucks). In: Das Verhältnis der Humanisten zum Buch, hrsg. von Fritz Krafft und Dieter Wuttke. Boppard 1977, S. 129-144.

8 Wittmann (wie Anm. 2), S. 36. Zum Verhältnis des Lateins zu den Volkssprachen gibt Wittmann folgende Zahlen: 77 % aller Wiegendrucke waren in Latein, der universellen Sprache der Kirche und der Gelehrten, gedruckt, die übrigen in den Nationalsprachen, davon ca. 6 % in Deutsch, gut 7 % in Italienisch, 4,6 % in Französisch, 1,3 % in Spanisch, 1,1 % in Niederländisch, noch weniger in Englisch, Griechisch, Hebräisch und Kirchenslawisch (ebd., S. 24).

9 Manfred Sauer: Die deutschen Inkunabeln, ihre historischen Merkmale und ihr Publikum. Düsseldorf 1956, S. 73.

10 Barbara Weinmayer schreibt: „Es ist plausibel, dass das neu etablierte und von finanziellen Risiken bedrohte Druckgewerbe vor allem solchen Texten eine Chance einräumt, die sich entweder in handschriftlicher Tradition schon bewährt haben, oder aber eine Resonanz erwarten lassen, welche den Aufwand der Reproduktion und organisierten Vertreibung recht-

waren seit langem tradierte Texte. Außer Fachliteratur wurden nur wenige Werke zeitgenössischer Schriftsteller gedruckt.

Die andere wichtige Unterscheidung, die für die Buchproduktion festzustellen ist, betrifft die religiöse *versus* profane Literatur. Laut Quondams Untersuchung deckt der erste Bereich 48,75 % aller Wiegendrucke ab, während der profanen Literatur 51,25 % zuzurechnen sind.[11]

Kleinformatige Drucke

Welchen Anteil die „populären" Drucke innerhalb sowohl des religiösen als auch des profanen Literaturbereichs hatten, ist sehr viel schwieriger zu bestimmen. Zugleich scheint das Bild nicht nur sehr differenziert, sondern auch ziemlich kontrovers zu sein. Die Frage, ab wann die populären Drucke, d.h. die kleinformatigen Werke von nur wenigen Seiten, erschienen, beantwortet Armando Petrucci, indem er eine gewisse zeitliche Verschiebung von einigen Jahrzehnten im Vergleich zu den großen Folio-Bänden in Erwägung zieht. Andererseits stellen Forscher heute für Italien fest, was für Gutenbergs Produktion in Deutschland längst anerkannt ist: Nicht die 42-zeilige Folio-Bibel eröffnete die Druckproduktion, sondern die Kleinschriften wie Ablassbriefe, Donate und Kalender.[12] In Italien haben neuere Untersuchungen zum Ergebnis geführt, dass ein italienischsprachiges, illustriertes, 1463 in der Umgebung Ferraras gedrucktes Büchlein den Anfang des Buchdruckes darstellt. Für die Bildzugaben wurden Holzformen aus Süddeutschland benutzt. Demzufolge entsteht das gedruckte Buch nicht im religiös-humanistischen (bzw. lateinischen) Kreis in Subiaco (bei Rom)[13], sondern als Experiment, das mit der (religiösen) italienischsprachigen und vor allem populären Buchproduktion verbunden war.[14]

---

fertigt. [...] Freilich ist dabei festzuhalten, dass der Buchdruck vielfach bereits eine Phase ‚sekundärer' Rezeption einleitet. Das heißt einmal, dass grundsätzlich unterschieden werden muss zwischen Texten, für die der Druck einen Wechsel des Mediums und damit auch des Gebrauchs bedeutet, und solchen, die unmittelbar, ohne handschriftliche Zwischenstufe, im Druck erscheinen." (Barbara Weinmayer: Studien zur Gebrauchssituation früher deutscher Druckprosa. Literarische Öffentlichkeit in Vorreden zu Augsburger Frühdrucken. München/ Zürich 1982, S. 20 f.).

[11] Vgl. Quondam (wie Anm. 5), S. 590.

[12] Michael Giesecke: Der Buchdruck der frühen Neuzeit. Eine historische Fallstudie über die Durchsetzung neuer Informations- und Kommunikationstechnologien. Frankfurt a.M. 1990.

[13] Ciceros *De oratore* (Subiaco: Corrado Sweinheim; Arnoldo Pannartz, 1465), vgl. Francesco Barberi: Il frontespizio nel libro italiano del Quattrocento e del Cinquecento. 2 Bde. Milano 1977 ([1]1969), Bd. 1, S. 29.

[14] Edoardo Barbieri: Collezionismo librario ed editoria religiosa popolare: uno sguardo alla raccolta Cini. In: La vita nei libri. Edizioni illustrate a stampa del Quattro e Cinquecento dalla Fondazione Giorgio Cini. Venezia 2003, S. 37-54, hier S. 40 f.

Ein anderer interessanter Aspekt betrifft die unterschiedliche Buchproduktion der damals wichtigsten italienischen Druckzentren: Venedig mit seinen 3.000 bis 4.000 Inkunabeln war europaweit die führende Stadt für den Buchdruck. Ihr folgten Rom (ca. 2.000), Mailand (1.121) und Florenz (767). Die Rolle der toskanischen Hauptstadt relativiert Paolo Trovato: Wenn die Zahlen den Eindruck erwecken, dass es sich um ein wichtiges Druckzentrum handelte, müsse dieser Gedanke zurechtgerückt werden. Und zwar wegen Sprache und Gebrauch an Papierbögen. Die in der Vulgärsprache publizierten Bücher erreichen 77 % der gesamten Druckproduktion, d.h. die höchste Rate an Büchern in italienischer Sprache. Wenn man dann, wie Trovato, diese Bücher nach ihrem Umfang bzw. ihrem Format klassifiziert, kommt man zum für uns interessantesten Ergebnis: Der überwiegende Teil der Produktion besteht aus kleinen und kleineren Drucken (von zwei bis 12 Blättern). Die (320) Kleinschriften bis 12 Blätter stellen nämlich 42 % des Gesamttotals, die Drucke bis 50 Blätter 27,6 % (zusammen also fast 70 % aller Bücher). Die großformatigen Werke unter 100 Blättern sind 134, die bis 200 Blätter 77, schließlich die mit mehr als 200 Blättern lediglich 24 von 767 Drucken.[15] Wenn man noch den Ephemeracharakter dieser Kleinschriften in Erwägung zieht, wird deutlich, wie groß der Anteil der populären Bücher in Florenz zur Zeit von Lorenzo de Medici gewesen ist.

Etwas ganz anderes scheint sich in Deutschland zu ereignen, wo das gedruckte Buch und Heft in der Volkssprache erst in den ersten Jahrzehnten des 16. Jahrhunderts zu einem Massenmedium wird.[16] Während zwischen 1513 und 1517 insgesamt 527 deutschsprachige Drucke verzeichnet werden, sind es zwischen 1518 und 1523 hingegen 3.113, also sechsmal so viele. Gleichzeitig geht der Anteil lateinischer Drucke rasch zurück. Das Verdienst, diesen Wandel in Gang gesetzt zu haben, kommt Martin Luther zu. Ihm ist auch die Einführung der Flugschrift in Quart, der billigen Duodez- und Oktavschriften von wenigen Bogen in die deutsche Literatur zu verdanken.[17]

---

[15] Vgl. Paolo Trovato: L'ordine dei tipografi. Lettori, stampatori, correttori tra quattro e cinquecento. Roma 1998, S. 63. Seine Prozentsätze enthalten Fehler. Die im Text angegebenen sind korrigiert worden.

[16] Wittmann (wie Anm. 2), S. 43.

[17] Friedrich Kapp: Geschichte des deutschen Buchhandels vom westfälischen Frieden bis in das siebzehnte Jahrhundert. Im Auftrag des Börsenvereins der Deutschen Buchhändler hrsg. von der Historischen Kommission desselben. 5 Bde. Leipzig 1970 (^{1}1886), S. 408; Flugschriften als Massenmedium der Reformationszeit, hrsg. von Hans-Joachim Köhler. Stuttgart 1981; Rolf Wilhelm Brednich: Flugblatt, Flugschrift. In: Enzyklopädie des Märchens. Handwörterbuch zur historischen und vergleichenden Erzählforschung, hrsg. von Kurt Ranke. Bd. 4. Berlin/New York 1984, Sp. 1339-1358.

Für Florenz charakterisiert Trovato die Situation folgendermaßen:

„[D]ie (auch durch die relativ hohe Alphabetisierungsquote begünstigte) Vorliebe der hiesigen Druckereien für das schmale, populäre Büchlein war durch das kleine Prestige der lokalen Verleger und ihre Unfähigkeit bedingt, mit den wichtigsten Druckzentren (vor allem im Vertriebssystem) zu konkurrieren. Daher zeigten sie auch Desinteresse einer Investitionsform gegenüber, die anderswo (z.B. in Venedig) viel konsequenter betrieben wurde."[18]

Kontinuitäten und Innovationen

Bevor wir uns dem Repertoire der gedruckten Kleinschriften zuwenden, möchte ich noch darauf aufmerksam machen, dass sehr bald nach der ersten Verbreitung des Buchdrucks in Italien Bänkelsänger, wandernde Verkäufer, kleine Hausierer und blinde Sänger im neuen Medium unerwartete Möglichkeiten sahen, ihr Geschäft zu optimieren oder sogar zu expandieren, da das gedruckte Büchlein zum ersten Mal (eventuell nach einer mündlichen Aufführung) kommerzialisiert werden konnte. Zwischen dem neu entstandenen Druckort im dominikanischen Kloster St. Maria di Ripoli in Florenz und ihren Verkaufs- und Wanderwegen entstand ein regelrechtes Hin und Her, um neue Druckware zu bestellen bzw. abzuholen. Das Register über die Einnahmen und die noch ausstehenden Schulden gibt einen ziemlich detaillierten Bericht davon.[19] *Orazioni*, d.h. Gebete, wurden in erster Linie für die *Cerretani* gedruckt: 1.000 im August 1477 für einen Giovanmaria *cerretano*; vom 12. bis zum 15. Dezember 1477 für einen Angelo *cieco* (blinden Angelo). Am 15. Dezember desselben Jahres wurden 200 Exemplare einer *Orazione del sangue di Cristo* für einen Chola *cieco* (blinden Nicola), am 3. August 1480 tausend Gebete für „Lire 3 und soldi dieci" und im November 1480 für einen anderen *cerretano* gedruckt. Schließlich wurden am 21. August Schulden in Höhe von 40 Soldi für 150 Papierbogen i.e. 12 Gebete pro Stück für einen Tomaso *cerretano* im Klosterregister vermerkt.

Daraus und aus ähnlichen Einträgen wird deutlich, dass die Bänkelsänger mit Vorliebe Gebete und andere religiöse Drucksachen – wie die *Epistola della Domenica* oder die *Operetta di Erode* (für den *pigro ciermatore,* d.h. den faulen Hausierer) – darunter auch vermutlich „immaginette sacre": Holzschnitte mit religiösen Sujets, wie die 1.000 Hl. Margaretha für einen Francesco *Cermatore* für „Lire tredici e mezzo" kauften. Aber sie verschmähten auch nicht profane Textsorten wie *Le bellezze di Firenze*: Dieses Werk des Dichters Antonio Pucci (1310 - ca. 1388) wurde in 100 Exemplaren einem Bernardino *cantastorie* für 20 Soldi am 16. November 1482 verkauft. Dieser erwarb am 11. Oktober des

---

[18] Trovato (wie Anm. 15), S. 83 (übersetzt von L. R.).
[19] Vgl. Emilia Nesi: Il diario della stamperia di Ripoli. Firenze 1903; Melissa Conway: The Diario of the printing press of San Jacopo di Ripoli, 1476-1484: commentary and transcription. Firenze 1999.

darauf folgenden Jahres auch *La sala di Malagigi*, ein kurzes episches Werk in Oktaven, in 550 Exemplaren. Astrologische Werke, größere Ritterepen und Briefsteller wurden vom Kloster auch gedruckt.

Für Italien gilt, was auch für Deutschland festgestellt wurde: Die Schichtung der frühneuzeitlichen Druckproduktion ist nur indirekt rekonstruierbar. Während die lateinische Gelehrtenliteratur und die höhere vulgärsprachige Literatur (mit deutlich theologischem Akzent) sich in Messkatalogen gut belegen lässt, ist die „kurrenteste Materie" wie Schul-, Bet-, Wetter-, Arznei-, Traum- oder Rätselbücher bibliographisch kaum mehr greifbar.[20]

Wenn wir uns dem Repertoire der Florentiner Druckereien zuwenden, das Trovato etwas vorschnell umrissen hat, erhalten wir folgenden Überblick:

> „[M]eist handelt es sich um Kalender für das neue Jahr, um Bearbeitungen in Versform (*ottava rima*) von Novellen aus dem *Decameron*, um Auszüge aus dem *Morgante* des Luigi Pulci, um Streitgespräche (*Dell'anima e del corpo*; *Del vivo e del morto* etc.), um (fingierte) Reiseberichte, um epische Lieder über Kriegsereignisse, um historische *Complaints* (von Giuliano de Medici, Negroponte und Pisa), um fromme Texte (wie die Zehn Gebote; das Credo von [Pseudo-]Dante Alighieri), um novellistische Erzählungen, *Sacre Rappresentazioni* (Mirakelspiele), Prophezeiungen usw."[21]

Dass die populäre Produktion in den Florentiner Druckereien die hohe Literatur überragt, bedeutet jedoch nicht, dass Venedig weniger Kleindrucke produzierte. Im Gegenteil kann man wohl davon ausgehen, dass die dortige „populäre" Inkunabelliteratur quantitativ nicht unter den Florentiner Zahlen liegt, obwohl entsprechende Repertoires und Forschungsresultate noch nicht vorliegen.

Über ähnliche Zahlen für Deutschland verfügen wir nicht. Im Großen und Ganzen scheinen jedoch die Gattungen der deutschen Kleindrucke nicht viel anders als die italienischen zu sein.[22] Die Drucker der kleinen Offizinen nördlich der Alpen übernehmen unter anderem Lied, Ballade, Kleinepos, Satire und Schwank, Legende, Spruch- und Reimpaardichtung und Novelle. „Erwähnt sei jedoch, dass sachbezogene und praxisnahe Literatur als Kleinschrifttum mit Erfolg geboten wird: Fisch- und Vogelbücher, Koch- und Diätvorschriften (meist Auszüge aus größeren Werken), haus- und landwirtschaftliche Literatur sowie auch Los- und Traumbücher."[23]

---

[20] Erich Kleinschmidt: Stadt und Literatur in der frühen Neuzeit: Voraussetzungen und Entfaltung im südwestdeutschen, elsässischen und schweizerischen Städteraum. Wien/ Köln 1982, S. 178.

[21] Trovato (wie Anm. 15), S. 63 (übersetzt von L. R.).

[22] Vgl. Rudolf Schenda: Kleinformen der Trivialliteratur aus sechs Jahrhunderten. In: Beiträge zur deutschen Volks- und Altertumskunde 10 (1966), S. 49-66.

[23] Anneliese Schmitt: Zum Verhältnis von Bild und Text in der Erzählliteratur während der ersten Jahrzehnte nach der Erfindung des Buchdrucks. In: Text und Bild, Bild und Text. DFG-Symposion 1988, hrsg. von Wolfgang Harms. Stuttgart 1988, S. 168-182, hier S. 170.

Diese noch ungenau beschriebenen Repertoires zeigen die Übernahme vieler Sujets aus der mittelalterlichen Literatur. Damit ist eine Kontinuität – kein Bruch – mit der vorhergehenden handschriftlichen bzw. mündlichen Kultur gegeben, die sich sowohl auf weltliche als auch auf religiöse Texte bezieht. Ritterepen, Heiligenviten, Prophezeiungen und auch Gebete weisen nämlich eine lange Überlieferungsgeschichte auf. Neu sind die historischen, d.h. die aktualitätsbezogenen Sujets (nicht die Gattung) der *Complaintes (Lamenti)*, der *avvisi:* die Berichte oder Neuen Zeitungen oder die Kriegs- und Stadt-belagerungsberichte. Modern ist die literarische Umformung älterer Texte, ihre Adaptation für das neue Medium der gedruckten Büchlein.

Neu sind das Medium und die ihm anhaftenden typologischen Besonder-heiten. Auf der Ebene von Produktion und Vertrieb zeichnet es sich vor allem dadurch aus, dass es rasch zirkuliert, um dann neu reproduziert und mit leichten Änderungen wieder herausgegeben zu werden. In buchkundlicher Hinsicht sind es nicht so sehr das kleine Format und die allgemein einfache Ausstattung, die seine Modernität ausmachen; denn all diese Elemente gehen auf das vorher-gehende kleine handschriftliche Buch zurück, das von nichtprofessionellen Schreibern angefertigt wurde.[24] Dem neuen Medium des „Volksbüchleins" kommt das besondere Verdienst zu, dass ein Titelblatt mit Holzschnitt speziell für diese Drucke konzipiert wurde, und das betrifft nicht nur Italien (ab 1490), sondern auch Deutschland, wo sich das Phänomen früher durchsetzt. Als erstes vollkommenes italienisches Beispiel eines Titelblattes mit Titelholzschnitt nennt Francesco Barberi die vier Blätter lange *Istoria de tutti li homini famosi* (Historie aller berühmten Männer).[25] Er unterstreicht ferner die besondere künstlerische Leistung einer *Historia di s. Helena* (aus der Florentiner Offizin von Lorenzo Morgiani) wegen ihres nach der Breite ausgerichteten Titel-holzschnittes.[26]

In Deutschland stammen die ersten Titelblätter mit „einer nahezu regel-mäßigen Verwendung von Titelholzschnitten [...] aus der Nürnberger Klein-druckerei des Hans Folz"[27], dem Barbier und Meister in der Arzneikunst, der fast ausschließlich eigene Werke, Mären und Schwänke, d.h. überwiegend populäre volkssprachliche Texte meistens im Quart- und Oktav-Format verlegte. „In den Jahren 1479/80 produzierte er sieben Drucke, die europaweit die ersten Titelblätter haben."[28] Ist das Titelblatt in einer ersten Phase noch auf der

---

[24] Armando Petrucci: Alle origini del libro moderno: libri da banco, libri da bisaccia, libretti da mano. In: ders. (Hrsg.): Libri, scrittura e pubblico nel Rinascimento. Guida storica e critica. Bari 1979, S. 137-156.

[25] [Venedig], vor 12. August 1484, 4°.

[26] Ca. 1497, 4°, Bl. 2; vgl. Barberi (wie Anm. 13), S. 38.

[27] Ursula Rautenberg: Das Titelblatt. Die Entstehung eines typographischen Dispositivs im frühen Buchdruck. In: Alles Buch. Studien der Erlanger Buchwissenschaft, hrsg. von Ursula Rautenberg und Volker Titel. Erlangen 2004, S. 1-33, hier S. 19.

[28] Ebd.

Rückseite des ersten, leer gebliebenen Blattes positioniert, rückt es zwischen 1483 und 1488 nach außen. „Mit den Titelblättern der zweiten Periode haben die Folz-Broschüren eine Titelgestaltung entwickelt, die noch im 16. Jahrhundert in Europa typisch für populäre, häufig volkssprachliche Kleindrucke geringen Umfangs sein wird."[29] Seine Titelholzschnitte, die „wichtig für die Einstimmung auf das Thema" sind, sind zwar „künstlerisch keine Meisterleistungen"[30] wie die in den (Folio-)Einzeldrucken von *Griseldis* (*Decameron* X, 10, von Heinrich Steinhöwel übersetzt) und *Guiscard und Sigismunde* (von Niklas von Wyle übersetzt).[31] Aber das „bebilderte Titelblatt [wird] zum Markenzeichen der volkssprachlichen Literatur überhaupt, und seine Entwicklung steht im engen Zusammenhang mit den Offizinen, die die Buchillustration wesentlich förderten."[32]

Zurück nach Italien und Florenz: Auch hier kennzeichnet die Anwendung von Holzschnitten innerhalb der Buchproduktion vorrangig den volkssprachlichen, populären Bereich. In einem Prozess des Experimentierens mit neuen Formen (im Vergleich zur handschriftlichen Buchkultur), vor allem auf der Ebene der Illustration, zeigt sich, dass auch hier die Holzschnittkunst, obwohl später als im Norden, ein hohes Niveau erreicht. Der Dominikaner-Prediger Gerolamo Savonarola (1452-1498) scheint dabei auch eine Rolle gespielt zu haben, wenngleich sie nicht mit jener Luthers gleichzusetzen ist. Der Macht der Bilder war Savonarola sich bewusst, und die Holzschnitte in seinen Inkunabeln (zwischen 1490 und 1500), in denen der Einfluss von bedeutenden Künstlern der Zeit wie Baccio Baldini, Sandro Botticelli, Bernardo Cenni, der Perugino oder der

---

[29] Ebd.

[30] Ebd., S. 18.

[31] Beide Novellen wurden in Ulm durch Johann Zainer 1473 bzw. 1476 gedruckt. Der Ulmer Einzeldruck der „Griseldis", der die zentrale Rolle in der Überlieferungsgeschichte spielte, da Steinhöwel selber die Ausgabe überwachte und dabei Fehler korrigierte, enthielt zum ersten Mal Illustrationen. Ein Teil der Auflage erschien als Anhang von Steinhöwels Übersetzung „Von den erlauchten Frauen" (aus Boccaccios „De claris mulieribus"), vgl. dazu Christa Bertelsmeier-Kierst: „Griseldis" in Deutschland. Studien zu Steinhöwel und Arigo. Heidelberg 1988; Joachim Theisen: Arigos „Decameron". Übersetzungsstrategie und poetologisches Konzept. Tübingen/Basel 1996, S. 194, 207. Ähnlich ging der Verleger mit „Guiscard und Sigismunde" um: Er brachte sie illustriert um 1476 auf den Markt; sie erschien kurz darauf auch als Anhang zu Steinhöwels „Äsop". Die Novelle ist jeweils sechs der zehn vollständig erhaltenen „Äsop"-Ausgaben beigebunden. Zu ihren Bildserien vgl. u.a. Ernst Weil: Der Ulmer Holzschnitt im 15. Jahrhundert. Berlin 1923; Lilli Fischel: Bilderfolgen im frühen Buchdruck. Studien zur Inkunabelillustration in Ulm und Straßburg. Konstanz/Stuttgart 1963; Gabriele Katz: „Frauen-Bilder" in der illustrierten deutschen Übersetzungsliteratur der Inkunabelzeit: Studien zu den Ulmer Ausgaben Heinrich Steinhöwels: Boccaccio, Von den erlauchten Frauen und Esopus, Vita et fabulae. 2 Bde. Tübingen 1999.

[32] Schmitt (wie Anm. 23), S. 170.

Ghirlandaio sichtbar wird,[33] weisen zum Teil dieselbe Hand auf, wie andere Kleindrucke mit Novellen- oder Zaubermärchen in Versform aus denselben Offizinen des Bartolomeo de' Libri, Lorenzo Miscomini, Francesco Bonaccorsi und Lorenzo Morgiani.

Nach Ernst Philipp Goldschmidt greift diese Holzschnittkunst – es sind ca. 500 Xylographien zwischen 1492 und 1508 – auf keine vorhergehende bildliche Tradition zurück und wird in den darauf folgenden Jahren auch nicht nachgeahmt. Obwohl man sie in erster Linie für den lokalen Markt produzierte, da Florenz trotz seines Reichtums und seines breiten kulturellen Niveaus nicht die kommerziellen Beziehungen Venedigs hatte, waren sie noch Jahrzehnte später beispielsweise in Rom auf dem Markt erhältlich, wo Hernan Colón, der berühmte Büchersammler und Sohn von Cristóbal Colón (Christophorus Columbus) ziemlich viele davon kaufte.[34] An diesen Florentiner Holzschnitten hebt Goldschmidt insbesondere hervor, dass sie als Schwarz-Weiß-Bilder konzipiert wurden, d.h. nicht als eine Art Ersatz von (kolorierten) Miniaturen, so dass sie auch nicht dafür geeignet waren, nach dem Druck von Hand koloriert zu werden.[35] Eine der Errungenschaften der Renaissancekunst ist die Entwick-lung der Schwarz-Weiß-Graphik. Und die Holzschnitte in den populären Drucken bezeugen das hohe kulturelle, d.h. visuelle Niveau des so genannten „gemeinen Mannes".[36] Die Holzschnitte trugen dazu bei, unsere Drucke und ihre Texte noch anziehender, noch populärer zu machen.

Gedruckte Märchen

Bevor die Aufmerksamkeit auf die Texte gerichtet werden soll, ist noch auf ein besonderes Merkmal der italienischen Kleinliteratur hinzuweisen. Im Gegensatz zu Deutschland, wo „Prosa und Vers gleichermaßen beliebt" sind („Literatur größeren Umfangs – zum Beispiel die Prosaauflösungen mittelhochdeutscher Epen und Vorformen des Romans, die ebenfalls den Buchmarkt dieser Jahrzehnte bereichern – ist bei diesen Druckern [der Kleinoffizinen] nur selten anzutreffen"[37]), herrscht in den italienischen Kleindrucken die Versform vor. Die

---

[33] Vgl. *Immagini e azione riformatrice: le xilografie degli incunaboli savonaroliani nella Biblioteca Nazionale di Firenze*, a cura di Elisabetta Turelli. Firenze 1985.

[34] Vgl. Klaus Wagner und Manuel Carrera: *Catalogo dei libri a stampa in lingua italiana della Biblioteca Colombina di Siviglia*. Ferrara 1991.

[35] Kolorierte Holzschnitte enthält z.B. die Hystoria igsimunde [!] der tochter des fursten tancredi von soler= || nia. vnd des iunglings gwisgardi. || (Bl.7r: Anno Dñi Mcccc.lxxxij. jore.) [Strassburg: Heinrich Knoblochtzer], 1482. Wien, Lichtenstein Museum. Vgl. auch die Ausgabe Johann Zainer, Ulm um 1476/77, Exemplar der Herzog August Bibliothek Wolfenbüttel (130 Quod. 2°, a).

[36] Ernst Philipp Goldschmidt: *The printed Book of the Renaissance*. Cambridge 1950, S. 53-55.

[37] Schmitt (wie Anm. 23), S. 170.

seit dem 14. Jahrhundert beliebte Oktave (von Giovanni Boccaccio benutzt oder sogar erfunden[38]) erfährt in der italienischen Renaissance einen beeindruckenden Aufschwung.

> „Die *ottava rima* ist etwas mehr als ein bloßer rhythmischer und metrischer Faktor: Sie stellt die produktive Form der italienischen Literatur im 15. Jahrhundert dar. Denn sie wird nicht nur angewendet, um epische Taten und Liebesgeschichten antiker und großer Ritterfiguren zu erzählen, sondern auch um heroische Abenteuer moderner Helden zu besingen. In Oktaven werden moralische Lebenshilfe und Ratgeber, wissenschaftliche Berichte, hagiographische Erzählungen verfasst."[39]

Die *ottava rima,* zusammen mit den zahlreichen Mündlichkeitsmerkmalen in den Texten, nähert diese den theatralischen Gattungen (monodramatischen Aufführungen) an. Die Versform schafft die Bedingung für ihre Rezitier- und Memorisierbarkeit, ermöglicht einen semioralen Rezeptionsmodus, was jedoch nicht bedeutet, dass die zahllosen *cantari* in Italien öffentlich vorgetragen wurden (im Gegensatz zur Rezitation von Stanzen aus Ritterepen[40] ist darüber die historische Dokumentation sehr spärlich bis inexistent[41]). Durch den

---

38 Armando Balduino: Le misteriose origini dell'ottava rima. In: I cantari. Struttura e tradizione, a cura di Michelangelo Picone e Maria L. Bendinelli Predelli. Firenze 1984, S. 25-48.

39 Armando Quondam: La tipografia e il sistema dei generi. Il caso del romanzo cavalleresco. In: Ritterepik der Renaissance, hrsg. von Klaus W. Hempfer. Stuttgart 1989, S. 1-14, hier S. 7 (übersetzt von L. R.).

40 Von den *poetes bergers* der Toskana erzählt Michel de Montaigne in seiner Italienreise 1580-81 (vgl. Daniel Fabre: Torquato Tasso chez les bergers. In: Scripta volant, verba manent. Schriftkulturen in Europa zwischen 1500 und 1900, hrsg. von Alfred Messerli und Roger Chartier. Basel 2007, S. 359-372). Die Belege für die öffentliche Aufführung von Oktaven Tassos oder populärer Dichter häufen sich dann seit dem 18. Jahrhundert (die berühmtesten stammen aus Jean-Jacques Rousseau und Johann Wolfgang von Goethe; vgl. dazu Roberto Leydi: Erminia monta in gondola. In: Tartini: il tempo e le opere, a cura di Andrea Bombi e Maria Nevilla Massaro. Bologna 1994, 417-442). Noch heute werden vorrangig in Mittelitalien Ritterepen, auch Dantes „Göttliche Komödie" oder andere Texte wie *Pia dei Tolomei* gesungen (vgl. Giovanni Kezich: I poeti contadini. Roma 1986).

41 Über die *cantari*-Aufführung besitzen wir vor allem literarische Zeugnisse. Im *„Malmantile racquistato"* müssen Pagen „Rosana" und die „Regina d'Oriente" (beide *cantari*) aus dem Gedächtnis während eines Hochzeitsfests rezitieren ([Lorenzo Lippi:] Malmantile racquistato. Firenze 1688). *Cantari* mit religiösem Sujet wurden z.T. auch musiziert („con suon piatoso e destro"; vgl. Pio Rajna: Il cantare dei cantari e il Sirventese del Maestro di tutte le arti. In: Zeitschrift für Romanische Philologie 2 [1878], S. 220-254, 419-437, hier S. 254). Pietro Aretino erzählt vom Bänkelsänger Zoppino, der in Venedig „Campriano" rezitierte und verkaufte (Pietro Aretino: Ragionamento e dialogo, a cura di Giorgio Barberi Squarotti. Milano 1988, Giornata prima). Schließlich wurden die *cantari* auch gelesen, wie Boccaccio im „Corbaccio" bezeugt; vgl. Giovanni Boccaccio: Elegia di madonna Fiammetta. Corbaccio, a cura di Francesco Erbani. Milano 1988, S. 279. Der Bänkelsänger und Autor Michelangelo da Volterra, „Trombetto" genannt, zitiert am Schluss seines 1488

Buchdruck wurden die *cantari* zu Lesetexten, worin die Versform – samt oralen Spuren wie Anrede an die Zuhörer/Leser etc. – private Lektüreakte oder Vorlesesituationen seitens nicht-professioneller Leser vereinfachen und ermöglichen oder als typographisch visuelles Dispositiv wirken konnte, um die Lesbarkeit zu erhöhen.

Novellistische und märchenhafte Texte/*cantari* scheinen im Bereich der italienischen Inkunabelliteratur eine kleinere, aber nicht unbedeutende Rolle zu spielen, nicht wegen ihrer Auflagenhöhe, worüber man keine Daten besitzt, sondern auf Grund der nachweisbaren Titel der noch vorhandenen Zeugen. Zugleich stellen diese Texte die am meisten benutzten Vorlagen für Neueditionen dar. Von 1475 bis 1500 erschienen ca. 20 Titel, deren Erstausgaben nicht nur in Florenz, sondern auch in Venedig und in kleineren Druckzentren wie Treviso, Neapel und Bologna hergestellt wurden. Ohne Druckangaben – um 1500 aber meist in Florenz gedruckt – erschienen ca. zehn weitere neue Titel, während in den darauf folgenden Jahren bis 1550 insgesamt 17 neue Werke publiziert wurden. Unter den Werken, von denen meistens geschöpft wurde, um Texte für die Kleindrucke zu publizieren, scheint das *Decameron* herauszuragen. *Cantari* greifen auf elf Einzelnovellen im Gesamtwerk zurück, deren Erstausgaben zwischen ca. 1491 und 1530 liegen.[42] So erschienen zunächst[43] – vor dem Ende des 15. Jahrhunderts – *Guiscardo und Ghismonda* (*Decameron* IV, 1), *Griseldis* (*Decameron* X, 10) und *Cerbino* (*Decameron* IV, 5). Die ältesten vorhandenen Zeugen wurden um 1491 in Brescia bei Baptista Farfengus (*Decameron* IV, 1), 1492-96 in Florenz bei Lorenzo Morgiani (*Decameron* IV, 4) und um 1500 wiederum in Florenz (*Decameron* X, 9) gedruckt. Es überrascht nicht wirklich, dass diese Ausgaben später als die „entsprechenden" in

datierten handschriftlichen Werkes eine Liste von schönen, nützlichen und daher empfehlenswerten Lektüren, die er grob in drei Kategorien teilt: *Libri di Battaglia* (Ritterepen), *Libri d'amore* (Liebesepen, d.h. vor allem novellistische *cantari*) und *libri dell'anima* (religiöse, devotionale Werke); vgl. dazu Marco Villoresi: La biblioteca del canterino: i libri di Michelangelo di Cristofano da Volterra. In: Bibliografia testuale o filologia dei testi a stampa? Definizioni metodologiche e prospettive future. Udine 1999, S. 87-124. Dass es sich insbesondere bei den kurzen novellistischen *Cantari* um gedruckte Texte handelt, kann mit größter Wahrscheinlichkeit vorausgesetzt werden.

[42] Es sind folgende Novellen: I, 4; II, 9, 10; III, 1, 7, 10; IV, 1, 4; V, 8; VII, 7; X, 10. Nicht alle *cantari,* die daraus ihre Sujets bezogen, sind noch vorhanden (vgl. Catalogo dei libri posseduti da Charles Fairfax Murray. Londra 1889, num. 936); vgl. Paola Rada: Cantari dal „Decameron": modalità di riscrittura della novella di Paganino e Ricciardo (II.10). In: Picone/Rubini (wie Anm. 5), S. 339-354.

[43] Ich beschränke mich dabei nur auf die „populären" Bearbeitungen in Oktaven. Daher bleiben hier weitere „gelehrte" Bearbeitungen sowohl in italienischer als auch in lateinischer Sprache unberücksichtigt; vgl. dazu die noch unvollständige Bibliographie von Michela Parma: Fortuna spicciolata del „Decameron" fra Tre e Cinquecento. Per un catalogo delle traduzioni latine e delle riscritture italiane volgari. In: Studi sul Boccaccio 31 (2003), S. 203-270.

Prosaform bearbeiteten Novellen in Deutschland erschienen (mit Ausnahme von *Cerbino*).[44]

Hier setzte die erste Rezeption auf der petrarkesken Linie ein: Zunächst wurden die *pia et gravia*-Erzählungen aus dem Lateinischen übersetzt, die den Weg für die Gesamtübertragung (ca. 1476)[45] bahnten. Spätere, als Einzeldrucke publizierte Novellen wurden alle aus dem *Decameron* Arigos herausgelöst, außer der *Cimone-und-Efigenia*-Novelle, die aus der lateinischen Fassung des Filippo Beroaldo – höchstwahrscheinlich von Johann Haselberg – ins Deutsche übertragen und 1516 durch Johann Grüninger in Straßburg verlegt wurde.[46] Aus dem Lateinischen übertrug Heinrich Steinhöwel *Griseldis* (Erstausgabe: Günter Zainer, Augsburg 1471), während Niklas von Wyle *Guiscard und Sigismunde* übersetzte (Erstausgabe: Johann Zainer, Ulm um 1476). Obwohl ihrem Ursprung nach beide Novellen unter einem hochliterarischen Signet stehen, spielt die Buchtypologie und insbesondere die ikonographische Beigabe in den Einzeldrucken eine bedeutende Rolle: In beiden Fällen ließ der Ulmer Verleger Johann Zainer[47] die Novellen durch berühmt gewordene Bildserien schmücken, die zugleich ein weniger elitäres Publikum ansprechen sollten. Ganz anders verhielt sich der Esslinger Drucker Konrad Fyner, als er *Guiscard und Sigismunde* als zweite Übersetzung in der von Wyle autorisierten *Translatzen* (um 1478) unbebildert auf den Markt brachte. Dass sich somit dieselbe Novelle an zwei verschiedene Lesergruppen richtete, zeigt zweifelsohne das Illustrationsprogramm im Einzeldruck bzw. das Fehlen jeglicher Bildzugabe im Werk für ein humanistisches, streng am Text orientiertes Publikum.[48] Beide Novellen

---

44 Auf Deutsch wurden zwischen 1471 und 1555 mindestens neun „Decameron"-Novellen für die Kleindrucke bearbeitet. Nur zum Teil sind es dieselben, die auf Italienisch erschienen. Es handelt sich um: II, 5, 9; III, 7, 9; IV, 1; V, 1; VIII, 1; X, 9, 10. Von „Decameron" VIII, 1 ist kein Exemplar mehr vorhanden; vgl. Wendelin von Maltzhahn: Deutscher Bücherschatz des sechzehnten, siebzehnten und achtzehnten bis um die Mitte des neunzehnten Jahrhunderts. Jena 1875, Nr. 1244.

45 Vgl. Bertelsmeier-Kierst (wie Anm. 31); Joachim Theisen: Arigos „Decameron". Übersetzungsstrategie und poetologisches Konzept. Tübingen/Basel 1996.

46 Vgl. dazu Luisa Rubini: Die (halb)nackte Schöne und der betrachtende Narre. Boccaccios „Cimone und Efigenia"-Novelle in deutscher Sprache in Text und Bild. In: Deutsch im Kontakt der Kulturen. Schlesien und andere Vergleichsregionen, hrsg. von Maria Katarzyna Lasatowicz, Andrea Rudolph und Norbert Richard Wolf. Berlin 2006, S. 115-139.

47 Vgl. oben Anm. 31.

48 Vgl. dazu Mirella Ferrari: Dal Boccaccio illustrato al Boccaccio censurato. In: Boccaccio in Europe. Proceedings of the Boccaccio Conference, Louvain, december 1975, ed. by Gilbert Tournoy. Leuven 1977, S. 111-133; Schmitt (wie Anm. 23), S. 171 f.; Brigitte Derendorf: Der Magdeburger Prosa-Äsop. Eine mittelniederdeutsche Bearbeitung von Heinrich Steinhöwels „Esopus" und Niklas von Wyles „Guiscard und Sigismunda". Text und Untersuchungen. Weimar/Wien 1996; Luisa Rubini: Die zwei Becher der Sigismunde. Zum Verhältnis zwischen Druckform, Bildbeigabe und Textsorten am Beispiel von Boccaccios „Dekameron" IV, 1 in deutscher Sprache. In: Textsorten und Textallianzen um

als Einzeldrucke erlebten in kurzer Zeit zahlreiche Neueditionen auch im Zuge einer zunehmenden Vereinfachung ihrer äußerlichen Ausstattung. Noch zu untersuchen sind die Überlieferungsgeschichten der Texte, die sich in einer späteren Phase von der ersten abheben. Die wylesche Übersetzung der *Guiscard-und-Sigismunde*-Novelle wurde ab ca. 1550[49] in den Einzeldrucken durch eine neue Bearbeitung verdrängt, die auf dem Novellentext innerhalb der *Decameron*-Gesamtausgabe (Straßburg: Johann Grüninger 1509 oder 1519 oder Jacob Cammerlander in Verlegung Johannes Albrechts, 1535) basierte. Die *Griseldis*-Novelle wurde hingegen seit der zweiten Hälfte des 17. Jahrhunderts aus dem lateinischen Petrarca-Text neu übertragen. Diese Neuübersetzung stellte den Anfang einer neuen Überlieferung dar, die bis ins 19. Jahrhundert ging.[50] Beide Novellen erfuhren zudem zahlreiche neue Bearbeitungen bzw. Medienwechsel: von Dramatisierungen bis zu Umsetzungen in Meisterliedern, was ihre Popularität enorm begünstigte.

In beiden Ländern – Deutschland und Italien (wahrscheinlich auch in Großbritannien, mit Sicherheit in Schweden und Dänemark) – wurde, trotz aller Unterschiede, der mündliche, populäre Bereich durch diese Art der Drucklegung beeinflusst. Von den Einzeldrucken gingen die Impulse aus, deren Niederschlag in ziemlich verbreiteten Märchenerzählungen[51] und Balladen zu finden ist. Das eher rezitierte als gesungene populäre Lied der *Ghismonda* setzte sich vorrangig im östlichen Italien durch. Hingegen stellte die niederdeutsche Redaktion der wyleschen Übersetzung die Vorlage für die erste dänische Übertragung dar, aus der eine sehr populär gewordene Ballade komponiert wurde.[52]

Im Bereich der schwankhaften Texte, die als Einzeldrucke erschienen, finden wir zwischen Italien und Deutschland zwar wenige, aber desto interessantere Parallelen, die bis jetzt außer Acht gelassen wurden. Auf dem italienischen Markt erschienen in chronologischer Abfolge zwischen dem Ende des 15.

1500, hrsg. von Jörg Meier und Ilpo Tapani Piirainen. Berlin 2007, S. 159-180.

[49] Der Einzeldruck, mit dem eine neue Textüberlieferung einsetzte, erschien in Straßburg bei Jakob Frohlich um 1550 (Von dem traw / || rigen ende Guiscardi vnd || Sigißmunde des Künigs vô Salern || Tochter / ein gar erbermbkliche [!] || History).

[50] Vgl. dazu Reinhold Köhler: Die Quelle von Bürgers „Leonardo und Blandine“. In: Kleinere Schriften zur neueren Litteraturgeschichte, Volkskunde und Wortforschung, hrsg. von Johannes Bolte. Bd. 3. Berlin 1900, S. 173-180; ders.: Griselda. In: Encyclopädie Ersch-Gruber. Leipzig 1871, S. 413-421, hier S. 415.

[51] Zur „Griseldis“ vgl. Reinhold Köhler: Die Griseldis-Novelle als Volksmärchen. In: Archiv für Litteraturgeschichte 1 (1870), S. 409-427; vgl. ferner Siegfried Neumann: Das „Decameron“ und die mecklenburgische Erzählüberlieferung. In: Studien zur Stoff- und Motivgeschichte der Volkserzählung, hrsg. von Leander Petzoldt, Siegfried de Rachewiltz und Petra Streng. Frankfurt a.M. u.a. 1995, S. 99-112.

[52] Vgl. Vittorio Santoli: Aspetti della tradizione scritta e orale nella poesia. In: Demologia e Folklore. Studi in onore di Giuseppe Cocchiara, a cura dell'Istituto di Storia delle tradizioni popolari dell'Università di Palermo. Palermo 1974, S. 33-49.

Jahrhunderts bis ca. 1530 die *cantari* von *Campriano* (AaTh/ATU[53] 1539 *Cleverness and Gullibility*; AaTh/ATU 1535 *The Rich and the Poor Farmer [Unibos]*; AaTh/ATU 1930 *Schlaraffenland*); *Due preti e un chierico innamorati di una donna* (Zwei Pfaffen und ein Messdiener in eine Frau verliebt) (AaTh/ATU 1730 *The Entrapped Suitors*); *Gonnella* (erste Redaktion 1506: u.a. Mot. J 1772.9; AaTh/ATU 1698 C *Two Persons Believe Each Other Deaf*; AaTh/ATU 1577 *Blind Men Duped into Fighting*; zweite vergrößerte Redaktion 1506-15: u.a. Mot. X 15; dritte vergrößerte Redaktion um 1550: u.a. AaTh/ATU 1620 *The Emperor's New Clothes*; AaTh/ATU 1590 *The Tress-passer's Defense*, Mot. J 1169.5, 334.3.2);[54] *Grillo als Arzt* (AaTh/ATU 1641 B *Physician in Spite of Himself*; AaTh/ATU 1641 *Doctor Know-All*); *Tre donne che ognuna fece una beffa al marito per guadagnare un anello* (Drei Frauen foppten ihre Ehemänner, um einen Ring zu gewinnen) (AaTh/ATU 1406 *The Merry Wives' Wager*); *Bussotto* (AaTh/ATU 1534 *Series of Clever Unjust Decisions*).

Diese epischen Lieder, die alle keine vorausgehende handschriftliche Überlieferung (außer dem Text „Zwei Pfaffen und ein Messdiener in eine Frau verliebt") aufweisen, scheinen Stoffe hervorzubringen, die einerseits in der mittelalterlichen Tradition der *Fabliaux*, der Exempla-, novellistischen und Fazetien-Sammlungen ziemlich gut belegt sind, andererseits auch im mündlichen Bereich zirkulierten. Als Beispiel sei hier nur auf den Schwank *Grillo als Arzt* hingewiesen, welcher die bis dahin nur vereinzelt in der europäischen Literatur des Mittelalters erschienene Episode 1518 in Perugia bzw. 1519 in Venedig zum ersten Mal kontaminiert. Der italienische *cantare* kann somit als erste Dokumentation des vollständigen Typus *Doctor Know-All* (mit einer Episode aus AaTh/ATU 1641) gelten. Auch wenn diese kontaminatorische Methode für die mittelalterliche Schriftlichkeit typisch ist, ist der *cantare*-Verfasser Pierfrancesco da Camerino – übrigens ein nicht so ungebildeter Autor, wie er in seiner Fortsetzung des *Orlando Innamorato* des Matteo Maria Boiardo (1440/41-1494) dargestellt wurde – nicht nach eigenem Belieben mit dem Stoff umgegangen. Im Gegenteil: Der später in der mündlichen populären internationalen Überlieferung dokumentierte große Erfolg dieser Zusammenstellung der Episoden bestätigt *ex post*, dass Pierfrancesco sie nicht frei erfunden, sondern dass er sich von mündlichen Berichten hat inspirieren lassen. Erst dann schlugen sich die Episoden in der Schriftlichkeit nieder.[55]

---

[53] Die Erzähltypen werden nach der von Hans-Jörg Uther erweiterten Fassung des internationalen Erzähltypenverzeichnisses zitiert; ders.: The Types of International Folktales. A Classification and Bibliography. Based on the System of Antti Aarne and Stith Thompson. Bd. 1-3. Helsinki 2004 (FF Communications 284-286).

[54] Vgl. dazu Giancarlo Schizzerotto: Gonnella il mito del buffone. Pisa 2000.

[55] Zum Büchlein von „Grillo medico" vgl. Luisa Rubini: „The making of *Grillo Medico*": libro di battaglia dell'editoria povera. In: Messerli/Chartier (wie Anm. 40), S. 135-170.

In Deutschland lassen sich Parallelen in der (gedruckten) Mären-Dichtung finden, die vorrangig am mündlichen Vortrag und am Spiel orientiert war. Obwohl die Forschung noch im Argen liegt, steht fest, dass – ähnlich wie in Italien –

> „sich die großen Verlagshäuser der Zeit [...] mit Ausnahme von Anton Sorg in Augsburg [...] nicht an der Veröffentlichung von Mären-Texten beteiligten, sondern dies den mittleren und kleinen Offizinen überlassen haben, die auf Herstellung und Vertrieb von Kleinschrifttum in Broschüren- oder Einblattform eingestellt waren."[56]

Hier aber nimmt sich der Frühdruck „in beschränktem Umfang der Verbreitung von Märentexten"[57] an, so dass nur Einzelausgaben erschienen. Gerade der Typus *Bauer als Scharlatan* erschien in Deutschland (obwohl unvollständig) zwei Jahre später im Druck als in Italien, und es überrascht nicht, wiederum dem Barbier und Meister der Wundarzneikunst, Hans Folz, als Autor und Drucker zu begegnen. Denn er erkannte mehr als andere und wusste, das Potenzial des Buchdrucks für sein eigenes Œuvre produktiv zu machen. Als wichtigste Periode seines Schaffens als Märendichter werden die achtziger Jahre genannt, „als er eine eigene Druckoffizin unterhielt".[58] Dass seine Texte ebenso wie die von Hans Rosenplüt oder vom Weber und Schreiber Jörg Preining den in Italien viel gedruckten *cantari* entsprechen, die nur wenige Seiten Umfang aufweisen, ist von Holger Nickel kürzlich festgestellt worden.[59] Von Hans Folz' *De[r] Quacksalber* ist eine Ausgabe vorhanden (ein Nachdruck?), die in Nürnberg bei Hans Stuck um 1520 erschienen ist.[60] Der Text enthält u.a. eine Episode aus AaTh/ATU 1641 A *Sham Physician Pretends to Diagnose Entirely from Urinanalysis,* kontaminiert mit AaTh/ATU 1641 B *Physician in Spite of Himself*

---

[56] Hanns Fischer: Studien zur deutschen Märendichtung. 2., durchgesehene und erweiterte Aufl. besorgt von Johannes Janota. Tübingen 1983, S. 242. Seine Übersicht nach Druckorten sieht so aus: „Nürnberg: Hans Folz, Peter Wagner, Hans Stuchs (Folz-Mären), Jobst Gutknecht [...]; Leipzig: Konrad Kachelofen [...]; Bamberg: Hans Sporer [...]; Straßburg: Johann Prüss, Martin Schott, Matthias Hupfuff [...]; Matthias Brant [...]; Heidelberg: Heinrich Knoblochzer [...]; Augsburg: Philipp Ulhart" (ebd.).

[57] Ebd., S. 276.

[58] Ebd., S. 160.

[59] Holger Nickel: Buchdruck als neues Medium. In: Aderlass und Seelentrost. Die Überlieferung deutscher Texte im Spiegel Berliner Handschriften und Inkunabeln, hrsg. von Peter Jörg Becker und Eef Overgaauw. Staatsbibliothek zu Berlin Preußischer Kulturbesitz. Mainz 2003, S. 445-460, hier S. 449. Eigentlich spricht der Autor von *Rappresentazioni* („Spielszenen"), die auch in der *cantari*-Form gedruckt wurden.

[60] Hans Folz: Die erst auß fart | eines Arztes. Nürnberg: Hans Stück, um 1520. 8°, 8 Bl., 1 Holzschnitt; vgl. ders.: Die Reimpaarsprüche, hrsg. von Hanns Fischer. München 1961, S. XX, 103-111; ferner Hans-Joachim Ziegeler: Erzählen im Spätmittelalter. Mären im Kontext von Minnereden, Bispeln und Romanen. München/Zürich 1985, S. 549.

(Episode: die Heilung eines Halsgeschwürs durchs Lachen) und *Doctor Know-All* (Episode: ein Abführmittel wird verordnet, um einen Esel aufzufinden).[61]

Zur Popularität solcher Texte sagt Hanns Fischer, dass diese „selbst im Zeitalter der missverständlich so bezeichneten ‚Volkshandschriften' und des Frühdrucks [...] im allgemeinen wohl nur in den Kreisen höher gestellter Kunstfreunde ihre Heimat gehabt"[62] hätten, während dies durch Anneliese Schmitt relativiert wird. Die Tatsache, dass zahlreiche der Folz'schen Heftchen über Hans Jakob Fugger in die Bibliothek Herzog Albrechts V. und dann in die Münchner Hofbibliothek gelangten, wobei die Verbindung durch Anton Haller lief, dessen Schwiegersohn der berühmte Hartmann Schedel war, interpretiert sie als „ein Beweis dafür, dass volksverbundene Kunst und humanistische Literatur einander nicht ausschlossen."[63] Uns scheint dennoch wichtig, dass der Buchdruck in zunehmendem Maße Stoffe übernahm, die bereits in der Literatur des Mittelalters ziemlich gut belegt waren und die auch, mindestens zum Teil, mündlich zirkulierten. Dass die mittelalterliche Oralität weniger exklusiv war als die chirographische, spricht für eine breitere Rezeption und Reproduktion solcher Texte.

Im Vergleich zu Deutschland scheinen die italienischen Kleinoffizinen mehr auf dem Gebiet der märchenhaften Erzählungen zu experimentieren. Deutlich wird das im Bereich der Oktaven-Texte, die eine Entsprechung im Aarne-Thompson-Uther-Zaubermärchen-Katalog finden. Von 1476/77 bis 1529 erschienen ca. zehn Titel, denen nur in einem Fall handschriftliche Zeugen vorangegangen sind. Es handelt sich um den viel zitierten *Liombruno* (AaTh/ATU 811 A* *The Boy Promised to Go to the Devil Saves Himself by His Good Conduct*, AaTh/ATU 400 *Mann auf der Suche nach der verlorenen Frau*), dessen handschriftliche Fassung (um ca. 1460) kürzlich publiziert wurde.[64] Hingegen ist der älteste, datierte und erhaltene Druck (Venedig, Vendelinus de Spira, 1476-77), der eine bessere Textüberlieferung darbietet, noch nicht ediert. Ebenso bekannt – obgleich noch wenig erforscht – sind die Drucke der *Königin Oliva*[65] (AaTh/ATU 706 *The Maiden without Hands*) und von „Stella und

---

[61] Zum AaTh-Typus vgl. Jurjen van der Kooi: Scharlatan. In: Enzyklopädie des Märchens, Bd. 11. Berlin/New York 2005, Sp. 1232-1237, wo aber weder die italienische *cantare*-Fassung noch Hans Folz zitiert werden.

[62] Fischer (wie Anm. 56), S. 244.

[63] Anneliese Schmitt: Tradition und Innovation von Literaturgattungen und Buchformen in der Frühdruckzeit. In: Die Buchkultur im 15. und 16. Jahrhundert. Zweiter Halbband. Hamburg 1999, S. 9-121, hier S. 10 f.

[64] Vgl. Roberta Manetti: Liombruno. In: Cantari novellistici dal Tre al Cinquecento, a cura di Elisabetta Benucci, Roberta Manetti e Franco Zabagli. Introduzione di Domenico De Robertis. Roma 2002, Bd. 1, S. 303-339. Zur Ausgabe vgl. Luisa Rubini: Note a una nuova antologia di cantari. In: Rassegna Europea di Letteratura Italiana 22 (2004), S. 93-105.

[65] Vgl. Francesco Corna da Soncino: Historia della regina Oliva, a cura di Silvia Marchi. Pisa-Roma 1998.

Mattabruna" (AaTh/ATU 707 *The Three Golden Children*), beide in Venedig erschienen, während die früheste italienische *Fortunatus*-Fassung in Versform in Florenz gedruckt wurde.[66] Neuentdeckungen sind hingegen zwei andere venedische Kleindrucke, welche beide als Früh-Dokumentationen von AaTh/ATU 555 *The Fisherman and His Wife*[67] zu gelten haben.

Die italienische Druck- und Editionslandschaft änderte sich schnell. Die Kleinoffizinen zeigten sich offen für neue Formen und Titel der Unterhaltungsliteratur, wo „die Nahtstelle zwischen schriftlicher Fixierung und mündlicher Überlieferung"[68] zu spüren ist. Dass gerade Venedig, das in Italien wichtigste Druckzentrum, Straparolas Sammlung in den darauf folgenden Jahren hervorgebracht hat, sollte nun nicht mehr überraschen.

---

[66] Vgl. Luisa Rubini: Fortunatus in Italy. A History between Translations, Chapbooks and Fairy Tales. In: Fabula 44 (2003), S. 25-54.

[67] Vgl. Luisa Rubini: Virginia Woolf and the Flounder: The Refashioning of Grimms' „The Fisherman and His Wife" (KHM 19, AaTh/ATU 555) in „To The Lighthouse". In: Fabula 46 (2006), S. 289-307.

[68] Schmitt (wie Anm. 23), S. 170.

Gesa Mackenthun

Storytelling as Cultural Survival
in Leslie Silko's "Ceremony"

The storytelling traditions of non-European indigenous cultures changed tremendously under the impact of colonialism. Obviously, there is a vast ocean of stories in all the different parts of the world formerly under European colonial dominion. This paper will limit itself to one particular group, North American Indians, in trying to show how the creative work of contemporary Native American writers has been affected by the transition from oral culture to print culture. This is not the place for giving a survey of Native American literature – suffice it to say that, like other postcolonial literatures, it is fundamentally concerned with the conflict between traditional forms of storytelling and Euro-American literary styles. I will take Leslie Marmon Silko's novel *Ceremony* (1977) as an example for this conflict and this transition. By now, Silko's novel has become a solid part of the American Studies curriculum, not least because of its very creative way of juxtaposing elements from an indigenous oral culture with Euro-American plot patterns. The following reflections on Silko's use of myth and imagery as a postcolonial response to the high modernist aesthetics of T.S. Eliot elaborate on an idea of Louis Owens who suggested this connection in his substantial analysis of Silko's novel in *Other Destinies* (1992).[1]

Let me begin by complicating the opposition between the two media involved in my example: oral tradition and the written text. It is quite convenient to turn the difference between the two into an opposition. Especially structuralist scholars tend to absolutize this distinction and to align it with their idea of binary oppositions, with 'literate' or 'warm' cultures on the one side (the superior side) and non-literate or 'cold' cultures on the other. Tzvetan Todorov has famously drawn this manichean opposition in his book *The Conquest of America* (1982). His claim was that the Spaniards were able to conquer Mexico less because of their technological superiority or the violence they used or the alliances they were able to forge but because they possessed the power of writing. The presence of writing for Todorov endows a culture with a superior capacity for improvisation and communication. The Aztecs, because they did not know the power of writing, so the argument goes, remained paralyzed at the arrival of Cortés and his troops and were completely taken by surprise by his convincing tales of returning gods, which made them surrender to the invaders.[2]

---

[1] Louis Owens: Other Destinies. Understanding the American Indian Novel. Norman: University of Oklahoma Press 1992, p. 168.

[2] Tzvetan Todorov: The Conquest of America. New York: Harper & Row 1984, p. 80, 117,

Much has been said about Todorov's highly problematic thesis and the colonial ideology by which it is informed. Let me point out merely that he misrepresents the state of communication media which the Spaniards encountered in Mesoamerica. As is well-known, the high cultures of Mesoamerica (Toltec, Aztec, Maya) were in the process of moving from earlier to more complex forms of written record keeping and they were actually on the verge of phonetic writing when this process was interrupted by the conquista. As Mark Münzel and Birgit Scharlau point out in their analysis of Mexican and Peruvian writing, some of the post-cortesian codices betray signs of a transition from purely pictographic representation (ill. 1) to ideographic and even logographic forms of representation.[3]

Ill. 1: "Nuttall Screenfold". A classical pictographic codex (pre-cortesian)

In the latter case, a symbol in a screenfold is not merely a more or less abstract rendering of a referent (as in pictograms or ideograms) but a type of signification in which the signifier is detached from the signified in order to lend its sound to new morphological compounds – for example proper names or places. Thus in the post-cortesian codice *Xolotl* from the first third of the sixteenth century, the hieroglyphic signifier "tetl" (meaning "stone") is cut by a syllable and combined with another slightly altered signifier, "zozoma" (meaning "anger") to

252. German edition: Die Eroberung Amerikas. Das Problem des Anderen. Frankfurt a.M. 1985, p. 99 f., 144, 297 f.

[3] See Birgit Scharlau and Mark Münzel: Qellqay. Mündliche Kultur und Schrifttradition bei Indianern Lateinamerikas. Frankfurt a.M./New York 1986, p. 73 ff.

form the proper name of the leader "Tezozomoc". Similarly, the tribal name "Tepanec" is formed by combining and slightly altering the glyphs of "tetl" and "pantli" ("flag"). In both cases, the resulting signifiers have nothing to do with stones, anger or flags; they merely borrow the sound of these signs in order to form, as in a rebus, completely new meanings (ill. 2).[4] We may thus say, in contradicting Todorov, that, although the technique of writing was in a different stage of development than in Europe, Mesoamerican cultures possessed the logic of written record keeping. Contrary to Todorov, the early Spanish friars in Mexico understood the potential danger of indigenous codices and organized public book-burning auto-da-fés (ill. 3). Less than two dozen pre-cortesian codices remain today.

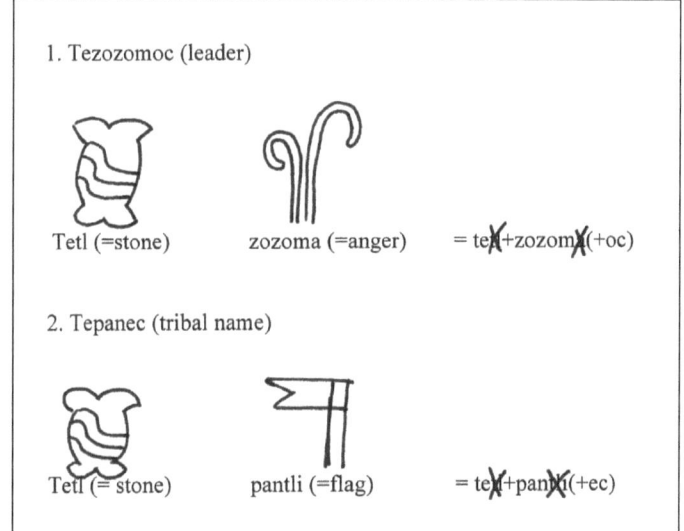

Ill. 2: Logographic word formation in "Codex Xolotl" (before 1542)

1. Tezozomoc (leader)

Tetl (=stone) zozoma (=anger) = tet+zozom(+oc)

2. Tepanec (tribal name)

Tetl (= stone) pantli (=flag) = tet+pan(+ec)

The transitional status of Mesoamerican record keeping disturbs the clean binaries of structuralist theory whose purpose at times seems to be to reduce, or even to exorcise, the fuzziness of historical reality. Leslie Silko herself includes a reference to Mesoamerican writing in her novel *The Almanach of the Dead* (1991), one of whose narrative strands deals with the legend of an ancient Aztec codice that was rescued from destruction and brought back north to the ancient homeland of the Aztecs, Aztlan, which is thought to be located in today's southwestern United States. The almanach is carried north by a group of children who actually have to feed on the text (painted on horse skin) in order to escape starvation: a wonderful allegory on the relationship between stories and life, the

---

4 Scharlau/Münzel 1986, p. 75 f.

life-giving capacity of stories, the tragic destruction of stories due to life's vicissitudes (war, persecution, starvation), and the constant need to recreate stories as a means of cultural survival.

Ill. 3: Spanish friars burning Mexican books. "Tlaxcala Codex" (1550/1580)

The message of Silko's stories is that there are no absolutes, only transitions, and she makes it her aesthetic project to capture cultures in transition, media-related and otherwise. This, of course, is a general theme in Native American fiction: the difficult search for both an individual and a collective identity in a situation of cultural conflict and change. While in earlier Native American novels the conflict was frequently lost by the protagonists (they are killed or commit suicide), the more experimental literature since the late 1970s emphasizes the power of stories in performing a function of cultural survival. Sometimes this leads to an outporing of the imagination, as in the writings of Gerald Vizenor, who in his novel *The Heirs of Columbus* (1991) invents a

Native American Bingo palace located on a replica of Columbus's ship the Santa Maria somewhere at the border between the United States and Canada. The ship is inhabited by a very hybrid sort of folk – part human, part animal – who run their own radio show, go on a quest for the remains of Columbus whom they claim as their ancestor, perform all sorts of cyber-tricks in a courthouse and finally establish a home for Native American orphans who they feed with storytelling genes.[5] But most of the times, Native American writers stay within the limits of conventional narrative modes, their novels have realistic settings in rural areas, frequently interspersed with, and sometimes overtaken by, magical or supernatural elements. Recently, we can observe a turn toward the historical novel – texts that seek to rewrite the story of the past 100 years or so from an indigenous perspective.

Ceremony is the story of Tayo, a young man from the Laguna Pueblo tribe (New Mexico) returning from the Second World War. He is deeply traumatized from having witnessed the death of his cousin Rocky in the Philippines, who was killed by the Japanese. But the reader soon discovers that Tayo's emotional dilemma runs deeper than the recent war. It arises from the fact that he is a mixedblood who has never met his (white) father and whose Indian mother has neglected him when he was a child, making a living as a prostitute in Gallup. Tayo's earliest memories are of crawling underneath barroom tables studying the boots of the bar guests and eating their cigarette butts and other trash. When his mother dies, Tayo is adopted by his aunt with whom he lives on the Laguna reservation, for whom he is a constant reminder of the family's shame and who therefore rejects him. The only people in the family who offer him sympathy and love are the old grandmother, who tells him the ancient tribal stories, and his uncle Josiah. At a crucial point in Tayo's life, just before he leaves for the Army, he is about to help Josiah search for a herd of cattle that has been stolen from him. However, Tayo decides to join his cousin and fight in a distant land. He loves and admires Rocky, the 'good' son, and wants to protect him. In the end however, Rocky is killed and Josiah has also died while Tayo was away. Tayo thus suffers from a double guilt complex, besides the loss of the only two people besides his grandmother who had offered him any kind of sympathy and acceptance.

This story is not rendered in linear fashion but through a series of flashbacks in form of memories. We accompany Tayo as he gradually comes to understand the cause of his pain. The action of the novel consists in Tayo's long and difficult cure with the help of other people – above all the Navaho medicine man Betonie and a mysterious woman called Ts'eh. These two help him to complete the project he had interrupted when leaving for the war, the search for Josiah's spotted cattle. The plot culminates in a kind of showdown involving a group of

---

5   Gerald Vizenor: The Heirs of Columbus. Hanover: Wesleyan University Press 1991.

Pueblo war veterans, former 'friends' of Tayo who really reject him because of his ethnic hybridity. While Tayo moves towards an enlightened understanding of his place in the world, these Indians drown their problems in alcohol and violence. Especially Emo is determined to kill Tayo but ends up killing three of his buddies before disappearing to California.

But the novel, superficially an account of a war veteran and his difficult process of social reintegration, contains a second, mythical, level of meaning, and this is where the oral tradition comes in. Because Tayo has an intense feeling that he has caused the serious drought from which the country suffers by cursing the rain in the Philippines: "Tayo hated this unending rain as if it were the jungle green rain and not the miles of marching or the Japanese grenade that was killing Rocky ... He wanted the words to make a cloudless blue sky ... all the time he could hear his own voice praying against the rain."[6] He is convinced that he "had prayed the rain away, and for the sixth year it was dry; the grass turned yellow and it did not grow. Wherever he looked, Tayo could see the consequences of his praying."[7] Here Silko introduces the first element from a Laguna vegetation myth. It is the story of Reed Woman who constantly bathes in the river while her sister, Corn Woman, works hard all day, "sweating in the sun and getting sore hands in the corn field."[8] Corn Woman gets angry with Reed Woman and scolds her for being so lazy. As a result, Reed Woman goes away "to the original place down below" and takes the rainclouds with her. All the land dries up and the people and animals starve. As the narrative unfolds, it becomes manifest that Tayo's quest for identity and wholeness is metonymically linked to a natural process; his healing is the precondition of overcoming the drought that clutches the land.

At the beginning of the novel, Tayo seems locked in a schizophrenic state. He is kept in the Army hospital and he imagines himself to consist of white smoke: "He inhabited a gray winter fog on a distant elk mountain where hunters are lost indefinitely and their own bones mark the boundaries."[9] He is in a state beyond the ability to cry. Enwrapped in white smoke, "visions and memories of the past did not penetrate there, and he had drifted in colors of smoke, where there was no pain, only pale, pale gray of the north wall by his bed." When a doctor tries to speak to him, Tayo hears a voice answer, "He can't talk to you. He is invisible," and he reaches into his mouth to feel his tongue which "was dry and dead, the carcass of a tiny rodent."[10] His feeling of self-estrangement recedes as Tayo returns to the reservation, but the traumatic symptoms stay with him until the end. Whenever he remembers Rocky, the war, or Josiah he has to cry and vomit.

---

6   Leslie Marmon Silko: Ceremony. New York: Signet 1977, p. 11 f.
7   Ibid., p. 13.
8   Ibid., p. 12 f.
9   Ibid., p. 14.
10 Ibid., p. 15.

It is only by meeting other mixedblood people that his situation improves. A prostitute called Night Swan, who is herself part Mexican, teaches Tayo not to be ashamed of his difference:

> "They are afraid ... They feel something happening ... around them, and it scares them. Indians or Mexicans or whites – most people are afraid of change. They think that if their children have the same color of skin, the same color of eyes that nothing is changing ... They are fools. They blame us, the ones who look different. That way they don't have to think about what has happened inside themselves."[11]

But it is the medicine man Betonie, himself a mixedblood, who introduces Tayo to the knowledge that his individual problem is linked to a collective lack of meaning and identity, that likewise his individual quest fulfils a larger, collective purpose – that of restoring fertility to the land and cohesion to the tribe.

The fertility theme is at the center of a long oral narrative – rendered in verse – that interrupts the main narrative at crucial points. It is the story of Fly and Hummingbird who are sent to the underworld to ask Corn Mother to send back the rainclouds which she had taken with her because the people had been tricked by the Ck'o'yo medicine man to neglect their duties toward her. Fly and Hummingbird descend to the fourth world and ask Corn Mother to return the rainclouds, but Corn Mother demands that they first order Buzzard to purify the town, "and then, maybe, I will send you people food and rain again."[12] So the two fly back up, gather all kinds of presents (pollen, beads, prayer sticks) and go to see Buzzard. But Buzzard tells them that their offering is incomplete, that he also needs tobacco. Realizing that this was no easy quest, Fly and Hummingbird fly back to town. But there is no tobacco at the town, so the people send them back to the underworld to ask Corn Mother for help. She sends them to caterpillar, "so they flew all the way up again."[13] Fortunately, caterpillar makes no further demands on them but freely gives them the desired tobacco. They fly back to Buzzard who accepts the present and purifies the town so that the storm clouds can return. The story ends with Corn Mother telling the people: "Stay out of trouble from now on. It isn't easy to fix up things again. Remember that next time some ck'o'yo magician comes to town."[14]

The Ck'o'yo magician is none else than the Evil Gambler, a figure central to many Native American mythologies (the Anishinabe call him "Wendigo"/ "wiindigoo"). The Evil Gambler is a cannibal spirit who constantly tries to trick the people into forgetting their duties by offering them to play with him and win promising prizes. In another story the Ck'o'yo magician gambles with the people until they have lost everything, even the stormclouds, and it takes three years

[11] Ibid., p. 104.
[12] Ibid., p. 110 f.
[13] Ibid., p. 187.
[14] Ibid., p. 268.

until Sun Man is able to outwit the Gambler, with the crucial help of a female creator goddess, Spiderwoman, and return the stormclouds, thereby ending the drought. When the evil magician, who has lost the contest, offers to be killed by Sun Man, Sun Man knows that this would be fruitless because the Evil Gambler cannot be killed; he would only pretend to be dead.[15]

Tayo's cure begins when he meets the shaman Betonie who realizes that Tayo's suffering is only a symptom of something much larger – the larger story of the people being tricked into inhuman behavior as a result of colonial contact. In a ceremony, Betonie shows Tayo the way toward deliverance. It leads him to the hut of a mysterious woman called Ts'eh, whose love returns him to his own body and to a deeper understanding of how his story is connected to the history of the tribe and the cycle of the seasons. Tayo's meeting with Ts'eh is directly preceded by the oral narrative of Sun Man's encounter with Spiderwoman and his defeat of the Evil Gambler – suggesting that Tayo is a manifestation of Sun Man while Ts'eh personifies Spiderwoman. In addition to this parallel, his relationship with Ts'eh is also rendered in terms of a vegetation myth similar to the Greek myth of Persephone. Ts'eh can only be with Tayo in summer time. In autumn she disappears in order to stay in the mountains with her husband, the hunter. After having been restored to life with her help, Tayo finally encounters the representatives of evil after she leaves. But like Sun Man in the myth, he desists from killing his enemy, the war veteran Emo, who is himself inscribed with the features of the Evil Gambler (the bag of Japanese soldiers' teeth he carries with him duplicates the Evil Gambler's bag of stars). The dramatic action ends with Emo murdering another war veteran instead of Tayo, who secretly observes the action. As he leaves to plant the seeds Ts'eh had given him and to watch them grow into plants, storm clouds are gathering in the west and south. And as Tayo is finally admitted into the tribal society, we learn that the evil power has collapsed within itself for this time, "stiffened with the effects of its own witchery. It is dead for now ..."[16].

It is one of the advantages of Silko's novel that it offers no simple solutions to the question about the origin of the peoples' misery. When Tayo wonders "'what good Indian ceremonies can do against the sickness which comes from their wars, their bombs, their lies',"[17] Betonie tells him that it is shortsighted to believe that all evil resides within white people. This view, he says, prevents you from seeing the larger picture, the universal drama within which white people are only tools manipulated by the witchery. This observation is directly followed by another verse narrative, an account of how the destruction brought about by the European invasion is itself the result of a witches story which has the power

---

[15] Ibid., p. 184.
[16] Silko 1977, p. 274.
[17] Ibid., p. 139

to create the events simply by talking about them.[18] A witch prophesies the coming of the white people and all the death and destruction it will bring to the Indians. As becomes obvious toward the end of the novel, much of the destruction is caused by the violation of sacred sites through uranium mining and atomic testing. It is the uranium mine which takes the water away and causes the drought. The final showdown takes place near the former uranium mine, now deserted but still littered with the remains of former strip mining. Although he knows about the destructive force of uranium, Tayo quenches his thirst by drinking from the contaminated water[19] – which gives me reason to believe that the ending is not quite as harmonious as many scholars claim. It is after drinking from the uranium water and holding a rock with uranium ore in his hand that Tayo finally

> "sees the whole pattern, the way all the stories fit together – the old stories, the war stories, their stories – to become the story that was still being told. He was not crazy; he had never been crazy. He had only seen and heard the world as it always was: no boundaries, only transitions through all distances and time."[20]

Clearly, the novel in our hands is to be regarded as part of a historical continuum which preceded it and which will continue after we have finished reading it. Already at the beginning of the novel we learn that Tayo's plight is part of a continuous story devised elsewhere by Thought-Woman, who is sitting in her room, "and whatever she thinks about appears. ... Thought-Woman, the spider, named things and as she named them they appeared. She is sitting in her room thinking of a story now/ I'm telling you the story she is thinking."[21] This disclaimer of authorial agency could be read in terms of Michel Foucault and Roland Barthes as a denial of authorship in the postmodern sense that every 'new' text is merely a recycled version of preceding texts, that creative originality at closer study turns out to be a myth because authors, rather than creating their texts, are particularly gifted craftsmen able to rearrange the preexisting fragments.[22] Silko's gesture could be understood in terms of Derrida's famous dictum that there is nothing outside the text ("Il n'y pas de hors-texte"). The difference lies in her insistence on the *oral* nature of the story of which her novel forms a part (she evokes the power of incantation, song, ritual) – this runs counter to postmodernism's privileging of the written text, which grows out of an understanding that writing had hitherto been neglected in the philosophical discourse of the West. Viewed from the perspective of colonial history, Derrida's critique of phonocentrism does not make a lot of sense: as the example of

---

[18] Ibid., p. 139-145.
[19] Ibid., p. 256.
[20] Ibid., p. 258.
[21] Ibid., p. 1.
[22] Owens 1992, p. 169.

Todorov's interpretation of the conquest of Mexico suggests, writing is one of the most powerful signifiers of cultural superiority in colonial discourse, culminating in Hegel's assumption that Africa has no pre-colonial history because it had no writing.

What also distinguishes Silko's novel from the theories and practices of postmodernism is its theme and its faithfulness to mimetic representation. Long stretches of *Ceremony* consist of minutely rendered descriptions of the poor living conditions on reservations, the primitive and emotionally raw dialogues of Indian GIs and veterans, of desolate family structures and deeply wounded personalities. There is no indicator here that these descriptions should not be taken as realistic representations of the predicaments of Native American people. Silko's seeming flirt with postmodernism sharply contrasts with her use of social realist narrative throughout the novel. Her text may thus be seen as 'writing back' to the mainstream tradition of modernism and postmodernism, as filling in some of the voids left by that tradition. But I would claim that it is more than that.

Similarities with high modernism can be discovered at the thematic level as well: after all, the mythical figure of the scapegoat, here personified by the social outsider Tayo and his symbolic suffering, forms a crucial part of the work of T. S. Eliot. In both *The Waste Land* (1922) and its sequel, *The Hollow Men* (1925), Eliot uses vegetation rituals from various cultures as metaphors for the state of paralysis and stasis in which he finds Western society between the wars. In *The Waste Land*, his best-known poem, Eliot 'shores up' the fragments of the Western literary tradition "against my ruins".[23] Claiming true originality for just this one line, Eliot sees his authorship to lie in the artful combination of textual fragments taken from the European classics, but also from popular discourses and especially from various mythical traditions (under the impact of Sir James Frazer and his *Golden Bough*, first published in 1890). The central image is that of the land lying waste and suffering from the absence of rain. With the European literary tradition having 'run dry', Eliot envisions salvation through the liberating powers of indigenous myth, in this case the sacred Hindu text of the Upanishad. Throughout the text he evokes the story of the Fisher King of the grail legends, himself a fertility god, whose festering wound indicates the disordered state of his community. Tayo, too, can be seen to represent this universal mythical figure. His "sin" – of having caused the drought by praying for the rain to end in the jungle of the Philippines – resembles the "sin" often mentioned in stories about the Fisher King.

In his later poem, *The Hollow Men*, Eliot again uses the imagery of the desert to express a state of internal hollowness:

---

[23] T.S. Eliot: The Waste Land (1922). In: The Norton Anthology of American Literature. Fourth Edition. Vol. 2. New York: W. W. Norton 1994, p. 1270-1282, here p. 1282.

We are the hollow men
We are the stuffed men
Leaning together
Headpiece filled with straw. Alas!
Our dried voices, when
We whisper together
Are quiet and meaningless
As wind in dry grass
Or rats' feet over broken glass
Shape without form, shade without color,
Paralysed force, gesture without motion.[24]

The similarities with the description of Tayo's initial mental state – he feels "hollow", he suffers from the drought, he compares his tongue with "the carcass of a tiny rodent" – are quite striking. Moreover, Eliot's universalist language itself contains a reference to America, the country of his birth, when he chooses the prickly pear cactus as a metaphor for the mental hollowness he finds at the heart of Western civilization. His poem culminates in a variation of an English children's rhyming game:

Here we go round the prickly pear
Prickly pear prickly pear
Here we go round the prickly pear
At five o'clock in the morning.[25]

Eliot has replaced the mulberry bush of the original rhyme, traditionally sung around the maypole, for the more sexually connotative prickly pear cactus, a plant that is exclusively found in the desert of the American Southwest – the area in which Silko's novel is set. As a geographical, or botanical, 'notation', the prickly pear articulates the history of colonialism that forms the backdrop of Eliot's civilizational pessimism and decadent *ennui*.[26]

Without being able to elaborate on Eliot's very complex texts here, let me just stress the fact that, just as Silko blends oral materials with written narrative structures, Eliot, too, uses oral material in his elitist evocation of the European canon. As in the case just quoted, he intersperses his texts with nursery rhymes, bar room conversations, Jazz lyrics, and political folklore. (The straw men of *The Hollow Men* allude to the folk tradition of the annual burning of a straw

---

[24] T.S. Eliot: The Hollow Men (1925). In: The Norton Anthology of American Literature. Fourth Edition. Vol. 2. New York: W.W. Norton 1994, p. 1283-1285, here p. 1283.

[25] Eliot, Hollow Men, p. 1284 f.

[26] For 'geographical notation' see Edward Said: Culture and Imperialism. London: Chatto & Windus 1993, p. 69 passim. See also Gesa Mackenthun: The Literary Presence of Atlantic Colonialism as Notation and Counterpoint. In: 'Between Worlds': The Legacy of Edward Said. Special edition of Zeitschrift für Anglistik/Amerikanistik (ZAA) 53,1 (2005), ed. by Günter Lenz, Gesa Mackenthun and Holger Rossow, p. 331-349, esp. p. 333-341.

scarecrow of Guy Fawkes, leader of the Catholic Gunpowder plot of November 5, 1605. On this day, children made the effigies and begged for pennies for fireworks to set fire to the "guy," another scapegoat figure.)

In a way, then, Silko's novel, read against the poems of Eliot, can be seen to carry Eliot back to where he came from and to shed light on the blind spots of his mental universe: though fascinated with universal mythologies, vegetation rites and the like, Eliot in these texts never makes any direct reference to Native American traditions. Silko's postcolonial adaptation of themes earlier used by Eliot takes place in the service of a very different project: Eliot, the father of Anglo-American modernism, voices his disgust about the present degenerate state of Western culture in celebrating its downfall and disclaims authorship while really making himself immortal as a genius and indispensible as the interpreter of his own work. Eliot's 'death' as an author is at the same time the birth of Eliot the literary critic who inaugurated a long tradition of viewing literature and history as unrelated realms (known as New Criticism in the United States). Silko's denial of authorship, by contrast, arises from a genuine understanding of the need for collective action and of the positive qualities of cultural adaptation. Again, Tayo's encounter with the medicine man Betonie is crucial here. Betonie not only cures Tayo from his mistaken belief in individualism (the liberal definition of identity that underlies Eliot's authorial gesture); he also stresses the benefits of cultural hybridity:

> "At one time, the ceremonies as they had been performed were enough for the way the world was then. But after the white people came, elements in this world began to shift; and it became necessary to create new ceremonies. I have made changes in the rituals. The people mistrust this greatly, but only this growth keeps the ceremonies strong."[27]

Betonie's belief in hybridity goes along with his rejection of linear time. This becomes visible in the seemingly superficial detail that his hut is cluttered with old calendars and almanachs whose sequences of years are completely confused "as if occasionally the oldest calendars had fallen or been taken out from under the others and then had been replaced on top of the most recent years."[28] As Owens writes in commenting this scene, "[the] order Tayo must come to understand is not a syntagmatic 'signifying chain of meaning' but a paradigmatic signification of ceremonial, nonlinear time, a 'web' of meaning."[29] The unfolding of Tayo's narrative is at the same time a disentanglement of stories that are at the beginning twisted and knotted together. Unlike in former times, peoples' feelings, we read, are now "twisted, tangled roots, and all the names for the source of this growth were buried under English words, out of reach. And there

---

[27] Silko 1977, p. 132 f.
[28] Ibid., p. 126.
[29] Owens 1992, p. 174.

would be no peace and the people would have no rest until the entanglement had been unwound to the source."[30] As is appropriate for a Fisher King figure, Tayo feels the twistedness of emotions inside his own body: "He could feel it inside his skull – the tension of little threads being pulled and how it was with tangled things, things tied together, and as he tried to pull them apart and rewind them into their places, they snagged and tangled even more."[31] It is only at the very end that the tangled web of stories begins to loosen and unravel.[32]

Both *Ceremony* and Eliot's writings articulate a desire for clearing away the tangled roots of old stories in order to make room for a new sort of clarity. However, for Eliot the Western tradition is clearly the superior one, making up by far the largest part of his poem *The Waste Land* whose purpose is not least to demonstrate the immensity of his literary knowledge (demanding a similarly educated reader). The complexity of modern life fills him with horror and a need to return to a form of organic unity, a sort of lost authenticity. Silko, by contrast, explicitly declares the need for adjusting traditions to historical developments, for creating new, hybrid identities out of the dead and dried-up material inherited from former times, for counteracting the Western cult of the authentic. As Louis Owens points out, Silko

"moves far beyond anything imagined by T.S. Eliot when he wrote of the usefulness of mythological structures in literature. Rather than a previously conceived metaphorical framework within which the anarchy and futility of "real" (as opposed to mythic) existence can be ordered, as often occurs in modernist texts, mythology in *Ceremony* insists upon its actual simultaneity with and interpenetration into the events of the everyday, mundane world."[33]

Hybridity for Silko becomes the means of cultural survival – and it is interesting that this skill is mainly represented by women characters. Rather than functioning as a metaphor for the modern condition, mythology in Silko's novel 'interpenetrates' into the events of the everyday world; sacred people and supernatural events are simply part of the reality of the novel (which therefore may be categorized as "magic realist" according to the conventional European split between the real and the marvelous but as 'realist' according to the indigenous understanding of the world).[34]

Eliot and Silko, then, although quite close to each other in their intermixing of different kinds of media and their use of imagery, ultimately inhabit two different modernist positions, one classical and one postcolonial: there are hardly any two texts which better articulate this disparity in the cultural-aesthetic field

---

[30] Silko 1977, p. 72.
[31] Ibid., p. 6.
[32] Ibid., p. 258.
[33] Owens 1992, p. 168.
[34] Ibid.

within the larger movement known as modernism (except perhaps for Toni Morrison and William Faulkner). *Ceremony* is far more than a mere act of "writing back to the empire" but a creative and productive response to the Western literary mainstream tradition, a text that seeks to look and point forward, to bring about a change in our thinking about cultural difference. As a cultural artefact, it seeks to perform on the reader a similar kind of liberation as that performed on Tayo in the fictional world of the novel. Like Betonie, Silko contributes to a larger project within Native American Literature to create new myths out of old ones for the purposes of cultural survival.

As an ethnically hybrid figure, Tayo unites these two traditions. He begins as one of Eliot's hollow men and he ends as a Native American culture hero. But as becomes manifest from the start, his hollowness is owing to different experiences than the ones causing the bourgeois *ennui* of Eliot's protagonists – it is the result of the colonial violence that forms the necessary counterpart of that bourgeois world, which is another way of saying that the suffering of Silko's hero is dialectically related to that of Eliot's protagonists. Eliot was himself at least dimly aware of this dialectics, as is betokened by the mottos to the two poems: "The horror, the horror" (*Waste Land*) and "Mistah Kurtz – he dead" (*Hollow Men*). Both phrases are taken from Joseph Conrad's famous (anti-) imperialist novel *Heart of Darkness* (1902).

At the end of Silko's novel we read that the evil spirits have withdrawn, that they were "dead for now." Gerald Vizenor ends his novel *The Heirs of Columbus* with a similar gesture: there the hybrid community of Columbus's heirs assembles for a terminal mocassin game ("Hütchenspiel") with the Evil Gambler (the wiindigoo). Of course the wiindigoo always wins and as a result liberally kills and sometimes eats the people. However, this time he is outwitted, as the humans claim to have placed a war weed underneath one of the mocassins. They tell the Evil Gambler that no one would be left to play with him if he uncovered the poisonous weed, that he would remain alone with robots. Although he does not really believe what he is being told, the gambler, not wanting to risk a life in eternal solitude, withdraws from the game. Once again, the evil principle has been defeated by the power of stories, but as always the peace thereby established is of a provisional nature. Stories, we learn in Silko's novel, "aren't just entertainment. Don't be fooled. They are all we have, you see, all we have to fight off illness and death."[35]

---

[35] Silko 1977, p. 2.

II.

Reoralisierung durch radiophones Erzählen

Alfred Messerli

Vom Thüringer Wald zur Berliner Funk-Stunde
Die Märchenerzählerin Lisa Tetzner
zwischen primärer und sekundärer Oralität

1. Übersicht

Lisa Tetzner (1894-1963) wanderte in der Zeit von 1918 bis 1922 durch verschiedene Gegenden Deutschlands (Thüringen 1918, Schwaben 1919-1920, Rheinland 1920-1923) und erzählte vor einem ständig wechselnden Publikum, vor Kindern wie Erwachsenen, Volksmärchen.[1] Ihr „Projekt" enthielt sowohl neuromantische Elemente der „Volkserneuerung" und des volkskundlichen „Hegegedankens" als auch der Jugendbewegung (Wandervogel); als Mentor und Finanzier stand Eugen Diederichs (1867-1930), der Verleger der *Märchen der Weltliteratur*, hinter ihr. Von 1927 bis 1933 arbeitete sie als freie Mitarbeiterin am Berliner Rundfunk; sie erzählte in der Kinderstunde Märchen und betreute das Projekt „Kinder spielen für Kinder".[2]

Im Zentrum des vorliegenden Aufsatzes steht die Frage, welche Konsequenzen der Wechsel Tetzners von der Mündlichkeit – dem „Medium" der Nähe – zum Medium Radio auf Erzählduktus, Textauswahl und Rezeption hatten und ob das Radio es ihr ermöglichte, anders und neu über das Volksmärchen zu reflektieren. Als Quellen dienten mir die drei Bücher, die Rechenschaft über Tetzners Erfahrungen als Märchenerzählerin ablegen: *Vom Märchenerzählen im Volke* (1919)[3],

---

[1] Zu Lisa Tetzner vgl. Das Märchen und Lisa Tetzner. Ein Lebensbild, hrsg. von Hanns Leo Tetzner, Werner Humm, Hansjörg Schmitthenner und Hans Oprecht. Frankfurt a.M./Wien/ Zürich 1966; Petra Budke und Jutta Schulze: Schriftstellerinnen in Berlin 1871 bis 1945. Ein Lexikon zu Leben und Werk. Berlin 1995, S. 348 f.; Renate Wall: Lexikon deutschsprachiger Schriftstellerinnen im Exil 1933-1945, 2 Bde. Freiburg i.Br. 1995, Bd. 2, S. 167-170; Deutsches Literatur-Lexikon. Biographisch-bibliographisches Handbuch. 3., völlig neu bearb. Aufl. Zürich/München 2002, Bd. 22, Sp. 128-131. Einen knappen Überblick bietet auch Cornelia Amlacher: Von einer, die auszog, Märchen zu erzählen. In: Lebendige Märchen- und Sagenwelt. Ludwig Bechsteins Werk im Wandel der Zeit, hrsg. von Karin Richter und Rainer Schlundt. Baltmannsweiler 2003, S. 94-101. Zwei neue Dissertationen führen in Leben und Werk Tetzners ein: Gisela Bolius: Lisa Tetzner – Leben und Werk. Diss. phil. Freie Univ. Berlin. Frankfurt a.M. 1997 sowie Elena Geus: „Die Überzeugung ist das einzige, was nicht geopfert werden darf". Lisa Tetzner (1894-1963). Lebensstationen – Arbeitsfelder. Diss. phil. Univ. Frankfurt a.M. 1999.

[2] Brunhild Elfert: Die Entstehung und Entwicklung des Kinder- und Jugendfunks in Deutschland von 1924 bis 1933 am Beispiel der Berliner Funk-Stunde AG. Frankfurt a.M./ Bern/New York 1985, S. 314 f.

[3] Lisa Tetzner: Vom Märchenerzählen im Volke. Jena 1919.

Aus Spielmannsfahrten und Wandertagen (1923)[4] und *Im Land der Industrie zwischen Rhein und Ruhr* (1923)[5]. Hinzu kamen zahlreiche Artikel der 1920er und 1930er Jahre, Zeitungsausschnitte über Tetzners Erzähltätigkeit und Briefe von und an Eugen Diederichs.

2. Medienwandel/Medienwechsel

Schaut man sich unter der Fragestellung der Tagung genauer an, was es bedeutet, wenn jemand nicht mehr vor einer kleineren oder größeren Kinderschar (mit oder ohne Erwachsene) Märchen erzählt, sondern vor einem Mikrophon Märchen vorträgt, die via Radio seit 1923 von einer wachsenden Zahl von Haushalten empfangen werden können, so ist man geneigt, darin vor allem eine Kontinuität zu sehen und höchstens einen Wandel im Quantitativen. Tatsächlich ist zu Beginn des neuen Mediums dessen Nähe zu älteren und vertrauten Medien wie der Zeitung, dem Musikkonzert, dem vorgelesenen Buch usw. auffallend und von den Programmverantwortlichen auch bewusst gesucht worden.

Am 1. April 1924 begann die Südwestdeutsche Rundfunkdienst AG mit der Egmont-Ouvertüre von Beethoven ihr regelmäßiges Programm abends um 20.30 Uhr. Der Gründer und die treibende Kraft dieses Senders, Carl Adolf Schleußner, hatte auf einem Papier kurz zuvor seine Vorstellungen formuliert:

> „[Die Südwestdeutsche Rundfunkdienst AG] wird unseren Jüngsten das Märchen vom Rotkäppchen erzählen und unseren Jungen die Erzählung von Siegfried und die deutschen Heldensagen. Er wird ernste und heitere Musik bieten, wissenschaftliche und humoristische Vorträge. Er wird Handelsnachrichten und Nachrichten allgemeiner Art verbreiten und dem Landwirt rechtzeitig Wetternachrichten übermitteln."[6]

Am 20. April wurde die erste Kinderstunde („Der gute Märchenonkel erzählt den Kindern was") ausgestrahlt.[7] Wolfgang Schivelbusch, der sich in seiner Untersuchung „Zur Lage der Frankfurter Intelligenz in den zwanziger Jahren" auch mit

---

4   Lisa Tetzner: Aus Spielmannsfahrten und Wandertagen. Ein Bündel Berichte (Vom „Märchenerzählen im Volke" zweiter Teil). Jena 1923 (= 1923a).

5   Lisa Tetzner: Im Land der Industrie zwischen Rhein und Ruhr. Ein buntes Buch von Zeit und Menschen (Vom „Märchenerzählen im Volke" dritter Teil). Jena 1923 (= 1923b).

6   [Carl Adolf Schleußner:] Zur Eröffnung des südwestdeutschen Rundfunkdienstes, o.D. Stadtarchiv Frankfurt, S 1/58, Nr. 237; zit. nach Ansgar Diller: Der Frankfurter Rundfunk 1923-1945 unter besonderer Berücksichtigung der Zeit des Nationalsozialismus. Diss. phil. Univ. Frankfurt a.M. 1975, S. 10.

7   Ebd., S. 11.

Radio Frankfurt befasste[8], bezeichnet diese Ankündigung Schleußners als „nicht gerade verlockend".[9]

Aber wir haben es hier mit einem Oberflächenphänomen zu tun. Das neue Medium gibt sich anfangs zurückhaltend (ich spreche von den ersten fünf Jahren; nachher wird mit einer Vielzahl neuer Sendeformen experimentiert), will an Vertrautem anknüpfen, wissend, dass dadurch seine Akzeptanz erhöht wird. Das Radio möchte vorgeblich nur die Mängel des Vorgängermediums beheben und dieses optimieren.

Die ursprüngliche Oralität ist in ihrer räumlichen Wirkung äußerst beschränkt und zudem flüchtig. Für das erste Problem konnte das Radio vorerst Abhilfe schaffen, das zweite wurde ab 1930 durch Schallplatten-Aufzeichnungen gelöst. Zugleich, und das wäre dann die Tiefenstruktur, ist das Medium das ganz Andere, das radikal Neue. Diese strukturelle Neuheit ist von der Wissenschaft schon bald, zu Beginn der 1930er Jahre, begriffen worden. Im Abendblatt der „Frankfurter Zeitung" vom 12. Januar 1933 erschien ein Artikel von Siegfried Kracauer („Aussprache über den Rundfunk. Festsitzung anlässlich des fünfjährigen Bestehens der Reichs-Rundfunk-Gesellschaft"). Er schreibt, wie sich der Kölner Soziologe Leopold von Wiese (1876-1969) in seinem Vortrag über „Die Auswirkung des Rundfunks auf die soziologische Struktur unserer Zeit" geäußert habe. Nach von Wiese sei das Publikum des Rundfunks „eine Masse, die aber die Rundfunkoffenbarungen nicht als Masse entgegennimmt, vielmehr in der Hauptsache aus isolierten, einsamen Hörern besteht." Ferner sei diese Masse anonym und könne „den Darbietungen des Rundfunks nicht wie andere Empfängermassen mit einem deutlichen Echo antworten."[10]

Damit wären die Fragestellungen meines Referates umrissen. Es geht um die Frage der Kontinuität und des Bruches mit einer Tradition beim Umgang des neuen Mediums mit Volksmärchen. Eine für mein Thema wichtige Unterscheidung ist die zwischen einer primären und einer sekundären Oralität. Beim Märchenerzählen vor Kindern und Erwachsenen herrscht eine face-to-face-Situation. Darin bleiben die wichtigsten Charakteristika „der vis-à-vis-Kommunikation erhalten, spielen Mimik und Gestik, spielt die wechselseitige Wahrnehmung durch die Augen nach wie vor eine zentrale Rolle."[11] Es findet eine in

---

[8] Vgl. Wolfgang Schivelbusch: Intellektuellendämmerung. Zur Lage der Frankfurter Intelligenz in den zwanziger Jahren. Frankfurt a.M. 1982, S. 62-76.

[9] Ebd., S. 64.

[10] Siegfried Kracauer: Berliner Nebeneinander. Ausgewählte Feuilletons 1930-33, hrsg. von Andreas Volk. Zürich 1996, S. 231-233, hier S. 231. Der Vortrag ist abgedruckt bei Leopold von Wiese: Die Auswirkung des Rundfunks auf die soziologische Struktur unserer Zeit (1930). In: Aus meinem Archiv. Probleme des Rundfunks, hrsg. von Hans Bredow. Heidelberg 1950, S. 98-111. Eine Bibliografie zu von Wiese findet sich in Leopold von Wiese: Erinnerungen. Köln/Opladen 1957, S. 103-116.

[11] Franz H. Bäuml: Autorität und Performanz. Gesehene Leser, gehörte Bilder, geschriebener Text. In: Verschriftung und Verschriftlichung. Aspekte des Medienwandels in verschiede-

vielerlei Hinsicht bedeutsame Interaktion zwischen Erzählerin und anwesendem Publikum statt; und diese Situation ist beim Radio nicht mehr gegeben.

3. „Vom Märchenerzählen im Volk"

Eine idealtypische Gegenüberstellung von primärer, gleichsam ursprünglicher Mündlichkeit einerseits und von sekundärer, durch das neue Medium „Rundfunk" gestifteter Mündlichkeit wird der Erzählerin Lisa Tetzner nicht gerecht. Als sie im Sommer 1918 – im November des Jahres schwiegen die Waffen des Ersten Weltkriegs – in Thüringen zu Fuß oder mit der Eisenbahn von Ortschaft zu Ortschaft zog, um vor wechselnden Kindergruppen und Erwachsenen Märchen zu erzählen, konnte sie nicht an eine existierende Erzählpraxis anknüpfen. Seit dem Winter 1916/17 hatte sie begonnen, ausschließlich auf dem Gebiet der Vortragskunst zu arbeiten.[12] Dabei war sie, was das Vortragen von Märchen betraf, nicht die einzige. Nach einer Erinnerung von Norbert Meyer (er war damals ein 12-jähriger Kriegsflüchtling) erzählte Anna Plothow 1915 wiederholt in Berlin, im Klindworth-Scharwenka-Saal, Märchen.[13] Weiter wären Josefa Elstner und Vilma Mönckeberg zu nennen, die etwa zur gleichen Zeit mit dem Märchenerzählen begannen.[14]

Die Tätigkeit Lisa Tetzners als wandernde Mächenerzählerin wurde als etwas Neues wahrgenommen.[15] In den Namen, mit denen ihr Publikum ihre Aktivität umschrieb, zeigt sich dessen Unsicherheit bzw. das Fehlen einer Tradition: Die

---

nen Kulturen und Epochen, hrsg. von Christine Ehler und Ursula Schaefer. Tübingen 1998 (ScriptOralia, 94), S. 248-273, hier S. 251 (not. 9).

[12] „Während des Krieges erzählte sie in sozialen Einrichtungen Märchen zur Erbauung der Soldaten. Am 8. November 1916 etwa veranstaltete sie einen ,Märchennachmittag in Jonsdorf zum Besten der dortigen Kriegsfürsorge', am 28. November des gleichen Jahres einen ,Märchennachmittag zum Besten der Liebesgabensammlung für die Verwundeten in Zittau'. [...] Zahlreiche Zeitungsausschnitte, die sie akribisch in ein kleines Heft klebte und mit handschriftlichen Vermerken versah, zeugen davon, wie weit und wie oft sie in der Umgebung von Zittau herumkam. Neben den Märchentiteln, die sie erzählte, listete sie auch den finanziellen Ertrag auf." Geus (wie Anm. 1), S. 32; vgl. ebenso Bolius (wie Anm. 1), S. 43-46.

[13] „Was machte sie aus den Märchen! Sie bekamen Leben, schienen sich vor unseren Augen auf der Bühne abzuspielen, wo die weißhaarige Erzählerin saß. Kein Pathos, keine große Geste, schlicht und einfach wurden sie erzählt." Norbert Meyer: Märchen im Rundfunk. In: Funk 7 (1930), H. 21, S. 82 (Beilage: „Frauen- und Jugendfunk").

[14] Vgl. Geus (wie Anm. 1), S. 44.

[15] Ebd.; „Mit ihr [Lisa Tetzner] fängt etwas erneut an, was soeben zu Ende gegangen ist. Als sie nämlich 1918 ihren Sack schulterte und auf Wanderschaft ging, um vor groß und klein zu erzählen, war das ländliche Märchenerzählen aus Westeuropas Bauernstuben langsam verschwunden." Katalin Horn: Märchen für jeden Tag. Lisa Tetzners Sammlung. In: Neue Zürcher Zeitung vom 2. Oktober 1984, S. 47.

Tetzner wurde in Thüringen als „Märchentante der Barfußkinder"[16], als „wanderndes Märchen"[17] bzw. „Märchen" (von einem Rektor)[18], als „Fee" (ein Bürgermeister nannte sie so in seiner Rede)[19], als „Märchenfräulein" (von einem Wirt)[20], von den Kindern als „Märchenfrau"[21] oder „Märchenerzählerin"[22], als „Märchen-Mutter"[23] und „Märchentante"[24] oder von einem Schmied als „(alte) Lügenmutter"[25] bezeichnet. In Rosenfeld in Schwaben wurden sie und ihre Begleiter von einem anderen Schmied mit einer Schüssel Kirschen empfangen. Dieser gestand, schon 60 Jahre wohne er hier, es sei ihm aber noch nie eine „Märlesbas" über den Weg gelaufen.[26] Viele Kinder in den Thüringer Dörfern kannten kein einziges Märchen.[27] Nur selten äußerten die Kinder Wünsche, ein bestimmtes Märchen zu hören.

Linda Dégh schrieb in den 1950er Jahren, dass das Märchen in den meisten europäischen Ländern nur noch Erinnerung und allenfalls dort lebendig sei, „wo Volksgruppen gezwungen sind, die fehlende zeitgemäße Bildung zu ergänzen, wo Volksgruppen in der allgemeinen Entwicklung zurückgeblieben sind oder wo es Arbeitsgelegenheiten gibt, bei denen der mündliche Vortrag nicht durch schriftliche Literatur ersetzt werden kann"[28]. Dies trifft also schon im Jahre 1918 für Deutschland zu. Dabei wurde durchaus erzählt. Der Märchenvortrag, etwa wenn die Tetzner zu Gast in einem Hause war und dort am Abend Märchen erzählte, regte die andern an, Erlebtes und Gehörtes zu berichten. Sie selber musste von den großen Städten und den Spartakisten erzählen.[29]

3.1 Erfindung einer „Tradition"?

Für das, was Tetzner tat, gab es im Grunde keine Vorläufer. Die von Dégh beschriebenen Typen von Erzählgemeinschaften – nämlich (1) wandernde Arbeitsgemeinschaften von Handwerkern, Soldaten und Landproletariern außerhalb des

---

[16] Tetzner 1919 (wie Anm. 3), S. 30.
[17] Ebd., S. 47.
[18] Ebd., S. 43.
[19] Ebd., S. 39.
[20] Ebd., S. 43, 45.
[21] Ebd., S. 61.
[22] Ebd., S. 48, 55.
[23] Ebd., S. 53.
[24] Ebd., S. 53, 58.
[25] Ebd., S. 54.
[26] Tetzner 1923a (wie Anm. 4), S. 65.
[27] Nach einem Zeitungsausschnitt mit handschriftlichem Datum vom 18. Juni 1918, Standort: Stadtmuseum Zittau; zit. nach Bolius (wie Anm. 1), S. 49 und not. 2.
[28] Linda Dégh: Märchen, Erzähler und Erzählgemeinschaft. Dargestellt an der ungarischen Volksüberlieferung. Berlin/Ost 1962, S. 71.
[29] Tetzner 1923a (wie Anm. 4), S. 18.

Dorfes; (2) dörfliche Arbeitsgemeinschaften und (3) unfreiwillige Erzählgemeinschaften, die kürzere Zeit (bei Spitalaufenthalt, Gefängnis oder Militärdienst)
bestehen[30] – entsprechen jedenfalls nicht der Tätigkeit Tetzners.

Eine Parallele bilden die Märchen erzählenden sibirischen Bettler. In der
zweiten Hälfte des 19. Jahrhunderts gab es in Sibirien mehrere Tausend Land-
streicher. Viele machten sich bei den Einwohnern durch ihre Märchen beliebt. Für
ihre Märchen, die sie von einem Abend zum anderen erzählten, genossen sie die
Gastfreundschaft einer Familie.[31] Ein grundsätzlicher Unterschied zur Erzählpraktik Lisa Tetzners besteht jedoch darin, dass sie sich für die Erzählperfor-
manzen am gedruckten Text schulte.

Tetzner schuf mit ihrer Tätigkeit, Märchen in Dörfern und Städten vor Kindern,
manchmal auch vor Erwachsenen zu erzählen, eine Vortragsform, die als ein neuer
Typus zwischen den (nicht mehr existierenden) Erzählgemeinschaften einerseits
und ihrer späteren Tätigkeit als Märchenerzählerin im Rundfunk andererseits
anzusiedeln ist. Sie bezog in ihre Vortragskunst ältere Elemente ein und antizi-
pierte dabei zum Teil die Bedingungen des zwar bereits erfundenen, jedoch noch
nicht realisierten Mediums Radio. An ihrer Erzählpraktik lässt sich die Koexistenz
verschiedener Medienformen beobachten.[32]

Ich möchte nun in einer Übersicht die Strukturelemente vorstellen, die in
Tetzners Erzählpraktik fassbar werden. Zuvor möchte ich die Motive für Tetzners
Erzähltätigkeit einerseits und das zeitlich vorausgehende „Projekt" Eugen
Diederichs, gedruckte Literatur wieder in mündliche Literatur zurückzuver-
wandeln, erörtern.

3.2 Motive

Lisa Tetzner hat sich wiederholt zu den Motiven geäußert, die sie zur wandernden
Märchenerzählerin werden ließen.[33] Da ist die Erinnerung an eine glückliche
Kindheit, wo sie auf dem Dorf, in den Sommermonaten, den Dorfkindern
Märchen erzählte; dann ist es ein soziales Projekt, die „Kunst denen zu bringen,
die abseits davon stehn".[34] Es ist endlich auch der volkskundliche „Hegegedanke",
die Hoffnung, „daß die alten Märchen wieder in unserer Volksseele Leben

---

[30] Dégh (wie Anm. 28), S. 71 f.
[31] Vgl. Mark Asadowskij: Eine sibirische Märchenerzählerin. Helsinki 1926 (FF Communications, 68).
[32] Vgl. Natalie Binczek und Nicolas Pethes: Mediengeschichte der Literatur. In: Handbuch
der Mediengeschichte, hrsg. von Helmut Schanze. Stuttgart 2001, S. 281-315, hier S. 283.
[33] Vgl. Tetzner 1919 (wie Anm. 3), S. 3 f.; Lisa Tetzner: Über mich selbst. In: Der Schacht 3
(1926/27), H. 13, S. 310-312, hier S. 310; ebenso Lisa Tetzner: Wie ich wurde. In: Die Kultur 6 (1928), H. 5, S. 29 f.; Bolius (wie Anm. 1), S. 56; Geus (wie Anm. 1), S. 44-46.
[34] Tetzner 1919 (wie Anm. 3), S. 3.

gewinnen und sich als altes und doch immer neues unendliches Volksgut fort-pflanzen und erhalten."[35]

Wesentlicher aber war, dass sie mit ihrem Projekt beim Verleger Eugen Diederichs auf offene Ohren stieß.[36] Dieser hat sich, worauf Irmgard Heidler in ihrer großen Monografie über den Verleger Eugen Diederichs hingewiesen hat, schon vor dem Ersten Weltkrieg Gedanken zur Reoralisierung von „Volks-dichtung" gemacht, was sich anhand von Briefen rekonstruieren lässt.[37]

Eugen Diederichs erbat sich 1912 von Richard Benz für *Die Tat* unter anderem einen Aufsatz über „den Rhythmus der Sprache und das Vorlesen", worin zu konstatieren sei, „dass eigentlich nur die Lyrik zum Vorlesen passt und wir [...] keine Romane [haben], deren Sprache rhythmisch gehoben" sei. Daraus ergebe sich, „dass sich die älteste deutsche Prosa sehr dazu eignet und Sie kommen dann auf die Volksbücher." Ebenso wollte er Andreas Heusler veranlassen, dazu „etwas Ergänzendes über das Vorlesen der *Edda* und der isländischen Sagas zu schreiben". Beide Aufsätze würde er dann vermittels der Korrespondenzen „durch die Presse jagen und versuchen, dass zum Beispiel die Pfarrer für Volksunterhal-tungsabende diese Lektüre aufgreifen."[38] Am 8. Februar teilte Benz dem Verleger seine Vorstellungen darüber mit, wie eine solche Vortragsorganisation ein-zurichten sei. Er schrieb:

> „Man müsste es als eine ganz neue Form lebendiger Möglichkeit, Dichtung zu geniessen, proklamieren, wiederholt in Zeitschriften darauf aufmerksam machen und ein möglichst umfangreiches, pricipielles [sic!] Programm aufstellen. Wenn es gelänge, könnte die Rück-wirkung auf den Absatz der Litteratur gross sein, da die meisten wirklich erst beim Vorlesen die Schönheit der alten Dichtung kapieren, was ich schon hundertmal erprobt habe."[39]

Am 6. März 1913 mahnte Diederichs Benz, den „Umschau-Beitrag über das Vorlesen von Legenden und Sagen" innerhalb von acht Tagen zu schicken. Weiter fragte Diederichs, ob Benz an dem für den Werkbund und die Kunstvereine

---

[35] Lisa Tetzner: Vom Märchen und Märchenerzählen. In: Neue Bahnen 30 (1919), S. 142-147, hier S. 143.

[36] Vgl. Bolius (wie Anm. 1), S. 50-55; Geus (wie Anm. 1), S. 41-44.

[37] Vgl. Irmgard Heidler: Der Verleger Eugen Diederichs und seine Welt (1896-1930). Wiesbaden 1998, S. 611-619 („Deutsche Prosa und ‚Volksdichtung'"), bes. S. 615 f. Zu Eugen Diederichs vgl. weiter Erich Viehöfer: Der Verleger als Organisator. Eugen Diede-richs und die bürgerliche Reformbewegung der Jahrhundertwende. Frankfurt a.M. 1988; Stefan Breuer: Kulturpessimist, Antimodernist, konservativer Revolutionär? Zur Position von Eugen Diederichs im Ideologiespektrum der wilhelminischen Ära. In: Romantik, Revolu-tion und Reform. Der Eugen Diederichs Verlag im Epochenkontext 1900-1949, hrsg. von Justus H. Ulbricht und Meike G. Werner. Göttingen 1999, S. 36-59.

[38] Brief von Eugen Diederichs an Richard Benz (Jena 15./17. November 1912; 3 Seiten), S. 2 f. Standort: Deutsches Literaturarchiv, Marbach am Neckar.

[39] Brief von Richard Benz an Eugen Diederichs (o.O. 8. Februar 1913; 2 Seiten), S. 1 f. Standort: Deutsches Literaturarchiv, Marbach am Neckar.

organisierten Fest am 7. Juni in der Nähe der Rudelsburg vorlesen könne.[40] Am 14.
April bat Diederichs auch Emil Milan um die Mithilfe als Vorleser isländischer
Sagas für den 7. Juni. Ziel sei es, einen „anderen Stil in unseren Festlichkeiten" zu
finden und „den Literaturgenuss wieder vom gesprochenen Wort ausgehen zu
lassen."[41] Professor Andreas Heusler habe sich bereit erklärt, dem „Betreffenden
seine Ansichten zu sagen, wie sie vorgelesen werden müssten."[42] In einem Brief an
Walter Bloch-Wunschmann äußerte Diederichs die Hoffnung, dessen Frau könne
sich entschließen, „derartiges altes Volksgut vorzutragen". Er spricht weiter
davon, dass ein Plan bestehe, eine Vortrags-Organisation zu schaffen, „die die
alten Märchen etc. wieder durch Vorträge in das Volks [sic!] bringt." Diederichs
bereite mehrere Publikationen vor, um diese „Schätze in der Form [zu] geben, in
der sich [sic!] auf die Gegenwart wirken können." Und er fährt fort: „Speziell
möchte ich Ihnen nahe legen, auch Ihre Frau auf Thule aufmerksam zu machen.
Die isländischen Sagas müssen meines Erachtens ganz monoton und undramatisch
gelesen werden."[43] Pastor Kötschke, der mehrere Bände der *Märchen der
Weltliteratur* rezensieren wollte, erklärte Diederichs: „Märchen sollen aber nicht
geschmökert, sondern müssen vorgelesen oder erzählt werden. Darum gehören sie
in die Hände der Eltern und da diese nicht von allein daraufkommen, müssen sie
suggestioniert werden."[44] Das „Projekt" hatte also theoretisch längst existiert, als
Lisa Tetzner im Sommer 1918 daranging, in Thüringen Märchen wieder mündlich
vorzutragen.

3.3 Organisation

Welches waren die einzelnen Strukturelemente in Tetzners Märchenvortrag? Es
war erstens eine organisierte Tätigkeit. Finanziell vom Verleger Eugen Diederichs

---

[40] Brief von Eugen Diederichs an Richard Benz (Jena 6. März 1913; 1 Seite). Standort: Deutsches Literaturarchiv, Marbach am Neckar.

[41] Brief von Eugen Diederichs an Emil Milan (14. April 1913; 2 Seiten), S. 1. Standort: Deutsches Literaturarchiv, Marbach am Neckar. In der Zeitschrift „Die Tat" sind denn auch
zwei Artikel von Richard Benz zum vorgeschlagenen Thema erschienen; ders.: Die Entdeckung der deutschen Prosa. In: Die Tat 5 (1913/14), S. 60-66; ders.: Vorlesung von
Dichtung. In: Die Tat 5 (1913/14), S. 113-114. Im ersten Artikel heißt es (S. 61): „Gesprochen zu werden ist ja die ursprüngliche Bestimmung aller Dichtung; durch Schreiben wird
sie bloß aufbewahrt, durchs laute Lesen wird sie erst lebendig."

[42] Diederichs an Milan (wie Anm. 41), S. 2. Milan hat offenbar zugesagt, wofür ihm Eugen
Diederichs mit Brief (30. April 1913; 2 Seiten) dankt. Standort: Deutsches Literaturarchiv,
Marbach am Neckar.

[43] Brief von Eugen Diederichs an Walter Bloch-Wunschmann (22. Februar 1913; 1 Seite).
Standort: Deutsches Literaturarchiv, Marbach am Neckar. Mit „Thule" ist die von Felix
Niedner herausgegebene Buchreihe „Thule/Altnordische Dichtung und Prosa" gemeint;
vgl. Eugen Diederichs: Die Tätigkeit des Verlages Eugen Diederichs in Jena während des
letzten Jahrzehnts. 1914-1924. (Jena) 1924, S. 54 f.

[44] Brief von Eugen Diederichs an Kötschke (11. Dezember 1912; 2 Seiten), S. 1 f. Standort:
Deutsches Literaturarchiv, Marbach am Neckar.

abgesichert[45] und im Falle von Schwaben mit der Unterstützung des Ministeriums für Kultur und Erziehung schickte sie vorgängig einen gedruckten Brief an Lehrer und Pfarrer, in welchem sie ankündigte, an dem und dem Tag ins Dorf oder in die Schule zu kommen, um den Kindern Märchen zu erzählen. Diesen Brief fand sie dann auch regelmäßig im Dorfe angeschlagen.[46] In anderen Fällen ließ sie den Brief an einem öffentlichen Ort anbringen. So schreibt sie etwa: „Zum Glück hing mein Brief schon am Schulhaus, die Märchenerzählerin wurde also erwartet."[47] Gewöhnlich ging sie in einem Ort zuerst zum Pfarrer oder zum Lehrer. „Denn es gilt immer die Autorität des Ortes zu gewinnen." Da war die bange Frage: „Wird er freundlich und bereitwillig sein, oder ablehnend und brummig?"[48]

Dieses Netz funktionierte so gut, dass sie in der Regel an einem bestimmten Ort erwartet wurde, und zwar sowohl von den Kindern als auch von den Erwachsenen. Mitunter waren es in den Städten eigentliche Vorträge, für die eigens ein Plakat gedruckt wurde. Damit war auch eine Konkurrenzsituation mit anderen Veranstaltungen gegeben:

> „In Hildesheim stieg ich aus. Schon auf der ersten Plakatsäule leuchtete mir mein Name entgegen. Wie anders die Arbeit in den Städten ist. Zwischen Kinoankündigungen, Zaubervorträgen, politischen Wahlversammlungen, Hühneraugen- und Schuhcremereklame das orangengelbe Papier: ,Ein Märchen- und Legendenabend'. Der Maler, der das Schild entworfen hatte, hatte viel Liebe dazu verwandt. Eine Kante von Märchenfiguren und spaßigen Tieren umgab das Ganze. Und doch sollte es das gleiche Ziel erreichen, auffallen und Menschen, die eilig vorübergingen, anlocken."[49]

Die organisatorischen Vorbereitungen konnten mitunter auch umfangreich ausfallen und Impresario, Kartenvorverkauf und Pressearbeit umfassen.[50]

---

[45] „Mit Hilfe einer gut geleiteten Organisation, die mir mit tatkräftiger Hand die Wege ebnete (durch den Verlagsbuchhändler Herrn Eugen Diederichs, Jena) und dank der Thüringer Lehrerschaft, die mich dabei unterstützte, begann ich diese Wanderungen." Lisa Tetzner: Vom Märchenerzählen im Volk. In: Deutschland 9 (1918), H. 13, S. 438 f.

[46] „In den nächsten Tagen werde ich zu euch kommen, um euch Märchen, Sagen und Geschichten zu erzählen. Einen ganzen Sack voll bringe ich mit, und ihr dürft euch wählen, was ihr haben wollt. Ob von Teufeln, Zauberern und bösen Tieren, oder von Prinzessin[n]en und verwunschenen Schlössern. Ist es ein schöner Sonntag, so setzen wir uns unter die Dorflinde oder einen anderen schönen Platz. Zwischendurch wollen wir miteinander Rätsel raten. Sagt es auch euren Eltern und Schwestern, wenn sie Lust haben mitzukommen." Tetzner 1919 (wie Anm. 3), S. 10; dies.: Märchenerzählen im Schwabenland. In: Der Schwäbische Bund. Eine Monatsschrift aus Oberdeutschland 2 (1920), S. 213-216, hier S. 213 (in schwäbischem Dialekt); Tetzner 1923a (wie Anm. 4), S. 58.

[47] Tetzner 1919 (wie Anm. 3), S. 50.

[48] Lisa Tetzner: Im blauen Wagen durch Deutschland. Gedanken und Plaudereien über Landschaft und Volk. Berlin 1926, S. 121.

[49] Tetzner 1923b (wie Anm. 5), S. 134.

[50] Vgl. Tetzner 1923a (wie Anm. 4), S. 23.

Zum Umstand, dass es sich nicht um eine spontane, sondern um eine geplante Aktivität handelte, ist auch die Professionalität der Erzählerin zu zählen. Daraus leitete sich die Notwendigkeit ab, für die Leistung bezahlt zu werden. In den von der Tetzner verschickten Ankündigungen war immer auch der Hinweis enthalten, dass sie auf ein kleines Entgelt angewiesen sei. Die Kinder brachten denn immer die in Papier eingeschlagenen Münzen mit. Wenn die Kinder nicht nur „Fünfer und Groschen, – nein 20-40 Pfg." gaben, wehrte sie sich und sagte „es sei zu viel".[51] Darin wird so etwas wie ein Bewusstsein eines „gerechten Lohnes" im Sinne von Edward P. Thomsons moralischer Ökonomie sichtbar.[52]

3.4. Sprechkultur

Ein weiteres Strukturelement war Tetzners Herkommen von der Rezitation, von der Sprecherziehung des Theaters. Sie hatte 1917 in Berlin Kurse in Stimmbildung und Sprecherziehung genommen, besuchte die Schauspielschule Max Reinhards, „um die Sprechtechnik und Ausdrucksfähigkeit zu vervollkommnen und ein öffentliches Auftreten zu schulen"[53] und schrieb sich bei Professor Emil Milan (1859-1917), dem Leiter für Vortragskunst an der Berliner Universität[54], ein. Dadurch findet sie auch Anschluss an Kulturvereinigungen, die hauptsächlich Dichterlesungen organisieren. In einem vierseitigen Informationsblatt findet sich folgende Ankündigung:

„Am Freitag, den 17. Dezember 1920 im Gästehaus abends 7,30 Uhr: Märchenabend für alt und jung von Lisa Tetzner. Bei dieser Veranstaltung dürfen auf jede Familienkarte zwei zur Familie gehörende Schul-Kinder unentgeltlich mitgebracht werden."[55]

Diese Lesung hat Tetzner in ihrem dritten Bändchen vom *Märchenerzählen im Volke*, das den Titel *Im Lande der Industrie zwischen Rhein und Ruhr* (1923) trägt,

---

51 Tetzner 1919 (wie Anm. 3), S. 57.
52 Vgl. Edward P. Thompson: The Moral Economy of the English Crowd in the Eighteenth Century [1971]. In: ders.: Customs in Common. New York 1991, S. 185-258.
53 Geus (wie Anm. 1), S. 32.
54 Zu Emil Milan vgl. Cäsar Flaischlen: Emil Milan als Künstler. Worte bei seiner Gedächtnisfeier. Berlin 1917; Emil Milan. Dokumentation, hrsg. von Walter Wittsack. Regensburg 1986. Im Schweizer Exil unterrichtete Lisa Tetzner selber am Lehrerseminar Basel vom Schuljahr 1938/39 bis zum Schuljahr 1953/54 das Fach „Sprecherziehung" in den Mittel- und Oberlehrerkursen, in den Fachlehrerkursen und in den Primarlehrerkursen. Es handelte sich dabei um jeweils nur wenige Wochenstunden (Brief von Daniel Kess vom 10. Juni 2004, Staatsarchiv des Kantons Basel-Stadt). Gemäß einem Nachruf auf Lisa Tetzner in den „Basler Nachrichten" vom 2. Juli 1963 war es der Regierungsrat des Kantons Basel-Stadt Fritz Hauser (1884-1941), der sie ans Kantonale Lehrerseminar holte.
55 Die Vorbereitung. Blätter der Gesellschaft für Literatur und Musik in Coburg, 1. Reihe, Nr. 3 vom 14. Dezember 1920, S. 1.

beschrieben. An diesem Ort organisierte ein feinsinniger Privatgelehrter (Dr. Julius Kühn) für das Bildungsbürgertum Coburgs Dichterlesungen. Fritz von Unruh, Franz Werfel und Thomas Mann hatten dort schon vorgetragen. Die Bemerkung des Gelehrten: „Manche lesen schlecht, aber man erhält einen Eindruck ihrer Leibhaftigkeit"[56], verweist auf einen anderen, weit zurückliegenden Medienwechsel, den von der Performanz des Dichters/Sängers zum Buch, in welchem der Dichter nun nur noch medial gegenwärtig ist, Publikum und Dichter sich gleichsam anonym gegenüberstehen.

3.5. Der wiedergewonnene Körper

In diesem Sinne spekuliert die Dichterlesung auf ein gesteigertes Interesse des Lesepublikums an dem „Körper" des Dichters. Und Lisa Tetzner gab dem Volksmärchen, das eigentlich nur noch als Buchmärchen existierte, seinen Körper wieder zurück.

Ein weiteres Element sind die neuromantischen, kunstbewegten, ja, auch konservativen Impulse Tetzners, „die Dichtkunst von Buch und Papier zu befreien"[57] oder, nach den Worten des Rezensenten in *Hochland*, „zu erlösen"[58], und „Tiefe und Freude, die die Kunst schaffen kann, einmal denen zu bringen, die abseits davon stehen, die noch nichts von jener Übersättigung und Dekandenz [sic!] der Städte in sich tragen."[59] Dieser Punkt ist auch deshalb bedeutsam, weil sich die Tetzner im Laufe der 1920er Jahre von dieser Position wegbewegen wird (ohne das Volksmärchen aufzugeben), durch ihre Kontakte zu sozialistischen und kommunistischen Kreisen einerseits und durch das neue Medium Rundfunk ab 1927 andererseits.

Die Naivität dieses Ansatzes zeigt sich auch etwa darin, dass der Hochsommer nicht die geeignetste Zeit ist, Märchen zu erzählen. Man hatte keine Zeit mehr, „auf Märchen zu hören, denn die Ernte nahm alle Zeit und Kraft für sich in Anspruch." So sagte ihr eine Frau im Thüringer Land: „,Fräulein, kommen Sie nur mal im Winter zu uns, wenn wir alle eingeschneit sind und um den Ofen sitzen. Dann würden wir von früh bis zum Abend nur auf Ihre Geschichten hören wollen. Man wird ja direkt fröhlich und vergnügt dabei.'"[60]

---

[56] Tetzner 1923b (wie Anm. 5), S. 60.
[57] Ebd., S. 3.
[58] Zit. nach ebd., S. 146.
[59] Tetzner 1919 (wie Anm. 3), S. 3 f.
[60] Ebd., S. 65.

3.6. Interaktion zwischen Erzählerin und Publikum

Ein weiteres Strukturelement ist die Interaktion zwischen der Erzählerin Tetzner und ihrem wechselnden jugendlichen, manchmal auch gemischten Publikum.[61] Sie empfindet die Abhängigkeit von den Zuhörern, indem das erzählte Märchen, je nach Publikum, immer ein anderes sei. Und sie stellt die Frage: „Spürten diese Menschen, wie durch sie die Möglichkeiten wuchsen?"[62] Besonders bei einem großen Auditorium stellt sich zudem regelmäßig Lampenfieber ein: „Das bange Gefühl, das mich stets vor größeren Vorträgen so seltsam in der letzten Minuten [sic!] angesichts der hereinströmenden und sich versammelnden Menschen beschlich, legte sich schon lähmend über meine Glieder."[63]

Es handelt sich dabei um eine sowohl auditive als auch visuelle Interaktion. Es sind die Gesichter der Kinder, an denen sie die Wirkungen ihres Vortrages beständig ablesen und kontrollieren kann. Von einer Schule im Ruhrgebiet schreibt sie:

„Es sitzen große, ältere Knaben und Mädchen vor mir. Sie ziehen die Augenlider in der Anspannung hoch und machen ernsthafte Gesichter; nicht ein Zug von Zweifel oder überlegener Geringschätzung steht in ihnen auf. Ich brauche zu keinen derben Schwänken zu greifen, um sie zu fassen. Ich kann die schlichtesten, innigsten Märchen erzählen, vom Rapunzel und den Goldkindern. Sie sind hier nicht stumm wie in Schwaben. Sie stützen den Kopf in die Hände, sie stöhnen, sie rufen ‚ah' und ‚oh' und begleiten meine Worte mit ihrem eigenen, sehr lebhaften Mienenspiel. Ich sehe immer die Wirkungen im Spiegelbild ihrer Gesichter. Danach reden sie lebhaft und eifrig darüber, als gelte es eine Weltangelegenheit zu lösen."[64]

Dieses Strukturelement wird beim Rundfunk die größten Probleme aufwerfen, weil diese Interaktion entfällt, indem den kindlichen Zuhörern nur eine Stimme geboten wird und die Erzähler wiederum das Publikum nicht sehen. Ich werde darauf zurückkommen.

---

[61] Vgl. Tetzner 1923a (wie Anm. 4), S. 72. Hier ist von erwachsenen Männern, Frauen und Kindern die Rede. Zur Performanz als „sozialem Akt" vgl. besonders Geus (wie Anm. 1), S. 111-114 („Praktisches: die Erzählerin") und Donald Braid: Performanz. In: Enzyklopädie des Märchens, hrsg. von Rolf Wilhelm Brednich u.a. Bd. 10. Berlin/New York 2002, Sp. 730-743.

[62] Tetzner 1923b (wie Anm. 5), S. 63.

[63] Ebd., S. 61.

[64] Ebd., S. 17. Nach einer anderen Erzählerin, Charlotte Rougemont, scheitert man beim Erzählen, wenn man nicht auf die Gesichter des Publikums achtet; vgl. Charlotte Rougemont: ... dann leben sie noch heute. Erlebnisse und Erfahrungen beim Märchenerzählen. 7., verbesserte und erw. Aufl. Münster 1982, S. 47.

3.7 Das anonyme Publikum

Ein Strukturelement ist die Anonymität. Sie ist dadurch gegeben, dass die Tetzner sich wandernd im Raum bewegt und sich auf diese Weise immer neue Publika erschließt. Diese Anonymität wird zwar durch die gegenseitige Kontaktfreude gemildert; der mehr oder weniger strenge Zeitplan drängt jedoch zu einem ständigen Abschiednehmen, wodurch die entstandene Vertrautheit zwischen Lisa Tetzner und den Kindern unterbrochen wird.

3.8 Das eingeschränkte Repertoire als Erzählschule

Ein weiteres Strukturelement, welches mit der Anonymität zusammenhängt, ist das eingeschränkte Repertoire an vorgetragenen Märchen: Es sind „Marienkind"[65], „Siebenschön"[66], „Rapunzel", „Die Goldkinder"[67], der „Fyscher und syne Fru"[68] und immer wieder „Die Gänsemagd"[69] oder „Das Märchen vom dicken, fetten Pfannekuchen"[70] – in der Hauptsache Märchen aus den KHM und aus den von Paul Zaunert (1879-1959) herausgegebenen *Deutschen Märchen seit Grimm*.

Nach drei Monaten Märchenerzählen zeigten sich denn auch Ermüdungserscheinungen. Für Schwaben heißt es da: „Das Essen aus dem Rucksack schmeckte mir nicht mehr und meine Märchen wurden in der täglichen Wiederholung wie der Refrain eines Leierkastenliedes."[71] Den Grund für das eingeschränkte Repertoire sehe ich einmal dadurch begründet, dass sie jeden Tag ein neues Publikum vor sich hatte und deshalb nicht immer etwas Neues erzählen musste. Dann aber hat es auch mit dem Kunstwillen Tetzners zu tun, an der Form eines Märchens immer wieder zu feilen und es noch besser zu erzählen.

Charlotte Rougemont, eine andere Erzählerin, nutzte die Möglichkeiten ihres Arbeitsplatzes in einem Spital, um an immer anderen Patienten das Märchenerzählen und vor allem das Erzählen eines bestimmten Märchens zu üben.[72]

---

[65] Tetzner 1923a (wie Anm. 4), S. 21 f., 74.

[66] Ebd., S. 36; vgl. Paul Zaunert (Hrsg.): Deutsche Märchen seit Grimm. 2 Bde. Jena 1912, 1923 (Märchen der Weltliteratur), Bd. 1, S. 146-150.

[67] Tetzner 1923b (wie Anm. 5), S. 18.

[68] Ebd., S. 62.

[69] Ebd., S. 76.

[70] Tetzner 1923a (wie Anm. 4), S. 36; Zaunert 1912/23 (wie Anm. 66), Bd. 1, S. 176 f.

[71] Tetzner 1923a (wie Anm. 4), S. 77.

[72] Vgl. Rougemont (wie Anm. 64), S. 21.

3.9 Variance/Mouvance

Ein letztes Strukturelement betrifft die Varianz bzw. Mouvance des Märchentextes und hängt mit der Möglichkeit zusammen, ein Märchen immer wieder erzählen zu können. Lisa Tetzner beschreibt diese Variabilität am Beispiel des „Märchens vom dicken, fetten Pfannekuchen".[73] Sie ist auf dieses Kettenmärchen durch den zweiten Band der von Paul Zaunert herausgegebenen „Deutschen Märchen seit Grimm" (1912)[74] aufmerksam geworden und beschreibt, wie sich das Märchen veränderte:

> „Das Märchen vom dicken, fetten Pfannekuchen, das ich den Kindern allüberall zu ihrem Jubel erzählen muß, das ich selber so herzlich liebe, hat seltsame Wandlungen bei mir erlebt, ehe es so dastand, wie nun.
>
> Ursprünglich griff ich es aus einer deutschen Sammlung auf. Dort sind es zwei alte Weiber, die den Pfannekuchen backen, dort wird er vom Wolf und Bär und Hasen und anderem Waldgetier verfolgt im kanntapper, kanntapper, und springt zuletzt zwei hungrigen Kindern in den Korb. So recht deutsch war es da, gut, und mit bravem moralischen Schluß.
>
> Während des Erzählens ließ ich sehr bald mehr den Kindern bekannte Tiere anmarschieren, vor allem Tiere, deren Laute ihnen bekannt sind. Es war ja so schön, wenn sie dann mittendrin mit rufen konnten: ‚Muh, muh, muh'. Einen Wolf hatten sie nie mehr gesehen, höchstens im zoologischen Garten, aber eine Kuh, eine Katze, ein Hund, die begegneten ihnen auf Schritt und Tritt. Das [recte: Daß] ihn dann die zwei armen Kinder bekamen, war recht und billig. Mehrmals sagten die Kinder mir zwar, die Kinder hätten ihn nur bekommen, weil sie gesagt ‚laß dich essen' anstatt ‚laß dich fressen'.
>
> Bei den Zutaten wurde ich sehr bald schon belehrt. In keiner Märchenform findet sich Salz. Bis mir dreimal Kinder sagten, etwas Salz tät aber die Mutter noch hinein; da nahm ich das Salz auf. Beim Zucker folgte der Nachsatz ‚viel Zucker', den sie mir nach und nach aufdrängten.
>
> Eines Tages hatte ich in einem nordischen Märchenbuch das Märchen in der schwedischen Fassung, in der ähnlichen Form wie hier, gefunden, nur fraß ihn da das Schwein ganz restlos auf. Lange Zeit erzählte ich das Märchen dann so, weil ich es amüsanter als die deutsche Form fand.
>
> Bis eines Tages eine alte Frau vor mir stand und mir mitten in die Geschichte hinein erklärte, ihr habe es die Mutter noch anders erzählt, und nun hörte ich zum erstenmal jenen Schluß, in dem der Pfannekuchen auch dem Schwein entschwindet und daher diese immer mit der Schnauze auf der Erde suchen müssen. Diese Form begeisterte mich und auch die Kinder. Später habe ich dann gehört, daß diese Fassung aus dem Russischen kommen soll, gefunden habe ich sie noch nicht, erzählt aber oft, und zu meiner Genugtuung habe ich erfahren, daß Siegfried Wagner das Märchen sogar komponiert hat."[75]

---

[73] Vgl. dazu Sabine Wienker-Piepho: Pfannkuchen: Der dicke fette P. [AaTh 2025]. In: Enzyklopädie des Märchens (wie Anm. 61), Bd. 10 (2002), Sp. 849-851.

[74] Paul Zaunert 1912/1923 (wie Anm. 66), Bd. 1, S. 176 f. Vgl. auch die Neuausgabe, Paul Zaunert (Hrsg.): Deutsche Märchen seit Grimm. Neue Ausgabe in einem Band. Bearbeitet und mit Nachweisen versehen von Elfriede Moser-Rath. Düsseldorf/Köln 1964 (Märchen der Weltliteratur), S. 102 f.

[75] Tetzner 1923a (wie Anm. 4), S. 55 f.; zum Märchentext selber vgl. ebd., S. 52-55. Das Märchen findet sich (mit gleichem Wortlaut) auch in Lisa Tetzner (Hrsg.): Die schönsten

Von Lisa Tetzner gibt es über die Technik des Märchenerzählens verstreute Bemerkungen und Abhandlungen, die es verdienen würden, einmal systematisch zusammengestellt zu werden. Wenige Hinweise mögen hier vorläufig genügen. 1919, nach den Erfahrungen in Thüringen und in Schwaben, schrieb sie in einem Aufsatz, sie habe sich bisher ausschließlich mit den Volksmärchen von Grimm und den Märchen seit Grimm beschäftigt. Anders als beim Vortrag von Dichtung dürften beim Märchenerzählen „Redewendungen und gewisse Erfindungen" hinzukommen, soweit sie nicht den „geistigen Sinn verwirren und verkehren". Beim Erzählen „unter dem Volke" müsse man Mundartliches, Dialektales, etwa in der direkten Rede, beimischen. Dem Schwaben bereite es zum Beispiel ein großes Vergnügen, wenn der Prinz zur Prinzessin sage: „Ha no, was meinscht". Weiter erleichtere es die Arbeit, wenn man über die Ausdrucksweisen und Gebräuche Bescheid wisse. „Den Teufel lasse man ja in den ortsüblichen Schimpfworten und Drohungen sprechen."[76]

4. Das Neue und das Alte

Man kann nun die aufgeführten Strukturelemente der Erzählpraktik Tetzners (vgl. 3.3.-3.9.) Punkt für Punkt durchgehen und untersuchen, inwieweit sie auf ältere Medien (Erzählgemeinschaften, primäre Mündlichkeit) zurückgehen oder auf zukünftige Medien wie das Radio (sekundäre Mündlichkeit) vorausweisen. In der Medienwissenschaft geht man von der Annahme aus, dass jedes Medium Elemente anderer und älterer Medien in sich vereinigt. Die neuen Elemente, die wir dann im Rundfunk wiederfinden werden, sind die Organisation und Professionalität (3.3.), die Sprachkultur (3.4.) und die Anonymität (3.7.). Die Elemente, die auf das ältere „Medium" einer primären Mündlichkeit verweisen, sind Interaktion (3.6.), der Körper oder allgemeiner die Körperlichkeit (3.5.), das eingeschränkte Repertoire (3.8.) und die Variabilität (3.9.). Übrigens ist das raumüberwindende bzw. raumindifferente Medium Rundfunk in der wandernden Bewegung der Tetzner ebenfalls vorgebildet. Die drei neuen Strukturelemente (3.3., 3.4. und 3.7.) können als radiophone Vorschule verstanden werden.

Märchen der Welt für 365 und 1 Tag. 2 Bde. Jena 1926/27, Bd. 2, S. 340-342; dies.: Das Märchen vom dicken, fetten Pfannekuchen. M.-Gladbach 1925; dies.: Der Wunderkessel und andere Märchen aus aller Welt. Ausgewählt und nacherzählt von L.T. Zürich o.J. [1937], S. 3-6. Übrigens sind es in der Zaunert'schen Fassung drei alte Weiber und nicht zwei; vgl. Zaunert 1912/23 (wie Anm. 66), Bd. 1, S. 176. Zu Wagners Komposition vgl. Wagner, Siegfried: Das Märchen vom dicken fetten Pfannekuchen. [Noten]: (aus „Märchen seit Grimm") für Alt- oder Bariton-Solo mit Orchesterbegleitung. Bayreuth: Giessel, cop. 1913.

[76] Tetzner 1919 (wie Anm. 3), S. 146.

5. Rundfunk

Ich komme nun zum letzten Teil, zu Lisa Tetzners Tätigkeit ab 1927 als
Mitarbeiterin der Kinderstunde des Berliner Rundfunks.[77]
    Wie am Beispiel des Frankfurter Senders dargelegt, war das Volksmärchen von
Anbeginn in den Kindersendungen präsent. Ab 1925 wurden auch neu
geschaffene, märchenhafte Züge aufweisende Kindergeschichten mit zum Teil
zeitgenössischen Umweltbezügen ins Programm aufgenommen. Rezitationen von
Volksmärchen machten aber bis 1929 einen bedeutenden Teil der Kinderpro-
gramme aus. In Programmzeitschriften wurde allerdings auch gefragt, „ob das
tradierte Märchen für das Kind des technischen Zeitalters noch die geeignete
Literatur darstellen könnte.“[78] Ab 1929 wurde in der Berliner Funkstunde (und
dafür war Lisa Tetzner verantwortlich) das Volksmärchen wieder verstärkt in den
Mittelpunkt der Kindersendung gerückt, mit der Begründung, es wäre „die erste
vollkommenste sprachliche Kunstform des Volkes“, und sie sei für „die Erziehung
der Phantasie und Sprache, ja für jede künstlerische Fähigkeit des heranwachsenden Menschen von Wichtigkeit.“[79] Diese Position wurde von Lisa Tetzner
gegen eine vielfältige, die Grausamkeit oder die fremden historischen Grundlagen
des Märchens monierende Kritik vertreten. Diese Kritik würde vornehmlich von
Erwachsenen geäußert, da dem unverbildeten Kind das Märchen leichter zugänglich sei. Entscheidend wäre jedoch eine richtige Auswahl.[80] So hält sie Schneewittchen und Hänsel und Gretel für Kinder als nicht geeignet.[81] Neuzeitliche Märchen
hingegen seien lediglich „dichterische Phantasiegebilde einzelner“, und nicht wie
die tradierten Märchen „Stimmen des Volkes“ und hätten „weder formal noch
inhaltlich [...] eine Berechtigung, durch Rundfunk verbreitet zu werden.“[82]
    Grundsätzlich wurde das Volksmärchen in den zahlreichen Beiträgen der
Programmzeitschriften nicht in Frage gestellt. Kontrovers diskutiert wurden

[77] Christoph Schmitt: Rundfunk. In: Enzyklopädie des Märchens (wie Anm. 61), Bd. 11 (2004),
    Sp. 906-918, hier S. 912.
[78] Elfert (wie Anm. 2), S. 171, 180 (not. 9). Zum Kinderfunk vgl. Horst Heidtmann: Kinderme-
    dien. Stuttgart 1992, S. 53-62.
[79] Lisa Tetzner: Märchenstunde am Berliner Sender. Das Märchen als „Wundergeschichte“.
    In: Funk 7 (1930), H. 27, S. 107 (Beilage „Frauen- und Jugendfunk“); vgl. dazu Elfert (wie
    Anm. 2), S. 172, 180 (not. 12).
[80] Tetzner 1930 (wie Anm. 79).
[81] Ebd.; andererseits hielt Lisa Tetzner nichts von dem Urteil, Volksmärchen seien zu grau-
    sam; vgl. Lisa Tetzner: Rede an eine Märchenerzählerin. In: Schola 5 (1950), H. 12, S.
    883-886; vgl. zu diesem Komplex vor allem Geus (wie Anm. 1), S. 105-111 („Das grau-
    same Spektakel“).
[82] Tetzner 1930 (wie Anm. 79). Zur Ablehnung moderner Märchen durch Lisa Tetzner vgl.
    dies.: Das moderne Märchen in seinem Verhältnis zum Volksmärchen. In: Kulturwille 1
    (1924), Nr. 5, S. 77 f.; dies.: Das moderne Märchen in seinem Verhältnis zum Volksmär-
    chen. In: Orplid 1 (1924), H. 12, S. 24-28.

hingegen die Auswahl und die Vortragsweise. Das Märchen und die Märchenerzählung wurden 1929 auf der Kasseler Tagung „Dichtung und Rundfunk" sogar „im Hinblick auf das Kinderprogramm als die für das nur akustische Medium Rundfunk richtungsweisende epische Form diskutiert, – allerdings in Verbindung mit einem geeigneten Erzähler".[83]

In überregionalen Rundfunkprogramm-Zeitschriften findet für die zweite Hälfte der 1920er Jahre eine lebhafte Diskussion über die Möglichkeiten und Grenzen des neuen Mediums statt. Die Titel dieser Zeitschriften lauten: *Die Wochenschrift des Funkwesens*, *Der Deutsche Rundfunk*, *Funk* oder (spezialisierter) *Der Schulfunk*. In diesen Programmzeitschriften gibt es auch Debatten zur Kinderstunde und besonders zur Frage, wie Märchen im Rundfunk vorgetragen werden sollen („Lesen, rezitieren oder erzählen?").

Und hier begegnen wir wiederum dem Problem der fehlenden Interaktivität. Weil beim Radio dem zuhörenden Kind die Möglichkeit nicht gegeben sei, die Erzählerin oder den Erzähler zu fragen, wenn es etwas nicht verstanden habe, forderte Meta Brix eine radikale Verständlichkeit. Habe man die Absicht, Kindern Märchen und Geschichten zu erzählen, gäbe es manches zu bedenken:

> „Wir haben in der deutschen Märchenliteratur gewiß viele Märchen, die wundervoll sind. Aber zum Erzählen am Sender muß man doch jedes Märchen ganz genau auf seine Eignung hierfür prüfen. Erzählen am Sender ist ein gewaltiger Unterschied gegen Erzählen im Kreis von Kindern, oder wenn man so ein Kleines auf dem Schoß hat. Da gibt es nämlich für das Kind immer die Möglichkeit, zu fragen, wenn irgendein Wort, eine Wendung nicht verstanden werden. Aber am Lautsprecher ...?"[84]

Sie leitet daraus die Forderung ab, alle Märchen und Geschichten im Radio müssten „*sofort* vom Kind verstanden werden"[85]. Die Handlung hat sich während der Erzählung aufzubauen, wenn die Kinder mit der Handlung mitgehen sollen.

Meta Brix ermahnt endlich die Sprecherinnen und Sprecher – und das wäre die andere Seite der fehlenden Interaktion –, sich das kindliche Publikum gleichsam mental vorzustellen und „an gespannte Kindergesichtchen, die den Lautsprecher anschauen und der unsichtbaren Erzählerin lauschen", zu denken:

> „Und hören sie [die Kleinsten] denn überhaupt zu, wenn da aus dem Lautsprecher eine Stimme zu ihnen kommt? Denn diese Stimme, das ist doch etwas ganz anderes, als wenn Mutter oder Vater oder irgendein anderer bekannter und greifbarer Mensch das Kind auf den Schoß nimmt: ‚Nun komm mein Kleiner, nun will ich dir mal ein Märchen erzählen!' Das ist eine ganz andere Sache mit dieser Stimme und ist viel schwerer faßbar für das Kind. Und

---

[83] Elfert (wie Anm. 2), S. 174. Der Text „Dichter sprechen mit Rundfunkleitern. Arbeitstagung Dichtung und Rundfunk im September 1929 in Kassel" ist wieder abgedruckt in Bredow (wie Anm. 10), S. 311-366, hier S. 317.

[84] Meta Brix: Märchen vorlesen – oder erzählen? In: Der deutsche Rundfunk 10 (1932), H. 4, S. 4.

[85] Ebd. (Hervorhebung im Original).

wenn dann diese Stimme da aus dem Lautsprecher hastend und sich überstürzend und viel zu laut zu dem Kinde kommt (wie das die Sprecherin Anita Simon machte), dann ist es eben nichts mit der Märchenstunde für die Kleinsten; dann ist's halt aus."[86]

Norbert Meyer riet deshalb, man solle überhaupt der „Märchentante" Kinder in den Senderaum mitgeben.[87]

Schon im ersten Jahr der Tätigkeit Lisa Tetzners am Berliner Rundfunk wurden 80 ihrer „Märchenvorträge" ausgestrahlt.[88] Dabei ging sie einen anderen Weg. Sie suchte die Zusammenarbeit mit Kindern, aber nicht den direkten Einbezug von Kindern in den Jugendfunk; das führe zu Verniedlichung und Dilettantismus. Die Zusammenarbeit lag auf zwei Ebenen: Einerseits arbeitete sie mit einer festen Kindergruppe an den einzelnen Sendungen und andererseits führte sie Befragungen an Berliner Schulen durch:

> „Seit meiner Tätigkeit am Berliner Sender und der Mitarbeit am Schulfunk habe ich wiederholt Experimente dieser Art mit Jugendlichen angestellt und diese Experimente erbrachten mir den Beweis, wie nötig es ist, über den Rahmen des Funks hinaus erst mit dem Kinde selbst in Fühlung zu treten, in seine Begriffswelt einzudringen und seine Fragen und Wünsche kennen zu lernen und zu berücksichtigen."[89]

Lisa Tetzner führte als Vorbereitung zu einer Sendung über Indianermärchen eine Befragung an einer Berliner Gemeindeschule durch (Altersstufe 8-14 Jahre); die Schüler sollten aufschreiben, was sie über Indianer wissen möchten:

> „Diese Frage wurde vollständig unbeeinflußt von der Lehrerschaft als freie Aufgabe gestellt. Die Kinder waren hocherfreut, daß sie Fragen äußern konnten, die ihnen im Rundfunk beantwortet werden sollten. (Neuer Impuls eines Interesses am Rundfunk, gleichzeitig Kontaktverbindung!)"[90]

Diese Grenzen des Mediums, seine fehlende Interaktivität, wurden von anderen hingegen als ein Gewinn verstanden. So sah Rudolf Arnheim in der mit den Ausdrucksmitteln Musik, Geräusch und Wortsprache monosensoralen Organisa-

---

[86] Meta Brix: Märchen für die Kleinsten. In: Funk 7 (1930), H. 2, S. 12. Martin Kunath rät dem am Radio vortragenden Künstler zur „Autosuggestion", zur „zwangsweise[n] Vorstellung eines Publikums"; Martin Kunath: Rundfunk und literarische Gestaltung. Vertikale und horizontale Simultanität – Bühne, Film und Rundfunk – Lyrik, Dramatik und Epik – Die Autosuggestion des Künstlers. In: Der Deutsche Rundfunk 8 (1930), S. 2269-2272, hier S. 2271 f.

[87] Meyer (wie Anm. 13).

[88] Klaus Klöckner: Hörfunk. In: Kinder- und Jugendmedien. Ein Handbuch für die Praxis, hrsg. von Dietrich Grünewald und Winfred Kaminski. Weinheim/Basel 1984, S. 201-215, hier S. 201. Zit. nach Schmitt (wie Anm. 77), Sp. 912.

[89] Lisa Tetzner: Die Mitarbeit der Kinder am Jugendfunk als nötige Grundlage des Programmaufbaus. In: Der Schulfunk 4 (1930), H. 11, S. 167-169, hier S. 168.

[90] Ebd.

tion des Mediums eine Chance, und zwar im Sinne des Gesetzes der Sparsamkeit des Kunstschaffens, eigentlich: der Kunstmittel.[91]

Nach Konrad Dürre lebe das Kind in einer (noch) durch das Auditive dominierten Welt, wie die Menschheit, als es noch keine Schrift und noch keine Bücher gab. Bei ihm wird das Kind zum idealen Radiohörer. Und er fährt fort:

> „Quält uns nicht – so rufen sie [die Kinder] – mit eurer Erwachsenenbildung, wir wollen nicht immer still sitzen und den ganzen Tag lesen, schreiben und wiederkäuen, wir wollen nicht immer tote Buchstaben statt lebendiger Natur, wir wollen uns bewegen, wir wollen sehen, wir wollen tasten, wir wollen riechen und wir wollen vor allem *hören*. Wir sind noch das, was ihr längst schon nicht mehr seid, wir sind noch *Ohrenmenschen*!"[92]

Ebenso ging Lisa Tetzner bei ihrer Radioarbeit (immer noch) davon aus, dass die Form *Märchen* „vom gesprochenen Wort" ausgehe und „darauf aufgebaut" sei.[93] Sie spricht sogar davon, dass das Märchen mehr als andere Formen für den Vortrag im Radio geeignet sei:

> „Wirkliche Märchen müssen aufs gesprochene Wort aufgebaut sein, und da Generationen an ihnen mitgearbeitet haben und uns heute nur kristallisiert das Wesentliche übermittelt wurde, haben sie diese große Phrasenlosigkeit und Herbheit und sind wie keine andere Sprechform mikrophongeeignet."[94]

Ich komme zu einem letzten Punkt, zur Variabilität des Volksmärchens. Die sekundäre Mündlichkeit des Mediums Radio (und „sekundär" meint nicht nur die technische Vermittlung, sondern auch, dass diese Mündlichkeit auf Schrift beruht) bringt die Varianz und Mouvance zum Erliegen. Im Radio wird nun nicht mehr dasselbe Märchen neu erzählt; vielmehr werden immer neue, immer andere Märchen (die immer schon als Texte existieren) erzählt. Das Medium Radio ist in dieser Hinsicht überaus gefräßig.

Die Öffnung Lisa Tetzners für andere, nicht-deutsche Märchen setzte 1926 ein und bildet die Voraussetzung für ihre zukünftige Medienarbeit. Selbst die deutsch-national gesinnte Adele Proesler, die in einem Aufsatz ihre Arbeit am Rundfunk als „Märchentante" vorstellt, präsentiert ein für das Jahr 1925 erstaunlich internationales Repertoire, das sie durch den Begriff der rassenverwandten Nationen nur dürftig kaschiert.[95]

---

[91] Schmitt (wie Anm. 77), Sp. 907.

[92] Konrad Dürre: Das neue Zeitalter des Kindes. In: Der Deutsche Rundfunk 8 (1930), H. 17, S. 3.

[93] Lisa Tetzner: Die heutige Jugend und das Volksmärchen. In: Der Diederichs-Loewe 4 (1930), H. 1, S. 52-54, hier S. 54.

[94] Tetzner 1930 (wie Anm. 79).

[95] Vgl. Adele Proesler: Märchen und Jugendstunden im Rundfunk. In: Der Deutsche Rundfunk 3 (1925), H. 24, S. 1505-1508, hier S. 1505 f.

Abschließend möchte ich die Entwicklung Lisa Tetzners in ihrem Verhältnis zum Volksmärchen zwischen 1918 und 1933 kurz charakterisieren. Anfangs (1916-1923) geht sie von deutschen Märchen aus. Im Kontakt mit der großstädtischen Jugend wird ihr das Interesse der Kinder am Neuen und Fremden bewusst (1924). Sie gelangt zu der Ansicht, dass die Märchen aller Völker zusammenhängen und gleichwertig seien.

> „Die Märchen sind Allgemeingut der Völker geworden. Sie sind in ihren Motiven und Variationen, ihrem Aufbau, ihren Kraßheiten, schauerlichen Ungeheuerlichkeiten und tiefen Wunden wie eine endlose Kette miteinander verschwistert und verknüpft. Sie kehren an allen [sic!] der Welt zugleich wieder, uralt und ewig jung, tragen sie keine Autorennamen mehr. Jede Persönlichkeit mit ihren Stileigenheiten und andern Ausdrucksmöglichkeiten ist verschwunden und zurückgetreten. Sie geben nur noch die Seele der Völker und darüber hinaus die Seele der Menschheit in ihren Sehnsüchten, Wundern und Hoffnungen und in ihrer ganzen Kindlichkeit. Sie stammen ja auch aus der Kindheit der Menschheit. Sie sind einer der ersten tastenden Versuche, schöpferisch zu fabulieren."[96]

1926 erschien der erste Band der großen Sammlung *Die schönsten Märchen der Welt für 365 und einen Tag*[97] (wegen des Aspektes der Multikulturalität auch „Völkerbunds-Märchenbuch" genannt). 1929 erschien ihre Sammlung *Der Märchenbaum der Welt.*[98] Hier zeigt sich Tetzners Interesse an sozialen Volksmärchen. Ihre Skepsis gegenüber aktualisierten oder neuen Märchen bleibt bestehen.[99] 1930 spricht sie in einem Aufsatz mit dem Titel „Meine Erfahrungen als Märchenerzählerin und meine Einstellung und Arbeit von 1918 bis heute" davon, wie sich durch wirtschaftliche Lage, soziale Ungerechtigkeit, Klassentrennungen, ferner Technik, Radio usw. die Kinder veränderten.[100] Ihre Frage lautet nun, welche Volksmärchen für diese Kinder am geeignetsten sind („Fort vom Wunder!"). Es sind die Märchen, die „Abenteuer, Mut und Stärke des Einzelnen gegen die Macht des Schicksals und die Unbill des Lebens" thematisieren und wo „Schalk und Humor der unverwüstlichen Schelmen und Rüpel, Sieg der Verachteten und Armen, Weisheit und Wunder der Natur"[101] vorkommen.

---

[96] Tetzner 1924 (wie Anm. 82), S. 77 f.
[97] Vgl. Anm. 75.
[98] Lisa Tetzner: Der Märchenbaum der Welt. Berlin 1929.
[99] Vgl. Anm. 82.
[100] Bernd Dolle: Märchen und Wirklichkeit. Entwürfe und Vorstellungen von einem neuen Märchen. In: Es wird einmal ... Soziale Märchen der 20er Jahre, hrsg. von Bernd Dolle, Dieter Richter und Jack Zipes. München 1983, S. 165-175, 177 f., hier S. 173.
[101] Zit. nach Dolle, ebd.

Helmut Fischer

Sekundengeschichten
Erzählen in Rundfunkwerbesendungen

Ubiquität des Erzählens

Der Mensch ist ein erzählendes Wesen. Sein Alltag ist angefüllt mit narrativen Äußerungen, an denen er produktiv und rezeptiv teil hat.[1] Einerseits ist der Übergang vom mündlichen zum schriftlichen Erzählen vollzogen. Den Printmedien, vornehmlich den Zeitungen und Zeitschriften, ist die Rolle der Überlieferungsträger für hergebrachte und gegenwärtige Geschichten zugefallen.[2] Andererseits ist das mündliche Erzählen keineswegs verschwunden. Auch im Zeitalter der Massenkultur vollzieht sich zwischen Kontinuität und Transformation der Prozess, der „mündliche Volksüberlieferung" genannt wird.[3] Das Erzählen hat vielmehr, was die Gelegenheiten und medialen Möglichkeiten betrifft, eine intensive Ausweitung erfahren, die dem kulturellen und technischen Fortschritt zu verdanken ist. Der Äußerungstyp der Mündlichkeit greift gerade mit den auditiven Medien beherrschend in den kommunikativen Alltag ein.[4] Erzähltes wird ständig in den menschlichen Rezeptionshorizont eingebracht.

Unter den Darstellungsmitteln des Erzählens nehmen die ursprünglichen und herkömmlichen, an den Körper gebundenen Verfahren die erste Stelle ein. Die mündliche Rede sowie Gestik und Mimik wirken im unmittelbaren zwischenmenschlichen Kontakt. Die sekundären Medien der Schriftlichkeit benutzen technisch produzierte Zeichen, die ohne technisches Gerät aufgenommen werden. Geschriebenes und Gedrucktes werden gelesen. Es handelt sich um schon

---

[1] Hermann Bausinger: Alltägliches Erzählen. In: Enzyklopädie des Märchens, hrsg. von Kurt Ranke u.a. Bd. 1. Berlin/New York 1975, Sp. 323-330; Linda Dégh: Erzählen, Erzähler. In: ebd. Bd. 4, 1984, Sp. 315-342.

[2] Hartmut Günther: Mündlichkeit und Schriftlichkeit. In: Sprachen werden Schrift. Mündlichkeit-Schriftlichkeit-Mehrsprachigkeit, hrsg. von Heike Balhorn und Heide Niemann. Langwil am Bodensee 1997, S. 64-73, hier S. 68; Helmut Fischer: Serielles Erzählen in Printmedien. In: Europäische Ethnologie und Folklore im internationalen Kontext. Festschrift für Leander Petzoldt, hrsg. von Ingo Schneider. Frankfurt a.M. u.a. 1999, S. 539-549; ders.: Die Instrumentalisierung von Sagen in Zeitungen und Zeitschriften. In: Lares LXV(1999), S. 31-49.

[3] Helmut Fischer: Kontinuität oder Transformation. Die mündliche Überlieferung im Zeitalter der Massenkultur. In: Schweizerisches Archiv für Volkskunde 87 (1991), S. 93-106.

[4] Helmut Fischer: Oralität in der totalen Massengesellschaft. In: Formen und Funktion mündlicher Tradition, hrsg. von Walther Heissig. Opladen 1995 (Abhandlungen der Nordrhein-Westfälischen Akademie der Wissenschaften, 95), S. 211-233.

traditionelle, weil seit langer Zeit kulturvermittelte Methoden. Die tertiären Medien bedürfen sowohl zur Erzeugung und Übertragung der Zeichen als auch zu ihrem Empfang bestimmter technischer Einrichtungen. Rundfunk und Telefon, Schallplatte, Kassette und Compact Discs, also die auditiven Medien, haben unter anderem durch die Kombination mit bewegten Bildern in Film, Fernsehen und Video, mit Fernschreiber und Fernkopierer und durch das Internet der kommunikativen Dimension des Erzählens weitreichende Perspektiven eröffnet.[5] Die Versendung von E-Mails und die Videokonferenzen erschließen weitere narrative Bereiche. Ein aktuelles mündliches Anwendungsfeld ist das Storytelling in der Absicht, den Austausch von Wissen und Erfahrungen zu fördern.[6] Das Erzählen von Geschichten wird als Managementmethode in Unternehmen für Präsentation, Öffentlichkeitsarbeit und Markenführung, in Organisationsentwicklung und Change-Prozessen offeriert.

Der mündliche, gesprochene und hörbare Austausch zwischen Menschen wird in außerordentlicher Vielfalt und Intensität über die elektronischen Medien betrieben. Unter den tertiären Medien tritt der Rundfunk besonders hervor, weil er rein lautlich, also monosensoral, ausgerichtet ist. Visuelle Mitteilungen und Erfahrungen gibt es nicht. Musik, Geräusche und Wortsprache sind die tragenden Ausdrucksmittel. Die Sprecher sind unsichtbar. Sie wenden sich an ein großes, räumlich weit verteiltes Publikum verschiedener Art, unterschiedlichen Hörverhaltens und Interesses. Die Hörer richten sich im Zuhören auf die Sprecher aus und stellen zu ihnen eine persönliche Beziehung ohne körperliche Nähe her, die eine Pseudointimität hervorruft. Sie können aufnehmen, was gesagt wird, ohne eine spezielle Fertigkeit wie das Lesen zu beherrschen. Umgekehrt sehen die Sprecher die Zuhörer nicht. Mimik und Gestik fallen als Reaktionszeichen aus.[7] Die auditive Darstellung und Rezeption bewirkt Aufmerksamkeit und Konzentration. Die Mündlichkeit erreicht einen höchsten Grad an Allgemeinheit, und zwar unter der professionellen Kontrolle einer besonderen Institution, des Senders.[8] Den Vorrang im Rundfunk hat die Ein-Weg-Kommunikation. Gegenüber der Face-to-face-Kommunikation des Erzählens zielt der akustische Kanal auf bloße Rezipienten, deren Verhalten beeinflusst werden soll. Die Aus-

---

[5] Peter Hunziker: Medien, Kommunikation und Gesellschaft. Einführung in die Soziologie der Massenkommunikation. Darmstadt 1988, S. 16; Mouna Dix: E-Mail-Hoaxes – Moderne Sagen im Internet. In: Augsburger Volkskundliche Nachrichten 8 (2002), S. 23-34.

[6] Karolina Frenzel, Michael Müller und Hermann Sottong: Storytelling. Das Harun-al-Raschid-Prinzip. Die Kraft des Erzählens für Unternehmen nutzen. München 2004.

[7] Christoph Schmitt: Rundfunk. In: Enzyklopädie des Märchens, hrsg. von Rolf Wilhelm Brednich u.a. Bd. 11. Berlin/New York 2004, Sp. 906-918.

[8] Werner Holly: Secondary Orality in Electronic Media. In: Aspects of Oral Communication, hrsg. von Uta M. Quasthoff. Berlin/New York 1995, S. 340-363, hier S. 360.

wirkungen jedoch bleiben ungewiss.[9] Die radiophone Mündlichkeit ist nicht in der Lage, die Oralität zu ersetzen oder zu erneuern, die vor dem Aufkommen der Printmedien bestand.

Radiophones Erzählen

Der Rundfunk ist ein wichtiger Träger der populären oralen Kultur. Seinem Wesen entspricht es, dass er Informationen mit beträchtlichen Anteilen von Sprache vermittelt. Informationen, Wissenswertes, Überlieferungen und Erfahrungen werden in der Gestalt von Geschichten weitergegeben, also nach den Regeln des Erzählens den Hörern vorgetragen. Besonders beliebt sind die Magazinsendungen, Mischprogramme aus populärer, internationaler Musik, informierenden sprachlichen Kurzbeiträgen, vor allem aus den Bereichen Politik, Kultur, Sensationen, Beratung und Persönlichkeiten mit stündlichen oder halbstündlichen Nachrichten und den Verkehrsdurchsagen.[10] Vor den Nachrichten werden jeweils Blocks mit Werbespots eingeblendet.

Innerhalb der Hörprogramme der einzelnen Rundfunkanstalten hat der Werbefunk zwar lediglich einen Anteil von einem Prozent der Sendezeit zur Verfügung[11], aus marktwirtschaftlicher Sicht kommt der Radiowerbung jedoch eine beachtliche Bedeutung zu, zumal sie zahlreiche Adressaten an vielen Orten fast zu jeder Zeit ungerufen erreicht. Werbung will Produkte bekannt machen und Bedürfnisse und Wünsche wecken. Sie sucht die Werbeobjekte der Markenstrategie gemäß in bestimmte Zusammenhänge einzustellen und in den Vordergrund zu holen. Es ist ihr Ziel, die rational-argumentativen Fähigkeiten und insbesondere die sinnlichen und seelischen Anreize, die Empfindungen, Phantasien und Wünsche auf das jeweilige Werbeobjekt zu lenken. Auf diese Weise hofft sie, den Bekanntheitsgrad der Ware zu erhöhen und die Konsumbereitschaft anzuregen.[12] Werbung aber muss auffallen, originell und informativ sein, um Wirkung zu erreichen. Das wichtigste Medium zur Vermittlung ihrer Botschaften ist die Sprache, im Rundfunk die mündliche Sprache in Verbindung mit Geräuschen und Musik. Die radiophone Mündlichkeit nützt indessen weithin das Erzählen

---

[9] Walter J. Ong: Oralität und Literalität. Die Technologisierung des Wortes. Opladen 1987, S. 136.

[10] Helmut Fischer: Magazingeschichten. Erzählen in berichtend-kommentierenden Rundfunksendungen. In: Homo narrans. Studien zur populären Erzählkultur. Festschrift für Siegfried Neumann, hrsg. von Christoph Schmitt. Münster u.a. 1999, S. 285-300, hier S. 286.

[11] Wolfgang Donsbach und Rainer Mathes: Rundfunk. In: Fischer Lexikon Publizistik, Massenkommunikation, hrsg. von Elisabeth Noelle-Neumann, Winfried Schulz und Jürgen Wilke. Frankfurt a.M. 1996, S. 475-518, hier S. 498.

[12] Bernhard Sowinski: Werbung. Tübingen 1998 (Grundlagen der Massenkommunikation, 4), S. 32.

von Geschichten zur Umsetzung von Werbestrategien. Erzählen ist eine menschliche Grundeigenschaft. Es verbindet Bekanntes mit Unbekanntem, transportiert Werte und Überzeugungen, schafft Vertrauen und Vertrautheit, bettet Wissen in konkrete Zusammenhänge ein und fördert das schnelle Aufgreifen und Verstehen. Diese Potenzen nutzen die Verfasser von Werbetexten und die Gestalter von auditiven Werbespots. Das Ergebnis ihrer Arbeit sind Kürzesttexte mit einer Länge von zumeist 15 bis 20, gelegentlich bis 30 Sekunden, die Sekundengeschichten. Die Sekundengeschichten „werben" für Dienstleistungen und Waren der verschiedensten Art, auch für politische Parteien. Sie haben einen unterhaltenden Effekt und sind konsequent intentional ausgerichtet.

Struktur der Geschichten

Die Sekundengeschichten nutzen die „Kraft des Erzählens", die ihnen das Medium Rundfunk bereitstellt: akustisches Material, enorme Kürze, strategische Ausrichtung und häufige Wiederholung. Es handelt sich um eine „organisierte" Form des Erzählens, die sich deutlich von der vorliterarischen Mündlichkeit unterscheidet.[13] Die Materialseite umfasst den Wortbeitrag, gegebenenfalls eine charakterisierende Geräuschkulisse und musikalische Bestandteile. Der zeitliche Ablauf ist auf eine knappe messbare Einheit beschränkt. Strategisch wird der Empfänger auf den Punkt genau angesprochen. Durch die häufige Wiederholung wird die Aufmerksamkeit noch angeregt und verstärkt.

Es wird eine Erzählhandlung entwickelt, die auf einer spezifischen Dramaturgie beruht. Da die Geschichten strikt empfängerbezogen angelegt sind, wird ein Kontext aufgebaut, den die Adressaten vervollständigen können. Als Aufmerksamkeitspotential dient eine Dramatik, die Apperzeptionsstützen bei den Hörern, Erfahrungen und Wissensbestandteile heranzieht. Die Sekundengeschichten sind Produkte von Werbetextern, von professionellen Realisatoren im deklamatorischen und akustischen Bereich. Sie werden im Studio erarbeitet und besitzen eine unterschiedliche Struktur. Im Hinblick auf die Erzählaktivität lassen sich drei Typen ermitteln.

Beispiel 1
    Erzählerin: „Da stand ich also mit meinem Vater im Verkaufsraum. Was der
    alles wollte! – Getönte Schreiben, Niederquerschnittreifen, Full-size-airbag
    und noch Sportsitze, einfach maßlos! War das peinlich! Und was sagte der
    Verkäufer? ,Kein Problem'. Wieso sagt das nie jemand zu mir?"

---

13 Kurt Ranke: Zivilisation und Volkstum. In: Beiträge zur deutschen Volks- und Altertumskunde 2/3 (1958), S. 9-22, hier S. 19.

Sprecher: „Bei Opel gibt es jetzt die Astra- und Vectra-Sondermodelle. Da finden Sie Ihr Wunschpaket mit Sicherheit. Ein Grund mehr für Opel."[14]

Die kindliche Erzählerin schildert das Verhalten beim Autokauf. Sie entwickelt Atmosphäre, indem sie fachsprachliche Stichwörter einsetzt und sich selbst als Kontrastfigur einbringt. Von der Erzählhandlung wird nicht zur nachfolgenden Werbeinformation des Off-Sprechers übergeleitet. Die Situation knüpft an mögliche Erfahrungen der Adressaten an.

Beispiel 2

Erzähler: „Tja, da gibt's nicht viel zu erzählen. Ich will den Dom ganz aufs Bild kriegen, geh also rückwärts."

Stimme (männlich): „Vorsicht!"

Erzähler: „Überall diese Straßencafés!"

Stimme (weiblich): „Sie Trottel!"

Erzähler: „Da wirft die doch glatt ein Stück Schwarzwälder Kirsch nach mir, das aber auf der Scheibe von dem Geflügeltransporter landet. Ist doch ein schönes Foto geworden!"

Sprecher: „Die Geschichte ist natürlich erfunden. Aber: Alles schon passiert, das können wir Ihnen versichern. Was Ihnen auch passiert: Provinzial-Versicherungen. Beratung in allen Geschäftsstellen und Sparkassen. Provinzial: Wir bringen's in Ordnung."[15]

Der Erzähler liefert die situativen Indizien und schildert einen tragikomischen Vorfall aus dem Alltag. Seine Erzählung, die notwendigerweise umfangreicher gewesen wäre, wird durch zwei sprachliche Einschübe dramatisch aufgeladen und gleichzeitig verkürzt. Ein- und Ableitungen der Einwürfe im Sinne von Zitaten (Da rief einer: „Vorsicht!"; eine Frau rief: „Sie Trottel!" und griff nach einem Stück Kuchen) entfallen. Der Off-Sprecher kennzeichnet den Vorgang als „Geschichte" ohne Anspruch, aber doch mit der Möglichkeit, dass das Ereignis vorgefallen sein könnte.

Beispiel 3

Mann: „Eva, hast du mein Feigenblatt gesehen?"

Frau: „Das alte Ding ist doch total out!"

Mann: „Und was soll'n wir jetzt anziehen?"

Frau: „Wie wär's mit coolen Klamotten von Nike S oder Burlington? Das ist alles immer dreißig bis fünfzig Prozent günstiger."

Mann: „Mh, stimmt, Eva. Feigenblätter sind echt uncool."

---

[14] WDR 2, Januar 1994.
[15] WDR 2, Februar 1994.

Sprecher: „Willkommen im Paradise of Price bei Mc Arthur Glen, im Desig-
ner-outlet-Center im holländischen Roermond. www.auchsonntags.de."[16]
Die Geschichte wird in einen Dialog zwischen zwei Erzählern aufgelöst und in
einen bekannten biblischen Zusammenhang gestellt. Die Auflösung erfolgt
durch den Off-Sprecher, der die Beziehung zur Konsumwirklichkeit knüpft.

Diese Typen von Geschichten, die auf den Erzähleraktivitäten fußen, auf der
durchgehenden Erzähleräußerung, auf der durch Einschübe dramatisierten
Erzählung und auf der Dialogisierung der Handlung, korrespondieren mit den
Textstrukturen. Ihr Bau ist zwei- und dreigliedrig.

Beispiel 4

Stimme (weiblich): „Du, sag mal, Frank, war hier nicht früher 'ne Glas-
tür?"*(Geräusch von berstendem Glas)*.

Sprecher: „Die Barmenia-Ergänzungsversicherung übernimmt bis zu hundert
Prozent der Kosten für Brillen und Kontaktlinsen. Rufen Sie jetzt an: 0180
200 30 30. Barmenia 0180 200 30 30."[17]

Die Erzählung ist im ersten Teil auf einen Satz zurückgeführt. Den Kontext
vermittelt das Geräusch. Die Notwendigkeit, den alltäglichen Unfall ausgiebig
erzählerisch zu dokumentieren, wird nicht gesehen. Wohl beansprucht der Off-
Sprecher im zweiten Teil den Raum für eine intensive Werbeinformation.

Beispiel 5

Schröder: „Joschi, Hans, Ärmel hoch und anschnallen! Wir fahren nach Hannover auf die Cebit. Da finden wir, was wir brauchen, um die Wirtschaft
auf Vordermann zu bringen. Ha ha ha, Drucker und Kopiersysteme von
Kyocera Mita. Damit steigern wir die Leistung und senken gleichzeitig die
Kosten."

Sprecher: „Entdecken Sie die Wirtschaftswunder von Kyocera Mita auf der
Cebit, Halle 1 Stand 2 a 2."

Schröder: „Und die Doris macht uns bestimmt was Leckeres zu essen. Ha
ha!"[18]

Diese zweiteilige Geschichte knüpft an ein aktuelles Ereignis an und benutzt
bekannte Persönlichkeiten des öffentlichen Lebens: die Imitatorenstimme des zu
dieser Zeit amtierenden Bundeskanzlers Gerhard Schröder und die Gestalten
seines Außenministers Joschka Fischer und Finanzministers Hans Eichel (die

---

[16] WDR 2, Dezember 2003.
[17] WDR 2, März 2004.
[18] WDR 2, März 2004.

nur mit Rufnamen genannt werden). Der Werbespruch wird eingeschoben und die Geschichte mit einem belohnenden Satz abgeschlossen.

Beispiel 6

> *Camilla*: „Charles, hast du bei Harrods schon mal so viele Touristen gesehen?"
>
> *Charles*: „Never ever. Aber, Camilla, ist es nicht viel zu teuer hier zu kaufen?"
>
> *Camilla*: „Ach was. Wer British Airways fliegt, hat doch schon so viel gespart!"
>
> *Charles*: „You're right, darling."
>
> *Sprecher*: „Indeed, bei Onlinebuchung fliegt British Airways Sie schon ab neunzig Euro inklusive Steuern, Gebühren und freundlichem Service zum Beispiel von Köln direkt zum Christmas-Shopping nach London und zurück. Buchen Sie gleich unter BA.com. London liegt näher, als Sie denken. British Airways."[19]

Der zweiteilige Text besteht aus dem Haupttext, aus dem Dialog, und der angehängten Werbeaussage. Die Geschichte macht sich die Bekanntheit zweier britischer Persönlichkeiten zunutze, und zwar von Prinz Charles und seiner Geliebten Camilla Parker-Bowles (beide waren bei der Ausstrahlung des Hörfunkspots noch unverheiratet). Die Schlussäußerung des Off-Sprechers enthält wichtige Informationen einschließlich der Gebrauchsaufforderung.

Beispiel 7

> *Sprecher*: „Das Tjäreborg-Urlaubs-Tiefpreis-Telefon."
>
> *Frau*: „Hallo?"
>
> *Mann*: „Frau Jeritzki?"
>
> *Frau*: „Ja."
>
> *Mann*: „Sagen Se mal, kommen Sie nicht?"
>
> *Frau*: „Wohin denn?"
>
> *Mann*: „Die gesamte Reisegruppe steht vollzählig am Bus, aber wir können nicht fahren, weil Sie nicht da sind."
>
> *Frau*: „Jo, ich weiß nichts."
>
> *Mann*: „Es geht um Ihren Urlaub. Wir wollen nach Ägypten, ein bisschen Pyramiden kucken, Kamele reiten, dat ganze Programm."
>
> *Frau*: „Wer sind Sie denn überhaupt?"
>
> *Mann*: „Na, der Bus-Pharao."

---

[19] WDR 2, Dezember 2003.

Sprecher: „Die tiefen Preise von Tjäreborg, zum Beispiel zwei Wochen Ägypten für 455 Euro. Tjäreborg, viel Urlaub für wenig Geld."[20]

Die Geschichte besteht aus drei Einheiten: Der Off-Sprecher führt mit einem Einleitungssatz auf den Haupttext hin, der nach dem Telefonmodell konsequent als Dialog abläuft. Die absurde, witzige Situation soll die Aufmerksamkeit auf die Schlussaussage des Off-Sprechers mit dem Werbeangebot und dem Slogan lenken.

Die Sekundengeschichten haben eine Struktur, die sich dem Medium Rundfunk und den Werbestrategien unterordnet. Der Erzähler nimmt unterschiedliche Positionen ein. Er ist ein Geschöpf der Werbetexter und akustischen Realisatoren, eine künstliche Figur, die allein nach den Absichten ihrer Verfertiger agiert und in dem Off-Sprecher einen Helfer hat, der stets den Kern der Handlung, den Werbeeffekt, anspricht. Diese Textgebundenheit und die spezifische mediale Umsetzung verlangen Textgliederungen. Sie treten in der Zwei- und Dreigliedrigkeit hervor. Die Geschichten erzeugen Kontext, übertragen Fakten in konkrete Situationen, liefern Zusammenhänge und erregen Emotionen. Erzählen unter werbenden Strategien, Storytelling als Verpackung intentionaler Botschaften in radiophoner Darstellung ist ein bewusster Umgang mit Geschichten, heißt reagieren auf die Bedürfnisse von Adressaten. Das wichtigste Medium ist die Sprache. Sprachliche Effekte verstärken die strukturellen Textfunktionen.

Effektivität der Geschichten

Die Effektivität der Werbesendungen ist abhängig von der Präsentation des akustischen Gebildes, von der Darstellungsform und von der Positionierung der Geschichten im Sendungsgefüge.[21] Die meisten Spots werden mit Musik angekündigt und unterlegt, zu Blocks zusammengefasst und festen Programmplätzen, vor allem vor den Nachrichtensendungen, zugewiesen. Auf diese Weise erfahren sie, verbunden mit der regelmäßigen Wiederholung, eine unverwechselbare Kennzeichnung. Die Hörer erwarten und nehmen „Werbung" auf. Die zweigliedrigen Geschichten beginnen mit einem kurzen musikalischen Vorspann (Beispiel 1-6). Die Einleitung der dreigliedrigen Variante kündigt in einem Satz die folgende Geschichte an und verbindet damit das Versprechen, etwas Außergewöhnliches, Besonderes zu bieten (Beispiel 7). Dadurch wird die Aufmerksamkeit auf den Kern des Werbebeitrags, auf den Erzähltext, gelenkt. Die Geschichte zeigt sich als lineare Kette sprachlicher Einheiten. Sie enthält

---

[20] WDR 2, Januar 2004.
[21] Helmut Geissner: Commercials as Narratives. In: On Narratives. Proceedings of the 10th International Colloquium on Speech Communication June 22-27, 1986, hrsg. von Helmut Geissner. Frankfurt a.M. 1987, S. 297-303, hier S. 297.

einen Bruch gegenüber dem eigentlich zu erwartenden Geschehensablauf. Die Adam-Eva-Diskussion um die Bekleidungsproblematik, ein biblisch-mythologisches Thema, bricht sich an dem Hinweis auf moderne und modische Kleidungsstücke (Beispiel 3). Bundeskanzler Schröder fährt tatsächlich zur Messe nach Hannover. Die unerwartete Wendung bringt die Einladung zum Essen bei seiner Frau (Beispiel 5). Der Kontrast forciert die Aufmerksamkeit der Zuhörer. Diese wird auf den Schluss gerichtet, der das Werbeangebot so suggestiv wie möglich vorträgt und in einen einprägsamen, formelhaften Slogan packt („Ein Grund mehr für Opel", 1; „Wir bringen's in Ordnung", 2; „London liegt näher, als Sie denken", 6; „Tjäreborg, viel Urlaub für wenig Geld", 7).

Neben der strukturellen Regelmäßigkeit des Erzählten kommt den empfängerbezogenen sprachlichen Strategien eine besondere Bedeutung zu. Die Hörmenge ist gering, die Texte sind kurz. Die Zielgruppe wird oft unmittelbar angesprochen („Da finden Sie Ihr Wunschpaket mit Sicherheit", 1; „Was Ihnen auch passiert", 2; „Willkommen im Paradise of Price", 3; „Indeed, bei Onlinebuchung fliegt British Airways Sie", 6). Imperativwerbung sendet direkte Kaufaufforderungen aus („Rufen Sie jetzt an", 4; „Entdecken Sie die Wirtschaftswunder", 5; „Buchen Sie gleich", 6). Die Geschichten wenden sich an ein breites Publikum. Die Texter achten deshalb bei der Sprache auf Allgemeinverständlichkeit und Wirksamkeit. Sie orientieren sich an der Standardsprache mit Anklängen an die Umgangssprache. Die Dialoge imitieren ein alltägliches Sprachverhalten. Mit Blick auf einen besonderen Werbeinhalt wird in eine Fremdsprache ausgewichen (Beispiel 6). Kurze Sätze, elliptische Kurzsätze und Fragesätze unterstützen den Aufmerkeffekt. In der Anrede erfahren die Rezipienten persönliche sprachliche Zuwendung.

Die Sekundengeschichten, die radiophonen Werbespots, setzen bei den Bedürfnissen der Adressaten und Zuhörer an. Sie nutzen die Neugier der Menschen auf Geschichten und nehmen sie als aktive Rezipienten wahr, die sich auf den spezifischen Helden, auf die Marke, das Produkt, die Dienstleistung einlassen.[22] Obwohl die Sekundengeschichten intentional gerichtet und den technischen Bedingungen des Massenmediums Rundfunk angepasst sind, rekurrieren sie auf eine grundsätzliche Ausgangslage.[23] Der Rundfunk als Erzähl-Kanal ist eine Instanz, welche die möglichen Erzählhandlungen beträchtlich erweitert und die mündliche Kommunikation beeinflusst.[24] Die Sekundengeschichten liefern ein eindrückliches Beispiel für die Wandlungen der Erzählkultur unter der Macht der Medien.

---

[22] Heinz Schilling: Medienforschung. In: Grundriß der Volkskunde, hrsg. von Rolf Wilhelm Brednich. 3., überarb. und erw. Aufl. Berlin 2001, S. 563-585, hier S. 566.

[23] Frieder Schülein und Jörn Stückrath: Erzählen. In: Literaturwissenschaft. Ein Grundkurs, hrsg. von Helmut Brackert und Jörn Stückrath. Reinbek 1992, S. 54-71.

[24] Rolf Wilhelm Brednich: Medien als Stifter oraler Kommunikation. In: Medien und Kultur, hrsg. von Werner Faulstich. Göttingen 1991, S. 16-29.

III.

Filmische Transformationen
von Märchen und Sage

Willi Höfig

Die stumme Märchenfrau: Märchen und Sage im Stummfilm
Beispiele und theoretische Überlegungen der Zeit

Der Medienhistoriker befindet sich oft genug in einer Situation, die derjenigen ähnelt, welche Bruno Frank uns von Alexander von Humboldt erzählt:

> „Bei einem Eingeborenenstamm am Rio Negro sah Alexander von Humboldt einen alten Papagei, der außerordentlich fließend und wohlartikuliert sprach. Humboldt konnte aber dennoch die Worte nicht verstehen und bat einen Häuptling um die Übersetzung. ‚Diesen Papagei kann ich auch nicht verstehen‘, sagte der Häuptling. ‚Niemand von uns kann es, denn er spricht nicht unsere Sprache.‘ – ‚Er ist also von weit her zu euch gekommen?‘ – ‚Nein, aber er ist ungeheuer alt und spricht die Sprache des Stammes, der vor uns in diesen Tälern gewohnt hat. Dieser Stamm ist ausgestorben.‘ – ‚Die den Vogel verstanden haben, sind tot‘, sagte Humboldt und sah seine Begleiter an, ‚die mit ihm leben, verstehen ihn nicht, und er selber ...‘"[1]

In einer wohl noch ärgeren Lage ist der *Film*historiker, insbesondere der des Stummfilms. Humboldt konnte den Gegenstand seines Interesses, eben jenen Papagei, noch sehen und hören; aber jemand, der sich mit Stummfilmen befasst und dabei nicht bloß die Filme im Auge hat, die wegen ihres historischen oder Kunstinteresses in vorführbarer Form überliefert wurden oder von denen eine Kopie die Zeitläufe gar nur aus purem Zufall überdauert hat, sondern der die Gesamtheit des Quellenmaterials kennen lernen möchte, der kann seinen Papagei oft genug nicht einmal mehr sehen und hören. Er ist auf das angewiesen, was Zeitgenossen oder Nachfahren über ihn berichten, und wird vielleicht noch nicht einmal ausmachen können, um wieviele Vögel es sich denn damals gehandelt hat. Damals, das heißt für den Film in Deutschland: von den ersten Bildern der Brüder Skladanowsky (Berlin 1895) bis zur Uraufführung des ersten abendfüllenden deutschen Tonfilms, Walther Ruttmanns *Melodie der Welt* (Berlin 1929). Das Datum ist ein bisschen willkürlich; tönende Kurzfilme deutscher Produktion waren schon 1928 aufgeführt worden, und Stummfilme gab es zunächst noch weiterhin. Aus dem Jahre 1928 sind die Drehbücher einiger kurzer Tonfilme erhalten; das wahrscheinlich älteste trägt den Titel *Die Hochzeit des Faun*, ist von Peter Hays und hat den Untertitel *Ein Tonfilm-Märchen*. Ein bei Zglinicki abgedrucktes Fragment daraus erinnert ein wenig an die berühmte

---

[1] Bruno Frank: Das Anekdotenbuch deutscher Erzähler der Gegenwart, hrsg. von Karl Lerbs. Hamburg 1924.

Verfilmung des Shakespeareschen *Sommernachtstraum* durch Max Reinhardt 1905, also nicht unbedingt ein Märchenfilm sui generis.[2]

Die Forschung hat sich mit dem Märchenfilm bis in die 1990er Jahre hauptsächlich unter Gesichtspunkten der Pädagogik, der Kindertümlichkeit und der praktischen Nutzung im Unterricht beschäftigt und damit vorzugsweise kindliche und jugendliche Zielgruppen im Blick gehabt. Themen, Typen und Motive der Volkserzählung in Filmen außerhalb des Kinderfilms sind über Jahrzehnte hin von der volkskundlichen, aber auch der publizistischen Forschung weitgehend ignoriert worden. Außer dem eher skizzenhaften Artikel „Film" für die *Enzyklopädie des Märchens* von 1984[3] gab es kaum übergreifende Literatur.

Das hat sich geändert, hervorgerufen durch drei Dissertationen: 1992 Christoph Schmitt, Marburg, veröffentlicht 1993; 1994 Holger Jörg, Freiburg, noch im selben Jahr veröffentlicht; und 2002 Fabienne Liptay, Mainz, veröffentlicht 2004.[4]

Die Arbeit von Schmitt näher beleuchten zu wollen, käme entschieden zu spät und wäre an diesem Orte wohl eher untunlich, wo auch das Lob einen zwangsläufig persönlichen Charakter annehmen müsste. Die Zeitschrift für Volkskunde stellt am Ende einer längeren Rezension fest, dass die Arbeit Schmitts ein Handbuch geworden sei, ohne das man in Zukunft weder die Geschichte des Märchenfilms im Fernsehen noch das diffizile Verhältnis des elektronischen Massenmediums zu seinen Quellen richtig werde einschätzen können.[5] Wenn man die breite Wirkung der Arbeit auf die Literatur der letzten Jahre berücksichtigt, scheint dieses Urteil eher zu vorsichtig ausgefallen zu sein.

Holger Jörg ist es anders gegangen: Sein vorzüglicher Text über „Erzählstoffe, Motive und narrative Strukturen der Volksprosa im ‚klassischen' deutschen Stummfilm" ist kaum rezipiert worden. Methodisch weniger aufwendig als Schmitt, bietet Jörg eine Fülle von Filmanalysen unter volkskundlichem Aspekt und liefert von Film zu Film Geschehensprotokolle und Einsichten in die jeweilige narrative Struktur. Dabei stehen die Filmklassiker im Vordergrund. Das hat, abgesehen von theoretischen Erwägungen, auch den Vorteil der größeren Bekanntheit des Materials. Jörg verschafft dem bis dahin eher unübersichtlichen Bereich Konturen. Die Wegweiser in diesem Gelände zeigen nun nicht mehr nur in den Bezirk der Pädagogik.

Fabienne Liptay schließlich, die wieder nur das Märchen und seine Verfilmung in den Blick nimmt und die übrigen Genres der Volkserzählung – in Frage

---

[2] Vgl. Friedrich von Zglinicki: Der Weg des Films. Berlin 1956, S. 634.

[3] Willi Höfig: Film. In: Enzyklopädie des Märchens. Bd. 4, hrsg. von Kurt Ranke u.a. Berlin/New York 1984, Sp. 1111-1132.

[4] Christoph Schmitt: Adaptionen klassischer Märchen im Kinder- und Familienfernsehen. Frankfurt a.M. 1993; Holger Jörg: Die sagen- und märchenhafte Leinwand. Sinzheim 1994; Fabienne Liptay: WunderWelten. Märchen im Film. Remscheid 2004.

[5] Vgl. Rezension in: Zeitschrift für Volkskunde 91 (1995), S. 147-150.

kommen hauptsächlich Sage und Schwank – ausklammert. Die etwas vollmundig „Theorie des Märchenfilms" überschriebenen ersten hundert Seiten ihrer Arbeit sind von hohem Interesse, weil in ihnen Fragen der Bildlichkeit, des Genres und des Stils unter Auspizien diskutiert werden, wie sie die Begriffsbildung in unserem Fach über längere Zeit bestimmt haben, sagen wir es mit dem Schlagwort: „Volkskultur in der technischen Welt". Das Kapitel über die Transformation stilistischer Merkmale ist spannend, bleibt eng am Material und leuchtet dem Leser deshalb auch problemlos ein, eine Eigenschaft, die nicht allen Veröffentlichungen dieses Genres gegeben ist. Der Theorie folgen auch hier die Einzelanalysen, diesmal nur Märchenfilme der Tonfilmzeit und international.

Was die folgenden Ausführungen in dieser grundsätzlich gewandelten Situation zum Thema beitragen möchten, sind einzelne Beobachtungen zu weniger bedeutenden Filmen und zu Autoren der Zeit. Es ist ein noch nicht von allen am Thema Interessierten wahrgenommener bibliographischer Vorteil, dass die wichtigsten deutschen Filmzeitschriften der Stummfilmzeit inzwischen als Mikrofilmeditionen vorliegen. Dieses Material wird auch in neuesten Arbeiten oft noch aus zweiter Hand zitiert. Die Quellen sind uns zugänglich. Wir sollten sie nutzen.

Um ungefähr 1908-10 tritt neben das Schaubudenvergnügen der *Film d'Art* und weckt die Aufmerksamkeit von Literaten, des Theaters und der Wissenschaft für das neue Medium. Die erste deutsche Filmdissertation stammt von 1914, progressiv nicht nur vom Thema her – soziologisch angelegt und von einer Frau geschrieben.[6]

Die theoretische Beschäftigung mit dem Kino beginnt langsam, vorsichtig und gleichsam versuchsweise. Das Terrain wird erkundet. Am Beginn stehen nicht die Proklamationen einer neuen Kunst (die folgen in der nächsten Phase), sondern Zeitungsartikel, die bei aller Deutlichkeit etwas Beiläufiges haben und sozusagen bei Bedarf zurückgenommen werden können; der Film ist eine Jahrmarktsattraktion, und die sich mit ihm beschäftigen, müssen nicht nur die Vorurteile ihrer Leser überwinden, sondern auch über ihren eigenen Schatten springen. Georg Lukács entwickelt seine *Gedanken zu einer Ästhetik des Kinos* am 10. September 1913 in der Frankfurter Zeitung anhand eines Vergleichs mit der Bühne und gelangt auf diese Weise sofort in einen Bereich der Filmästhetik, der sich keineswegs allen Zeitgenossen eröffnet hat. Lukács führt aus, dass das wesentliche Kennzeichen des „Kino[s]" das Fehlen der für die Bühnenaufführung geltenden „Gegenwart" sei. Er setzt „Kino" in Anführungszeichen, es ist eine ungewohnte Vokabel, und kommt zu dem Schluss:

---

6   Emilie Altenloh: Zur Soziologie des Kinos. Die Kino-Unternehmung und die sozialen Schichten ihrer Besucher. Jena 1914 (Schriften zur Soziologie der Kultur, 3).

„So entsteht im ‚Kino' eine neue, homogene und harmonische, einheitliche und abwechs-
lungsreiche Welt, der in den Welten der Dichtkunst und des Lebens ungefähr das Märchen
und der Traum entsprechen: größte Lebendigkeit ohne eine innere dritte Dimension; suggestive Verknüpfung durch bloße Folge; strenge, naturgebundene Wirklichkeit und
äußerste Phantastik; das Dekorativwerden des unpathetischen, des gewöhnlichen Lebens.
Im ‚Kino' kann sich alles realisieren, was die Romantik vom Theater – vergebens –
erhoffte: äußerste, ungehemmteste Beweglichkeit der Gestalten, das völlige Lebendigwer-
den des Hintergrundes, der Natur und der Interieurs, der Pflanzen und der Tiere; eine
Lebendigkeit aber, die keineswegs an Inhalt und Grenzen des gewöhnlichen Lebens gebunden ist."[7]

Prophetische Worte! Vergegenwärtigen wir uns, dass sie geschrieben wurden
anlässlich von Filmprogrammen, bei denen der Abstand zwischen Werbeslogan
und Wirklichkeit eher noch größer war als heute.

Die „Internationale Kinematographen- und Licht-Effekt-Gesellschaft" in Berlin
kündet in der Zeitschrift *Der Kinematograph* (Nr. 23 im Jahre 1907) per Inserat
ihren neuen Film Nummer 2615 an: „Volksmärchen Hänsel und Gretel. In 3 Bildern. Länge 118 Meter – Preis netto Mark 118. Färbung [d.i. Virage, Hö.] extra
Mark 9,50" und empfiehlt das Produkt mit folgendem Text: „Ein Film, der infolge
seiner anmutigen Darstellung bei Groß und Klein allgemeinen Beifall gefunden
hat. Für Kindervorstellungen sehr zu empfehlen, denn überall wird Hänsel und
Gretel von unseren Kleinen mit hellem Jubel erkannt und begrüßt werden." Das
Inserat gibt einen Überblick über das Gesamtprogramm, das, damaligen Gepflo-
genheiten entsprechend, gekauft und nicht entliehen wurde. Für jeweils eine Mark
pro Meter wurden offeriert:

Die Maus in der Frauenversammlung	46 m
Unsere Haustiere	76 m
Jugend im Bade	35 m
Damen-Badeanstalt	38 m

In diesem Kontext wird nun *Hänsel und Gretel* vorgeführt.

1. Bild:
Hänsel und Gretel sitzen vor der elterlichen Hütte. Hänsel ist mit Besenbinden
beschäftigt, während Gretel an einem großen Strickstrumpfe strickt. Bald wird
den Kindern die Arbeit zu langweilig und sie beginnen sich mit Tanzen und
Springen die Zeit zu vertreiben. Der Topf mit der Milch fliegt zur Erde – da
kommt die Mutter herbei – sie sieht das Unglück und verabreicht Hänsel seine
wohlverdiente Strafe. Dann gibt sie den Kindern einen Korb und schickt sie in
den Wald, um Erdbeeren zu suchen, da sie kein Brot mehr im Hause hat. Als der

---

[7] Vgl. Georg Lukács: Schriften zur Literatursoziologie, hrsg. von Peter Ludz. 4. Aufl. Neu-
wied/Berlin 1970, S. 75-80.

Vater zurückkommt, hört er mit Entsetzen, dass die Kinder in den Wald gegangen sind: denn der Wald ist verhext.

2. Bild:
Hänsel und Gretel haben sich im Walde verirrt und setzen sich schließlich todmüde auf die kalte Erde nieder. Da kommt das Sandmännchen und streut Sand auf ihre Lider. Engel singen das Schlummerlied, bis das Taumännchen kommt und sie wieder erweckt. Frisch gestärkt wandern sie weiter.

3. Bild:
Hänsel und Gretel erblicken im Walde ein Häuschen, das ganz aus Pfefferkuchen ist; sie brechen einige Stückchen ab, um sie zu essen. Da stürzt aus dem Häuschen eine Hexe heraus. Sie ergreift Gretel, führt sie in das Haus und wirft Hänsel in den Gänsestall. Sie springt schadenfroh umher und freut sich auf den fetten Braten. Sie will Gretel in den Backofen schieben, als sie sich aber bückt, ergreift Gretel schnell die alte Hexe und schiebt sie selbst hinein. Gretel befreit dann Hänsel und beide springen froh über die Rettung herum. Die Eltern haben die Kinder inzwischen überall gesucht, sie kommen dazu und schließen sie glücklich in ihre Arme, während eine Schar Engel sie segnend umgibt.[8]

AaTh/ATU 327A *[Hansel and Gretel]*[9] ist, wie wir wissen, weit verbreitet und umfasst eine ganze Reihe Varianten. Für die Verfilmung wird sich als nicht unerheblich erweisen, dass seine große Beliebtheit auch durch die Aufnahme in Kinderbücher, durch Illustrationen (Ludwig Richter) und durch Engelbert Humperdincks Märchenoper (1893) bestimmt wurde.[10] Quelle ist nicht immer das Märchen als Volkserzählung, sondern sind seine kindertümlichen oder sentimentalen Redaktionen im Gros der Märchenausgaben des 19. Jahrhunderts und, wie man bei Dorothee Bayer nachlesen kann, die romantisierenden Illustrationen, die die Vorstellungen des Rezipienten von Märchenmotiven oft entscheidender geprägt haben als der Märchentext selber.[11]

Der „kaum zu übertreffende Bekanntheitsgrad" des Märchens von Hänsel und Gretel, den Tomkowiak und Marzolph für Deutschland im 20. Jahrhundert konstatieren, dürfte wohl auch schon für den Beginn desselben gelten. Die

---

[8] Vgl. Der Kinematograph (Düsseldorf), Nr. 34 vom 21. August 1907.

[9] Hans-Jörg Uther: The Types of International Folktales. A Classification and Bibliography. Based on the System of Antti Aarne and Stith Thompson. Bd. 1. Helsinki 2004 (FF Communications 284), S. 212 f.

[10] Diether Röth: Kleines Typenverzeichnis der europäischen Zauber- und Novellenmärchen. Baltmannsweiler 1998, S. 39.

[11] Vgl. Dorothee Bayer: Der triviale Familien- und Liebesroman. Tübingen 1963 (Volksleben, 1), S. 143.

Geschichte, wegen ihrer Popularität für die Verfilmung ausgewählt, gewinnt eben durch diese weiterhin an Bekanntheit und Verbreitung.[12]

An dieser Stelle wäre wohl zu prüfen, ob der allgemeine Befund Fabienne Liptays auch für den Stummfilm zutrifft, dass die Flächenhaftigkeit und Ein-dimensionalität der Märchenerzählung im Märchen*film* aufgebrochen werden: ganz und gar im Realfilm; mehr oder weniger im Silhouetten-, Puppen- und Computer-Animationsfilm. Es fehlt ja eine ganze Dimension der Wirklichkeit. Die Abwesenheit des Wortes, Kommentars oder Dialogs, und sein Ersatz durch Zwischentitel lässt sich als eine stilistische Komponente deuten, die die Ab-straktion fördern könnte. Aber tut sie es wirklich? Auf dieser frühen Entwick-lungsstufe des Films begünstigt sie gewiss eines: Einfachheit in der Darstellung des Geschehensablaufs – keine parallelen Handlungsstränge; und Motivationen, die als Geschehenselemente sichtbar gemacht werden beispielsweise. Mit einem Wort: das realistische, konkrete Erzählen. Wir können unseren Beispielfilm lei-der nur nach der Inhaltsangabe vor das innere Auge holen. Aber auch mit dieser Einschränkung erscheint einem der eine oder andere Geschehenszug doch nicht völlig eingepasst. Die Umgangssprache sagt in solchen Fällen: „Das kommt mir komisch vor", und in der Tat führt diese Unangepasstheit zu Filmszenen, die komisch wirken, ohne so geplant zu sein. Die Hexe „springt schadenfroh umher und freut sich auf den fetten Braten" – das erfordert entweder eine vorzügliche Schauspielerin, die dann auf das Herumspringen auch verzichten darf, oder es ist eben komisch. Gerade diese winzige Szene, die wir als uneingepasst gekenn-zeichnet haben, ist aber, unabhängig von ihrer Darstellung, im höchsten Grade *unmärchenhaft*. Sie widerspricht entschieden der Art, wie das Märchen mit den Emotionen seiner Protagonisten umgeht – nämlich überhaupt nicht.[13]

Der Grimmsche Märchentext ist uns allen wohl gegenwärtig. „Hänsel und Gre-tel" ist mehrfach auf seinen Motivbestand hin untersucht worden, beispielsweise von Helmut Brackert[14] und Diether Röth[15]. Die Geschichte muss nicht damit beginnen, dass die Kinder ausgesetzt werden; das ist zwar der häufigste Fall, doch es gibt andere. Manchmal fehlt auch die vorübergehende Heimkehr mit Hilfe der vorher ausgelegten Wegmarken. Wenn Hänsel von der Hexe gemästet wird, muss er nicht in jeder Variante den Finger durch das Gitter stecken, ob er bald fett wäre.

---

[12] Ingrid Tomkowiak und Ulrich Marzolph: Grimms Märchen international: Zehn der bekanntesten Grimmschen Märchen und ihre europäischen und außereuropäischen Ver-wandten. Bd. 2: Kommentar. Paderborn u.a. 1996, S. 35-38.

[13] Eigenschaften drücken sich in Handlungen aus, Beziehungen in Gaben. „As a matter of fact, the feelings and intentions of the dramatis [sic!] personae of a folktale are not at all reflected in the course of the action": Vladimir Propp: Morphology of the Folktale. Bloo-mington 1958, S. 70.

[14] Vgl. Helmut Brackert: Hänsel und Gretel oder Möglichkeiten und Grenzen literaturwissen-schaftlicher Märchen-Interpretation. In: ders. (Hrsg.): Und wenn sie nicht gestorben sind … Perspektiven auf das Märchen. Frankfurt a.M. 1980, S. 9-38, hier S. 32-37.

[15] Vgl. Röth (wie Anm. 10), S. 38 f.

Die Beschreibung der Heimkehr schließlich kann ganz fehlen. Manchmal finden auch die Eltern ihre Kinder wieder, nach denen sie gesucht haben.

Was übernimmt nun der Film, oder besser: was übernimmt er nicht? Die Kinder werden nicht ausgesetzt – das ist der erste und wohl wichtigste Punkt. Damit entfällt der Versuch der Verirrten, mit Hilfe von Kieseln oder Brotkrumen den Heimweg zu finden. Der Film verzichtet jedoch nicht ersatzlos auf diese Motive, er substituiert dafür zwei andere Geschehensmerkmale, von denen eines recht befremdlich daherkommt. Erstens: Die Mutter schickt ihre Kinder Beeren suchen, und dabei verirren sie sich – das kommt auch in Erzählvarianten vor. Die Armut der Familie löst, wie im Grimm-Text, das Geschehen aus, aber auf harmlose Weise: nicht ausgesetzt werden sollen die Geschwister, sondern Beeren sammeln als Ersatz für das fehlende Brot. Zweitens: Der Wald aber ist verhext, und zumindest die vorhin zitierte Inhaltsangabe sagt nichts davon, dass die Mutter das gewusst hätte, als sie die Kinder losschickte. Erst der Vater erschrickt, als er heimkommt. Das Motiv ist in der Tat befremdlich und kommt in den gedruckt zugänglichen Varianten sonst nicht vor. „Handlungsauslösendes Moment der Grimm-Fassungen sind Armut und die konkrete Notsituation des Hungers", interpretieren Tomkowiak und Marzolph den Text[16]; und das gilt auch für den Film. Bloß dass in ihm die bittere Folge der Kindesaussetzung durch die harmlosere des Verirrens beim Beerensuchen ersetzt wird und die kannibalistische Fortsetzung nicht den Eltern mehr angelastet wird, sondern sich in der nicht weiter begründeten Tatsache findet, dass der Wald verhext ist.

Bevor der Zuschauer aber den Fortgang der Geschichte erfährt, wird er über den Ausgang durch das zwischengeschaltete zweite Bild beruhigt. Die Geschwister müssen die Nacht zwar im Walde verbringen. Aber jenseitige Kräfte nehmen sich ihrer an: Sand- und Taumännchen, dergleichen man in dieser Funktion in der Volkserzählung vergeblich suchen wird, schläfern sie ein und wecken sie wieder, und Engel singen ihnen ein Schlummerlied. Die doppelte Applikation macht stutzig. Gewiss hätte man auf die Engel verzichten können, die der Tätigkeit des Sandmännchens nichts hinzufügen außer einem Schlummerlied (im Stummfilm) – warum die Duplizierung? Das Insert ist dramaturgisch überflüssig und keineswegs handlungsrelevant. An dieser Stelle wird – im Film – denn auch nicht (quasi immanent) weitererzählt, angesprochen wird vielmehr der Zuschauer, um ihm zu sagen, es werde so schlimm wohl nicht werden, wenn doch Engel im Spiel sind. Andererseits aber, und das könnte die wichtigere Funktion einer solchen Pause sein, um einen Schauwert einzuführen, der von der Geschichte unabhängig ist, den Zuschauer aber emotional packt. Ein Schlaflied singender Engel! Wem treten da nicht die Tränen in die Augen, falls er nicht dazu neigt, die Sache komisch zu finden. Aber für Komik ist in dieser Szene kein Platz, zu deutlich hebt sie sich von der übrigen Geschichte ab.

---

[16] Vgl. Tomkowiak/Marzolph (wie Anm. 12), S. 36.

Deren Kern, das Abenteuer im Hexenhaus, bleibt dann so ziemlich unverändert. Dass die Kinder nach ihrer Rettung erst einmal „froh herumspringen", gemahnt an den schadenfrohen Tanz der Hexe an früherer Stelle und erschließt sich wiederum als Schauwert: Bewegung, die der Erleichterung und Fröhlichkeit der Protagonisten zur Sichtbarkeit verhilft. – Die Eltern, notabene, haben sich hier ja keiner Kindesaussetzung schuldig gemacht, sie wären bestenfalls der Fahrlässigkeit zu bezichtigen – und so dürfen sie denn, wie unser Text sagt, dazukommen und ihre Kinder in die Arme schließen. Eine Schar Engel umgibt sie segnend. Wir kennen sie schon, sie verdeutlichen dem kindlichen Zuschauer das freundliche Walten der himmlischen Mächte.

Der nächste deutsche „Hänsel und Gretel"-Film, 1921 von Hanns Walter Kornblum, „nach dem alten Märchen von Gebrüder Grimm in Filmbildern erzählt", wie die Anzeige im Düsseldorfer *Kinematographen* in bedenklichem Deutsch mitteilt, steht in der Auseinandersetzung zwischen Pädagogik, Filmwirtschaft und Zensur über die Themen Kinderfilm und Schundfilm.[17] Es ist der erste Märchenfilm der auf Kultur- und Lehrfilme spezialisierten Colonna-Film-Gesellschaft. Die von dieser Firma produzierten Filme werden in der Fachpresse gemeiniglich als „Jugendfilm" bezeichnet, wie etwa ein *Elfenzauber* in drei Akten, der aber wohl eher der Trivialliteratur als dem Märchenreich angehören dürfte.[18] Beide Filme wurden auf einer von der „Film- und Bild-Arbeitsgemeinschaft Groß-Berlin" veranstalteten Jugend-Märchen-Vorführung in den Tauentzien-Lichtspielen am 12. September 1921 aufgeführt. Die „Arbeitsgemeinschaft" war, wie die Kinematographischen Monatshefte berichteten, „im Kampfe gegen den Schundfilm erfolgreich vorgegangen." Das erste „Laufbild", eben *Hänsel und Gretel*, habe allgemeines Interesse erregt, heißt es.[19] „Es ist hier mit Erfolg versucht, die Naivität des Märchenstils trotz der Kompliziertheit der Reproduktion zu wahren. Es muß hervorgehoben werden, daß die Einfachheit der Mittel und das eindrucksvolle Spiel der Schauspieler dazu beitrugen, den ‚märchenhaften' Eindruck sich voll auswirken zu lassen." Die Hexe allerdings, als „Knusperhexe" sprachlich ein wenig entschärft, scheint dem Rezensenten der *Monatshefte* in ihrer Wirkung auf das kindliche Publikum problematisch. Einen Stein des Anstoßes in der Darstellung nennt er sie. Aber: Sie „wurde mit den einfachsten Mitteln grotesk gestaltet, so daß man durchaus den Eindruck hatte, im Phantasielande zu sein"; und so schließt er mit dem Votum: „Alles in allem ein Film, dem man im Interesse unserer Jugendbildung die weit größte Verbreitung wünschen kann." – Der Film selbst ist leider nicht überliefert. Eine Pressenotiz nach Beendigung der Dreharbeiten gibt einen Hinweis auf seine dramaturgische Struktur und den Stil der Sache:

---

[17] Anzeige in: Der Kinematograph (Düsseldorf) Nr. 828/829 von 1923.

[18] Anzeige ebd.

[19] Märchen-Filme. In: Der Lehrfilm. Beilage zu: Kinematographische Monatshefte 2 (1921), H. 11 (Nov.), S. 17.

„Der Film vermochte dem Märchen, das die Brüder Grimm aufgezeichnet haben, Schritt für Schritt zu folgen. Es wurde versucht, die Erzählung von Not, Todesgefahren und Errettung der Holzhackerkinder so zu gestalten, daß zugleich der Anschluß an das Erleben der jugendlichen Zuschauer, für die der Film bestimmt ist, und an die Wirklichkeit, von welcher das Märchen ausgeht, überall gewahrt wird. Besondere Sorgfalt wurde darauf verwandt, den deutschen Wald, zu dem gerade dieses Märchen in besonderer Beziehung steht, zu erfassen.“[20]

Der „deutsche Wald" in dieser Pressenotiz ist etwas, das man später einen *Mythos* nennen wird, Ergebnis von Stilisierung und Sentimentalisierung. Werner Sombart hat den treffenden Satz geprägt, es gäbe keinen Wald als objektiv fest bestimmte Umwelt, sondern nur einen Förster-, Jäger-, Botaniker-, Spaziergänger-, Naturschwärmer-, Holzleser-, Beerensammler- und einen Märchenwald, in dem Hänsel und Gretel sich verirrten.[21] Das mag Anlass bieten zum Hinweis auf die unterschiedliche Behandlung des Milieus in Märchen und Film, auch im Filmmärchen. Wie Landschaft im Märchen unter die Stilisierung fällt, so auch im Film; aber diese Stilisierung erhält den Realismus des Milieus. Die Landschaft wird bis hin auf die für das jeweilige Geschehen typische Form reduziert, die reduzierte Form aber dann durch Häufung von Qualitäten dargestellt. Die durchaus entscheidende Rolle des Milieus für das Filmgeschehen zwingt dazu, es durch Häufung und Reihung immer neu darzustellen. Es wird nicht individuell geformt, sondern durch den Geschehensablauf bestimmt. In Bezug auf den Trivialfilm hat man von einer symbiotischen Verbindung von Milieu und Geschehen gesprochen.[22] Für den Filmbetrachter, auch den kindlichen, ist natürlich der Horizont nicht mehr geschlossen, sodass dieses Verhältnis nicht mehr ungebrochen vorausgesetzt werden kann. Der Film als Kommunikator muss seine grundsätzliche Übereinstimmung mit dem Rezipienten über das Bild der Welt herstellen, indem er das Milieu mit den Emotionen des Zuschauers besetzt, speziell durch Sentimentalisierung.

Das Publikum der Sondervorstellung von 1921 bestand aus einer Mischung von kleinen Kindern, Eltern und Pädagogen. „Das kindliche Gemüt der sehr jugendlichen Besucher hatte seine helle Freude an den vertrauten Gestalten", heißt es in einer Besprechung in der Fachpresse. „Dem Erwachsenen sagte die bildmäßige Aneinanderreihung des Märcheninhalts weniger zu, er hätte an Stelle des Bilderbuchartigen gern eine Filmübertragung gewünscht, die aus dem gewiß dankbaren Stoff viel Befriedigenderes herausgeholt hätte.“[23] Dass Märchenfilme als Kinderfilme einer minimalistischen Dramaturgie ohne alle Finessen folgen müssten,

---

[20] „Hänsel und Gretel" im Film. In: Der Lehrfilm. Beilage zu: Kinematographische Monatshefte 2 (1921), H. 10 (Okt.), S. 20.

[21] Zit. nach Jakob von Uexküll und Georg Kriszat: Streifzüge durch die Umwelten von Menschen und Tieren. Bedeutungslehre. Hamburg 1956 (Rowohlts deutsche Enzyklopädie, 13), S. 108; vgl. auch Albrecht Lehmann: Von Menschen und Bäumen. Die Deutschen und ihr Wald. Reinbek 1999.

[22] Vgl. Willi Höfig: Der deutsche Heimatfilm 1947-1960. Stuttgart 1973, S. 259.

[23] Der Kinematograph (Düsseldorf) Nr. 770 von 1921.

gehörte zu den Daseinsgewissheiten der Filmproduktion. So wies im Jahre 1919 die neugegründete Olympia-Filmgesellschaft, die Märchenfilme für Kinder herstellen wollte, in Presseerklärungen ausdrücklich drauf hin, dass auf Schlichtheit der Darstellung besonderer Wert gelegt werden sollte.[24]

Wie oft AaTh/ATU 327A in Deutschland tatsächlich verfilmt worden ist, darüber gibt es derzeit noch keine übereinstimmenden Aussagen. Die hier vorgetragenen Daten beruhen auf einer Auswertung der Fachpresse Jahr für Jahr sowie filmhistorischen Veröffentlichungen. Die unlängst vom Kinematheksverbund herausgegebene CD-ROM mit ungefähr 17.000 Filmtiteln zur deutschen Filmgeschichte, die im Wesentlichen auf den Zensurdaten basiert, lässt sich mit den unabhängig davon erhobenen Angaben derzeit noch nicht harmonisieren. Das gilt insbesondere für die frühen Jahre und ist eine ernsthafte Schwierigkeit, weil die frühen Märchenverfilmungen häufig ein- oder zweiaktige Kurzfilme sind, die unter Umständen noch nicht einmal eine journalistische Spur hinterlassen haben. So weist die Titelliste des Kinemathek-Projektes einen „Hänsel und Gretel"-Film von 1897 nach, eine Messter-Produktion; das wäre dann vermutlich unsere erste „Hänsel und Gretel"-Verfilmung überhaupt, aber außer der nackten Titelangabe auf der CD-ROM fehlt uns derzeit zu diesem Film noch jeder Hinweis. In die Stummfilmzeit fallen auch zwei *Tonbilder* unseres Märchens von 1907 und 1908. Tonfilme gab es seit 1893. Dabei wurden Filmstreifen und Schallplatte (bei den europäischen „Tonbildschauen") oder Phonographenwalze (bei den Tonfilmen Edisons) gekoppelt, Verfahren, die in der Regel nur auf kurzen Strecken funktionierten. Dargeboten wurde in unserem Fall ein Duett der Geschwister, vermutlich aus der Humperdinckschen Oper. Problematisch blieb jedenfalls die zu geringe Lautstärke des benutzten Phonographen, weshalb Oskar Messter mit bis zu fünf Grammophonen gleichzeitig arbeitete. Das Messtersche System blieb bis zur Einführung des Lichttons erhalten, selbstverständlicher Bestandteil einer Filmvorführung waren die tönenden Bilder aber wohl nur bis etwa 1913.[25]

Nach soviel „Hänsel und Gretel" mag es manchem so ähnlich gehen wie dem kleinen Mädchen in der Kindervorstellung, von dem Felix Henseleit berichtet, dass es nach dem Ende der Vorführung eine ganze Weile still blieb und schließlich seinen Eindruck zusammenfasste in dem Satz: „Hänsel und Gretel sind also nun auch zum Film gegangen ..."[26]

Die für den Medienvolkskundler aufschlussreichste Frage an das bislang skizzierte Material scheint die nach der Zielgruppe zu sein. Die publizistischen Medien stehen ja nicht in einem ursprünglichen Verhältnis zu Sitte und Brauch, sie haben nicht von vornherein Teil an der Volkserzählung und gehören nicht

---

[24] Vgl. Der Film (Berlin) Nr. 31 von 1919, S. 40.
[25] Vgl. von Zglinicki (wie Anm. 2), S. 284 f.
[26] Felix Henseleit: Wundervolle Märchenwelt. In: Film-Kurier (Berlin) vom 12. Oktober 1940.

ab ovo zum Bestand des Lebens in überlieferten Ordnungen. Sie müssen erst integriert werden, und da sucht sich das Medium seine Rezipienten und nicht umgekehrt. Diese Auffassung wird von Lutz Röhrich ergänzt, der den Satz geprägt hat, die Massenmedien seien selbst ein Teil des folkloristischen Kommunikationsprozesses geworden.[27]

Theoretische Überlegungen zum Märchenfilm wurden zu Beginn des letzten Jahrhunderts überwiegend von Pädagogen angestellt. So wirft Hermann Lemke, Rektor in Gollnow, in der Zeitschrift *Der Kinematograph* folgende Fragen auf:

1. „Sind Kinematographenvorstellungen gesundheitsschädlich?"
2. „Gibt es für die Schule brauchbares kinematographisches Anschauungsmaterial?"
3. „Welchen Platz müsste der Kinematograph im Unterricht einnehmen?"[28]

Er verneint die Gesundheitsschädlichkeit („Er wirkt geradezu angenehm auf die Augennerven, wenn er durch einen guten Apparat gezogen wird") und nennt als brauchbare Filme für die Schule Dokumentaraufnahmen wie *Straußenzucht*, *Walfischfang* und *Das Leben der Ameisen*, spricht dann aber von „wunderschönen Märchenserien" wie *Schneewittchen* und *Hänsel und Gretel*: „Ich meine, das Material ist es wert, einer Prüfung unterzogen zu werden!" Das Ganze steht in Zusammenhang mit der Gründung einer „kinematographischen Reformvereinigung".

1908, am Ende der Kleinkindphase des Kinos, wurde unter den Möglichkeiten, das abflauende Interesse des Publikums wieder anzukurbeln, auch die Einführung von *Spezialitäten-Theatern* diskutiert. Ein Diskussionsbeitrag in der Fachpresse empfiehlt „das humoristische Kinematographentheater oder das modernste Lachkabinett, der Kriegsbilder- oder Abenteuer-Biograph, das Kabaret- [sic!] und Zirkus-Vitaskop, das Märchen- oder Kinder-Vio, Reise-Illusionen-Bio usw. und nicht zu vergessen den Familienkino."[29] – Märchen für Erwachsene – das war 1908 nicht vorstellbar, außer vielleicht in einigen wenigen Köpfen wie in dem Paul Wegeners; selbstverständlich hingegen war die Kombination *Märchen und Kind*. Im fast völlig vernachlässigten deutschen Märchen

„liegt zweifellos sowohl für den Filmfabrikanten wie für Theaterbesitzer noch ein sehr ertrag- und ausbeutungsfähiges Gebiet fast völlig brach ... Auf dem Gebiete der phantastischen Komposition, des Zauberstückes und namentlich der Märchendichtung liegt zwei-

---

[27] Lutz Röhrich: Erzählforschung. In: Grundriß der Volkskunde, hrsg. von Rolf Wilhelm Brednich. 3., überarb. und erw. Aufl. Berlin 2001, S. 515-542, hier S. 523.
[28] Der Kinematograph (Düsseldorf) Nr. 46 vom 13. November 1907.
[29] Ludwig Brauner: Spezialitäten-Kinos. In: Der Kinematograph (Düsseldorf) Nr. 89 vom 9. September 1908.

fellos die Zukunft der Kinematographie, und ist sie erst in diese Bahnen gelenkt, wird sie sicher auch noch Hervorragenderes zu leisten imstande sein."[30]

Auch diese Veröffentlichung steht in Zusammenhang mit einer Vereinsgründung, der „Gesellschaft für Verwertung schriftstellerischer Ideen zu kinematographischen Zwecken". „Gelingt es, namhafte Bühnen-Autoren für diese Zwecke zur Mitarbeit zu gewinnen, dann erobert sich der Kinematograph hoffentlich dauernd jene Position, die er schon seit langem anstrebt, nämlich die Salon- und Gesellschaftsfähigkeit", schließt der Artikel.

Abb. 1:
Paul Wegener
(Mitte) in
„Hans Trutz im
Schlaraffenland"
(1917)

Es ist die Zeit, in der die Filmtheater Jugendvorstellungen einrichten, „besonders auch seitens der Behörden an uns ergangenen Wünschen Rechnung tragend", wie Pressenotizen anzeigen; denn es geht um die lokale Zensur und die Anti-Schundfilm-Aktionen der örtlichen Lehrerschaft und damit um den wirtschaftlichen Bestand des Kinogewerbes.[31] Die Märchen- und Jugendvorstellungen, in der Regel nachmittags, waren, wenn wir den Erfahrungsberichten in der Fachpresse glauben dürfen, noch 1915 Zuschussgeschäfte und wurden aus dem Reklameetat finanziert. „Die beglückten Kinder berichten den Eltern von dem schönen Nachmittag und am Abend bekomme ich neue Gäste!"[32]

Die Vorstellung, dass Märchenfilme auch einem erwachsenen Publikum adäquat sein könnten, war die Voraussetzung für das, wie es zeitgenössisch hieß, „Experiment ‚Ein Märchen als Großfilm'", Ludwig Bergers *Der verlorene Schuh* von 1923.

---

[30] Ebd.
[31] Der Kinematograph (Düsseldorf) Nr. 217 von 1911.
[32] Der Kinematograph (Düsseldorf) Nr. 432 vom 7. April 1915.

Bisher galt das Volksmärchen als alleiniges Gut des Kulturfilms. „Erwachsene glauben nicht an Märchen", sagte man sich. „Ihnen kann man Märchenstoffe nicht bieten. Bieten wir sie im Kulturfilm den Kindern." Aber der Ufa-Decla-Bioscop-Konzern hat sich entschlossen, ein altes Vorurteil über den Haufen zu werfen und die allgemeine Meinung zu blamieren.[33]

Über den positiven Erfolg dieses Experiments hat Holger Jörg berichtet. Aber drei Jahre später ist von erwachsenem Publikum für Märchenfilme nicht mehr die Rede; unter der Überschrift „Schafft Kinder- und Märchenfilme!" wird beklagt, dass es zu Weihnachten für die Kinder keine Märchenfilme gäbe: „Jedes Revuetheater, jedes Varieté bietet in der Weihnachtszeit bis weit in den Februar hinein Märchenvorstellungen ...", und listig fährt der Autor fort: „Die Ufa hat verfilmte Märchen genug in ihrem Archiv liegen. Freilich sind sie teilweise sehr alt und entsprechen, vor allem technisch, nicht mehr den heutigen Anforderungen".[34] Ähnlich Georg Herzberg im Jahre 1927:

> „Und doch hat die Märchenfilm-Produktion in den letzten Jahren fast völlig aufgehört. Früher gab es noch hier und da kurze Filme, heute will niemand mehr so recht etwas davon wissen [...]. Damit Märchenfilme rentabel werden, müssen sie billig produziert werden, sie dürfen auf keinen Fall soviel kosten wie etwa ‚Der Dieb von Bagdad' oder ‚Der verlorene Schuh'" –

und er meint, die Jugend sei märchenfeindlich, „teils, weil sie nicht an Märchenfilme gewöhnt ist, teils, weil die wenigen Gezeigten bisher herzlich schlecht waren. Besonders die Herren Jungen rümpfen verächtlich die Nasen, wenn sie das Wort Märchenfilm hören, und gehen zu Tom Mix ..." Der Autor von 1927 ist sich darüber klar, dass die Dramaturgie des konventionellen Märchenfilms, das einfache Abfilmen Szene für Szene, ein Anachronismus ist – der sich allerdings, was Herzberg damals noch nicht wissen konnte, bis nach 1945 hielt; und er schreibt:

> „Vielleicht ist die bequeme Methode, bekannte Volksmärchen einfach zu verfilmen, falsch, vielleicht muß hier eine neue Filmdichtkunst kommen, die die ungeheuren Wunder der Kamera in den Dienst des Kinderfilms stellt"[35] –

Des *Kinderfilms*. Das Vorurteil bleibt. Entsprechend sind Versuche an der Tagesordnung, besondere Produktionsgesellschaften für Märchenfilme ins Leben zu rufen, beispielsweise 1928 durch „Henry Oebels Oestroem, Schauspieler, Regisseur und Autor aus dem Bühnenfach und der französischen Filmindustrie", der in der Hauptsache die Märchen von Andersen und Grimm verfil-

---

[33] Der Film (Berlin) Nr. 18 von 1923, S. 27.
[34] Vgl. Jörg (wie Anm. 4), S. 239-257.
[35] Georg Herzberg: Das Kind und die weiße Wand. In: Film-Kurier (Berlin) vom 12. November 1927.

men will; und die *Deutsche Filmzeitung* kommentiert: „Es ist zu begrüßen, daß sich ein Mann gefunden hat, der unserem schönen Märchenschatz durch den Film größere Aufmerksamkeit schenken lassen will."[36] Von den Aktivitäten des Herrn Henry Oebels Oestroem ist allerdings nichts auf uns gekommen.

Die Klage über fehlende Märchenfilme schleppt sich von Jahr zu Jahr. 1929 zieht dann ein Anonymus in der Fachpresse die Trennungslinie zwischen Märchenfilm und Kinderfilm:

> „Also, [...] es gibt Märchenfilme, Sachen vom Schneewittchen, Dornröschen, von hübschen Prinzen und den vergilbten Prinzeßlein mit den staubigen Kleidchen. Sachen also, die das Kind unserer Tage mit höchst verwunderten Augen betrachtet, als kleine Zaubereien, als spaßige Unterhaltung, die aber nicht zu seinem Herzen dringen. Poetische Schwärmerei vom Klapperstorch bis zum Hauffschen Märchenorient paßt nicht mehr ins Zeitalter der Maschine. Den Kindern von heute liegt ein Auto und ein Zeppelin näher am Herzen als ein Rosenwagen oder ein faustischer Zauberteppich. Der Film [...] hat auch zum heutigen Kinde keine irgendwie geartete Verbindung. Er bewegt sich mit gravitätischer Gemessenheit in den Grenzen einer Mentalität, die um die Jahrhundertwende einmal modern war [...] Heute will das Kind die Gegenwart ganz intensiv miterleben. Es glaubt an die schönen verwitterten Schlösser und Burgen eines Rübezahls nicht mehr, aber es kennt die Eisenbahn, das Radio und den Telegraphen mitsamt den wunderschönen Erlebnissen, die hieraus sich ergeben können."[37]

Der Aufsatz wurde Anlass zu einem Schlagabtausch in der Zeitschrift *Der Film*, der mit der Frage endete: „Wo ist der Ideal-Kapitalist, welcher das Geld für eine großzügige, moderne Märchenfilm-Produktion hergibt?"[38]

Aber die Märchenfilme, die zum Beispiel zu Weihnachten 1930 in Leipzig gezeigt wurden, waren weiterhin, und das in der Tonfilmära, die bekannten Stummfilme der älteren Produktion. Da gab es den König Drosselbart und die Sterntaler: „Die Kinder, sie sahen es gerne, aber – die helle Freude, der laute Jubel kamen erst auf, als die Micky-Maus ihre verrückten Späße machte."[39] Diese Publikumsreaktion ist nicht verwunderlich, wenn man sich vergegenwärtigt, dass ein pädagogischer Beirat an den Regiebesprechungen der Märchenfilm-Produktion sowie an den Aufnahmen selbst teilnahm und dass es trotzdem – nach einer Meldung des Film-Kuriers aus dem Jahre 1930, deren Verifizierung noch aussteht –, vorgekommen sein soll, „daß diesen unter pädagogischen Gesichtspunkten hergestellten Filmen der Charakter als Lehrfilm seitens der

---

36 Deutsche Filmzeitung (Berlin) Nr. 20 von 1928.
37 -rk-: Weihnachten kommt, aber wo bleiben die Märchenfilme? In: Der Film (Berlin) Nr. 47 vom 23. November 1929, 4. Beilage.
38 Erwin Wolfgang Nack: Eine Erwiderung. In: Der Film (Berlin) Nr. 52 vom 28. Dezember 1929, 5. Beilage.
39 Märchen im Film und auf der Bühne. In: Leipziger Volkszeitung vom 17. Dezember 1930.

Zensur nicht zugebilligt wurde, weil die Filme nicht genügend ‚naiv‘ wären.“[40] Ohne das Prädikat Lehrfilm aber keine Steuerermäßigung, ohne Steuerermäßigung keine Filmvorführung, so heißt das ungeschriebene Gesetz des Kinogewerbes.

Die Zielgruppe der bisher berührten Filme sind die Kinder. Das hat inhaltliche, gattungsbestimmte und historische Gründe. Die Inhaltsreferate haben wohl hinlänglich deutlich machen können, dass bei diesen Verfilmungen an ein kindliches Publikum gedacht worden ist. Zugrunde liegt die gedruckte Märchenliteratur der Zeit, aber die Dokumentation eines bestimmten Textes ist in der Regel nicht beabsichtigt. *Hänsel und Gretel* und ihre Filmverwandten halten sich eng an Vorlagen – doch kann das auch ein Theaterstück, eine Oper, eine Féerie sein. Der Einfluss der Bühnendarstellungen von Feenmärchen, besonders im französischsprachigen Bereich, würde eine genauere Betrachtung lohnen. Über Georges Méliès, lässt sich annehmen, sind sie in den Film geraten, zusammen mit zeitgenössischen Märchenopern: Engelbert Humperdinck, aber auch Jules Massenet oder Giacomo Rossini. „Bilderbuchartig“ hatte der Rezensent von 1921 den Film abwertend genannt und die „bildmäßige Aneinanderreihung des Märcheninhalts“ bemängelt. Die Einfachheit ist gewollt und entspricht der Vorstellung, die der Filmemacher von der kindlichen Psyche hat.

Die deutsche, später westdeutsche Märchenfilm-Produktion ist der Vorstellung, Märchenfilme seien ausschließlich für Kinder bestimmt, mit Teilen ihrer Produktion bis in die 1950er Jahre nachgekommen; das heißt so lange, wie die Vorstellung selbst Teil der zeitgenössischen Pädagogik war. Erst danach konnten die davon wesentlich abweichenden Einflüsse außerdeutscher Entwicklungen aufgenommen werden.

Alle bisher genannten Filme bezogen sich auf *Märchen*. Sagen, Schwänke und Legenden sind bisher nicht vorgekommen. Einzig das Genre *Märchenfilm* hat ja auch seine eigene Benennung erhalten, hingegen müssen sich Filme, denen andere Gattungen der Volkserzählung zugrunde liegen, mit Umschreibungen behelfen. Es handelt sich zudem um Verfilmungen, die man nicht unbedingt als Glanzlichter des deutschen Stummfilms bezeichnen möchte. Es gibt gewiss auch solche, man kann sie noch manchmal auf der Leinwand oder dem Bildschirm sehen, und sie sind Gegenstand einer nicht unbeträchtlichen Literatur, der die hier vorgetragenen Beobachtungen wenig Neues hinzufügen könnten. Zu den Glanzlichtern des Märchenfilmgenres gehören Ludwig Bergers *Verlorener Schuh* von 1923, den Jörg einen geradezu prototypischen Märchenfilm nennt[41], die filmische Adaption des Erzähltyps AaTh/ATU 510A und 510B („Aschenputtel“ und „Allerleirauh“)[42]. Nennen müsste man weiterhin Fritz

---

[40] Erwin Wolfgang Nack: Märchenfilme. In: Film-Kurier (Berlin) von 1930, Zeitungsausschnitt ohne Datum.
[41] Vgl. Jörg (wie Anm. 4), S. 257.
[42] Uther (wie Anm. 9), S. 293-296.

Langs *Der müde Tod* (1921), ein „Filmmärchen mit balladenhaften Zügen".[43] Herbert Jhering, der Kritiker des *Berliner Börsencouriers*, hat ihn charakterisiert als einen Film mit Niveauschwankungen einerseits aus Gründen des Stoffes, andererseits wegen der Bildbehandlung.[44] Nun ist *Der müde Tod* ein Episodenfilm mit einer Rahmenerzählung, die sich vom Stil der drei Episoden nicht wenig unterscheidet, und der Zuschauer könnte schwanken, ob er nun ein Märchen oder eine Sage vor sich hat. Jhering spricht vom „Lied- und Balladenfilm", einer nach Ansicht der zeitgenössischen Kritik (und auch nach Jherings Auffassung) spezifisch *deutschen* Filmgattung; aber wie wenig definitorisch gefestigt Begriff und Benennung waren, zeigt sich wenige Zeilen später bei demselben Autor, wenn er vom „Balladen- und Märchenfilm" spricht. Es ist nicht überraschend, dass die Gattungen durcheinandergehen – gesehen wird in erster Linie das *phantastische* Element. Der phantastische Film, so Jhering, ist eben von der Bildbehandlung abhängig. Das heißt: *nicht* von der Story, *nicht* von den Schauspielern, *nicht* vom Dialog oder von der Art, wie das Geschehen literarisch motiviert wird. *Sondern* vom schönen und charakteristischen Bild, von der Dekoration, vom Schauplatz, vom Milieu. Der Raum ist gleichzeitig Ereignisraum und semantischer Raum. Hildegard Lorenz hat das 1988 an Fritz Langs *Der müde Tod* im Einzelnen dargestellt.[45]

Wenden wir uns nun der Verfilmung von Sagen zu. Erforscht ist dieser Bereich blutwenig; das Spannungsfeld *Sage und Film* stelle eine regelrechte „terra incognita" innerhalb der Volksprosaforschung dar, liest man bei Holger Jörg.[46] Die Verfilmung von Sagenmotiven im deutschen Stummfilm, etwa ab 1919, ist gewisslich von größerer Bedeutung, als das Schweigen der Forschung vermuten lässt. Das mag damit zu tun haben, dass es sich, von wenigen Ausnahmen abgesehen, nicht um *Sagenverfilmungen* im engeren Sinne handelt, und kaum je um typengerechte Adaptionen. Märchen lassen sich verfilmen, ohne dass man auch nur Anleihen bei den Requisiten des Phantastischen machen müsste. Es bedarf dazu allerdings (oder: lediglich) der adäquaten Gestaltung des Milieus. Das letzte allgemein bekannte Beispiel dafür ist der US-amerikanische Spielfilm *Ever after – a Cinderella Story* von 1998 (Regie: Andy Tennant), dessen Kenntnis in diesem Kreis wohl vorausgesetzt werden kann – eine „Aschenbrödel"-Variante ohne hilfreiche Tauben und ohne Vogel auf dem Haselbäumchen, der silberne und goldene Kleider spendet wie in der Grimmschen Version; hingegen emanzipatorischer Witz und Verstand ohne Beschädigung der

---

43 Vgl. ebd., S. 210.
44 Herbert Jhering in: Berliner Börsencourier vom 30. September 1923. Nachgedruckt in: Herbert Jhering: Von Reinhardt bis Brecht. Bd. 1. Berlin 1958, S. 457.
45 Vgl. Hildegard Lorenz: Raumstruktur und Filmarchitektur in Fritz Langs „Der müde Tod". In: Der Stummfilm. Konstruktion und Rekonstruktion, hrsg. von Elfriede Ledig. München 1988 (Diskurs Film, 2), S. 117-133.
46 Vgl. Jörg (wie Anm. 4), S. 21.

Geschichte. Märchenverfilmungen sind in erster Linie milieuabhängig. Anders Verfilmungen von Sagen. Da ist, um noch einmal Holger Jörg aufzunehmen, „das gesamte Arsenal der Sagenfiguren vertreten, das bis auf den heutigen Tag den Phantastischen Film und speziell den Horrorfilm bevölkert, den man grundsätzlich als eine medienspezifische Transformation der ‚klassischen' Sage betrachten könnte."[47] Bei Sagenverfilmungen steht nicht das Milieu, sondern das Geschehen im Vordergrund. Wem das zu weit geht, der könnte sagen, dass sich hier im Gegensatz zum Märchenfilm das Geschehen das Milieu schafft.

Gab es überhaupt quellengerechte Sagenverfilmungen? Es gab den *Fliegenden Holländer* von 1918 (Motivindex[48] E 511), die erste Produktion der neu gegründeten Harmonie-Film, Regie Hans Neumann. Es war ein ambioniertes Projekt. Guido Seeber, dem Kameramann Paul Wegeners (*Der Student von Prag* 1913, *Der Golem* 1914, *Der Rattenfänger von Hameln* 1918) und einer der bedeutendsten Operateure des Stummfilms, war die Gesamtleitung übertragen worden. Die neue Produktionsfirma erklärte, es solle „eine neue Filmart" geschaffen werden. Das Neue bestand in der Bereitstellung einer besonders komponierten Begleitmusik zu jedem Film. „Der bekannte Musikschriftsteller Herr Dr. Felix Günther hat die musikalische Bearbeitung übernommen", heißt es in einer Anzeige; Günther hat die Musikliteratur in der Tat um ein Werk über Schubert bereichert, sonst zu Beginn der Tonfilmära Filmmusiken geschrieben und aufgenommen, z.B. für *Kohlhiesels Töchter* 1930 und *Kyritz-Pyritz* 1931. Hier hat er die Musik von Wagners *Fliegendem Holländer* adaptiert, aber auch auf den *Parsifal* zurückgegriffen, „als er Feiertagsstimmung erzielen wollte", wie es in der Kritik des Düsseldorfer *Kinematographen* hieß: Wagnersche Musik sei nicht etwa einfach übernommen, sondern vielmehr Situationen unterlegt worden, die sich vom Wagnerschen Holländer-Drama weit unterschieden.[49] Es sei, so die Rezension des *Kinematographen* weiter, der „bestgelungene Versuch, die deutsche Sage filmdramaturgisch festzuhalten" – denn der Film stütze sich auf landschaftliche Reize und Seestücke, in die der Spielleiter bewegtes Leben gestellt habe. Er sei gelegentlich der Uraufführung im Marmorhaus Berlin von der gesamten Berliner Tages- und Fachpresse als künstlerisches Ereignis von einschneidender Bedeutung anerkannt worden, protzte die Produktionsfirma in einer Anzeige im September 1918.[50] Beim Stand der Filmkritik in der Tagespresse des Jahres 1918 wäre es allerdings vergebliche Liebesmüh, verwertbare Angaben über Details dieses künstlerischen Ereignisses erwarten zu wollen, sei es über Aufbau und Inhalt unseres Films, sei es über seine innere Struktur. Ein

---

[47] Ebd., S. 296.
[48] Stith Thompson: Motif-Index of Folk-Literature. Bd. 1-6. Copenhagen 1955-58.
[49] Vgl. Julius Urgiß: Der fliegende Holländer. In: Der Kinematograph (Düsseldorf) Nr. 607 vom 21. August 1918.
[50] Anzeige der Harmonie-Film-Ges. in: Der Kinematograph (Düsseldorf) Nr. 610 vom 11. September 1918.

Vergleich von zehn Berliner Uraufführungskritiken ergibt ein eher dürftiges Resultat, das über lobende Worthülsen nicht hinausgeht.

Der Film vom Fliegenden Holländer spielt 1670, mit einem Vorspiel im Jahre 1512. Die Geschichte endet glücklich – die beiden letzten Akte zeigen die wunderbare Erlösung des Holländers und Sentas Hochzeitszug. Außenaufnahmen an einer sandigen Steilküste in der Stettiner Bucht und auf der Ostsee, sorgfältig dirigierte Statistenmassen in mittelalterlichen Kostümen, eichengetäfelte Innenräume mit Butzenscheiben im Bioscop-Atelier in Neubabelsberg. Aufgeblättert wird ein stimmungsvoll fotografierter kulturhistorischer Bilderbogen. Der auf dem Holländer lastende Fluch erscheint nicht als Einbruch des Numinosen in die Alltagswelt, sondern in der Immanenz des Filmgeschehens als ein wenn auch schaudererregender und seltener Teil der Normalität. Dieser Integration wird eine besondere Szene gewidmet: „Die alte Beschließerin liest den Mädchen in der Spinnstube die Mär vom ‚Fliegenden Holländer' vor", lautet der zugehörige Zwischentitel. Die Sage ist Teil der Überlieferung als bürgerlicher Kulturfaktor in einer keineswegs auf mündliche Überlieferungsformen ausgerichteten Gesellschaft, und der Film ist seinerseits Teil dieser Überlieferung. Nicht zuletzt aus diesem Selbstverständnis erwächst die Betonung des Deutschen, möglichst Urdeutschen, oder zumindest des Germanischen – eine „altfriesische" Volkssage heißt der *Fliegende Holländer* im Untertitel, und im Jahre 1918 hatte in Berlin wohl niemand Bedenken, die stammverwandten Niederlande zumindest geistig-kulturell einzugemeinden. So trägt Friedrich Wilhelm Murnaus *Faust* (1926) den Untertitel „eine deutsche Volkssage", *Der müde Tod* von Fritz Lang (1921) „ein deutsches Volkslied" und Fritz Wendhausens *Der steinerne Reiter* zumindest den Zusatz „eine Filmballade" (1923). Derart können die erzählten Geschichten als Überlieferungen gelten, die in Vergessenheit geratene Weisheiten aus Urväterzeiten transportieren.

Die Idee zum *Steinernen Reiter* stammt von Thea von Harbou, einer höchst professionellen Autorin, die für Spitzenregisseure wie Murnau, Carl Theodor Dreyer und Arthur von Gerlach tätig war und auch selbst gelegentlich Regie führte. Das Volkserzählungsmotiv *„Transformation – man to stone"* (Motivindex D 231) allein macht gewiss noch keinen Film. Doch bildet es die Pointe einer „Filmballade" genannten Geschichte, die in einem nicht näher bestimmten, eben „sagenhaften" Mittelalter spielt.[51] Die Bauern lehnen sich gegen ihren Burgherrn auf, „der die Bauern schindet und die Bräute küßt – Tempi passati", wie Roland Schacht in der *Weltbühne* die Sache kurzerhand zusammenfasst.[52]

---

[51] Text- und Quellennachweise für Mot. D 231 siehe die Stichworte „Ätiologie" und „Gottes-lästerung" in: Handwörterbuch des deutschen Aberglaubens, hrsg. von Hanns Bächtold-Stäubli und Eduard Hoffmann-Krayer. Bd. 1. Berlin 1927, Sp. 652-654; Bd. 3. Berlin 1931, Sp. 980-982.

[52] Roland Schacht: Der steinerne Reiter. In: Die Weltbühne (Berlin) 19 (1923), Nr. 5, S. 143-145.

Der Zwingherr ist unter der rauhen Schale ein zerrissenes Wesen, durch unglückliche Familienverhältnisse so schlecht geworden, und zerfleischt sich in Selbstmitleid. – Bauernaufruhr: Ein Bauernmädchen dringt in das Schloss ein, um den Tod ihrer Schwester an dem Tyrannen zu rächen, verliebt sich in ihn und wird seine Frau. Als das Paar auf der Höhe des Aufstandes zu Pferde flieht, fällt nach dem Zwischentitel „Lieber verdammt mit ihm als allein selig" ein Blitz und versteinert sie. „Das Publikum sagt: Stuß! Und hat Recht", schreibt der Rezensent Roland Schacht nach der Uraufführung. Und Karin Bruns, die den „Kinomythen" Thea von Harbous eine lesenswerte, wenn auch hin und wieder psychologisch überinterpretierende Studie gewidmet hat, stellt im Einzelnen dar, wie im *Steinernen Reiter* die Interdependenzen zwischen Mensch und Stein das konstitutive Element des Geschehens ausmachen:

> „Das narrative Element der Versteinerung wird gleich zu Beginn des Films programmatisch als Element volkstümlicher Erzählung eingeführt. Vor der Kulisse eines sonderbar menschlich geformten Felsreliefs führt ein Balladensänger, der von dunklen Vorzeiten singt, anläßlich einer dörflichen Hochzeit in die Filmhandlung ein."

Das Gebirge bringe hier als mythischer Ort die Repräsentation des Vergessenen, längst Vergangenen der menschlichen Geschichte hervor, erläutert Bruns und zitiert einen der Titel:

> „Die Ballade vom grausamen Gutsherrn, der die erste Nacht einer Braut für sich beansprucht. Die Liebe eines Mädchens vermag sein Herz zu erweichen. Es schützt ihn vor den aufständischen Bauern und flieht mit ihm, verdammt wie er. Der Mutter Fluch trifft sie beide, läßt sie zu Stein werden."[53]

Bruns findet im *Steinernen Reiter* immer wieder Parallelen zu den ein Jahr später fertig gestellten *Nibelungen* Fritz Langs. Das gilt beispielsweise für die konstitutive Rolle familiärer Verstrickungen. Wenn man André Jolles folgen wollte, könnte man hier eine Geistesbeschäftigung konstatieren, die sich in den Kennworten Familie, Stamm, Blutsverwandtschaft artikuliert und der Sage als einfacher Form zuzuordnen wäre.[54] Dass die Verquickung, die Jolles zwischen der Sage im Sinne volkskundlicher Betrachtung und der isländischen Saga vornimmt, der Kritik nicht standgehalten hat, schließt den Vergleich nicht aus.

Die Zeitschrift *Der Film* widmet dem *Steinernen Reiter* nur eine kurze Anzeige, was eher noch als die gewundene Wortwahl den Zweifel des Blattes am Erfolg des Films ausdrückt. Nicht die Handlung stehe bei den Filmballaden im Mittelpunkt, sondern die Bildwirkung, heißt es da. „Erzweckt sollte die Ver-

---

[53] Vgl. Karin Bruns: Kinomythen 1920-1945. Die Filmentwürfe der Thea von Harbou. Stuttgart/Weimar 1993, S. 30-33.
[54] Vgl. André Jolles: Einfache Formen. 2., unveränd. Aufl. Darmstadt 1958, S. 75.

wirklichung eines Märchens werden"[55], schreibt der Rezensent. Dass Märchen, Sage und Mythos für den Journalismus der Zeit keinen großen Unterschied ausmachen, wird man hinnehmen müssen. Der Leser erfährt, dass Stilistik und Aufbau nicht ganz die gewollte Märchenstimmung hervorgebracht hätten. Anders die *Süddeutsche Filmzeitung*: „Eine echt deutsche Sage in unverfälscht volkstümlichen [!] Gewande [...] Man kann den Stil etwa mit ‚volkstümlichem Impressionismus' bezeichnen." Der Münchner Rezensent wurde bei einigen der Tableaux an Berliner Theateraufführungen erinnert und nennt eine aktuelle „Reinhardt"-Inszenierung; aber auch „Käthe-Kollwitz"-Radierungen fallen ihm ein, und schließlich: „Immer und überall tritt echtestes deutsches Volkstum zutage. Der ganze Film ist sozusagen aus der deutschen Volksseele heraus-geschweißt [...] Dieser Film wird seinen Weg machen, namentlich im Auslande, wo man deutsche Art und Kunst besser zu schätzen weiß, als im Inlande."[56] Gegenüber nationalkonservativen Vorstellungen dieser Art versucht sich die *Weltbühne* an einer angemesseneren Interpretation. Der Rezensent Roland Schacht moniert zwei Bereiche: Stoff und Stil.

„‚Der steinerne Reiter' knüpft an eine Lokalsage an. Man weiß, wie Lokalsagen zustande kommen. Irgendwo steht ein Fels von sonderbarer Form. Die Phantasie macht eine Gestalt daraus, aus der Gestalt eine Geschichte. Sehr selten sind diese Gestalten originell, noch seltener ergiebig. Sie entspringen einem Spiel der Phantasie, das eine vereinzelte und unnatürliche Erscheinung umkleidet mit verblaßten Erinnerungsbrocken aus Wander-geschichten oder, bestenfalls, entfernter Wirklichkeit. [...] Sehr selten auch sind diese Sagen wirklich volkstümlich. Sie entstammen zumeist Chronisten- oder Fremdenführer-geschwätz. Sie gehen auf das Kuriose aus, nicht aufs Menschliche, Typische und sind daher grundsätzlich mit Mißtrauen zu behandeln. Sie passen auch, da keiner Zeit bestimmt entsprungen, in keine Zeit recht hinein. Ihr Gewand ist meist mittelalterlich. Aber Mittel-alter ist ein weiter und vager Begriff. Darum ist auch das Gefüge vage und, ausgestaltet, unglaubhaft. Was sich nie und nirgends hat begeben, das alleine haftet nie."[57]

Auch Sagenverfilmungen gibt es bedeutendere als die hier vorgestellten, den *Studenten von Prag* Paul Wegeners aus dem Jahre 1913, die drei *Golem*-Filme desselben filmbesessenen Schauspielers, Autors und Regisseurs von 1913, 1917 und 1920, Friedrich Wilhelm Murnaus *Nosferatu* von 1922 und *Faust* von 1926. Sie haben ihre Spur in der Filmgeschichte hinterlassen, den phantastischen Film insgesamt bis heute beeinflusst und die Vorstellung vom deutschen Film geprägt. Ihnen nachzugehen, ist an dieser Stelle unmöglich.

---

[55] Th.: Der steinerne Reiter. In: Der Film (Berlin) Nr. 4 von 1923, S. 28.
[56] I. Aubinger: Der steinerne Reiter. In: Süddeutsche Filmzeitung (München) Nr. 8 von 1923, S. 6.
[57] Roland Schacht (wie Anm. 52), S. 143 f.

Abb. 2:
Programmheft
zum „Faust"-Film
F.W. Murnaus
(1926)

Vielleicht ist deutlich geworden, auf welche Weise der Film Sagenmotive als Auslöser oder Pointe einer im Übrigen unabhängig von ihnen entwickelten Geschichte genutzt hat und noch nutzt. Sagenverfilmungen in diesem Sinne sind zudem, wie sich zeigt, der ideologischen Einfärbung besonders zugänglich.

Den umstrittenen und eher fraglichen Höhepunkt deutscher Sagenverfilmung, Fritz Langs *Nibelungen* (1924), sollten wir uns vielleicht im Dialog der beiden Uraufführungs-Teilnehmer und Filmfans Paphnutius und Stechbein zu Gemüte führen, wie Frank Aschau ihn nach der Natur aufgezeichnet hat, wiedergegeben in der *Weltbühne* 1924:

> *Paphnutius*: „Welch unsinniger Gedanke, den Stoff einer Sage zu verfilmen! Warum sind Sie dorthin gegangen?"
> *Stechbein*: „Unter der Diktatur des Freibillets."
> *Paphnutius*: „Kann man den Nebel photographieren? Kann man Träume nachstenographieren? Kann man das Massiv des Mont-Blanc mit der rechten Hand abtasten? Werden diese Sagen denn nicht geschändet, indem man sie immer von neuem verdeutlicht? Man lasse sie eine Zeit lang ruhen: vielleicht erholen sie sich, vielleicht bekommen sie wieder ihren metallischen Glanz –"
> *Stechbein*: „Dennoch kann ich mir denken, daß ein Regisseur aus diesem Stoff etwas Bemerkenswertes formt. Seine Aufgabe wäre zunächst: die Typen neu zu schaffen, die durch Wagners Oper und durch Theaterfriseure zu so lächerlichen Puppen geworden sind. Die Gestalt des Siegfried den Heldentenören zu entreißen, Brunhild und Chriemhild den starkbusigen Sängerinnen, welch schöne Aufgabe! Und dann müßte er verste-

hen, die großen klaren Linien der Dichtung so nachzuzeichnen, daß man mächtige Menschen im Licht mächtiger Empfindungen sieht –"

Paphnutius: „Kann man denn das im Film?"

Stechbein: „Ich glaube, man kann es versuchen. Bedenken Sie, daß man hier zum ersten Mal ein wunderbares Szenarium hat: das Theater des menschlichen Gesichts. Läßt der Regisseur auf dieser Bühne spielen, so kann er allerdings mächtige Affekte auftreten lassen. Den Zorn vielleicht: er betritt die Bühne des Gesichtes zaghaft und leise, er ist noch klein. Dann wächst er, langsam und unheimlich, nun nimmt er den ganzen Raum ein, nun überflutet er alle die Kontinente und festen Länder, begleitet von mächtigen Ungewittern, nun lösen sich die Blitze der Gebärden –"

Paphnutius: „Sie wollten mir erzählen, wie der Nibelungen-Film war."

Stechbein: „Von dem, was er sein könnte, ist er nichts geworden. Obwohl Fritz Lang die Regie führte, von dem einer der besten deutschen Filme stammt, der Mabuse-Film. Das hier ist eine glatte, wohlfrisierte und ondulierte Sache. Statt rauher Quadern maschinenpolierter Sandstein, und auch der ist von Pappe. Es geht so ziemlich ohne grobe Geschmacksverirrungen ab, aber nicht ganz: nämlich der böse Zwerg Alberich, Repräsentant der finstern Mächte, ist unverkennbar jüdisch angestrichen, natürlich nicht jüdisch-schön, sondern jüdisch-scheußlich."

Paphnutius: „Das ist eine Geschmacksverirrung nur von unserm Beobachtungspunkt aus. Vielleicht ist das für Diejenigen sehr schön, für die dieser Film in erster Linie bestimmt ist ..."

Ohne weiter auf diese unfreundliche Bemerkung einzugehen, fuhr

Stechbein fort: „Chriemhild, die durch zweimal dreizehn Jahre das Feuer ihrer Rache hütete, um dann einige Länder damit in Brand zu stecken, Chriemhild, deren Zorn durch die Jahrhunderte hallt, Chriemhild und dieses blonde Wesen mit den langen unschuldsvollen Zöpfen, das uns hier gezeigt wurde: sie sind sich so ähnlich wie – ein Kater und eine Nachtjacke ... Genug", schrie *Stechbein* plötzlich, „genug davon!!"[58]

Nun wirklich „genug davon".

58 Frank Aschau: Nibelungen-Film. In: Die Weltbühne 20 (1924), Nr. 9 vom 28.2., S. 276.

Siegfried Becker

„Märchen lügen. Im Leben ist das anders"
Dämonologische Erzählstoffe im NS-Film
als Spiegelung der Indoktrination

Die Kamera schwenkt über Hochgebirgsgipfel zu einer Almhütte, deren aufsteigende, vom Schneetreiben verjagte Rauchschwaden die Verlassenheit dieser Behausung eines einsamen Menschen inmitten unwirtlicher Natur versinnbildlichen. Der alte Knecht Klettenmaier ist den steilen Weg heraufgekommen, um Wally, der aufs Hochjoch verbannten Tochter des Fenderbauern, Proviant für die nächsten Wochen zu bringen.

> „Damit du was zum Leb'n hast." Doch Wally herrscht ihn an: „Das nennst du Leb'n? Dann lieber verhungern, lieber hier oben verkommen als so leb'n! Aber wozu red i denn, du hörst mi nit, du verstehst mi nit, du kannst mir auch gar nit helfen!" Der schwerhörige Alte blickt sie verständnislos an: „Wenn i di anschau, dann seh i deinen Vater. Du bist er, er ist wie du: Steinschädel!" Wally fegt mit einem Handstreich Selchfleisch und Brotlaib vom Tisch. „Versündige dich nit!", ruft der entsetzte Knecht. Doch aus Wally brechen Zorn und Trauer impulsiv hervor, und sie schließt mit den Worten: „Ja wem mach ichs denn jetzt eigentlich recht: Wer hat Schuld? Ich oder die Andern?" Wieder hat ihr der Alte nicht folgen können: „Wenn i di nur verstehen könnt – i möcht dir ja so gern helfen!" Wally aber wendet sich ab: „Mir kann man nimmer helfen, das ist zu spät, aber einmal rausschrein muss i alles was mi drückt, obs hilft oder nit, denn so kann i nimmer leb'n, i kann nimmer!" Sie rennt hinaus ins Schneetreiben, und der Alte folgt ihr. „Tus nit, Wally, die Berggeister strafen dich!" Ein weißes Wolkenmeer wogt um die Felswand. „Da schau, der Nebelkönig rührt sich wieder – hörst, sie kommen, die Seligen Fräulein!" Symphonisch intoniert beginnt das Gemurmel der Geister: „Was suchst du, verirrtes Menschenkind?" Erschrocken hält der alte Knecht sie zurück. „Die Geister wollen dich holen", doch Wally wendet sich den Nebeln zu: „Vor die Berggeister fürcht i mi nit, nur vor den Menschen." Aufsteigende, vom Gegenlicht der Sonne durchbrochene und konturierte Wolken untermalen den Gesang der Nebelgeister, der aufbrausend anschwillt und dann sanft, versöhnlich verklingt: „Wir schweben und weben in Nebel und Wind, weil wir die Seligen Fräulein sind. Wir fühlen dein Leid, wir fühlen dein Weh, wir tanzen im Sturm, in Eis und Schnee. Wir führen dich ein in unsren Reih'n, wir woll'n dich von Tränen, vom Sehnen befrei'n. Reich uns die Hand, wir nehmen dich mit, hab' keine Angst, es ist – nur ein Schritt ... Wenn Nebel wallen und steigen vom Tal, und dein ist das Glück, und dein ist die Wahl, bei uns wirst in aller Ewigkeit ruhn – komm nun!" Die Nebelstimmen verklingen. Wally wendet sich zurück und seufzt: „Märchen lügen – im Leb'n ist das anders."

„Märchen lügen – im Leben ist das anders." Mit dieser Sentenz schließt ein Ausschnitt aus dem Spielfilm *Die Geierwally* (1940), der erkennen lässt, dass es im Film um die Schuldfrage geht und um Dichtung und Wahrheit, um Ideologie mithin und damit um die immanenten Diskurse des nationalsozialistischen

Deutschland, das gerade den Zweiten Weltkrieg entfacht hatte. Wie Presse, Theater und Rundfunk war auch der Film schon bald nach der nationalsozialistischen Machtergreifung 1933 mit der Beseitigung jeglicher Reste der parlamentarischen Demokratie in den Dienst eines ideologischen Beeinflussungsmonopols gestellt worden[1], und die Möglichkeiten der Propaganda, die durch die Umgestaltung des Filmwesens ausgeschöpft wurden, sind in zahlreichen fundierten Studien zum NS-Film analysiert worden[2]. Hier soll es jedoch nicht um die Prozesse einer allmählichen Durchdringung der Filmproduktion durch einen immer strenger durchstrukturierten Zensurapparat gehen, der spätestens 1940 jegliche Reste privatwirtschaftlicher Produktion beseitigt hatte[3], sondern um einen Beitrag zur volkskundlichen Fachgeschichte und Erzählforschung: um Rezeptionsvorgänge, um die Frage, wie die filmische Inszenierung von Sagenstoffen der Vermittlung von Ideologie diente.

Der ausgewählte Filmausschnitt zeigt bereits, dass nicht nur an die unterhaltsame Übertragung eines gründerzeitlichen Heimatromans gedacht war, in dem eine Bauerntochter, unwillig, den vom Vater ausgesuchten Brautwerber zu freien, auf eine Hochalm im Tiroler Ötztal verstoßen wird. Als sie auf der Flucht vor der drohenden Ergreifung und Gefangensetzung in Notwehr den Stall anzündet, kehrt sie freiwillig auf die Hochalm zurück, wo sie den harten Naturgewalten und ihrem jähzornigen Vater trotzt, um schließlich doch noch in einem Happy End ihren Jäger zu finden. Diese Romanvorlage des Films, von Wilhelmine von Hillern 1875 als triviales Drama vorgelegt, ist volkskundlich einschlägig behandelt. In Augsburg hat Susanne Päsler eine intensive Beschäftigung mit dem Sujet und seinen Rezeptionen in Theaterinszenierungen und Persiflagen

---

[1]　Vgl. dazu die ausgewählten Texte zu Film und Filmpolitik im Nationalsozialismus in: Film und Gesellschaft in Deutschland. Dokumente und Materialien, hrsg. von Wilfried von Bredow und Rolf Zurek. Hamburg 1975.

[2]　Gerd Albrecht: Nationalsozialistische Filmpolitik. Eine soziologische Untersuchung über die Spielfilme des Dritten Reiches. Stuttgart 1960; Erwin Leiser: „Deutschland, erwache!" Propaganda im Film des Dritten Reiches. Reinbek bei Hamburg 1968, Neuaufl. 1989; Wolfgang Becker: Zur politischen Ökonomie des NS-Films. Film und Herrschaft. Berlin 1973; Francis Coutarde et Pierre Cadars: Histoire du Cinéma nazi. Paris 1972, dt. Ausg.: Geschichte des Films im Dritten Reich. München 1975; Boguslaw Drewniak: Der deutsche Film 1938-1945. Ein Gesamtüberblick. Düsseldorf 1987; Hilmar Hoffmann: „Und die Fahne führt uns in die Ewigkeit." Propaganda im NS-Film. Frankfurt a.M. 1988; Stephen Lowry: Pathos und Politik. Ideologie in Spielfilmen des Nationalsozialismus. Tübingen 1991; zudem sei auf den Gesamtüberblick verwiesen: Deutsche Spielfilme 1933-1945. Materialien, hrsg. von Ulrich Kurowski. München 1975, verb. Aufl. in 5 Bd. 1978-1982.

[3]　Karsten Witte: Film im Nationalsozialismus. In: Geschichte des deutschen Films, hrsg. von Wolfgang Jacobsen, Anton Kaes und Hans Helmut Prinzler. Stuttgart/Weimar 1993, S. 119-170; Malte Ewert: Die Reichsanstalt für Film und Bild in Wissenschaft und Unterricht (1934-1945). Hamburg 1998.

eröffnet.[4] Das Fach Volkskunde spielte dort ein eigenes Bühnenstück dazu und produzierte einen CD-Track[5], und Sabine Doering-Manteuffel deutete die Renaissance von starken mythischen Frauen im Zusammenbruch des Wohlfahrtsstaates, die Wiederkehr der filmisch überhöhten Romanheldin in Zeiten spiritueller Trends und modischer Heilserwartungskulte als Indikatoren eines beginnenden Verlusts weiblicher Macht in aktuellen gesellschaftspolitischen Prozessen.[6]

In meinem Beitrag soll es um die Verfilmung von 1940 gehen. Die Regie führte Hans Steinhoff, es spielten Heidemarie Hatheyer, Sepp Rist, Eduard Köck, Winnie Markus u.a. (Uraufführung am 13.8.1940 in München). Der Film war ein Remake des 1921 von E.A. Dupont gedrehten Spielfilms mit Henny Porten in der Hauptrolle, doch entfiel die dort breit angelegte Bedeutung von Religion und Kirche völlig bis hin zur Konsequenz, dass die Schlüsselszene der Abwendung vom Kruzifix („nur a Stück Holz") nicht mehr verständlich ist.[7] Auf dem Film von 1940 basiert wiederum ein Remake von 1956, das mit seiner langsamen, pathetisch-deklamierenden Dramatisierung des Stoffes aber nie die Popularität des NS-Films erreichte. Diesen Film von 1956 hat bereits Willi Höfig in seiner großen Studie zum Nachkriegs-Heimatfilm behandelt[8], und auch der Film von 1940 ist mehrfach in filmgeschichtlichen Arbeiten thematisiert worden. Exemplarisch haben sich damit Beate Bechtold, Luis Bedek und Tanja Marquardt auseinandergesetzt, die in der Tübinger Projektstudie zum Heimatfilm das Kapitel zur Entwicklung vom Bergfilm zum Bauernmythos in den zwanziger Jahren und im Nationalsozialismus übernommen haben.[9] Die Diskrepanzen zwischen Filmhandlung und Romanvorlage sind darin eingehender untersucht, insbesondere hinsichtlich der Verdrängung von religiösen Akzenten

---

4 Susanne Päsler: Die Geier-Wally. Eine Romanfigur im Spiegel ihrer Popularität. In: Augsburger Volkskundliche Nachrichten 1 (1995), H. 1, S. 24-37.
5 Aufführungen fanden am 2., 4. und 5. Juli 2003 mit Informationen zum Stück auf einer eigenen Homepage statt: http://www.geierwally.info.
6 Sabine Doering-Manteuffel: Drei Schwestern – Geierwally, Brunhild, Nora. In: Süddeutsche Zeitung Nr. 181 vom 8. August 2003, S. 12. Auf diese Kompensation durch das fiktionale Genre deutet auch eine Fernsehadaption der ARD (mit Christine Neubauer, Erstausstrahlung 2005) hin, die den Stoff in die jüngere Gegenwart transformiert und als „moderne Version einer Emanzipation" deklariert (Teleschau, Mediendienst zum 15.6.2007, http://www.monstersandcritics.de/artikel/200722/article_6874.php).
7 Vgl. Ines Steiner und Christoph Brecht: Der Deutsche Heimatfilm. Eine kommentierte Auswahl. In: Heimat. Lehrpläne, Literatur, Filme. Bonn 1990 (Bundeszentrale für politische Bildung, Schriftenreihe Diskussionsbeiträge zur politischen Didaktik, Bd. 294/II), S. 359-524, hier S. 367-373.
8 Willi Höfig: Der deutsche Heimatfilm 1947-1960. Stuttgart 1973.
9 Wolfgang Kaschuba u.a.: Der deutsche Heimatfilm. Bildwelten und Weltbilder. Bilder, Texte, Analysen zu 70 Jahren deutscher Filmgeschichte, hrsg. vom Ludwig-Uhland-Institut für Empirische Kulturwissenschaft der Universität Tübingen. Tübingen 1989; vgl. dazu die Rezension von Willi Höfig in: Zeitschrift für Volkskunde 87 (1991), S. 305-307.

sowie der zeitungleichen Inszenierung der Handlung zum Zweck einer historischen Herleitung von Ideen und Werten, zur subtilen Legitimation der Kontinuitätsprämisse durch Herstellung von Analogien zwischen Geschichte und Gegenwart.

Herausgearbeitet wird darin vor allem, dass mit diesem Film die Konstruktion eines neuen Frauentyps beabsichtigt war, die alle bisherigen Reduktionen auf Hausfrauen- und Mutteraufgaben in die Aufwertung der kämpferischen Heldin wandelte.[10] Fleiß, Zähigkeit, Treue waren die Eigenschaften, die den starken und tapferen Frauen im Krieg abverlangt wurden, in der Ausnahmesituation des Krieges freilich, und eben diese Ausnahmesituation ist Generalthema des Films. Dass es auch in der *Geierwally* um ein neues Frauenbild ging, wird nicht nur immanent durch die Konturierung der Frauenrolle, sondern auch explizit bis in Einstellungen und Szenen hinein deutlich. Denn der Krieg war selbst in diesem Historienfilm gegenwärtig: in der Sturmglocke, die vor dem Feuer warnte und die Dorfbevölkerung zum Löschen rief, in den langen Lichtkegeln, die die Silhouette der fliehenden Frau hervorhoben und für die zeitgenössischen Zuschauer die Flakscheinwerfer der Luftabwehr präformierten. Er ist damit bezeichnendes Beispiel für jene breite mediale Mobilmachung im Dritten Reich, für eine Realität des Films, der neben dem Spielfilm auch Dokumentarfilm und Unterrichtsfilm, Werbefilm und Wochenschau[11] unterworfen wurde – im Zusammenspiel ergaben die Bilder eine Transformation der Film- und Programmästhetik in eine Einschwörung der „Volksgemeinschaft" auf den Krieg.[12]

Im Film, vom NS-Starregisseur Hans Steinhoff im ersten Kriegsjahr in der Bergwelt der Ötztaler Alpen gedreht, geht es also um mehr als um die klassischen Unterhaltungsstoffe der wahren und enttäuschten Liebe, aber auch um mehr als um die Aufwertung der kämpferischen, selbstbewussten Frau für die Mobilisierung der Heimatfront im Krieg. Diesem Zweck diente zuvorderst die überragende Repräsentanz von Film und Filmplakaten durch die Hauptdarstellerin. Noch Boguslaw Drewniak bescheinigte dem Film eine Schilderung „voll epischer Breite und Wucht", und auch Curt Riess, der für die amerikanische Filmzensur 1945 die Spielfilme der NS-Zeit auf ihren Gehalt an propagandistischen Absichten und auf ihre Eignung zur weiteren Vorführung in den Kinosälen der Nachkriegszeit sichtete, war von dem Film beeindruckt. Ihm war bewusst, dass hier trotz der trivialen Handlung kein Heimatfilm im üblichen Sinne entstanden war, sondern ein „böser und harter Film", der vor allem durch

---

[10] Zur Veränderung des Frauenbildes im NS-Film vgl. auch Ute Bechdolf: Wunsch-Bilder? Frauen im nationalsozialistischen Unterhaltungsfilm. Tübingen 1992.

[11] Ulrike Bartels: Die Wochenschau im Dritten Reich. Entwicklung und Funktion eines Massenmediums unter besonderer Berücksichtigung völkisch-nationaler Inhalte. Frankfurt a.M. u.a. 2004.

[12] Mediale Mobilmachung. Das Dritte Reich und der Film, hrsg. von Harro Segeberg. München 2004 (Mediengeschichte des Films, 4).

die darstellerische Kraft der großen Tragödin Heidemarie Hatheyer beein-
druckte.[13] Die junge Hatheyer, die aus dem Theaterfach kam und eher zufällig
für die Dreharbeiten zum Film *Der Berg ruft* entdeckt worden war[14], hatte in der
Geierwally ihre Befähigung für tragische Charakterrollen ausspielen können.[15]

Abb. 1:
Plakat zum Film
„Die Geierwally" (D. 1940),
Entwurf von Hanns Wagula,
im Plakatwettbewerb der
TOBIS ausgezeichnet
mit dem 1. Preis

Der versierte Filmkritiker Riess, der im Film keine explizit propagandistischen
Inhalte erkannte, hatte ob seiner Begeisterung über die schauspielerische Leistung der Hatheyer (die er übrigens später heiratete) offensichtlich übersehen,
dass hier eine besondere Produktion des NS-Filmschaffens gedreht worden war,
die mit erheblichem Werbeaufwand als „Spitzenfilm" der Tobis-Filmkunst

---

13 Curt Riess: Die Frau mit den hundert Gesichtern. Requiem für Heidemarie Hatheyer.
   Düsseldorf 1991, S. 72-93.
14 Der von Luis Trenker 1937 gedrehte Bergfilm entwickelte in der Interaktion der Darsteller
   Trenker und Umberto Sacripanti nicht nur eine rassistische Inszenierung des germanischen
   Herrenmenschen, auch Trenkers herrische, ja aggressive Verkörperung des Matterhorn-
   bezwingers wirkte auf die Darstellung von Gefühlsausbrüchen in späteren Filmen, möglicherweise auch auf die Filmszene aus der „Geierwally" mit Heidemarie Hatheyer.
15 Vgl. Friedemann Beyer: Die Ufa-Stars im Dritten Reich. Frauen für Deutschland. München 1991; Cinzia Romani: Die Filmdivas [sic!] des Dritten Reiches. München 1981.

GmbH angekündigt wurde.[16] Speziell für diesen Film schrieb die Tobis gemeinsam mit der Fachgruppe Gebrauchsgraphik in der Reichskammer der bildenden Künste einen Plakatwettbewerb aus. Mit den eingegangenen 41 Arbeiten wurde zudem eine Ausstellung veranstaltet, die als „erster energischer Versuch zur Hebung des in mancherlei Beziehung reformbedürftigen Filmplakates" gewertet wurde und als Wanderausstellung „in den bedeutendsten Städten des Reiches" gezeigt werden sollte, „um auch auf diese Weise den Filmtheaterbesitzern, Graphikern und der Presse Gelegenheit zu geben, sich mit dem Thema ‚Das gute Filmplakat' nachdrücklich auseinanderzusetzen". Der Film, dies sei noch erwähnt, erhielt die Prädikate „künstlerisch wertvoll" und „volkstümlich wertvoll", hatte also durchaus einen immanenten Bildungsauftrag.

Wenn der Film, anders als das trotz der Farbversion bald vergessene Remake von 1956, wie viele andere Spielfilme aus der Zeit der NS-Filmproduktion noch in den 70er Jahren im Fernsehen lief und heute als Kaufvideo im Handel ist, wird damit deutlich, dass die zweifellos beabsichtigte Indoktrination nicht offensichtlich war.[17] Sie blieb, und dies ist ja hinlänglich auch für die breite Produktion der Unterhaltungsfilme aufgearbeitet, decodierbar nur im Zusammenwirken von Bild- und Zeichensystemen in der allgegenwärtigen Agitation des NS-Staats. So hat vor allem Christian Rapp in seiner Analyse des Spielfilmgenres Bergfilm gezeigt, dass die subtile Indoktrination der Filme nur im Kontext einer breiten alltäglichen Beeinflussung durch Sprache, Bilder und Symbole im Nationalsozialismus wirken konnte.[18]

Ehe die Bilder der gezeigten Szene in ihrer Aussagekraft für die Absicht des Films interpretiert werden sollen, muss noch etwas zum Anspruch der historischen Authentizität gesagt werden, der gerade in diesem Film wie wohl in keinem anderen Historienfilm der NS-Zeit umgesetzt wurde. Steinhoff hatte großen Wert darauf gelegt, ausdrücklich an „Originalschauplätzen" zu drehen (was immer das bei einem fiktiven Stoff sein mochte). Konsequent verzichtet wurde auf Studioaufnahmen, auch wenn dadurch bedingt neun Monate Drehzeit in Kauf genommen werden mussten und die Bauernhäuser und -stuben, die als Drehorte ausgesucht wurden, Schauspieler und Kamerateam mit allen technischen Problemen der Beleuchtung und Überhitzung konfrontierten. Wegen einer ins Bild gerückten Balkeninschrift über der Stubentür wurde eigens der Fami-

---

[16] Wie die Ufa waren auch Tobis und Bavaria gleichgeschaltet und in den Apparat der Filmkontrolle eingegliedert worden; die Tobis Filmkunst GmbH wurde „Mittelpunkt der umgebildeten Organisation dieses Unternehmens", wie es eine systemkonforme zeitgenössische Ufa-Jubiläumsschrift schilderte: Otto Kriegk: Der deutsche Film im Spiegel der Ufa. 25 Jahre Kampf und Vollendung. Berlin 1943, S. 253.

[17] Noch in der im August 1996 vom Sender ARTE ausgestrahlten ZDF-Dokumentation „Heimat, Heimat über alles ..." von Harald Herzog wurde der eingangs skizzierte Ausschnitt herausgehoben mit der Bemerkung: „Und wer fragt da noch nach der Trivialität, wenn Heidemarie Hatheyer die Geierwally ist?"

[18] Christian Rapp: Höhenrausch. Der deutsche Bergfilm. Wien 1997.

lienname des Fenderbauern gegenüber der Romanvorlage geändert[19], und „bodenständige" Schauspieler mit „Charakterköpfen" verkörperten ganz im Sinne des Blut-und-Boden-Determinismus das Tiroler Bergvolk: Anna Exl, Eduard Köck und Leopold Esterle wurden von der Bühne der Ersten Tiroler Bauernspielergesellschaft in Innsbruck geholt[20], und die Komparsen wurden aus der bäuerlichen Bevölkerung des Ötztals herangezogen.

1941 drehte Regisseur Leopold Hainisch mit den Darstellern der Exl-Bühne einen weiteren Spielfilm: *Der Meineidbauer*. Das Drehbuch hatte Jacob Geis nach dem gleichnamigen Roman von Ludwig Anzengruber geschrieben. Der Film ist eine Inszenierung des Durchhaltens, die den Erbhofgedanken stilisiert („Der Bauer ischt nix, der Hof ischt alles", sagt Matthias Ferner in der Auseinandersetzung mit seinem Sohn); in seiner Diskussion einer Rechtmäßigkeit des Erbes kann er als apologetische Version des Krieg-und-Frieden-Themas und damit als Fortsetzung einer Schuldfrage gesehen werden, die schon in der *Geierwally* entworfen wurde. Gerade darin aber ist dann möglicherweise auch ein Spannungsbogen zu finden, der im Versuch einer gesellschaftskritischen Aufwertung des Heimatfilms mündet, mit dem 1956 Rudolf Jugert den *Meineidbauern* neu inszenierte und dafür Heidemarie Hatheyer als Hauptdarstellerin wählte (auch darin mithin eine Anknüpfung an die beiden Bauernepen der Kriegszeit): als große, von der Kritik gewürdigte, aber nicht erfolgreiche Auseinandersetzung mit der belasteten Geschichte des deutschen Spielfilms. Gerhard Bliersbach hat den Nachkriegskontext im zerschlagenen Deutschland darin ausgemacht, die Enttäuschung der Frauen, die schuldbeladenen Männer, die Rekrutierung der Kinder.[21] Und wenn Sabine Winter Jugerts Film 1956 eine verhaltene und an leisen Zwischentönen reiche Inszenierung bescheinigte, „die alle urigen ‚Blut- und Boden-Reminiszenzen' vergessen ließ"[22], dann bezog sie sich darin implizit nicht zuletzt auf den Film von 1941: die Auseinandersetzung mit Schuld setzte also gerade da an, wo Schuld und Sühne das eigentliche Filmthema gewesen war, wo das Schleppen von „fremder Schuld" abgeworfen und der rechtmäßige Anspruch auf den Hof durchgesetzt worden war, wo „Volk und Scholle" zusammengefunden hatten. Darin knüpften die Bauernepen der ersten Kriegsjahre an frühere, aber wieder aufgegebene Versuche zur Produktion von „ernsten" Bauernfilmen im Sinne der nationalsozialistischen Ideologie an,

---

[19] In der Balkeninschrift ist kurz eingeblendet der Name „Fender" zu erkennen, während der in der Romanvorlage verwendete Name „Stromminger" im Ötztal unbekannt war; vgl. Isidor Grießer: Familiennamen des Ötztals. In: Tiroler Heimatblätter 45 (1970), H. 10/12, S. 162-171.

[20] Vgl. Anna Exl zum Gedenken. In: Kulturberichte aus Tirol 193/194, Dez. 1969, S. 6 f.

[21] Gerhard Bliersbach: So grün war die Heide – Der deutsche Nachkriegsfilm in neuer Sicht. Weinheim/Basel 1985, S. 81-85.

[22] Vgl. den Abdruck der Filmkritik von Sabine Winter aus dem Duisburger General-Anzeiger vom 7. November 1956 in: Zwischen Gestern und Morgen. Westdeutscher Nachkriegsfilm 1946-1962, hrsg. vom Deutschen Filmmuseum. Frankfurt a.M. 1989, S. 389.

die bereits 1933 unternommen worden waren. Darunter ist vor allem der Pseudo-Dokumentarfilm *Unter der schwarzen Sturmfahne* zu erwähnen, der die Bauern in den Notjahren 1928 bis 1932 zeigen sollte, und der „Erbhofgesetz"-Streifen *Das alte Recht* von 1934. Zwar verloren diese düsteren Blut-und-Boden-Bauerndramen rasch an Bedeutung für die Propaganda, doch wirkten ihre Bilder noch auf Kameraführung und Bildsymbolik in frühen Spielfilmen der NS-Produktion[23], auf die düsteren statischen Bilder des *Schimmelreiters* (Curt Oertel, Hans Deppe 1934) etwa[24]. Danach überwog allerdings, wenn überhaupt von einem Sujet „Bauernfilm" gesprochen werden kann, die leichte Unterhaltung: Komödien der Bauerntheater wurden ins Spielfilmformat übersetzt, Humoresken und Schwänke, oberbayrische Kirchweih-Lustspiele, gegen die 1939 im „Schwarzen Korps", dem Presseorgan der SS, gewettert wurde.[25] Daher war der *Geierwally*-Film einer der ersten ideologisch genehmen „Bauernfilme" mit dem ausdrücklichen Anspruch der Realitätsnähe[26], wozu eine umfassende ethnographische Beratung herangezogen wurde. Nicht nur die fast dokumentarisch anmutenden Szenen wie der Leichenzug erinnern an die volkskundliche Filmarbeit in Südtirol, die nach Himmlers Memorandum vom 30. Mai 1939 durch das SS-Ahnenerbe aufgenommen worden war.[27]

Besonderer Aufwand und Detailtreue wurde den Kostümen gewidmet, in denen ein authentisches Bild der alten Ötztaler Tracht erstehen sollte. Zur Beratung wurde das Tiroler Volkskunstmuseum in Innsbruck herangezogen, dessen Direktorat 1939 bis 1945 Gertrud Pesendorfer innehatte. Sie war zugleich Leiterin der „Mittelstelle Deutsche Tracht" der NS-Frauenschaft mit dem Auftrag der Trachtenforschung, -pflege und -erneuerung[28] und eingebunden in die Dokumentationsprojekte des „SS-Ahnenerbes" in Südtirol.[29]

---

23 Dazu Drewniak (wie Anm. 2), S. 236.
24 Auch Wolfgang Kaschuba: Der Deutsche Heimatfilm. Bildwelten als Weltbilder. In: Heimat. Analysen, Themen, Perspektiven. Bonn 1990 (Bundeszentrale für politische Bildung, Schriftenreihe Diskussionsbeiträge zur politischen Didaktik, Bd. 294/I), S. 829-851, hier S. 837 f., hat den „Schimmelreiter" als Beispiel für die Inszenierung von Bauernland und Bauernrecht angeführt, für den Topos einer schicksalhaften Erdverbundenheit, jener alten neuen Mythologie von „deutschen Menschen, deutschen Räumen, deutschen Gegenden", wie er den Filmkritiker Oscar Kalbus zitiert.
25 Drewniak (wie Anm. 2), S. 236 f.
26 Ihm folgten, ganz in der Intention, die vorbildliche Arbeit der Bäuerinnen zu zeigen, Filme wie der Tobis-Streifen „Mutter des Dorfes", der Ufa-Film „Herrin des Hofes" (1942) oder „Hof ohne Mann" (1944); vgl. dazu Drewniak (wie Anm. 2), S. 265.
27 Olaf Bockhorn: Volkskundliche Filme des „SS-Ahnenerbes" in Südtirol. In: Südtirol im Auge der Ethnographen, hrsg. von Reinhard Johler, Ludwig Paulmichl und Barbara Plankensteiner. Wien/Lana 1991, S. 105-135.
28 Vgl. Volkskunde. Institutionen in Österreich, hrsg. von Klaus Beitl. Wien 1992 (Institut für Gegenwartsvolkskunde der Österreichischen Akademie der Wissenschaften und Österreichisches Museum für Volkskunde, Veröffentlichungen des Österreichischen Museums für Volkskunde, 26), S. 106 f.; darin auch Franz Grieshofer: Entwicklungslinien im volks-

Abb. 2:
Heidemarie Hatheyer
als Darstellerin
im Leichenzug
für den Fenderbauern
(„Die Geierwally",
D. 1940)

Abb. 3:
Ankleiden
der Festtracht
(„Die Geierwally",
D. 1940)

Zeitgleich mit den Dreharbeiten zur *Geierwally* erschien ihr programmatischer Artikel zu den Aufgaben der Trachtenarbeit, in dem sie die Notwendigkeit der

---

kundlichen Museumswesen Österreichs, S. 21-40. Moderat, ja fast anerkennend die kurze Erwähnung bei Herlinde Menardi: Geschichte und Entwicklung der Tracht in Tirol. In: Kleidung – Mode – Tracht. Referate der Österreichischen Volkskundetagung 1986 in Lienz (Osttirol), hrsg. von Klaus Beitl und Olaf Bockhorn. Wien 1987 (Buchreihe der Österreichischen Zeitschrift für Volkskunde, Neue Serie 7), S. 245-262, hier S. 258; Olaf Bockhorn hat damals in seinem Nachwort zu diesem Lienzer Tagungsband zu Recht kritisch, ja fast resignativ die noch immer nicht mögliche offene Auseinandersetzung mit der Trachtenpflege und ihren ideologischen Implikationen diskutiert.

[29] Dazu Anka Oesterle: Die volkskundlichen Forschungen des „SS-Ahnenerbes" mit Berücksichtigung der „Kulturkommission Südtirol". In: Johler/Paulmichl/Plankensteiner (wie Anm. 27), S. 76-90; Peter Schwinn: „SS-Ahnenerbe" und „Volkstumsarbeit" in Südtirol 1940-1943. In: ebd., S. 91-104.

„Volkstumsarbeit" gerade im Krieg legitimierte.[30] Darin ging sie auch auf den Sitz ihrer Dienststelle ein; sie sei

> „mit Absicht in eine Landschaft gelegt, in welcher ihre Arbeit stets ganz lebendig mit dem bäuerlichen Wesen, dem sie dienen soll, verbunden bleibt. Im Einvernehmen mit dem Gauleiter und Landeshauptmann von Tirol-Vorarlberg erhielt sie ihren Sitz in Innsbruck am Tiroler Volkskunstmuseum, das ob seiner reichen Trachtensammlung und seiner alles Deutsche so klar widerspiegelnden Schau an Dingen der Volkskunst und der Volkskunde dafür besonders geeignet ist".

Schon in dieser Äußerung Gertrud Pesendorfers klingt an, dass auch im Film die Wahl des Ötztals als Drehort nicht nur der Romanvorlage entlehnt war. Das wildromantische Hochgebirgstal war längst zur Kulisse der nationalsozialistischen Vereinnahmung der Alpengipfel geworden; unmittelbar nach dem Einmarsch in Österreich 1938 war mit dem Bau des Hermann-Göring-Hauses im Niedertal unter der Kreuzspitze (heute Martin-Busch-Hütte) begonnen worden, einem „der repräsentativsten Bauten des Alpenvereins".[31] Eine ganze Phalanx hochrangiger Repräsentanten des NS-Regimes besuchte in den Jahren um 1939/40 das Ötztal, und in diesem Kontext ist auch die Instrumentalisierung der Ötztaler Tracht für die Bildinszenierung des Tiroler Freiheitskampfes unter Andreas Hofer zu sehen, wie sie etwa Hans Hilber 1941 in seinem Gemälde „Ötztaler Schützen" schuf.[32] Deren implizite Instrumentalisierung für die Agitation gegen Frankreich findet sich ja auch in den Schützenaufmärschen im Steinhoff-Film.

Entgegen diesem hypertrophen Authentizitätsanspruch an Schauplatz, Akteure und Requisiten des Films blieb jedoch, dass der Stoff, die zugrunde liegende Erzählung, fiktiv war, jeglichen historischen Hintergrunds entbehrte; ja selbst die Quellen der Romanvorlage waren literarisch vermittelt, waren Zeitungsberichten, Reisebeschreibungen und der Belletristik des 19. Jahrhunderts entnommen. Zwar machte 1991 Helga Reichart unter dem wohl vom Innsbrucker Haymon-Verlag bewusst gewählten verkaufsträchtigen Titel *Die Geierwally* auf die 1841 in Untergiblen im Lechtal geborene Anna Knittel aufmerksam[33], die mit 18 Jahren ein Kunststudium in München aufgenommen und sich bereits zu einer leidenschaftlichen Malerin entwickelt hatte, als sie 1863 in einer

---

[30] Gertrud Pesendorfer: Zur Trachtenarbeit. In: Deutsche Volkskunde, Vierteljahresschrift der Arbeitsgemeinschaft für Deutsche Volkskunde 2 (1940), H. 2, S. 90-97. Als Beispiel ihrer Bemühungen um Sinnbilderneuerung vgl. dies.: Von germanischen und kirchlichen Sinnbildern in der Tiroler Volkskunst. In: ebd. 1 (1939), H. 1, S. 24-34.

[31] Walter Klier: Ötztaler Alpen. 12. Aufl. München 1995 (Alpenvereins-Führer), S. 27.

[32] Hans Hilber, geb. 1887 in Mils bei Hall, war ab 1926 in Sautens wohnhaft; vgl. die Farbabbildung in Hans Jäger: Die heimische Tracht. Oetz 1996, S. 80.

[33] Helga Reichart: „Die Geierwally". Leben und Werk der Malerin Anna Stainer-Knittel. Innsbruck 1991; vgl. auch die Rezension in: Zeitmagazin Nr. 34 vom 16. August 1991, S. 24-27.

Felswand des Lechtals einen jungen Steinadler aus dem Horst aushob und die
Szene in einem Ölbild festhielt.

Doch dieser vielleicht durch eine zeitgenössische Ausstellung ihrer Bilder
vermittelte reale Fall dürfte für die Romanautorin nur die Idee, nur der Auftakt
ihrer Erzählung gewesen sein. Ihre Schilderungen von Landschaft, Orten, Menschen hatten eine andere, eine literarische Vorlage. 1846 hatte Ludwig Steub in
München seine Reisebeschreibung *Drei Sommer in Tirol* veröffentlicht, die
1871, also nur wenige Jahre vor dem Roman, in zweiter Auflage erschien.[34] Der
Anwalt und Notar Steub, der zeitgenössisch als geistvoller Schriftsteller
geschätzt und mit mehreren Veröffentlichungen von sachlicher Bedeutung und
künstlerisch-literarischem Rang bekannt war, legte mit diesen drei Bänden das
noch heute unübertroffene klassische Werk über Tirol vor.[35] Und hierin finden
sich all jene Motive, Bilder und Figuren, die Wilhelmine von Hillern in ihrer
Geschichte entfaltete: den Handlungsort des Ötztals, die Erzählung vom Joch-
geier, der ein spielendes Kind in die Engelswand bei Tumpen im Ötztal getragen
haben soll, den Kuraten von Heiligkreuz und den Bergführer Nicodemus Klotz
von den Rofenhöfen, die Schilderungen der Gletscherwelt von Similaun und
Marzell[36], die dürftigen Hirtenbehausungen in der Einsamkeit des Hochjochs,
die Sagenstoffe vom Alpenkönig und vom Bergschloss der saligen Fräulein.
Deutend beschrieb Steub darin die Nebel, die sich während des Aufstiegs mehr
und mehr gesammelt hatten und eine Zeit lang schwer und ruhig auf die Glet-
scher drückten, sich hoben, als der Wind hineinblies, und wie Phantome an den
Fernern aufwärts zogen, wilde Reigen schlangen, wirbelnd sich durcheinander
drehten und zuweilen weite Risse öffneten, durch welche die Sonnenstrahlen
verklärend brachen.[37] In dieser Beschreibung des großen Schneefeldes am
Niederjochferner lässt sich also unschwer die Vorlage von Roman und Film –
und der hier behandelten Szene – erkennen.

Für diese Szene der Geister auf dem Hochjoch gewann Steinhoff den Operet-
ten- und Filmkomponisten Nico Dostal, den Meister der großen Melodiebögen
getragener Kantilenen. Seine zur Untermalung der Wolkenbilder komponierte
Melodie war zugleich Titelmelodie des Films, unterstreicht also die Bedeutung
dieser Schlüsselszene, die leicht als Zitat der Naturmythen in den Berg-Filmen
Arnold Fancks zu erkennen ist, in denen die Natur nicht Kulisse, sondern dramaturgisches Element war, verschmelzend mit den seelischen Stimmungen der
Akteure.[38] Dafür hatte Steinhoff eigens den Bergfilmer Richard Angst geholt,

---

34 Ludwig Steub: Drei Sommer in Tirol. München 1846, 2. Aufl. 1871, ND München 1977.
35 Vgl. Josef Pfennigmann: Vorwort. In: ebd., S. 4-15.
36 Steub (wie Anm. 34), 2. Bd., S. 110, gibt auch die etymologische Erklärung für den Berg-
   namen „Marzell" (von marezuola, Dim. zu mara, ‚Muhr'), daher die andere Schreibweise
   „Murzoll" bei Wilhelmine von Hillern.
37 Steub (wie Anm. 34), 2. Bd., S. 120.
38 Vgl. dazu Höfig (wie Anm. 8), S. 158 ff.

der in der Filmarbeit Arnold Fancks Kameraführung und Bildkomposition gelernt hatte und auch hier nun durch Überblendung und Drehung in die Vertikale die mythische Wirkung der Wolkenbilder schuf.

Längst waren die Wolkenbilder im Nationalsozialismus überhöht und pathetisch aufgeladen worden; ich erinnere an die kritischen Studien Siegfried Kracauers dazu, der vor allem das majestätische Spiel der Wolken in Fancks *Stürme über dem Montblanc* (1930) mit der Anfangssequenz in *Triumph des Willens* (1935) verglichen und damit die Verschmelzung von Gebirgskult und Hitlerkult diskutiert hat.[39] Doch die Nebel- und Wolkeninszenierungen, die bei Fanck dramaturgisches Element gewesen waren, um das Einswerden des Menschen mit der monumentalen Natur auszudrücken, und dann bei Trenker der mythischen Überhöhung (der in den Freiheitskriegen gefallenen Helden) gegolten hatten, dienten hier nun nurmehr als Zitat: Die Faszination der Naturmythen, wie sie von Fanck und seiner Schule inszeniert worden war, hatte an Kraft verloren. Im ästhetischen Anspruch des NS-Films war das Pathos des Naturreligiösen eine Symbiose mit der Technikbegeisterung eingegangen, war eine Tendenz zur Harmonisierung von Natur und Technik etabliert und ideologisch zu einem Totalitätsanspruch der Naturbeherrschung geformt worden.[40]

Auch das blaue Licht, das Leni Riefenstahl zu ihrem gleichnamigen Filmmärchen (1932) inspiriert hatte, war bereits entzaubert, jenes geheimnisvolle Leuchten, das auch auf dem Dach der Welt vom fliegenden Drachen unterhalten wurde, um den Wanderern den Weg über die Passhöhen des Himalaya zu weisen: Die Tibeter erzählten von diesem heiligen Vogel, der das Licht in seiner Grotte bewache und es entzünde, um die Vorüberziehenden an den Tod zu mahnen, der an ihrem Weg auf sie warte. Bengt Berg hatte 1931 in einem vielbeachteten Buch über den Lämmergeier im Himalaya die phosphoreszierende Wirkung der faulenden Exkremente und Knochenreste im Nest des Gourral beschrieben[41], in dem er auch Kleidungsstücke von Menschen fand – schauerliche Überreste der Verhungerten und Erfrorenen auf den langen einsamen Wegen im Hochgebirge, deren letzte Spuren vom Gourral verwischt wurden. Dieser Gourral, der sagenumwobene Geieradler der alten Welt, hat auch in den

---

[39] Siegfried Kracauer: From Caligari to Hitler. A Psychological History of the German Film. Princeton 1947; dt. Ausg.: Von Caligari zu Hitler. Eine psychologische Geschichte des deutschen Films. 3. Aufl. Frankfurt a.M. 1995, S. 271.

[40] Holger Wilmesmeier: Die Einheit der Welt. Harmonisierung von Natur und Technik im Geiste des Übermenschen – eine ikonographische und rhetorische Spurensuche. In: Das kalte Bild. Neue Studien zum NS-Propagandafilm, hrsg. von Jürgen Felix u.a. Marburg 1996 (Augen-Blick. Marburger Hefte zur Medienwissenschaft, 22), S. 6-38.

[41] Bengt Berg: Der Lämmergeier im Himalaya. Berlin 1931 (Bengt Berg's Illustrierte Tierbücher, 2. Reihe, Bd. 4). Das von ihm vermutete Radium-Vorkommen erwies sich nach einem an Mde. Curie gesandten Fundstück, das er trotz der Weigerung und Warnung der begleitenden Einheimischen aus dem Horst geholt hatte, als Phosphor aus der verwesenden Knochenmasse im Nest des Bartgeiers.

Alpen die Phantasie ihrer Bewohner und mehr noch ihrer Bewunderer und Bezwinger inspiriert, und er ist auch der Lämmergeier im Roman der Wilhelmine von Hillern.[42]

Dass im Film freilich nicht getreu der literarischen Vorlage der Geieradler, der „mächtigste und interessanteste aller Raubvögel der alten Welt" (wie Bengt Berg den „golden headed eagle", den in Spanien „El Quebrantahuesos – Knochenbrecher" genannten Bartgeier voller Bewunderung rühmte), sondern ein Gänsegeier eingesetzt wurde, mag zunächst pragmatische Gründe gehabt haben. Sehr viel leichter war an ein handaufgezogenes, menschengeprägtes Jungtier dieser in Zoologischen Gärten häufigen Geierart zu kommen, mit dem auch die Schauspieler umgehen konnten. Und doch spiegelt sich darin, unter- und hintergründig, eine tiefere Wahrnehmungsebene, die auf kulturgeschichtlich internalisierte Deutungsmuster rekurriert: Der lange, nur von dünnem Flaum bedeckte nackte Hals des Weißkopfgeiers ist – weitaus eher als der wilde, fast furchterregende Kopf des Bartgeiers – als das eigentliche Antlitz jenes Aasfressers erkennbar, mit dem zugleich eine subtile Imagination des Todes angedeutet werden konnte, die kein Memento Mori, vielmehr eine Ahnung von der nahen Gegenwart des Sterbens im Krieg gewesen sein mochte. Die Symbolik des Films bedurfte nicht mehr des Zaubers, den die mythischen Bilder der Fanck- und frühen Riefenstahl-Filme in die Natur hineinkomponierten. Der Vogel, der auf dem Filmplakat der Tobis bedrohlich über der Frauengestalt niederstößt, war real, lebendig, und doch zugleich Symbol, gab als Vogel des Todes intuitiv den Schrecken des Krieges Gestalt. Die Dekonstruktion der romantischen Mythen hatte also eine neue mythische Aufladung der Natur im Film gezeitigt, diente dazu, eine neue Symbolik der Bilder aufzubauen. Längst hatten ja die Spielfilme einer „Neuen Sachlichkeit" Symbolsprache und Mystik des Expressionismus hinter sich gelassen, längst hatte auch in der internationalen Filmkunst Eisen-

---

[42] Dieses Motiv ist ein treffendes Beispiel für die wechselseitigen Beeinflussungen von Printmedien und Erzählstoffen; dies lässt sich auch im konkreten Fall des hier behandelten Romans aufzeigen, dürften doch die sowohl in den populären Sagensammlungen als auch in der Belletristik des 19. Jahrhunderts enthaltenen schauerlichen Geschichten vom kinderraubenden Lämmergeier eine wichtige Anregung für die Autorin gewesen sein. Freilich muss gar nicht an das historische Vorkommen des Bartgeiers (Gypaëtus barbatus) gerade im Ötztal erinnert werden, das durch den Schnalser Viehtrieb am Niederjoch und die wegen der Nord-Süd-Ausrichtung des Ötztals für die Kontrollrouten der Vögel günstigen Fall- und Aufwinde bedingt war („Geierstraße"). Wilhelmine von Hillern hat – sehr viel naheliegender – als Anregung zum Geiermotiv wohl eine Illustration aus der Monatsschrift „Deutsche Jugend" aufgegriffen, die 1875 auch in der „Gartenlaube" abgedruckt wurde und den Angriff eines Gypaëtus auf einen Hirtenjungen zeigt; dieses Bild ist (allerdings in falschem Kontext) auch wiedergegeben bei Manfred Felle: Adlerfang und Adlerjagd im Oberallgäu. Ein Beitrag zur Jagdgeschichte des 19. Jahrhunderts. In: Dona Ethnologica Monacensia. Leopold Kretzenbacher zum 70. Geburtstag, hrsg. von Helge Gerndt, Klaus Roth und Georg R. Schroubek. München 1983 (Münchner Beiträge zur Volkskunde, 1), S. 45-65, hier S. 49.

steins sozialistischer Realismus filmästhetische Maßstäbe gesetzt.[43] Indem die
Fiktion des Films gespiegelt und damit eine Auseinandersetzung mit Wirklichkeit inszeniert wurde, war nun der NS-Film in der harten Realität des Krieges
angekommen: Gerade die vermeintlich triviale Inszenierung von Heimat und
Volkstum war mit dem Anspruch versehen, das Konstrukt der Wirklichkeit in
ihrer Härte und Unerbittlichkeit zu zeigen. „Märchen lügen – im Leben ist das
anders." Mit dieser Sentenz konnte im Film die Fiktion scheinbar auf die Inszenierung der Feengesänge reduziert werden. Die Diskrepanz zwischen Authentizitätsanspruch (des Films) und fiktiver Erzählung (des Drehbuchs) ließ sich
überwinden: Indem das, was ohnehin als fiktiv zu erkennen war (die Nebelgeister eben), als solches deklariert wurde, gewann die übrige Handlung an Glaubwürdigkeit. Das ist die erste Ebene der Metaphorik dieses Filmausschnitts, und
mehr werden die Zuschauer auch gar nicht wahr- und mitgenommen haben aus
dem Kinosaal.

Freilich wird sich darin die Vermittlungsabsicht nicht erschöpft haben. Der
Aufwand, den die Dreharbeiten erforderten, ist sicher nicht allein mit dem Vor-
wand Steinhoffs zu erklären, sich aus der kriegsgefährdeten Hauptstadt in die
weltferne Provinz zurückziehen zu können, wie es Riess gedeutet hat. Aufwand
und Kosten legen nahe, dass die Indoktrination, dass der explizite Bildungsauftrag weiter tragen sollte. Es gibt tatsächlich noch eine zweite Ebene, die im
Unterbewusstsein wirksam werden konnte. Gerade diese Ebene muss zudem
fachgeschichtlich interessieren. Schon in der Anlage des Drehbuchs von Jacob
Geis wird für die Szene der Feengesänge wie schon in der Kostümberatung professionelle Beratung eingeholt worden sein, möglicherweise vom Zentralarchiv
der deutschen Volkserzählung, das ja 1938 vom SS-Ahnenerbe übernommen
worden war.[44] Dazu lässt sich bisher leider aufgrund der fehlenden Korrespon-
denz noch nichts sagen. Erschließen aber lässt sich die Rezeption der Literatur,
die herangezogen worden sein dürfte und wohl eher Fachleuten zugänglich war.

Schon im Drehbuch wird das Problem erkannt worden sein, im Anspruch
einer detailgetreuen Wirklichkeitsnähe des Films die Inszenierung von Jenseitsvorstellungen (wie sie ja in der Szene der Nebelgeister beabsichtigt und zentral

---

[43] David Gillespie: Early Soviet Cinema. Innovation, Ideology, and Propaganda. London
2000.

[44] Michael H. Kater: Das „Ahnenerbe" der SS 1935-1945. Ein Beitrag zur Kulturpolitik des
Dritten Reiches. Stuttgart 1974 (Studien zur Zeitgeschichte), S. 74 ff.; Völkische Wissen-
schaft. Gestalten und Tendenzen der deutschen und österreichischen Volkskunde in der
ersten Hälfte des 20. Jahrhunderts, hrsg. von Wolfgang Jacobeit, Hannjost Lixfeld und
Olaf Bockhorn. Wien/Köln/Weimar 1994, S. 159 f.; Siegfried Becker: Das „Zentrale" am
Archiv für Erzählforschung. Gedanken zu alten Großprojekten und zur neuen Diskussion
um die Mitte des Faches. In: Volkskundliche Großprojekte. Ihre Geschichte und Zukunft.
Hochschultagung der Deutschen Gesellschaft für Volkskunde in Rostock, hrsg. von
Christoph Schmitt. Münster u.a. 2005 (Rostocker Beiträge zur Volkskunde und Kultur-
geschichte, 2), S. 63-72.

angelegt war) glaubhaft zu integrieren und damit den Übergang in eine andere Welt (nämlich in der angedeuteten Suizidabsicht) zu thematisieren. Zur Illustration dieser Jenseitswelt aber eigneten sich die auch im Roman erwähnten Saligensagen vorzüglich. Die in den Wolkenbildern des Films dargestellten Saligen (oder „seeligen Fräulein"), jene Feen der eisstarrenden Gletscherwelt des Ötztals, denen die Tiroler Sagensammlungen des 19. Jahrhunderts besondere Aufmerksamkeit widmeten, waren mythische Sagengestalten, „welche die Hirtenknaben lieben und die Gemsenjäger hassen": Die ihnen anvertrauten Tiere schützend, sollten sie den Jäger mit ihren Blicken blenden und in den Abgrund stürzen.[45] Im Kontext der Alpwirtschaft waren der latente erotische Gehalt der Saligensagen, sexuelle Wünsche und Träume, aber auch Andeutungen der Sodomie (deren Präsenz in alpinen und mediterranen Hirtenkulturen mit Gavino Leddas *Padre Patrone* literarisch fixiert ist) als Tabu und Tabubruch kulturell manifestiert, waren die Mechanismen der Kontrolle und Warnung (zumal in der Sennenpuppen-Motivik[46]) narrativ verdichtet; Leander Petzoldt hat die orale und literarische Überlieferung eingehend nachgezeichnet.[47]

Mit der Rezeption der Saligen-Motivik konnte also eine Spannung von Tabu und Tabubruch aufgenommen werden, die auch für die Filmszene explizit genutzt wurde. Wir erinnern uns: Die Szene begann ja bereits mit einem Tabubruch – Selchfleisch und Brot, das „liebe Brot", von dem damals noch selbst eine weggeworfene Kruste aufgehoben wurde, „damit es nicht mit Füßen getreten werde"[48], fegt die gequälte, in die Einsamkeit verbannte Frau mit einem Handstreich vom Tisch. Mit diesem Tabubruch erhält die Szene eine religiöse Komponente („Versündige dich nit!"), die von einem großen Teil der zeitgenössischen Zuschauer wahrgenommen und verstanden worden sein dürfte.[49] Doch

---

[45] Vgl. dazu: Von der Wirklichkeit des Unwirklichen. Historische und gegenwärtige Aspekte der Volkserzählung in Tirol. Katalog zur Ausstellung des Instituts für Europäische Ethnologie/Volkskunde der Universität Innsbruck, hrsg. von Leander Petzoldt. Innsbruck 1992; sowie die Motivsammlung bei Christian Falkner: Sagen aus dem Ötztal. In: Ötztaler Buch. Innsbruck 1963 (Schlern-Schriften, 229), S. 111-182.

[46] Gotthilf Isler: Die Sennenpuppe. Eine Untersuchung über die religiöse Funktion einiger Alpensagen. Basel 1971 (Schriften der Schweizerischen Gesellschaft für Volkskunde, 52); Brigitta Hauser-Schäublin: „... und breitet die bluttriefende Haut auf dem Hüttendach aus". Diskussionsbeitrag zu einem Motiv der Sennenpuppensage. In: Fabula, Zeitschrift für Erzählforschung 25 (1984), S. 266-276.

[47] Leander Petzoldt: Die Haare der Saligen. Wanderungen und Wandlungen eines dämonologischen Motivs in Literatur und Volksdichtung. In: ders.: Märchen, Mythos, Sage. Beiträge zur Literatur und Volksdichtung. Marburg 1989, S. 145-156; ders.: Dämonenfurcht und Gottvertrauen. Zur Geschichte und Erforschung unserer Volkssagen. Darmstadt 1989, S. 143 ff.: Milieudominanz des bäuerlichen Bereichs.

[48] Wilhelm Crecelius: Oberhessisches Wörterbuch. Auf Grund der Vorarbeiten Weigands, Diefenbachs und Hainebachs sowie eigner Materialien. Darmstadt 1897/99, S. 209.

[49] Vor allem die landbürtige Bevölkerung, die mit der gezielten medialen Versorgung des Landes angesprochen war; vgl. dazu Daniela Münkel: „Der Rundfunk geht auf die Dörfer".

der Tabubruch führt nicht dazu, die Heldin zu verurteilen. Gerade das Aufbegehren gegen kulturelle (und religiöse!) Normen konnte genutzt werden, ihre Auflehnung gegen Unterdrückung und Bevormundung zu verdeutlichen und eine Solidarisierung zu erreichen. Das war der Auftakt für die Frage nach der Schuld – „Wer hat Schuld: ich oder die Andern?" – schreit sie hinaus, und das Publikum wird unisono gesagt haben: „die Andern".

Christina von Braun hat auf die verhängnisvolle, erschreckende und im Holocaust schließlich pervertierte Delegation von Schuld hingewiesen, die in der christlichen Konzeption einer Auseinandersetzung des Menschen mit der Schuld am Tode Christi wenn nicht angelegt, so aber doch ermöglicht wird.[50] Dieses doppelte Schuldkonzept, sich versündigt zu haben, aber auch die zusätzliche, unentrinnbare Schuld, um die Verpflichtung gegenüber Gott zu wissen, der sich in seinem Sohn für die Menschen geopfert hat, sieht Winkler als Kontext eines Schuldgefühls in christlich sozialisierten Gesellschaften, das Grundlage einer ambivalenten Befindlichkeit ist[51]: als Kulturmuster einer Aggressionshemmung, die psychoanalytisch gesehen zur Depression führen kann, aber auch mit der Delegation von Schuld eine Enthemmung auszulösen vermag. Über die Identifikation mit der Heldin konnte im Film das von der Kriegspropaganda vermittelte „Allein gegen die Welt"-Gefühl aufgenommen werden. Dass es tatsächlich um eine Thematisierung der Schuldfrage ging, wird am Ende des Films noch einmal deutlich im Schuldeingeständnis der Heldin: „Ich bin schuld!", das jedoch nicht in eine Depression, sondern zu einem glücklichen Ende führt. Ein Jahr nach Ausbruch des Zweiten Weltkrieges konnte so ganz subtil jede Gewissensregung aufgefangen werden, und auch im Film finden wir ja dem Gewissen eine Stimme gegeben: „Was suchst du, verirrtes Menschenkind?", rufen die Nebelgeister, die Saligen, die mitfühlend Leid und Weh in einer friedlicheren, glücklicheren Welt aufheben und die Tränen löschen wollen. Aggressionshemmung und Depression, die in dieser latent angedeuteten Suizidabsicht der Filmheldin anklingen, werden der mythischen, mithin erkennbar fiktiven Jenseitswelt zugewiesen, die Sehnsucht nach Glück (und Frieden) in eine an Caspar David Friedrich erinnernde Inszenierung der Weltentrücktheit[52] gestellt, die doch eine geballte Symbolik des Faschismus (etwa in Wolfram Knolls Fotografie „Sturm

Der Einzug der Massenmedien auf dem Lande von den zwanziger bis zu den sechziger Jahren. In: dies. (Hrsg.): Der lange Abschied vom Agrarland. Agrarpolitik, Landwirtschaft und ländliche Gesellschaft zwischen Weimar und Bonn. Göttingen 2000 (Veröffentlichungen des Arbeitskreises Geschichte des Landes Niedersachsen, 16), S. 177-198.

[50] Christina von Braun: Das Behagen in der Schuld. In: Psychoanalytische Anthropologie. Bd. 1: Über die verborgenen anthropologischen Entwürfe der Psychoanalyse, hrsg. von Lilli Gast und Jürgen Körner. Tübingen 1997, S. 61-94.

[51] Klaus Winkler: Schuld und Schuldgefühl. In: ebd., S. 95-116.

[52] Tina Grütter: Melancholie und Abgrund: die Bedeutung des Gesteins bei Caspar David Friedrich. Ein Beitrag zum Symboldenken der Frühromantik. Berlin 1986.

überm Land") aufnahm.[53] Die rhetorische Wendung „Märchen lügen" führte vermeintlich in die Realität zurück. Der Traum (und mit ihm die Gewissensregung) verflog, die Filmheldin war wieder in der rauen Wirklichkeit angekommen, der sie die Stirn bot.

Diesen psychischen Konflikt mit den Bildern wandernder Frühnebel und Wolken zu illustrieren, nimmt Deutungen der Sagenmotive auf, die Ludwig Laistner 1879 in seinem Werk *Nebelsagen* entwickelt hatte.[54] Individuelle Beobachtungen von Naturerscheinungen wie Wind und Wolken oder des Wechsels von Helligkeit und Dunkel sah Laistner als Auslöser für mythische Deutungen im kollektiven Bewusstsein. Solche animistisch-naturmagischen Vorstellungen wurden dann in der Rezeption transformiert, und darin lassen sich auch die Wege zu einer Wiederaufnahme der Deutungen Laistners im Film erahnen: Der Marburger Bibliothekar und Volkskundler Otto Böckel hatte sie in seiner *Deutschen Volkssage* aufgenommen und weitergeführt, indem er darin Wahrnehmungen seelischer Art sah und sie als suggestive Erscheinungen in der Seele einsamer Menschen interpretierte, wie er auch in seiner *Psychologie der Volksdichtung* Lieder als Widerhall von Naturbildern verstand.[55] Böckel aber – neben seinen wissenschaftlichen Publikationen als erster antisemitischer Reichstagsabgeordneter und als Autor übelster Hetzschriften berüchtigt – wurde im Nationalsozialismus wieder rezipiert.[56] Hier finden wir also sehr wahrscheinlich die wissenschaftsgeschichtlichen Grundlagen für die Darstellung des psychischen Konflikts im Film: Die mythische Natur war nicht Ausdruck von Bewusstseinsprozessen, wie es Drewniak interpretiert, indem er die „groß gesehenen Aufnahmen der Bergwelt [als] eine gelungene Untermalung der Seelenkonflikte" versteht.[57] Natur war nicht mehr wie bei Fanck filmischer A u s d r u c k innerer Gemütsregungen, sondern psychologisch gesehen Wahrnehmung, sie war E i n d r u c k , Sinneswahrnehmung, die mit der abschließenden Sentenz „Märchen lügen" als Sinnestäuschung deklariert werden konnte. Das Gewissen war abge-

---

53 Vgl. dazu Günther Waibl: Photographie in Südtirol während des Faschismus. In: Johler/ Paulmichl/Plankensteiner (wie Anm. 27), S. 137-153.
54 Ludwig Laistner: Nebelsagen. Stuttgart 1879; vgl. dazu auch Petzoldt, Dämonenfurcht (wie Anm. 47), S. 49 f.
55 Otto Böckel: Die deutsche Volkssage. Leipzig/Berlin o.J.; ders.: Psychologie der Volksdichtung. 2., verb. Aufl. Leipzig/Berlin 1913, S. 42; vgl. Petzoldt, Dämonenfurcht, S. 51.
56 Rüdiger Mack: Otto Böckel und die antisemitische Bauernbewegung in Hessen 1887-1894. In: Neunhundert Jahre Geschichte der Juden in Hessen. Beiträge zum politischen, wirtschaftlichen und kulturellen Leben, bearb. von Christiane Heinemann. Wiesbaden 1983 (Schriften der Kommission für die Geschichte der Juden in Hessen, 6), S. 377-410; David Peal: Anti-Semitism and Rural Transformation in Kurhessen: The Rise and Fall of the Böckel Movement. Diss. (msch.) New York 1985; Hansjörg Pötzsch: Antisemitismus in der Region. Antisemitische Erscheinungsformen in Sachsen, Hessen, Hessen-Nassau und Braunschweig 1870-1914. Wiesbaden 2000 (Schriften der Kommission für die Geschichte der Juden in Hessen, 17).
57 Drewniak (wie Anm. 2), S. 223.

kanzelt, die Schuld den Andern zugewiesen. So gesehen, hatte Curt Riess wohl Recht (freilich in einem andern als dem von ihm intendierten Sinne). Es war ein harter und böser Film. Denn gerade in der Verarbeitung dämonologischer Erzählstoffe offenbart sich die Dämonie des NS-Films, auf einer kaum bewussten Wahrnehmungsebene suggestiv zu wirken: Das Dämonische des Faschismus zu verschleiern, indem es sich von der Dämonologie der Folkloristik abgrenzte.

Ulrich Marzolph

Der orientalistische Märchenfilm
Vom „Dieb von Bagdad" bis „Aladdin"[1]

1.

Der „Orient" hat seit dem Altertum als eine Matrix für europäische Projektionen gedient.[2] Zwar gehörten spätestens seit der Epoche des Hellenismus weite Teile der „orientalischen" Welt als konkret erlebte Erfahrung zum eigenen Wahrnehmungsbereich, und die altgriechische Literatur kann in Anbetracht der oftmals im asiatischen Teil des griechischen Kulturraums liegenden Herkunftsorte ihrer Autoren durchaus als eine Varietät „orientalischer" Literatur angesehen werden[3]; dennoch repräsentierte der „Orient" vorrangig das „Andere", von dem sich das „Eigene" durch Aneignung, Imitation und Abgrenzung unterscheiden und als „Selbst" definieren lernte.[4] Im historischen Prozess der vergangenen zweitausendfünfhundert Jahre haben sich dabei die Schwerpunkte verlagert und die Perspektiven derartig verändert, dass der Blick dafür verloren gegangen ist, wie sehr die „orientalischen" Kulturen eng verwandte Geschwisterkulturen des „Westens" darstellen und wie sehr ursprünglich fremde Elemente in den westlichen Kulturen nach wie vor zu deren eigenem Wesen und Werden beitragen.[5]

Ein eigentümliches Mischprodukt dieser Wahrnehmung sind die Filme aus westlicher Produktion, die im „Orient" spielen.[6] Indem sie zwischen der Fas-

---

[1] Die Anmerkungen des vorliegenden Beitrags enthalten gemäß dem ursprünglichen Charakter des Vortrags vor allem konkrete bibliographische Nachweise sowie rudimentäre Hinweise mit unmittelbarer Relevanz zum Thema.

[2] Siehe etwa den Beitrag von Christiane Ziegler: Von einer Ägyptomanie zur nächsten. Das Vermächtnis des römischen Altertums. In: Ägyptomanie. Ägypten in der europäischen Kunst 1730-1930. Die Sehnsucht Europas nach dem Land der Pharaonen. Zur Begegnung von Orient und Okzident am Beispiel des Alten Ägypten. Ausstellungskatalog Wien 1994, S. 15-20; sowie die Ausstellungskataloge: Europa und der Orient, hrsg. von Gereon Sievernich und Hendrik Budde. Berlin 1989; Im Lichte des Halbmonds. Das Abendland und der türkische Orient. Dresden/Bonn 1995/96.

[3] Franz Rosenthal: Das Fortleben der Antike im Islam. Zürich/Stuttgart 1965, S. 354 ff.

[4] Edward Said: Orientalism. New York 1978; Rana Kabbani: Imperial Fictions. Europe's Myth of Orient. London 1986.

[5] Ulrich Marzolph: Der Orient in uns. Die Europa-Debatte aus Sicht der orientalistischen Erzählforschung. In: Österreichische Zeitschrift für Geschichtswissenschaften 15,4 (2004), S. 9-26.

[6] Visions of the East. Orientalism in Film, hrsg. von Matthew Bernstein und Gaylyn Studlar. New Brunswick, N.J., 1997; siehe auch John M. MacKenzie: Orientalism. History, Theory and the Arts. Manchester/New York 1995; Jack G. Shaheen: Reel Bad Arabs. How Holly-

zination an fremden Kulturen und deren Instrumentalisierung oszillieren, können sie von unkritischen Zuschauern doch oft als Repräsentationen eines „realistischen" Orients wahrgenommen werden – und sei es nur aufgrund des sprichwörtlichen „Körnchens" Wahrheit. Dabei liefern derartige Filme oft wenig mehr als Projektionsflächen und Bestätigungen anderweitig vorgeprägter Urteile. Als Spezialgattung dieser orientalistischen Filme werden im vorliegenden Rahmen orientalistische Märchenfilme behandelt, die das Medium des Films seit Anfang des 20. Jahrhunderts begleiten. Als Beispiele dienen aufgrund ihrer engen Beziehung untereinander zwei der *The Thief of Bagdad* betitelten Filme (1924, 1940) sowie die trotz des großen zeitlichen, formalästhetischen und scheinbaren inhaltlichen Abstandes eng verwandte Zeichentrick-Version der Geschichte von *Aladdin und der Wunderlampe* aus den Disney-Studios (1992).[7]

2.

Die 1924 veröffentlichte Erstverfilmung des *Thief of Bagdad* ist ein Klassiker der Stummfilmgeschichte. Hollywood steckte noch in den Kinderschuhen, als Douglas Fairbanks als Produzent, Drehbuchautor und Hauptdarsteller einen Film von wahrhaft monumentalen Ausmaßen schuf. Mit einer gigantischen Kulisse und einem Heer von mehreren tausend mexikanischen Komparsen überstiegen die Produktionskosten zum ersten Mal in der Filmgeschichte die Grenze von einer Million Dollar. In der Folge wurde die „Arabian Nights Fantasy" – so der Untertitel – symptomatisch für die Verwendung „orientalischer" Kulissen und Motive und beeinflusste – unter anderem über das von Alexander Korda 1939-40 verfilmte gleichnamige Remake – zahlreiche andere Filme des Genres.

Douglas Fairbanks sr., 1883 geboren, ist eine der wichtigsten Figuren des frühen Hollywood-Kinos. Als Schauspieler bestritt er knapp 50 Filme. Zunächst bekannt als komischer Darsteller, trat er seit der Verfilmung *The Mask of Zorro* (1920) vor allem in akrobatischen Mantel-und-Degen-Filmen auf (Stichwort: *swashbuckler*); hierzu gehören etwa *The Three Musketeers* (1921), *Robin Hood* (1922), *Don Q., Son of Zorro* (1925), *The Black Pirate* (1926) und *The Iron Mask* (1929). Filmgeschichte schrieb er zudem 1919, als er zusammen mit der

---

wood Vilifies a People. Northampton, Mass., 2001; John C. Eisele: The Wild East. Deconstructing the Language of Genre in the Hollywood Eastern. In: Cinema Journal 41,4 (2002), S. 68-94; Wen-Chin Ouyang: Metamorphoses of Scheherazade in Literature and Film. In: Bulletin of the School of Oriental and African Studies 66, 3 (2003), S. 402-418; Felicitas Kleiner: Scheherazade im Kino. „1001 Nacht" aus Hollywood. Marburg 2006.

[7] Der vorliegende Beitrag stützt sich zu Teilen auf Michael Cooperson: The Monstrous Births of ‚Aladdin'. In: Harvard Middle Eastern and Islamic Review 1 (1994), S. 67-86 und die dort zitierte Sekundärliteratur; zuletzt siehe hierzu Fabienne Liptay: WunderWelten. Märchen im Film. Remscheid 2004, bes. S. 153-179.

Schauspielerin Mary Pickford, seiner späteren Frau, sowie mit Charly Chaplin und D.W. Griffith die „United Artists Corporation" gründete. Die verschwenderische Hofhaltung, die er zusammen mit Mary Pickford seit 1920 auf ihrem Anwesen in Hollywood betrieb, machte – wie es die Quellen zu wiederholten Malen betonen – einen Besuch bei ihnen zum zweitwichtigsten gesellschaftlichen Ereignis in den Vereinigten Staaten, das nur durch einen Empfang im Weißen Haus übertroffen werden konnte.

Die Handlung des Films – im Wesentlichen eine weitläufige Adaptation des Märchentyps AaTh/ATU 653 A: *The Rarest Thing in the World*[8] – hat Fairbanks offenbar selbst zusammengestellt. Die Struktur des über zweistündigen Werks besteht im Wesentlichen aus drei Teilen: Einer weit ausgreifenden Exposition (etwa 80 Minuten), einem klar gegliederten Hauptteil (etwa 35 Minuten) und einem Schlussteil mit Höhepunkt, Auflösung und glücklichem Ende (etwa 25 Minuten).[9]

In der Exposition präsentiert sich Fairbanks zunächst als namenloser Taugenichts und Dieb, der seine eigene ökonomische Unmoral und Aufschneiderei als bewusst gewähltes Erfolgsprinzip demonstriert: Er beraubt Trinkende am Brunnen ihrer Geldbeutel, bedient sich keck an fremdem Essen, entwendet einem Zauberer dessen magisches Seil, stiehlt selbst unmittelbar nachdem er der öffentlichen Auspeitschung eines Diebes beigewohnt hat, einem reichen Mann einen teuren Edelstein und narrt ständig seine Verfolger, denen er mit akrobatischen Tricks entkommt. Als er allerdings in den königlichen Palast eindringt, um die Schatztruhe des Herrschers zu rauben, verliebt er sich unsterblich in die schlafende Prinzessin. Um sie zu gewinnen, reiht er sich im Folgenden unter die soeben eintreffenden Brautwerber ein. Aus China kommt der mongolische Prinz, der durch anmaßende Selbstherrlichkeit und Verschlagenheit charakterisiert wird; der Prinz von Indien demonstriert sagenhaften Reichtum; und der Prinz von Persien, der sich auf die ruhmreiche Vergangenheit seines Reiches beruft, ist ein fetter Langeweiler. Zwischenzeitlich hat die Prinzessin durch Geomantie erfahren, dass derjenige unter ihren Brautwerbern, der eine bestimmte Rose in ihrem Garten berührt, ihr zukünftiger Gatte sein werde. Als die hochnäsigen Prinzen ihre Aufwartung machen, ängstigt sie sich jedes Mal von neuem. Berührt wird die Rose allerdings nur von dem gutaussehenden Dieb, der sich mit gestohlener Verkleidung und einem Phantasietitel als Prinz Ahmed ausgibt und von seinem scheuenden Pferd direkt auf den Rosenstrauch geworfen wird. Die Prinzessin betrachtet ihn so verliebt als ihren vom Schicksal be-

---

8 Siehe Kurt Ranke: Brüder. Die vier kunstreichen B. In: Enzyklopädie des Märchens, hrsg. von Kurt Ranke. Bd. 2. Berlin/New York 1979, Sp. 903-912, bes. Sp. 909 f.; Hans-Jörg Uther: The Types of International Folktales. A Classification and Bibliography. Bd. 1. Helsinki 2004 (= FF Communications 284), S. 359 f.

9 Der Film wird referiert nach Douglas Fairbanks: „The Thief of Bagdad". DVD Eureka Video 2001.

stimmten Gatten, dass Ahmed seinen ursprünglichen Plan, sie mit einer präparierten Rose zu betäuben und zu entführen, nicht in die Tat umsetzt. Bei der offiziellen Vorstellung der Brautwerber am Hof wird Ahmed allerdings (durch die Indiskretion einer dem mongolischen Prinzen ergebenen gleichfalls mongolischen Dienerin der Prinzessin) enttarnt, ausgepeitscht und einem wilden Affen zugeführt, der ihn zerreißen soll. Die Prinzessin rettet ihn heimlich und er entkommt.

Der dann folgende Hauptteil des Films wird auf zwei Ebenen eingeführt. Einerseits weiß die Prinzessin eine unmittelbare Entscheidung zwischen den Brautwerbern dadurch zu verhindern, dass sie zuerst von ihnen verlangt, binnen einer Frist von sieben Monaten den seltensten Gegenstand auf Erden zu bringen. Andererseits begibt sich der durch Liebe und öffentliche Demütigung reformierte Dieb zu einem noch kurz zuvor von ihm verspotteten Prediger in der Moschee, der ihn zum einen zuversichtlich bestärkt, dass man auf dem Fundament von Einsicht und Ergebenheit große Pläne verwirklichen könne, und zum anderen – mit dem Hauptmotto des Films – darauf verweist, dass „jeder Mensch seines eigenen Glückes Schmied" sei: „Happiness must be earned." Schließlich entlässt ihn der Prediger mit konkreten Ratschlägen versehen, welche Abenteuer er zu bestehen habe, um sein Glück zu erreichen. Die folgenden sieben Monate der von der Prinzessin gesetzten Frist zeigen in monatlichem Wechsel den Dieb bei seinen Abenteuern und die Prinzen beim Erwerb der Zaubergegenstände. Der Dieb schlägt sich durch das Tal des Feuers, das Tal der Monster und die Höhle der verzauberten Bäume durch bis zum Alten Mann des Mitternachtsmeeres, erlangt ein fliegendes Pferd, einen Tarnmantel und ein Zauberpulver, mit dem er sich jeden Wunsch erfüllen kann, und kommt nach sieben Monaten wieder in der Wüste vor Bagdad an. In der Zwischenzeit hat jeder der Prinzen einen Zaubergegenstand erworben: Der persische Prinz hat unter betrügerischen Umständen einen fliegenden Teppich gekauft; der indische Prinz hat einen magischen Kristall von einer buddhistischen Kolossalstatue in Kandahar stehlen lassen, und der mongolische Prinz hat skrupellos einen Wiederbelebung schenkenden Zauberapfel erlangt. Heimlich lässt der mongolische Prinz der mit ihm verbündeten Dienerin der Prinzessin den Befehl geben, diese zu vergiften. Als sich die drei Prinzen auf dem Heimweg in einer Karawanserei treffen, erfahren sie durch den Kristall des indischen Prinzen vom Unwohlsein der Prinzessin; mit dem fliegenden Teppich des persischen Prinzen fliegen sie rasch zu ihr, und der Zauberapfel des mongolischen Prinzen heilt sie. Als die Prinzessin in dem dann folgenden Streit, wem sie nun gehören solle, sich für keinen entscheidet, will der mongolische Prinz sie mit Zwang erobern und lässt die Stadt von seinen heimlich eingedrungenen Truppen einnehmen.

Im Schlussteil überschlagen sich die Ereignisse in rascher Folge: Ahmed erfährt von den fliehenden Bewohnern der Stadt von deren Eroberung, erschafft mit dem Zauberpulver eine riesige Armee, mit der er die Mongolen besiegt, packt und bestraft die Bösewichte und wird mit der geliebten Prinzessin vereint. In der spektakulären Schlussszene des Films fliegt er mit ihr zusammen auf dem fliegenden Teppich über den Gassen der Stadt und schließlich dem gemeinsamen Glück entgegen.

Unter seiner orientalischen Firnis ist der Fairbanks-Film eine typisch amerikanische Erfolgsstory, eine Geschichte davon, wie man durch persönlichen Einsatz letztlich jedes selbstgesteckte Ziel im Leben erreichen könne. Der „Orient" ist hauptsächlich präsent in Architektur, Kleidung, Waffen und Ornamentik – wenngleich alles in märchenhafter Manier überzogen dargestellt ist: Das Bagdad des Films erinnert mit seinen zahlreichen Türmen und hohen Gebäuden eher an frühe amerikanische Hochhäuser, die spiegelnden Böden der städtischen Straßen und Plätze produzieren (bewusst) den unwirklichen Effekt gleichsam schwebender Architektur, und die an die zeitgenössische Kunstrichtung des *Art déco* angelehnten überdimensionierten Blumenvasen der ansonsten eher karg ausgestatteten weitläufigen Hallen des königlichen Palastes lassen nicht nur die menschlichen Akteure, sondern auch deren Handlungen eher zwergenhaft erscheinen. Die Menschen im Film sind allerdings eher märchenhafte Schablonen als tatsächliche Repräsentanten einer gelebten „orientalischen" Wirklichkeit. Dies gilt insbesondere für die zentral platzierte Szene, in der der muslimische Prediger den reuigen Sünder in der gütigen und verständnisvoll verzeihenden Art eines christlichen Einsiedlers auf den Pfad der tugendhaften Selbstbewährung bringt.

Die Instrumentalisierung des „orientalischen" Ambiente wird noch dadurch verstärkt, dass es sich bei der Vorlage des Hauptteils nur bedingt um eine genuin „orientalische" Erzählung handelt. Die Erstfassung des betreffenden Erzähltyps erschien 1717 unter dem Titel *Histoire du Prince Ahmad et de la Fée Pari-Banou* im zwölften Band der von dem französischen Orientalisten Antoine Galland veröffentlichten ersten europäischen Übersetzung der *Erzählungen aus Tausendundeiner Nacht (Les Mille et une Nuits)*.[10] Die Geschichte vom Prinzen Ahmed ist allerdings eine derjenigen Erzählungen, die in der Forschung als „orphan stories" bezeichnet werden. Dieser Terminus kennzeichnet Geschichten, die vor Antoine Gallands Übersetzung in keiner arabischen Handschrift zu finden sind und von ihm aufgrund der Performanz des syrisch-maronitischen Geschichtenerzählers Hanna Diyab in seine Ausgabe der *Mille et une Nuits* eingefügt wurden.[11] Hierzu gehören vor allem die Erzählungen von Aladdin und der Wunderlampe sowie von Ali Baba und den vierzig Räubern – mithin jene Geschichten, die in der populären Wahrnehmung westlicher Leser synonym für die *Erzählungen aus 1001 Nacht* geworden sind. Es darf berechtigterweise vermutet werden, dass Galland die Performanz seines syrischen Erzählers stark

---

[10] Ulrich Marzolph und Richard van Leeuwen: The Arabian Nights Encyclopedia. Bd. 1. Santa Barbara/Denver/Oxford 2004, S. 80 f., Nr. 355.
[11] Marzolph/van Leeuwen (wie Anm. 10), Bd. 2, S. 582 f., 666 f.

überarbeitet hat, denn außer kurzen Notizen in seinem Tagebuch scheint er sich keine unmittelbaren Notizen gemacht zu haben und es liegt keine schriftliche Aufzeichnung der ursprünglich mündlich erzählten Texte vor. Die Geschichte des Prinzen Ahmed ist somit nur bedingt ein „orientalisches" oder gar arabisches Märchen, das in seiner perfekten Dreigliedrigkeit (mit „Achtergewicht") eher den Strukturprinzipien der indoeuropäischen Märchenüberlieferung entspricht.

Nebenbei bemerkt: Manche der spektakulären Effekte seines Films hat Fairbanks nicht selbst erfunden, sondern als kluger Geschäftsmann erworben. Hierzu gehören das fliegende mechanische Pferd ebenso wie der fliegende Teppich. Beide hatte Fairbanks, der sich sehr für den zeitgenössischen deutschen Film interessierte, durch Fritz Langs Episodenfilm *Der müde Tod* (1921) kennengelernt, in dem sie in der letzten, in China spielenden Episode erscheinen.[12] Die damit verbundene Tricktechnik soll Fairbanks so beeindruckt haben, dass er die Aufführungsrechte der Lang-Produktion für Amerika erwarb und dort deren Einsatz bis nach dem Erscheinen seines eigenen Films verhinderte. Einen weiteren spektakulären Auftritt hatte das fliegende Pferd in Lotte Reinigers *Die Abenteuer des Prinzen Achmed* (1926), dem ersten abendfüllenden Trickfilm der Filmgeschichte.

3.

Die 1939-40 produzierte Verfilmung unter dem gleichnamigen Titel *The Thief of Bagdad* stammt von Alexander Korda, der vor allem als Regisseur und Produzent mit über 140 zwischen 1916 und 1956 produzierten Werken Filmgeschichte schrieb.[13] Allerdings hat der jetzt nur noch als „Arabian Fantasy" bezeichnete Film mit dem Vorbild außer dem Titel wenig gemein. Unter anderem sind hier der Dieb und der Brautwerber zwei getrennte Figuren; neu eingeführt wird statt des mongolischen Prinzen die Bösewicht-Figur des Wesirs Jafar (gespielt von dem blauäugigen Deutschen Conrad Veidt), und auch Struktur und Handlungsverlauf der Neuverfilmung sind weitgehend anders gestaltet. Aus heutiger Sicht besticht Kordas Film zudem durch seine plakative Farbgebung mit dominantem Blau sowie durch eine aufdringliche Musikuntermalung, welche die gelegentlich durchaus gelungen gestaltete Filmhandlung oft bis zur Unkenntlichkeit übertönt.[14]

---

[12] Donald Haase: The *Arabian Nights*, Visual Culture, and Early German Cinema. In: Fabula 45 (2004), S. 261-274, bes. S. 269 f.

[13] Karol Kulik: Alexander Korda. The Man Who Could Work Miracles. London 1990.

[14] Der Film wird referiert nach „Der Dieb von Bagdad". Ein Film von Ludwig Berger und Michael Powell. DVD Anolis Entertainment s.a.; siehe auch Liptay (wie Anm. 7), S. 166-179.

Kordas Film dauert etwa 100 Minuten. Die Handlung entwickelt sich im Wesentlichen linear, wobei die verschiedenen Erzählstränge in unterschiedlichem Grad miteinander verwoben werden. Die Erzählung beginnt mit einem etwa achtminütigen Exposé, in dem die wichtigsten Akteure eingeführt werden: Der blinde Bettler Ahmad (im Film „Amáhd" ausgesprochen), ehemals Sultan von Bagdad, der in einen Hund verwandelte „Dieb von Bagdad" Abu sowie der böse Wesir Jafar. Von einer dem Wesir treu verbündeten Sklavin in dessen Palast gelockt, erzählt Ahmad dann in einem gut halbstündigen Rückblick seine Geschichte:

Ahmad führt seine Vergangenheit ein mit einer kurzen Episode zu Abu, dem cleveren und wendigen „Dieb von Bagdad", der sich zwar ebenso wie sein Vorbild Fairbanks der Verfolgung durch allerlei Akrobatik zu entziehen wusste, allerdings nicht nur für sich selbst, sondern auch für die Armen und Unterdrückten stahl. Ahmad schwelgte als Enkel des Herrschers Hârûn ar-Rashîd in Reichtum und Wohlergehen, überließ die Herrschaft aber in blindem Vertrauen seinem tyrannischen Wesir Jafar, der das Land seinerseits mit Gewalt, Verachtung und Schrecken regierte. In den Augen dieses Tyrannen war selbständiges Denken das schlimmste denkbare Verbrechen, und Herrschaft nur dadurch zu sichern, dass die Untertanen in absoluter Uneigenständigkeit gehalten wurden. (Hierzu kommt später ein Exkurs über das Bewusstsein von Zeit, das aus Gründen des Machterhalts einzig dem Herrscher vorbehalten sein sollte.) Als der um den Zustand seiner Herrschaft besorgte Ahmad sich einmal auf Rat Jafars nachts in Verkleidung unerkannt unter das Volk mischte und den als Abendunterhaltung vorgetragenen Gerechtigkeitsphantasien eines alten Geschichtenerzählers lauschte, ließ Jafar ihn als Verrückten, der sich als Sultan ausgebe, einkerkern. Zusammen mit Abu konnte Ahmad jedoch nach Basra fliehen, wo er sich Hals über Kopf in die schöne Tochter des dortigen Sultans verliebte. Wenngleich Abu lieber mit Sindbad auf Abenteuerfahrt davongesegelt wäre, blieben beide in Basra, wo kurz darauf Jafar auftauchte, der im Gegenzug für ein flugfähiges mechanisches Pferd von dem spielzeugversessenen Sultan das Versprechen erhielt, dessen Tochter heiraten zu dürfen. Während diese vor dem ungeliebten Freier in Verkleidung als Mann floh, um bei ihrem Onkel in Samarkand Zuflucht zu suchen, wurden Ahmad und Abu bei ihrem Versuch eines heimlichen Treffens mit der Prinzessin im Palastgarten gefasst. Bevor sie den Sultan von Basra über den wahren Charakter des Brautwerbers aufklären konnten, wurde Ahmad von diesem mit einem Zauberspruch geblendet und Abu in einen Hund verwandelt. Seither fristet Ahmad sein Dasein als blinder Bettler auf der Suche nach seiner Geliebten, sein Hund (der verwandelte Abu) erweckt unter anderem die Aufmerksamkeit der Leute dadurch, dass er Falschgeld erkennt (ein Motiv aus der aus *1001 Nacht* stammenden Geschichte von *Sidi Numan*).[15]

---

[15] Marzolph/van Leeuwen (wie Anm. 10), Bd. 1, S. 380 f., Nr. 351.

Zurück auf der primären Zeitebene erweckt Ahmad durch seine schiere Anwesenheit die in einem magischen Schlaf versunkene und von Jafar gefangen gehaltene geliebte Prinzessin. Diese wird unmittelbar darauf mit dem Versprechen, Ahmads Blindheit heilen lassen zu können, auf ein Schiff gelockt und von Jafar entführt. Indem sie sich bewusst von Jafar umarmen lässt, erlöst sie zwar Ahmad und Abu aus der Verzauberung, muss aber zusehen, wie deren Boot, mit dem sie das Schiff verfolgen, in einem von Jafar mit seinen zauberischen Fähigkeiten heraufbeschworenen Sturm untergeht. Ahmad und Abu werden getrennt.

Der nun folgende Teil des Films schildert im Wesentlichen die Abenteuer des Abu. Unterbrochen wird er von gelegentlichen Ausblicken auf das Schicksal der Prinzessin und ihres Vaters sowie durch das brutale Wirken des Wesirs: Als der Sultan seiner Tochter verspricht, sie nicht gegen ihren Willen zu verheiraten, „solange er lebe", unterzeichnet er damit zugleich unbewusst sein Todesurteil, und Jafar lässt ihn von einer vielarmigen mechanischen Statue erdolchen. Der gestrandete Abu findet derweil eine Flasche mit einem von Salomo eingeschlossenen Dschinn, der ihm (nach der üblichen Reaktion auf die Frage, wie denn so ein großer Dschinn in eine so kleine Flasche gepasst haben soll) drei Wünsche gewährt (dies eine Anleihe an die „Geschichte vom Fischer und dem Dämon" aus *1001 Nacht*).[16] Um herauszufinden, was mit seinem Freund Ahmad geschehen ist, lässt sich Abu allerdings nicht direkt zu diesem bringen, sondern stiehlt zunächst – dem Abenteuer des indischen Prinzen in der Erstverfilmung vergleichbar – das „allsehende Auge" einer riesigen buddhistisch anmutenden Statue in einem Tempel auf dem höchsten Berg der Welt. Beim Erklettern der Statue muss er zudem – ähnlich wie bei einem der letzten Abenteuer des Helden in der Erstverfilmung – eine Riesenspinne besiegen. Nachdem Abu seinen ersten Wunsch mit dem profanen Verlangen nach „Bratwürstchen, wie meine Mutter sie macht" vergeudet hat, lässt er sich mit dem zweiten Wunsch von dem Dschinn zu Ahmad bringen, der in aussichtsloser Lage in einer Felsenschlucht gelandet ist. Als der verliebte Ahmad durch das „allsehende Auge" mit ansehen muss, wie seine Geliebte in Bagdad den Duft der blauen Rose des Vergessens atmet, verwünscht er seine aussichtslose Situation, wird aber im kurz entflammten Streit mit Abu von diesem mit dessen drittem Wunsch nach Bagdad gewünscht – womit Abus letzter Wunsch vertan ist und der seines Versprechens entbundene Dschinn in Freiheit das Weite sucht.

Auch hier ist die Auflösung im Schlussteil mit einer raschen Folge von Ereignissen verbunden: Während Jafar die an Gedächtnisschwund leidende Prinzessin glauben macht, sie sei in ihn verliebt, erscheint plötzlich Ahmad, worauf sich die Prinzessin seiner erinnert, er um sie kämpft und beide schließlich von dem erbosten Jafar eingekerkert werden. Derweil hat Abu, indem er aus Verzweiflung das „allsehende Auge" zerstörte, ein Erdbeben provoziert, findet

---

[16] Marzolph/van Leeuwen (wie Anm. 10), Bd. 1, S. 183 f., Nr. 8.

sich aber nach dem Einsturz der Felsenlandschaft inmitten eines prachtvollen Zeltlagers wieder, in dem ein würdiger alter Mann ihn als seinen von der Vorhersehung geschickten Nachfolger begrüßt: Er befinde sich im „Land der Legende", das verschwunden sei, da die Menschen nicht mehr an Märchen glaubten und das jetzt durch Abu als Kind, das an Wunder glaube, erlöst sei. (Hier fühlen sich heutige Zuschauer an die Grundidee von Michael Endes *Unendliche Geschichte* erinnert.) Abu erhält von dem Alten den „Bogen der Gerechtigkeit" und stiehlt dessen fliegenden Teppich. Als der von dem einleitend geschilderten Geschichtenerzähler erwähnte Befreier, der „Niedrigste unter den Niedrigen", trifft Abu in Bagdad ein. Mit gezielten Schüssen in die Stirn tötet er zuerst den Scharfrichter just in dem Moment, als dieser Ahmad köpfen will, sodann Jafar, der auf dem mechanischen Pferd fliehen will. In der Schlussszene, bei der Ahmad und seine geliebte Prinzessin sich dem jubelnden Volk zeigen, fühlt sich der sonst nur mit einem Lendenschurz herumlaufende Abu in den eleganten Gewändern sichtlich unwohl und weigert sich, nach der für ihn vorgesehenen umfangreichen Erziehung als späterer Großwesir zu agieren. Stattdessen fliegt er auf dem fliegenden Teppich davon und ruft Ahmad als Antwort auf die Frage, was er sich denn für sein Glück wünsche, zu: „Ein neues Abenteuer!"

Kordas Film nimmt sich aus heutiger Sicht über weite Strecken aus als eine Huldigung an die sympathische „Natürlichkeit" des indischen Darstellers der Rolle des Diebs, des damals knapp sechzehnjährigen Sabu. Sabu, Sohn eines indischen Elefantenführers (Mahout) und 1935 von Robert Flaherty in den Elefantenställen des Maharadschas von Mysore für den Film entdeckt, spielte seine erste Rolle 1936-37 in Kordas *Elephant Boy*; seine wohl bekannteste Rolle war die des Mogli in Kordas Verfilmung von Rudyard Kiplings *Jungle Book* (1941).[17] Wenngleich zahlreiche Anleihen bei der Erstverfilmung des *Thief of Bagdad* zu erkennen sind, hat Korda nicht nur die Struktur und den Handlungsablauf des Films weitgehend eigenständig gestaltet, sondern drückt darüber hinaus auch eine grundlegend andere „Moral" aus: Er zeigt keine amerikanische Selfmademan-Geschichte wie die Erstverfilmung, sondern eine Parabel über die Gerechtigkeit – angefangen von den programmatischen Aussagen des tyrannischen Wesirs zu den Prinzipien der Herrschaft über die unverantwortliche Naivität der beiden rechtmäßigen Herrscher bis hin zur Robin-Hood-Figur des die gerechte Herrschaft unterstützenden freiheitsliebenden Diebes. Wenn auch manche Entwicklungen der Handlung wenig logisch oder konsequent erscheinen, so steht doch immer das Verlangen nach letztendlicher Gerechtigkeit im Vordergrund der Handlung. Es rechtfertigt (aus der Perspektive der Ethik des Erfolgs)[18]

---

[17] Peter Sing und Pearl Ogden: From Humpy to Homestead. The Biography of Sabu. Darwin 1992; Andreas Schmidt und Peter Kranzpiller: Sabu. Eine traumhafte Film-Karriere. Vogt 1999.

[18] Siehe hierzu bes. Peter Molan: Sinbad the Sailor. A Commentary on the Ethics of Vio-

selbst solch unverantwortliche Handlungen wie den Diebstahl und die folgende Zerstörung des „allsehenden Auges" – eine Tat, aufgrund derer (wie es im Film heißt) die Menschheit Tausende von Jahren in Unwissenheit verharren muss!

4.

Die Zeichentrickversion der Geschichte von Aladdin und der Wunderlampe aus den Disney-Studios schließt den Kreis der Betrachtung.[19] Wie aus der publizierten Entstehungsgeschichte dieser Version hervorgeht[20], diente vor allem die Zweitverfilmung des *Diebs von Bagdad* als Inspirationsquelle, aber auch Spuren der Erstverfilmung lassen sich erkennen. Allerdings steht hier dem Titel gemäß (strukturell) die aus *1001 Nacht* bekannte Geschichte von „Aladdin und der Wunderlampe" im Vordergrund, und externe Einflüsse betreffen hauptsächlich einzelne Figuren, Szenen oder Handlungsabläufe. Am deutlichsten tritt dies zutage in der einleitenden Passage, in der Aladdin als draufgängerischer und akrobatisch begabter Straßendieb eingeführt wird: Er stiehlt nur, was er sich nicht leisten darf (nämlich alles), gibt aber als im Grunde seines Herzens guter Mensch armen Waisenkindern sein soeben gestohlenes Brot. Prinzessin Yasmin ist weniger ein weitgehend passives Objekt wie in der Zweitverfilmung als vielmehr eine ausgesprochen selbstbewusste junge Frau, die sich nicht als „Preis, den man einfach gewinnen kann" ansieht und die wie in der Erstverfilmung darauf besteht, ihren zukünftigen Partner selbst auszuwählen. Ebenso wie bei Korda ist ihr Vater, der Sultan, ein Spielzeugnarr, und der böse Wesir Jafar stellt den in die Prinzessin verliebten Gegenspieler Aladdins dar; selbst Prinzessin Jasmins „Sympathietier", der Tiger Rajah, scheint eine Anleihe aus Kordas Verfilmung zu sein, in der bei der Schilderung des prachtvollen Einzugs der Prinzessin in Basra ein zahmer Panther mitgeführt wurde. Die von Korda märchentypisch eingeführten drei Wünsche an den Dschinn (dies im Übrigen ein Motiv, das dem Absolutheitsanspruch der „orientalischen" Dschinne völlig widerspricht) werden hier dem jeweils neuen Besitzer der mit dem Dschinn verbundenen Zauberlampe gewährt, und auch die Versuchung Jafars, die Liebe der Prinzessin durch Magie zu bewirken, spiegelt sich im Disney-Aladdin in der Schlussszene wider, als Prinzessin Yasmin Liebe zu Jafar heuchelt, um Aladdin einen kurzfristigen Vorteil zu verschaffen. So lässt sich der Einfluss der Zweit-

---

lence. In: Journal of the American Oriental Society 98 (1978), S. 237-247.

[19] Ulrich Marzolph: Das Aladdin-Syndrom. Zur Phänomenologie des narrativen Orientalismus. In: Hören, Sagen, Lesen, Lernen. Bausteine zu einer Geschichte der kommunikativen Kultur. Festschrift Rudolf Schenda, hrsg. von Ursula Brunold-Bigler und Hermann Bausinger. Bern 1995, S. 449-462; Marzolph/van Leeuwen (wie Anm. 10), Bd. 1, S. 82-85, Nr. 346.

[20] Cooperson (wie Anm. 7). Der Film wird referiert nach Aladdin. 2-Disc Special Edition. Disney DVD [2004].

verfilmung bis hin zu einzelnen Szenen oder Elementen verfolgen, wie dem Abschied Aladdins von Prinzessin Yasmin auf dem Balkon oder zu der betäubenden Rose. An die Erstverfilmung erinnern die Verknüpfung von Brautwerber und Diebsgestalt, die weitläufige Palastkulisse sowie die ethisch-moralische Botschaft der Disney-Version: Auch hier ist der Held ein sympathischer *Underdog*, dem es gelingt, durch Draufgängertum und Risikobereitschaft sowie durch „wahre Liebe" nicht nur das Herz der Prinzessin zu erobern. In prototypischer Erfüllung des „American dream" gestaltet er sein eigenes Schicksal aktiv und steigt von der Position eines mittellosen Straßenjungen zu der höchstmöglichen denkbaren gesellschaftlichen Position des Ehegatten der Prinzessin auf.

5.

Wenngleich es nicht zwingend ist, dass bereits Fairbanks mit seiner Aufsteiger-Geschichte strukturelle Anleihen bei der Erzählung von Aladdin nahm, überschneiden sich die Geschicke des Diebs von Bagdad so eng mit denen von Aladdin, dass die Disney-Version beide in einer Erzählung verschmelzen konnte. Hinsichtlich ihres „orientalischen" Hintergrunds ist es bezeichnend, dass die meisten der in allen besprochenen Fassungen verwendeten narrativen Versatzstücke aus *1001 Nacht* zu den bereits erwähnten „orphan tales" gehören, mithin nicht genuine Bestandteile aus *1001 Nacht* sind. Dazu zählt neben der „Geschichte von Ahmad und der Fee Pari Bânû" (mit dem einzig bekannten fliegenden Teppich eines älteren genuin „orientalischen" Märchens) und der Erzählung von „Aladdin und der Wunderlampe" auch die „Geschichte vom Ebenholzpferd", dessen Hauptmotiv, das durch eine komplizierte Mechanik flugfähige Pferd, in beiden Fassungen des *Thief of Bagdad* erscheint. Demgegenüber entstammt die in Kordas Verfilmung eingewobene Motivik des „Geists aus der Flasche" einer ursprünglichen Erzählung aus *1001 Nacht* – wenngleich sie wiederum durch das Motiv der drei Wünsche an Vorstellungen europäischer Märchen angeglichen wurde. Die nur bedingt „orientalische" Herkunft dieser Erzählungen dürfte zu einem Gutteil ihren Charakter als stereotype Repräsentanten „orientalischer" Erzählkunst sowie überhaupt ihre große Beliebtheit beim westlichen Publikum bedingen. Die Herkunft von einem christlichen syrischen Erzähler (für den etwa Persien ebenso ein „Märchenland" war wie für das europäische Publikum)[21] und die spezifische Ausprägung bzw. Überformung durch Galland erleichterten in ihrer nur bedingten Fremdheit die erfolgreiche Rezeption derartiger Erzählungen. Gleichzeitig ermöglichten sie die narrative Vereinnahmung des Orients in einem bis dahin ungekannten Ausmaß.

---

[21] Zu Persien als Märchenland „orientalischer" Erzähler siehe Ulrich Marzolph: The Persian *Nights*. Links Between the *Arabian Nights* and Iranian Culture. In: Fabula 45 (2004), S. 275-293, bes. S. 279 f.

Betrachtet man die besprochenen Filme aus der Perspektive zu Anfang des 21. Jahrhunderts, so lassen sich gewisse Entwicklungen feststellen. Insbesondere die naive Kulisse eines arabischen Orients, wie sie in den frühen Verfilmungen vorliegt, lässt sich nicht mehr mit den heutigen politischen Gegebenheiten sowie mit der komplexen Wahrnehmung orientalischer Länder in der Öffentlichkeit vereinbaren. Der „Märchenorient" ist zu real geworden und durch die jüngsten politischen Ereignisse in Iran, Palästina, Afghanistan oder im Irak für ein westliches Publikum zu bedrohlich, als dass er sich noch als Hintergrund einer mehr oder weniger belanglosen Liebesgeschichte mit Happy End verwenden ließe. Dies bedeutet allerdings nicht, dass der Orient seine Funktion als Matrix für die Projektion westlicher Stereotypen verloren hätte. Ganz im Gegenteil scheinen diese virulenter zu sein als je zuvor, zur Zeit allerdings mit eindeutig negativem Vorzeichen — entsprechend den auch in früheren europäischen Quellen schon angesprochenen Stereotypen des Despotismus und der absolutistischen Willkürherrschaft. Es wird spannend sein zu sehen, welche Auswirkung diese Entwicklung auf die zukünftige narrative und filmische Gestaltung traditioneller Themen der Volkserzählung haben wird.

Christine Shojaei Kawan

Hexen, Engel, Heilige
Über das Wunderbare und das Dämonische
im Unterhaltungsfilm

In allen Ländern, in die das Fernsehen kam, brachte es fast immer auch das Ende der kunstvolleren Formen des mündlichen Erzählens: der Fernseh-Apparat enthob die Menschen der Notwendigkeit, allabendlich selbst für die eigene Unterhaltung zu sorgen. Doch hatten sich viel früher schon beim älteren Medium Film, das eine der Hauptunterhaltungsformen der modernen westlichen Industriegesellschaft ist und einen Grundstein des Fernseh-Entertainments bildet, Strukturen, Themen, Motive und Denkschemata eingeschlichen, die der populären Überlieferung entstammen. Weite Bereiche des filmischen Entertainments greifen auf Vorgeformtes zurück, wie sich u.a. an den Wechsel-wirkungen zwischen dem Film und der so genannten modernen Sage[1] oder an mehr oder weniger offenkundigen Märchenadaptationen[2] zeigt. Realistische oder sich realistisch gebende Filmgattungen wie die Liebeskomödie oder das Historiendrama, der Kriminal- und der Gangsterfilm, der Katastrophenfilm und andere Shocker weisen ebenfalls Bezüge zu populären Erzähltraditionen auf. Hier soll jedoch vor allem von Phänomenen des Übersinnlichen, Über-natürlichen oder Wunderbaren die Rede sein, die – ganz wie im Märchen – ihren selbstverständlichen Platz im Film gefunden haben. Ich möchte im Wesentlichen zwei Phänomenen nachgehen und an einigen Beispielen kurz skizzieren:

1. den massiven Einbruch des Übernatürlichen in das Film- und Fernsehgeschehen und
2. die bewusste und unbewusste Adaptation von Strukturen, Themen und Motiven des Zaubermärchens, aber auch anderer traditioneller Gattungen.

---

[1] Larry Danielson: Folklore and Film: Some Thoughts on Baughman Z500-599. In: Contemporary Legend. A Reader, hrsg. von Gillian Bennett und Paul Smith. New York/ London 1996, S. 55-67; Jan Harold Brunvand: Encyclopedia of Urban Legends. Santa Barbara/ Denver/Oxford 2001, S. 148-150; Mikel J. Koven: Film, Folklore, and Urban Legends. Lanham, Maryland/Toronto/Plymouth 2008.

[2] Als erfolgreiche Komödien jüngst z.B.: „A Cinderella Story". Regie: Mark Rosman, USA/Kanada 2004; „7 Zwerge – Männer allein im Wald". Regie: Sven Unterwaldt jr., Deutschland 2004; zahlreiche Artikel zu diesem Thema in der jüngst erschienenen Greenwood Encyclopedia of Folktales and Fairytales. 3 Bde., hrsg. von Donald Haase. Westport, Conn./London 2008, z.B. Maria Tatar: Bluebeard Films. ebd., Bd. 1, S. 130-132.

Angesichts der Fülle des Materials ist an einen annähernd umfassenden Überblick natürlich nicht zu denken. Ich kann den Gegenstand nur kurz anreißen, Eindrücke vermitteln und einige Beispiele liefern.

Die Manifestationen des Übernatürlichen im Unterhaltungsfilm und in Fernsehsendungen sind zahlreich. Neben wiederkehrenden Toten[3] und Vampiren[4], Personifikationen von Tod[5] und Teufel[6], Verwandlungen[7], Zeitreisen, Körpertausch und Körpermutationen[8] stechen besonders zwei Figurengruppen hervor: Engel und Hexen.

Die Hexe, im Märchen Inbegriff der bösen Gegenspielerin und auch in Sagen Verkörperung des schlechten übernatürlichen Prinzips, hat im 20. Jahrhundert einen kompletten Imagewechsel durchgemacht. Eingeleitet wurde dieser Prozess spätestens seit den zwanziger Jahren mit den Schriften der englischen Anthropologin Margaret Murray[9], von großem Einfluss waren aber unter ande-

---

3   Z.B.: „Topper". Regie: Norman Z. McLeod, USA 1937; „Ghost". Regie: Jerry Zucker, USA 1990; „Truly, Madly, Deeply". Regie: Anthony Minghella, Großbritannien 1991.

4   Z.B.: „Nosferatu, eine Symphonie des Grauens". Regie: F. W. Murnau, Deutschland 1922; „The Fearless Vampire Killers". Regie: Roman Polanski, USA/Großbritannien 1967; „Interview with the Vampire". Regie: Neil Jordan, USA 1994.

5   Z.B.: „Death Takes a Holiday". Regie: Mitchell Leisen, USA 1934. Remakes: „Death Takes a Holiday". Regie: Robert Butler, USA 1971; „Meet Joe Black". Regie: Martin Brest, USA 1998; „On Borrowed Time". Regie: Harold S. Bucquet, USA 1939 (eine Adaptation des Märchens vom Tod im Birnbaum; vgl. Harlinda Lox: Schmied und Teufel [AaTh 330, 330A-D/ATU 330]. In: Enzyklopädie des Märchens. Bd. 12, hrsg. von Rolf Wilhelm Brednich u.a. Berlin/New York 2007, Sp. 111-120, hier Sp. 116 [AaTh 330D: Bonhomme Misère].

6   Z.B.: „The Sorrows of Satan". Regie: David Wark Griffith, USA 1926; „The Devil and Daniel Webster". Regie: William Dieterle, USA 1941 (Remake von Alec Baldwin, USA 2001); „Heaven Can Wait". Regie: Ernst Lubitsch, USA 1943; „Rosemary's Baby". Regie: Roman Polanski, USA 1968; „Il piccolo diavolo". Regie: Roberto Benigni, Italien 1988; „Deconstructing Harry". Regie: Woody Allen, USA 1997; „La neuvième porte/La novena puerta". Regie: Roman Polanski, Frankreich/Spanien 1999.

7   Z.B.: „Monkey Business". Regie: Howard Hawks, USA 1952; „Un ángel pasó por Brooklyn/Un angelo è sceso a Brooklyn". Regie: Ladislao Vajda, Spanien/Italien 1957 (ein Film, der letztlich auf die Sensationsliteratur des 17. Jahrhunderts zurückgeht; vgl. Rolf Wilhelm Brednich: Der Edelmann als Hund. Eine Sensationsmeldung des 17. Jahrhunderts und ihr Weg durch die Medien der Zeit. In: Fabula 26 [1985], S. 29-57); „Honey, I Shrunk the Kids". Regie: Joe Johnston, USA 1989; die gleichnamige US-Fernsehserie (Disney, 3 Staffeln zu je 22 Episoden) lief in den USA 1997-98, 1998-99 und 1999-2000.

8   Z.B.: „Big". Regie: Penny Marshall, USA 1988; „Freaky Friday". Regie: Mark S. Waters, USA 2003; vgl. auch „The Stepford Wives". Regie: Brian Forbes, USA 1975 (Remake von Frank Oz, USA 2004); „Being John Malkovich". Regie: Spike Jonze, USA 1999.

9   Margaret A. Murray: The Witch-Cult in Western Europe. Oxford 1921; dies.: The God of the Witches. London 1931.

rem auch C.G. Jungs Archetypenlehre[10] und Werke wie *The White Goddess* von Robert Graves.[11] Die großen Persönlichkeiten des Feminismus, die politisch-gesellschaftliche Veränderungen im Auge hatten, etwa Simone de Beauvoir[12], haben sich kaum mit dem Hexenthema befasst, doch etwa seit den siebziger Jahren wurde die Hexe zunehmend von der Frauenbewegung beansprucht. Sie wurde zur Identifikationsfigur, die Slogans für Demons-trationen lieferte und in einem esoterisch geprägten Feminismus mit neuem Geschichtsverständnis, neuem Selbstbewusstsein[13] und – besonders im anglo-amerikanischen Raum – in neuen Kulten ihren Ausdruck fand.[14] Dieses andere Hexenbild, dieser positive Hexenmythos hat auch seinen Niederschlag in den Unterhaltungsmedien gefunden. Zwar ist die böse Hexe noch nicht tot: So handelt etwa der Gruselfilm *Hocus Pocus* (USA 1993, Regie: Kenny Ortega) von drei wilden besenreitenden Vertreterinnen der Spezies, die Kindern ihre Lebenskraft aussaugen. Zu dominieren scheint inzwischen jedoch die Vorstellung, dass Hexen die Mächte des Guten vertreten – eine Vorstellung, die sich unter anderem in zwei beliebten amerikanischen Fernsehserien niedergeschlagen hat: *Sabrina – total verhext* (*Sabrina – the Teenage Witch*) und *Charmed – Zauberhafte Hexen*.

---

[10] Vgl. Adrian Ivakhiv: The Resurgence of Magical Religion as a Response to the Crisis of Modernity: A Postmodern Depth Psychological Perspective. In: Magical Religion and Modern Witchcraft, hrsg. von James R. Lewis. Albany 1996, S. 237-265.

[11] Robert von Ranke Graves: The White Goddess. A Historical Grammar of Poetic Myth. London 1948; vgl. Dennis D. Carpenter: Emergent Nature Spirituality: An Examination of the Major Spiritual Contours of the Contemporary Pagan Worldview. In: Lewis (wie Anm. 10), S. 35-72, hier S. 46; Sabina Magliocco: Ritual Is My Chosen Art Form: The Creation of Ritual as Folk Art among Contemporary Pagans. ebd., S. 93-119, hier S. 106; Ivakhiv (wie Anm. 10), S. 248.

[12] In ihrer 165-seitigen Abhandlung des Mythos Frau (Le deuxième sexe. I: Les faits et les mythes. Paris [1949] 1961, S. 229-395) hat Simone de Beauvoir die Hexe oder Zauberin lediglich mit einigen sporadischen Bemerkungen bedacht, wobei Magie vor allem als ero-tisch konnotiert erscheint (S. 265, 298, 300, 301, vgl. S. 254); vgl. auch Christine Shojaei Kawan: A Masochism Promising Supreme Conquests: Simone de Beauvoir's Reflections on Fairy Tales and Children's Literature. In: Marvels & Tales 16, 1 (2002), S. 29-48, hier S. 37.

[13] Daniela Müller: „Ich bin eine Hexe". Mythische Frauenbilder oder feministische Kampf-metaphorik. In: Hexen heute. Magische Traditionen und neue Zutaten. In Zusammenarbeit mit Dieter R. Bauer hrsg. von Dieter Harmening. Würzburg 1991, S. 153-163, hier S. 153f.

[14] Lewis (wie Anm. 10); Lynne Hume: Mental Imagery: the Witch's Doorway to the Cosmos. In: Zeitschrift für Religionswissenschaft 3, 1 (1995), S. 81-90; David Cheal und Jane Leverick: Working Magic in Neo-Paganism. In: Journal of Ritual Studies 13, 1 (1999), S. 7-19; Eveline Bergez: Dansen met volle maan: een beschrijving van de Wicca-beweging in Vlaanderen. In: Ethnologia Flandrica 17 (2001), S. 9-34; Katrien Pype: Transgressiviteit in rituelen van Vlaamse Wicca's. In: Volkskunde 105, 3 (2004), S. 243-273.

Sabrina wird in den USA seit April 1996 ausgestrahlt, also ein Jahr bevor die Potter-Manie ihren Anfang nahm (Juni 1997)[15], in Deutschland seit Anfang 1998, darüber hinaus in vielen anderen Ländern.[16] Nachdem 156 Folgen gezeigt wurden, befindet sich die Serie nun in der Wiederholungsphase.[17] Es gibt auch eine Zeichentrick-Version[18] und drei *Sabrina*-Fernsehfilme[19], begleitende Bücher und Fanartikel. Die Handlung dreht sich um den Schulalltag und das Teenagerleben von Sabrina Spellman – ein sprechender Name: ‚spell' ist das englische Wort für Zauber, Zauberbann und Zauberspruch. Sabrina hat an ihrem sechzehnten Geburtstag erfahren, dass sie väterlicherseits aus einer Hexenfamilie stammt. Um die Zauberei zu lernen, lebt sie bei ihren Tanten Hilda und Zelda, die viele hundert Jahre alt sind; ein weiteres Mitglied des Haushalts ist der sprechende schwarze Kater Salem, ein Zauberer, der vom Hexenrat zur Strafe dafür, dass er die Weltherrschaft an sich reißen wollte, zu hundert Jahren Katzendasein verurteilt wurde. Verwandlungen in vielerlei Variationen sind in der Serie an der Tagesordnung: Sabrina verzaubert eine Mitschülerin in eine Ananas (Folge [= F.] 1)[20] und in eine Ziege (F. 14), sich selbst in eine Katze (F. 19), sie vervierfacht sich (F. 96) und macht probeweise einen Geschlechtswechsel durch (F. 30), erlebt eine unfreiwillige Verzauberung in eine Puppe (F. 29), ein anderer Zauberlehrling verwandelt sich in eine Maus (F. 93), und Tante Irma verhext Hilda, Zelda und Salem in kleine Schweinchen (F. 128). Neben Derivaten traditioneller Motive – z.B. sprechenden Möbeln (F. 31), einem sprechenden Auto (F. 44) – finden sich Innovationen wie die Zauberschreibmaschine, die alles Getippte wahr werden lässt (F. 68), die Reparatur der biologischen Uhr (F. 109) oder die Infektion mit einem Hohlkopfvirus per E-Mail (F. 129). Häufiger als der Wetterzauber, der einen wichtigen Motivkomplex der traditionellen Hexensage bildet (F. 87), finden sich das literarische Doppelgängerthema (F.n 5, 6, 96) und die Science-Fiction-Motive der Zeitreise (F.n 23, 32, 114, 134, 149) und Zeitmanipulation (F. 1). Drei Folgen sind von Märchen inspiriert, und zwar vom „Froschkönig" mit seinem Froschkussmotiv (F. 17), vom „Rumpelstilzchen" mit dem Thema des gefährlichen Helfers (F. 24) und vom englischen Märchen „Jack and the Beanstalk" (F. 40).[21]

---

[15] Ingrid Tomkowiak: Vom Weltbürger zum Global Player. „Harry Potter" als kulturübergreifendes Phänomen. In: Fabula 44 (2003), S. 78-97, hier S. 78.

[16] Z.B. in Italien als: „Sabrina – vita da strega"; Spanien: „Sabrina – la bruja adolescente"; Frankreich: „Sabrina – l'apprentie sorcière".

[17] Zuletzt von mir gesehene Folgen: Spanien, Juli 2004.

[18] „Sabrina, the Animated Series", USA 1999/2000.

[19] „Sabrina, Teenage Witch". Regie: Tibor Takacs, USA 1996; „Sabrina Goes to Rome". Regie: Tibor Takacs, USA 1998; „Sabrina Down Under". Regie: Kenneth R. Koch, USA 1999. Die Fernsehserie entstand aufgrund des großen Erfolgs des ersten Films.

[20] Die zitierte Reihenfolge der Episoden entspricht ihrer Ausstrahlung in den USA.

[21] Ines Köhler: Bohnenranke. In: Enzyklopädie des Märchens. Bd. 2, hrsg. von Kurt Ranke u.a. Berlin/New York 1979, Sp. 586-592, hier Sp. 587.

Die Geschichten sind quirlig, die Botschaften pädagogisch. Die deutschen Titel von zwei der *Sabrina*-Folgen könnten über der gesamten Serie stehen: „Auch Hexen machen Fehler" (F. 22), „Auch Hexen haben's schwer" (F. 18), und eigentlich müsste das Motto lauten: Die Hexen haben es noch viel, viel schwerer als die anderen. Ganz wie im Märchen von den drei Wünschen, in dem das scheinbar so einfache richtige Wünschen gar nicht klappt[22], wird gezeigt, dass Magie nicht nur ihre Grenzen hat, sondern mit alleräußerster Vorsicht zu gebrauchen ist, und dass die gute Absicht allein ganz und gar nicht genügt. Das klassische Zauberlehrlingsthema dient in der *Sabrina*-Serie als Metapher für die Schwierigkeiten des Erwachsenwerdens, für Probleme mit dem Selbstbewusstsein (F. 22) und für Ängste vor schulischem Versagen (F. 45). Doch trotz aller Turbulenzen, trotz der unerwarteten Nebenwirkungen von Antipeinlichkeitszauber (F. 52), Talentdrinks (F. 42) und magischem Angstvertreiben (F. 45) wird nicht Verunsicherung, sondern Vertrauen gestiftet, denn zum Glück gibt es immer, wenn etwas schiefgelaufen ist, die Erwachsenen, die helfen können – die Tanten. Eingebunden ist alles in eine feste Ordnung, die nicht hinterfragt werden muss, denn mit Hilfe der übernatürlichen Thematik lassen sich problemlos strenge Autoritäten und strikte Regeln etablieren. Nur zu oft wird Sabrina vor den Hexenrat zitiert, der den Missbrauch magischer Fähigkeiten mit drakonischen Strafen belegt und die Zauberlehrlinge einem harten Drill und gnadenlosen Prüfungen unterzieht (F.n 25, 26, 46, 47); selbst die Tanten müssen noch Inspektionen ihrer Zauberkräfte über sich ergehen lassen (F. 65). Im Grunde ist *Sabrina – total verhext* nichts anderes als eine äußerst amüsante Neuauflage der moralischen Geschichten[23]: Gelehrt werden die Einsicht in die Wichtigkeit von Regeln und Gesetzen (z.B. F. 94), der Wert eigener Arbeit, eigener Anstrengung und eigener Leistung, die durch Zauberkraft nicht zu ersetzen sind (F.n 10, 42, 58, 99), gewarnt wird vor materiellem Denken – denn, so erfahren wir, wenn man sich selbst etwas zaubert, dann wird es einem anderen weggenommen (F. 36) – und immer wieder auch vor dem sinnlosen Geldausgeben (F.n 80, 155): nur kurz wirkt der Zauber des Bescheidenheitskuchens (F. 127), langfristig geht es nur mit Einsicht und mit Selbstbeherrschung.

Gewisse Ähnlichkeiten mit der amerikanischen Teenagerhexe besitzt die deutsche Kinderhexe Bibi Blocksberg, die ihre außerordentliche Popularität vor allem den seit 1980 veröffentlichten Hörkassetten verdankt.[24] Spezielle

---

[22] Hans-Jörg Uther: The Types of International Folktales. Bd. 1. Helsinki 2004, Nr. 750A; vgl. 750D.

[23] Heidrun Alzheimer-Haller: Handbuch zur narrativen Volksaufklärung. Moralische Geschichten 1780-1848. Berlin/New York 2004.

[24] Beim hör + lies Verlag, Berlin. Nachdem die Erfinderin von Bibi Blocksberg, die Kinderbuchautorin Elfy Donnelly, ihre Rechte verkauft hatte, wurde die Serie von anderen fortgesetzt. Eine Zeichentrickserie mit 16 Folgen wurde erstmals 1999 im deutschen Fernsehen

Übereinstimmungen bieten die Babysitter-Episoden, in denen die nervigen Kleinen älter gehext werden – mit katastrophalen Konsequenzen[25]; allgemeine Gemeinsamkeiten bestehen in der Rolle von Mutterfiguren als Helferinnen, die eingreifen, wenn alle Stricke reißen, und in bestimmten Restriktionen, so bei Bibi das Verbot, sich Geld oder ein gutes Zeugnis zu zaubern. Jedenfalls gehört Bibi Blocksberg, Abkömmling einer der letzten alten Hexenfamilien, keiner durchorganisierten Hexenwelt an; und sie zaubert einfach locker vom Hocker, mit an die Kinderfolklore angelehnten Sprüchen wie: „Ene mene puffe paffe, Scheusal, sei ein kleiner Affe. Hex, hex!"[26] Ihr Benehmen ist manchmal anarchisch, wird aber nicht grundsätzlich bemängelt, so in der Episode „Bibi Blocksberg in Amerika", in der sie eine kleine Vorschau auf den 11. September liefert.[27] Bibi triumphiert vorwiegend über unsympathische Erwachsene und erinnert darin sicher nicht ganz zufällig an Pippi Langstrumpf.[28]

Auch die Serie *Charmed – Zauberhafte Hexen*, deren Zielgruppe junge Frauen sind, verbindet den Mythos der guten Hexe[29] mit der Struktur einer Familienserie. Was sie grundsätzlich von *Sabrina* und auch *Bibi Blocksberg* unterscheidet, sind Qualität und Einsatz der Elemente des Übernatürlichen. Hier geht es nicht um Entwicklung, Reifung, eigene Erfahrungen, um drollige, aufregende, irrwitzige Erlebnisse, sondern um den unausgesetzten Kampf des Guten gegen die Mächte des Bösen, um eine ständige Bedrohung, die globale Dauerkatastrophe – ein Unterschied, der sich vielleicht, sehr grob gesprochen, mit dem Unterschied zwischen den Gattungen Märchen und Sage vergleichen ließe. *Sabrina* und *Bibi Blocksberg* bieten eine bunte Welt der Phantasie, spielerisch und ganz und gar nicht ernst zu nehmen; bei *Charmed* sind der

---

ausgestrahlt, auch ein Kinofilm wurde gedreht („Bibi Blocksberg und das Geheimnis der blauen Eulen". Regie: Franziska Buch, Deutschland 2004).

[25] Folge 4 der „Bibi Blocksberg"-Zeichentrickserie; „Sabrina"-Folgen 3 und 29.

[26] „Der Reiterhof", Teil 2 (F. 44 der Hörkassetten, 1989).

[27] F. 14 der Hörkassetten, 1983. Hier dreht Bibi Blocksberg mit ihrem Besen Kartoffelbrei wilde Kurven um die Wolkenkratzer von Manhattan und entfacht ein Feuerwerk an der Freiheitsstatue, womit sie einen Luftalarm und den Verdacht auf einen „neue[n] Modelltyp feindlicher Waffen" auslöst.

[28] Nicht ohne Einfluss auf die Entstehung von „Bibi Blocksberg" dürfte auch Otfried Preußlers Kinderbuch „Die kleine Hexe" (Stuttgart 1957) gewesen sein, eine bemerkenswert frühe positive Bearbeitung des Hexenthemas, die noch stärker auf der Umkehrung traditioneller Muster beruht.

[29] Weitere Hexenserien: „Bewitched (The Witch of Westport)". US-Serie mit 254 Episoden, die 1964-72 ausgestrahlt wurden (ABC); „The Worst Witch", eine britisch-kanadische Koproduktion (United Productions/Global Arts/GalaFilm) mit 4 Staffeln und insgesamt 52 Episoden, ausgestrahlt 1998-2002. Der Serie ging ein Film voraus: „The Worst Witch". Regie: Robert Young, Großbritannien 1986. (Diese Geschichte, die in einer Hexenschule spielt, weist starke Parallelen zu „Harry Potter" auf.) Beispiele für Hexenfilme: „I Married a Witch". Regie: René Clair, USA 1942; „The Witches of Eastwick". Regie: George Miller, USA 1987; „Practical Magic". Regie: Griffin Dunne, USA 1998.

Einfluss von New-Age-Gedankengut und das Interesse am Okkulten, Esoterischen sowie Anleihen beim Wicca-Kult unübersehbar, wie schon die Titel einiger Folgen andeuten: „Something Wicca This Way Comes" (F. 1), „Wicca Envy" (F. 10). Zu Beginn der Serie entdecken die Heldinnen mit Hilfe eines modernen Divinationsutensils, des Ouija-Bretts, auf dem Dachboden ihrer Großmutter das „Book of Shadows", wie das Ritual- und Magie-Handbuch der Wicca-Anhänger heißt.[30] Die guten Hexen sind an einen Verhaltenskodex gebunden, den in pseudoelisabethanischer Sprache formulierten Wiccan Rede[31], der das zentrale ethische Konzept des Wicca-Kults bildet: „An [= If] it harm none, do what thou wilt".[32]

Charmed läuft in den USA seit Oktober 1998, in Deutschland seit Mai 1999, darüber hinaus in vielen anderen Ländern[33]; abgedreht wurden bis 2006 178 Folgen à 42 Minuten. Im Mittelpunkt der Serie stehen drei Schwestern, die im Haus ihrer verstorbenen Großmutter in San Francisco leben. Aus dem „Book of Shadows" erfahren sie, dass sie die mächtigsten Hexen auf Erden sind und die Aufgabe haben, gegen die Kräfte der Finsternis zu kämpfen und die Gesellschaft zu retten. Jede Schwester hat eine besondere Gabe. Prue, die älteste, kann mit ihren Gedanken Gegenstände in Bewegung setzen und erwirbt die Fähigkeit der so genannten Astralprojektion: Sie kann sich gleichzeitig an zwei verschiedenen Orten befinden. Piper kann die Zeit anhalten und Dinge zum Explodieren bringen, und die Jüngste, die auf den griechischen Namen Phoebe (amerikanisch gesprochen: Fibi) hört, kann in die Zukunft sehen und schweben. An die Stelle der ältesten Schwester tritt ab der vierten Staffel eine jüngere Halbschwester, Paige, die über besondere Fortbewegungskräfte, das Orben, verfügt. Das *Charmed*-Universum zerfällt in zwei Parallelwelten, eine gute und eine schlechte; der Quelle alles Bösen, die ein Heer von Dämonen, Darklighters (Wächter der Finsternis) und Warlocks (böse menschliche Zauberer) befehligt, stehen die Mächte des Guten gegenüber, deren Ältestenrat die Whitelighters (Wächter des Lichts) bestimmt, die als Beschützer über die Hexen wachen. Das mythologische Inventar[34] bietet einen internationalen Totalsynkretismus aus mindestens zwei Jahrtausenden, entsprechend der Tendenz moderner Esoterik zu kom-

---

30 James W. Baker: White Witches: Historic Fact and Romantic Fantasy. In: Lewis (wie Anm. 10), S. 171-192, hier S. 172-177. Anleitungen zur Magie sowie Hintergrundinformationen zu den Wicca-Elementen von „Charmed" liefert N.E. Genge: The Book of Shadows: The Unofficial „Charmed" Companion. Three Rivers, Michigan 2000.

31 Rede = alt- und mittelenglisch für ‚Rat'.

32 Chas S. Clifton: What Has Alexandria to Do with Boston? Some Sources of Modern Pagan Ethics. In: Lewis (wie Anm. 10), S. 269-275, hier S. 270-272.

33 Z.B. in den Niederlanden („Charmed"); Italien („Streghe"); Spanien („Embrujadas").

34 Vgl. http://www.smartpedia.com/smart/browse/Charmed (Zugriff 28.8.2004); http://mitglied.lycos.de/superpiper/newpage13.html (Zugriff 25.8.2004); http://www.occultopedia.com/w/warlock.htm (Zugriff 25.8.2004).

binieren, was gefällt[35]: Amor, Hekate und der Todesengel, der Sandmann und das Einhorn, Sukkubi und Meerjungfrauen, Titanen, Walkyren und das Schwert Excalibur, aus dem Christentum immerhin die sieben Todsünden in einer Art Büchse der Pandora und die vier Reiter der Apokalypse. Dazu sind die Vorgänge von einer gewissen Beliebigkeit, ewig unentschieden tobt der Kampf zwischen Gut und Böse, und die Durchlässigkeit der Zeitebenen wie der Grenzen zwischen Leben und Tod lassen alle Vorgänge umkehrbar erscheinen. Nur eine gibt kein Zeichen aus dem Reich des Todes, die älteste Schwester Prue, die zum Ende der dritten Staffel (F. 66) sterben muss, aus externen Gründen – es gab Streitigkeiten, vermutlich zwischen den Hauptdarstellerinnen, und so wurde sie aus der Serie ,rausgeschrieben', schwer vermisst von ihren Fans.

Charmed – Zauberhafte Hexen hält für die Zuschauerinnen und Zuschauer vielerlei Ansatzpunkte zur Identifikation und zum Hineinleben bereit: Reibereien und Streitigkeiten zwischen unterschiedlichen Schwestern, das Trauma alter Familientragödien, Schwierigkeiten in Liebesbeziehungen, die zum Teil mit Tabus belastet sind (ein Liebhaber ist ein Dämon, der andere ein Wächter des Lichts, dem die Liebe zu einer Hexe verboten ist), wobei sich trotz aller Brutalität (Tötungsakte am laufenden Band) eine Art heimeliges Familiengefühl einstellt. Die Hauptfiguren, drei schicke und selbstständige junge Frauen, denen ganz und gar nichts vom alten Heximage anhaftet, versprühen Hollywood-Glamour; für Geistesbeschäftigung sorgen die semipsychologischen Reflexionen über Träume (F.n 5, 59, 102) und vor allem Auseinandersetzungen mit jenseitigen Welten. Das Interesse zumindest eines Teils der Publikums-Zielgruppe, Frauen im Alter von 18 bis 34 Jahren, an okkulten Inhalten suggerieren auch die den *Charmed*-Websites angelagerten Anzeigen für Liebes-zauber, wunderbare Geldbeschaffung, Hexereibedarf oder von Expertinnen wie der Hexe Anja und ihres Teams. Die in der Serie zum Einsatz kommenden Zaubersprüche und Beschwörungsformeln[36] sind auch in Buchform publiziert.[37] Zu untersuchen wäre, wie weit sie auf literarische Vorbilder oder überlieferte Zaubersprüche zurückgehen, etwa der folgende Beschwörungszauber, der eine gewisse Shakespeare-Atmosphäre evoziert (vgl. die bekannte Hexenszene in *Macbeth* 1, 1) und ganz der neopaganen Vorliebe für Archaismen entspricht: „Powers of the witches rise/ Course unseen across the skies/ Come to us who call you near/ Come to us and settle here/ Blood to blood I summon thee/ Blood to blood return to me." (Staffel 4, F. 1 [67]).

---

[35] Zum Synkretismus der neopaganen Bewegung vgl. Christel J. Manning: Embracing Jesus and the Goddess: towards a Reconceptualization of Conversion to Syncretistic Religion. In: Lewis (wie Anm. 10), S. 299-326, hier S. 300-304.

[36] http://charmed.stuff.gr/spells4.php (Zugriff 31.8.2004); www.thepowerofcharmed.com/bookofshadows.htm (Zugriff 28.2.2005).

[37] Charmed: The Book of Love Spells. Philadelphia 2004.

Während New Age-Hexen sich ursprünglich auf uralte Kontinuitäten beriefen, auf denen sie inzwischen nicht mehr unbedingt beharren[38], ist der Engelglaube tief in der jüdisch-christlich-muslimischen Tradition verwurzelt. Engeldarstellungen gehören zu den schönsten Bildzeugnissen der abendländischen Kunst, im Christentum genießt der Erzengel Michael, im Islam Gabriel besondere Verehrung. Engel als Helfer kommen häufig in Zaubermärchen vor, auch über den Zyklus vom dankbaren Toten hinaus[39], und der Glaube an Schutzengel ist ungebrochen.[40] Immer wieder begegnen wir Engeln auch im Film[41], eine Teenager-Fernsehserie (*Teen Angel*) wurde in den USA 1997-98 von ABC ausgestrahlt. Filmengel werden überwiegend von männlichen Darstellern gespielt, und das heißt, als männliche Wesen begriffen.[42] Viele Engelfilme parodieren christliche Jenseitsvorstellungen, indem sie irdische Verhältnisse auf Himmel und Hölle übertragen, so Ernst Lubitschs *Heaven Can Wait* (USA 1943), Warren Beattys und Buck Henrys gleichnamiger Film von 1978 (USA), der aber ein Remake von Alexander Halls *Here Comes Mr. Jordan* (USA 1941) ist, *Der himmlische Walzer* von Géza von Cziffra (Österreich 1948) oder Danny Boyles *A Life Less Ordinary* (Großbritannien 1997). Das Rezept ist nicht neu. Der internationale Erzähltypenkatalog verzeichnet eine ganze Reihe von schwankhaften Erzählungen, die Variationen über dieses Thema bieten[43], am bekanntesten sind wohl die Grimm-Märchen „Der Schneider im Himmel" (KHM 35) und „Bruder Lustig" (KHM 81) sowie Ludwig Thomas Kurzgeschichte *Der Münchner im Himmel* (1911) und die zahllosen Petrus-Witze. Filmengel, die dieser Tradition verpflichtet sind, tragen gern Anzug und

---

[38] Baker (wie Anm. 30), bes. S. 187.

[39] Leonhard Intorp: Engel. In: Enzyklopädie des Märchens. Bd. 3, hrsg. von Kurt Ranke u.a. Berlin/New York 1981, Sp. 1413-1430, hier Sp. 1423 f.

[40] Konrad Köstlin: Die Wiederkehr der Engel. In: Religion in Everyday Life, hrsg. von Nils-Arvid Bringéus. Stockholm 1994, S. 79-95; Fred van Lieburg: Mädchen, Vergewaltiger und Schutzengel. Die moderne Verwandlung einer protestantischen Wundergeschichte. In: Folklore als Tatsachenbericht, hrsg. von Jürgen Beyer und Reet Hiiemäe. Tartu 2001, S. 141-161; Véronique Campion-Vincent: De quelques métamorphoses: plaisanteries, histoires édifiantes, légendes contemporaines et énigmes macabres. In: Cahiers de littérature orale (2005), S. 129-154, hier S. 129-131, 133, 143-152.

[41] Flügelschlag – A Beat of the Wings. Engel im Film – Angels in Film, hrsg. von Kristina Jaspers und Nicole Rother. Ausstellungskatalog Berlin 2003 (vermischt allerdings Engelsfilme mit Filmen über wiederkehrende Tote; auch Filme über den Teufel, der als gefallener Engel definiert ist, sind mitbehandelt).

[42] Beispiele für weibliche Filmengel: Romy Schneider in „Ein Engel auf Erden". Regie: Géza von Radvanyi, BR Deutschland/Frankreich 1959; Emmanuelle Béart in „Date with an Angel". Regie: Tom McLoughlin, USA 1987; Heike Makatsch in „Ein göttlicher Job". Regie: Thorsten Wettcke, Deutschland 2000; Meryl Streep und Emma Thompson in der sechsteiligen US-Fernsehserie „Angels in America". Regie: Mike Nichols, USA 2003.

[43] Uther (wie Anm. 22), Nr. 800, 801, 802, 803, 804, 804A, 804B, 804B*, 805, 1738; z.B. auch Haim Schwarzbaum: Studies in Jewish and World Folklore. Berlin 1968, S. 345 f.

benehmen sich geschäftsmäßig; James Mason als Erzengel Mr. Jordan in *Heaven Can Wait* (1973) etwa gibt sich als väterlicher Boss, der Begleitengel desselben Films, der dem Helden versehentlich den Tod eingebrockt hat, als rechthaberischer Beamtentyp. Engel als Hauptfiguren und in einer umfassenderen transzendenten und kosmischen Perspektive zeigt *Der Himmel über Berlin* (1987), ein Film von Wim Wenders, der das Drehbuch in Zusammenarbeit mit Peter Handke geschrieben hat.[44] Das Thema: Ein Engel verliebt sich in eine Frau und wird Mensch. Das Hollywood-Remake, Brad Silberlings *City of Angels* (USA 1997), folgt dem deutschen Film in großen Zügen und vielen Einzelheiten – lange dunkle Mäntel als Engelskleid, Straßen- und Bibliotheksszenen – und trotzdem ist er völlig anders geraten. *Der Himmel über Berlin* ist ein komplexes Werk, in drei Hauptsprachen (Deutsch, Englisch, Französisch) gedreht und mit noch mindestens einer weiteren (Türkisch) unterlegt, ein Schwarzweißfilm, der ins Bunte wechselt, sobald die abstrakte und vergeistigte Engelsphäre verlassen wird, ein poetischer Film mit den Bildern einer hässlichen Stadt, ein (wenn auch manchmal etwas zu bedeutungsschwangerer) philosophischer Film, der die nie beantworteten Kinder- und Menschheitsfragen stellt: „Warum bin ich ich und warum nicht du? Warum bin ich hier und warum nicht dort? Wann beginnt die Zeit und wo endet der Raum?" *City of Angels* dagegen ist einsprachig, farbig, stylish, zeigt zwar eindrucksvolle Bilder der Engel hoch über der Stadt Los Angeles[45], setzt sich mit existentiellen Problemen aber bestenfalls andeutungsweise auseinander, wobei die handelnden Personen gern vieldeutige Platitüden austauschen, so beim Treffen der Ärztin Maggie mit dem Engel Seth in der Bibliothek:

> M.: „Was tun sie so?"
> S.: „Lesen."
> M.: „Beruflich?"
> S.: „Nein, ich bin ein Bote Gottes."
> M.: „Haben Sie eine Botschaft für mich?"
> S.: „Sie haben sie schon bekommen."
> M.: „Haben Sie meinen Piepser benutzt?"
> S.: „Sie wurden definitiv angepiepst."

Unerklärlich bleibt hier, warum die Engel ausgerechnet in einer Bibliothek wohnen. In der Wenders-Vorlage dagegen ergibt sich die Bedeutung der Bibliothek als Ort des Geistes ganz von selbst, denn im Mittelpunkt seines Films

---

[44] „Der Himmel über Berlin/Les ailes du désir". Regie: Wim Wenders, BR Deutschland/ Frankreich 1987; Fortsetzung: „In weiter Ferne, so nah!" Regie: Wim Wenders, Deutschland 1993.

[45] 1781 als „La Puebla de Nuestra Señora de los Angeles" (etwa: Der Ort Unserer Lieben Frau von den Engeln) gegründet, später bekannt als „Ciudad de los Angeles" (Stadt der Engel).

steht die Auseinandersetzung mit der Dualität von Geistigkeit und Körperlichkeit („sich nicht immer nur am Geist begeistern, sondern an einer Mahlzeit,
endlich ahnen, ohne immer alles zu wissen"). *Der Himmel über Berlin* ist ein
hohes Lied auf die Liebe, auf das Leben im Diesseits, in der Zeitlichkeit und im
Stofflichen, dem eine Engel-Existenz in grauer Geistigkeit und Ewigkeit
entgegengestellt wird. All das ist in dem amerikanischen Film auch mitgemeint.
Aber anders als im Berlin-Film geht die Liebesgeschichte in *City of Angels* nicht
glücklich aus, sondern findet mit Maggies Unfalltod ein abruptes Ende. Ein
Internet-Rezensent kommentierte, etwas ratlos: „We've reached a weird point in
cinema history, where ‚uplifting' Hollywood romances are more depressing than
solemn German art films."[46] Kunstfilme haben jedoch nicht die Funktion zu
deprimieren, und das Erzeugen positiver, erhebender Gefühle ist kein Zeichen
für Minderwertigkeit. Wie ist demgegenüber also der unglückliche Schluss der
Hollywood-Romanze zu verstehen? In dem deutschen Film sind die Engel
Schützer, Tröster und Begleiter der Menschen. Der amerikanische Film, so platt
und eindimensional er über weite Strecken sein mag, fügt eine neue Facette
hinzu, ein Element aus der in den USA und gerade in der Kulturindustrie so
einflussreichen jüdischen Kultur: Seth ist nicht nur Schutzengel, sondern auch
und vor allem der Todesengel, der die Menschen aus dem Leben abruft und ins
Jenseits begleitet.[47] Die erwählte Frau, sein irdisches Äquivalent – keine so
leichtfüßige Person wie die Seiltänzerin im Berlin-Film, sondern Herrin über
Leben und Tod wie er: Herzchirurgin –, ist dem Tod begegnet, sie hat ihm ins
Auge geblickt und ihn berührt, und daher *muss* sie sterben. Der Hollywoodfilm
folgt damit der Logik einer religiösen Überlieferung; stärker als *Der Himmel
über Berlin*, der den Engelsgedanken metaphorisch verwendet, ist er Glaubensvorstellungen verpflichtet.

Zuletzt zu Filmen, die – ohne übernatürliche Elemente aufzuweisen – doch
Märchencharakter haben. Zu den erfolgreichsten Streifen der letzten Jahre
gehören *Die fabelhafte Welt der Amélie* und *Chocolat*. Der *Amélie*-Film (im
Original: *Le fabuleux destin d'Amélie Poulain* [Frankreich/Deutschland 2001])
von Jean-Pierre Jeunet ist nach eigener Definition (sofern man bei einem
Produkt von ‚eigen' sprechen darf) ein Großstadtmärchen.[48] Ort der Handlung ist

---

46 http://angelfire.com/movies/oc/angels.html (Zugriff: 29.8.2004).

47 Vgl. Karl Erich Grözinger: Engel. Abschnitt III: Judentum. In: Theologische Realenzyklo-
pädie. Bd. 9, hrsg. von Gerhard Krause und Gerhard Müller. Berlin/New York 1982, S.
586-596, hier S. 590 f. (zu Sammael); A.J. Wensinck: 'Izrā'īl. In: The Encyclopaedia of
Islam. New Edition, Bd. 4, hrsg. von E. van Donzel, B. Lewis, Ch. Pellat und C.E.
Bosworth. Leiden 1978, S. 292-293; Rella Kushelevsky: Moses and the Angel of Death.
New York u.a. 1995.

48 Auszug aus dem Kinowerbetext, der auch als Aufdruck auf DVDs und Videos erscheint:
„Mit wunderbarer Leichtigkeit und einem wahren Feuerwerk an Phantasie inszenierte
Jean-Pierre Jeunet [...] ein hinreißendes Großstadtmärchen, das die Seele umschmeichelt
und zur unwiderstehlichen Glücksdroge wird. Durch poetische Bilder, liebenswerte Details

ein entwirklichtes, in grünes Licht getauchtes Paris, ohne Verkehrsgewühl und Lärm und mit Massenverkehrs-Orten ohne Menschenmassen; neben kurzen Blicken auf Sehenswürdigkeiten werden hauptsächlich entleerte Bahnhöfe und Metrostationen, ein Café, das auch nie ganz gefüllt ist, der Stand des Gemüse-händlers Collignon und der Innenhof von Amélies Haus gezeigt. Montmartre präsentiert sich als ein Dorf, wo jeder jeden kennt und wo man sich selbst noch nach Jahrzehnten an ehemalige Mieter erinnert. Diese Idylle wird immer wieder durch Einblendungen und Anmerkungen aus der Welt der harten Fakten durchbrochen – ob dies nun Physikalisches (z.B. den Luftdruck) betrifft oder aber mit Tod, Sex, Pornographie die menschliche Sphäre. Desillusionierend präsentiert sich auch die Vorgeschichte zur Haupthandlung, Amélies Kinderzeit: Auf ein Kaleidoskop kindlicher Zeitvertreibe (Fingerspiele, Gesichtplattdrücken, Kartentricks, Scherenschnitte, Glasmusik ...) folgt die Bestandsaufnahme einer von elterlichen Bizarrerien, von Isolation und frühen Schockerlebnissen geprägten Kindheit, aus der Amélie das Trauma ihrer extremen Schüchternheit erwächst.

Zuschauer, die mit einer durch den zuckersüßen Werbetext[49] geweckten Erwartungshaltung in den Film gehen, mögen daher befremdet sein[50], doch hatte Jeunet wohl anderes vor, als einen ‚Glückskeks‘[51] zu produzieren. Wenngleich sein ‚Großstadtmärchen‘ (im Wesentlichen eine Liebesgeschichte mit Hinder-nissen und glücklichem Ausgang) keine Märchenstruktur im strengen Sinn aufweist – auch der anfängliche Mangel (an Liebe und Kontaktfähigkeit), der zum Schluss behoben wird[52], ist ein zu allgemeiner Zug, um für eine Definition als Märchen auszureichen –, besitzt es doch Konvergenzen mit dem traditio-nellen Zaubermärchen. An Wunder grenzt schon, dass ein derart verschrobenes Paar wie die Eltern Poulain ein so zauberhaftes Kind bekommen konnte.[53] Die Hauptübereinstimmung mit dem Märchen besteht im Einsatz von Helferfigu-ren[54], wobei im *Amélie*-Film die Heldin ausnahmsweise auch selbst Helferin ist. Amélie findet eines Tages das lange Jahre versteckte Schatzkästchen eines kleinen Jungen und fasst die Idee, es ihm wiederzubeschaffen. Seitdem wirbelt

---

und eine faszinierende Hauptdarstellerin gelang ihm eine zauberhafte Hymne auf Paris, die Liebe, das Leben und den ganzen Rest der Welt. [...]. Amélie [...] hat ihre eigene fabelhafte Welt. [...] Sie hat [...] einen Blick für magische Momente [...]. Als sie eines Tages be-schließt, als gute Fee in das Leben ihrer Mitmenschen zu treten [...]“ etc.

[49] Vgl. Anm. 48.
[50] Mir zumindest ging es beim ersten Sehen des Films so.
[51] So „Der Spiegel“, laut Zitat des Werbetexts (wie Anm. 48).
[52] Katalin Horn: Mangelsituation. In: Enzyklopädie des Märchens. Bd. 9, hrsg. von Rolf Wil-helm Brednich u.a. Berlin/New York 1999, Sp. 130-133.
[53] Zu wunderbaren Kindern in Grimms Märchen vgl. z.B. „Dornröschen“ (KHM 50), „Schneewittchen“ (KHM 53) oder „Die Goldkinder“ (KHM 85).
[54] Katalin Horn: Helfer. In: Enzyklopädie des Märchens. Bd. 6, hrsg. von Rolf Wilhelm Brednich u.a. Berlin/New York 1990, Sp. 772-787.

sie als Elfe, kleine Fee und Kobold herum und „tut alles, um das Kuddelmuddel im Leben der anderen in Ordnung zu bringen". Sie versöhnt eine kleine Familie, löst das Rätsel um eine (imaginäre) geheimnisvolle Affäre, die Nino (Objekt von Amélies Liebe) in Spannung hält, und bringt ihren vereinsamten Vater dazu, endlich alte Träume wahr werden zu lassen und zu verreisen. Zum Teil sind Amélies Wunscherfüllungen aber auch von etwas zweifelhafter Art: Ein von ihr gestiftetes Liebesverhältnis endet schnell in einer Beziehungskarikatur; und was Amélie ihrer Concierge beschert, sind nichts als rosige Illusionen. Amélies Meisterstück ist die Bestrafung des bösen Gemüsehändlers Collignon, dem sie zweimal hintereinander eine Serie von Lausbubenstreichen spielt, einen Morgenstreich (sie stellt ihm den Wecker auf vier, vertauscht die Klinken der Badezimmertür, stellt Fußcreme ins Zahnputzglas und sägt seine Schnürsenkel an), und als das nicht fruchtet und Collignon noch immer nicht in sich gegangen ist, lässt sie einen Feierabendstreich folgen (sie stellt ihm zu kleine Hausschuhe hin, bringt eine Lampe zum Explodieren, ändert die in seinem Telefon eingespeicherten Nummern und verdirbt ihm den Portwein). Aber „wer kümmert sich um sie, das Kuddelmuddel in ihrem Leben"? Da ist zunächst der an einer seltsam-unwirklichen Krankheit leidende Maler Raymond Dufayel (seine Knochen sind aus Glas), eine gottähnliche, allwissende Persönlichkeit, und dann noch Amélies irdisch-praktische Kollegin Gina, die Kellnerin. Dufayel hilft mit langen nachdenklichen Gesprächen und mit einem eindringlichen Schlussappell, während Gina Amélies Auserwähltem, Nino, auf den Zahn fühlt.

Wie schon die oben zitierten Kinderspiele und Bubenstreiche zeigen, schöpft Jeunet Details aus allen möglichen Formen der älteren und neueren Folklore. Amélies Mutter stirbt, nachdem sie mit ihrer Tochter in Notre-Dame eine Kerze als Bitte um einen kleinen Bruder entzündet hat; doch was beim Verlassen der Kathedrale vom Himmel fällt, ist kein Baby, sondern eine Selbstmörderin, die Amélies Mutter mit in den Tod reißt. Dieser merkwürdige Unfall geht auf eine seit etwa dem 17. Jahrhundert bekannte Episode zurück, die Bestandteil des Schwankzyklus *Die Urteile des Schemjaka*[55] ist und wie alle *Schemjaka*-Szenen zu einem absurden Urteilsspruch führt. An einen seit dem 12. bzw. 16. Jahrhundert in arabischen und persischen Anekdotensammlungen tradierten Schwerhörigenschwank[56] erinnert ein Gespräch zwischen Amélie und ihrem Vater, das dessen Geistesabwesenheit und mangelnde Teilnahme signalisiert: „‚Geht's dir gut, mein Kind?' – ‚Ziemlich gut. [...] Ich hatte zweimal einen

---

[55] Jurjen van der Kooi: Schemjaka: Die Urteile des S. (AaTh/ATU 1534). In: Enzyklopädie des Märchens. Bd. 11, hrsg. von Rolf Wilhelm Brednich u.a. Berlin/New York 2004, Sp. 1356-1361.

[56] Ders.: Schwerhörig, Schwerhörigkeit (AaTh/ATU 1698 sqq.). In: Enzyklopädie des Märchens. Bd. 12, hrsg. von Rolf Wilhelm Brednich u.a. Berlin/New York 2007, Sp. 411-418; Uther (wie Anm. 22), Bd. 2, Nr. 1698 I: Visiting the Sick („How are you?" – „I am dead." – „Thank God! What have you eaten?" – „Poison, I think."– „I hope it agrees with you.")

Herzinfarkt und musste abtreiben, weil ich während der Schwangerschaft Crack genommen habe. Ansonsten ist alles in Ordnung.' – ,Um so besser, um so besser.'" Die Weltreise und anschließende Heimkehr des Gartenzwergs, die Amélie inszeniert, um den Vater zum Reisen zu animieren, entspricht einer modernen Sage aus Großbritannien bzw. einem Streich, der dort öfter gespielt wurde.[57] Ein typisches *fait divers*, ebenfalls mit Zügen einer modernen Sage[58], aber ausnahmsweise nicht negativ oder komisch, sondern seiner eigenen augenblicklichen Stimmungslage entsprechend romantisch gefärbt, liest der Café-Stammgast Joseph aus der Zeitung vor:

> „Während seine Eltern schliefen, fuhr ein Sechsjähriger mit seinem Tretauto die Straße entlang, und das mitten in der Nacht. Man fand ihn auf der Autobahn in der Nähe von Münster in Deutschland. Der Junge hat den Polizisten erklärt, dass er einfach nur die Sterne betrachten wollte."

Ein Märchenbuch-Ambiente evozieren die sprechenden Bilder: Gemalte Tierbilder an Amélies Schlafzimmerwand (ein Hund mit Halskrause und eine Gans) unterhalten sich mit der Schweinsfigur auf ihrer Nachttischlampe („Sagt mal, sie wird sich am Ende doch nicht verliebt haben?"), und die vier belebten Fotos einer Passbildserie erzählen Nino von Amélie (,,,Ich kenne sie überhaupt nicht!' – ,Na doch, schon immer, in Deinen Träumen.'")

Kurz vor Filmende unterzieht Gina, die sich um Amélie Sorgen macht und auch in Bezug auf Nino ihre Zweifel hat – denn mit allen Männern, die ihr sympathisch sind, ist mental etwas nicht in Ordnung –, Nino einer Art Märchen-Freierprobe[59], einem Charakter-Schnelltest, bei dem sie seine Sprichwort-kenntnisse abfragt, was gleichzeitig auch eine Parodie auf populären Sprich-wortgebrauch und den unreflektierten Glauben an ,Volksweisheiten' ist:

> ,,,Was macht eine Schwalbe noch nicht?' – ,Eine Schwalbe? Noch keinen Sommer.'
> ,Und Kleider?' – ,Machen Leute.'
> ,Wie du mir' – ,so ich dir.'
> ,Steter Tropfen'– ,höhlt den Stein.'
> ,Früher Vogel' – ,fängt den Wurm.'
> ,Lügen haben' – ,kurze Beine.'
> ,Alte Liebe' – ,rostet nicht.'"

---

[57] Paul Smith: The Book of Nastier Legends. London 1986, S. 78; vgl. auch http://www. sagen.at/forum/read.php?f=49&i=80&t=80 (Zugriff 30.8.2004, mit Berufung auf die „Kieler Nachrichten").

[58] Höchst unwahrscheinliche, aber nicht gänzlich unmögliche Geschichte, die durch Lokali-sierung ,beglaubigt' ist.

[59] Elisabeth Frenzel: Freier, Freierproben. In: Enzyklopädie des Märchens. Bd. 5, hrsg. von Rolf Wilhelm Brednich u.a. Berlin/New York 1987, Sp. 227-236.

Und befriedigt erklärt Gina: „In meiner Familie heißt es immer, wer Sprich-wörter kennt, der kann nicht wirklich schlecht sein."

Mit Ginas Approbation wird das Tor zum glücklichen Ende aufgestoßen. Doch dazu muss Amélie endlich ihre Hemmungen überwinden, und weil sie es nicht allein schafft, treten Gott und Teufel persönlich auf den Plan. Zuerst interveniert Satan in Gestalt von Josef Stalin auf einem Videoclip: „Der Einmischungsversuch von Raymond Dufayel ist inakzeptabel. Wenn Amélie lieber in ihrer Traumwelt leben und eine introvertierte junge Frau bleiben will, ist das ihr Recht. Denn das Recht auf ein gescheitertes Leben ist unantastbar."[60] Gegen diese Verführung zur Nichtüberwindung hilft zum Glück der Appell des gottvatergleichen Dufayel, der zum ersten Mal nicht über den Umweg von Bildbetrachtungen (Renoirs *Frühstück der Ruderer*), sondern Klartext redet:

> „Also, meine kleine Amélie. Sie haben keine Knochen aus Glas. Sie dürfen sich ins Leben stürzen. Die Chance dürfen Sie nicht ungenützt vorbeiziehen lassen. Sonst wird Ihr Herz mit der Zeit nach und nach so trocken und verletzlich wie mein Skelett. Also verdammt noch mal: los jetzt!"

Mit poetischen, witzigen und alltäglich-banalen, schrill-skurrilen, dramatischen und didaktischen Szenen aus dem Leben sehr verschiedener Menschen, in deren Verlauf Gott, der Teufel und die kleine Fee, die im Mittelpunkt steht, eingreifen, ist *Amélie* nicht nur ein Großstadtmärchen, sondern auch ein kleines Welt-theater, in dem selbst ein Abstieg in die Welt der Toten nicht fehlt: Auf der Foire du Trône[61] steigt Amélie in die Geisterbahn, in der Nino arbeitet – als Tod; und während Amélie vor allen menschlichen Begegnungen mit ihm zurück-schreckt, hat sie keine Angst davor, dem Knochengerippe ganz nah zu kommen.

Die Teilnahme an einer Fülle von Einzelschicksalen verbindet *Die fabelhafte Welt der Amélie* mit *Chocolat* (Großbritannien/USA 2000) von Lasse Hallström. *Chocolat* ist ein Beispiel dafür, wie aus einem Trivialroman ein schöner Film werden kann. Die Vorlage bildet der gleichnamige Bestseller (1999) von Joanne Harris, einer britischen Autorin mit französischer Mutter.[62] Im Mittelpunkt steht eine Frau, Vianne Rocher, die, eines unsteten Wanderlebens müde, mit ihrer Tochter in einen kleinen südfranzösischen Ort kommt und dort in der Fastenzeit ein Schokoladen-, Pralinen- und Kuchengeschäft eröffnet. Dieser Laden und seine Inhaberin bewirken eine Spaltung in der Gemeinde, einerseits in Schoko-

---

60 Dieser Text erscheint als Untertitel. In Stalins russischen Worten, die er einem Sekretär in die Maschine diktiert, scheint es, wenn mich meine Ohren nicht getäuscht haben, um die Konterrevolution (kontrrevoljucija) zu gehen.

61 Ein alljährlich in Paris in den Frühlingsmonaten veranstalteter Rummel.

62 Joanne Harris: Schokolade. Eine himmlische Verführung. München 2000; vgl. Christine Shojaei Kawan: Filmmärchen für Erwachsene. Zum Beispiel „Chocolat". In: Hören, Lesen, Sehen, Spüren. Märchenrezeption im europäischen Vergleich, hrsg. von Regina Bendix und Ulrich Marzolph. Baltmannsweiler 2008, S. 159-183.

ladenliebhaber und Vianne-Freunde, andererseits in erbitterte Feinde, die von Pfarrer Reynaud angeführten bigotten Kleinbürger. Im Film ist der Antagonist dann der Bürgermeister, der *Comte* de Reynaud, dem die Frau davongelaufen ist und der dem Pfarrer, einem ganz jungen Mann, der gerne heimlich ein bisschen Rock'n Roll tanzt, die Sonntagspredigten redigiert. Auch sonst weicht der Film in vielen essentiellen Punkten vom Roman ab, der – anders als der Film – entschieden *keine* märchenhaften Züge trägt. Beiden gemeinsam ist allerdings die Darstellung des heftigen Widerstands gegen die Schokoladensucht, dessen Ausmaße angesichts der Art der als unmoralisch gebrandmarkten Ausschweifungen, dem Verzehr von Süßigkeiten in der Fastenzeit, stark überzeichnet erscheint, selbst in streng katholischem Milieu – denn der Film spielt im Jahr 1959, also in einer Zeit, in der die Kinder mit Naschkram vollgestopft wurden, und noch dazu in Frankreich, einem Land, in dem gutes Essen einen ungeheuren Stellenwert besitzt. Der Konflikt, die Zuspitzung auf das Fastentabu im Buch und auch in diesem so stark französisch wirkenden Film, der aber nur scheinbar ein französischer ist, vielmehr eine amerikanisch-britische Koproduktion mit schwedischem Regisseur[63], hat also etwas von einem Phantom, und sein Ursprung liegt vielleicht auch in puritanischen Projektionen begründet.

Überzeugender ist, dass starker Widerstand sich an der Person der Vianne Rocher festmacht. Im Buch, und nur im Buch, ist sie Hexe, und zwar in doppelter Bedeutung: Sie selbst sieht sich als gute Hexe, eine Frau mit besonderen Kräften und Fähigkeiten, die sie von ihrer Mutter erlernt hat: „Die Kunst, Pech in Glück zu verwandeln. Das Fingerkreuzen, um Unheil abzuwehren. Das Nähen von Duftkissen, das Brauen von Heilsäften, die Überzeugung, daß eine Spinne vor Mitternacht Glück und nach Mitternacht Unglück bringt"[64], das Kartenlegen und magische Rituale.[65] Auch für ihre Feinde ist sie Hexe, und das heißt hauptsächlich Hexe in der Bedeutung ‚Schlampe'. Es wird kräftig gezaubert bei Vianne. Anders als das übernatürliche Tun in der Serie *Charmed* kann man sich die beschriebenen oder angedeuteten Rituale, in denen Kerzen, Zaubersprüche, Abwehrgesten, der Zauberkreis[66] und Tarockkarten eine Rolle spielen, auch als reale Praktiken vorstellen[67], und mit Magie wird am Ende dann auch der böse Feind, Pfarrer Reynaud, zur Strecke gebracht. Kurz gesagt, bei dem Buch handelt es sich um ein antikirchliches Traktat und um Hexenpropaganda. Von alledem ist in dem Film, der nur die Grundidee und

---

[63] Offenkundig wird dies in synchronisierten Fassungen am englischen Kirchengesang.

[64] Harris (wie Anm. 62), S. 40.

[65] Der Beschreibung von Harris (wie Anm. 62) nach sind Vianne und ihre Mutter nicht-organisierte Hexen, wie sie in verschiedenen Richtungen der Wicca-Bewegung und in der neopaganen Bewegung allgemein häufig zu finden sind; vgl. Shelley Tsivia Rabinovitch: Spells of Transformation: Categorizing Modern Neo-Pagan Witches. In: Lewis (wie Anm. 10), S. 75-91, hier S. 87.

[66] Zu Affinitäten mit Wicca-Ritualen vgl. Pype (wie Anm. 14).

[67] Vgl. Harris (wie Anm. 62), S. 173, 201, 295-297.

Haupthandlungsstränge aufgreift, nichts zu spüren. Die Vorwürfe lauten nicht auf ‚Hexe' und ‚Schlampe', sondern: „Sie sind eine Atheistin! Eine Radikale!" Im übrigen ist die Film-Heldin ein so strahlender Stern, so schön, sicher und unantastbar, dass Widerstände der Niederwelt vorprogrammiert sind.

Der Film *Chocolat* präsentiert sich als Märchen, das erzählt wird von der Stimme einer unsichtbaren Erzählerin, und er beginnt mit der traditionellen Märchenformel: „Es war einmal ein kleiner stiller Ort [...]. Die Menschen dort glaubten an tranquillité, an Ruhe." Die kurz darauf folgende Szene von Viannes Ankunft enthält zwei erzählerische Motive: das Hauptmotiv des bösen kalten Nordwinds, der Vianne und ihre Tochter von Ort zu Ort treibt, und als eher dekoratives Detail die Einkleidung der beiden als Rotkäppchen, in Anspielung auf die baldige Konfrontation mit dem bösen Feind. Deutschen Zuschauern wird dieses Märchenzitat wohl meist entgehen, denn Vianne und Anouk tragen rote Kapuzenmäntel, keine roten Käppchen, aber in südlichen Ländern ist unser Rotkäppchen ein ‚Rotkapüzchen'[68]; dies ist vielleicht der ursprüngliche Name, und mit einem Kapuzenmäntelchen wird Rotkäppchen auf vielen, wenn nicht den meisten Illustrationen des Märchens abgebildet.[69] Ein anderes dekoratives Motiv spielt auf ein Andersen-Märchen an: Bei einer Szene, die auf eine Auseinandersetzung mit dem Bürgermeister folgt, lässt Vianne ihre Wut an dem Denkmal des gräflichen Ahnherrn aus, und dabei zeigt sich, dass sie rote Schuhe trägt, rote Schuhe als Symbol der irdischen Vergnügungen, wie die rebellische Heldin des Andersen-Märchens, die auch nicht gern zur Kirche geht.[70]

Nicht im Buch vorhanden ist die Geschichte von Viannes Eltern, die der Film gleichsam als eine Art Ätiologie der Schokolade präsentiert, in der Form einer Erzählung in der Erzählung, und diese wiederum als Gutenachtgeschichte: Anouk möchte vor dem Einschlafen von ihrer Mutter die „Geschichte von grand-père und grand-mère" hören. Es ist ihre Lieblingsgeschichte, und sie muss immer mit den gleichen Worten erzählt werden. Vianne sträubt sich erst ein bisschen, bevor sie die Geschichte eines jungen Apothekers berichtet, der sich denkt, das Leben müsse mehr zu bieten haben als den Verkauf von Lebertran, und 1927 eine Forschungsreise nach Mittelamerika unternimmt. Dort bekommt er naturbelassenen Kakao mit einer Prise Chili zu trinken und lernt eine junge Frau kennen, die er heiratet und nach Frankreich mitnimmt. Sie bekommen eine Tochter, Vianne, und sind eine Zeitlang eine glückliche kleine Familie. Aber der listige Nordwind hat andere Pläne: Eines Morgens erwacht der junge Apotheker

---

[68] Spanien: „Caperucita roja"; Portugal: „Capuchinho vermelho"; Italien: „Cappuccetto rosso".

[69] Jack Zipes: A Second Gaze at Little Red Riding Hood's Trials and Tribulations. In: ders. (Hrsg.): Don't Bet on the Prince. Contemporary Feminist Fairy Tales in North America and England. New York 1986, S. 227-260; vgl. auch Hans Ritz: Bilder vom Rotkäppchen. München 1986.

[70] „De røde Skoe" (1845).

und findet sich allein. Frau und Kind indessen reisen, das Geheimnis der Schokoladenrezepte im Gepäck, mit dem Nordwind ruhelos von Ort zu Ort.

Der listige Nordwind ist das Leitmotiv des Films. Winde, die zum Mitziehen verleiten, erscheinen auch im Roman als Erzählmotiv, sie haben dort aber einen ganz unbestimmten Charakter: einmal ist es ein warmer Februarwind, dann wieder der Südwind oder Ostwind, oft einfach nur „der Wind", und keineswegs immer mit negativer Bedeutung.[71] Im Film jedoch wird durch den Märchenton der auktorialen Erzählerin und die Insistenz der immer gleichen Formel der Nordwind zur Person und zum persönlichen Widersacher. Der böse Nordwind ist der eigentliche Feind und Gegenspieler Viannes, nicht der Bürgermeister; und ihn, den übernatürlichen Feind, eine kosmische Gewalt, gilt es zu besiegen.

Bevor es dazu kommt, erlebt Vianne in einer sehr diesseitigen Form, als Schwank, ihren Sieg über den frommen, strengen, ehrenwerten Bürgermeister: Der Graf Reynaud kann bei seinem Versuch, den Schokoladenladen zu zerstören, einem plötzlichen Gelüst nicht widerstehen, verfällt der Pralinensucht und liegt am nächsten Morgen zum Gespött der ganzen Gemeinde, vollgefressen wie ein Schwein, in Viannes Schaufenster.[72]

Vor allem aber ist *Chocolat* säkularisierte Legende und Vianne eine diesseitige Heilige. Sie wirkt Wunder durch die Kraft der Schokolade; sie heilt die Kranken und sie tröstet die Betrübten. Davon handeln mehrere exemplarische Geschichten mit repräsentativen Personengruppen und Problemkreisen: Vianne befreit eine Frau von ihrem schlagenden Ehemann, sie verbessert eine andere Ehe mit Hilfe von Aphrodisiaka (natürlich Schokolade), sie führt einen alten Mann und eine alte Frau zusammen, und sogar der Bürgermeister darf am Ende glücklich werden: er vergisst seine entlaufene Frau, überwindet seine Verklemmtheit und akzeptiert die Liebe seiner Sekretärin. Den meisten Raum nimmt Viannes Vermittlung in einem Generationenkonflikt ein, der sich zwischen einer Mutter, ihrer Tochter und dem Enkel abspielt und der in eine Legende vom seligen Sterben mündet: Nach einem Fest der Freundschaft und der wunderbaren Genüsse legt sich die alte Diabetikerin Armande nieder, um für immer friedlich einzuschlafen. Vianne, die Patronin der Feste und aller irdischen Freuden, ist auch Freundin und Beschützerin der Außenseiter, einer Gruppe von Fahrenden. Zum Lohn für alle Fürsorge, Solidarität und Bereitschaft zur Freundschaft wird schließlich ihr und ihrem Kind mit dem Sieg über den bösen, listigen Nordwind ein Ende ihrer Heimatlosigkeit geschenkt. *Chocolat* ist ein Glücksmärchen und eine Erbauungserzählung für ein Publikum, das beansprucht, aufgeklärt und unkonventionell zu sein, eine Heiligengeschichte, in der das Heil außerhalb der Kirche liegt.

---

[71] Harris (wie Anm. 62), z.B. S. 7, 145-147, 269, 328-331.

[72] Vgl. den „Amélie"-Film, in dem die Bestrafung des Bösen ebenfalls in possenhafter Form erfolgt.

Andrea Kölbl

Verkörpert Audrey Hepburn
eine „ideale Märchenweiblichkeit"?
Eine kritische Sichtung von „Roman Holiday"
aus der Perspektive der Erzählforschung

„Aschenbrödel im Hollywood-Land" überschreibt Norbert Stresau das Kapitel seines populären Porträts von Audrey Hepburn[1], in dem er die Filme *Roman Holiday*[2] und *Sabrina*[3] vorstellt. Biografie und Filmrollen der Schauspielerin sowie der narrative Stil und die Produktionsmodi der Filme werden damit auf den gemeinsamen Nenner „US-amerikanische Variation des Cinderella-Märchens" gebracht.

Diese journalistische Kategorisierung ist kein Einzelfall.[4] Nach der Einschätzung von Filmwissenschaftler(inne)n ist sogar das schauspielerische Œuvre Audrey Hepburns insgesamt durch „märchenhafte" Motive und Themen gekennzeichnet.[5] Diese werden somit als zentrale Konstituenten ihres „Star Images"[6] betrachtet. Nach Rachel Moseley verkörpert Audrey Hepburn gar eine „ideale Märchenweiblichkeit"[7].

---

[1] Norbert Stresau: Audrey Hepburn. Ihre Filme – ihr Leben. 5. Aufl. München 1993, S. 44.

[2] Regie: William Wyler. USA 1953. Dt. Titel: „Ein Herz und eine Krone".

[3] Regie: Billy Wilder. USA 1954.

[4] Als Belege zitiere ich aus der Vielzahl ähnlicher Kommentare je einen. Zu „Roman Holiday": „Die Prinzessin muß einfach ausbüchsen, und obwohl sie unweit des Kolloseums in Ohnmacht fällt, wird sie nicht von Taschendieben und Gaunern überfallen. Statt dessen wird sie von einem strahlenden Prinzen gerettet – na gut, er ist Reporter ..." (In: Nancy Peske und Beverly West: KinoTherapie für Girls. München 2000, S. 76). Zu „Sabrina": „Die Story ist im Grunde genommen ein Cinderella-Märchen." (In: Alan G. Barbour: Humphrey Bogart. Seine Filme – sein Leben. München 1979, S. 155).

[5] Richard Dyer beispielsweise erinnern ihre Rollen an das Märchen vom „Häßlichen Entlein": „... and many of her roles are actually about this, about the transformation of an ugly duckling into a swan"; ders.: Never too thin. In: Sight and Sound, Vol. 3, Issue 12 (1993), S. 59. Ted Sennet klassifiziert „Sabrina" als Cinderella-Geschichte; ders.: The Cinderella Syndrome. In: ders.: Lunatics and Lovers. A Tribute to the Giddy and Glittering Era of the Screen's 'Screwball' and Romantic Comedies. New Rochelle 1973, S. 20-51, hier S. 51. Lizzie Francke kategorisiert „Roman Holiday" als „Cinderella story in reverse" und „Sabrina" als „more standard version of the fairy tale"; dies.: Audrey Hepburn. Born 4 May 1929 died 20 January 1993. In: Sight and Sound, Vol. 3, Issue 3 (1993), S. 31.

[6] Ich verwende diesen Terminus nach der Definition von Richard Dyer, wonach das „Star Image" einer Schauspielerin sich aus Werbung, journalistischen populären Veröffentlichungen zur Person, aus ihren Filmrollen und damit den fiktionalen Figuren, die sie dar-

Von der volkskundlichen Erzählforschung blieben das „narrative image"[8] beider Filme, diese selbst, aber auch das „Star Image" ihrer Hauptdarstellerin trotz der Häufigkeit, in der ihre jeweiligen Bezüge zum Märchen thematisiert werden, bislang unbeachtet.[9] Mich animierten sowohl die Filme wie ihre Kommentierungen zur Frage, inwiefern „Roman Holiday" und „Sabrina" einem Märchen im Allgemeinen und dem „Aschenputtel"-Märchen im Besonderen gleichen bzw. sich davon unterscheiden. Um mehr als einen Vergleich von klischeehaften Assoziationen zum Märchen leisten zu können, fokussiere ich in diesem Aufsatz „Roman Holiday".

Dabei verfolge ich drei Ziele: Zunächst möchte ich die Rollentypik Audrey Hepburns präziser herausarbeiten. Die anhaltende Beliebtheit der Schauspielerin sowie ihrer Filme legitimierten es, ihr Star Image, welches die von ihr dargestellten fiktionalen Frauenfiguren einschließt, als normatives Modell und kulturell akzeptables Muster „weiblichen" Aussehens, Handelns, Verhaltens, Denkens und Fühlens zu begreifen. Mit dieser Perspektive interpretiere ich ihre Rolle in „Roman Holiday".[10] Ferner soll die Logik, der die Paarbildung in

gestellt hat, sowie deren Kritik zusammensetzt. Für das „Star Image" kennzeichnend seien Multimedialität, Intertextualität und Extensivität. Vgl. Richard Dyer: Stars. London 1979.

7 Diese setze sich aus vier Komponenten zusammen. Zwei davon, den „Prinzessinnen-Status" und den „Ballett-Tänzerin-Nimbus", begründet Moseley durch das Film-Œuvre, aber auch biografisch. Die anderen beiden, das Motiv der Verwandlung sowie das Thema des Übergangs vom Mädchen- zum Frausein, das in Ball- oder Tanzszenen als „rite de passage" ausgeführt sei, sind nach Moseley wiederkehrende Elemente von Audreys Filmrollen; Rachel Moseley: Audrey Hepburn: a woman's star. In: dies.: Growing up with Audrey Hepburn. Text, audience, resonance. Manchester/New York 2002, S. 28-64, hier S. 33-39.

8 Neale hat darauf aufmerksam gemacht, dass von der Filmindustrie, den Medien, aber auch durch Mund-zu-Mund-Auskünfte zu jedem Film ein „narrative image" produziert wird, das darüber aufklärt, um was für einen Film es sich handelt. Hinweise auf die Genre-Zugehörigkeit eines Films seien davon ein wichtiger Bestandteil; vgl. Steve Neale: Questions of Genre. In: Film Genre Reader. Bd. 2, hrsg. von Barry Keath Grant. Austin 1995, S. 159-183, hier S. 162-167.

9 Wie weitgehend ungenutzt Wissensbestände, Perspektiven und Kategorien der Erzählforschung bei der volkskundlich-kulturwissenschaftlichen Medienforschung bleiben, lässt sich anhand der an sich sehr guten Einführung in dieses Forschungsfeld von Ute Bechdolf belegen: Im anhängigen Literaturverzeichnis sind nur eine Arbeit zum Thema „Märchen und Werbung" von Linda Dégh und die Dissertation über Märchenverfilmungen von Christoph Schmitt genannt; vgl. Ute Bechdolf: Kulturwissenschaftliche Medienforschung: Film und Fernsehen. In: Methoden der Volkskunde, hrsg. von Silke Göttsch und Albrecht Lehmann. Berlin 2001, S. 251-275 (gilt ebenso für die 2. überarb. und erw. Aufl. Berlin 2007, S. 309-315).

10 Im Internet finden sich unzählige Einträge zu Audrey Hepburn. Regelmäßig erscheinen neue Bücher über die Schauspielerin. Fast ihr gesamtes filmisches Œuvre ist in Video- bzw. DVD-Form auf dem Markt. In Mode-Magazinen oder -Reportagen werden immer wieder Fotografien von Hepburn abgedruckt oder ihr „Look" zitiert. Bei Moseley lassen sich Belege für die mediale Präsenz von Audrey Hepburn in den 1990er Jahren im englischsprachigen Kulturraum nachlesen; vgl. Moseley (wie Anm. 7), S. 7-9.

„Roman Holiday" folgt, untersucht werden. Damit verbunden sind die Fragen, welche Eigenheiten und Handlungen die männliche bzw. die weibliche Hauptfigur liebenswert machen und wodurch sie sich als „Liebende" erweisen. Liebesfilme, so auch „Roman Holiday", fungieren als Vermittler von Liebeskonzeptionen. Sie können aufgrund ihrer massenhaften Rezeption zugleich als Quellen für populäre Auffassungen von „Liebe" zwischen Mann und Frau begriffen werden. Nicht zuletzt werde ich durch die Frage nach der Märchenentsprechung „Roman Holidays" – eine Vorgehensweise, die ich in Anlehnung an Faulstich als „gattungsspezifische Filminterpretation" bezeichne[11] – Kontinuitäten und Brüchen bei der Tradierung von populären narrativen Fiktionen nachgehen.[12]

Einer eigenen Untersuchung muss die Unterschiedlichkeit der Darstellungsmittel und deren Konsequenzen vorbehalten bleiben. An dieser Stelle sei nur vermerkt, dass durch die Vernachlässigung eben dieses Unterschieds bei Moseley, Dyer und in der populären Literatur das Phänomen der Intermedialität sowie der Wechsel der Darstellungsmittel in der Gattungsgeschichte des Märchens offensichtlich ausgeblendet bleiben. Hier scheint eine Lücke im „kulturellen Gedächtnis" vorzuliegen, die gleichfalls eine eigene Untersuchung wert wäre.

Von filmwissenschaftlicher Seite hat Moseley meine Frage bereits gestellt. Sie deutet „Roman Holiday" und „Sabrina" als zeitgenössische Formulierungen des „Cinderella"-Motivs, welches ihrer Interpretation nach die Fragen stellt, wie eine bestimmte Art von „Weiblichkeit" zu erlangen sei und welches Potenzial diese für den sozialen Aufstieg durch Erziehung, Arbeit und/oder Heirat hätte. Sie belegt ihre These durch Hinweise auf einzelne Parallelen der Filme zur Perrault- und zur Grimm-Fassung dieses Märchentyps. Da sie jedoch nur übereinstimmende Elemente anführt, ohne deren Sinn- und Handlungszusammenhänge sowie die symbolische Ebene des Märchens zu berücksichtigen, und sie zudem Gattungstheorie und -geschichte des Märchens völlig ignoriert, nutzt sie das Potenzial kaum, das ein solcher Vergleich für die Erkenntnis der Eigenart der Rollen Audrey Hepburns in sich bergen würde.

Basis des von mir angestrengten Vergleichs ist diejenige Gruppe von „Volkserzählungen", die Walter Berendsohn als „Liebesmärchen" kategorisiert hat.[13]

---

11 Werner Faulstich: Die genrespezifische Filminterpretation. In: ders.: Die Filminterpretation. Göttingen 1988, S. 78-89.

12 Diese Methode zeichnet sich durch die gleichen Vorzüge aus: Die Ergiebigkeit des Zugriffs liegt nach Faulstich in der Konfrontation von Systematischem und Historischem. Selbstverständlich unterliegt sie auch derselben Gefahr, nämlich der der Tautologie.

13 „Das Märchen ist eine Liebesgeschichte mit Hindernissen, die ihren Abschluß in der endgültigen Vereinigung des Paares findet. Die Vollform hat zwei Abschnitte, der eine handelt von den Hindernissen vor der Vereinigung, der andere von der Trennung und den Hindernissen bis zur Wiedervereinigung. Dabei kann der Hauptton auf dem ersten oder zweiten Teil liegen, ja es können durch den Schwund eines Teiles Kurzformen entstehen.";

Überprüfen werde ich, inwiefern Figurenpersonal und Handlungsstruktur von „Roman Holiday" einem Liebesmärchen entsprechen. Hierfür setze ich das paradigmatische und das syntagmatische Modell ein, das Bengt Holbek seiner Interpretation von Liebesmärchen zugrunde gelegt hat.[14]

Als paradigmatisches Modell bezeichnet er die acht *tale roles*[15], aus denen nach Kongäs Maranda das Figurenpersonal des europäischen Volksmärchens besteht. Diese sind definiert durch die drei Kategorien Geschlecht, Alter und sozialer Status. Jede Kategorie spaltet sich in ein Oppositionspaar: männlich und weiblich, jugendlich und erwachsen, arm und reich.[16] Aus den Kombinationen der drei Unterscheidungsmerkmale ergeben sich die *tale roles*: der arme jugendliche Mann (AJM), die arme jugendliche Frau (AJF), der reiche jugendliche Mann (RJM), die reiche jugendliche Frau (RJF), der arme erwachsene Mann (AEM), die arme erwachsene Frau (AEF), der reiche erwachsene Mann (REM), die reiche erwachsene Frau (REF).[17]

Von den zwei möglichen sozialen Variationen bei der Besetzung der *tale roles* durch die jugendlichen Hauptfiguren ausgehend, unterscheidet Holbek zwischen *feminine* und *masculine tale*: Ist die jugendliche weibliche Hauptfigur zu Beginn des Märchens arm bzw. in der Lage eines armen Mädchens und gewinnt am Ende des Märchens den (unter Umständen mit ihrer Hilfe) erwachsen gewordenen, reichen Mann zum Gatten, so handelt es sich um eine *feminine tale*. Erzählt das Märchen von einem jugendlichen armen Burschen, der am Ende des Märchens eine Prinzessin heiratet, so ist die Bezeichnung *masculine tale* zutreffend.[18] Ferner arbeitet Holbek mit der Kategorie *character*. Mit dieser bezeichnet er die konkreten Figuren des Märchens, etwa Königin, Prinzessin, Schweinehirt etc.[19]

Walter A. Berendsohn: Grundformen volkstümlicher Erzählerkunst in den Kinder- und Hausmärchen der Brüder Grimm. Ein stilkritischer Versuch. Hamburg 1921, S. 35.

[14] Bengt Holbek: Interpretations of Fairy Tales. Danish Folklore in a European Perspektive. Helsinki 1987 (FF Communications, 239), hier S. 410-448; siehe hierzu meine inzwischen erschienene Dissertation: Fiktionen der Liebe. Europäische Volksmärchen und populäre Spielfilme im Vergleich. München 2006, S. 53-167.

[15] Alle Begriffe Holbeks, die ich unübersetzt übernehme, schreibe ich kursiv.

[16] Elli Kongäs Maranda und Pierre Maranda: Structural Models in Folklore and Trans-formational Essays. Den Haag/Paris 1971 (Approaches to Semiotics, 10); siehe Holbek (wie Anm. 14), S. 347 f., 416 f.

[17] Im englischen Original lauten die Adjektive zur Bezeichnung des sozialen Status „high" und „low". Im Deutschen scheint mir aber die Übersetzung mit „reich" und „arm" besser als „hoch" und „tief". Das Adjektiv „young" habe ich nicht mit „jung" übersetzt, da mir „jugendlich" präziser die Opposition zum Status „adult" („erwachsen") zu beschreiben scheint.

[18] Diese Unterscheidung hat schon Walter A. Berendsohn mit den Begriffen „weibliche Form" bzw. „männliche Form" getroffen; ders. (wie Anm. 13), S. 39-41.

[19] Holbek verwendet demnach den Begriff „tale role" anders als Propp, bei dem „tale roles" die Funktionen von Figuren im Handlungszusammenhang, also auf der Ebene der

Im syntagmatischen Modell gliedert Holbek den Handlungsverlauf des Märchens in fünf Abschnitte, die er als *moves* bezeichnet: Ein *move* wird dadurch definiert, dass ein *character* versucht, eine andere *tale role* zu besetzen.[20] Die ersten zwei Abschnitte des Märchens dienen der Exposition der Protagonisten. In *move I*, der nicht in allen Märchen vorkommt, wird die jugendliche Hauptfigur mit hohem sozialen Status vorgestellt (RJF bzw. RJM). Ihr gelingt der Wechsel zur Position eines Erwachsenen nicht, was dadurch vermittelt wird, dass sie oder ein Elternteil Hilfe brauchen. In *move II* wird die jugendliche Hauptfigur mit niedrigem sozialen Status vorgestellt (AJF oder AJM). Diese schafft durch das Bestehen von Prüfungen den Wechsel zur *tale role* eines Erwachsenen. Dafür erhält sie als Belohnung Gaben, Wissen oder Fähigkeiten, die ihr helfen, den reichen Protagonisten für sich zu gewinnen. Die Reihenfolge des Erscheinens von *move I* und *move II* ist in einzelnen Erzählungen unterschiedlich.

Die Begegnung der Hauptfiguren wird im dritten Abschnitt, *move III*, dargestellt. In *move IV*, der ebenfalls nicht in allen Märchen vorkommt, wird die Beziehung der Protagonisten abgebrochen. Ursache der Trennung ist nach Holbeks Auslegung die enorme soziale Distanz zwischen den Hauptfiguren. Der letzte Märchenabschnitt, *move V*, endet mit der Hochzeit der Protagonisten oder der sozialen Anerkennung ihrer bereits geschlossenen Ehe, falls diese bis dahin nicht gewährt wurde. Mit dem Gelingen der Paarbildung wechselt die Hauptfigur mit hohem sozialem Status zur Position eines Erwachsenen, die Hauptfigur mit niedrigem sozialen Status (AEF bzw. AEM) zur sozial höheren Position (REF bzw. REM).

Die Grimm'sche „Aschenputtel"-Variante werde ich bisweilen als konkrete Vergleichserzählung „weiblicher Form" heranziehen, da dieser Märchentyp der in Zusammenhang mit *Roman Holiday* und Audrey Hepburn häufigst genannte ist.[21] Als Beispiele für Liebesmärchen „männlicher Form" verweise ich auf den Drachentöter-Typ (AaTh/ATU 300 *The Dragon-Slayer*)[22] und den Erzähltyp

---

Geschichte, bezeichnen, etwa „Schenker", „Gegenspieler" oder „Helfer". Die Unterscheidung zwischen „tale role" und „character" entspricht aber der von Vladimir Propp; ders.: Morphologie des Märchens. München 1972, S. 79-83 („Verteilung der Funktionen auf die handelnden Personen").

[20] „... actually, the unit we call a ‚move' may be described as the attempt of a character to leave one role to assume another ..."; Holbek (wie Anm. 14), S. 416.

[21] Kinder- und Hausmärchen der Brüder Grimm. Vollständige Ausgabe auf der Grundlage der dritten Auflage (1837). Hg. von Heinz Rölleke. Deutscher Klassiker Verlag. Frankfurt a.M. 1985.

[22] Hans-Jörg Uther: The Types of International Folktales. A Classification and Bibliography. Based on the System of Antti Aarne and Stith Thompson. Bd. 1. Helsinki 2004 (FF Communications, 284), S. 174 f.; vgl. Walter Scherf: Die drei Hunde. In: ders.: Das Märchenlexikon. Bd. 1. München 1995, S. 201-204.

vom „Schnellen Boten" (AaTh/ATU 665 *The Man Who Flew like a Bird and Swam like a Fish*)[23].

Die Analyse beginne ich mit einer Beschreibung des Sujets von *Roman Holiday*.[24] Darin fasse ich die Handlung des Films, die chronologisch repräsentiert wird, zusammen und referiere, welchem Argumentationsgang der Film folgt. Der besseren Übersichtlichkeit halber verdeutliche ich die Struktur des Films durch römische Ziffern.

I. Exposition
I.1 Einführung der Protagonistin
Mit diesem Abschnitt wird eine der drei Handlungslinien des Films, die ich mit „A", „B" und „C" bezeichne, etabliert. Er besteht aus drei Sinneinheiten. Im Stil einer Wochenschau wird zuerst der soziale Status der Heldin vermittelt: Es handelt sich um „Prinzessin Ann", die verschiedenen europäischen Ländern einen Staatsbesuch abgestattet hat und gerade in Rom Station macht. Dann wird das Problem der Heldin definiert: Ann ist zugleich Ehrengast und Gastgeberin eines Balls in der römischen Botschaft ihres Landes. Sie erfüllt ihre Pflichten ohne innere Beteiligung, ohne Glücksgewinn und unter der strengen Aufsicht von Countess Vereberg, einem General und dem Botschafter. In der nächsten Szenenfolge bringt Countess Vereberg Ann in einem prunkvollen Schlafzimmer zu Bett. Drei Aussagen werden dabei über die Heldin gemacht: Sie sehnt sich nach den Freiheiten, die das Leben „normalen" Menschen bietet. Sie lässt sich wie ein Kind behandeln, und sie ist durch das Repräsentationsprogramm überfordert. Damit sie Ruhe findet, bekommt sie eine Injektion. Zuletzt wird vermittelt, welchen Lösungsversuch Ann unternimmt: Sie kleidet sich schlicht in Rock und Bluse und verlässt, in einem Wäschereifahrzeug versteckt, die Botschaft.[25]

---

[23] Uther (wie Anm. 22), S. 363 f. Das Märchen ist im achten und letzten Bändchen der Sammlung „Narodnoye russkie skazki" von Aleksandr Nikolaevič Afanas'ev 1863 als Nr. 24 unter dem Titel „Skoryj gonec" (Der geschwinde Bote) erschienen; siehe Walter Scherf: Das Märchenlexikon. Bd. 2. München 1995, S. 1043-1047. Ich arbeite mit der deutschen Übertragung des Märchens von Werner von Grimm (Russische Volksmärchen von Alexander N. Afanasjew, hrsg. von Imogen Delisle-Kupffer. Frankfurt a.M. 1990, S. 274-281).

[24] Der Film wurde mit einem Oskar für die beste weibliche Hauptrolle und einem Oskar für die Kostüme ausgezeichnet. Eine sehr zuverlässige Transkription der Dialoge fand sich im Juli 1998 unter: http://members.xoom.com/hepburn/scripts/rh-titles.html. Als Verfasser ist angegeben: Graham (hepburn@unforgettable.com). Für diesen Hinweis und andere wertvolle Anregungen danke ich Sabine Wenkums.

[25] Der Dreischritt in der Argumentation: Wer ist die Protagonistin, was ist ihr Problem, welches ihr Lösungsversuch, wird demnach begleitet von einer Perspektivenverschiebung, die in perfekter Symmetrie am Ende des Films rückgängig gemacht wird: Zuerst wird über die Heldin nach dem Wissensstand der Presse vermittelt, dann wird sie als Obwalterin ihres Amtes bei einer exklusiven Veranstaltung und schließlich als Privatperson gezeigt.

I.II Einführung des Protagonisten
Mit der Vorstellung der männlichen Hauptfigur wird die zweite Handlungslinie (B) eröffnet. Sie folgt in der Argumentationsstruktur der Handlungslinie A. Auch bei dieser Figur wird zuerst der soziale Status geklärt: Der Journalist Joe verlässt als erster eine Kartenspieler-Runde. Er muss am nächsten Vormittag zum Presseempfang der Prinzessin Ann. Von seiner Barschaft hat er fast alles verloren.

II. Hauptteil
II.I Kennenlernen
Wie bei vielen Hollywood-Liebesfilmen ist die Repräsentation der Paarbildung in drei Teile gegliedert, die jeweils ein Stadium der Beziehung entwickeln. Alle Szenenfolgen mit diesem Gegenstand rechne ich zur dritten Handlungslinie (C). Beim ersten Stadium sind drei Etappen zu unterscheiden. In der ersten begegnen sich die Protagonisten, ohne ihre jeweilige soziale Identität zu kennen:
Ann liegt auf einem Mäuerchen vor dem Septimus-Servus-Bogen. Joe schlendert an ihr vorbei. Als sie sich im Halbschlaf dreht, hält er sie an den Armen fest und verhindert so, dass sie auf den Boden rollt. Weil Ann Floskeln ihrer offiziellen Auftritte zitiert, glaubt Joe, sie sei betrunken. Er ruft ein Taxi. Der Chauffeur hält ihn für Anns Liebhaber. Deswegen hilft er Ann in den Wagen, setzt sich zu ihr, lässt sich nach Hause fahren, bezahlt und beauftragt den Fahrer, Ann heimzubringen. Dieser droht, Ann bei der Polizei abzuliefern. Daraufhin führt Joe Ann auf sein Zimmer, um ihr für diese Nacht Unterschlupf zu gewähren. Kurzer Wechsel zu A: Anns Flucht wurde entdeckt. Die Verantwortlichen beschließen Geheimhaltung. Rückkehr zu C: Entgegen Joes Anweisungen hat Ann sich in sein Bett gelegt. Er befördert sie ziemlich unsanft auf die Ottomane, die durch ihre geschwungene Liegefläche alles andere als bequem ist. Erneuter Wechsel zu A: Eine kurze Bildfolge von ratternden Schreibmaschinen und rotierenden Lochstreifen zeigt, mit welcher Nachricht Anns Verschwinden verheimlicht werden soll: Sie sei plötzlich erkrankt.
In der zweiten Etappe erfährt der Protagonist, wer sein Gast ist. Funktional entspricht diese Etappe zudem dem zweiten und dritten Abschnitt der Exposition der Heldin, denn in einer ersten Sinneinheit wird das Problem Joes definiert und in einer zweiten dessen Lösungsprojekt: Joe verschläft den Interviewtermin mit Prinzessin Ann. Vom verärgerten Chef Hennessy bereits erwartet, kommt er ins Büro seiner Nachrichtenagentur und gibt vor, beim Interview gewesen zu sein. Hennessy konfrontiert ihn mit der Titel-Schlagzeile über die Erkrankung der Prinzessin. Kündigung. Joe identifiziert dank des abgedruckten Fotos seinen Übernachtungsgast. Er bietet Hennessy einen Exklusiv-Bericht über die Prinzessin an. Hennessy wettet um 500 Dollar, dass Joe diesen nicht werde liefern können. Joe hat bei Hennessy bereits Schulden in dieser Höhe. Er nimmt die Wette

an. Mit dem Artikelhonorar plant er, seine Heimreise nach New York zu finan-
zieren.

In der dritten Etappe ist die Beziehung der Hauptfiguren dadurch gekenn-
zeichnet, dass der Protagonist weiß, wer die Heldin ist, während sie weder weiß,
wer er ist, noch, dass er weiß, wer sie ist.

In seine Wohnung zurückgekehrt, nützt Joe Anns anfängliche Schläfrigkeit,
um ihre Identität unbemerkt zu überprüfen. Einmal bei Bewusstsein, klärt Ann,
dass sie keinen Unfall hatte, nicht entführt wurde, nicht nur mit dem Schlaf-
anzugoberteil im Bett liegt und nicht mit Joe geschlafen hat. Sie stellt sich unter
dem Namen Anja vor. Wechsel zu B: Von einem Bildhauerbetrieb aus ruft Joe
den Pressefotografen Irving an und verabredet sich mit diesem für die nächste
halbe Stunde im Café Rocca. Wechsel zu C: Joes Putzfrau scheucht Ann aus
dem Bad. Sie macht ihr Vorhaltungen, weil sie sie für Joes Geliebte hält. Sowie
Joe wieder in seiner Wohnung ist, verabschiedet sich Ann von ihm, kommt aber
nochmals zurück, um sich Geld zu borgen. Joes Vermieter beobachtet die Geld-
übergabe-Szene und glaubt, Joe zahle Ann für die Nacht.

II.II Verstehenlernen

Bei diesem Stadium sind zwei Etappen zu unterscheiden. In der ersten probiert
die Protagonistin das Alltagsleben einer jugendlichen „Normalbürgerin" aus. Sie
kauft sich Sandalen auf dem Markt und lässt sich die Haare kurz schneiden.
Vom Friseur wird sie für ein Model gehalten und für abends zum Tanzen eingeladen. Schließlich setzt sie sich Eis schleckend auf die Spanische Treppe. Bei
alledem wird sie von Joe verfolgt und beobachtet. In der zweiten Etappe erkundet Ann Rom unter der Führung Joes: Joe gibt vor, Ann zufällig zu treffen. Er
lädt sie ein ins Café Rocca, wo er Irving als Fotografen an seinem Projekt beteiligt. Unterbrechung durch Handlungslinie A: Auf dem Flughafen trifft eine vom
Botschafter georderte Gruppe von Geheimagenten ein, die Ann finden soll.
Rückkehr zu C: Joe zeigt Ann das Kolosseum. Sie fahren Vespa und landen auf
der Polizei, weil Ann, zum ersten Mal in ihrem Leben am Lenker, Chaos verursacht hat. Um ohne weiteren Ärger freizukommen, geben sie vor, eben geheiratet zu haben. Anschließend führt Joe sie zur „bocca della verità" und schließlich
zur Mauer der Wünsche. Ann schlägt vor, abends zum Tanzen an die Tiber-
brücke Sant'Angelo zu gehen.

II.III Lieben

Joe ist wunschgemäß mit Ann zum Tanzen gegangen. Sie schmiegt sich an ihn
und bedankt sich für seine selbstlose Freundlichkeit, was Joe in Verlegenheit
bringt. Ann trifft ihren Friseur und tanzt mit ihm. Unterdessen ist sie von einem
Agenten erkannt worden, und die von ihm zur Unterstützung herbeigerufenen
Kollegen sind eingetroffen. Als er Ann auffordert, mit ihm zu kommen, wehrt
sie sich. Joe, Irving, der Friseur und Ann liefern sich mit den Agenten eine

Schlägerei, aus der sie als Sieger hervorgehen. Ann und Joe springen in den Fluss, um der Vernehmung durch die mittlerweile alarmierte Polizei zu entgehen. Am Ufer sprechen sie sich gegenseitige Anerkennung aus. Ein langer Kuss.

III. Schluss
III.I Trennung des Paars im Privaten
Während Ann ihre Kleider bei Joe trocknen lässt, wird indirekt ein Heiratsantrag ausgesprochen, dieser wird angenommen und die Vergeblichkeit einer solchen Vereinbarung wird beidseitig eingestanden.[26] Ellipse. Joe hat Ann zur Botschaft gefahren. Eine letzte Umarmung.

III.II Konsequenzen
In zwei Sinneinheiten wird sukzessive geklärt, ob die Hauptfiguren ihre Probleme gelöst haben. A: Ann steht in ihrem Schlafzimmer der Countess, dem Botschafter und dem General gegenüber. Diesen erklärt sie, sie sei aus reinem Pflichtbewusstsein zurückgekommen. In Zukunft verbittet sie sich deswegen Ermahnungen und Gängeleien. B: Hennessy besucht Joe, denn ihm ist erzählt worden, Joe sei mit der Prinzessin in der Stadt gewesen. Irving kommt dazu, um Joe die Fotos von Ann zu zeigen. Beiden erklärt Joe, es gäbe keine Reportage. Hennessy resigniert schließlich. Er schickt Joe zum um einen Tag verschobenen Presseempfang Anns. Joe verspricht, seine 500 Dollar-Schuld in zehn Monatsraten zu tilgen. Auch Irving akzeptiert Joes Entscheidung, Anns „Auszeit" nicht publizistisch zu vermarkten.

III.II. Trennung des Paars in der Öffentlichkeit
Beim Presse-Empfang stehen Joe und Irving in der ersten Reihe der Journalisten, als Ann auftritt. Joe und Ann verständigen sich über ihre Absichten und Gefühle durch Blicke[27] und die Verwendung anlassgebundener Rede, deren Doppeldeutigkeit nur ihnen und Irving verständlich ist[28]. Ann erfüllt ihre Aufga-

---

[26] Ann bedauert, dass sie Joe kein Abendessen kochen kann, weil dieser keine Küche hat. Ann: „I am a good cook. I could earn my living at it. I can sew too and clean a house and iron. I learned to do all those things. I just – haven't had the chance to do it – for anyone." Joe: „Looks like I'll have to move and get myself a place with a kitchen." Ann: „Yes."

[27] Die Wiederbegegnung der Protagonisten wird mit überdurchschnittlich vielen Closeups, Medium Closeups und Point of view-Shots repräsentiert. An der dadurch fokussierten Mimik, insbesondere der Augenbewegung und am Augenausdruck (feucht, tränend), kann das Publikum die Wahrnehmungen und Gefühlsregungen Anns und Joes ablesen.

[28] Beispiel: Auf die Frage eines Reporters, wie Ann die zukünftige Entwicklung der Freundschaft der Nationen sehe, antwortet Ann zuerst wieder als Sprachrohr des Botschafters: „I have every faith in it." Dann fügt sie, herausfordernd zu Joe blickend, hinzu: „As I have faith in relations between people." Mit glänzenden Augen Joe: „May I say, speaking from my own press service, we believe that your highness's faith will not be unjustified." Ann, ebenfalls mit feuchten Augen und lächelnd: „I am so glad to hear you say it."

ben formvollendet, aber ohne länger Marionette ihrer Begleiter zu sein. Deren Steuerungs- oder Bevormundungsversuche weist sie dezent, aber entschieden zurück. Genau durch diesen Authentizitäts-Zuwachs begeistert sie die Journalisten.[29]

Auf der Ebene der *tale roles* weist *Roman Holiday* eindeutige Parallelen zur Figurenkonstellation eines Liebesmärchens auf. Prinzessin Ann kann als *character*, der die Position RJF besetzt, gedeutet werden. Ebenso stimmig ist es, Joe als Besetzung der AJM-Rolle zu sehen. Die Countess entspricht danach der Position REF, der Botschafter und der General vertreten die Rolle eines REM. Hennessy fungiert als Vaterfigur auf der niedrigen sozialen Ebene. Selbst auf der Ebene der *characters* gibt es Analogien zum Märchen, weil es um die Beziehung einer Prinzessin zu einem „Habe- und Taugenichts" geht.

So zeigt sich als erstes Ergebnis, dass *Roman Holiday* – anders als die filmwissenschaftliche und populäre Kategorisierung der Filmfabel als „Aschenputtel"-Geschichte erwarten ließe – in der sozialen Positionierung der Protagonisten keineswegs einem Märchen „weiblicher Form" entspricht, sondern einem Märchen „männlicher Form".

Dass der Film Assoziationen zum „Aschenputtel"-Märchen provoziert, liegt in erster Linie an der Verwendung des Motivs der Wunscherfüllung im Kontext der Paarbildung. In der Exposition wird Prinzessin Ann durch ihre Wünsche und Sehnsüchte charakterisiert, welche in der Begegnung mit Joe sukzessive erfüllt werden.[30] Als Beispiel für die aus diesem Motiv resultierende Verknüpfung von Einleitung und Hauptteil und für die Intensität, mit der darauf verwiesen wird, zitiere ich den Rat, den Anns Leibarzt gibt, als er sie wegen ihres Protests gegen einen minuziös verplanten Tagesablauf behandelt: „Best thing I know is to do exactly what you wish for a while". Diese Empfehlung wird durch den Fortgang der Handlung retrospektiv als Motto der Protagonistin und somit als Vorausdeutung erkennbar.

Unterstützt wird die assoziative Verknüpfung der Fabel mit dem „Aschenputtel"-Märchen auch durch die Dialoge der Hauptfiguren, bei denen Anns Wünsche und die Möglichkeit ihrer Realisierung erörtert werden.[31] In der Szene

---

[29] Der Vollständigkeit halber möchte ich auf eine Strukturierung des Films hinweisen, die anders als meine ist. Danach besteht der Film aus zwölf Sequenzen, die ihrerseits drei Abschnitten zugeordnet sind. Diese Einteilung wird von der Zuschauerwirkung der Sequenzen abgeleitet. Im ersten Teil würde das Publikum über die Heldin lachen, im zweiten Teil mit ihr, und im letzten Teil stünde das sentimentale Thema des Verzichts im Vordergrund; vgl. hierzu Silvio de Souza P. Autuori. In: Fiche Filmographique Nr. 93. Institut des Hautes Études Cinématographique. Veröffentlicht in: Films et Documents Nr. 87. Revue de la F.N.C.E. (o. J.).

[30] Beispiele: Ann wünscht sich, im Pyjama zu schlafen – bei Joe geht dieser Wunsch in Erfüllung; Ann möchte wie andere junge Leute am Tiber tanzen – Joe führt sie dorthin.

[31] Auf der spanischen Treppe. Ann: „I could do some of the things I've always wanted to do." Joe: „Like what?" Ann: „Oh, you can't imagine. I'd like to do just whatever I like, the

an der Mauer der Wünsche deutet sich die Protagonistin sogar selbst als Aschenputtel und insinuiert damit eine entsprechende Rezeption.[32]

Tatsächlich aber folgt das Motiv der Wunscherfüllung einer anderen Logik als im „Aschenputtel"-Märchen. Dort bekommt die Heldin die Ballkleider nicht geschenkt, weil sie sich nach solchen gesehnt hätte. Sie sind als Belohnungen sichtbarer Ausdruck für ihre Kompetenzen, welche von erwachsenen Frauenfiguren gefordert und geprüft wurden (der toten Mutter, der Stiefmutter). Die Wunscherfüllung im „Aschenputtel"-Märchen ist ein „Wunder", weil sie nicht als *diesseitiges* Phänomen erklärbar ist. Sie ist aber zugleich kausal begründet durch die ihm vorausgehenden Handlungen der Heldin. Dagegen besteht das „Wunder" in *Roman Holiday* darin, dass die Wünsche der Heldin *passgenau* und zugleich zufällig, also ohne Einwirkung *jenseitiger* Kräfte, erfüllt werden.[33] Wie sich am Ende des Films herausstellt, ist an die Stelle einer Kausal-Ursache eine Wirk-Ursache getreten: Infolge der temporären „Wunscherfüllung" kann die Heldin den mit ihrer sozialen Rolle verbundenen Anforderungen nachkommen. Die „Wunscherfüllung" wirkt somit wie eine Therapie. Anders als im Märchen wird damit weniger eine sinnvolle diegetische Ordnung hergestellt als vielmehr das rationalistische Prinzip des reibungslosen Funktionierens durchgesetzt.

Da in *Roman Holiday* die „Wunscherfüllung" somit nicht wie im „Aschenputtel"-Märchen Folge eines abgeschlossenen Adoleszenz-Prozesses darstellt, sondern für dessen Gelingen notwendig ist, verhält sich die weibliche Hauptfigur im Hauptteil ungleich infantiler als die „Aschenputtel"-Figur in *move III*.[34] Aus der Perspektive der Heldin ist zudem der Protagonist derjenige, der zentral zur Erfüllung ihrer Wünsche beiträgt, weswegen sie ihm dankbar ist. Was Joe für Ann tut, scheint somit die gleiche Funktion zu haben wie die Rettungsdienste

---

whole day long." Joe: „You mean things like having your hair cut, eating gelato?" Ann: „Yes. And I'd like to sit at a sidewalk café and look in shop windows, walk in the rain, have fun and maybe some excitement. Doesn't mean much to you, does it?" Joe: „Don't I? First wish: One sidewalk café. Coming right up. I know just the place: Rocca's."

[32] Auf Joes Versprechen: „Anything you wish", antwortet Ann: „And at midnight I'll turn into a pumpkin and drive away in my glass slipper". Joe: „And that will be the end of the fairy tale."

[33] Die Kategorien der „Diesseitigkeit" und „Jenseitigkeit" hat Max Lüthi unter dem seinen Ausführungen nach das Märchen charakterisierenden Merkmal der „Eindimensionalität" entwickelt. Mit dem Begriff der „Passgenauigkeit" bezeichnet er die für die Gattung Märchen typische Entsprechung von Dingen, Figuren und Situationen. Diese Eigenheit rechnet er zum „abstrakten Stil"; ders.: Das europäische Volksmärchen. Form und Wesen. Bern 1947 (11., unveränd. Aufl. Tübingen u.a. 2005). Als Fachtermini sind diese Begriffe im obigen Text kursiv gesetzt.

[34] Die Charakterisierung von Prinzessin Ann ähnelt insofern eher der Heldin aus der Zeichentrick-Version von Walt Disney („Cinderella", USA 1950) als der „Aschenputtel"-Figur der Grimm-Fassung (KHM 21). Bei Disney wird die Protagonistin in ihrer ersten „Arie" durch ihre Träume, Sehnsüchte und Wünsche charakterisiert.

der Helden aus dem „Schnellen Boten" oder dem „Drachentöter"-Märchen.[35] Schließlich gilt es noch zu betonen, dass die Verteilung der Fabelinformation auf die Hauptfiguren in *Roman Holiday* umgekehrt ist wie im „Aschenputtel"-Märchen: Dort verbirgt die Heldin erfolgreich ihre Identität und sie täuscht dem Protagonisten zielorientiert die Zugehörigkeit zu einem höheren sozialen Status vor.

Dass es trotz der eklatanten Abweichungen des Sujets von *Roman Holdiay* möglich ist, die Protagonistin als „Aschenputtel"-Figur zu rezipieren, liegt meiner Einschätzung nach an den bürgerlich modernen Verwendungszusammenhängen dieses Märchens. Nicht nur nämlich wurde das Märchen im Laufe des 19. Jahrhunderts zur Kindergattung, sondern im Zuge der „Polarisierung der Geschlechtscharaktere"[36] blieb das „Aschenputtel"-Märchen eine Erzählung, die ein Muster für einen legitimen weiblichen Lebensentwurf[37] bot, während kein Märchen „männlicher Form" als analoges Orientierungsmodell für männliche Lebensläufe paradigmatischen Stellenwert bekam.[38] In den USA lieferten die

---

[35] Im „Schnellen Boten" holt der Held Semjon die Waffen des Zaren, die dieser bei seiner Tochter vergessen hat, die er aber für die bevorstehende kriegerische Auseinandersetzung dringend braucht. Im „Drachentöter"-Märchen rettet der Protagonist die Prinzessin vor der Ermordung durch den Drachen.

[36] Vgl. hierzu Karin Hausen: Die Polarisierung der „Geschlechtscharaktere". Eine Spiegelung der Dissoziation von Erwerbs- und Familienleben. In: Sozialgeschichte der Familie in der Neuzeit, hrsg. von Werner Conze. Stuttgart 1976, S. 363-393.

[37] Dies lässt sich beispielsweise anhand des feministisch orientierten Widerstands gegen „Aschenputtel als Weiblichkeitsideal" belegen; vgl. Grimms Märchen International. Zehn der bekanntesten Grimm'schen Märchen und ihre europäischen und außereuropäischen Verwandten. Bd. 2. Kommentar, hrsg. von Ingrid Tomkowiak und Ulrich Marzolph. Paderborn/München/Wien/Zürich 1996. Dort (S. 42) heißt es, die „geduldig leidende schöne Frau des Grimm'schen Märchens" sei „für Generationen als das Ideal der Frau mit Aufstiegschancen erschienen". Ähnlich sieht es auch Stone. Sie hat Interviews mit 26 Frauen geführt, um „den bleibenden Einfluß der in Märchen enthaltenen Geschlechtsstereotypen" zu untersuchen. Stone gelangt zu dem Ergebnis, dass „Aschenputtel" das Märchen ist, welches am besten in Erinnerung blieb. Nach Meinung der Befragten stelle es „das Abbild der von uns idealisierten perfekten Frau" dar, „wunderschön, lieblich, geduldig, unterwürfig, und eine ausgezeichnete Haus- und Ehefrau". Kay F. Stone: Mißbrauchte Verzauberung. Aschenputtel als Weiblichkeitsideal in Nordamerika. In: Über Märchen für Kinder von heute, hrsg. von Klaus Doderer. Weinheim/Basel 1983, S. 78-93. Zu dieser „Aschenputtel"-Auffassung mögen in den USA seit dem 19. Jahrhundert massenhaft für das Kinderpublikum hergestellte Märchenhefte und -bücher (ebenso wie die Disney-Fassung) beigetragen haben; Jane Yolen: America's Cinderella. In: Cinderella. A Folklore Casebook, hrsg. von Alan Dundes. New York/London 1982, S. 294-306.

[38] Mit dieser These möchte ich keineswegs eine kontinuierliche Überlieferungslinie vom Märchen zum Hollywood-Liebesfilm konstruieren. Vielmehr schiene es mir lohnenswert, etwa die Romanliteratur des 19. Jahrhunderts mit weiblichen Hauptfiguren auf ihre Ähnlichkeit zum „Aschenputtel"-Märchen hin zu untersuchen. So ließen sich bei den Texten von Jane Austen und Emily Brontë sicherlich motivische und strukturelle Ähnlichkeiten

Horatio-Alger-Stories exemplarische populäre Ausdeutungen für männliche Verwirklichungsmöglichkeiten des *American Dream*, während „Cinderella"-Varianten die weibliche Version des demokratischen *rags-to-riches*-Szenarios boten.[39] So wurde „Märchenhaftigkeit" zu einem Charakteristikum, welches mit „Weiblichkeit", nicht jedoch mit „Männlichkeit" vereinbar war.[40] Angesichts dieser geschlechtsspezifischen Diskursivierung der Gattung Märchen und einzelner Erzähltypen[41] waren und sind, so lautet meine These, Frauenfiguren tendenziell eher als Aktualisierungen von Märchenfiguren charakterisier- und deutbar.

Da *Roman Holiday* in der Besetzung der Positionen der Hauptfiguren einem Märchen „männlicher Form" entspricht, werde ich überprüfen, inwiefern die Handlungsstruktur des Films und die Themenstellung einzelner Abschnitte einem solchen ähneln.

Die Exposition der Protagonistin weist thematische Übereinstimmung zu *move I* auf: Wie im Märchen hat die weibliche Hauptfigur mit hohem sozialen Status Schwierigkeiten, erwachsen zu werden. Sie unterwirft sich Autoritätsfiguren, obwohl sie dies ihrem Alter und ihrem Status nach nicht müsste und obwohl diese mehr an ihrer Funktionalität als an ihrem Wohlbefinden interessiert sind. Unzulänglich ist auch der Versuch der Heldin, ihren Konflikt durch heimliche Flucht zu lösen.

---

finden. Diese könnten so gesehen als bürgerliche literarische Adaptionen des Märchens „weiblicher Form" gelesen werden.

[39] Eine Zusammenfassung feministischer Kritik am Märchen gibt Kay F. Stone: Feminist Approaches to the Interpretation of Fairy Tales. In: Fairy Tales and Society: Illusion, Allusion and Paradigm, hrsg. von Ruth B. Bottigheimer. Philadelphia 1986, S. 229-236. Einen Überblick über Arbeiten, die sich mit der Rolle von Märchen zur Sozialisation von geschlechtsspezifischen Verhaltensmustern befassen, formuliert Jack Zipes. In: ders.: Der Prinz wird nicht kommen. In: Die Frau im Märchen, hrsg. von Rainer Wehse und Sigrid Früh. Kassel 1985, S. 174-192.

[40] Zur Unterstützung dieser These verweise ich auf den Film „Mr. Deeds goes to Town" (Regie: Frank Capra, USA 1936). Dessen Protagonist erbt von seinem Onkel ein riesiges Vermögen. Von der Presse und von der New Yorker High Society wird er infolgedessen als „Cinderella Man" kategorisiert und damit abqualifiziert. Diese Wertung der diegetischen Gesellschaft wird durch die Reaktion des Helden bestätigt, der sich dadurch gekränkt fühlt.

[41] Dass gerade „Aschenputtel" und nicht eine andere „feminine tale" diesen paradigmatischen Stellenwert gewonnen hat, hat vermutlich mehrere Gründe. So eignet es sich besonders gut zur Rationalisierung, weil bei der Begegnung der Hauptfiguren keine *jenseitigen* Ereignisse stattfinden. Da zudem der Protagonist nicht erlösungsbedürftig ist, sperrt es sich einer Interpretation durch das Raster der „polarisierten Geschlechtscharaktere" kaum. Das Gelingen der Paarbildung kann dank dieser Konstellation als „Rettung" einer „passiven" Heldin gedeutet werden. Ferner ist die Familie mit hohem sozialen Status nicht problembehaftet, und die einzigen bösen „characters" sind Frauen mit niedrigem sozialen Status. Das Märchen bietet somit Gelegenheit für „Frauenschimpf" und ist vereinbar mit einer bürgerlichen Wertung des Reichtums.

Anders als im Märchen ist der Wechsel der männlichen Hauptfigur auf die Position eines Erwachsenen nicht vor der Begegnung mit der Protagonistin abgeschlossen. So werden erst während des ersten Paarbildungsstadiums die drei Aufgaben des Helden konkret formuliert: Die Kündigung wirft die Frage nach der Berufsfähigkeit des Helden auf, die Verschuldung stellt seine Verdienst- und Haushaltungseignung in Frage und das Scheitern seiner Lügen-Strategie verdeutlicht deren Dysfunktionalität im professionellen Kontext. „Integrität" in privaten Beziehungen wird bereits im vorherigen Filmabschnitt eingefordert. Ähnlich wie der Rat des Arztes entpuppt sich Anns dortige Feststellung: „What the world needs is a return to sweetness and decency in the souls of its young men" als Motto; nur dass dieses Motto den Maßstab formuliert, der an den Helden beim Prozess der Paarbildung gelegt wird.[42]

Konsequenz der im Vergleich mit dem Märchen verschobenen Aufgabenstellung ist, dass die Frage, ob der Held auf die Position eines AEM wechselt, parallel zur Frage verhandelt wird, ob die Paarbildung gelingt. Durch die Art der Problemdefinition werden diese beiden Fragen sogar argumentativ verknüpft. Dadurch wird die Paarbildung einer vom Märchen abweichenden Logik unterworfen: Erstens ist der Protagonist nicht frei in der Entscheidung, wie er sich gegenüber der Prinzessin verhält. Seine Handlungen werden durch „Sachzwänge" bestimmt. Zweitens ist es für den Helden rational, der Prinzessin zu schaden, und irrational, sie zu schonen. Die Fabel legitimiert durch diese Konstruktion die Absicht des Helden, seine Probleme zu lösen (indem er der Heldin welche bereitet) als berufliche Notwendigkeit. Drittens gerät der Held in Zielkonflikte. Anders im Märchen: In *move III* im „Schnellen Boten" und im „Drachentöter"-Märchen befinden sich die Helden in einer Situation, in der ihr eigenes Interesse mit dem der Heldinnen zusammenfällt. Wenn sie diesen helfen, gewinnen sie die Chance des sozialen Aufstiegs. Joe dagegen muss, um die Anerkennung der Vaterfigur und die damit verbundene existenzielle Versorgung zu gewinnen, ein Ziel anstreben, das Anns Interessen diametral entgegengesetzt ist. Dies aber würde ein Gelingen der Paarbildung ausschließen. So werden letztlich unvereinbare Anforderungen an die männliche Hauptfigur gestellt: Er muss in der Beziehung zur Protagonistin ehrlich sein, um seine „Anständigkeit" zu beweisen, und er muss diese belügen, wenn er beruflichen Erfolg haben will.[43]

---

[42] In der „bocca della verità"-Szene gibt es einen extradiegetischen Musikkommentar zum Thema „Lüge": Nachdem beide Hauptfiguren lachend den Raum verlassen haben, wird das Halbrelief des Gesichts mit dem offenen Mund in einer Totale gezeigt. Dazu ist düstere Musik zu hören. Dadurch wird angedeutet, dass der leichtfertige Umgang des Protagonisten mit Lüge und Wahrheit für diesen ungeahnte, bittere Konsequenzen haben könnte.

[43] In dieser Form der Problemkonstellation ähnelt der Film „It happened one night" (Regie: Frank Capra, USA 1934).

Für diese Fabelkonstruktion zentral ist eine asymmetrische Verteilung der Fabelinformation auf die Figuren: Denn während Joe nicht nur alles versteht, was Ann tut, sondern sie sogar nach seinen Interessen manipulieren kann, hat Ann nicht den leisesten Verdacht, dass sie von Joes zukünftiger Entscheidung abhängiger wird, je länger sie zusammen sind. An dieser Stelle wird erklärbar, inwiefern die Dankbarkeit Anns am Ende des Hauptteils sich von derjenigen der Prinzessinnen aus den Beispielmärchen „männlicher Form" unterscheidet: Die Märchen-Heldinnen haben allen Grund dankbar zu sein, Prinzessin Ann hat dagegen keinen.

Der erste Teil des Schlusses ähnelt teils *move IV*. Wie im Märchen kommt es trotz der geglückten Liebesbeziehung zur Trennung des Paars. Anders als im Märchen hat allerdings der Protagonist durch das, was er für die Heldin getan hat, keinen berechtigten Anspruch, durch die Heirat einen sozialen Aufstieg zu bewerkstelligen. Denn Joe hat im Hauptteil nicht bewiesen, dass er die Rolle eines REM besser besetzen könnte als der Vater der Prinzessin. Zudem wird das Zustandekommen einer solchen Mesalliance von beiden Hauptfiguren prinzipiell ausgeschlossen, was im Märchen nicht der Fall ist. Dadurch werden beide, insbesondere aber die Heldin (weil ihr Status eine Legitimierung verhindert) zu Opfern des diegetischen sozialen Normengefüges. Damit wird eine Aussage über den Status einer Prinzessin gemacht, die dem Märchen nicht entspricht: Er biete keine Garantie für weltliches Glück, sondern schließe die Realisierung individueller Glücksansprüche aus: Selbstbestimmung im Konsum, in der Kleidung, in der Tagesgestaltung und in der Partnerwahl. Unfreiwillig komisch mutet für heutige Zuschauerinnen die Trauer der Protagonistin darüber an, dass sie ihre hausfraulichen Qualitäten nie wird zur Geltung bringen dürfen.[44] Das so bewertete Sujet widerspricht allerdings deutlich dem Aussagesystem des Märchens. Durch die erste und letzte Szenenfolge des Films, in denen die Protagonistin entweder als „Nachrichtenprodukt" oder als „Nachrichtenproduzentin" repräsentiert wird, wird vielmehr ein – natürlich fiktionaler – Vergleich angestrengt zwischen dem massenmedial erzeugten „Schein" des Lebens einer Prinzessin und dem tatsächlichen „Prinzessinnen-Sein". *Roman Holiday* plädiert somit für das Einverständnis mit einer unbedeutenden „Allerwelts-Existenz".

Die Handlungslinie A des 2. Teils des Schlusses erfüllt Aussagefunktionen, die im Märchen am Ende von *move III* stehen, insofern darin nachgewiesen wird, dass das in der Exposition angelegte Problem der Heldin gelöst wurde. Die entscheidende thematische Abweichung zum Märchen liegt darin, dass die Protagonistin nichts für die Durchsetzung ihres Paarbildungswunsches tut. So prominent das Motiv der „Wunscherfüllung" für das Sujet ist – „Erwachsensein" gelingt der Heldin in *Roman Holiday* nur um den Preis der Wunschversagung, der Resignation. Denn im Unterschied zum Märchen geht es hier darum, sozia-

---

[44] Vgl. hierzu Anm. 26.

len Erwartungen entsprechen zu müssen. Die anschließende Szenenfolge der Handlungslinie B klärt, inwiefern der Protagonist „erwachsen" geworden ist. Hennessy engagiert Joe wieder. Den Test der Berufsfähigkeit hat er also bestanden, auch wenn er sie nicht eigentlich bewiesen hat. Die Vereinbarung über die Schuldentilgung in Raten löst die Frage der Verantwortlichkeit in finanziellen Dingen. Joes Verweigerung schließlich, das Vertrauen und die Zuneigung der Prinzessin zu enttäuschen, bezeugt, dass er persönliche Integrität höher wertet als finanziellen Erfolg und somit einen ethischen Umgang mit Lüge und Wahrheit gefunden hat.

Die letzte Szenenfolge des Films schließlich stellt eine Umkehrung des typischen Märchenendes dar: Im „Schnellen Boten" wie im „Drachentöter"-Märchen wird in *move V* die bis dato geheime Beziehung der Protagonisten öffentlich gemacht und legitimiert. In *Roman Holiday* wird sie als Privatgeheimnis bekräftigt und das Zusammensein endgültig beendet. An die Stelle einer glücklichen Zukunft tritt die Gewissheit einer Erinnerung an genossene Zweisamkeit.[45]

Nun kann die Logik, nach der Paarbildung in *Roman Holiday* glückt, präziser gefasst werden. Voraussetzung für das Zustandekommen der „Liebes"-Beziehung ist die Entscheidung des Helden für „moralische Integrität" und gegen die Ratio des Journalismus. Diese Entscheidung fällt erst, nachdem Joe die Möglichkeit, eine Reportage zu schreiben, gesichert hat. Sie wird als Folge seiner Erkenntnis plausibilisiert, dass es ihm vollkommen gelungen ist, Ann zu täuschen und sie sich in den verliebt hat, den er vorgegeben hat zu sein.

Was den Protagonisten also davon abhält, sein Ziel zu realisieren, ist die Ahnungslosigkeit der Heldin von seiner Macht, die ihre private Existenz erst ermöglichende Fassade zu zerstören. Denn ihre grenzenlose Naivität bürdet ihm die volle Verantwortung für die Durchführung des Betrugs auf. Was ihn ferner von der Veröffentlichung abhält, ist die bewundernde Anerkennung, die ihm von der Heldin zukommt. Sein Berufserfolg müsste mit dem Wissen der Heldin bezahlt werden, dass er sie unfair behandelt hätte.

„Liebe" kann sich demnach dann einstellen, wenn die Frauenfigur ein hohes Opferpotenzial hat, ohne es zu wissen, und die männliche Figur die Macht hat, der Frau zu schaden, dies aber nicht tut. Die männliche Figur ist also komplementär durch ein hohes Täterpotenzial charakterisiert sowie dadurch, dass sie dieses nicht ausschöpft. Die asymmetrische Macht- und Wissensverteilung

---

[45] Wie dicht das durch die Dialoge erzeugte Verweissystem ist, möchte ich nochmal durch ein Beispiel belegen. Bei der ersten Begegnung der Hauptfiguren zitiert Ann eine Verszeile, die die Zukunft ihrer Beziehung zu Joe beschreibt: „If I were dead and buried and heard your voice beneath the sod, my heart of dust would still rejoice." Beim Presseempfang antwortet sie auf die Frage, welche Stadt ihr bei ihrer Europareise am besten gefallen habe: „Rome. By all means, Rome. I will cherish my visit here in memory as long as I live."

scheint mir hierfür zentral. Denn sie ermöglicht es, die Paarbildung als einen Prozess darzustellen, bei dem die männliche Figur über die Frauenfigur den Status eines moralischen Subjekts gewinnt. Hätte die Frauenfigur kein Opferpotenzial, könnte die Männerfigur an ihr nicht prüfen, ob sie „Täter" ist oder nicht. Wüsste die Frauenfigur um ihr Opferpotenzial, so würde die Beziehung zwischen den beiden Figuren durch Angriff und Verteidigung gekennzeichnet. So aber kann die männliche Figur alleine und autark sich ihrer Moralität versichern, aber auch selbständig darüber entscheiden, ob die Paarbeziehung als „Liebesbeziehung" eine Zukunft haben wird.

Im letzten Schritt wird die Subjektwerdung der männlichen Figur von der weiblichen als Liebesbeweis anerkannt. Wieso die Betrugsabsicht der männlichen Figur die Perspektive der Frauenfigur nicht beeinflusst, ist nicht eindeutig zu klären. Vermutlich gilt zum einen die Idee des Betrugs als Vorbedingung für die moralische Prüfung. Zum anderen wird der Verzicht, den die männliche Figur in finanzieller Hinsicht leistet, als Opfer angerechnet. Dank diesem kann die Frauenfigur am Einkommensverlust der männlichen Figur ablesen, wie viel ihre Anerkennung und Zuneigung wert ist. Nach dieser Logik argumentiert die letzte Szenenfolge des Sujets: Die Protagonistin zeigt nicht eine Regung der Empörung oder der Wut, getäuscht worden zu sein.[46]

In geradezu vorbildlicher Weise illustriert *Roman Holiday* diese Konstruktion der Geschlechterbeziehung in jener Szene, in der Ann bei Joe zu Bett geht. Ihrem Habitus gemäß fordert sie die Person, die sie umgibt, auf, ihr beim Ausziehen zu helfen. Da sie unter dem Einfluss eines Tranquilizers handelt, ist ihr nicht bewusst, dass sie die ohnehin erotisch konnotierte Situation damit zuspitzt. Joe seinerseits kommt ihrer Aufforderung nicht nach, weil er weiß, dass sie nicht weiß, was sie tut und er sich so gezwungen sieht, „moralisch" zu handeln.

Auch wenn diese Konzeption von „Liebe" keineswegs ausschließlich in Filmen mit Audrey Hepburn vermittelt wird – vielmehr deutet einiges darauf hin, dass es sich um eine typisch bürgerliche Konstruktion handelt[47] – stellt doch die

---

46 Auch dieser Umgang der Heldin mit zugefügten Kränkungen wird im ersten Stadium der Paarbildung vorgezeichnet. Als Ann noch im Halbschlaf mit Joe redet, den sie für ihren Arzt hält, erzählt sie: „I dreamt I was asleep in the street and a young man came and he was tall and strong and he was mean to me." Joe: „He was?" Ann: „It was wonderful."

47 Vgl. die Ausführungen Koschorkes zur Herauskristallisierung der bürgerlichen „Liebesehe". Am Beispiel des Briefromans „Frl. von Sternheim" von Sophie von LaRoche führt er etwa aus, wie in der Epoche der Empfindsamkeit „Unschuld" als eine Tugend der Frau konstruiert wird, die das Nichtwissen dessen meint, was im Begriff der „Tugend" stets vorausgesetzt ist, nämlich die Möglichkeit des „Lasters"; Albrecht Koschorke: Körperströme und Schriftverkehr: Mediologie des 18. Jahrhunderts. München 1999, S. 20-34, 134-139. Als Literatur-Beispiel, bei dem die Subjekt-Werdung des Protagonisten in der Begegnung mit einer Frauenfigur mit hohem Opfer-Potenzial problematisiert wird, verweise ich auf Heinrich von Kleists Novelle „Die Marquise von O.". In dieser narrativen

Konzeption des „bewusstlosen" und „naiven" potenziellen Opfers eine wesentliche Komponente der von dieser Schauspielerin besetzten Rollen dar. Die Paarbildung in *Sabrina* etwa gelingt auf ganz ähnliche Weise: In dem Moment, als der Protagonist weiß, dass er sein Betrugsschema erfolgreich abschließen kann, weil sich die Heldin in ihn verliebt hat, gesteht er seine Absichten und riskiert damit hohe finanzielle Einbußen.

Extrem brutalisiert wird die Opfer-Täter-Konstellation in den Filmen *Charade*[48] und *Wait Until Dark*[49]. In diesen Filmen geht es nicht mehr „nur" um emotionale Verletzungen durch Lüge und Betrug, sondern das Leben der Heldin steht zur Disposition.

Die Frage, ob Audrey Hepburn eine „ideale Märchenweiblichkeit" verkörpert, möchte ich nach diesen Analysen entschieden verneinen. Mir ist kein einziges Liebesmärchen bekannt, bei dem der Protagonist schon allein deswegen liebenswert ist, weil er die Macht hat, der Heldin zu schaden, es aber nicht tut.

Die Attraktivität des von ihren Rollen transportierten Weiblichkeitsmodells und des damit verknüpften Paarbildungskonzepts liegt vermutlich für Männer und Frauen darin, dass Hierarchie-Konflikte im Paarbildungsprozess ausgeblendet werden, weil Macht und Ohnmacht geschlechtsspezifisch verteilt sind. Im Moment der konfliktfreien Geschlechterbegegnung liegt übrigens eine Übereinstimmung mit dem „Aschenputtel"-Märchen, auch wenn sie dort eher in der Ausgewogenheit der Handlungsmöglichkeiten beider Protagonisten begründet ist. Es mag demnach auch dieses Charakteristikum sein, welches Assoziationen an diesen Märchentyp ermöglicht und provoziert.

Die Physiognomie und die Figur von Audrey Hepburn waren für die Besetzung derartiger Rollen ideal. Ihre Gesichtszüge und ihre Mimik zeigen in der filmfotografischen Repräsentation Ähnlichkeiten mit dem „Kindchen-Schema". Ihre Bewegungen und ihre Körperformen werden als „mädchenhaft" abgebildet. „Naivität" und „Vertrauensseligkeit" einer fiktionalen Figur konnte sie somit glaubhaft repräsentieren. Da die mit ihren Rollen verbundene Ausformung der Täter-Opfer-Dialektik ähnliche Züge mit der Vater-Tochter-Beziehung hat, verwundert es nicht festzustellen, dass ihre Filmpartner meistens erheblich älter waren als sie.

Fiktion aktualisiert der Held sein Täterpotenzial. Das Gelingen der Paarbildung setzt deswegen die Auseinandersetzung beider Hauptfiguren mit dieser Konstellation voraus.

[48] Regie: Stanley Donen. USA 1963.

[49] Regie: Terence Young. USA 1967.

Helmut Groschwitz

Gullivers Reisen ins Serienland
Anmerkungen zu medialen Transformationen von Kinder- und Jugendbuchklassikern

„Probier's mal mit Gemütlichkeit, mit Ruhe und Gemütlichkeit, jagst Du den Alltag und die Sorgen weg ..." – mit diesem musikalischen Lebensmotto antwortet der Bär Baloo in Walt Disneys *Dschungelbuch*[1] auf die Frage nach dem Wichtigen im Leben, nachdem er mit dem von Wölfen großgezogenen Waisenkind Mowgli Freundschaft geschlossen hat. Dieses Lied ist eine der ersten Assoziationen, spricht man jemanden auf den Titel *Dschungelbuch* an. Die genannte Szene aus der Verfilmung taucht in der literarischen Vorlage von Rudyard Kipling jedoch nicht auf, und es ist dies nicht die einzige Veränderung bei der medialen Transformation vom Buch zum Zeichentrickfilm.

Für die Rezeption von Kinder- und Jugendliteratur[2] bekommen Film und Fernsehen vor allem seit dem Ausbau des Kinderfernsehens und der Einführung des Dualen Fernsehsystems eine steigende Bedeutung.[3] Gegenüber den Verfilmungen sind die ungekürzten literarischen Vorlagen häufig kaum oder nicht bekannt. Die Bedeutung filmischer Medien als Träger modernen Erzählens und für die Vermittlung von Erzählstoffen wird zunehmend von der Forschung erkannt und kritisch beschrieben. Insbesondere Probleme und Möglichkeiten der medienspezifischen Umsetzung beim Wechsel von einem semiotischen System in ein anderes wurden angesprochen.[4] Die Tatsache, dass es bei Medienwechseln, wie im eingangs genannten Beispiel, zu sehr starken Eingriffen in Motivbestand und Tiefenstruktur kommt, und dass diese Form modernen Erzählens für die Vermittlung klassischer Stoffe[5] gegenüber breiten Bevölkerungskreisen zentral geworden ist, macht Fragen medialer Transformationen für die Erzählforschung interessant.

---

[1] „The Jungle Book" (Das Dschungelbuch). Walt Disney Productions. Regie: Wolfgang Reitherman. USA 1967.

[2] Der Begriff „Kinder- und Jugendliteratur" wird hier von der Rezeptionsseite her betrachtet. Damit sind auch solche Stoffe eingeschlossen, die nicht explizit für Kinder und Jugendliche geschrieben wurden, jetzt aber auch in Kinder- und Jugendfassungen vorliegen.

[3] Siehe Horst Heidtmann: Medienadaptionen von Volksmärchen. In: Märchen – Kinder – Medien. Beiträge zur medialen Adaption von Märchen und zum didaktischen Umgang, hrsg. von Kurt Franz und Walter Kahn. Baltmannsweiler 2000, S. 82-98, hier S. 89.

[4] Z.B. Christoph Schmitt: Adaptionen klassischer Märchen im Kinder- und Familienfernsehen. Frankfurt a.M. 1993; Franz/Kahn (wie Anm. 3).

[5] Zum Begriff des Klassikers siehe ebd., S. 40-43.

Mediale Transformationen, insbesondere Serienverfilmungen, die auf literarischen Vorlagen beruhen, werden sehr kontrovers und zuweilen sehr emotional beurteilt. Das hat etwa die Diskussion um die Zeichentrickserie *SimsalaGrimm* gezeigt.[6] Unter den Kriterien der Werktreue und des pädagogischen Gehalts betrachtet, findet sich in der Forschung oft nur ein ablehnender bis vernichtender Befund. Aber auch die versöhnlichere Bewertung als Modernisierung[7] impliziert, dass sich die Erzählstoffe gewandelt und von der ursprünglichen Vorlage entfernt haben. Vergleiche von Motiven, Oberflächen- und Tiefenstrukturen zeigen meist mehr Unterschiede als Gemeinsamkeiten. Es wird von Reduktion und Erosion der Inhalte gesprochen. Auf anderem Weg nähert sich die Forschung den Verfilmungen, indem die Unterschiede zwischen literarischer Vorlage und filmischer Umsetzung benannt und diese als Indikatoren des jeweiligen Zeitkontextes, der Alltags- und Medienkultur gelesen werden.

In diesem Beitrag sollen jedoch nicht die Unterschiede im Mittelpunkt des Interesses stehen, sondern jene Elemente, die Buch und Serienverfilmung verbinden: Woran erkennt man, dass es sich um einen bestimmten Stoff handelt, wenn sich kaum mehr verbindende Elemente finden? Dazu werden an einigen Beispielen strukturelle Merkmale aufgezeigt, die für Serien im Kinderfernsehen typisch sind. Anschließend werden jene Elemente genauer beschrieben, welche die Serieninhalte und die zugrunde liegenden Stoffe verbinden. Diese Elemente sind auch für die Diskussion um die Verwendung kultureller Muster bei der Konstruktion von Marken von großem Interesse.

1. Gullivers Reise ins Serienland

Anonym erschien 1726 in London der Bericht über die „Reisen zu mehreren entlegenen Völkern der Welt in vier Teilen, von Lemuel Gulliver, zuerst Wundarzt, danach Kapitän mehrerer Schiffe".[8] Im allgemeinen Sprachgebrauch wird dieses Werk mit dem vereinfachten Titel *Gullivers Reisen* bezeichnet. Doch ist die Bekanntheit des Werkes und der vier Reisen, die den Ich-Erzähler der fiktionalen Reiseberichte in sehr fremdartige Kulturen verschlagen, sogleich in Frage zu stellen. Am geläufigsten ist Gullivers Aufenthalt nach einem Schiffbruch im Lande Liliput, das von handgroßen Menschen bewohnt wird. Der Name ist als

---

6   Siehe Märchenspiegel 11 (2000), H. 1; SimsalaGrimm – Klimbim?, hrsg. von der Märchenstiftung Walter Kahn. Leipzig 2000; Franz/Kahn (wie Anm. 3).

7   Z.B. Daniel Drascek: SimsalaGrimm. Zur Adaption und Modernisierung der Märchenwelt. In: Schweizerisches Archiv für Volkskunde 97 (2001), S. 79-89.

8   Originaltitel: „Travels into Several Remote Nations of the World. In Four Parts. By Lemuel Gulliver, First a Surgeon, and then a Captain of several Ships. Printed by Benj. Motte, at the Middle Temple-Gate in Fleet-street. MDCCXXVI." Angaben aus: Jonathan Swift: Gullivers Reisen. Neu übersetzt, kommentiert und mit einem Nachwort versehen von Herrmann J. Real und Heinz J. Vienken. Stuttgart 1987.

eigenes Lexem fest im kulturellen Gedächtnis verwurzelt und steht für auffällig kleinwüchsige Menschen. Wie bekannt sind aber die weiteren Elemente der Erzählung und die anderen Reiseziele? Die zweite Reise – diesmal wird er am Strand zurückgelassen – führt Gulliver ins Land Brobdingnag, das von riesenhaften, naiven Menschen bewohnt ist, in deren Welt jetzt er der Winzling ist. Die dritte Reise führt ihn nach Laputa, der fliegenden Stadt weltfremder Wissenschaftler, nach Balnibarbi, Glubbdubdrib, der Insel der Zauberer, Luggnagg und nach Japan. Seine vierte Reise schließlich bringt ihn ins Land der Houyhnhnms, die als moralisch und geistig scheinbar vollkommene Pferde dargestellt werden. Diesen sind die menschenartigen, verwerflichen Yahoos zur Seite gestellt. Letztendlich nach England zurückgekehrt, kann sich Gulliver in die eigene Welt kaum mehr wieder einfinden, zu sehr erinnern ihn seine Mitmenschen an diese Yahoos. Diese späteren Reisen sind kaum bekannt und werden filmisch nicht umgesetzt, was auch daran liegen mag, dass der Stoff seltener aus dem Original, sondern über spätere literarische Bearbeitungen, z.B. in der Nacherzählung von Erich Kästner (1961), rezipiert wird.

In der Gegenwart begegnet man dem Stoff vor allem als phantastische Abenteuergeschichte mit märchenhaften Elementen. Die ursprüngliche Intention des Romans ist verschwunden: Der literarisch und politisch sehr aktive irische Autor Jonathan Swift schrieb das Werk als pessimistische Zeitsatire, gespickt mit polemischen Andeutungen, satirischen Anspielungen, Zitaten und Verweisen auf aktuelle Diskurse. Die fiktional-allegorischen Reisen des Lemuel Gulliver sind Spiegel der Welt, wie sie sich dem Verfasser des Romans darstellte. Die Begegnungen in fiktiven fernen Ländern führten den Leser stets in die eigene Gegenwart. Mit dem Verlust des zeitlichen und kulturellen Kontextes und infolge der Zuordnung und verkürzenden Umarbeitung als Jugendbuch und Abenteuerroman sind große Teile der Tiefenstruktur verloren gegangen bzw. können ohne historisch-philologische Hilfestellung nicht mehr dechiffriert werden. Vor diesem Hintergrund soll eine filmische Realisierung betrachtet werden: Was kann Gulliver von seiner Reise ins Land der modernen Serienproduktion berichten?

Unter dem Titel *Gullivers Reisen* wird 1992 eine Zeichentrickserie aus amerikanisch-französisch-italienischer Koproduktion mit 26 Folgen gesendet und seitdem mehrmals wiederholt.[9] Die erste Folge erzählt den Aufbruch des jungen, wissbegierigen Wissenschaftlers Gulliver, dem gleich zu Beginn der tollpatschige Schiffsjunge Raphael zur Seite gestellt wird. Auf der ersten Fahrt sinkt das Schiff im Sturm, und Gulliver wird an Land gespült. Dort wird er von den Liliputanern am Strand gefesselt, dann aber unter Bedingungen freigelassen und versorgt. Soweit folgt die Serie grob dem Handlungsstrang der Vorlage, entfernt sich dann jedoch davon. Gulliver trifft den ebenfalls gestrandeten Raphael wie-

---

9 „Gulliver's Travel". Regie: Bruno Bianchi. USA/F/I 1992. Episodenliste siehe http://www.zeichentrickserien.de/gulli2.htm.

der und fährt mit ihm und drei Liliputanern wieder zur See: dem Wissenschaftler Dr. Flim, seiner prestigesüchtigen Frau Fosla und seiner nur an Äußerlichkeiten interessierten Tochter Folia. Diese Gruppe aus fünf Gestalten erlebt nun in jeder Folge in einer Art Odyssee Abenteuer, die nur selten vage Anspielungen auf die Vorlage zeigen: So tauchen etwa in Folge 10 („Das Luftschiff") als sehr freies Zitat Pferde und die diesen dienenden Yakous auf, ohne die philosophischen Implikationen Swifts anzusprechen. Hinzu kommen frei erfundene Gestalten und Handlungsmotive. Die Reihe der Abenteuer bricht nach der 26. Folge als offener Schluss ab, ohne dass Gulliver nach England zurückkehrt. Abgesehen von ein paar Versatzstücken der Vorlage wurde hier im Grunde ein neuer Stoff geschaffen.

Die soeben behandelte Transformation zeigt einige strukturelle Eigenarten, die für das serielle Erzählen typisch sind:

Die Gesamthandlung wird in Abschnitte (Serienfolgen) aufgeteilt, die jeweils für sich stehen können. Jede Folge trägt in sich einen vollständigen Spannungsbogen. Der Serie und den einzelnen Folgen ist ein Gesamtspannungsbogen, ein abstraktes Ziel, übergeordnet. Bei der Serie *Gullivers Reisen* ist es der stete Versuch Gullivers zurückzukehren. Jede Folge hat einen ähnlichen Aufbau: stabile Ausgangssituation, Störung, Konflikt bzw. Probleme, Eskalation, Lösung, erneute stabile Situation. Im Sinne der Rezeptionssituation und der besseren Vermarktbarkeit sind die Einzelfolgen beliebig austauschbar, ohne dass der Gesamtzusammenhang oder das Verständnis einer Folge gestört würden. Tiefenstrukturen, die auf eine Entwicklung der Gestalten abzielen, damit aber eine Reihenfolge vorgäben, werden gestrichen. Die Gestalten in den Serien haben einen spezifischen Charakter, mit dem sie auf Situationen reagieren, ändern sich selbst dabei aber nicht.

Die Kohärenz der einzelnen Folgen wird durch den Vorspann und intertextuelle Verweise erzeugt. Der Vorspann markiert eine bestimmte Serie und schafft das nötige Setting für den Serienkonsum. Häufig wird im Vorspann ein symbolischer Übergang in eine andere Welt dargestellt: bei der Serie *Gullivers Reisen* etwa durch Sturm und Schiffbruch oder bei *SimsalaGrimm* mit dem Durchfliegen eines Wirbels ins Märchenland. Im Vorspann liegen die Erkennungszeichen der Serie, hier werden das Personal und die Grundaussage der Serie vorgestellt und erinnert bzw. für neu Hinzukommende erläutert.[10] Hier sind die zentralen Werte positioniert – daher lohnt sich eine vertiefende Analyse des jeweiligen Vorspanns. Er geht weit über die funktional ähnliche Märchenformel „Es war einmal ..." hinaus, vor allem ist er notwendiger Bestandteil des Fernsehkonsums, der die Folge als Teil der Serie erkennbar macht.

Dass sich die spezielle Rezeptionsform des Fernsehens in die Serien eingeschrieben hat, zeigt sich neben der austauschbaren Reihenfolge der Folgen auch

---

[10] Der Vorspann nimmt damit eine wichtige Rolle für das „kommunikative Gedächtnis" (im Sinne Jan Assmanns) der Serie ein.

in deren Zahl: Im Sinne von Vermarktbarkeit und Gewinnoptimierung wird die Anzahl der Folgen stark vermehrt und durch Episoden und Ereignisse erweitert, die in den Vorlagen nicht vorhanden sind. Nicht zwingend, aber häufig zu beobachten sind zudem die Gesamtfolgenzahlen 26[11], 52[12] und 104[13] als Teile und Vielfache von 52, um die Sendungen gut im Jahr platzieren zu können.

Nach den serienspezifischen Veränderungen der Erzählstruktur ist nun die Frage interessant, wie sich das Verhältnis von Vorlage und Verfilmung darstellt. Etwas überspitzt formuliert, sind die über weite Teile frei erfundenen Handlungen der Serien des gegenwärtigen Kinderfernsehens austauschbar. Ob *Heidi*, *Die Biene Maja*, *Pinocchio*[14], *Pippi Langstrumpf*[15], *Jim Knopf*[16] oder *Gullivers Reisen* – es werden stets ähnliche Themen angesprochen wie: Freundschaft, Angst, Neid, Konkurrenz, liebenswerte, lästige und spannende Alltagserlebnisse oder Abenteuer, verrückte Erfindungen, missglückte Ideen, die glückliche Rettung aus Gefahr etc. Das Typenspektrum der auftretenden Figuren ist stereotyp: mutige, lustige, dicke, kluge oder eitle Figuren mit spezifischen, unveränderlichen Rollen. Diese Stereotype, die sich durch verschiedene Serien ziehen, könnte man als neue, serienübergreifende Tiefenstruktur analysieren. Letztendlich haben sich die Gestalten von der literarischen Vorlage emanzipiert. Ob sie damit in die Beliebigkeit geraten sind, bliebe zu prüfen.

2. Kulturelle Labels – eine Serie wird als Stoff etikettiert

Was verbindet nun die oben genannte Serie *Gullivers Reisen* mit der literarischen Vorlage? Woran ist hier, wie auch in anderen Verfilmungen, die Geschichte um Gulliver erkennbar? Es sind dies der Name der Geschichte und die Gestalt von Lemuel Gulliver, die Struktur der verschiedenen Reisen, das Land Liliput und seine Bewohner, wobei hier vor allem mit dem Motiv des Größenunterschieds gespielt wird, die Zeit der Handlung, die in einer nicht näher bestimmten, vorindustriellen Epoche liegt, und das Motiv des Schiffbruchs. Dieses Ensemble[17] aus Name, Gestalten und Motiven taucht in den verschiedenen Verfilmungen des Stoffes relativ stabil auf, während um diesen Kern beliebige Handlungen und Inhalte kombiniert werden. Der Bestand an stereotypisierten

[11] Z.B. „Gullivers Reisen" (vgl. Anm. 9); „SimsalaGrimm". Regie: Gerhard Hahn. D 1999.

[12] Z.B. „Kimba, der weiße Löwe". Regie: Eiichi Yamamoto. Japan 1965; „Heidi". Regie: Takahata Isao. Japan 1974.

[13] Z.B. „Biene Maja". Regie: Saito Hiroshi. Japan 1975.

[14] „Pinocchio". Nippon Animation. Regie: Shigeo Koshi, Hiroshi Saitō. Japan 1976.

[15] „Pippi Langstrumpf". Erstausstrahlung Deutschland 1999. Regie: Paul Riley. D/S/KAN 1997.

[16] „Jim Knopf". Regie: Bruno Bianchi. D/F 1999.

[17] Der Begriff „Ensemble" meint hier die Gesamtheit mehrerer Einzelteile, die aufeinander bezogen sind.

Elementen verweist auf die Buchvorlage und markiert die Verfilmung. Diese sind kaum weiter reduzierbar, soll die Vorlage noch erkennbar bleiben.

Dabei können diese Ensembles von Versatzstücken mit den Begriffen „Motiv" oder „Marke" nicht adäquat beschrieben werden. „Motiv" benennt Einheiten auf einer höheren Abstraktionsstufe, aber auch als „Motiv-Komplex" sind die heterogenen Elemente dieser Ensembles nicht unterzubringen. Die Bezeichnung als „Marke", die sich stark an Marketing und Produktattributen anlehnt und z.B. in Zusammenhang mit der Romangestalt Heidi in der Forschung genannt wird[18], führt weiter. „Das Wort ‚Marke' leitet sich von mhd. marc (Grenze, Grenzland, Grenzlinie zur Unterscheidung) und dem frz. Marque (auf einer Ware angebrachtes Zeichen) ab".[19] Das Phänomen der Markierung von Produkten ist schon in der Antike bekannt. Die Marke (engl. „brand") erlaubt es, ein einzelnes Produkt innerhalb einer Palette gleichartiger oder ähnlicher Produkte abzugrenzen und seine Herkunft erkennbar zu machen (Individualisierung und Identifizierung mit dem Ziel einer Vertrauensbildung[20]). In den Strategien des „branding" (Konstruieren von Marken und Imagebildung) geht es zudem darum, die Produkte über die Marke mit produktfernen Inhalten und Wertigkeiten aufzuladen (Image), z.B. Qualität, Tradition, Freiheitsgefühl etc. Die Marke lässt sich damit grob in drei Bereiche teilen: die Produktpalette, die Marke bzw. das Markenzeichen (bestehend aus Name und graphischen Elementen) und die Markenattribute.

Im Vergleich mit der Verfilmung von *Gullivers Reisen* findet sich hier also auch bei der Marke ein spezifisches Ensemble aus Name, bekannten Produkten und Wertigkeiten. Aber der Begriff der „Marke" ist an ein Produkt gebunden, während Gulliver oder Heidi primär literarische Stoffe sind. Heidi selbst ist weder Marke noch Produkt – doch wird der Heidistoff mit solchen kombiniert, wodurch Produkte mit den klischeehaften Attributen assoziativ verknüpft werden. Dabei werden auch eigene Marken gebildet, wie z.B. „Heidiland".

Ist für die oben genannten verbindenden Ensembles, die sich durch die medialen Transformationen ziehen, Wiedererkennbarkeit garantieren, die Serie gegen andere Serien abgrenzen und ein Vorwissen ermöglichen, die Bezeichnung „kulturelles Label" als Begriff geeignet? Was bringt ein solcher Begriff zur Beschreibung eines Phänomens, mit dem wir im Medienalltag konfrontiert sind?

---

[18] Ueli Gyr: Herzfigur und Markenzeichen. In: Heidi – Karrieren einer Figur, hrsg. von Ernst Halter. Zürich 2001, S. 187-199.

[19] Manfred Bruhn: Begriffsabgrenzungen und Erscheinungsformen von Marken. In: Handbuch Markenartikel. Anforderungen an die Markenpolitik aus Sicht von Wissenschaft und Praxis. Bd. 1, hrsg. von Manfred Bruhn. Stuttgart 1994, S. 3-41, hier S. 5.

[20] Eugen Leitherer: Geschichte der Markierung und des Markenwesens. In: Bruhn (wie Anm. 19), S. 135-152, hier S. 137.

Der Begriff des Labels, als Lehnwort aus dem Englischen übernommen, ist polysem und relativ unscharf: „Label" benennt primär ein Etikett, das auf etwas geklebt wird. Weiterhin steht es pars pro toto für eine Plattenfirma oder eine Kleidermarke – das Etikett auf der Ware benennt die Produktionsfirma und die damit assoziierten Wertigkeiten – oder es wird synonym für „Marke" benutzt. Das Etikett, das Label, klebt auf etwas und ist zudem mit Wertigkeiten und Vorstellungen aufgeladen. Im weiteren Sinn steht Label für eine Art der verallgemeinernden Deklarierung und Etikettierung. Der hier vorgeschlagene Zusatz „kulturelles" Label verweist darauf, dass es sich bei dem zu beschreibenden Phänomen nicht um ein Wirtschaftsunternehmen, sondern um Elemente des kulturellen Gedächtnisses[21] handelt, an deren Genese viele Akteure beteiligt sind.

Ein Etikett klebt auf einem Gegenstand und benennt diesen bzw. trägt weitere Informationen und Konnotationen, die sich aus dem Gegenstand selbst nicht ergeben. Das Etikett benennt und verweist, ist selbst aber nicht das Benannte und folgt damit der primären Zeichendefinition „aliquid stat pro aliquo"[22]. Das oben genannte Ensemble, das kulturelle Label *Gullivers Reisen*, ermöglicht es, die beliebige Handlung der betrachteten Serie näher zu bestimmen und grob zu verorten, zu etikettieren. Der Verweis auf das literarische Werk erfolgt nicht über die Handlung und die Inhalte, sondern über diese Etikettierung! Dabei benutzt das kulturelle Label den auf das Nötigste reduzierten und stereotypisierten, vor allem aber allgemein bekannten Bestand an Elementen aus der Vorlage. Die Wiedererkennung und Identifizierung ist über die Bestandteile dieser Etikettierung möglich. Als „offenes", nicht konventionalisiertes Zeichen[23] können durch die Produzenten und Rezipienten assoziativ Wertigkeiten, Vorstellungsinhalte und Emotionen hinzugefügt werden. Umgekehrt wird mit jeder neuen Folge, jeder Verfilmung, das kulturelle Label mit weiteren Vorstellungen und Konnotationen ausgestattet, also fortlaufend geprägt und verändert.

3. „Das Dschungelbuch" – Vom Stoff zur Marke

Ein weiteres Beispiel soll das Gesagte verdeutlichen: In den Jahren 1894 und 1895 veröffentlichte der in Bombay geborene Engländer Joseph Rudyard Kipling die beiden „Dschungelbücher".[24] Es handelt sich dabei um eine Sammlung von Kurzgeschichten, die sich größtenteils auf Indien beziehen. Sieben der 15 Geschichten handeln von dem Halbwaisen Mowgli, der von Wölfen großgezo-

---

[21] Siehe Jan Assmann: Das kulturelle Gedächtnis. München 1992.
[22] Siehe Umberto Eco: Einführung in die Semiotik. München 1972.
[23] Ebd.
[24] Rudyard Kipling: The Jungle-Book. London 1894; ders.: The Second Jungle Book. London 1895.

gen wurde, im Dschungel aufwächst und im Alter von etwa elf Jahren Kontakt
zu den am Rand des Dschungels lebenden Menschen und zu seiner Mutter
bekommt. Im Allgemeinen werden mit dem *Dschungelbuch* nur diese Mowgli-
Episoden assoziiert, die restlichen Kurzgeschichten werden in den Verfilmungen
weggelassen. Ebenso wie *Gullivers Reisen* enthalten die Dschungelbücher märchenhafte Elemente. Speziell die anthropomorphe Darstellung und die Kommunikation der Tiere als zentralen Protagonisten werfen Probleme bei der medienspezifischen Umsetzung auf. Hier hat der Zeichentrickfilm große Vorteile. Das
Werk des Literaturnobelpreisträgers Kipling ist kontrovers diskutiert worden;
nicht nur in den Dschungelbüchern finden sich allegorisch dichte Motive, die
den Kolonialismus legitimierende Implikationen enthalten, aber eine intensive
Auseinandersetzung mit der Natur und den Verhaltensweisen der Tierwelt deutlich werden lassen.

Auch bei den Verfilmungen des *Dschungelbuchs*[25] begegnet uns ein nicht
weiter reduzierbares Ensemble, das stets wiederkehrt und die Erkennbarkeit
garantiert: der Wolfsjunge Mowgli, seine Wolfsgeschwister, seine Freunde: der
Bär Baloo und der Panther Bagheera, sein Widersacher: der Tiger Shere Khan,
der oder die Python Kaa, die im Dschungel verschwundene Stadt mit den dort
lebenden Affen und schließlich der Kontakt mit der Menschenwelt, die in Kontrast zum Dschungel steht. Hinzu kommen das Motiv des Buches, das explizit im
Titel angesprochen ist, der Schatz in der Ruinen-Stadt, der Neid und Zwietracht
säht, und „das Gesetz des Dschungels" in verschiedenen Ausdeutungen. Um
dieses zentrale Ensemble aus Gestalten und Motiven, das kulturelle Label
„Dschungelbuch", drehen sich, mit unterschiedlichen Gewichtungen, die Handlungen der Verfilmungen. Auch hier überwiegen die Unterschiede bei den
Transformationen: Streichung bzw. großzügige Hinzunahme von Figuren und
Handlungssträngen gegenüber der Vorlage sind bei jeder Umsetzung zu beobachten. Diese Veränderungen gehen weit über die Notwendigkeiten der
medienspezifischen Umsetzung hinaus. Die ursprünglichen Tiefenstrukturen des
Werkes von Kipling werden aufgelöst und durch neue ersetzt, weshalb das
Spektrum der hinzu erfundenen *Dschungelbuch*-Geschichten sehr weit ist.

---

[25] „Das Dschungelbuch". Regie: Zoltán Korda. USA 1942; „Dschungelbuch" (wie Anm. 1);
    „Das Dschungelbuch – Die Abenteuer des Mowgli". Regie: Roman Davidov. UdSSR
    1970; „Dschungelbuch – die Serie" (52 Folgen, als VHS-Fassung „UFA's Dschungelbuch"
    genannt). Regie: Fumio Kurokawa. Nippon Animation. Japan 1989 (Filmfassung 1992);
    „Dschungelbuch". Regie: Toshiyuki Hiruma. USA 1994; „Das Dschungelbuch". Regie:
    Stephen Sommers. USA 1994; „Das zweite Dschungelbuch – Mowglis neue Abenteuer".
    Regie: Duncan MacLachlan. USA 1997; „Moglis große Abenteuer". Regie: Michael
    McGreevey. USA 1998; „Das Dschungelbuch – Mowglis Abenteuer". Regie: Nick Marck.
    USA 1998; „Dschungelbuch 2". Regie: Steve Trenbirth. USA 2003.

Abb. 1:
DVD-Cover zu
Walt Disneys
„Das Dschungelbuch"

Eine der bekanntesten Verfilmungen des *Dschungelbuchs* ist der Zeichen-trickfilm, der 1967 von Walt Disney, kurz vor dessen Tod, produziert wurde, und aus dem das eingangs genannte Zitat stammt. Darin wird die Handlung auf die Rückkehr Mowglis in die Menschenwelt und auf einen Zeitraum von drei Tagen reduziert. Die Eingriffe in die Tiefenstruktur sind enorm: Weder macht Mowgli eine Entwicklung durch oder muss sich bewähren, noch werden die moralischen und kulturellen Diskurse und Anspielungen der Vorlage aufgegrif-fen. Der jähzornige, aber weise Lehrer Baloo wird zu einem gemütlich-welt-fremden Luftikus, der archaisch-unerklärbare Kaa zur lächerlich-intriganten Schlange, und das in der Ruinenstadt lebende „gesetzlose" Affenvolk der Ban-dar-log liefert in der Verfilmung eine Jazznummer mit rassistischen Implikatio-nen. Zugunsten einer kindgerecht entschärften Version liegt das Augenmerk auf leichter Unterhaltung mit komischen Elementen. Es ist ein typisches Moment der Verfilmungen des Konzerns Disney, dass die Vorlage nur als vage Vorgabe dient, als eine Art Motiv-Flohmarkt für sehr freie Eigenschöpfungen.

Konzernintern wurden die eingeführten und bekannten Figuren weiterver-wendet: In der Zeichentrickserie *Käpt'n Balu und seine tollkühne Crew*[26] (1990) tauchen der Bär Baloo als Pilot und der Affe King Luis als Barbesitzer auf. 1996 kommt die Zeichentrickserie *Dschungelbuch-Kids*[27] auf den Markt, in der frü-here Abenteuer der kindlichen Protagonisten erzählt werden, die sich ereignen, lange bevor Mowgli geboren wird. Durch intertextuelle Verweise und Zitate ist

---

[26] „Talespin" (Käpt'n Balu und seine tollkühne Crew). 65 (in Deutschland 64) Folgen. Regie: Robert Taylor. USA 1990.

[27] „Disney's Jungle Cubs" (Dschungelbuch Kids). 21 Folgen. Regie: Kenny Thomkins. USA 1996-97.

sie sehr stark mit dem Zeichentrickfilm von 1967 verzahnt. Als Titelsong ist eine modernisierte Fassung von „Probier's mal mit Gemütlichkeit" zu hören; Ausgangspunkt aller Abenteuer ist die verborgene Stadt, die den kindlichen Protagonisten als Treffpunkt und „Kinderzimmer" dient. Kaa übt sich noch erfolglos im Hypnotisieren, Shere Khan kämpft um kindliche Anerkennung als der Stärkste usw. Nach einem ähnlichen Muster wird 2003 *Dschungelbuch 2* als Fortsetzung der ersten Verfilmung von Walt Disney gedreht. Die Handlung zitiert vielfach den Film von 1967 und erweist ihm allerlei Referenzen, ohne aber dessen Stringenz zu erreichen. Alle genannten Zweit- und Drittverwertungen sind weitgehend unabhängig von der literarischen Vorlage Kiplings. Hier ist eine eigene Marke „Disneys Dschungelbuch" entstanden, innerhalb der teilweise sogar auf die zentrale Gestalt des Mowgli verzichtet werden kann.

Abb. 2:
Cover zum DVD-Set
„Das Dschungelbuch.
Die Serie"

Ein letztes, hier zu behandelndes Beispiel ist *Mowgli – neue Abenteuer aus dem Dschungel*[28], eine kanadische Realfilm-Serie von 1997. Darin wird dem jungenhaften, vorpubertären Mowgli als Gegenpol die Halbwaise Nahbiri zur Seite gestellt. Sie ist in New York aufgewachsen und folgt nach dem Tod der Mutter ihrem Vater nach Indien, wo dieser als Arzt arbeitet. Im Vorspann wird angedeutet, dass Mowgli als Kleinkind einen Flugzeugabsturz überlebt hat und von Wölfen großgezogen wurde. Das weitere Ensemble mit Baloo, Bagheera und verschwundener Stadt inklusive Schatz ist ebenfalls vorhanden, jedoch ist die Zeit der Handlung in die Gegenwart des späten 20. Jahrhunderts verlegt. Die beiden kindlichen Protagonisten stehen in einem gleichberechtigten, freundschaftlichen Verhältnis ohne erotische Elemente und ergänzen sich in ihren Fähigkeiten und Blickwinkeln. Während Mowgli im Dschungel heimisch ist,

---

[28] „Mowgli: The New Adventures of the Jungle Book" (Mowgli – neue Abenteuer aus dem Dschungel). Regie: Brent Loefke. Kanada 1997 (26 Folgen).

sind ihm die Techniken und Verhaltensmuster der Zivilisation fremd, er lebt in der Art der Wolfskinder in einer naiv-magischen Welt. Die aus der Großstadt kommende Nahbiri ist umgekehrt im Dschungel gefährlich arglos. Fungierte Mowgli in Kiplings Erzählungen als Bindeglied zwischen der Welt der Menschen und der Wildnis, so vereinen in der Realserie Nahbiri und Mowgli Zivilisation und Natur. Es handelt sich um eine stark modernisierte Fassung mit genderspezifischen und weitere aktuelle Themen einschließenden Veränderungen (Umweltschutz bzw. Verhältnis zur Natur, Geldgier im Gegensatz zu moralischer Integrität, Probleme eines alleinerziehenden Vaters). Auch bei dieser Serienproduktion wird der Bezug zur literarischen Vorlage – bzw. zu den vorhergehenden Verfilmungen – allein über das angesprochene Ensemble von Name, Gestalten und Motiven hergestellt. Die Abstraktionsstufe, der Abstand zu Rudyard Kiplings Werk, ist sehr groß geworden, die Gestalten der Verfilmung haben sich von der Vorlage emanzipiert.

Die Verwendung des kulturellen Labels „Dschungelbuch" mobilisiert in den jeweiligen Verfilmungen Vorerfahrungen und Erwartungen. Damit können diese Adaptionen auf dem Vorwissen der Rezipienten aufbauen: Das Ensemble ist bereits bekannt, es muss nicht erst erzählerisch eingeführt werden. Jede erneute Einzel- oder Serienverfilmung profitiert von der Rezeption ihrer Vorgänger, den dadurch ausgelösten Assoziationen und Konnotationen. Im Prozess der intermedialen Tradierung von Erzählstoffen werden nicht die komplexen Oberflächen- und Tiefenstrukturen der literarischen Vorlagen oder der jeweiligen Umsetzungen von den Rezipienten erinnert, sondern diese reduzierten und stereotypisierten Ensembles. Durch entsprechendes Marketing werden die konkreten Verfilmungen als eigene Marke eingeführt, die dann auf weitere Produkte übertragen werden kann.

4. Ausblick – Kulturelle Labels und Vermarktung

Im Prozess der Adaption von klassischen Stoffen der Kinder- und Jugendliteratur in einer globalisierten Filmindustrie wird gezielt auf kulturelle Labels und deren Konnotationen zurückgegriffen. Die damit verbundenen Stoffe sind bekannt und Teil des kulturellen Gedächtnisses, sie müssen nicht erst per Product-Placement eingeführt werden. Die Beispiele haben verdeutlicht, wie stark die literarischen Vorlagen in den Serien uminterpretiert werden, mit Blick auf die weltweite Vermarktbarkeit sind die Serien auf eine größtmögliche Austauschbarkeit hin gestaltet. Die Handlungen sind sehr frei interpretiert bis neu erfunden, die Tiefenstrukturen der Vorlagen fast vollkommen erodiert. Um den Stoff erkennbar zu halten, werden die Filme durch kulturelle Labels etikettiert, die einerseits auf die Vorlage, andererseits auf die vorhergehenden Verfilmungen verweisen und damit die erneute filmische Umsetzung authentifizieren. Sie

sind in der Lage, kulturelle Wertigkeiten, Emotionen und Vorstellungen assoziativ zu transportieren.

Da das kulturelle Label von den Handlungen der Filme unabhängig ist, kann
es frei für Marketing- und Merchandising-Aktivitäten weiterverwendet werden.
Über die vorhandenen kulturellen Labels und ihre ikonisierten Ausgestaltungen
können Produkte mit produktfernen Inhalten aufgeladen werden: „Dschungelbuch"-Handtücher, „Heidi"-Schokolade oder „Biene-Maja"-Tagebücher sind
bekannte Beispiele. Das Hauptinteresse bei der Produktion von Serien ver-
schiebt sich vom Stoff der Vorlage hin zum Produkt und der Konstruktion einer
Marke, die klar erkennbar sein muss, wie dies bei Disneys *Dschungelbuch*, der
Biene Maja oder *SimsalaGrimm* geschehen ist; daher greifen Diskussionen, die
vorrangig den Stoff im Auge haben, in der modernen Medienwelt zu kurz.

Brigitte Frizzoni

„Shrek" – ein postmodernes Märchen

Im Jahre 2001 erhielten die weltweit verbreiteten Disney-Märchenadaptionen und -neuschöpfungen eine vielbeachtete parodistische Bearbeitung und Konkurrenz durch *Shrek*, einen computeranimierten Märchenfilm der Produktionsfirma Dreamworks SKG.[1] Dieser mit einem Oscar für den besten Animationsfilm[2] ausgezeichnete Film ist für die Erzählforschung in mehrerer Hinsicht interessant, denn er illustriert geradezu exemplarisch neuere Tendenzen im Umgang mit Märchen.

Zwar ist *Shrek* weder das erste noch das einzige Werk, in dem sich diese Tendenzen beobachten lassen. Es bietet sich als Beispiel aber deshalb an, weil diese Veränderungen mit *Shrek* nun globale Aufmerksamkeit erlangen und ein Massenpublikum ansprechen. Mit einem Umsatz von 455 Mio. US-Dollar rangiert *Shrek* auf der Liste der weltweit erfolgreichsten Filme, die von *Titanic* (USA 1997) mit 1.835 Mio. US-Dollar Umsatz angeführt wird.[3] Auf diesen Boxoffice-Erfolg reagierten die Produzenten mit dem Folgefilm *Shrek 2*, der im Sommer 2004 in die Kinos kam und mit einem Umsatz von 881 Mio. US-Dollar das bislang größte Einspielergebnis eines Animationsfilms erzielte.[4] Dies ist zumal für einen Anschlussfilm ungewöhnlich, eine Entwicklung, welche die dritte Realisierung der Filmidee noch fortschreibt: *Shrek the Third* eroberte im Sommer 2007 die Kinos und reicht mit einem Umsatz von 791 Mio. US-Dollar nah an den Einspielerfolg seines Vorgängers heran.[5]

Was zeichnet *Shrek* im Umgang mit Märchen aus? Die filmische Erzählung um den Märchenhelden Shrek, einen grünen Oger, steckt voller selbstreferenzieller, parodierender und ironisierender Bezüge auf Märchenkonventionen und

---

[1] „Shrek" (USA 2001) basiert auf dem Kinderbuch „Shrek!" von William Steig. Regie: Andrew Adamson und Vicky Jenson; Drehbuch: Ted Elliott, Terry Rosso, Joe Stillmann, Roger S.H. Schulman; Produktion: Aron Warner, John H. Williams, Jeffrey Katzenberg.

[2] 2002 gewann „Shrek" als erster Animationsfilm den „Academy Award for Best Animation Feature Film", eine 2001 neu eingeführte Kategorie. „Shrek" wurde zudem als erster Animationsfilm seit „Peter Pan" (USA 1953) für den Wettbewerb in Cannes ausgewählt.

[3] 2005 rangierte „Shrek" auf Platz 47, 2008 auf Platz 68; vgl. The Internet Movie Database, All-Time Worldwide Box office (http://www.imdb.com/boxoffice/alltimegross?region= world-wide; Daten vom 13.2.2005 und vom 14.3.2008).

[4] 2005 Platz 7, 2008 Platz 12 der Worldwide Box; The Internet Movie Database (wie Anm. 3).

[5] The Internet Movie Database (wie Anm. 3) vom 14.3.2008 (Platz 20). „Shrek the Third" wird redaktionsbedingt nicht mehr einbezogen. Aktualisiert wurden im Wesentlichen Zahlenwerte und Links.

Disney-Ästhetik. Von der Filmkritik wird *Shrek* entsprechend als „fairy tale about fairy tales"[6] charakterisiert, „constantly [drawing] attention to its form through its discourse on cartoons and cartoon history"[7], als „Antimärchen"[8] oder „Märchenparodie"[9]. Darüber hinaus wird die märchenhafte Handlung zitierend mit zahlreichen anderen Erscheinungsformen der modernen Populärkultur verknüpft und zu einem intertextuellen Geflecht verdichtet, das zu entschlüsseln einem breiten, insbesondere auch erwachsenen Publikum Rezeptionsgenuss verschafft.

Nach *Toy Story* (USA 1995, Disney/Pixar), *Antz* (USA 1998, PDI/Dreamworks), *A Bug's Life* (USA 1998, Disney/Pixar) und *Toy Story 2* (USA 1999, Disney/Pixar) ist *Shrek* der fünfte vollständig computeranimierte Film. Während in den Vorgängern Spielzeuge und Tiere dominieren, stehen in *Shrek* erstmals menschliche Figuren im Zentrum, was computeranimationstechnisch eine besondere Herausforderung darstellte und für nachfolgende Produktionen neue Maßstäbe setzte[10]: In der Darstellung menschlicher Mimik, sich bewegender Stoffe, von Haaren, Fellen und Flüssigkeiten wie Schlamm, Lava und Feuer sowie in der Simulation von Kamerabewegungen wird in *Shrek* eine erstaunliche Realitätsillusion erzeugt. Die Grenzen zwischen Animations- und Realfilm lösen sich für den Zuschauer stellenweise auf.

Selbstreferenzialität, Intertextualität, Parodie
Postmodernes Um-Schreiben von Märchenkonventionen

Selbstreferenzialität und Intertextualität, Parodierung und simulatives Verwischen der Grenze zwischen Realität und Repräsentation sind Verfahren, die charakteristisch sind für die Postmoderne.[11] Diese postmodernen Verfahren prägen nun auch den filmischen Umgang mit Märchen, wie am Beispiel von *Shrek* gezeigt werden soll.

---

6   Philip French: Shrek. In: The Observer vom 1. Juli 2001 (http://film.guardian.co.uk/
    News_Story/Critic_Review/Observer_Film_of_the_week/0,,515109,00.html; 10.2.2005).

7   Paul Wells: Where the mild things are. In: Sight and Sound 12,2 (2002), S. 26-27, hier S.
    27.

8   Tobias Ebbrecht: Antimärchen. Shrek aus dem Hause Dreamworks sagt den
    Märchenschlössern von Walt Disney den Kampf an. In: Express Online vom 5. Juli 2001
    (www.marbuch-verlag.de/film/film0127.html-ssi; 10.8.2004).

9   Bernhard Kempen: Shrek. In: Film-Lexikon (http://www.epilog.de/Film/Sci_Sh/Shrek_
    USA_2001.htm; 9.7.2004).

10 Vgl. Kim Newman: Shrek. In: Sight and Sound 11,7 (2001), S. 54-55, hier S. 55.

11 John Storey: Cultural Theory and Popular Culture. An Introduction. Essex 2001; Dino Fel-
    luga: General Introduction to Postmodernism. Indroductory Guide to Critical Theory. Pur-
    due University (http://www.sla.purdue.edu/academic/engl/theory/postmodernism/index.
    html; 4.8.2004); Christina Bacchilega: Postmodern fairytales. Gender and narrative strate-
    gies. Philadelphia 1997.

Das Märchenbild von Kindern und Erwachsenen ist heute wesentlich geprägt durch filmische Disney-Märchenadaptionen. Wir alle kennen die charakteristischen filmästhetischen Merkmale der Disney-Märchenwelt[12], etwa den beliebten filmischen Einstieg in die Märchennarration mittels eines sich öffnenden Märchenbuchs; eine Konvention, die Disney bereits im Jahre 1937 mit *Snow White and the Seven Dwarfs*, seinem ersten Animationsfilm in Spielfilmlänge, einführte.

Auch *Shrek* beginnt so: Zu sanfter Musik (die bald als musikalisches Leitmotiv für Prinzessin Fiona zu erkennen ist) wird ein in Leder gefasstes Märchenbuch geöffnet. Wir sehen kunstvoll beschriebene und reich illustrierte Buchseiten, eine Stimme im Off liest uns den Text vor, den wir Seite für Seite mitverfolgen können. In der deutschen Synchronisation heißt es:

> „Es war einmal eine schöne Prinzessin. Aber sie war mit einem bösen Fluch belegt, der nur durch der Liebe erster Kuss gebrochen werden konnte. Sie war eingesperrt in einer Burg, bewacht von einem schrecklichen feuerspeienden Drachen. Viele tapfere Ritter hatten versucht, sie aus diesem entsetzlichen Gefängnis zu befreien. Aber keinem war es gelungen. Sie wartete im Drachenturm, im obersten Raum des höchsten Turms, auf ihre wahre Liebe und der wahren Liebe erster Kuss."

Die Kamera zoomt auf das Bild des stattlichen Prinzen, der die Prinzessin erlösen wird – und schon werden wir unsanft aus der Märchenhandlung hinauskatapultiert: Gelächter ertönt, eine große grüne Hand reißt die soeben gelesene Märchenbuchseite heraus, das Buch wird zugeschlagen – Schnitt – und die nächste Einstellung zeigt uns ein Klohäuschen in freier Natur. Wir ahnen, wofür Märchen allenfalls noch gut sind und die Tonspur bestätigt es: Papier raschelt, es wird gespült und die Stimme sagt: „Was für ein Haufen Schei...". Die Tür des Klos wird schwungvoll geöffnet und heraus tritt Shrek, die Titelfigur des 90-minütigen Films, ein riesiger grüner runder Oger, ein Menschenfresser mit trichterförmigen Ohren. Dazu setzt schmissige Rockmusik ein.

Ein fulminanter Einstieg, der uns die Hauptfigur Shrek näher bringt: Shrek ist ein liebenswürdiger, anarchischer Einsiedler, den der Prozess der Zivilisation erst teilweise erreicht hat. Er suhlt sich im Dreck, nimmt eine Schlammdusche, putzt sich die Zähne mit einer ausgedrückten Raupe und furzt genüsslich, zur besonderen Freude der Kinder im Kinopublikum. Rund um seinen Sumpf hat Shrek abschreckende Schilder angebracht: „Vorsicht Oger" – Besucher sind unerwünscht.

---

[12] Horst Heidtmann: Herrscher des Waldes und König der Löwen. Die Märchenfilme der Walt Disney-Company. In: TausendundeinBuch. Das österreichische Magazin für Kinder- und Jugendliteratur 4 (1998), S. 23-30; vgl. insbesondere Heidtmanns 10-Punkte-Liste charakteristischer Merkmale der Disney-Märchenfilme, welche die bis heute anhaltende Beliebtheit dieser Filme plausibel machen.

Abb. 1:
Shrek nimmt
seine morgend-
liche Schlamm-
dusche.[13]

Bald jedoch wird Shreks Einsiedlerleben empfindlich gestört: Ein sprechender Esel weicht ihm nicht mehr von der Seite, denn Shrek hat ihn vor den Schergen des tyrannischen Regenten Lord Farquaad gerettet, dem Bösewicht des Films und Shreks Gegenspieler.

Doch es kommt noch ärger: Lord Farquaad duldet ab sofort in seinem steril-perfekten Reich DuLoc keine verdächtigen Subjekte mehr und verbannt sämtliche Fabelwesen kurzerhand in Shreks Sumpf. Der Einzug Hunderter Märchen- und Kinderbuchfiguren in Shreks Revier ist die opulenteste, am aufwändigsten inszenierte Sequenz des gesamten Films, ein dreieinhalbminütiger Augen-schmaus, der folgendermaßen beginnt: Kaum hat sich Shrek zum köstlichen Nachtmahl mit eingelegten Augen und Schnecken an den Tisch gesetzt, wird er von den drei blinden Mäusen gestört, die mit ihrer Slapsticknummer auf Shreks

---

[13] Bildnachweis: John Hopkins: Shrek. From the Swamp to the Screen. New York 2004, S. 23.

Tisch Charlie Chaplin Reverenz erweisen. Die sieben Zwerge schieben ihm Schneewittchens Glassarg auf den Tisch, im Bett liegt der böse Wolf, und draußen schlagen Feen, Zauberer, der Rattenfänger von Hameln, Pinocchio, die drei Schweinchen, die drei Bären und unzählige andere ihr Nachtlager auf, während die Hexen auf ihren Besen einfliegen.

In zweierlei Hinsicht ist diese Sequenz charakteristisch für den ganzen Film: Erstens wird durch unzählige Märchen- und Fabelwesen, Kinderbuchhelden und Disney-Figuren aus literarischen und filmischen Werken und Genres der älteren und neueren Populärkultur ein dichtes Netz von intertextuellen Bezügen geschaffen.[14] *Shrek* wird dadurch zur aufschlussreichen Quelle hinsichtlich gegenwärtig als international bekannt erachteter, populärkultureller Werke.

Zweitens steht diese Szene stellvertretend für die Fülle (manche Kritiker meinen: Überfülle[15]) von Gags und komödiantischen Elementen, die den Film durchziehen: Sie reichen vom Slapstick der Mäuse-Sequenz über witzige Bemerkungen – „Die tote Braut hat auf dem Tisch nichts zu suchen" – bis zu amüsanten Requisitenverschiebungen, wenn die Hexen mit ihren Besen auf eine flughafenähnliche Landebahn gelotst werden. Auch makabre, grausame Scherze fehlen nicht in *Shrek*. Von den drei Bären aus einer früheren Sequenz sind nur noch Papa Bär und das weinende Bärenkind übrig geblieben. Das lässt nichts Gutes ahnen über den Verbleib von Mama Bär – und tatsächlich begegnen wir ihr wenig später wieder in Bösewicht Farquaads Schlafzimmer, und zwar ausgestopft als Bettvorleger. Gemildert wird die Grausamkeit in *Shrek* durch groteske Überzeichnung oder komische Einlagen: In der Folgesequenz wird der Pfefferkuchenmann von Lord Farquaard gefoltert, der wissen will, wo sich die übrigen Fabelwesen aufhalten, doch das Opfer wehrt sich standhaft, spuckt seinem Peiniger angewidert ins Gesicht: „You're a monster!" Erst als Farquaad droht, ihm auch noch seine schönen Dropsknöpfe abzubrechen, rückt er mit vagen Informationen heraus.

Unter dem Jubel sämtlicher Verbannter macht sich Shrek in Begleitung des Esels auf den Weg nach DuLoc, um bei Farquaad zu erwirken, dass die Fabelwesen in ihre Heimat zurückkehren können und endlich wieder Ruhe im Sumpf einkehrt. Lord Farquaad stimmt unter einer Bedingung zu: Shrek soll an seiner Stelle Prinzessin Fiona vom Drachen befreien und sie ihm als Braut heimführen, damit er den Titel eines Königs tragen kann, ohne sich selbst in Gefahr zu bringen. Weniger Skrupel hat er, was Shreks Unversehrtheit angeht: „(...) you may die, but that is a sacrifice I am willing to face."

---

14 Vgl. Michael Kleinschmidt: Film-Heft „Shrek – Der tollkühne Held", hrsg. vom Institut für Kino und Filmkultur (IFK). Köln 2003, S. 11 und 15.

15 Wells (wie Anm. 7), S. 26: „Shrek has too many movie references, too much topicality. In a few years' time no one will get much of what's going on. (...) Shrek – a gag-fest close in style to a post-*Airplane* parody, finding comic purchase in all the visual and aural dimensions at its disposal regardless of their relationship to the story."

Ausgehend von diesem Konflikt erzählt der Film von der Suchwanderung und Reifung des untypischen Märchenhelden: Shrek gewinnt im sprechenden Esel einen Freund fürs Leben, rettet die vom Drachen bewachte Prinzessin Fiona, befreit sie von ihrem Fluch und heiratet sie, nachdem der Widersacher Farquaad aus dem Weg geräumt worden ist. *Shrek* erzählt somit eine klassische Märchenhandlung, die sich mit Propp'schen Kategorien folgendermaßen beschreiben lässt: „Schädigung/Mangel" (Drache hat Fiona geraubt/Farquaad mangelt es an der Königswürde), „Aussendung des Helden", „Held begibt sich auf die Suche", „Kampf/Sieg", „Rückkehr", „Transfiguration des Helden", „Bestrafung der Widersacher" und „Hochzeit/Thronbesteigung".[16]

Allerdings gibt es markante Veränderungen im Kernbereich des Märchens: das Wunderbare vollzieht sich unkonventionell. Die schöne Prinzessin Fiona ist mit einem Fluch belegt, sie verwandelt sich allabendlich in ein hässliches Ogermädchen. Der bekannte Erzähltyp der Verwandlung in ein Unwesen und dessen Befreiung vom Fluch[17] wird in *Shrek* nun parodistisch gewendet: Der erlösende Kuss in der Schlusssequenz offenbart nämlich, dass Fionas wahre Gestalt die des Ogermädchens ist, dass sie also zur Schönheit „verflucht" war – ein wahrlich subversiver Erzählakt in einem Land, wo sich schon Jugendliche Schönheitsoperationen unterziehen.

Diese parodistische Umkehrung im Kernbereich des Märchens, in seiner Tiefenstruktur, wird ergänzt durch eine Vielzahl parodistischer Umschreibungen in der Figurencharakterisierung und in einzelnen Handlungszügen. Das lässt sich ebenfalls an der weiblichen Hauptfigur zeigen: Prinzessin Fiona weiß bestens Bescheid über das korrekte (Disney-)Verhaltensskript „Rettung der Prinzessin". Als der erlösende Moment im Turm bevorsteht, legt sie sich schnell aufs Bett, streicht ihr Kleid glatt, nimmt den Blumenstrauß in bester Schneewittchen-Manier vor die Brust, schürzt die Lippen und ist bereit für den Kuss ihres Retters. Hier findet durch selbstreferenzielle Inszenierung eine Ironisierung der passiven Frauenrolle im Disney-Märchen[18] statt.

Auf dem Weg nach DuLoc hingegen erweist sich Fiona als keineswegs passiv und schutzbedürftig. Als Robin Hood und seine Männer glauben, sie aus den Fängen des Ogers befreien zu müssen, erledigt sie die ganze Truppe mit einer kurzen Demonstration ihrer asiatischen Kampfsportkünste, die unübersehbar auf Kampfszenen aus dem Kultfilm *The Matrix* (USA 1999), aus *Jackie Chan*-Filmen (USA 1970 ff.) und aus *Crouching Tiger, Hidden Dragon* (Taiwan/Hong Kong/USA/China 2000) anspielt.

---

16 Vgl. genauer Vladimir Jakovlevič Propp: Morphologie des Märchens, hrsg. von Karl Eimermacher. München 1972 [zuerst 1928].

17 AaTh/ATU 425 C *Beauty and the Beast*.

18 Kate Stone: Disney, Walt (Walter Elias). In: Enzyklopädie des Märchens. Handwörterbuch zur historischen und vergleichenden Erzählforschung, hrsg. von Kurt Ranke u.a. Bd. 3. Berlin/New York 1981, Sp. 701-704, hier Sp. 703.

Abb. 2:
Fiona weiß,
wie eine
Prinzessin
(disney-)
märchenkonform
zu retten ist.[19]

Über die Sprecherin von Fiona, Hollywood-Star Cameron Diaz, wird zudem ein Bezug zu *Charlie's Angels* (USA 2000) hergestellt, in dem Diaz eine der Hauptrollen spielt.

„Shrek" als Disney-Parodie

Shrek ist, wie diese Szene zeigt, nicht nur eine Märchenparodie, sondern zugleich auch eine Disney-Parodie. Parodiert wird zum einen die Ästhetik der Disney-Märchen, der so genannte „Disney-Touch", parodiert wird zum anderen aber auch Disney als Medienkonzern und Marktleader im Bereich des Animationsfilms.

Als Parodie auf die Ästhetik der Disney-Märchen erweist sich nebst der schlagkräftigen Prinzessin z.B. auch der Sachverhalt, dass Shrek dem Esel während des ganzen Films das Singen verbietet, was in krassem Gegensatz zu den Gesangsduetten zwischen Heldin und Singvögeln steht, die in keinem Disney-Märchenfilm fehlen dürfen. Noch offensichtlicher aber werden die Disney-Gesangseinlagen parodiert, als Prinzessin Fiona frühmorgens mit einem brütenden Vogel um die Wette singt. Die liebliche Szene könnte direkt Disneys *Snow White and the Seven Dwarfs* (USA 1937) oder *Sleeping Beauty* (USA 1959) entnommen sein, doch der Schein trügt: In immer unangenehmere Höhen singt sich Fiona hinauf und spornt den Vogel an, mitzuhalten, bis dem armen Kerlchen schließlich die Lunge platzt. Nur seine am Ast festgekrallten Füße und ein

---

[19] Bildnachweis: Stephen Cole: Shrek. Das Handbuch für Shreksperten. O.O. 2004, S. 12.

paar Federn bleiben übrig – und die drei Eier im Nest, aus denen die praktisch veranlagte Prinzessin Spiegeleier zum Frühstück macht.

In der oben beschriebenen Erlösung Fionas vom Fluch der Schönheit werden ebenfalls filmästhetische Disneykonventionen zitiert und durch Verkehrung parodiert. Der Verwandlungsprozess von der schönen Fiona ins hässliche Ogermädchen wird identisch inszeniert wie der Verwandlungsprozess des hässlichen Biests in den schönen Prinzen in *Beauty and the Beast* (USA 1991): Lichtstrahlen schießen ihr aus Füßen und Händen, sie wird in die Luft gehoben, dreht sich wie in Trance um sich selbst, sinkt zu Boden und erwacht erlöst, ganz wie der „Biest-Prinz" bei Disney.

Ausgiebig parodiert wird aber nicht nur die Disney-Märchenästhetik, sondern vor allem auch der Unterhaltungskonzern Disney mit seinen Themenparks und Disney-Figuren in Menschengröße. Die Ausstattung von Farquaads Reich DuLoc als künstliches, steriles, strikt reglementiertes Reich erinnert deutlich an Disneyworld. Am Eingang mit Drehkreuz steht nicht ein Kontrolleur im Mickey-Mouse-Kostüm, sondern mit einer Farquaad-Maske. DuLocs Herrscher Farquaad ist ebenso allgegenwärtig wie Disneys Mickey Mouse: zu kaufen in Souvenirshops und zu bewundern als kunstvolles Blumenarrangement.

Abb. 3: Das allgegenwärtige Konterfei von Lord Farquaad in DuLoc erinnert an die Allgegenwart von Disneys Mickey Mouse.[20]

---

[20] Bildnachweis: Cole (wie Anm. 19), S. 23.

Dieser parodistische Verweis auf die Konventionen des Disney-Films und auf das Disney-Imperium lässt sich sowohl ästhetisch wie medienökonomisch interpretieren: *Shrek*-Produzent Dreamworks SKG profiliert sich gegenüber dem Marktführer Disney durch einen „anderen" Umgang mit den Konventionen der Gattung Märchen. Mit diesem gegen das etablierte Hollywood gerichteten Anspruch traten Steven Spielberg, Jeffrey Katzenberg und David Geffen auf, als sie 1994 die Produktionsfirma Dreamworks SKG gründeten.[21] Der Konkurrent wird ästhetisch als „traditionell" kritisiert und, was die Ethik seines Geschäftsgebarens betrifft, als „totalitär" angeprangert.

Vor allem ein Aspekt der Disney-Parodie hat in Filmfachkreisen für Aufregung gesorgt: Die Figur des Bösewichts Lord Farquaad soll Ähnlichkeiten mit dem (ebenfalls eher kleinwüchsigen) Chief Executive Officer (CEO) von Disney, Michael Eisner, haben. Jeffrey Katzenberg, der *Shrek*-Produzent, habe sich auf diese Weise an seinem ehemaligen Chef Eisner gerächt[22], da ihn Eisner bei Disney bei der Besetzung eines wichtigen Postens schändlich übergangen habe. *Shrek* sei eine veritable Rachephantasie.[23]

Dies ist eines der vielen Mediengerüchte, die auf dem Nährboden der Konkurrenz auf dem Animationsfilmmarkt zwischen Disney/Pixar und PDI/Dreamworks nur allzu prächtig gedeihen. Solche Mediengerüchte über Filme („media legends", „media lore"[24]) finden sich häufig in Filmrezensionen, Fankultur-Quellen und Hollywood-Biografien und bieten sich zu intensivierter Forschung an.[25]

Für die medienökonomische Interpretation spricht auch ein Vergleich des Films mit seiner Vorlage, dem gleichnamigen Kinderbuch von William Steig aus dem Jahre 1990.[26]

Steigs Buch weist ebenfalls märchenparodistische Züge auf. Der hässliche grüne Oger Shrek wird von seinen Eltern in die Welt hinausgeschickt, um in

---

[21] Vgl. http://www.epilog.de/Person/S/Spi_Spz/Spielberg_Steven_(1946).htm (10.2.2005).

[22] Wells (wie Anm. 7), S. 26.

[23] Vgl. Tom Brooks: Shrek animates Cannes. In: BBC News Online vom 4. Mai 2001 (http://news.bbc.co.uk/1/hi/entertainment/film/1312555.htm; 5.8.2004) sowie Newman (wie Anm. 10), S. 55.

[24] Siehe dazu den letzten Beitrag in diesem Band.

[25] Vgl. Mikel Koven: Folklore Studies and Popular Film and Television: A Necessary Critical Survey. In: Journal of American Folklore 116 (2003), S. 176-195, hier S. 186 f. Der Befund eines Gerüchts erhärtet sich dadurch, dass in manchen Quellen die Kleinwüchsigkeit des Disney-CEOs Eisner als Beleg für Katzenbergs Rachephantasie herangezogen wird (vgl. http://www.epilog.de/Film/Sci_Sh/Shrek_USA_2001.htm; 9.7. 2004), in anderen hingegen die Kleinwüchsigkeit Farquaads als selbstironisches Zitat des selber kleinwüchsigen Katzenberg gedeutet wird; vgl. Gunter Göckenjan: Shrek. Animiertes Märchen von einem, der auszog, das Lieben zu lernen. In: epd Film 18,7 (2001), S. 44.

[26] William Steig: Shrek! New York 1990. Nach dem Tod des Cartoonkünstlers Steig (1907-2003) fand im Jüdischen Museum New York eine Ausstellung über sein Werk statt; dazu Claudia J. Nahson: The Art of William Steig. New York: Jewish Museum 2007.

guter alter Oger-Tradition Schaden anzurichten. Und das tut er mit großem Erfolg – jede Schlange, so heißt es, die dumm genug war, ihn zu beißen, bekam auf der Stelle Krämpfe und starb. Auch Steigs Shrek wird von einem Esel begleitet und findet seine umwerfend hässliche Traumprinzessin: „So they got hitched as soon as possible. And they lived horribly ever after, scaring the socks off all who fell afoul of them"[27], lautet das Happy End in Steigs „Shrek!".

Abb. 4: „And they lived horribly ever after". Schluss des Bilderbuchs „Shrek!" (1990), illustriert und geschrieben von William Steig[28]

Bei Steig fehlen hingegen alle Motive, mit denen sich der Film parodistisch gegen Disney wendet. Reiches Material für die Disneyparodie liefern erst die Neuschöpfungen des Drehbuchteams, die Figur von Lord Farquaad und sein Reich.

Nun ist das Parodieren von Märchen an sich nichts Neues, Märchenparodien sind seit den 1970er Jahren in Buchform, im Comic und Cartoon[29] und in Film

---

27 Steig (wie Anm. 26), ohne Paginierung.
28 Ebd.

und Fernsehen[30] beliebt. Das Parodieren von Märchen rechtfertigt es also noch nicht, am Beispiel von *Shrek* von einem neuen Umgang mit Märchen zu sprechen. Neu hingegen ist, dass mit *Shrek* die Märchenparodie zur Grundlage eines mainstream-orientierten Hollywood-Animationsfilms wird. Zudem zeichnet sich *Shrek* noch durch zwei weitere erzählerische Tendenzen aus, Tendenzen, die in zahlreichen gegenwärtigen (populärkulturellen) Produktionen zu beobachten sind, in Literatur, Musik, Fernsehen und Film, in *Shrek* allerdings geradezu exzessiv angewandt werden. Gemeint ist zum einen die Tendenz zur Hybridisierung von Genres[31], das heißt zur Verknüpfung eines Genres mit einem anderen populären Genre zu einem „Hybridgenre"[32] – dieser Trend zeichnet sich gegenwärtig besonders deutlich in (Reality-)TV-Formaten ab – und zum anderen die Tendenz zur erzählerischen Integration von intertextuellen Verweisen auf weitere Bereiche der Populärkultur.

„Shrek" und die Hybridisierung von Genres

In *Shrek* werden insbesondere Märchen und Komödie zu einer Märchenkomödie gekoppelt, was nicht erstaunt. Nicht nur hat die Parodie als verspottende, verzerrende, übertreibende Nachahmung einer Vorlage ausgeprägtes komisches Potenzial; auch das Ogermotiv birgt, nebst Tragik, Raum für Komik[33], und zudem lässt sich die Komödie besonders leicht mit anderen Genres zu populären Hybridgenres verbinden, zu Liebes- oder Krimikomödien oder, wie in diesem Fall, zu Märchenkomödien. Die komödiantische Erweiterung des Märchens ist auch im Disney-Animationsfilm üblich, z.B. über die Einführung komischer Nebenfiguren in dramaturgischen Ruhephasen.[34] So lassen sich traurige

---

29 Lutz Röhrich: Märchen und Cartoon. In: Witz, Humor und Komik im Volksmärchen, hrsg. von Wolfgang Kuhlmann. Regensburg 1993.

30 Christoph Schmitt: Märchen in Film und Fernsehen. Zur ‚Tradierung' von Volksdichtung im Bewegungsbild. In: Märchenforschung und Märchendidaktik, hrsg. von Günter Lange. Baltmannsweiler 2004, S. 185-202, hier S. 192.

31 Vgl. Elisabeth Klaus und Stephanie Lücke: Reality TV – Definition und Merkmale einer erfolgreichen Genrefamilie am Beispiel von Reality Soap und Docu Soap. In: Medien & Kommunikationswissenschaft 51, 2 (2003), S. 195-212, hier S. 196.

32 Vgl. Lothar Mikos u.a.: Im Auge der Kamera: das Fernsehereignis Big Brother. 2., neu bearb. und erw. Aufl. Berlin 2000, S. 105; vgl. Klaus/Lücke (wie Anm. 31), S. 196.

33 Thomas Geider: Oger. In: Enzyklopädie des Märchens. Bd. 10, hrsg. von Rolf Wilhelm Brednich u.a. Berlin/New York 2002, Sp. 235-249, hier Sp. 243.

34 Christoph Schmitt: Adaptionen klassischer Märchen im Kinder- und Familienfernsehen. Eine volkskundlich-filmwissenschaftliche Dokumentation und genrespezifische Analyse der in den achtziger Jahren von den westdeutschen Fernsehanstalten gesendeten Märchenadaptionen mit einer Statistik aller Ausstrahlungen seit 1954. Frankfurt a.M. 1993, S. 290.

Stimmungen und tragische Entwicklungen für kleinere Kinder erträglicher gestalten sowie Verniedlichungstendenzen abschwächen.[35]

Shrek geht in der komödiantischen Erweiterung des Märchens aber noch weiter: Der Esel als komische Begleiterfigur wird fast über die gesamte Länge des Films hinweg zur Auslösung von Komik eingesetzt, wie das typisch ist für ein populäres Subgenre der Komödie, die so genannten „Buddy Movies". Damit wird in *Shrek* der Wirkungsbereich komischer Einlagen über die Ruhephasen der Handlung hinaus auf die dramatischen Auseinandersetzungen ausgedehnt, z.B. auf den Kampf gegen den Drachen. Komik wird auch zur Kommentierung nicht-komischer Ereignisse und zur nicht-gewalttätigen Auflösung bedrohlicher Handlungen eingesetzt, was sich ebenfalls im Drachenkampf zeigt: Der kleine Esel und die riesige Drachendame finden Gefallen aneinander und bilden zusammen das wohl schrägste Liebespaar der Märchengeschichte.[36] Das Aufeinanderprallen von Kontrasten ist ein beliebtes Mittel, um Komik zu erzeugen[37], wie sich auch beim kleinwüchsigen Lord Farquaad und seinem überdimensional großen Schloss sowie bei Fiona und Shrek zeigt.

Komödiantisches Potenzial hat der Film auch durch die Besetzung der Sprecherrollen mit Stars: Mike Myers, der die Titelfigur spricht, ist bekannt für seine Rolle als Austin Powers, einer James-Bond-Parodie. Dem aufdringlichen Esel, dem Begleiter des Helden, hat Eddie Murphy seine Stimme geliehen, ein Star, der mit seinem losen Mundwerk eine Vielzahl von Krimikomödien geprägt hat. Durch das komödiantische Image von Eddie Murphy und Mike Myers wird dem Publikum von *Shrek* eine komödienorientierte Rezeptionshaltung nahe gelegt. Die Besetzung der Sprecherrollen mit Stars ist im Animationsfilm zudem ein wichtiges Mittel, um ein genrespezifisches Vermarktungsproblem zu lösen: die Schauspielerlosigkeit des Genres bzw. den damit einhergehenden Zwang, auf „star value" als Publikumsmagnet zu verzichten.

Über die stimmlich und motivisch geschaffenen Bezüge zu komischen Genres und Genremischungen hinaus findet sich in *Shrek* eine Fülle von weiteren intertextuellen Verweisen auf sämtliche Formen aktueller Populärkultur. In erster Linie sind das, wie wir bereits gesehen haben, Märchenfiguren und Fabelwesen, u.a. aus Disney-Märchenfilmen. Aber auch populäre TV-Formate werden zitiert, etwa wenn Lord Farquaad seine Zukünftige in einer „Dating Game"-ähnlichen Sequenz wählt und tags darauf seine Ritter zu einer „Wrestling"-Show

---

[35] Horst Heidtmann: Medienadaptionen von Volksmärchen. In: Märchen – Kinder – Medien. Beiträge zur medialen Adaption von Märchen und zum didaktischen Umgang, hrsg. von Kurt Franz und Walter Kahn. Hohengehren 2000, S. 82-97.

[36] Kontrastpartnerschaften zwischen Groß und Klein sind in vielen populären Erzählgattungen zu finden. Carl Wilhelm von Sydow hat hierfür den Terminus „Proportionsphantasien" eingeführt; vgl. Lutz Röhrich: Proportionsphantasie. In: Enzyklopädie des Märchens. Bd. 10 (wie Anm. 33), Sp. 1432-1435.

[37] Vgl. Rainer Wehse: Komik. In: Enzyklopädie des Märchens. Bd. 8, hrsg. von Rolf Wilhelm Brednich u.a. Berlin/New York 1996, Sp. 90-95, hier Sp. 90 f.

antreten lässt. Zahlreiche Anspielungen auf Action-, Abenteuer-, Science-Fiction- und Fantasyfilme kommen vor, wie wir bereits in der oben erwähnten Sequenz, in der Robin Hood und seine Männer Fiona „befreien" wollen, gesehen haben. Fionas Geduld wird hier zunächst mit einer *Riverdance*-ähnlichen Musical-Einlage strapaziert. Musik spielt denn auch in *Shrek* – wie in den (Disney-)Animationsfilmen generell – eine zentrale Rolle. Nebst der eigens komponierten Filmmusik von Harry Gregson-Williams und John Powell kommt eine Reihe von Pop- und Rocksongs zum Einsatz, die Bezüge zu Unterhaltungserlebnissen außerhalb der Märchenwelt herstellt. Der Esel singt „Friends", „On the road again", „Try a little tenderness" oder „I'm a believer". Ebenso kommen Songs von den Baha Men, Smash Mouth, Joan Jett, Rupert Holmes, Herb Alpert and the Tijuana Brass oder von eigenen Sängerinnen und Sängern von Dreamworks (Eels, Leslie Carter, Dana Glover u.a.) vor.[38]

Durch diesen Anspielungsreichtum und die Genre-Vermischung erreicht Dreamworks mit *Shrek* auch Publikumsschichten, die kein primäres Interesse an Märchenerzählungen haben, z.B. Erwachsene, die den Film nicht als Begleiter von Kindern rezipieren. Viele komische Episoden mit Anspielungscharakter richten sich eindeutig an Erwachsene und werden von Kindern nicht verstanden, etwa die Witze über die allzu knapp bemessene „Ausstattung" von Farquaad, die er mit seiner imposanten Festung kompensiert. Oder die Anspielung auf populäre Glaubensvorstellungen, wenn der Esel dem vermeintlich tödlich verwundeten Shrek aufgeregt rät, er solle sich, falls er einen Tunnel sehe, unbedingt vom Licht fernhalten – ein humoristischer Hinweis auf die Arbeiten der kürzlich verstorbenen Sterbeforscherin Elisabeth Kübler-Ross. Für kleine (und große) Kinder amüsant sind hingegen die Normverstöße und der Fäkalhumor. Und filmtechnisch Interessierte fasziniert die Virtuosität der Computeranimation.

Dank seiner komplexen narrativen Anlage vermag *Shrek* ganz unterschiedliche Zielgruppen anzusprechen. Diesen Zielgruppen werden zudem außerhalb der Filmerzählung zusätzliche Kommunikationsangebote zu *Shrek* gemacht.

„Shrek" im Medienverbund

Die mediale Begleitung von Produkten der Unterhaltungsindustrie ist Teil der seit Jahrzehnten erprobten Medienverbundstrategie im modernen Entertainment-Business. So ist auch zu *Shrek* alles zu haben, was das Konsumentenherz begehrt: Bastelbücher, Figuren, Computerspiele, T-Shirts, Tassen, Videos, Soundtrack-CDs, 3D-Filmversionen und die so genannten „Filmverbuchungen"[39], die

---

[38] Vgl. http://www.imdb.com/title/tt0126029/soundtrack (14.3.2008).

[39] Horst Heidtmann: Filmverbuchungen: Kinder- und Jugendbücher nach Filmen. In: Informationen Jugendliteratur und Medien 2 (1991), S. 50-63.

„Bücher zum Film", die – wie so oft – auch im Falle von *Shrek* erfolgreicher als die eigentliche Vorlage sind.

In den 1990er Jahren aber hat die mediale Begleitung noch eine quantitative und qualitative Steigerung erfahren, etwa in Form von „Making of"-Filmen im Fernsehen oder durch eigene Websites von Produktionsfirmen und Fans zum Film[40]. Vor allem aber hat sich mit dem neuen Trägermedium DVD ein meta-kommunikatives Angebot etabliert. Hier werden in Form von „Special Features" Informationen zum Produkt – durchaus in bildender Absicht – und Vermark-tungsintention geschickt miteinander verbunden: Der Laie erhält Einblick in den Prozess der computergenerierten Animation und kann sich ein Bild von der Kunstfertigkeit des Films machen; der mit digitaler Technik Vertraute wird über den gegenwärtigen „state of the art" informiert. Gerade ein Publikum, das mit dieser digitalen Technik aufgewachsen ist, erwartet von Filmen, dass sie tech-nologisch auf dem neuesten Stand sind. Die Bestätigung dieser Erwartungen ist für Dreamworks auch wichtig zur Abgrenzung vom renommierten Computer-animationsspezialisten Pixar, der für Disney arbeitet.

All diese Zusatzinformationen liefern ihrerseits wieder Stoff für Medien-erzählungen. In diesem medialen „Hallraum" lassen sich *Shrek*-bezogene „media legends" wie die angebliche Parodierung von CEO Michael Eisner auch leichter einer breiteren Öffentlichkeit zugänglich machen.

Zur Produktionsroutine von Hollywood gehört auch die Serialisierungsstrate-gie, das heißt der Versuch, erfolgreiche narrative Konzepte durch Fortsetzungen mehrfach auszubeuten. Die „Sequelitis", wie ein Rezensent die Serialisie-rungsstrategie kritisiert[41], hat auch *Shrek* erfasst: *Shrek 2* (USA 2004) war noch erfolgreicher als *Shrek*; die Superlative der Boxoffice-Berichterstattung überschlugen sich: als „erfolgreichster Animationsfilm aller Zeiten" und als „schnellster Film überhaupt" hat er die 400-Millionen-Dollar-Grenze über-schritten (22 Tage schneller als *Titanic*)[42] und war, so eine weitere Zeitungs-schlagzeile, „ein Schreck für die Konkurrenz"[43], ein wahrer „Börsen-Shrek"[44], denn seit dem 28. Oktober 2004 ist Dreamworks Animation an der Börse han-delbar.[45] Nach dem abermals gigantischen Einspielerfolg von *Shrek the Third*

---

40 Vgl. http://www.animation.dreamworksfansite.com/shrek2/ (14.3.2008).
41 Rezensent Mark G. schreibt: „Shrek 2 leidet unter Sequelitis. Ich bin ein großer Fan des ersten Films und auch der zweite Teil hat fast alle Bestandteile des Originals, abzüglich der Originalität (leider)." http://www.insidekino.com/J/JShrek2.htm (10.8.2004).
42 Vgl. http://www.insidekino.com/J/JShrek2.htm (10.8.2004).
43 Der Bund vom 23. Juni 2004 (http://asp.ebund.ch/print.asp?artikeliD=23773; 12.2.2005).
44 Michael Braun: Börsen-Shrek für Mickey Mouse. Die Trickfilm-Tochter des Hollywood-Konzerns Dreamworks will an die Börse. Disney findet das gar nicht komisch. In: Welt am Sonntag vom 1. August 2004 (http://www.wams.de/data/2004/08/01/312915.html).
45 Vgl. Thomas Schalow: HighTech Investor: Herzlicher Empfang für Shrek und Freunde. In: Publimax Media vom 29. Oktober 2004 (http://de.biz.yahoo.com/041029/339/49sza.html; 10.2.2005).

(2007) sollen 2010 und 2013 zwei weitere Folgefilme die Kinos erobern. Ein schon länger geplantes Broadway-Musical soll 2008 starten.

Mit Blick auf den Fortsetzungsfilm *Shrek 2* soll zum Abschluss der Frage nachgegangen werden, ob das kritische Wirkungspotenzial, das parodistischen Werken gemeinhin zugesprochen wird, angesichts der allgemeinen Marktbedingungen der globalen Unterhaltungsindustrie, aber auch angesichts der speziellen Probleme seriellen Parodierens, im Falle von *Shrek 2* aufrechterhalten werden konnte.

Shrek, so der amerikanische Erzählforscher Jack Zipes, werfe Fragen auf zu Machtkonflikten innerhalb der Kulturindustrie, Fragen darüber, wer die animierte Form der Unterhaltung kontrolliere. Die Auseinandersetzung um die Macht im milliardenschweren Entertainment-Business werde in Form scharfer Kontraste gestaltet: Dem disneyfizierten, artifiziell wirkenden DuLoc stelle *Shrek* die Natürlichkeit des Sumpfes gegenüber, der Tyrannei der Konvention die Freiheit der Unkonventionalität, der Homogenisierung die Heterogenität.[46]

So dominant ist die Disney-Parodie in *Shrek 2* nun nicht mehr. Das erstaunt nicht, denn das medienökonomische Prinzip der Serialisierung verträgt sich schlecht mit der von Zipes herausgearbeiteten kritischen Haltung gegenüber den Produktionsroutinen Hollywoods. Es sind aber nicht allein die medienökonomischen Realitäten, die zu dieser Abschwächung des (Disney-)kritischen Potenzials geführt haben. Auch der dafür eingeschlagene Weg über die Märchenparodie scheint sich für die Fortsetzungsproduktion nur bedingt zu eignen: Die parodistische Durchbrechung der Märchenkonvention, welche den Handlungskern von *Shrek* prägt, wird in *Shrek 2* unvermeidlich zur vom treuen Sequel-Publikum erwarteten Ausgangslage, wird also zur Normalität. Ein analog unkonventioneller Handlungskern hat sich für den Fortsetzungsfilm offenbar nicht finden lassen. Ins parodistische Visier gerät in *Shrek 2* deshalb nicht mehr primär die Märchenwelt im Disney-Stil, sondern die Glamourwelt, gewissermaßen die Alltagsmärchenwelt von Hollywood und Las Vegas.

Darin manifestiert sich vielleicht auch die mangelnde Ergiebigkeit des Märchens als Parodiezielscheibe, zumindest was die Haupthandlung betrifft. Wie neuere Untersuchungen gezeigt haben, hat das Märchen in der mediatisierten Erlebniswelt von Kindern und Jugendlichen deutlich an Gewicht verloren; es ist von einer Fülle anderen Erzählguts, vor allem aus Film und Fernsehen, in den Hintergrund gedrängt worden.[47] So ist es nur folgerichtig, dass die realen Auswüchse im Entertainment-Universum ein dankbareres, weil naheliegenderes Zielobjekt der Parodie abgeben.

---

[46] Vgl. Jack Zipes: The radical morality of rats, fairies, wizards and ogres: taking children's literature seriously. In: ders.: Breaking the magic spell: radical theories of folk and fairy tales. Rev. and expanded ed. Lexington 2002, S. 206-251, hier S. 226-231.

[47] Vgl. Heidtmann (wie Anm. 35).

Zwar erfüllt auch *Shrek 2* die Erwartungen an ein filmisches Antimärchen, aber der märchenparodistische Gehalt hat sich deutlich von der Haupthandlung auf die episodische Ebene verlagert. In der Tendenz zur Genremischung und zur intertextuellen Vernetzung hingegen knüpft die zweite Folge der Märchenkomödie nahtlos an den erfolgreichen Erstling an. Besonders gelungen ist etwa die Einführung der Figur des Gestiefelten Katers mit dem umwerfenden Katzenblick; gesprochen wird sie von Antonio Banderas, dem Zorro-Darsteller, dessen Latin-Lover-Image geschickt genutzt wird.

Abb. 5:
Eine besondere Augenweide
in „Shrek 2":
Latin Lover „Puss in Boots"
(gesprochen von
Antonio Banderas).[48]

Durch postmoderne Gestaltungsverfahren wie Selbstreferenzialität, Intertextualität, Genre-Mischung, Parodie und Simulation verwischen sich die Grenzen zwischen Märchen und anderen populärkulturellen Erscheinungsformen immer stärker. Heute finden wir Märchenmotive in zahlreichen populären Genres und Werken, allen voran im Liebesroman und -film[49], und umgekehrt fließt die Populärkultur der Gegenwart ins Märchen ein. Für diese verstärkten postmodernen Tendenzen im Umgang mit Märchen ist *Shrek* sowohl Paradebeispiel wie möglicherweise Vorreiter.

---

[48] Bildnachweis: Cole (wie Anm. 19), Vorderseite.
[49] Vgl. Andrea Kölbl: Fiktionen der Liebe. Europäische Volksmärchen und populäre Spielfilme im Vergleich. München 2006.

Bernd Rieken

Teufel, Dämonen, Ungeheuer
Die Umsetzung von Sagenmotiven
im Horror- und Sciencefictionfilm

Filme greifen Stoffe und Motive auf, um daraus eine Geschichte zu machen. Diese sieht sich der Kino- oder Fernsehzuschauer an. Er kann durch sie gelangweilt, belustigt, geängstigt oder beeindruckt sein, und oftmals erzählt er sie weiter. *Das* im Folgenden zu behandeln, wäre ein interessantes Thema, doch möchte ich einen Schritt zurückgehen und mich auf die Frage beschränken, ob und inwieweit traditionelle Motive aus dem Bereich des Dämonologischen und Monströsen einer Veränderung unterliegen, wenn sie aus der Volksüberlieferung auf die Leinwand übertragen werden. Weil es sich dabei, wie sich der alte Ritterschaftsrat von Briest (aus *Effi Briest*) ausdrücken würde, um ein „weites Feld" handelt, werde ich mich vorwiegend mit einem einzigen Aspekt befassen, den ich allerdings für wesentlich halte: Volkssagen sind Glaubensgut, das heißt subjektive Realität, wobei ihre Faszination zu einem Großteil auf eben dieser Tatsache beruht. Die entsprechenden Filmgenres sind hingegen in zweifacher Hinsicht mit dem Problem konfrontiert, nicht real zu sein bzw. dafür gehalten zu werden. Zum einen handelt es sich um ein Medium der Illusion, es existiert nur auf der Leinwand. Zum anderen ist man heutzutage weniger bereit, Übernatürliches für wirklich anzusehen als in früherer Zeit. Nun könnte man einwenden, dass es sich dabei gar nicht um ein Problem handeln würde, weil die Zuschauer ohnehin wüssten, dass ein Film etwas Erfundenes ist. Das ist bis zu einem gewissen Grade auch richtig, ja selbstverständlich, um nicht zu sagen banal. Auf der anderen Seite hat ein Film aber nur dann Erfolg und wird mehrheitlich als „gut" eingeschätzt, wenn er bestimmten Plausibilitätskriterien genügt, und plausibel erscheint etwas dann, wenn Anknüpfungspunkte an das eigene, wirkliche Leben vorhanden sind. Wenn also Motive aus Volkssagen auf der Leinwand wiedergefunden werden, muss es einerseits Gemeinsamkeiten zwischen der Lebenswelt traditioneller Zuhörer und moderner Filmkonsumenten geben, doch andererseits müssen die Filme an gegenwärtige Erwartungshaltungen angepasst sein. Darum soll es im Folgenden gehen.

Der Film ist primär ein Bildmedium, Volksprosa ein sprachliches. Umgekehrt erzeugen Erzählungen kraft der Imagination des Zuhörers Bilder, während das Werkzeug des Films auch die Sprache ist und überdies eine Geschichte erzählt wird. Sie ergibt sich aber nicht aus den Einzelbildern, sondern aus dem Vorhandensein eines „Bedeutungskontinuums".[1] Die Besonderheit des Audiovisuellen liegt darin, dass es „die Bilder erzählbar macht und damit zugleich das Erzählen visualisiert".[2] Im Gegensatz zum mündlichen oder schriftlichen Text werden im Film Handlungen oder Orte nicht beschrieben – das geschieht allenfalls im Drehbuch –, sondern als Bildfolge gezeigt. Was als Text gesprochen wird, sind zumeist Dialoge.[3] Das ist ein wesentlicher Unterschied gegenüber der Sage, denn in ihr dominiert die Beschreibung des Faktischen, der Handlung, und diese ist in der Regel auf das Wesentliche reduziert. Dialoge wären, im Gegensatz zum Märchen, fehl am Platz, denn sie würden vom Kern ablenken. Als Erzählung vom Hören-Sagen, die vielfach mündlich weitergegeben wird, wäre die Tradierung von Dialogen außerdem schwierig, denn was im Gedächtnis haften bleibt, ist der inhaltliche Kern. Mit wenigen Pinselstrichen wird das Geschehen skizziert, und sie genügen, um den Zuhörer erschauern zu lassen.

In gedruckter Form ist eine Sage zumeist nicht länger als eine halbe oder ganze Buchseite. Um sie zu lesen bzw. sich anzuhören, bedarf es nur weniger Minuten. Das Drehbuch zu einem Film hat dagegen 100 und mehr Seiten, seine Länge beträgt in der Regel 90 bis 120 Minuten und ist eher mit umfangreicheren Prosatexten zu vergleichen. Das hat natürlich Auswirkungen auf den Inhalt. In dem Film *The Exorcist*[4] macht die zwölfjährige Regan plötzlich unheimliche Veränderungen durch, indem sie obszöne Reden führt und dabei mit tiefer Stimme spricht. Sie würgt grünen Brei heraus, auf ihrer Haut erscheinen eiternde Wunden, Möbel und andere Gegenstände entwickeln in ihrer Nähe ein Eigenleben. Die Eltern sind zunächst ratlos, sie konsultieren Ärzte und Psychiater, die jedoch auch nicht weiterwissen. Nach einiger Zeit werden zwei Jesuitenpatres zu Hilfe geholt, die einen Exorzismus an Regan durchführen wollen. Der Erste erleidet während der Handlung einen Herzanfall und stirbt, woraufhin der zweite Pater seine Stelle einnimmt und den Dämon überredet, in seinen Körper zu fahren. Als das geschieht, stürzt er sich in den Tod.

Eine motivgleiche Sage aus Südtirol behandelt die Gefangennahme eines Besessenen namens Manz. Sie berichtet, dass die Meraner Polizei sein Versteck ausfindig gemacht hat und dann versucht wird, seiner habhaft zu werden, indem ein geweihtes Kreuz vor seine Kammer gehalten wird.

---

[1] James Monaco: Film verstehen. Kunst, Technik, Sprache, Geschichte und Theorie des Films und der Medien. Mit einer Einführung in Multimedia. 5. Aufl. Reinbek bei Hamburg 2004, S. 161.

[2] Knut Hickethier: Film- und Fernsehanalyse. 2. Aufl. Stuttgart/Weimar 1996, S. 25.

[3] In Ausnahmefällen Monologe und erläuternde Texte aus dem Off bzw. Rahmenhandlungen. Das Erzählen über Handlungen und Orte ist zwar auf der wortsprachlichen Ebene des Films (ob per Figurenrede oder diegetischer Narration) möglich, nimmt aber in der Regel Bezug auf das Gezeigte und ordnet sich diesem unter.

[4] „The Exorcist" (Der Exorzist). Regie: William Friedkin, USA 1973.

„Wie nun Manz die nahe Gefahr erkannte, in welcher er schwebte, verwandelte er sich eilig in eine Bremse; die Bremse summte ungeduldig an den Wänden herum, vermochte aber nicht zu entrinnen [...]. Der Gerichtsdiener kam, fing die Bremse und steckte sie in eine Büchse, die er schleunigst nach Meran trug. In Meran wurde Manz durch den Exorzismus gezwungen, wieder Mensch zu werden, und nun in einen kupfernen Kessel gesteckt und nach gefälltem Urteil über die Passer geführt, wobei ihn ein Kapuziner begleitete. [...] Als der Zug zur Brücke kam, wollte der Teufel die Brücke in den Strom hinunterreißen, doch der Kapuzinerpater besprengte die Brücke mit Weihwasser, warf geweihte Sachen in die Passer, und so musste der Teufel weichen.“[5]

Die Sage beginnt mit den folgenden Worten: „Manzens Sündenmaß war voll; seine vielen schwarzen Verbrechen hatten des Zauberers Seele tischgerecht zubereitet für die Höllentafel“.[6] Würde diese Erzählung verfilmt werden, so würden zunächst die Umstände gezeigt werden, welche zu seiner Besessenheit geführt haben, um dann in breiten Farben seine Untaten zu schildern. Davon erfahren wir in der Sage nichts, sie fällt gewissermaßen mit der Tür ins Haus und strebt dem einzigen Höhepunkt der Erzählung zu, nämlich der Gefangennahme des Manz. In verfilmter Form wäre das ebenfalls der schlussendliche Höhepunkt, so wie es jene Szene in *The Exorcist* ist, in welcher sich der zweite Pater in den Tod stürzt, nachdem der Dämon in ihn hineingefahren ist. Aber dabei handelt es sich um den letzten einer Vielzahl von Höhepunkten, welche die Nerven der Zuschauer strapaziert haben. Ein stundenfüllender Spielfilm kann sich also nicht auf die einmalige Präsentation eines einzigen Motivkomplexes beschränken, er muss das Thema breiter gestalten. Die Umstände des Woher werden geschildert, desgleichen die Hauptcharaktere illustriert, es wird eine Fülle an Nebenfiguren unterbreitet und überhaupt das Geschehen breit ausgemalt.

Damit verliert ein anfangs erwähntes Problem an Brisanz, nämlich das der Distanz zwischen Projektionswand und Zuseher. Der Zuhörer einer Sage hat es diesbezüglich ja einfacher. Zwar steht ihm, ähnlich wie die Leinwand im Kinosaal, der Erzähler als etwas von ihm Getrenntes gegenüber, doch existieren in der Regel auch Verbindungen, vor allem, wenn es sich um eine für redlich gehaltene Person handelt. Denn das Wahrheitskriterium im Alltag ist die Bestätigung des Geschehens durch eine vertrauenswürdige Instanz. Wenn uns jemand, dem wir Glauben schenken, etwas „Unerhörtes“ erzählt, nehmen wir Anteil an seiner Geschichte, wir werden gleichsam in ihren Bann gezogen, und dazu bedarf es nur einer kurzen Zeitspanne. Mit dem Film verhält es sich anders und doch ähnlich, denn die Tatsache, einem nicht realen Geschehen gegenüberzustehen, wird durch die Länge der Präsentation gemildert. Der Spielfilm hat nämlich, wie der Name bereits deutlich macht, etwas mit *Spiel* oder *Schauspiel* zu tun – mit *Illusion*, mit *in-lusio*, buchstäblich *Einspielung*, das heißt *Sich-Hin-*

---

5   Johann Nepomuk Ritter von Alpenburg: Deutsche Alpensagen. Wien 1861, Nr. 264.
6   Ebd.

einversetzen in etwas. „In der Sphäre eines Spiels haben die Gesetze und Gebräuche des gewöhnlichen Lebens keine Geltung", schreibt Johan Huizinga.[7] Denn zur Sphäre des Alltags gehört das ernsthafte *Tun*, zu der des Spiels hingegen das *So-tun-als-ob*. Illusion bedeutet die Bereitschaft, sich auf ein Spiel einzulassen und ein Teil desselben zu werden. Der Kinosaal ist dafür besser geeignet als der Fernseher im Wohnzimmer – nicht nur wegen der Raum füllenden Leinwand, sondern auch, weil es rundherum dunkel ist und man von externen Störfaktoren abgeschirmt ist, etwa dem Läuten eines Telefons oder den Film unterbrechenden Werbeblöcken. Das ist die Chance des Films, denn der Zuseher ist live dabei, steht mitten im Geschehen, während der Zuhörer eine Geschichte *nach*erzählt bekommt.

Damit ist unser Problem allerdings erst zur Hälfte gelöst, denn bis jetzt ist es nur um die Zeitspanne *während* des Mediengenusses gegangen. Der Rezipient einer Sage wird wohl auch noch später an die Existenz ihres Geschehens glauben, während der Zuseher die Welt des Films verlässt, wenn der Nachspann vorbei ist (meistens allerdings schon nach der letzten Szene). Würden wir Johan Huizinga zur Gänze folgen, befänden wir uns nun in einer Sackgasse, denn er zieht einen rigorosen Trennungsstrich zwischen Spiel und Ernst, zwischen Fiktion und Realität. Er ist Kulturhistoriker und betrachtet die Welt des Geistes, wie es zu seiner Zeit üblich war, als ein autonomes Gebiet, das losgelöst ist von den Bedingtheiten der menschlichen Seele. Gewiss hat es seine Berechtigung, die Welt des Spieles als einen freien und unabhängigen Bereich zu betrachten, aber es ist gleichzeitig eine einseitige Perspektive, denn jene Welt wirkt, wenn man sie verlässt, nach, und das umso tiefgreifender, je mehr Bezüge zum eigenen Leben existieren.

Betrachten wir, um das näher zu erläutern, zunächst Tiefenstrukturen, welche sozusagen den Bodensatz des Individuums und der Kultur bilden. Damit meine ich die magische Phase des Erlebens und Handelns, wie sie aus entwicklungspsychologischer Sicht Jean Piaget in seinem Buch *Das Weltbild des Kindes* beschrieben hat[8] und Klaus E. Müller aus ethnologischer Perspektive in seinem Werk *Das magische Universum der Identität*.[9] Die Welt verstehen heißt zunächst, sie auf sich zu beziehen. In diesem egozentrischen[10] Weltbild bekommen die Dinge um uns herum Bedeutung, sie sind auf uns gerichtet, sie werden

---

7   Johan Huizinga: Homo Ludens. Vom Ursprung der Kultur im Spiel. Reinbek bei Hamburg 1981, S. 21.
8   Jean Piaget: Das Weltbild des Kindes. Frankfurt a.M./Berlin/Wien 1980.
9   Klaus E. Müller: Das magische Universum der Identität. Elementarformen sozialen Verhaltens. Ein ethnologischer Grundriß. Frankfurt a.M./New York 1987; vgl. Bernd Rieken: Wie die Schwaben nach Szulok kamen. Erzählforschung in einem ungarndeutschen Dorf. Frankfurt a.M./New York 2000, S. 193-203; ders.: „Nordsee ist Mordsee". Sturmfluten und ihre Bedeutung für die Mentalitätsgeschichte der Friesen. Münster u.a. 2005, S. 281-286.
10 Im epistemologischen, nicht im moralischen Sinn verstanden.

belebt und beseelt. Eine Sturmflut oder Überschwemmung ist nicht einfach ein natürlich und unabhängig von uns ablaufendes Geschehen, sondern Ausdruck göttlichen Zorns bzw. dämonischer Mächte oder – im zeitgenössischen Kontext – Rache der geschundenen Natur.[11] Auch Teufel, Dämonen, Hexen und Wiedergänger gehören in den Umkreis des magischen Weltbildes, und von daher braucht es nicht zu überraschen, wenn wir ihnen sowohl in der Volkssage als auch im Horrorfilm auf Schritt und Tritt begegnen. Ihre Existenz, und darauf kommt es jetzt an, braucht auch in einer säkularisierten Welt nicht unbedingt eigens begründet zu werden. Sie sind eng mit der christlichen Tradition Europas und Nordamerikas verzahnt, sodass sie in den magischen Tiefenschichten abgelagert und dort jederzeit abrufbar sind. Von daher bedarf es keiner besonderen Transformation, um sie von der Volksüberlieferung glaubhaft auf die Leinwand zu übertragen. Ich möchte nicht missverstanden werden, wir leben in einer säkularisierten Welt, die gewohnt ist, traditionelle Überlieferungen infrage zu stellen. Aber es geht hier nicht um ein Entweder-Oder, um Glauben oder Nicht-Glauben an Übernatürliches, sondern um jene Grauzone dazwischen, in der sich je nach Situation und Stimmungslage Skepsis und Glaube, Rationales und Irrationales, aber auch Angst und Lust miteinander vermischen. In diesen Bereich greift der Horrorfilm ein, und er tut es wie selbstverständlich, weil er die Existenz seiner Figuren nicht eigens zu begründen braucht – im Gegensatz zum Sciencefictionfilm (siehe unten).

Unterschiede zwischen einzelnen Filmen bestehen lediglich in der Frage, mit welchen Mitteln der Schrecken gesteigert werden kann. In älteren Filmen werden Ungeheuer sparsam eingesetzt und wirken auch nicht allzu blutrünstig. Das lässt sich nicht allein auf die weniger entwickelte Tricktechnik vor der Einführung des Computers zurückführen, sondern hängt auch mit den vermeintlichen oder tatsächlichen Erwartungen des Publikums in einer erlebnishungrigen Gesellschaft zusammen. In *Cat People*, einem Meisterwerk expressionistischer Filmkunst von 1942[12], wird die Verwandlung der jungen Serbin Irena Dubrovna in einen Panther ausschließlich durch Licht- und Schattenspiele angedeutet, und das auch nur wenige Male. In *Godzilla* von Roland Emmerich[13] hat dagegen das gleichnamige Urweltmonster seinen Weg um die halbe Erde bereits nach etwa 30 Minuten Erzählzeit zurückgelegt und sein Ziel – New York – erreicht, um dort alles kurz und klein zu treten. Es geht mit anderen Worten um die Frage, ob Spannung und Schrecken eher durch Frustration oder durch Befriedigung erreicht werden, eine Frage, an der sich bis heute die Geister scheiden. Für sei-

---

[11] Vgl. Rieken 2005 (wie Anm. 9), S. 319-326.
[12] „Cat People" (Katzenmenschen). Regie: Jacques Tourneur, USA 1942 (Remake: „Cat People" [Katzenmenschen]. Regie: Paul Schrader, USA 1982).
[13] „Godzilla" (Godzilla). Regie: Roland Emmerich, USA 1998 (Remake von: „Gojira" [Godzilla]. Regie: Inoshiro Honda, Japan 1954).

nen Film *Course of the Demon* wollte Jacques Tourneur[14] sogar völlig darauf verzichten, den Dämonen zu zeigen, weil er der Meinung war, dass die schlimmsten Ungeheuer die Phantasie hervorbringen, doch waren die Studiobosse der Auffassung, das Publikum verlange nach einer sichtbaren Bestie. Allerdings sollte man dieses Prinzip nicht übertreiben. „Auf der Suche nach dem verlorenen Reiz braucht man stärkere Dosen [...]. Was erstrebenswert ist, fordert zur Anhäufung heraus, damit aber auch zu seiner Inflationierung", schreibt Gerhard Schulze.[15] Und der Psychologe Paul Watzlawick spricht in dem Zusammenhang vom „Mehr-desselben-Prinzip" als einem nicht wirksamen Mittel, um ein Problem zu lösen.[16] – Das ist in der Volkssage anders. Zum einen beschränkt sie sich, wie bereits erwähnt, in der Regel auf einen Höhepunkt, zum anderen werden Ungeheuer nur genannt und nicht beschrieben, und es ist auch nicht notwendig, weil sie im Allgemeinen bekannt sind.

Der Horrorfilm stammt scheinbar oder anscheinend aus einer anderen Welt, und die Existenz seiner Ungeheuer braucht er nicht eigens zu begründen; sie sind einfach da, sind a priori existent. Das ist im Sciencefictionfilm anders; er ist ein Kind des technischen Zeitalters und gibt wissenschaftliche bzw. pseudowissenschaftliche Erklärungen, wodurch er zwei Fliegen mit einer Klappe schlägt, denn er befriedigt damit rationale und irrationale Bedürfnisse gleichermaßen. In *The Blob*[17] ist es eine gallertartige Masse aus dem Weltall, welche ein gefährliches Eigenleben entwickelt und Menschen tötet. In *Them!*[18] sind es Riesenameisen, die durch Versuche mit Atombomben mutiert sind, und in *Tarantula*[19] wird der titelgebenden Vogelspinne ein Wachstumsserum injiziert. Dabei handelt es sich um einen Vorversuch, denn das eigentliche Ziel wäre gewesen, das Welthungerproblem durch ein synthetisches Nahrungsmittel für Menschen zu lösen. In einem Interview erzählt der Regisseur, Jack Arnold, wie er auf die Idee gekommen ist, diesen Film zu drehen:

> „Zu der Zeit wurden Experimente mit chemischen Nährstoffen durchgeführt, um größere Früchte zu erzeugen, und ich erinnerte mich an einen Dokumentarfilm, den ich in New York gedreht hatte, für das Landwirtschaftsministerium. Der Film hieß *Chicken of Tomorrow* und handelte davon, mit Hilfe eines chemischen Präparats riesige Hühnerbrüste zu erzeugen. Das war für mich der Ausgangspunkt. Ich sagte: ‚Lasst uns das mit etwas ganz

---

[14] „Course of the Demon" (Der Fluch des Dämonen). Regie: Jacques Tourneur, GB 1958.

[15] Gerhard Schulze: Die Erlebnisgesellschaft. Kultursoziologie der Gegenwart. 6. Aufl. Frankfurt a.M./New York 1996, S. 64 f.

[16] Paul Watzlawick: Anleitung zum Unglücklichsein. München/Zürich 1983, S. 29.

[17] „The Blob" (Blob – Schrecken ohne Namen). Regie: Irvin S. Yeaworth jr., USA 1958 (Remake: „The Blob" [Der Blob]. Regie: Chuck Russell, USA 1988).

[18] „Them!" (Formicula). Regie: Gordon Douglas, USA 1958.

[19] „Tarantula!" (Tarantula). Regie: Jack Arnold, USA 1955.

Schrecklichem kombinieren.' Die meisten Leute haben eine Todesangst vor Spinnen. Ich nahm also ein leeres Blatt Papier und schrieb oben drüber TARANTULA!"[20]

Das Zitat macht das Geheimnis eines erfolgreichen Sciencefictionfilmes deutlich: Ein dämonisiertes Wesen wird in einen rationalen Kontext gestellt und mit zeitgenössischen Problemstellungen in Zusammenhang gebracht.

All diese Filme stammen aus den 1950er Jahren, der Hochblüte des Sciencefictionfilms, und spiegeln Probleme ihrer Zeit wider. Invasionen aus dem Weltall symbolisieren unter anderem die Angst vor kommunistischer Unterwanderung, mutierte Riesenameisen die vor nuklearer Bedrohung, während in *Tarantula* die Frage des Welthungers und die Problematik synthetischer Nahrungsmittel thematisiert werden.

Als in den 1970er Jahren ein verstärktes Bewusstsein für Umweltprobleme erwachte, entstanden als Subgenre des Sciencefictionfilms *Revolt-of-Nature*-Filme, in denen allzumal die gequälte Natur aufbegehrt und sich an den Menschen rächt. Die Palette reicht dabei von Fröschen (*Frogs*)[21] und Ratten (*Willard*)[22] über Ameisen (*Phase IV*)[23] und Spinnen (*Kingdom of the Spiders*)[24] bis hin zu Bienen (*Savage Bees*)[25]. Interessant ist vor allem der letztgenannte Film, der 1976 in die Kinos kam. Es geht darin um einen Wissenschaftler, der europäische mit afrikanischen Bienen kreuzt, um den Honigertrag zu steigern. Sie entwickeln jedoch eine große Aggressivität, können entkommen und greifen New Orleans an. Ähnlich wie im Film von Jack Arnold ist ein konkreter Bezugspunkt zur Realität vorhanden, weil man in Brasilien tatsächlich in den 1950er Jahren einheimische mit afrikanischen Bienen gekreuzt hat, die sich dann als außergewöhnlich aggressiv erwiesen haben und entwischt sind. Sie sind immer weiter nach Norden gewandert, und als Mitte der 1970er Jahre *Savage Bees* in die Kinos kam, war bereits abzusehen, dass sie in naher Zukunft auch den Süden der USA erreichen. Das war zu Beginn der 1990er Jahre der Fall.[26]

Der Rückgriff auf aktuelle Probleme und rationale Erklärungen ist ein geeignetes Mittel, um dem Sciencefictionfilm mehr Glaubwürdigkeit und Plausibilität zu verleihen. Erstaunlicherweise finden wir die Bezugnahme auf Rationalität

[20] Roland Johannes: Jack Arnold erzählt. Ein Interview. In: Hollywood Professional. Jack Arnold und seine Filme, hrsg. von Frank Schnelle. Stuttgart 1993, S. 43-83, hier S. 65; vgl. Bernd Rieken: Arachne und ihre Schwestern. Eine Motivgeschichte der Spinne von den „Naturvölkermärchen" bis zu den „Urban Legends". Münster u.a. 2003, S. 224-228.

[21] „Frogs" (Frogs). Regie: George McCowan, USA 1972.

[22] „Willard" (Willard). Regie: Daniel Mann, USA 1970.

[23] „Phase IV" (Phase IV). Regie: Saul Bass, GB 1973.

[24] „Kingdom of the Spiders" (Mörderspinnen). Regie: John „Bud" Cardos, USA 1977.

[25] „Savage Bees" (Mörderbienen greifen an). Regie: Alan Landsburg und Don Kirshner, USA 1976.

[26] Bernhard Kegel: Die Ameise als Tramp. Von biologischen Invasionen. 3. Aufl. Zürich 2000, S. 225.

und Wissenschaft aber nicht nur in diesem Genre des Phantastischen, sondern auch und ausgerechnet im Horrorfilm, jedoch zum Teil in entgegengesetzter Funktion. Das bedarf allerdings einer genaueren Erläuterung. In dem bereits erwähnten Film *Course of the Demon* reist der amerikanische Psychologieprofessor John Holden nach Großbritannien, um den Tod eines Kollegen aufzuklären. Er ist ein erklärter Gegner des „Aberglaubens" und in seiner Eigenschaft als Hochschullehrer darum bemüht, die dahinter liegenden psychologischen Mechanismen zu entlarven. Indes muss er im Laufe seiner Recherchen feststellen, dass sein Kollege von einem leibhaftigen Dämon getötet wurde. In einem anderen Film, *Candyman*[27], wird eine Doktorandin, die über moderne Sagen forscht, in die Psychiatrie eingeliefert. Sie erklärt dem behandelnden Arzt, dass man den grausamen Candyman herbeirufen könne, indem man, vor einem Spiegel stehend, fünfmal seinen Namen ruft. Um sie von ihren scheinbar paranoiden Vorstellungen zu befreien, tut das der Arzt. Daraufhin erscheint der Candyman und schlitzt ihn auf. Das ist ein gängiges Muster im modernen, anspruchsvollen Horrorfilm: Der psychiatrische bzw. psychoanalytische Diskurs, nach welchem es sich bei Dämonen und Ungeheuern um paranoid-schizophrene Vorstellungen oder um Projektionen des Unbewussten handelt, wird aufgegriffen und ad absurdum geführt. Es handelt sich dabei um eine raffinierte Vorgehensweise, denn die vermeintliche Schwachstelle wird nicht beiseite gedrängt, sondern offensiv angegangen, indem sie als ärztliche Hybris enttarnt wird. Wie im Sciencefictionfilm wird die Wissenschaft dazu verwendet, den Inhalt plausibler erscheinen zu lassen, doch besteht der Unterschied darin, dass ihr Erklärungswert konterkariert wird.[28]

Raffiniert, da auf psychologische Mechanismen abzielend, ist auch ein anderes Muster. Im ersten Film der erfolgreichen *Nightmare-on-Elmstreet*-Reihe träumt der Teenager Nancy von einem Mädchenmörder namens Freddy Krüger (*Nightmare on Elmstreet*)[29]. Dieser wurde einst von einer aufgebrachten Menschenmenge umgebracht und erscheint nun als Wiedergänger in der Traumwelt von Jugendlichen, um von dort aus in die Realität zu gelangen. Die Tatsache, dass im wirklichen Leben durch den Traum Tagesreste verarbeitet werden, wird aufgegriffen, um den Zuschauer zu verunsichern. Freddy Krüger wird daher fast zwangsläufig zu einem Bestandteil des tatsächlichen Lebens, nämlich dann, wenn der Zuschauer von ihm träumt.[30]

---

27 „Candyman" (Candyman's Fluch). Regie: Bernard Rose, USA 1992.

28 Indem diese Horrorfilme den wissenschaftlichen Diskurs aufgreifen und ihn gleichzeitig ad absurdum führen, kann man sie als postmodern bezeichnen.

29 „Nightmare on Elmstreet" (Nightmare – Mörderische Träume). Regie: Wes Craven, USA 1984.

30 Auf die Spitze getrieben wird dieses Muster im siebten Teil der Reihe („Wes Craven's New Nightmare" [Freddy's New Nightmare]. Regie: Wes Craven, USA 1994), denn darin spielen der Regisseur des ersten Teils (Wes Craven) nebst der Hauptdarstellerin desselben (Heather Langenkamp) sich selber. Am Ende stellt sich heraus, dass Wes Craven an einem

Zusammenfassung

Die Erzählzeit ist bei Sagen wesentlich kürzer als im Spielfilm, weswegen sie sozusagen mit der Tür ins Haus fallen müssen und in der Regel auf einen inhaltlichen Höhepunkt beschränkt sind. Filme werden dagegen allmählich eingeleitet, und es existieren neben dem Schluss mehrere Höhepunkte während des Handlungsverlaufs, wobei dazwischen Phasen mit ruhigeren Inhalten vorhanden sind, damit sich der Zuschauer „erholen" kann. Die umfangreichere Länge der Filme hilft mit, die Distanz zwischen Zuseher und Leinwand zu überwinden, indem man sich der Illusion hingibt und gleichsam in das Geschehen eintritt. Während der Bericht einer Sage zumeist auch dann noch glaubwürdig erscheint, wenn die Geschichte erzählt ist, bedeutet das Ende des Kinobesuches einen radikaleren Schnitt, da man die Sphäre des Spiels verlässt und in die so genannte Wirklichkeit hinüberwechselt.

Dennoch existieren Beziehungen zwischen beiden Bereichen. Zunächst ist das auf einer grundlegenden Ebene der Fall, und zwar im Gebiet des Magischen als Ausdruck egozentrischen Welterlebens. Dadurch kann der Horrorfilm die dämonischen Gestalten der christlichen Kultur in ähnlicher Weise als selbstverständlich hinnehmen wie die Volkssage. Sie bedürfen nicht der Begründung. Das unterscheidet Sage und Horrorfilm vom Sciencefictionfilm, der stärker am Hier und Jetzt des technischen Zeitalters orientiert ist und mehr oder weniger plausible wissenschaftliche Begründungen für die Existenz Schrecken erregender Wesen anbietet. Er hat im Gegensatz zur Sage und zum Horrorfilm außerdem den Vorteil, nicht nur irrationale, sondern auch rationale Bedürfnisse befriedigen zu können.

Gleichwohl gibt es ausgerechnet auf dem Gebiet der Wissenschaft eine Gemeinsamkeit zwischen den beiden Filmgenres, wodurch sie sich gleichzeitig von der Sage unterscheiden: Mit seinen anspruchsvollsten Produkten greift der Horrorfilm wissenschaftliche Problemstellungen in Form des psychoanalytischen bzw. psychiatrischen Diskurses auf und führt ihren Erklärungswert ad absurdum. Volkstümlichen Vorstellungen sind derartige Überlegungen fremd, genauso übrigens wie der Gedanke, dass sich ein Wiedergänger in die Traumwelt einschleicht, denn die Sage lässt sich eher das Faktische der äußeren Welt angelegen sein.

---

neuen Drehbuch zum siebten *Freddy-Krüger*-Film gearbeitet hat, das heißt der gesamte Film, den man auf der Leinwand sieht, ist eigentlich ein Produkt, das gerade im Entstehen begriffen ist.

Abschließend möchte ich einen Blick auf die Gattungsmerkmale lenken:

1. Gemeinsam ist der Sage und den beiden Filmgenres die Beschäftigung mit einem ungewöhnlichen, unerhörten, nicht alltäglichen Phänomen, das in den Alltag eindringt und für Menschen gefährlich ist.

2. In der Sage ist die Gefahr lokal begrenzt, und oftmals betrifft sie nur einen einzelnen Menschen. Im Film sind zumeist mehrere Personen betroffen, was unter anderem der höheren Anzahl mitwirkender Akteure geschuldet ist, doch mitunter ist sogar die ganze Welt in Gefahr. Das hängt sicher auch mit der globalen Präsenz dieses Mediums zusammen.

3. Sagen haben weniger oft ein gutes Ende als Horror- und Sciencefictionfilme. Die Struktur des klassischen Hollywoodfilms lautet: anfängliche Stabilität – Destabilisierung der Verhältnisse – schlussendliche Wiederherstellung der Stabilität. Während die Sage Ausdruck eines auch tragischen Weltverständnisses ist und das gute Ende einem anderen Genre, dem Märchen zukommt, bedienen die Filme „Angstlust und Regression" (*thrills and regression*) zugleich, um den Psychoanalytiker Michael Balint zu zitieren.[31]

---

[31] Michael Balint: Angstlust und Regression. Stuttgart 1999. – Im postklassischen Hollywoodfilm wird hingegen am Ende eine oftmals nur vorläufige Stabilität erreicht, indem angedeutet wird, dass das Ungeheuer sich fortpflanzen oder erholen könnte. Ein wesentlicher Grund dafür ist die Einplanung von Fortsetzungen für den Fall, dass der erste Film Erfolg hat, aber auch die Überlegung, das regressive Element in Gestalt des guten Endes zu konterkarieren und dergestalt den Zuschauer zu verunsichern.

IV.

Contemporary Legends
in Presse und Internet

Wilhelm F.H. Nicolaisen

Contemporary Legends[1] in der englischsprachigen Presse
Moderne Sagen als Zeitungsnachricht

Sie mögen es glauben oder nicht, aber es stimmt wirklich so: An dem Tag, an dem es mit der Vorbereitung dieses Referats ernst wurde, erhielt ich den Anruf eines Reporters der in Glasgow erscheinenden Zeitung *Daily Record*, in dem der Journalist um allgemeine Informationen über Contemporary Legends bat, ohne allerdings zu erklären, welche spezielle Nachricht ihn zu dieser Anfrage veranlasst hatte. Am gleichen Tag erschien jedoch im *Evening Express*, unserer Abendzeitung in Aberdeen, die folgende Nachricht:

> „Two police officers learned a valuable lesson this week: Always take the keys from your patrol car. Athens cops Thomas Vanfleet and Nathan Ross said they pulled over a driver and sat him in their car while they searched his jeep – big mistake. The man hopped into the driver's seat and drove off."

Dieser Telefonanruf erinnerte mich an die 23 Jahre meiner akademischen Tätigkeit an der Staatsuniversität von New York in Binghamton (1969-1992), während welcher ich mehrfach von Journalisten befragt wurde, ob es sich bei einer gerade kursierenden Geschichte um einen Tatsachenbericht oder um eine moderne Sage handele. Insbesondere die bei der örtlichen Zeitung tätige Frau eines Kollegen benutzte mich als zahmen Schiedsrichter, da sie auf die Gefahr aufmerksam geworden war, einer Contemporary Legend als wirklichem Ereignis Glauben zu schenken. Sie stand mit ihrem vorsichtigen Verhalten gegenüber solchen berichtenden Erzählungen unter Zeitungsleuten nicht allein, nicht zuletzt infolge des Einflusses des amerikanischen Volkskundlers Jan Harold Brunvand, der es sich über viele Jahre zur Aufgabe gemacht hat, solche „Urban Legends", wie er sie nennt, mit ihren Varianten zu sammeln und in mehreren

---

[1] Ich gebrauche in diesem deutschen Text fast ausschließlich den englischen Terminus „Contemporary Legend", da weder die deutschen Wendungen „Moderne Sage" oder „Sagenhafte Geschichten von heute" noch die von anderen Erzählforschern benutzten Komposita „Urban Myth", „Urban Legends" und „Modern Myths" in der Lage sind, so deutlich wie „Contemporary Legend" der Tatsache gerecht zu werden, dass es sich in dieser Erzählform um Geschichten handelt, die fast gleichzeitig (contemporary) mit oder zumindest kurz nach dem Ereignis, welches sie schildern, erzählt werden. Sie sind weder nur „städtisch" (urban) noch nur modern und auch keine Mythen. Zwar ist ebenso das Wort „Legende" (legend) nicht ideal, kommt aber, so scheint mir, in Erzählinhalt und Erzählstil der hier untersuchten Erzählart am nächsten.

Bänden zu veröffentlichen.[2] In seinen ab 1981 erschienenen Sammlungen, Kommentaren und Interpretationen geht es ihm insbesondere darum, diese Urban Legends als Stories zu entlarven und auf ihre Unwahrheit hinzuweisen. Darüber hinaus erreichte Brunvand durch eine Artikelserie, die durch eine zentrale Presseagentur verbreitet und in vielen Zeitungen regelmäßig abgedruckt wurde, sowie als Gast von „Chat Shows" im amerikanischen Fernsehen mit seinen Warnungen ein breites Publikum, darunter auch Journalisten.

Die Journalistin aus Binghamton wandte sich einmal an mich wegen Leserbeschwerden, in denen behauptet wurde, in einem benachbarten chinesischen Restaurant stünden Katzen auf dem Menü. Obwohl das Gesundheitsamt das Restaurant in Binghamton erfolglos durchsucht und die Müllabfuhr nie etwas Verdächtiges gefunden hatte, waren die Nachbarn davon überzeugt, Katzenfelle im Abfall der Gaststätte gesehen zu haben. Ich konnte die Journalistin jedoch davon überzeugen, dass es sich bei diesem Gerücht höchstwahrscheinlich um eine Contemporary Legend handele, die seit Jahren an verschiedenen Orten mit lokalen Varianten erzählt und zu einem etablierten Legendenkreis gehören würde. Dieser thematisiere die in einem xenophobischen Klima wuchernde Bedrohung, die von exotischen oder ungewöhnlichen Nahrungsmitteln bzw. von Geschäften oder von Gaststätten, welche diese anbieten, ausgehe. Wegen des Misstrauens gegenüber dem Fremden seien solche Geschichten wohl nie ganz auszumerzen.[3] Es bestünde aber die minimale Möglichkeit, dass die Erzählung gerade in diesem Fall nicht nur ein Gerücht darstellen würde. Ein Hauptcharakteristikum der Contemporary Legends sei nämlich, dass sie auf dem schmalen Grad zwischen dem Bericht über eine echte Begebenheit und einer narrativen Erfindung zu Hause seien und sich deshalb sogar Skeptiker oftmals von ihrer erstaunlichen Wahrheit überzeugen lassen müssten. Meines Wissens ist die Journalistin nicht das Risiko eingegangen, ihre Zeitung und ihren eigenen Ruf in dieses Gerücht zu verwickeln.

Es scheint daher, als ob diese potenzielle Lokalvariante einer Contemporary Legend aus der mündlichen Überlieferung in die Schriftmedien übergesprungen ist, obwohl dieser Sagentyp, der im weiteren Sinne zu den Geschichten gehört, die sich mit dem bedrohlichen Einbruch in unsere gesicherte Welt befassen,

---

2 Jan Harold Brunvand: The Vanishing Hitchhiker. American Urban Legends and Their Meanings. New York/London 1981; ders.: The Choking Doberman and other „new" Urban Legends. New York/London 1984; ders.: The Mexican Pet. More „new" Urban Legends and some Old Favorites. New York/London 1986; ders.: Curses! Broiled Again! The Hottest Urban Legends Going. New York/London 1989; ders.: The Baby Train and Other Lusty Urban Legends. New York/London 1993; ders.: Too Good to Be True. The Colossal Book of Urban Legends. New York/London 1999; ders.: The Truth Never Stands in the Way of a Good Story. Urbana/Chicago 2000; ders.: Encyclopedia of Urban Legends. Santa Barbara 2001.

3 Brunvand 1981 (wie Anm. 2), S. 83; Brunvand 1984 (wie Anm. 2), S. 121 f.; Brunvand 1986 (wie Anm. 2), S. 103; Brunvand 2001 (wie Anm. 2), S. 70 f.

auch weiterhin erzählt wird. Mit dem Sujet des Einbruchs und des Einbrechers in der modernen Sage habe ich mich in früheren Arbeiten beschäftigt.[4] In diesem Beitrag wird hingegen die mediale Formung dieser Geschichten stärker in den Blickpunkt gerückt.

Ich möchte betonen, dass ich weder vor mehreren Jahren in Binghamton noch vor kurzem in Aberdeen oder andernorts bei der Beantwortung solcher Anfragen jemals den Versuch gemacht habe, die Rolle einer Contemporary Legend in Bezug auf ihre Realität abzuwerten. Dazu bin ich von der therapeutischen Funktion dieser besonderen Erzählgattung viel zu fest überzeugt.[5] Wie jedes andere narrative Genre haben auch Contemporary Legends eine besondere Aufgabe. Wir brauchen diese Gattung, um im Raum zwischen glaubwürdigem Erzähler und gläubiger Zuhörerschaft wahre Bruchstücke einer Vergangenheit zu schaffen, die es niemals gegeben hat; denn es geht hier nicht um Vergangenheitsbewältigung, sondern um Vergangenheitsschaffung, die es möglich macht, mit der Gegenwart fertig zu werden und der Zukunft gesichert entgegenzusehen und erfolgreich zu begegnen.

Die im *Evening Express* in Aberdeen erschienene Geschichte der beiden Polizisten aus Athen, denen ihr Streifenwagen entführt wurde, liefert andererseits einen guten Beweis dafür, dass die Medien noch immer ihren Beitrag zur Verbreitung von Contemporary Legends leisten, möglicherweise in einem höheren Grad als die mündliche Überlieferung. Ich möchte zunächst dieses Beispiel nutzen, um die Merkmale der Contemporary Legend als einem unverwechselbaren narrativen Genre aufzuzeigen:

Die Zeitungsnachricht stellt offensichtlich eine Kurzform einer Contemporary Legend dar. Sie enthält die typischen Hauptkomponenten, die eine Erzählung als Contemporary Legend ausweisen. In ihrer Vollform besteht die Contemporary Legend aus maximal sechs narrativen Strukturelementen, aus Abstract, Orientierung, komplizierender Handlung, Bewertung, Ergebnis und Coda.[6] Von diesen sechs Komponenten müssen – abgesehen von wenigen extremen Ausnahmefällen – Orientierung und komplizierende Handlung immer vorhanden sein, um der Geschichte die notwendige Substanz und narrative Struktur zu geben. In unserem Beispiel erhalten wir mit dem Strukturelement der Orientierung Antworten auf die Fragen: „Wer?" (– „Zwei Polizisten"), „Wo?" (– „In Athen") und

---

[4] Siehe Wilhelm F.H. Nicolaisen: Einbruch und Einbrecher in der modernen Sage. In: Homo narrans. Studien zur populären Erzählkultur. Festschrift für Siegfried Neumann zum 65. Geburtstag, hg. von Christoph Schmitt. Münster/New York/München/Berlin 1999, S. 181-190; ders.: Burglars and Burglaries in Contemporary Legends. In: Folklore 112 (2001), S.137-146.

[5] Nicolaisen 1999 (wie Anm. 4), S. 190.

[6] Wilhelm F.H. Nicolaisen: The Linguistic Structure of Legends. In: Perspectives on Contemporary Legends. Vol. 2, hg. von Gillian Bennett, Paul Smith und J.D.A. Widdowson. Sheffield 1987, S. 61-76; angeregt durch William Labov: Language in the Inner City. Studies in the Black English Vernacular. Philadelphia 1972.

„Wann?" (– „Diese Woche"). Das Element der komplizierenden Handlung beginnt mit der Untersuchung des Jeeps am Straßenrand und der Nachlässigkeit der beiden Polizisten, die den Zündschlüssel ihres Streifenwagens nicht abgezogen haben, obwohl der verdächtige Fahrer darin allein gelassen worden ist. Beschlossen wird die komplizierende Handlung mit der Entführung des Streifenwagens, einem Ende, auf das der Leser im einleitenden Resümee durch den warnenden Hinweis auf den noch steckenden Zündschlüssel vorbereitet wurde. In unserer Fassung findet sich kein Hinweis auf die Konsequenzen dieser Handlung; es ahnt aber jeder Zuhörer oder Leser, dass die strafbare Entführung eines Streifenwagens nicht gut ausgehen kann. Selbst in journalistischer Kürze ist die Geschichte erzählbar und erzielt die erwünschte Wirkung bei der Leserschaft, die erstaunt schmunzeln und leicht mit dem Kopf schütteln mag. Man hat nicht den Eindruck, dass etwas fehlt oder die Geschichte vor ihrem eigentlichen Ende abgebrochen worden ist. Sie steht auf eigenen Beinen. Gleichwohl sind die volleren Varianten dieser Erzählung weitaus erfolgreicher, wie ein vergleichender Überblick zeigt. Es wäre jedoch falsch, sie deshalb als die ursprünglicheren Fassungen anzusehen, zumal es sich hierbei in der Regel nur um stilistisch anders konzipierte, von einem persönlichen Erzählstil geprägte Varianten handelt.

Jan Harold Brunvand nennt unsere Story in seiner *Encyclopedia of Urban Legends*[7] und in früheren Veröffentlichungen[8] „The Arrest". Er berichtet, dass sie zuerst 1986 aufgezeichnet und nicht nur in den Zeitungen der USA, sondern ebenso in der Presse Großbritanniens, Kanadas und Australiens nacherzählt worden sei. Er selbst verfüge in seinen Sammlungen über Versionen aus den Staaten Virginia, New York, Connecticut, Florida und West Virginia. Rolf Wilhelm Brednich hat in seinen *Sagenhaften Geschichten von heute* Aufzeichnungen aus Niedersachsen[9] sowie aus der Nähe von Dachau[10] publiziert und verweist auf Varianten aus Schweden und den Niederlanden. Er bezeichnet diese Erzählung „schon fast als Klassiker unter den modernen Autofahrergeschichten".[11]

Brunvands einzige wortwörtliche Wiedergabe einer Fassung des „Arrest" stammt nicht aus einer Zeitung, sondern aus einem an ihn gerichteten Brief vom 14. Juli 1986,[12] weshalb sie auch am besten geeignet ist, den Stil einer mündlich erzählten Contemporary Legend wiederzugeben. Hier der englische Originaltext:

---

[7] Brunvand 2001 (wie Anm. 2), S. 17 f.
[8] Brunvand 1989 (wie Anm. 2), S. 101-103; Brunvand 1999 (wie Anm. 2), S.109 f.
[9] Rolf Wilhelm Brednich: Die Spinne in der Yucca-Palme. München 1990, Nr. 21, S. 46 f.
[10] Rolf Wilhelm Brednich: Die Ratte am Strohhalm. München 1996, Nr. 44, S. 64 f.
[11] Ebd., S. 65.
[12] Brunvand 1989 (wie Anm. 2), S. 101.

„Dear Professor:

This was told to me by a guy from Torrington, Connecticut.

A man was driving home late one evening going south on I-91. He had taken several drinks earlier, and this was so obvious that he was soon pulled over.

As the state cop approached the car, an accident occurred in a northbound lane, so the cop told him to get out of the car and wait. The cop crossed the median to see if he could be of any help.

The drunk waited a while, and then decided the hell with it. He hopped in the car and took off home. There he told his wife to tell the police, if they should call, that he had been home all night, as sober as a judge.

The next morning the doorbell rang, and when he answered it, two state cops were standing there, including the one who had stopped him. Naturally, he claimed he had been home all night. ‚Just ask my wife', he said.

His wife backed up the story, but the cops asked if they could look in the garage. The man, not sure what was going on, said ‚Sure.' And when they opened the garage, there was the police cruiser, its lights still flashing.

John Ruckes   Branford, Conn."

Ein Vergleich der Zeitungsnachricht aus dem *Evening Express* mit diesem Brieftext lässt mehrere Unterschiede deutlich werden. Sichtbar wird vor allem, dass das verzögerte Überraschungselement (der betrunkene Fahrer verwechselt die Fahrzeuge und steigt anstatt in seinen eigenen Wagen in den Streifenwagen, fährt diesen nach Hause und stellt ihn mit noch blinkendem Blaulicht in seiner Garage ab), in der einfacheren, journalistisch zurechtgebogenen Version fehlt. Für die narrative Struktur der Vollform ist es hingegen typisch. Abgesehen von diesem strukturellen Unterschied und den kontrastierenden Erzählstrategien ist es erstaunlich, dass die beiden unglücklichen Polizisten in der kürzeren Nachricht des *Evening Express* namentlich genannt werden. Ebenso verwundert es, dass die griechischen Polizeibeamten Thomas Vanfleet und Nathan Ross heißen sollen. Fasst man jedoch Athen nicht als Hauptstadt Griechenlands, sondern als den in die USA übertragenen Ortsnamen „Athens" auf, könnte es sich bei der in Aberdeen veröffentlichten Version ursprünglich um eine amerikanische Version handeln. „Athens" taucht in den USA mehrfach als Ortsname auf, zum Beispiel in den Bundesstaaten Ohio, Alabama und Georgia. Obwohl solche Lokalisierungen bei Brunvand nicht aufgelistet sind, könnte die Geschichte also mit einem der Athens genannten Orte in den USA zusammenhängen. Bei der Zubereitung als Zeitungsnachricht könnte sie durch Unwissenheit oder mit Absicht auf das griechische Athen, das im Englischen Athens heißt, übertragen worden sein. Vor dem Hintergrund der zur Zeit der Veröffentlichung der Zeitungsnachricht in der griechischen Metropole stattfindenden Olympiade erhält die Geschichte einen zeitgenössischen Charakter und eine verstärkte Glaubwürdigkeit. So ist der „Arrest" im journalistischen Milieu neuen Einflüssen ausgesetzt worden. Wer hätte dieser kurzen Nachricht in einer Abendzeitung aus Aberdeen so viel Informationsvermögen zugetraut?

Während der „Arrest", wie so viele Contemporary Legends, die männlichen Hauptakteure der Handlung in keinem guten Licht erscheinen lässt,[13] zeigte der vor mehreren Jahren im *Evening Express* erschienene Zeitungsbericht über das Abenteuer zweier junger Frauen aus Aberdeen bei ihrem ersten USA-Aufenthalt einen Mann von einer besseren Seite, obwohl man zu Beginn des Berichts den Eindruck bekommt, dass auch er in die Kategorie der männlichen Nichtsnutze einzuordnen sei. Dem Bericht zufolge, der ohne einen bewertenden Kommentar erschien und offensichtlich das Ereignis für bare Münze nahm, fuhren die beiden jungen Aberdonians, nachdem sie ihr Gepäck in ihrem Hotelzimmer abgestellt hatten, im Fahrstuhl nach unten, um von der Stadt Los Angeles einen ersten Eindruck zu gewinnen. Als der Fahrstuhl auf halber Höhe hielt, betrat ihn ein großer Mann von dunkler Hautfarbe mit zwei großen Hunden und befahl "Sit!" („Hinsetzen!") Die verängstigten Schottinnen setzten sich sofort neben die Hunde auf den Boden des Fahrstuhls und standen erst wieder zitternd auf, als der Mann mit seinen Hunden im Erdgeschoss den Fahrstuhl verlassen hatte. Da sie nach ihrem langen Flug Hunger hatten, gingen die Schottinnen in ein in der Nähe gelegenes Restaurant. Als sie die Mahlzeit beendet hatten, informierte sie der Ober, dass ihre Rechnung schon von einem Herrn, der ein paar Tische entfernt saß, beglichen worden sei, mit der Bitte um Entschuldigung für das Missverständnis. Die beiden jungen Frauen erkannten in dem Gast den großen Hundebesitzer aus dem Fahrstuhl wieder, und auf ihre Bitte hin erklärte ihnen der Ober, dass er Eddie Murphy sei. Für mich entpuppte sich der Bericht sehr schnell als Contemporary Legend jenes Typs, in dem von großen, dunkel-häutigen Männern, wie dem Basketballspieler Wilt Chamberlain, dem Boxer Larry Holmes, dem Baseballspieler Reggie Jackson, dem Jazzmusiker Lionel Hampton und anderen Persönlichkeiten erzählt wird. Dieser Sagentyp ist zu-meist in New York lokalisiert. Unsere beiden im „Elevator Incidence" („Vorfall im Fahrstuhl"), wie Brunvand diese Sage nennt,[14] verschreckten Schottinnen wird es wohl nie gegeben haben.

Diese Geschichte ist nicht nur eine der bekanntesten Contemporary Legends, sondern gehört auch zu einem der beliebtesten Themenkreise der „Falschen Identifizierung", in dem es in der Folge zu einem peinlichen Missverständnis kommt. Oft handelt es sich dabei um einen ethnisch Anderen, der von einem oder einer Weißen falsch beschuldigt und in großer und nicht wieder gut-zumachender Verlegenheit zurückgelassen wird. Unter solchen Sagen findet

---

[13] Wilhelm F.H. Nicolaisen: Manly Characters in Contemporary Legends. A Preliminary Survey. In: Manly Traditions. The Folk Roots of American Masculinities, hg. von Simon J. Bronner. Bloomington (Indiana) u.a. 2005, S. 411-432.

[14] Brunvand 1984 (wie Anm. 2), S. 18-28; Brunvand 1989 (wie Anm. 2), S. 21 f.; Brunvand 1993 (wie Anm. 2), S. 15; Brunvand 1999 (wie Anm. 2), S. 413-416; Brunvand 2001 (wie Anm. 2), S. 131 f.

sich auch der Vorfall mit dem „Packet of Biscuits" („Päckchen Kekse"),[15] der mir von einer Kollegin 1985 in Aberdeen geschildert wurde; die Frau ihres Professors sei darin vor kurzem verwickelt gewesen. Obgleich die Geschichte in mehreren Zeitungen und zwei Kurzfilmen erzählt wurde, hat sie bisher die Presse in Aberdeen nicht erreicht. Ich führe sie im Folgenden an, weil sie alle Merkmale einer Contemporary Legend, vor allem wahrheitsbezeugende Einzelheiten, aufweist.

> „Die Frau von Professor X an der Universität Aberdeen hatte am Vormittag in der Stadt Einkäufe gemacht und ging zu einer Tasse Kaffee in ein wohl bekanntes Café in der Union Street, der Hauptstraße der Stadt, bevor sie mit dem Bus nach Hause fuhr. Sie kaufte einen Kaffee und ein Päckchen Kekse und legte sie auf einen freien Tisch für zwei, bevor sie auf die Toilette ging. Als sie zurückkehrte, saß ein Pakistani an ihrem Tisch und aß freundlich lächelnd ihre Kekse. Mit wachsendem Ärger beobachtete die Frau, wie ein Keks nach dem anderen verschwand, während sie ihren Kaffee trank. Als nur noch einer übrig war, war es mit ihrer Geduld vorbei. Sie nahm ihn sich mit den Worten: ‚Ich darf doch wohl einen meiner eigenen Kekse essen!', aß ihn, trank ihren Kaffee aus und stürmte aus dem Café. Als sie an der Bushaltestelle ihre Handtasche öffnete, fand sie darin ihr eigenes Päckchen Kekse, wurde sich ihrer falschen Beschuldigung klar, konnte aber ihr flegelhaftes Verhalten nicht wieder gutmachen."

Ich bat meine Kollegin, die fest an die Echtheit dieses Vorfalls glaubte, sich diesen von der Frau bestätigen zu lassen. Ein paar Tage später erzählte sie mir, dass nicht die Frau des Professors, sondern eine ihrer Bekannten dieses peinliche Erlebnis gehabt hätte. Zu meiner Enttäuschung hatten wir es wieder mit einer „Foaftale" zu tun, das heißt in diesem Fall mit einer Geschichte einer Freundin einer Freundin, der so oft die in den Contemporary Legends geschilderten Erlebnisse zugeschrieben werden. Was an dieser Version interessant ist und sie dem Themenkreis der „Vorfälle im Fahrstuhl" zuordnet, ist die Gegenüberstellung einer europäischen Frau in ihrer eigenen Stadt mit einem Pakistani, einem „Eindringling" sozusagen, auf jeden Fall einem Fremden, von dem nichts Gutes zu erwarten ist. Durch das Überraschungsmoment werden die Rollen vertauscht. Peinliche Gelegenheiten, die beschämende Verlegenheit verursachen und menschliche Schwächen bloßstellen, gehören zu den Lieblingsthemen der Contemporary Legends. Noch pikanter werden sie, wenn in unserer Zeit der politischen Korrektheit Mitglieder ethnischer Minderheiten unzulässige Verletzungen erfahren.

Doch zurück zu den Zeitungen: Im Frühjahr 1984 fand in Großbritannien zu einer Zeit, als der Bergbau schon seinem Ende entgegenging, ein großer Bergarbeiterstreik statt, bei dem es zu vielen Demonstrationen kam, vor allem auch zu Konfrontationen zwischen der Polizei und Bergarbeitern an den Streikpos-

---

[15] Brunvand 1984 (wie Anm. 2), S. 191-193; Brunvand 1986 (wie Anm. 2), S. 137-145; Brunvand 1999 (wie Anm. 2), S. 30 f.; Brunvand 2001 (wie Anm. 2), S. 307 f.

tenketten auf den Bergwerken selbst. Zunächst wurde von Bergarbeitern behauptet, dass Soldaten in Polizeiuniform gesteckt worden seien, um die Polizei zu verstärken; diese „falschen Polizisten" wären daran erkennbar, dass sie keinerlei polizeiliche Identifizierungsnummern auf ihren Uniformen trügen. Diese Behauptung spitzte sich dann darauf zu, dass, so hieß es, ein walisischer Bergarbeiter in Lancashire seinen Sohn erkannt hätte, der bei der walisischen Garde Dienst täte, und dass ein junger Bergarbeiter aus Yorkshire am Harworth Bergwerk in Nottinghamshire seinen Bruder gesehen hätte, der Militärdienst in Nordirland leistete. Als dieser befragt worden wäre, hätte er geantwortet: „I have a bloody job to do."[16] Namen wurden nie genannt. Fragen wurden von der Opposition im Unterhaus gestellt, erhielten aber nur ausweichende Antworten. Es ist jedoch angebliche Personifizierung, welche die allgemeine Konfrontierung zu einem feindlichen Gegenüber von Vater und Sohn sowie von Bruder und Bruder zuspitzt. Die Zersplitterung einer Nation, eine zerrissene soziale Ordnung, ein Klassenkampf, eine kompromisslose Auseinandersetzung zwischen Arbeitnehmer und Arbeitgeber verwandelt sich in eine tragisch reduzierte Gegenüberstellung von Vater und Sohn sowie von Bruder und Bruder. Dies ist der Stoff, aus dem Contemporary Legends gemacht sind. Unter den britischen Erzählforschern wurde nie Einigkeit darüber erreicht, ob es sich hierbei um eine Tatsache oder ein Gerücht handelt, aber es ist nicht unwichtig in dieser Debatte, dass dieses Ereignis nie wieder erwähnt wurde, sobald der Streik vorüber war. Es ist meine persönliche Meinung, dass es sich hier um eine Contemporary Legend handelt und dass diese dazu beitrug, eine größere Tragödie abzuwenden. Wie kann man ideologisch weitermachen, wenn sich Vater und Sohn, Bruder und Bruder Auge in Auge gegenüberstehen! Die Zeitungen wussten dies auch, und es gab keine, die diese über sich selbst hinausgewachsene Tragik nicht erkannte und ihren Lesern nicht zum Nachdenken anbot.

Mir ist nicht bekannt, ob sich viele Journalisten über die Art und Weise Gedanken machen, wie sie eine Contemporary Legend für ihre Zwecke „verarbeiten", das heißt ihren Lesern über den Neuigkeitswert hinaus „zurechtbasteln", aber der unlängst verstorbene Londoner Journalist Brian McConnell (1928-2004), der regelmäßig an den Jahrestagungen über Contemporary Legends teilnahm und aus seiner Perspektive viel zu den Diskussionen beitrug, hat in einem Brief an die Zeitschrift „Folklore" aus eigener Erfahrung ein Bild gezeichnet, das den Volkskundlern einen Einblick in die journalistische Beschäftigung mit diesem Genre vermittelt.[17]

Andererseits haben sich mehrere Volkskundler, vor allem Erzählforscher, aus ihrer Sicht mit verschiedenen Aspekten des Verhältnisses zwischen Contempo-

---

[16] Soldiers in Police Line? In: The Press and Journal vom 7. Mai 1984; Army „on duty at pickets". In: The Scotsman vom 7. Mai 1984; Soldiers in disguise? In: The Press and Journal vom 8 Mai 1984.

[17] Brian McConnell: Urban Legends in Fleet Street. In: Folklore 93 (1982), S. 226-228.

rary Legend und Zeitungsnachricht befasst. Zu diesen gehören u.a. Roger E. Mitchell und Bill Ellis, die sich mit Presseberichten über außergewöhnliche Vorfälle beschäftigt haben. Mitchell hat in einer sechzigseitigen Monografie intensiv den Fall des Mörders Ed Gein aus Wisconsin untersucht, der 1957 u.a. auch wegen Kannibalismus angeklagt war,[18] und Bill Ellis gibt im 9. Kapitel seines Buches *Raising the Devil*[19] einen Überblick über Berichte aus den Jahren 1973 bis 1982 über die „Great Plains Cattle Mutilation Panic", in der mysteriöse Hubschrauber und außerirdische Viehräuber, Blutkulte, der große Satan selbst und jüdische Mörder aus dem Weltraum für die grausame Verstümmelung von Vieh verantwortlich gemacht wurden. Beide Fälle waren von regionalem Interesse und haben, wie es scheint, keine weitere Verbreitung in Contemporary Legends gefunden.

In einer Untersuchung des Einflusses der Massenkultur auf „Modern Legends"[20] sieht Ronald Baker – im Widerspruch zu anderen Volkskundlern, welche der Meinung sind, dass die Technologisierung einer Gesellschaft die regionale Volkskultur schwäche – reichhaltiges Beweismaterial dafür, dass die Massenkultur als Nährboden wirken, Modern Legends mit neuer Substanz beliefern und die Überlieferungsprozesse beschleunigen kann. In einem anderen Artikel gibt er an der Entwicklung einer Ortssage über ein Lynching aus dem Jahre 1901 in Terre Haute, Indiana, beispielhaft zu verstehen, dass Zeitungen Legendenmachern fertig geformtes Material aufbereiten, also Massenkultur für die mündliche Überlieferung zurichten.[21] In einer Abhandlung über „Legende, Wahrheit und Neuigkeit"[22] behauptet Elliott Oring, dass Zeitungen bisher für Volkskundler problematisch gewesen seien. Er sieht in Zeitungen sogar eine Antithese zur Volkskultur, wofür er neun Gründe angibt: Sie betonen das Neue anstatt das Alte; sie ersetzen das Fabelhafte durch das Faktuelle; sie ziehen das Objektive dem Subjektiven vor; sie machen das Private öffentlich; sie stellen uniforme und autoritative Texte her; sie gründen auf der Zuschauerfunktion von Fremden, anstatt auf dem Zusammenwirken von Bekannten (community); sie sind geplante anstatt spontane Kommunikation; sie werden geschaffen von Organisationen mit technologischer, sozialer und politischer Macht; sie sind kommerzielle Unternehmungen und spielen eine Rolle in der Standardisierung und Kommodifizierung der Kultur. Oring sieht deshalb in Zeitungen eine

---

[18] Roger E. Mitchell: The Press, Rumor, and Legend Formation. In: Midwestern Journal of Language and Folklore 5, 1-2 (1979), S. 3-60.

[19] Bill Ellis: Raising the Devil. Satanism, New Religions, and the Media. Lexington (Kentucky) 2000, S. 240-278.

[20] Ronald L. Baker: The Influence of Mass Culture on Modern Legend. In: Southern Folklore Quarterly 40 (1976), S. 367-376.

[21] Ronald L. Baker: Ritualized Violence and Local Journalism in the Development of a Lynching Legend. In: Fabula 29, 3-4 (1988), S. 317-325, hier 317.

[22] Elliott Oring: Legend, Truth, and News. In: Southern Folklore 47, 2 (1990), S. 163-177, hier 172.

deutliche Herausforderung an die Volkskundler, ihre eigene Ideologie zu überprüfen und ihr eigenes Programm zu befragen.

Jan Harold Brunvand dagegen betont die Contemporary Legends ähnelnden
Eigenschaften von Zeitungsnachrichten, wie zum Beispiel menschliches Interesse, außergewöhnlicher Zufall und Pathos, vor allem angewandt auf Themen
wie Tiere, Kinder, Unfälle, Skandale und Verbrechen.[23] Ich meine, dass die Contemporary Legends, die wir auf dieser Tagung beleuchtet haben, alle in eine
oder mehrere dieser Kategorien passen.

Paul Smith betont in einer umfassenden Untersuchung des Verhältnisses der
Contemporary Legends zur populären Presse,[24] dass es dabei nicht nur darum
gehe, Contemporary Legends als Zeitungsnachrichten nutzbar zu machen, sondern dass in dieser Beziehung mindestens ein halbes Dutzend Prozesse und
Nuancen zu unterscheiden seien:

1. Contemporary Legends werden als Nachrichten tatsächlicher Ereignisse kol-
   portiert.
2. Mündlich überlieferte und als Nachrichten verbreitete Contemporary Legends
   werden als unwahr bloßgestellt.
3. Contemporary Legends, die schon als tatsächliche Ereignisse berichtet worden sind, werden zurückgezogen und bloßgestellt.
4. Lesererziehung durch das Vorstellen von Contemporary Legends.
5. Leserunterhaltung durch das Vorstellen von Contemporary Legends.
6. Werbung für kommerzielle Waren mit Hilfe von Contemporary Legends.

Im englischen Sprachraum machen sich also Volkskundler, insbesondere Volks-
erzählungsforscher, seit einiger Zeit – von verschiedenen Gesichtspunkten ausgehend – Gedanken über das Verhältnis von Contemporary Legends zu Zeitungsnachrichten. Ich hoffe, dass dieser, zum Teil „schamlos" anekdotenhafte
Beitrag diesem Nachdenken ein wenig weitergeholfen hat.

Sie mögen es glauben oder nicht, aber als ich die letzten Seiten für dieses
Referat schrieb, erhielt ich, zusammen mit allen anderen Mitgliedern unseres
Instituts in Aberdeen, eine E-Mail-Nachricht vom Leiter unserer Filmabteilung,
in der er eine aus Paris stammende Nachricht übermittelte, der zufolge jemand
in einem Pariser Kino auf einem Sitz eine mit HIV infizierte Nadel hätte stecken
lassen mit der vermutlichen Absicht, dass sich irgendein zukünftiger Kinobesu-
cher beim Hinsetzen stechen würde. Mein Kollege hielt diese Nachricht wohl
für bare Münze; denn er warnte uns alle in großen Buchstaben und mit einem
Nachsatz, in dem er die Welt, in der wir leben, beklagte.

---

[23] Jan Harold Brunvand: Some News from the Miscellaneous Legend Files. In: Western
    Folklore 49 (1990), S. 111-120.
[24] Paul Smith: Read all about it! Elvis Eaten by Drug-crazed Giant Alligator. Contemporary
    Legend and the Popular Press. In: Contemporary Legend 2 (1992), S. 41-70.

Ingo Schneider

Erzählen und Erzählforschung im Internet
Tendenzen und Perspektiven

I.

Als das bedeutendste Massen- und Kommunikationsmedium unserer Zeit ist das Internet fraglos auch ein legitimes Forschungsfeld der internationalen Folkloristik bzw. Erzählforschung. Mitte der 1990er Jahre habe ich aus der Perspektive der Narrativistik erstmals versucht, dieses virtuelle Feld zu betreten und entsprechende Gehversuche zu unternehmen.[1] Es zeigte sich das Bild einer vielfältigen und lebendigen Erzählkultur. Das Thema der 3. Tagung der Kommission für Erzählforschung in der DGV „Erzählkulturen im Medienwandel" ließ es naheliegend erscheinen, sich erneut mit den Phänomenen des Erzählens und den Aufgaben und Problemen der Erzählforschung im Internet auseinander zu setzen und zu schauen, was sich in den letzten Jahren auf diesem Gebiet getan hat. Dabei war von vornherein klar, dass die Komplexität des Forschungsfeldes zur Auswahl und Beschränkung zwingt.

Bereits in der Frühphase des Internet hatte Vilém Flusser von einer „informatischen Revolution" gesprochen, die unser gesamtes Leben, vor allem auch die Formen unseres sozialen, kulturellen Seins und kommunikativen Handelns verändern würde.[2] Die folgenden Entwicklungen haben seine Überlegungen nachdrücklich bestätigt. Sie haben gezeigt, wie sehr der Gebrauch des neuen Mediums die Welt veränderte. Sie haben vor allem auch einmal mehr deutlich gemacht, in welcher Weise technische Innovationen auf andere Bereiche des kulturellen Lebens ausstrahlen können. Grundsätzlich hat jede technische Neuerung ihre kulturelle Bedeutung und kann somit zum Thema kulturwissenschaftlicher Betrachtung werden. Für das Internet, das innerhalb weniger Jahre zu einer für viele Menschen unhinterfragten kulturellen Praxis, zur in Beruf und Freizeit, im öffentlichen wie privaten Bereich omnipräsenten, kulturellen Selbstverständlichkeit wurde, gilt dies aber zweifellos in besonderem Maße.

Aus kultur- bzw. medienwissenschaftlicher Sicht stellt das Internet die vorläufig letzte Stufe einer Entwicklung dar, die von der Erfindung des Buchdrucks

---

[1] Ingo Schneider: Erzählen im Internet. Aspekte kommunikativer Kultur im Zeitalter des Computers. In: Fabula 37 (1996), S. 3-27.

[2] Vilém Flusser: Der städtische Raum und die neuen Technologien. In: ders.: Nachgeschichten. Düsseldorf 1990, S. 32-34.

über die Printmedien, den Rundfunk und das Fernsehen bis zur mobilen Tele-
phonie eine immer raschere Verbreitung von Informationen unterschiedlichster
Art ermöglicht. Zu diesen Informationen zählte von Anfang an auch ein breites
Spektrum von Volksüberlieferungen bzw. -erzählungen, die zunächst (durch den
Buchdruck) technisch reproduzierbar, und seit der Ausbreitung der audiovisuellen Medien elektronisch übertragbar wurden. Die neuen Massenmedien veränderten vor allem die Geschwindigkeit der Tradierung. Dies erkannte bereits
Linda Dégh, als sie noch ohne Blick auf das Internet sagte: „[T]echnical repro-
ductivity […] dictated a different pace for folklore communication through new
media."[3] In ungleich stärkerem Maße gilt diese Aussage freilich für das Internet.
Die Geschwindigkeit, aber auch die potentielle Reichweite von Tradierungspro-
zessen nahmen noch einmal ganz entscheidend zu.

Wie sieht es nun aber mit der Intensität des Erzählens bzw. mit dem Umfang
der Folklore, enger gefasst des Erzählguts aus? Man geht wohl nicht fehl, das
Internet als ein Medium der Globalisierung zu betrachten.[4] Tut man dies, lässt
sich die von Ulf Hannerz gestellte Frage, „whether globalisation leads to more
or less culture"[5] auch für das Segment der Erzählkultur erheben: Führt die
Globalisierung zu mehr oder weniger Erzählkultur? Und so wie Hannerz für
Kultur im Allgemeinen zu dem überzeugenden Ergebnis kommt, Globalisierung
führe auf unterschiedliche Weise zu mehr Kultur – allein schon deshalb, weil es
immer weniger „haphazard forgetting", also planloses Vergessen gebe –, ver-
trete ich konsequent die These, die Globalisierung habe eine Zunahme der
Erzählkultur zur Folge, und das Internet trage dafür die Hauptverantwortung. In
diese Richtung dachte auch Rudolf Schenda, wenn er ebenfalls noch ohne Einbezug des WorldWideWeb und Electronic-Mailing meinte: „Dass die Massenmedien selbst zur Erhaltung und Schaffung von Folklore beitragen, ist inzwischen evident geworden …"[6] und den Schluss zog: „Nie ist es der Folklore
besser gegangen als unter der Fahne der Massenkultur, nie hat sie mehr Beifall
erhalten …".[7] – Ob es der Folklore besser oder schlechter geht, ist eine schwer
zu beurteilende Frage. Dazu müsste man sich erst überlegen, wie man die
Begriffe Folklore und Massenkultur voneinander abhebt, bzw. ob das überhaupt

---

3   Linda Dégh: American Folklore and the Mass Media. Bloomington/Indianapolis 1994, S.
    1.
4   Auf die umfangreiche Diskussion des Begriffs Globalisierung ist an dieser Stelle nicht
    einzugehen. Ich trete dafür ein, den in ökonomischen und politischen Zusammenhängen
    entstandenen Terminus auf die Sphäre des Kulturellen anzuwenden und dabei nicht aus
    den Augen zu lassen, dass Globalisierung zunächst immer eine Einbahnstraße von der ers-
    ten in die zweite und dritte Welt war und wohl häufig noch immer ist.
5   Ulf Hannerz: Transnational Connections. Culture, people, places. London/New York 1996,
    S. 19, 23-25.
6   Rudolf Schenda: Folklore und Massenkultur. In: Schweizerisches Archiv für Volkskunde
    87 (1991), S. 15-27, hier S. 20.
7   Ebd., S. 21.

Sinn macht. Dass die Kulturtechnik Erzählen, dass Erzählkultur gegenwärtig sehr lebendig und das Internet dafür ganz entscheidend verantwortlich ist, steht aber außer Frage.

II.

Es ist, so gesehen, doch etwas verwunderlich, dass das Erzählen im Internet von der internationalen Erzählforschung bisher eher stiefmütterlich behandelt wurde, sieht man einmal ab von der Beschäftigung Rolf-Wilhelm Brednichs mit Humor im Internet[8] und singulären Studien zu Detailphänomenen, wie jener von Klaus Roth über die weltweit verbreiteten E-Mails, die den Empfängern jeweils eine große finanzielle Beteiligung an illegalen Geldtransaktionen meist aus afrikanischen Ländern versprechen[9]. Über die Gründe für dieses Defizit vermag ich augenblicklich nur zu spekulieren. Fest steht, dass die Kulturwissenschaft Volkskunde, ins Leben gerufen als eine Wissenschaft der Vormoderne in der Moderne, und mit ihr die Erzählforschung, sich wohl lange Zeit schwer mit der Berücksichtigung der kulturwissenschaftlichen Relevanz technischer Innovationen taten. Erst Hermann Bausingers *Volkskultur in der technischen Welt* leitete hier ein Umdenken ein[10]. Seitdem hat sich unser Fach sicher entscheidend gewandelt. Mittlerweile gibt es auch eine Reihe einschlägiger Befassungen mit dem Internet[11], in denen es z.B. um Kommunikationsweisen, Umgangsformen[12]

---

8 Rolf-Wilhelm Brednich: www.worldwidewitz.com. Humor im Internet. Freiburg 2005.

9 Klaus Roth: „Sie mögen überrascht sein, diesen Brief von mir zu erhalten". Phantastische E-Mail-Geschichten mit krimineller Absicht. In: Leben – Erzählen. Beiträge zur Erzähl- und Biographieforschung, hrsg. von Thomas Hengartner und Brigitta Schmidt-Lauber. Berlin/Hamburg 2005, S. 391-408.

10 Hermann Bausinger: Volkskultur in der technischen Welt. Stuttgart 1961.

11 Thomas Hengartner: Volkskundliches Forschen im, mit dem und über das Internet. In: Methoden der Volkskunde. Positionen, Quellen, Arbeitsweisen der Europäischen Ethnologie, hrsg. von Silke Göttsch und Albrecht Lehmann. Berlin 2001, S. 187-211.

12 Insbesondere Klaus Schönberger hat sich in den letzten Jahren, ausgehend vom Tübinger DFG-Projekt: „Zur Transformation von Alltagsbeziehungen von Internetnutzern", intensiv der kulturwissenschaftlich-volkskundlichen Analyse des Internets gewidmet; siehe ders.: Neue Online-KommunikationspartnerInnen? Qualitative und quantitative Annäherungen. In: Current Internet Science – trends, techniques, results, hrsg. von Ulf-Dieter Reips u.a. Zürich 1999, www.document: http://gor.de/gor99/tband99/pdfs/q_z/schoenberger.pdf (Stand: 07.07.2008). Klaus Schönberger hat sich jüngst auch mehrfach mit dem Phänomen des Bloggens befasst; ders.: Von der „Lesewut" zur Schreibwut? Vom legitimen Lesen und Schreiben. In: Absolut privat?! Vom Tagebuch zum Weblog, hrsg. von Helmut Gold. Frankfurt a.M. 2008 (Kataloge der Museumsstiftung Post und Telekommunikation, 26), S. 112-114; ders.: Doing Gender, Kulturelles Kapital und Praktiken des Bloggens. In: Bilder – Bücher – Bytes, hrsg. von Thomas Hengartner und Michael Simon. Berlin 2008 (im Druck). Preprint online: http://www.kultur.uni-hamburg.de/technikforschung/download/ Schoenberger_dgv_kongress_Mainz_preprint.pdf (Stand: 07.07.2008). Siehe auch Beatrice Tobler: „Männer schreiben manchmal so einen Quatsch." Zur geschlechtsspezifischen

oder um Aspekte der Selbstinszenierung im Cyberspace[13] geht, alles Fragen, die freilich auch für eine Erzählforschung im Internet von Belang sind. Das Erzählen selbst wurde aber, wie gesagt, kaum thematisiert. Ein Grund dafür mag sein, dass sich die Erzählforschung als die theoretisch und methodisch umfangreichste Teildisziplin der Ethnologien schwerfälliger bewegt als andere Bereiche, dass ihr bis heute ein, ich sage einmal, konservatives Erbe anlastet. Dass sie sich längst auch mit modernen Medien der Popularkultur befasste, darf darüber nicht hinwegtäuschen. Denn wenn sich Erzählforscher mit Film, Fernsehen oder Werbung befassten, dann ging es meist nur um das Fortleben traditioneller Erzählmotive in einem neuen Umfeld. Und selbst in der in den letzten Jahrzehnten boomenden Contemporary Legend Forschung dringen (ich nehme mich da nicht aus) immer wieder traditionelle Fragen der Stoff- und Motivgeschichte durch. Einen zweiten Grund vermute ich darin, dass das Erzählen im Internet ein sehr komplexes Phänomen darstellt, weshalb sich bisher kaum jemand eine seriöse Auseinandersetzung damit antun wollte bzw. zutraute (auch da nehme ich mich nicht aus). Wenn ich mich im Folgenden mit dem Abstand einer Dekade erneut an das Thema heranwage, kann dies nur ein selektiver und unzureichender Versuch sein, bei dem es mir darum geht, noch einmal einige Wege aufzuzeigen, denen nachzugehen mir lohnenswert erscheint.

III.

Das Internet ist heute sowohl ein Ort des Erzählens als auch ein Forum der Erzählforschung. Zum zweiten Aspekt ist vor allem auf die Möglichkeiten elektronischer Textarchive bzw. Text- und Bildarchive hinzuweisen. Ein aus meiner Sicht sehr gutes Beispiel einer wissenschaftlichen Website, die für Literaturwissenschaften und volkskundliche Erzählforschung gleichermaßen interessant ist, ist die vom Department für Italian Studies an der Brown University in Providence entwickelte Seite *The Decamerone Web*[14], eine unter Beteiligung einer großen Zahl von Mitarbeitern erarbeitete Online-Edition mit Volltextversionen in italienischer und englischer Sprache, vielfältigen Suchmöglichkeiten, einem Syllabus und ausführlichen Informationen über die handelnden Personen samt einem Verzeichnis der von ihnen erzählten Geschichten. Die Seite bietet umfangreiche Informationen, teils aus zeitgenössischen Quellen, teils aber auch aktuelle Studien über die Pest, über historische Hintergründe, mittelalterliche Religion und Gesellschaft sowie ein an Thompson's Index orientiertes, nach

---

Kommunikation in Computernetzwerken. In: Männlich. Weiblich. Zur Bedeutung der Kategorie Geschlecht in der Kultur, hrsg. von Christel Köhle-Hezinger, Martin Scharfe und Rolf Wilhelm Brednich. Münster u.a. 1999, S. 456-467.

[13] Anke Bahl: Zwischen On- und Offline. Identität und Selbstdarstellung im Internet. 2. Aufl. München 2002.

[14] Siehe http://www.brown.edu/Departments/Italian_Studies/dweb/ (Stand: 07.07.2008).

Tagen und Novellen geordnetes Motivverzeichnis, weitere Verzeichnisse zu speziellen Motivgruppen und umfangreiche Landkarten. All das ist selbstverständlich jeweils verlinkt mit den entsprechenden Textstellen des *Decamerone*. Aufs Ganze gesehen eine beeindruckende wissenschaftliche Leistung, die zeigt, welche Möglichkeiten der Edition das Medium Computer bzw. Internet zu bieten imstande ist.

Auf dem Feld der gegenwärtigen Sagen und Gerüchte bietet das Netz mehrere, qualitativ und vor allem in Hinblick auf ihre Aktualität unterschiedliche Textarchive. Hier greifen, wie mir scheint, wissenschaftliches Interesse, laienhafte Liebhaberei und Praxis des Erzählens ineinander. Denn soviel dürfte klar sein: Die Diffusion von Contemporary Legends ist im letzten Jahrzehnt sicher ganz entscheidend vom Netz geprägt worden bzw. über das Netz gelaufen, und die einschlägigen Textarchive haben ohne Zweifel ihren Anteil daran. Ein charakteristisches Beispiel eines solchen Textarchivs bietet die „Urban Legends Reference Page"[15]. In knapp vierzig thematischen Gruppen mit einer unterschiedlichen Anzahl von Subgruppen, übersichtlich gegliedert und stets topaktuell, enthält sie tausende Artikel über Contemporary Legends und Gerüchte, aber auch über ein breites Spektrum sonstiger *Internetlore*, über seltsame Meldungen, weit verbreitete Missverständnisse, abergläubische Vorstellungen und Ähnliches mehr. Die Seite geht auf die Initiative einer in Kalifornien angesiedelten „San Fernando Folklore Society" zurück und ist stark amerikalastig. Dies äußert sich naturgemäß besonders in Themengruppen wie Politik oder Krieg. Da es sich bei Contemporary Legends bzw. Internetlore aber um weltweite Phänomene handelt, finden sich auf der Seite beinahe sämtliche auch in Europa oder anderen Kontinenten bekannte gegenwärtige Sagen. Wenn man also schnelle Informationen über einzelne Geschichten oder Motive sucht, wird man auf der „Urban Legends Reference Page" mit hoher Wahrscheinlichkeit fündig. So enthält die Seite beispielsweise weit über 100 Sagen und Gerüchte und verschiedene andere Formen von Internetlore über die Terroranschläge auf das World Trade Center am 11. September 2001. Hier findet man alles, was in Verbindung mit den Terrorakten jemals in Umlauf war, auch z.B. die Geschichten von dankbaren Terroristen, die noch im Jahre 2001 und dann vor allem 2002 auch in Europa in Umlauf waren. Soweit meine Stichproben ergaben, fehlt nicht eine der mittlerweile zu Klassikern gewordenen Beispiele der gegenwärtigen Sagen, wie sie aus den Sammlungen von Smith, Brunvand, Klintberg, Brednich und anderen bekannt sind. Sämtliche Einträge in die „Urban Legends Reference Page" sind solide recherchiert, geben – soweit vorhanden – verschiedene Beispiele zu den Sagen sowie nähere Hintergrundinformationen, Literaturangaben und Hinweise auf das Vorkommen der jeweiligen Motive in Literatur, Film oder Werbung. Bei den älteren Typen von Contemporary Legends werden jeweils die

---

15 Siehe http://www.snopes.com/ (Stand: 6.7.2005).

frühesten Varianten als Beispiel angegeben. Und es wird, falls vorhanden, ihr Wiederauftauchen bis in die neueste Zeit dargestellt.

Die aktuellen Geschichten und Gerüchte, aber auch die neueren Belege zu älteren Geschichten stammen überwiegend aus dem Internet. Als Quellenangabe lesen wir hier stets „Collected on the Internet". Die Häufigkeit dieser Angabe beweist einerseits, wie lebendig die Erzählkultur im Netz ist, andererseits erinnert die Floskel an die Frühzeit der Erzählsammlungen, als man hinter vielen Geschichten schlicht „mündlich", „aus dem Hanauischen" oder Ähnliches las. Freilich ist es gerade im Internet letztlich nicht von entscheidender Bedeutung, ob eine Geschichte da oder dort erstmals auftaucht, wenn sie per Mausklick ohnehin durch den Äther versprüht wird. Für das Phänomen des Erzählens im Netz scheint diese, man könnte beinahe sagen, spätmoderne Verschleierung der Herkunft charakteristisch zu sein. Dem an den Entstehungs- und Verbreitungsbedingungen interessierten Forscher hilft das formelhafte „Collected on the Internet" natürlich nicht weiter. Er/sie hätte schon gern gewusst, wo eine spezielle Geschichte herkommt und über welche Wege sie verbreitet wird. Allgemein haben wir mit einem ständigen Hin und Her zwischen Printmedien und Internet zu rechnen. Immer wieder werden entsprechende Geschichten oder *Hoaxes* in den Online-Versionen von Tageszeitungen gepostet. Das primäre Verbreitungsmedium dürfte jedoch längst das Electronic-Mailing sein.

IV.

Wir kommen damit zu einzelnen Aspekten des Erzählens bzw. der Erzählkultur im Internet. Wie bereits gesagt: Die Erzählkultur im Internet ist ein sehr komplexes Phänomen. Dass sie bis heute keine eingehendere Erforschung erfahren hat, mag wesentlich mit dieser Komplexität, zugleich wohl auch mit der Flüchtigkeit des Mediums zusammenhängen. Eine weitere, nicht geringe Schwierigkeit liegt in der Bestimmung bzw. Eingrenzung des Forschungsobjekts. Eine Beschränkung auf das Spektrum der klassischen Genres auf der einen Seite und auf den großen Bereich des lebensgeschichtlichen, autobiografischen Erzählens andererseits wird dem Phänomen ganz sicher nicht gerecht. Zwar gibt es im Netz für einen Teil der Gattungen ein täglich anwachsendes, schier endlos ausgedehntes Datenmaterial, wobei humorvolle Erzählungen bzw. überhaupt Witze wohl am stärksten vertreten sein dürften. Daneben gibt es – wie das oben angeführte und andere elektronische Archive belegen – eine lebendige Szene im Bereich der Contemporary Legends. Auffallend häufig begegnen weiterhin Kettenbriefe in unterschiedlicher Form. Aber abgesehen von diesen wenigen, zuordenbaren Erzählformen beobachten wir einen vielfältigen Austausch von, ich sage einmal, Informationen, für die wir noch keine Kategorien, teilweise noch gar kein Sensorium ausgebildet haben, die aber dennoch für die Erzählforschung interessant sein könnten. Zu einem sehr großen Teil scheint diese Internetlore rein unterhaltende Funktion zu erfüllen. Hier muss man sich freilich fragen: Was alles unterhält die Menschen hinter den Bildschirmen und wie funktioniert Unterhaltung via Internet? Aus vielen Beispielen der Internetlore spricht aber darüber hinaus schlicht und einfach ein Bedürfnis nach Kommunikation, nach Mitteilung bzw. Meinungsaustausch, das im Internet ein bis dahin nicht da gewesenes Forum findet. Die gattungsmäßig zuordenbaren Erzählformen bilden diesem außerordentlich vielfältigen Datenmaterial gegenüber eine Minderheit. Nun bin ich zwar der Überzeugung, um das noch einmal zu betonen, dass eine zeitgemäße Erzählforschung sich nicht auf das überschaubare, gattungsmäßig zuordenbare Material im Netz beschränken darf. Auf der anderen Seite sehe ich die Schwierigkeiten, dieses andere, vielfältige Erzählgut in den Griff zu bekommen bzw. überhaupt einmal zu klären, was da alles auf uns zukommt. Es geht also um Fragen der Präzisierung und Abgrenzung des Forschungsgegenstandes. Aus meiner Sicht wäre es dringend erforderlich, sich in einem Kreis von interessierten Fachleuten einmal grundsätzlich mit definitorischen und methodischen Fragen des Umgangs mit diesem breiten Material zu befassen. Ich möchte im Folgenden einzelne, für uns interessante Dimensionen des Erzählens im Netz exemplarisch vorstellen und davon ausgehend einige, wie mir scheint, charakteristische Tendenzen ableiten.

V.

Schauen wir zunächst nicht auf Inhalte, sondern auf Verbreitungsmodi oder auch Erzählweisen und Erzählorte im Internet. Im Grunde genommen läuft der gesamte Erzählfluss im Internet über E-Mail. Dabei ist zwischen verschiedenen Kommunikationsweisen zu unterscheiden. Neben der völlig ungebundenen, nicht themenzentrierten Form des Electronic-Mailings im Allgemeinen gibt es eine sehr diversifizierte, jeweils themenorientierte Kommunikation in den *Newsgroups* und *Mailingslists*. *Newsgroups* sind für jedermann zugängliche, offene Diskussionsforen, in denen ein ständiger Erfahrungsaustausch über das jeweilige Thema der Gruppe stattfindet. *Mailingslists* funktionieren ähnlich, erfordern aber eine Subskription. Man muss sich also anmelden und bekommt dann alle in der Liste eingegangenen Mails automatisch auf die eigene Mailbox und kann eigene Beiträge verschicken. Über das Erzählen in den *Newsgroups* habe ich bereits vor etwa zehn Jahren einmal exemplarisch gehandelt.[16] Ich habe damals einige *Newsgroups* zu sehr unterschiedlichen Themen über einige Zeit beobachtet. Es waren dies *Newsgroups* wie: alt.dreams, alt.lucid.dreams, alt.out-of-body, alt.ufo.reports, alt.alien.visitors, alt.depression, alt.suicide.holidays, alt.good.morning und noch eine ganze Reihe anderer. Die Auswahl war nicht

---

[16] Schneider (wie Anm. 1).

nur subjektiv, sondern auch von einer bestimmten Erwartungshaltung bestimmt. Ich hielt vor allem nach Gruppen Ausschau, von denen ich mir viel Ertrag für mein Vorhaben erhoffte. Ich erwähne das nur, um einmal mehr auf die Selektionsprozesse, die wir alle unausweichlich betreiben, hinzuweisen. Warum sollte dies im Internet anders sein, oder vielmehr: Ohne Selektion geht im World-WideWeb infolge seiner unendlichen Weite natürlich überhaupt nichts. Meine Erwartungen wurden jedenfalls nicht enttäuscht. In den beobachteten Gruppen wurden tatsächlich viele Geschichten wiedergegeben. Der bei weitem überwiegende Teil davon könnte als *Personal Experience Stories* oder auch als *Memorate* bestimmt werden. Werfen wir noch einmal einen Blick auf einzelne dieser Newsgroups.

Grundsätzlich ist zu sagen, dass die *Newsgroups* – wie das gesamte Netz – in den letzten Jahren exponentiell angewachsen sind. Geschichten werden in den einzelnen Gruppen nach wie vor erzählt. Das diskursive, interaktive Moment hat aber noch einmal stark zugenommen. Dazu zwei Beispiele: In der bereits 1996 von mir beobachteten Gruppe alt.out-of-body stieß ich auf folgenden Eintrag:

Von: jchristmas@my-deja.com
Betrifft: Is it possible?
Newsgroup: alt.out-of-body
Datum: 1999/09/08

Hi All,

Is it possible for a person to have OOBE and not know of it? The reason why I am asking is because a few months ago I woke up to the sound of my radio like every morning. When I notice my eyes going right to left with no control on my part. It was as if my eyes were turning inside and back out the other side. It got worse if I tried to standup. At that point I told my wife to look at my eyes and tell me what she saw. She told me my eyes were moving left to right and fast. That morning I decided to stay in bed longer to see if it would pass. Next thing I notice is that there was the usual ringing in my ears and vibrations of the body. I was in this state for a few seconds when all of a sudden I had the feeling that my body turned over. The feeling was as if my astral body which was facing my back turned to face my front and placed itself conformably in my body. Then all of a sudden the physical body woke up. From the time I decided to stay in bed till I woke up again, half an hour had passed. The feeling of my eyes turning was gone and I was able to get up and tackle my day. I got the impression that I entered my body the wrong way or to fast. So again I will ask my question: Is it possible for a person to have OOBE and not know of it? Any comment or other experiences that others may have had would be appreciated.

An diesen persönlichen Erlebnisbericht und die damit verbundene Frage schließt sich eine angeregte Diskussion. Ein erster Diskutant versichert, wir würden alle „Astralreisen" unternehmen und die meisten von uns würden sich daran nicht erinnern. Nun fragt der Erzähler, ob es denn eine erlernbare Praxis gebe, sich an solche Erfahrungen zu erinnern. Darauf antwortet ein Dritter, er habe gute

Erfahrungen durch ein Traumtagebuch und bestimmte Meditationsübungen gemacht, die darauf abzielten, möglichst nahe an den Bewusstseinszustand der OBEE-Erfahrungen zu gelangen. Er bezieht sich dabei auf Artikel bzw. Thesen eines Psychologen. Damit hat die Diskussion gerade einmal begonnen.

In einem zweiten Beispiel geht es um UFO-Sichtungen:

> Von: evilCraftKnife (evilcraftknife@ntlworld.com)
> Betrifft: UFOs over Benidorm?
> Newsgroups: alt.ufo.reports
> Datum: 2004-08-15; 03:29 PST
>
> Hi
>
> I've never posted to this or any related group before. The thing is, while watching TV this morning I began watching a programme on Discovery Science called ‚UFOs over Phoenix‘, about lights in the sky in a ‚V‘ formation. What I saw on this programme is exactly what my partner and I saw last year in Spain. Dim lights in a ‚V‘ formation moving very slowly and silently in a clear August night at roughly 1-2am. My partner Julie obviously thought it was a UFO as she is into magical and mystical stuff, whereas I, being a total ‚seeing is believing‘ type of person assumed it was a stealth plane. I'm NOT saying it was a UFO, but it WAS exactly what I saw on that TV programme. The thing that I remember thinking at the time was how low, dimly lit and totally silent it seemed. It was also moving very, very slowly.
>
> Make of this what you will, but I am convinced that it WAS the same thing.
>
> Kev
> UK

Auch an diesen Bericht heftet sich nun eine Reihe von Antworten und Kommentaren. Nicht selten geht die Zahl der Antworten auf einen einzelnen Bericht in kurzer Zeit in die Hunderte.

Eine beträchtliche Zahl von *Newsgroups*[17] befasst sich mit Themen, die in den Umkreis der *Contemporary Legends* fallen. Nicht weniger Themen gelten Witzen und anderen Formen komischer Folklore. Die unmittelbarste und lebendigste Form der Tradierung bieten aber, wie Rolf Wilhelm Brednich gezeigt hat, frei versandte E-Mails. Vor allem in Hinblick auf Interaktivität zeichnen sich hier neue Dimensionen des Humorvollen ab.[18] Dasselbe gilt im Grunde genommen auch für die gegenwärtigen Sagen, auch wenn in diesem Bereich Websites, wie sie weiter oben genannt wurden, vielfach sehr lebendig und topaktuell sind.

---

[17] Z.B.: alt.folklore.college; alt.folklore.computer; alt.folklore.internet; alt.folklore.military; alt.folklore.science; alt.folklore.suburban; alt.folklore.urban.

[18] Vgl. Brednich (wie Anm. 8).

Als Foren vielfältigen Informationsaustauschs und intensiver Kommunikation sind *Newsgroups* aufs Ganze gesehen für die Erzählforschung selbstverständlich von Interesse. Infolge der oft großen Zahl von Nachfolgemails zu einzelnen Erzählungen ist es allerdings sehr mühsam, sich einen Überblick über das Material zu verschaffen. In den *Newsgroups* wird zwar nach wie vor erzählt, viel mehr wird aber diskutiert. Das eine ist ohne das andere nicht denkbar. Der Modus des Erzählens und die Art und Weise, wie uns Erzählungen in den *Newsgroups* begegnen, verdeutlichen, dass wir es beim Erzählen im Internet mit einem sehr lebendigen, folglich aber auch flüchtigen Phänomen zu tun haben. Die einzelne Erzählung ist in eine breite Diskussion (man könnte auch sagen: Kommunikation) eingebunden. Es spricht vieles dafür, dass Kommunikation, dass Erfahrungs- bzw. Meinungsaustausch wichtiger sind als die Erzählungen selbst. Das Neue an dieser Entwicklung ist, dass diese Kommunikation durch die technischen Möglichkeiten des Internets prinzipiell weltweit möglich ist. Flüchtig waren die Erzählungen in gewisser Weise früher schon. Nur das selektive Interesse der Forscher und Sammler hat sie dieser Flüchtigkeit beraubt und in Bücher, in Klassifikationssysteme, in Typenkataloge einzementiert und ihnen damit letztlich auch viel von ihrer Lebendigkeit genommen. Wenn man dies bedenkt, stellt sich die Frage, ob wir heute überhaupt danach streben sollten, das gegenwärtige Erzählen im Internet wiederum zu klassifizieren, zu typisieren? Einmal abgesehen davon, dass das rein arbeitstechnisch infolge der gewaltigen Datenmengen und der doch zweifellos höheren Flüchtigkeit im Netz schwer umsetzbar wäre, scheint mir eine Klassifizierung nach Erzählgenres und -typen nicht wirklich sinnvoll zu sein. Da drängen sich allemal wichtigere Forschungsfragen auf, etwa nach den Gebrauchszusammenhängen des Erzählens im Netz bzw. nach den Kommunikationsweisen.

Kommen wir nun zu anderen Aspekten des Erzählens im Internet. Ich habe es bereits gesagt: Im Grunde genommen verläuft die Verbreitung von Geschichten, Gerüchten oder Witzen, *Personal Experience Stories* usw. immer über E-Mail. Neben den auf bestimmte Themen fokussierten *Newsgroups* gibt es ein außerordentlich weites Feld an *Internetlore*, die einfach so – ‚frei fliegend' – via E-Mail durchs Netz geistert. Der größte Teil davon ist als eine Fortsetzung jener Formen von Bürofolklore zu bezeichnen, die vormals per Fax in Umlauf war. Wir verfügen am Institut in Innsbruck mittlerweile über eine ansehnliche, täglich wachsende Sammlung von Belegen solcher *Internetlore*. Die Frage, die sich dabei immer wieder stellt, ist, ob wir es dabei überhaupt mit Daten zu tun haben, die für die Erzählforschung relevant sind. Ich bin mir da durchaus nicht so sicher, denke aber, wir sollten auf alle Fälle einmal auf breiter Basis weitersammeln. Es ist hier nicht der Raum, um einen Überblick über das bisherige Material zu geben. Ich möchte an dieser Stelle nur einmal auf zwei miteinander in Verbindung stehende Aspekte hinweisen. Es geht dabei um

Fragen des Verhältnisses von Form und Inhalt und deren Abhängigkeit von technischen Voraussetzungen.

In der ‚frei fliegenden‘ Internetlore haben wir zunächst einen erst näher zu bestimmenden Teil, der direkt in Form von E-Mails, d.h. also als elektronische Post, verbreitet wird. Eine E-Mail ist im Grunde ein elektronischer Brief. Ein Großteil der auf diese Weise versandten Internetlore ist denn auch der Textsorte Brief zuordbar. Beispiele dafür sind die weit verbreiteten Schreiben über finanzielle Transaktionen meist aus afrikanischen Ländern[19], aber auch etwa bestimmte Hilf- und Warnmails, die allerdings auch der Textsorte Flugblatt entsprechen. Ich möchte dazu ein Beispiel vorstellen. Es geht um ein Gerücht, das auch durch die Printmedien ging, das aber zugleich als E-Mail kursierte. Als solches tauchte es in Österreich erstmals 2003 auf. Die bis dato neueste Version erhielt ich unmittelbar vor der Fertigstellung dieses Manuskripts, am 8. Juli 2005. Wie ich durch mehrere Anfragen an unser Institut, aber auch an mich privat, aus eigener Erfahrung weiß, hat diese E-Mail nicht wenige Menschen verunsichert bzw. in Schrecken versetzt. In den Mails ging es um das angeblich infolge der Verwendung von Antitranspirants erhöhte Brustkrebsrisiko.

Betreff: WG: Info (zum Thema Brustkrebs) bitte wirklich lesen!!!!!
Datum: Thu, 26 Jun 2003 10:35:23 +0200
Von: N.N.
An: N.N.

Betreff: WG: Info (zum Thema Brustkrebs) bitte wirklich lesen!!!!!
e-mail von: Elizabeth Morin, Dept. of Medicinal Chemistry, Merck Frosst Canada & Co,
Tel.: (514) 428-3222, Fax: (514) 428-4900, e-mail: elizabeth_morin@merck.com
>
Ich (Katrina Scott) sende dies an alle weiter, weil ich mir sicher bin, daß diese Information absolut Sinn ergibt. Bitte geben Sie es an alle für Sie wichtigen Menschen weiter – und auch an Menschen, die Sie nicht so gut kennen. Frauen, bitte hört her! Und Männer, bitte gebt die Information an Eure Frauen weiter!

Vor einiger Zeit besuchte ich ein Seminar der Brustkrebs-Organisation, das von Terry Birk mit Unterstützung von Dan Sullivan organisiert wurde. Während einer Frage/Antwort-Stunde fragte ich, wieso die am meisten von Brustkrebs befallenen Stellen in den Achselhöhlen zu finden sind. Meine Frage konnte zu der Zeit noch nicht beantwortet werden. Wir wissen mittlerweile, daß die Hauptursache für Brustkrebs im Benutzen von Anti-Transpirant-Mitteln liegt. Die Konzentration von Giftstoffen in diesen Bereichen führt zu Zellmutationen, einer Art von Krebs. JAWOHL – ANTI-TRANSPIRANT!!! Die meisten im Handel erhältlichen Produkte sind eine Anti-Transpirant/Deodorant Kombination. Schauen Sie sich [sic!] zuhause nach, was Sie benutzen. Ein reines Deodorant ist in Ordnung, ein Anti-Transpirant sollten Sie sofort wegwerfen. Hier ist die Erklärung: Der menschliche Körper hat einige Bereiche, die er zum Ausscheiden von Giften benutzt, sie befinden sich: in den Kniekehlen, hinter den Ohren, in der Leistengegend und in den Achselhöhlen. Die

---

[19] Vgl. Roth (wie Anm. 9).

Gifte werden mit dem Schweiß ausgeschieden. Anti-Transpirants, wie der Name eindeutig sagt, verhindern die Schweißbildung, und deswegen kann der Körper durch die Achselhöhlen keine Gifte mehr ausscheiden. Diese angesammelten Gifte verschwinden nun aber nicht irgendwie auf magische Weise, sondern der Körper lagert sie in den Lymphknoten unterhalb der Arme ab, weil er sie nicht mehr ausschwitzen kann. Fast alle Krebsknoten bilden sich im oberen äusseren [sic!] Viertel des Brustbereichs. Und das ist präzise, wo sich die Lymphknoten befinden! Bei Männern ist der Ausbruch von Brustkrebs zwar nur sehr gering aber auch nicht ganz ausgeschlossen. Sie entwickeln weniger Brustkrebs, weil der größte Teil des Antitranspirant-Mittels in den Haaren der Achselhöhlen hängen bleibt und nicht direkt auf die Haut gelangt. Bei Frauen [sic!], die ein Anti-Transpirant direkt nach dem Rasieren der Achselhöhlen auftragen, erhöhen das Risiko noch mehr, weil die in den Anti-Transpirants enthaltenen Chemikalien durch die entstandenen Hautöffnungen (Verletzungen durch das Rasieren, Öffnen der Haartalgdrüsen, Hautporen usw.) zusätzlich in den Achselhöhlenbereich eindringen. Bitte geben Sie diese Information an alle Menschen in Ihrem Lebensbereich weiter.

Brustkrebs nimmt in einem gefährlichen und erschreckenden Ausmaß zu. Und Aufmerksamkeit kann Leben retten. Falls Sie diesen neuen Erkenntnissen über die Gefährlichkeit von Anti-Transpirant-Mitteln skeptisch gegenüberstehen, bitte ich Sie eindringlich, sich selbst davon zu überzeugen. Und Sie kommen sicherlich letztendlich zur gleichen Überzeugung.

Vielen Dank![20]

In den Vereinigten Staaten war die entsprechende Mail bereits 1999 in Umlauf. Einzelne Passagen der österreichischen Version waren fast wortgleich. Ich gebe einen Text aus der „Urban Legends Reference Page" wieder:

BREAST CANCER PREVENTION
Not just for women – men don't forget to tell mom, cousins, etc. Deodorants (non-antiperspirants) are very hard to find but there are a few out there.
I just got information from a health seminar that I would like to share.
The leading cause of breast cancer is the use of anti-perspirant.
What? Yes ANTI-PERSPIRANT. Most of the products out there are an anti-perspirant/deodorant combination so go home and check your labels.
Deodorant is fine, anti-perspirant is not. Here's why:
The human body has a few areas that it uses to purge toxins; behind the knees, behind the ears, groin area, and armpits. The toxins are purged in the form of perspiration.
Anti-perspirant, as the name clearly indicates, prevents you from perspiring, thereby inhibiting the body from purging toxins from below the armpits. These toxins do not just magically disappear. Instead, the body deposits them in the lymph nodes below the arms since it cannot sweat them out. This causes a high concentration of toxins and leads to cell mutations: a.k.a. CANCER. Nearly all breast cancer tumors occur in the upper outside quadrant of the breast area. This is precisely where the lymph nodes are located.
Additionally, men are less likely (but not completely exempt) to develop breast cancer prompted by anti-perspirant usage because most of the anti-perspirant product is caught in their hair and is not directly applied to the skin. Women who apply anti-perspirant right

---

[20] Quelle: Archiv des Instituts für Europäische Ethnologie/Innsbruck.

after shaving increase the risk further because shaving causes almost imperceptible nicks in the skin which give the chemicals entrance into the body from the armpit area.
PLEASE pass this along to anyone you care about. Breast Cancer is becoming frighteningly common. This awareness may save lives. If you are skeptical about these findings, I urge you to do some research for yourself. You will arrive at the same conclusions, I assure you.[21]

Die „Urban Legend Reference Page" stuft den Status dieser E-Mail als ungewiss ein. Es werden Studien, die jeden Zusammenhang zwischen Antitranspirants und Brustkrebs bestreiten, zitiert. Es wird aber auch eine Studie aus dem Jahre 2003 angeführt, die einen Zusammenhang für möglich hält. Wie auch immer: Es handelt sich um ein charakteristisches Beispiel eines Warn-E-Mails, das nicht von offizieller Seite versandt wurde, keine seriösen Daten enthielt und gerade deswegen große Angst erzeugte und mitunter immer noch erzeugt.

Ein immer größer werdender Teil der Internetlore wird aber nicht direkt in den Mails, sondern als *Attachment* verschickt. Dabei werden in den letzten Jahren verschiedene Dateiformate verschickt: einfache Bilddateien, PDF-Dokumente, Powerpointpräsentationen und kurze Videosequenzen. Insgesamt betrachtet, zeigt sich in der als Attachment versandten Internetlore eindeutig eine Tendenz zur Visualisierung. Verständlicherweise eignen sich dazu manche Themen bzw. Inhalte besser als andere. Interessant daran ist: Die Tendenz zur Visualisierung ist ohne Zweifel eine Folge der technischen Möglichkeiten im Bereich von Hardware und Software. Das heißt, technische Neuerungen beeinflussen über formale Gestaltungsmöglichkeiten auch Erzählinhalte bzw. -themen. Ich möchte dazu im Folgenden einige Beispiele geben. Dabei bewege ich mich mehr oder weniger im Bereich eingeführter Erzählgenres.

Es ist nicht überraschend, dass ein beträchtlicher Teil der *Attachments* sexuelle Inhalte transportiert. Dass dafür die immer besser ausgebauten Möglichkeiten der Übertragung von Bildern bzw. Videos genutzt werden, ist ebenso wenig verwunderlich. Teilweise geht es dabei nur um Bilder, teilweise aber auch um Bildgeschichten, häufig in Form von Powerpointpräsentationen, aber auch um kurze Videos. Der Großteil dieses Materials ist weder originell, lustig noch sonst irgendetwas. Es gibt aber Ausnahmen. Ein Beispiel aus dem Bereich des humorvollen Umgangs mit peinlichen Situationen ist ein kurzes Video, das einen seit Jahren bekannten Witz bildlich umsetzt. Es geht um einen Bauern, dem eine Kuh beim Melken ständig ihren Schwanz um die Ohren schlägt. Der Mann kommt nun auf die Idee, den Schwanz an einen über ihm befindlichen Ast anzubinden. Zu diesem Zweck stellt er sich auf einen Schemel direkt hinter die Kuh. Während er nun den Schwanz mit einem Strick anbindet, rutscht ihm seine viel zu weite Hose hinunter. Zugleich droht er durch eine Bewegung der Kuh, das Gleichgewicht zu verlieren und hält sich mit beiden Händen am Hinterteil

---

[21] Quelle: http://www.snopes.com/medical/toxins/antiperspirant.asp (Stand: 07.07.2008).

des Tieres. In diesem Moment kommt die Frau des Bauern aus dem Haus, sieht den Bauern mit heruntergelassener Hose auf dem Hinterteil der Kuh. Sie versteht die Situation falsch.

 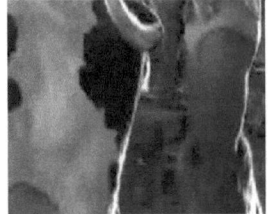 

Abb. 1: Stills aus dem Video „Blöd gelaufen"[22]

Neben den mehr oder weniger gelungenen humorvollen Stücken erfreut sich ein zweites traditionelles Genre der Folklore ganz besonderer Beliebtheit: Kettenbriefe, früher auch als Kettengebete, Gebetskette oder Schneeballgebete bezeichnet. Für ihre Verbreitung ist das Internet freilich ein ideales Medium. Wie bei der mechanisierten Wiederholung von Gebeten, etwa durch buddhistische Gebetsmühlen oder -walzen, soll auch die Wirkung des Kettenbriefs durch ständige Versendung gesteigert werden. Dabei wurde auch schon in „Vorinternetzeiten" eine möglichst nicht unterbrochene (Gebets)Kette um die ganze Erdkugel angestrebt. Die (Gebets)Formel enthielt daher immer eine Anweisung zur mehrfachen Abschrift und Weitergabe innerhalb eines bestimmten Zeitraums. Wohl um dieser Anweisung Nachdruck zu verleihen, wurde dem Versender eine große Freude, Befreiung von allen Sorgen bzw. bei Unterbrechung der Kette Unglück vorhergesagt bzw. angedroht. Als ältestes Beispiel wird ein Text aus der Gegend der Neiße genannt, der vor einer drohenden Pest- oder Hungersgefahr bewahren sollte.[23] Bald verselbstständigten sich die Kettenbriefe jedoch zu einer nicht mehr an einen Anlass gebundenen Form der Folklore, in der nur noch die Erlangung von Glück im Mittelpunkt stand. Als solche erlangten sie sowohl hand- als auch maschinenschriftlich weltweite Popularität. Kettenbriefe verdanken ihre Verbreitung wohl auch heute einem ungebrochenen, ich sage einmal, alltagsmagisch-religiösen Denken. Nicht wenige Menschen dürften sich früher wie heute von solchen Briefen unter Druck gesetzt bzw. bedroht fühlen. Dieser Aspekt führte im Berlin der 1930er Jahre und noch einmal nach 1945 zu entsprechenden polizeilichen Verboten. Bereits Faxgeräte boten der Verbreitung solcher Briefe günstige Voraussetzungen. Ungleich bequemer wurde die Verschickung jedoch im Zeitalter des Electronic-Mailing. Die große Beliebtheit bzw. Lebendigkeit der Kettenbriefe ist so gesehen nicht verwunderlich. Dabei ist

---

[22] Quelle: Archiv des Instituts für Europäische Ethnologie/Innsbruck.
[23] Rudolf Stübe: Kettenbrief, -gebet. In: Handwörterbuch des deutschen Aberglaubens, hrsg. von Eduard Hoffmann-Krayer. Bd. 4. Berlin u.a. 1932, Sp. 1286-1288.

nicht immer eindeutig festzustellen, ob es sich um naiv ernst gemeinte Formen oder um Parodien handelt. Ich nehme an, dass heute ein beträchtlicher Teil solcher Briefe ins parodistische Genre gehört. Es lässt sich aber schwer ermitteln, ob auch die nur scherzhaft gedachten Formen bei manchen Empfängern nicht doch auf einen Rest abergläubischen Denkens treffen und inwieweit Letzteres für die Weiterverschickung zumindest mitverantwortlich ist. Wie auch immer: Auch bei den Kettenbriefen im Internet ist die Tendenz zur Visualisierung unübersehbar, wobei die entsprechenden Formen vor Kitsch geradezu triefen. Während zum einen noch Textdateien mit eingebauten Bildern kursieren, gibt es in neuester Zeit zunehmend Kettenbriefe in Form von Powerpoint-Präsentationen. Dazu jeweils ein Beispiel:

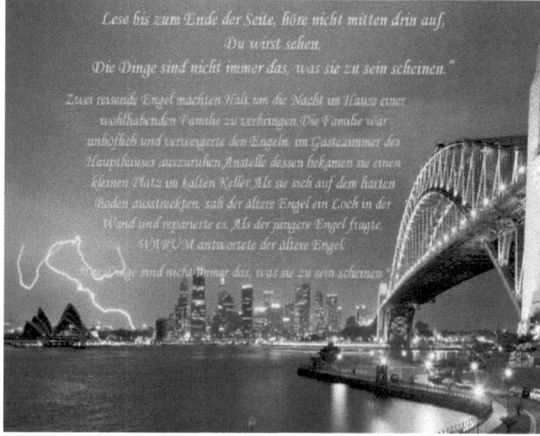

Abb. 2-3:
Folien eines Kettenbriefs
in Form einer
Powerpoint-Präsentation[24]

---

[24] Quelle: Institut für Europäische Ethnologie/Innsbruck.

<u>Diese Nachricht wurde seit dem 11.9.2001 nicht unterbrochen.</u>

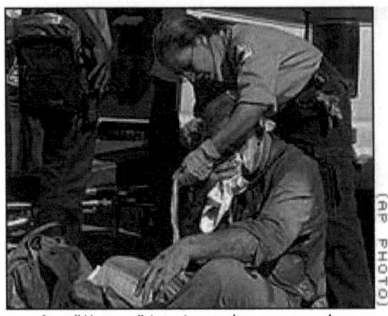

Das "Morgen" ist niemandem versprochen
weder jung noch alt
und heute könnte die letzte Chance sein
die Du hast, um Deine Lieben fest zu halten. [sic!]

Also, wenn Du auf Morgen wartest
Wieso tust Du's nicht heute?
Falls das "Morgen" niemals kommt. [sic!]

wirst Du bestimmt bereuen.
dass Du Dir keine Zeit genommen hast,
für ein Lächeln, eine Umarmung oder einen Kuss
und Du zu beschäftigt warst, um jemanden etwas zuzugestehen,
was sich im Nachhinein als sein letzter Wunsch herausstellt.

Halte Deine Lieben heute ganz fest
und flüstere ihnen ins Ohr
sag' ihnen, wie sehr Du sie liebst.
und dass Du Sie immer lieben wirst.

Nimm Dir die Zeit zu sagen "Es tut mir leid"
"Bitte verzeih' mir", "Danke", oder "Ist in Ordnung"
und wenn es kein "Morgen" gibt.
musst Du den heutigen Tag nicht bereuen.

Send this to your friends to show your support.
PLEASE DON'T BREAK IT!!!!!!

Abb. 4: Ausschnitt aus einem als Word-Dokument verschickten Kettenbrief[25]

---

[25] Quelle: Archiv des Instituts für Europäische Ethnologie/Innsbruck.

Lassen Sie mich noch einen dritten Bereich von Internetlore anführen, der via E-Mail verbreitet wird, primär auf Visualisierung aufbaut und mittlerweile auch in den einschlägigen Websites, wie der „Urban Legends Reference Page", gelandet ist. Eine ständig wachsende Anzahl von E-Mail-Hoaxes basiert auf gefälschten Fotografien. 2003 kursierte z.B. eine E-Mail, in der teilweise mit mehreren Bildbeispielen über eine angebliche Modetorheit in Japan berichtet wurde: Damenröcke, die den Eindruck von Durchsichtigkeit vermitteln. Die Fotos zeigen Frauen, deren vermeintlich durchsichtige Röcke den Blick auf die darunter liegenden Beine bzw. Unterwäsche freigeben.

Abb. 5:
Japanese
Fashion Craze[26]

Der Text dazu lautete:

> „Subject: Crazy ideas from Japan ...
> Another Crazy Fashion from Japan
> What you see below are not see-thru skirts. They are actually prints on the skirts to make it look as if the panties are visible and the current rage in Japan."

Behauptet wurde also, die Röcke seien nicht durchsichtig, sondern mit entsprechenden Aufdrucken versehen. Ein genaueres Betrachten der Bilder lässt jedoch erkennen, dass es sich um einen Scherz eines Photoshop-Users handelt. Sonst könnten die angeblich aufgedruckten Beine auf den Röcken in den Konturen nicht mit den wirklichen Beinen der Rockträgerinnen exakt übereinstimmen. Dieser E-Mail-Hoax wurde auch über verschiedene Zeitungen verbreitet.

---

[26] Quelle: Archiv des Instituts für Europäische Ethnologie/ Innsbruck. Siehe http://urban-legends.about.com/library/bl-see-thru.htm, Stand: 6.7.2005; http://www.snopes.com/photos/skirts.asp, Stand: 6.7.2005.

VI.

Ich fasse zusammen:

1. Auf Grund seiner auf Informationsvermittlung, Kommunikation und Interaktion aufgebauten Struktur bildet das Internet einen geradezu idealen Nährboden für vielfältige Erzählaktivitäten. Seit meiner ersten Beschäftigung mit Aspekten des Erzählens im Internet Mitte der 1990er Jahre sind diese Aktivitäten noch einmal, das war nicht anders zu erwarten, enorm angestiegen.

2. Die Vielfalt des Materials, aber auch dessen Flüchtigkeit machen eine wissenschaftliche Analyse zu einem schwierigen Unterfangen. Dringend notwendig wäre sowohl eine breite Diskussion über Fragen der Präzisierung und Abgrenzung des Forschungsgegenstandes, als auch über methodologische Aspekte der Erzählforschung im Internet.

3. Von besonderem Interesse ist weiterhin die Frage der Interdependenzen zwischen dem Medium Internet und seinen technischen Rahmenbedingungen auf der einen und verschiedenen Praxen des Erzählens aber auch Formen von Erzählungen auf der anderen Seite. Ich erinnere noch einmal an die Tendenz zur Visualisierung von Erzählungen, wie sie eben exemplarisch aufgezeigt wurde. Diese Entwicklung hat mit Sicherheit ihren Höhepunkt noch nicht erreicht.

4. Was die Praxis des Erzählens anbelangt, ermöglicht das Medium Internet ein hohes Maß an Kommunikation und Interaktivität, in gewisser Weise vergleichbar mit Erzählgelegenheiten in vorliterarischen Zeiten oder schriftlosen Kulturen. Freilich unterliegt das Erzählen via Internet anderen Regeln, die es erst genauer zu untersuchen gilt, und ebenso sind der „Screen-to-screen"-Kommunikation gewisse Grenzen gesetzt. Zweifellos verläuft das virtuelle Erzählen andererseits aber auch ungezwungener als jenes in „Face-to-face"-Erzählsituationen, was sich auch in den Erzählthemen niederschlägt. Die Zeiten ändern sich eben.

5. So würde ich abschließend gerne der eingangs geäußerten These, das Internet habe zu einer Zunahme des Erzählens geführt, eine zweite an die Seite stellen: Das Medium Internet ist „die" unserer Zeit am besten entsprechende Erzählgelegenheit. Darüber müsste man, wie ich meine, ausführlich nachdenken.

V.

Massenmediale Repräsentation
von Angst und Fremdheit

Reet Hiiemäe

Strategien zur Bewältigung von Ängsten durch massenmediales Erzählen

Der Einfluss technischer Medien auf die Erzählkultur kann in den industrialisierten Ländern, wo sie als Motor jeglicher Entwicklung dienen, wohl nicht hoch genug eingeschätzt werden. Nicht nur haben die Medien traditionelle Erzählanlässe, -gemeinschaften, -genres und Stoffe verdrängt oder sich auf neue Weise angeeignet, sondern bieten Anlass für vielerlei Gespräche[1]. Vor allem jedoch haben sie das Erzählen für sich selber entdeckt, und zwar weit über fiktionale Genres hinaus. In den Medien präsentierte Ereignisse werden nicht einfach abgebildet oder verbal beschrieben, sondern in erzählter Form verarbeitet, das heißt interpretiert. Nur als narrative Kommunikation werden sie von den Rezipienten akzeptiert und verstanden. Das gilt selbst für Nachrichten, in denen narrative Elemente mitunter so sehr im Vordergrund stehen, dass der Informationswert zweitrangig scheint.

Im Folgenden möchte ich einige Aspekte der massenmedialen Vermittlung angstbesetzter Ereignisse und Themen sichtbar machen. In meinem Beitrag geht es weniger um jene Studien über Gewalt in den Medien, die physische, psychische oder verbale Gewaltformen inhaltsanalytisch zu beschreiben und deren Wirkungen, besonders auf Kinder und Jugendliche, empirisch zu belegen versuchen.[2] Meine Überlegungen sind vielmehr von den Diskursen der volkskundlichen Erzählforschung geprägt. Da die Entstehung von Volkssagen und Modernen Sagen („Contemporary Legends", „Urban Legends") in Verbindung mit Ängsten gesehen wird, liegt es für mich als Volkserzählforscherin nahe, diesen Spuren nachzugehen und sie weiterzudenken. Nach Lutz Röhrich ist für die Sage „Angst als innere Disposition" wesentlich, die dann als dämonologische Gestalt nach außen projiziert werde. Als anschauliches Beispiel führt er hierfür den mit „atembeklemmender Angst" erlebten Aufhocker- und Alpdämon an.[3]

In der Sowjetzeit waren in Estland nur staatlicherseits streng zensierte Medienkanäle erlaubt. Die Medien versuchten den Eindruck entstehen zu lassen, als gäbe es so gut wie keine Gewalt oder Kriminalität und damit die Angst davor; die so genannte „schwarze Chronik" wurde in der estnischen Presse (wie

---

[1] Rolf Wilhelm Brednich: Medien als Stifter oraler Kommunikation. In: Medien und Kultur, hrsg. von Werner Faulstich. Göttingen 1991, S. 16-29.

[2] Siehe z.B. Steven J. Kirsh: Children, Adolescents, and Media Violence. A Critical Look at the Research. Thousand Oaks u.a. 2006.

[3] Lutz Röhrich: Sage. Stuttgart 1966, S. 5.

in der Presse der anderen sowjetischen Länder) nicht veröffentlicht. Die Erzählform, in welcher unerlaubte Themen kursierten, war allenfalls das Gerücht.

Nach dem Zusammenbruch des sowjetischen Regimes Anfang der 1990er
Jahre entstand in den Nachrichtenmedien von Presse, Rundfunk und Fernsehen
ein Vakuum: Plötzlich waren viele bislang wichtige Themen von der Agenda
verschwunden. Gleichzeitig öffnete sich den Menschen der Zugang zu neuen
Medienprodukten, Zeitungen und Sendern. Amerikanische Serien, Action-,
Horror- und Comedyfilme wurden importiert, ausländische TV-Kanäle und das
Internet etablierten sich. In den Medien wurden nun die Probleme des Landes
offen gelegt. Das Neue wurde begeistert angenommen und den Bedürfnissen
angepasst.

Die Medien signalisierten allerdings, dass die neue Ordnung voll von
Aggressivität, Verschwörungen und verräterischen Skandalen sei: Sie erzeugten
Stereotypen über eine gewaltsame Welt, die so nicht existiert, und schürten bei
den Rezipienten Ängste, die einer solchen Fülle von Medienangeboten und
Sendern bislang nicht ausgesetzt waren. Um mit einer solchen Welt fertig zu
werden, entwickelten oder reaktivierten sie bestimmte Strategien. Bedrohlich
wirkende Medieninhalte wurden und werden mündlich weitererzählt und dienen
als Grundlage zur Bildung Moderner Sagen, deren Verbreitung dann wiederum
durch die Medien, besonders die Zeitung[4] und in jüngerer Zeit das Internet[5],
beschleunigt wird. Als weitere Anpassungsreaktion an die neue Realität, das
heißt an den Wechsel vom Totalitarismus zur Demokratie, formierte sich Mitte
der 1990er Jahre eine Welle sadistischen Humors.[6]

Massenmedialisierte Angstepochen

„Erinnert wird, was massenmedial präsentabel ist", sagt der Historiker Edgar
Wolfrum über die heutige Erinnerungskultur.[7] Die Medien bestimmen, wovor
wir Angst haben und in welchen Formen sich diese Ängste manifestieren. Jedes
Mal, wenn eine ähnliche Gefahr zum Vorschein kommt, aktivieren sich ähnliche
Strategien zur Bewältigung dieser Gefahr. Man kann die massenmediale
Konstruktion ganzer „Angstepochen" beobachten, die sich dann auch im
alltäglichen Erzählen niederschlagen: Anfang der 1990er Jahre eine „UFO-
Epoche", Mitte der 1990er Jahre eine „Serienmörder-Epoche", Ende der 1990er
Jahre eine „Aids-Epoche", zu Beginn des Milleniums eine „Anthrax-Epoche",

---

[4] Siehe den Beitrag von Wilhelm F.H. Nicolaisen in diesem Band.
[5] Siehe den Beitrag von Ingo Schneider in diesem Band.
[6] Dazu Reet Hiiemäe: Der Sadismus in der gegenwärtigen Folklore Estlands. In: Con-
     temporary Folklore: Changing World View and Tradition, hrsg. von Mare Kõiva. Tartu
     1996, S. 320-339.
[7] Edgar Wolfrum: Die Massenmedialisierung des 17. Juni 1953. In: Aus Politik und Zeit-
     geschichte 40-41 (2003), S. 33-39, hier S. 36.

nach dem 11. September 2001 eine „Islamterroristen-Epoche" usw. Denn warum sollten zum Beispiel die UFOs unseren Planeten heute weniger besuchen als Anfang der 1990er Jahre – wenn auch in einigen Kreisen behauptet wird, dass die Außerirdischen in den 1990er Jahren tatsächlich ein erhöhtes Interesse an Estland hatten, weil sie zusehen wollten, wie Estland seine Souveränität wiederherstellte. Ebenso vergrößerte sich ab Mitte der 1990er Jahre nicht die Anzahl der Massenmörder oder wahnsinnigen Bombenleger, als der Fall von Timothy McVeigh bekannt wurde, der am 19. April 1995 in Oklahoma City einen Anschlag verübte, bei dem 168 Menschen ihr Leben verloren. Da aber um diesen Fall eines High-School-Absolventen und ehemaligen Angehörigen der US-Armee, der sich bis zu seiner Hinrichtung reuelos zeigte, viel narratives Material kursierte,[8] McVeighs Person also dazu passte, dass man ihr viele verschiedene Rollen beimessen konnte, war seine Geschichte geeignet, massenhaft weitererzählt zu werden. Eine zynische Internetseite kommentiert sie mit den Worten: „If you hate getting tied down in just one version of reality, you should love the case of Timothy McVeigh."[9] Mit McVeighs Fall wurden über Nacht viele ähnliche Fälle aus der Vergangenheit ins Gedächtnis gerufen, die Gefahr vor wahnsinnigen Massenmördern oder Amokläufern war plötzlich an der Tagesordnung. Nach der Hinrichtung von McVeigh im Jahre 2001, die ihrerseits sehr spektakulär verlief (selbst Wikipedia erwähnt, dass seine „Henkersmahlzeit" aus Pfefferminz-Schokoladeneis bestand), verlor sie jegliche Aktualität, als hätten nun alle Bösewichte dieses Typs weltweit die Waffen gestreckt. Man war wieder für neue Themen bereit.

Die Medien bieten nicht mehr als ein paar Kernthemen auf einmal. Die Reduzierung der Themenbreite und die damit verbundene Betonung weniger Einzelthemen helfen dem Menschen, seine tägliche Welt besser zu überblicken und zu organisieren. Ängste erhalten somit Form und Richtung. Thematisierungsstrategien der Massenmedien sind Gegenstand der sog. Agendaforschung, einem Teilbereich der Wirkungsforschung.[10] Die Ausgangsthese des „Agenda Setting Approach" besteht darin, dass die Massenmedien zwar einen geringeren Einfluss darauf haben, was die Menschen zu bestimmten Themen denken, dass sie jedoch wesentlich mitbestimmen, worüber sie sich überhaupt Gedanken machen. Der „Agenda-Setting-Effekt" ist umso höher, je aufdringlicher, je häufiger und greller die Medien bestimmte Themen präsentieren. Darüber hinaus ist der „Agenda-Setting-Effekt" bei jenen Themen besonders stark, die außerhalb des Erfahrungsalltags des Rezipienten liegen. Und genau das ist bei den bisher genannten Themen der Fall.

---

[8] Vgl. Lou Michel und Dan Herbeck: American terrorist: Timothy McVeigh and the Oklahoma City bombing. New York 2001.

[9] Siehe http://euroyankii.blogspot.com/search?q=McVeigh (Stand: 10.8.2008).

[10] Vgl. Wolfgang Eichhorn: Agenda-Setting-Prozesse. Eine theoretische Analyse indivi-dueller und gesellschaftlicher Themenstrukturierung. München 1996.

In den 1990er Jahren, während der „UFO-Epoche", erschien in den Zeitungen eine sensationelle Nachricht von einer Frau mit seltsamen Brandwunden. Sie behauptete, Außerirdische hätten versucht, sie zu klonen. Die Nachricht fußte ausschließlich auf den Angaben der Frau, nähere Hintergründe konnten nicht ermittelt werden. Erzählungen über krankmachende oder gar tödlich endende Begegnungserlebnisse mit UFOs, vielfach in Form von Nahsichtungen, sind älteren Datums, und schon die Volkssage schildert uns vergleichbare Folgen über leichtsinnige Begegnungen mit dem Numinosen. Werden die nächtlichen Entdecker von einem Lichtstrahl des UFOs getroffen, sollen dadurch brand-ähnliche Wunden, z.B. kleine, eingebrannte Löcher, entstehen.[11] In dieser Erzäh-lung verbindet sich die Geschichte mit dem Klonen, einer visionären, daher Außerirdischen zugeschriebenen Technik, die im letzten Jahrzehnt des vorigen Jahrhunderts Wirklichkeit wurde: Im Februar 1997 wurde Dolly, die erste gene-tische Kopie eines Säugetiers, der Öffentlichkeit präsentiert, womit das Klon-zeitalter angebrochen war.

Die Leser aber nahmen die Information auf und erzählten sie weiter. Hier spiegelt sich eine Eigenart der Gattung „Nachricht", das heißt massenmedial verbreiteter News, wider – zwischen den Rezipienten und dem Nachrichten-vermittler herrscht sozusagen ein ungeschriebenes Gesetz, dass die Nachrichten wahr sind. Sie werden zunächst, unabhängig von der Glaubwürdigkeit ihres Inhalts, als faktual eingestuft, wie sich umgekehrt bei einem Spielfilm beide Seiten über den fiktionalen Charakter des Geschehens, unabhängig von seiner Realität, einig sind. Man könnte dies aus der arbeitsteiligen Funktion von Gattungen schlussfolgern.[12]

Mit dem „Fall des Klonens" wider den eigenen Willen fand man eine erneute Bestätigung für die Bösartigkeit des Andersartigen und Fremden. Die Menschen wurden wieder einmal mit ihren Ängsten vor dem Unbekannten und Unfass-baren konfrontiert.[13] Mit solchen „Nachrichten" verlieren latente Ängste ihre Unbestimmtheit, hier wurden sie auf Humanoide projiziert. Auch Erzäh-lungen über reale spektakuläre Unglücke sind hierfür geeignet. So scheint der Mythos der untergegangenen Titanic in besonderer Weise dazu geeignet, die Ängste unserer Zeit auf sich zu vereinen.

Die – wenn auch fiktive – Benennung der Ursache einer Gefahr macht diese greifbar; sie lauert nicht mehr überall, sondern hat Gestalt angenommen und ist räumlich determinierbar. Um plausibel zu sein, müssen sich fabulierte Gefahren-situationen der jeweiligen Welterklärung anpassen. Daher wechseln die

---

[11] Homepages über UFOs sind besonders zahlreich. Über Brandwunden durch Außerirdische siehe http://www.ufos-co.de/news_artikel/htdocs/modules/news/article.php?storyid=312.

[12] Lauri Honko: Gattungsprobleme. In: Enzyklopädie des Märchens. Bd. 5, hrsg. von Rolf Wilhelm Brednich. Berlin/New York 1987, Sp. 744-769, hier 747.

[13] Vgl. Rolf Wilhelm Brednich: Die Spinne in der Yucca-Palme. Sagenhafte Geschichten von heute. München 1991, S. 124.

Situationen und Ursachen: Mysteriöse Brandwunden wären vor einem Jahrhundert wohl kaum durch UFOs, sondern „erdnah" erklärt worden. So betont der Historiker Jean Delumeau die kulturelle Verbundenheit der Angst: „Angst ist eine kulturelle Gewohnheit, die im Rahmen einer Gruppe angenommen wird und Situationen bestimmt – seien sie real oder fiktional – , die man als beängstigend empfinden soll."[14]

In den Internetforen, das heißt den Kommentarteilen der virtuellen Tageszeitungen, wo sich jeder zu einem Artikel auslassen kann, kursierten Schilderungen von Augenzeugen über ähnliche Fälle des Klonens. Schöpfen die meisten dieser „Berichte" also aus Modernen Sagen, wurden andere als scherzhafte Falschmeldungen (Hoaxes) absichtlich fabriziert, um böses Spiel mit der Angst zu treiben. Da E-Mails anonym verschickt und über bestimmte Techniken (wie Verteilersysteme oder Kettenbriefe) millionenfach verbreitet werden können, entpuppt sich die elektronische Post als immer beliebtere Möglichkeit zum Erzeugen und Abladen von Ängsten.

Besonders in Amerika zirkulieren immer wieder irreführende E-Mails, in denen dringend vor Telefonzellen oder Automaten-Tankstellen gewarnt wird, da die Boten der unsichtbaren „Aids-Mafia" Hörer bzw. Zapfventile mit Spritznadeln bespickt haben könnten. Als Absender des Warnbriefs wird zumeist eine prominente Institution, etwa ein Rettungsdienst oder ein epidemiologisches Labor, angegeben. Bei der Überprüfung stellt sich dann freilich heraus, dass die entsprechende Institution von dem Brief nichts weiß und den Inhalt der Information nicht bestätigen kann.[15] Oder es kursieren vermeintliche Berichte der NASA über Kontakte mit Außerirdischen, in denen den Lesern zu bestimmten Verhaltensrichtlinien geraten wird. Vermutlich resultiert auch hier die Motivation des E-Mail-Verfassers aus dem Wunsch, mit den eigenen Ängsten fertig zu werden. Der estnische Psychologe Aleksander Pulver bemerkt dazu Folgendes:

> „Die Bewältigung eigener Angst ist auch dadurch möglich, dass man die Angst der anderen vergrößert. Weil das, wovor wir Angst haben, meistens außer Kontrolle ist, kann man die Angst und unbestimmte Gefahr dadurch unter Kontrolle bringen, dass man selbst zur Quelle der Angst wird [anderen Leuten Angst einjagt, Anm. R. H.]".[16]

---

[14] Jean Delumeau: Angst im Abendland. Die Geschichte kollektiver Ängste im Europa des 14. bis 18. Jahrhunderts. Reinbek bei Hamburg 1985, S. 28.

[15] Siehe z.B. http://www.korova.com/virus/hoax981128.htm (Stand: 10.8.2008).

[16] Postimees vom 17. Oktober 2001, S. 23 (übersetzt von Reet Hiiemäe).

Stereotype Feindbilder

Die Medien geben vielfach fertige Ideenstücke vor, die von den Rezipienten
ohne nennenswerten schöpferischen Erzählbeitrag weitergegeben werden. Das
scheint für fernsehmedial aufbereitete Geschichten eher als für auditiv verbreitete Erzählungen zu gelten. Denn während auditive Informationen über das Ohr
mittelbar zu dem Rezipienten gelangen, wird das visuell Empfangene unmittelbar wahrgenommen, weshalb der Mensch eher dazu tendiert zu glauben, was er
sieht, oder, wie der Historiker Edgar Wolfrum dieses Phänomen umschreibt:
„Weil der Film fertige und obendrein ,lebendige' Bilder liefert, gerät das Darge-
stellte leichter als bei anderen Medien und Quellen ungefragt zur geschicht-
lichen Wahrheit."[17]
   Da die Rolle der visuellen Medien weiter wächst, werden immer neue visuelle
Stereotypen generiert. Zum Beispiel erscheinen in der Tramper-Folklore Auto-
fahrer, die wie Bösewichter aus Gangster- oder Mafiafilmen aussehen.[18] Die
Bereitschaft, Probleme an stereotype Feindbilder zu knüpfen, resultiert – als
Folge eines Abwehrmechanismus – aus der Dämonisierung des Fremden. Dazu
ein aktuelles Beispiel: Die gängige Vorstellung von einem Islamterroristen beruht fast ausschließlich auf massenmedial verbreitetem Bildmaterial, das zu
folgendem visuellen Stereotyp führte: Ein Kopftuch tragender Mann, dessen
Augen vor Wut glänzen, hält schüttelnd eine Automatikwaffe empor. Damit
scheint er allen Ungläubigen ein baldiges Ende zu versprechen. Kaum jemand
stellt sich dabei die Frage, ob es sich auf diesen Darstellungen tatsächlich um
Terroristen handelt, könnten doch ebenso gut Jugendliche aus dem Nahen Osten
selber erstellte Homevideos an die Nachrichtenagenturen weitergeleitet haben,
um die Welt erzittern zu lassen. Welche Macht müssen die Erzeuger solcher und
anderer Schreckensnachrichten, die über den ganzen Erdball verbreitet werden,
fühlen?[19] – Als die Nachrichten von weiblichen Suizidterroristen aus Tsche-
tschenien erschienen, fügten ihnen die Medien passende Eigenschaften hinzu:
Man stellte diese Frauen entschlossen, wütend, tollkühn und beinahe dämonisch
dar, wodurch sie dem männlich geprägten visuellen Stereotyp des Terroristen
angenähert wurden.
   In mancher Hinsicht könnte man solche Bilder „Sekundengeschichten"
nennen, ein Begriff, den Helmut Fischer für Werbegeschichten gebraucht[20] – sie
sprechen für sich selbst, brauchen keine weitere Erklärung. Das Image trägt die
Geschichte in sich, oder anders gesagt: Das Bild bewirkt, dass die schon

---

[17] Wolfrum (wie Anm. 7), S. 38.
[18] Reet Hiiemäe: Trampergeschichten und Tramperfolklore. Die Begegnung von Tatsachen
   und Stereotypen. In: Folklore als Tatsachenbericht, hrsg. von Reet Hiiemäe und Jürgen
   Beyer. Tartu 2001, S. 55-70.
[19] Vgl. dazu Postimees vom 28. Juli 2004, S. 12.
[20] Siehe den Beitrag von Helmut Fischer in diesem Band.

bekannte Geschichte von selbst in den Köpfen der Rezipienten abläuft. In jüngerer Zeit ist nicht einmal ein Videobild notwendig; es genügt, wenn eine Nachricht auf einer Internetseite erscheint, die dafür bekannt ist, dass Islamradikale dort ab und zu Botschaften ablegen, und schon verbreiten die Massenmedien einen entsprechenden Beitrag.

Der für die traditionelle Volkserzählung so charakteristische Dualismus lebt auch im heutigen massenmedialen Erzählen weiter. Das so genannte Ökonomie-Prinzip, mit dem das Böse in schwarz-weißer Manier dargestellt wird, erleichtert die Orientierung in der komplexen Welt. Dazu der Psychoanalytiker und Friedensforscher Horst-Eberhard Richter: „Es ist für den Menschen in Gefahrensituationen charakteristisch, komplexe Zusammenhänge zu vereinfachen. Man braucht klar umrissene Feindbilder, auf die man seine eigene Wut übertragen kann."[21] Besonders in Krisenzeiten tendieren die Medien dazu, einen Sündenbock zu kreieren, der geeignet ist, Gefahren mit all ihren gegensätzlichen Aspekten auf sich zu beziehen – dazu passen Timothy McVeigh, Saddam Hussein oder Osama bin Laden. Auf diese Weise schaffen die Medien in uns die Vorstellung, als wäre Hussein allein derjenige gewesen, der den irakischen Krieg gegen Amerika kämpfte – über die Identität und Mentalität von zehntausenden Soldaten seiner Armee war meistens nicht die Rede. Auch der amerikanische Präsident George Bush kämpfte angeblich allein gegen Hussein und nicht gegen die Bewohner des Irak, von denen viele dem Krieg zum Opfer gefallen sind.[22]

Die Medien sollten ausgewogen berichten, aber zumeist sind sie parteiisch. Eines der wichtigsten Merkmale des Feindstereotyps lautet: Der Feind ist anders als wir. Er ist der Fremde – in den UFO-Geschichten der Außerirdische mit seiner bizarren Gestalt; Aids wird einseitig mit Drogenabhängigen oder Homosexuellen assoziiert; in den Berichten über Serientäter steht diesen die Bösartigkeit und Mordlust ins Gesicht geschrieben. Eine Ausnahme hiervon ist der aus heiterem Himmel agierende Typ, dessen Feindbild keine äußeren Merkmale aufweist. Umso kontrastreicher heben sich dann die Taten der sich geschickt als gute Familienväter, einfache Beamte oder unauffällige Gesellschaftsmitglieder getarnten Verbrecher ab, deren demaskiertes Wesen zu dem von Monstern stilisiert wird.

Im Folgenden möchte ich näher auf die Internetforen eingehen. Es ist im Rahmen dieses Beitrags nicht möglich, deren komplexe Bedingungen und Kontexte auszubreiten. Beschränken möchte ich mich daher auf die Verfasser von Beiträgen in Internetforen, also auf die dahinter steckenden Erzähler. Vereinfacht formuliert, lassen sich in dieser medialen Plattform zwei Typen von

---

[21] Horst-Eberhard Richter: Umgang mit Angst. Hamburg 1992, S. 175.
[22] Dazu Albrecht Lehmann: Reden über Erfahrung. Kulturwissenschaftliche Bewusstseinsanalyse des Erzählens. Berlin 2007, S. 102.

Kommentatoren bzw. Erzählern unterscheiden, die ich mit „Identifikator-Typ"
und „Separatortyp" bezeichnen möchte.

1. Der „Identifikator-Typ" sagt: „Mir ist etwas Ähnliches passiert", bejaht die
Information und unterstützt sie mit dem Erzählen einer eigenen Geschichte.

2. Der „Separator-Typ" meint: „Ich weiß, wie es wirklich war und was dahinter steckt", lehnt die Information aber zumindest teilweise ab und erzählt Details darüber, wie es wirklich war. Prinzipiell erweitert er dadurch die
empfangene Geschichte.

Man hat Volkskundlern öfters empfohlen, dass sie es öffentlich aussprechen
sollen, wenn es sich bei einer in den Medien verbreiteten Geschichte um eine
Moderne Sage handelt. Das habe auch ich einmal während der „Aids-Epoche"
versucht. Ich beschrieb in einem Zeitungsartikel bekannte Erzählungen über
unwillentliche Aids-Infektionen. In den Kommentaren nahmen die „Identifi-
kator-Typen" meinen Artikel als Beweis dafür, dass auch die Forscher solche
Fälle (nicht *Geschichten*!) kennen würden, und erzählten, wie sie oder ihre
Freunde in ähnlichen Situationen vor solchen Gefahren Angst ausgestanden
hätten. Hingegen lehnten die „Separator-Typen" die Realität meiner Beispiel-
texte ab und erzählten, wie die Sache wirklich sei, das heißt sie entlarvten die
Geschichten als Moderne Sagen und schilderten einige ihrer Varianten.

Der „Identifikator-Typ" neigt oft zu Verschwörungstheorien, mit denen das
auf der ganzen Welt bestehende „Böse" möglichst auf einmal erklärt wird. Auch
der „Separator-Typ" gibt im Grunde genommen vor, immer zu wissen, wo die
Wahrheit liege und was richtiges Handeln sei. Dabei hat es sich dieser Erzähler-
typ offenbar nicht zum Ziel gesetzt, Richtlinien zur Beseitigung der geschilderten Gefahren zu geben. Vielmehr sucht er, die dadurch ausgelösten Ängste zu
lindern. Seine Kommentare bieten vor allem Überlebensstrategien auf der
mentalen Ebene. Der „Separator-Typ" bleibt in der Position des Zuschauers und
Kommentators, der selbst außer Gefahr ist. Diese Position gewährleistet ihm die
Spezifik des Internets. Erstens bleibt er anonym, womöglich gibt er sich eine
neue Identität. Zweitens muss er nicht spontan reagieren, sondern kann sich
beliebig viel Zeit zum Nachdenken nehmen. Sein sorgfältig formulierter
Kommentar gibt ihm selbst und den Rezipienten ein beruhigendes Gefühl, auch
wenn die Realität genau betrachtet ebenso Ängste provoziert.

Lokalisierte Ängste

Mit etwas Phantasie und tendenziösem Interpretieren kann man leicht das
Gefährliche harmlos und das Harmlose gefährlich darstellen. Die Fähigkeit des
Menschen, sich Ängste zu merken oder vorzustellen, zu bearbeiten und zu
verdrängen, ist begrenzt. Er ist daher gezwungen, Strategien zur Bewältigung
von Ängsten, auch vor sich selbst, zu entwickeln. Der Psychoanalyse gelang es,
Persönlichkeitsstörungen besser zu verstehen und zu behandeln, indem sie eine

Reihe von Abwehrwehrmechanismen gegen angsterzeugende Trieb- und andere Affektwünsche bloßlegte. Hierzu gehören: Verdrängung, Regression, Isolierung, Ungeschehenmachen, Verkehrung ins Gegenteil oder Abwehr durch Projektion.[23] Letztere soll im Folgenden näher betrachtet werden, soweit sie sich nicht an Personen, sondern an bestimmten Orten festmacht. Dieses Prinzip kennt bereits die Sage, worauf der Tübinger Volkskundler Utz Jeggle hinweist: „Zuviel Angst vor Gefahr wurde nach außen projiziert und an einen bestimmten Platz gebannt. Man war nicht selbst ängstlich, sondern ein Ort wurde gefährlich.“[24] Diese Gedanken aufgreifend, möchte ich abschließend einige Aspekte zur Lokalisierung von Ängsten aufzeigen.

Universell befürchtete Situationen werden oft als Angsterlebnis des Einzelnen an einem konkreten Ort dargestellt. Wenn man so will, entsteht dadurch eine „Landkarte der Gefährlichkeit“, die es ermöglicht, Gefahrenquellen zu konkretisieren und in Grenzen zu halten. So erfahren wir etwa aus der traditionellen Erzählüberlieferung, dass man Angst vor Gespenstern nicht überall, sondern nur auf Friedhöfen, bei Ruinen, in bestimmten Häusern usw. haben musste. (Dasselbe gilt übrigens für bestimmte Zeiten, wie Mitternacht oder die Übergangstermine im Jahreslauf.) Diese Lokalitäten waren also durch das Wissen markiert, dass es dort spukt.

In der neueren, massenmedial beeinflussten Erzähltradition werden Orte der Angst auf ähnliche Weise lokalisiert. Daher beschreiben die Massenmedien möglichst genau die Lokalität des Geschehens, wo sich etwa ein Verbrechen ereignete. Der Rezipient kann dann die betreffende Umgebung meiden, was bei ihm ein Gefühl der Sicherheit evoziert. Neben der Projektion auf Orte vertrauter Umgebung wird von dem Abwehrmechanismus Gebrauch gemacht, Bedrohliches auf eine ungefährliche Distanz zu übertragen. Dann heißt es: „Solche Dinge passieren in Amerika, in Afrika, in Entwicklungsländern, aber nicht bei uns.“ Trotzdem verschwindet die Angst dadurch nicht, sondern kehrt nur auf anderen Ebenen in veränderter Form wieder, wo sie neue Ideen und Vorstellungen weckt.

Schlussbemerkung

Obwohl das Weltbild des modernen Menschen scheinbar rational ist und die in vielen Sagen und Mythen beschworenen Gefahren ihre Bedeutung verloren haben, steckt die heutige Welt voller Gefahren, die in Interaktion mit den Massenmedien artikuliert und dabei umgeformt werden. Wie gezeigt wurde, trägt das massenmediale Erzählen einerseits dazu bei, Ängste der Rezipienten zu mindern. Die Massenmedien klären dabei nicht nur auf oder geben Ratschläge,

---

[23] Vgl. Anna Freud: Das Ich und die Abwehrmechanismen. München 1973, bes. S. 34-43.
[24] Utz Jeggle: Tödliche Gefahren. Ängste und ihre Bewältigung in der Sage. In: Zeitschrift für Volkskunde 86 (1990), S. 53-66, hier S. 56.

sondern vermitteln Feindbilder in schematischer Weise, was zur Reduktion diffuser Angstbilder und ihrer Konkretisierung beiträgt. Andererseits aber selektieren die Medien Unglücksfälle, Katastrophen, Kriegsschauplätze, Verbrechen u.a.m., wodurch sie ein eher düsteres Weltbild schaffen. Jedenfalls zeigen sie abweichend von den Alltagserfahrungen überdurchschnittlich viele Gefahrenbilder auf, von denen wir frei sein könnten. Dazu ein Kommentar von einer Kollegin aus Tartu: „Es ist viel ruhiger zu leben, wenn man nichts weiß. Dann weiß man auch nicht, wie man sich fürchtet." Wie die Waagschale des widersprüchlichen Einflusses der Medien zu bewerten ist, ob sie Ängste der Rezipienten eher lindern oder verstärken, ist eine sehr schwierige Frage, die der Leser jedoch für sich selber beantworten kann.

Theo Meder

„Ostension". Ein Ansatz zur medienvermittelten Interaktion zwischen Sage und Realität
am Beispiel von Immigranten (besonders Muslimen) in den Niederlanden als den gefährlichen „Anderen"[1]

Im Juni 2004 wurde von einem Einwohner der Stadt Almere ein vorbeifahrendes Auto beobachtet, auf dessen Rücksitz ein weinendes, scheinbar panisches niederländisches Kind saß. Der Fahrer schien ein langes Gewand sowie eine Art verschleierter Kopfbedeckung, eine Sonnenbrille und Handschuhe zu tragen. Aufgrund aktueller Ereignisse, die sich nicht in den Niederlanden, sondern an anderen Orten der Welt ereigneten, dachte der Bürger, er sei Zeuge einer Kindesentführung durch einen muslimischen Terroristen geworden, notierte sich das Kennzeichen des Fahrzeugs und verständigte die Polizei. Nachdem diese den Fahrzeughalter ausfindig gemacht hatte, suchte sie eine durchschnittliche Wohnung in Almere auf, deren Tür von einer schwachen niederländischen Frau, der 49-jährigen Jacqueline, geöffnet wurde. Jacqueline erwies sich als Mutter des weinenden Kindes. Sie leidet unter Licht-Allergie, einer sehr seltenen Krankheit. Unter freiem Himmel benötigt sie daher schützende Kleidung, um nicht dem Sonnenlicht ausgesetzt zu werden. Infolge von Geschichten, die über muslimische Extremisten verbreitet wurden, waren die Fakten irrtümlicherweise fehlgedeutet worden.[2]

Die nächste Geschichte liegt zeitlich etwas weiter zurück. Sie soll sich in Utrecht in den Niederlanden zugetragen haben. Einige niederländische Freunde gehen abends in ein türkisches Restaurant und bestellen Döner Kebab. Sie nehmen Knoblauchsauce dazu. Kurz nachdem sie den Döner essen, werden die

---

[1] Der Vortrag wurde auf der Kommissionstagung in englischer Sprache unter folgendem Titel gehalten: „Muslims and immigrants as ‚The Others'. Ostension in the Netherlands: legend, life, and the media interacting". Für die Übersetzung danke ich unserer studentischen Hilfskraft, Herrn Ricardo Ulbricht. Siehe auch Theo Meder: Levensechte leugens? Moslimvrees en allochtonenangst in de media. In: Mediahypes en moderne sagen. Sterke verhalen in het nieuws, hrsg. von Peter Burger und Willem Koetsenruijter. Leiden 2004, S. 95-116. Gekürzte, leicht veränderte englische Fassung siehe Theo Meder: Ethnic conflict hoaxes in Dutch news media. *Memes* and *ostension*: legend and life interacting (www.document: http://members.chello.nl/m.jong9.ostension.htm, Stand: 15.8.2008). Viele der im Folgenden zitierten Zeitungsartikel, besonders jüngeren Datums, sind auch als E-Publikationen im Web verzeichnet, die betreffenden Links können hier aus Platzgründen nicht angezeigt werden.

[2] Licht-allergie beheerst leven Almeerse. In: Almere Vandaag vom 4. Juni 2004, S. 1; ‚Kinderontvoering' is misverstand. In: Almere Vandaag vom 4. Juni 2004, S. 3.

Freunde schwer krank. Sie müssen ins Krankenhaus, und ihre Mägen werden ausgepumpt. Nach der Untersuchung fragt sie der Arzt, ob sie an diesem Abend Oralverkehr gehabt hätten: in ihren Mägen sei das Sperma mehrerer Männer gefunden worden. Kurz darauf wird das türkische Restaurant vom Gesundheitsamt geschlossen – man hatte herausgefunden, dass sich in der Knoblauchsauce das Sperma von sieben verschiedenen Männern befand.

Natürlich ist diese Geschichte nicht wahr. Sie ist eine sogenannte „urban legend" oder „contemporary legend", eine „Moderne Sage", die unter dem Titel „Masturbating into food"[3] international bekannt wurde.

Niederländischen Erzählern zufolge sind diese Ereignisse nicht nur in Utrecht, sondern auch in Amsterdam, Arnheim, Delft, Leiden, Den Haag, Rotterdam und Enschede geschehen.[4] Die Knoblauchsauce kann den Samen eines Mannes enthalten, aber in einigen Versionen der Geschichte sind es nicht weniger als 72 Männer, die in die Sauce masturbierten. In den meisten Fällen ist der Restaurantbesitzer entweder Türke oder Marokkaner. Es gibt andere Geschichten über ethnische Restaurants in den Niederlanden, zum Beispiel über den Chinesen, der Haustiere wie Katzen und Hunde oder sogar Tabu-Tiere wie Ratten für seine Speisen verwendet, aber die Masturbationssage wird fast ausschließlich über Muslime erzählt. Obwohl dies selten ausdrücklich gesagt wird, lautet die unterschwellige Botschaft dieser Erzählung, dass muslimische Männer aus Verachtung für ihre niederländischen Kunden in ihre Speisen masturbieren.[5]

In Utrecht wurde Herr Atteya, Besitzer des türkischen Grillhauses Piramiden, der lästigen Gerüchte überdrüssig und benachrichtigte die lokale Presse. In der Zeitung *Utrechts Nieuwsblad* erklärte er, dass die Gerüchte nicht stimmen.[6] Ein Beamter der Gesundheitsbehörde bestätigte sogar, dass noch niemals Samen in der Knoblauchsauce gefunden worden war. Dennoch verschlimmerte der Artikel die Situation nur: Nun hatten noch mehr Menschen von dem Gerücht gehört und gelesen, und Herr Atteya musste sein Grillhaus trotz allem schließen.[7] Es war nicht das erste Mal, dass die Entlarvung einer Stadtsage in den Nachrichten-

---

[3] Jan Harold Brunvand: The Choking Doberman and Other „New" Urban Legends. New York/London 1984, S. 121; ders.: The Baby Train and Other Lusty Urban Legends. New York/London 1994, S. 338.

[4] Mehr als zwanzig Versionen der Geschichte sind in der Dutch Folktale Database des Meertens Instituut in Amsterdam gesammelt worden (siehe www.verhalenbank.nl). Eine Variante publizierte Peter Burger, siehe ders.: De Gebraden Baby. Sagen en Geruchten uit het Moderne Leven. Amsterdam 1995, S. 117.

[5] Vgl. Anouk Siegenbeek van Heukelom: Sperma in de shoarma-saus. In: Olivier Rieter und Ineke Strouken (Red.): Spiegeltje, spiegeltje aan de wand. Over sprookjes, broodje-aap en andere volksverhalen. Utrecht 2004, S. 67-70.

[6] Keuringsdienst: Sperma in shoarmasaus is leugen. In: Utrechts Nieuwsblad vom 27. April 1996.

[7] Wie ich während eines Telefongesprächs am 18. Juni 2002 mit dem neuen türkischen Besitzer herausfand, der das Grillhaus übernommen hatte.

medien zu einer noch weiteren Verbreitung des öffentlichen Glaubens daran führte.[8] Anscheinend ziehen es viele Menschen vor, an eine „urban legend" zu glauben – obwohl sie es eigentlich besser wissen müssten.

Für die meisten Journalisten und Volkserzählforscher ist die Unterscheidung zwischen Realität und Volkserzählung ziemlich deutlich: Eine Moderne Sage wie die Masturbationsgeschichte ist falsch, selbst wenn die breite Öffentlichkeit Gegenteiliges glauben mag. Es ist jedoch Fakt, dass die Grenzen zwischen wahr und falsch nicht immer so deutlich sind. Anthropologen und moderne Ethnologen haben versucht, den scharfen Kontrast zwischen wahr und unwahr zu relativieren. Manche Gerüchte, Erzählungen und „urban legends" enthalten möglicherweise ein Körnchen Wahrheit. In vielen Fällen gibt es zumindest eine Verbindung zwischen Moderner Sage und allgemeinen *Realitätskonzeptionen*, welche den Menschen den Eindruck vermitteln, sie hätten gute Gründe, die Geschichten zu glauben. Dieses Prinzip funktioniert auch in umgekehrter Richtung: Vorgefasste Erzählungen in den Köpfen der Menschen beeinflussen ihre Interpretation der Realität – etwa wie im Fall der Frau mit der Licht-Allergie. Hinzu kommt, dass Erzählungen und Sagen eine Inspirationsquelle für menschliches Verhalten und Handeln sein können. Aus diesem Grund meint der Volkserzählforscher Bill Ellis leicht provokativ: „Sagen sind nicht Volksliteratur, sondern Volksverhalten" („Legends are not folk literature but folk *behavior*").[9] Obwohl die Masturbationssage nicht wahr ist, brachte ihre Verbreitung die niederländischen Kunden dazu, Herrn Atteyas Grillhaus zu meiden.

Die Realität, oder zumindest die Wahrnehmung der Realität, bringt täglich Erzählungen hervor. Im umgekehrten Sinne beeinflussen Erzählungen die menschliche Wahrnehmung der Realität und infolgedessen ihr alltägliches Verhalten. Die anthropologische Sagen-Forscherin Linda Dégh drückt dies wie folgt aus: „Wir müssen akzeptieren, dass Fakten zu Erzählungen werden können und Erzählungen zu Fakten" („We have to accept that fact can become narrative and narrative can become fact").[10]

Ostensive Handlungen

Im Zuge ihrer Erforschung der Grenzziehung zwischen Sage und Realität machten sowohl Ellis als auch Dégh vom Konzept der „Ostension" oder der „ostensiven Handlung" Gebrauch. Ostension meint das Auftreten von Ereignissen oder Verhaltensweisen im Alltag auf eben jene Art und Weise, wie sie in Sagen vorkommen. Im Grunde genommen geht es um Handlungen in der realen

---

[8] Peter Burger: Nieuws is een verhaal. Moderne sagen in nieuwsmedia. In: Burger/ Koetsenruijter (wie Anm. 1), S. 71-93, hier S. 76.

[9] Bill Ellis: Aliens, Ghosts, and Cults. Legends We Live. Jackson 2001, S. 10.

[10] Linda Dégh: Narratives in Society. A Performer-Centered Study of Narration. Helsinki 1995 (FFC 255), S. 261.

Welt, die durch vorab existierende Erzählungen geleitet werden – oder, wie Ellis
es ausdrückt, um eine „dramatische Erweiterung in das wirkliche Leben" („dramatic extension into real life").[11] Ostension ist weder Erzählung noch theatrali-
scher Akt, sondern vielmehr die mehr oder weniger bewusste Reproduktion nar-
rativer Szenarien. Kurzum beschäftigt sich das Ostensionskonzept mit „Sagen,
die wir leben" („legends we live").[12] Ein amerikanisches Beispiel hierfür könnte
das Auftauchen von vergifteten Süßigkeiten und von mit Rasierklingen gespick-
ten Äpfeln während des Halloween-Festes sein, gerade nachdem alle möglichen
Horrorgeschichten kursierten.[13] Während ihrer Verbreitung haben diese Fakten
Ängste und neue Geschichten hervorgerufen. Dass Ereignisse Erzählungen
generieren, gilt als üblicher Verlauf. Bill Ellis nimmt hingegen einen weit
provokanteren Standpunkt ein, indem er sagt: „Ereignisse provozieren Geschichten; aber es ist bei weitem wahrscheinlicher, dass Geschichten Ereignisse
provozieren." („Events provoke stories; but it is far more likely that stories
provoke events.")[14]

Neben der Ostension lassen sich drei Subkategorien unterscheiden, bei denen
es sich vereinfacht formuliert um ernsthaftes Nachleben von Geschichten über
„Streiche", „Lügen" und „Versehen" handelt. Als ein (vielleicht ein bisschen
ungeschicktes und nicht-ethnisches) Beispiel führe ich die Kornkreis-Sage an.
Seit über zwanzig Jahren sind merkwürdige Formationen in Kornfeldern aufge-
taucht, nicht nur in Großbritannien, sondern auch in anderen Ländern. In den
Niederlanden sind es jedes Jahr fünfzehn bis zwanzig Kornkreise. Ich werde
weder die tatsächlichen Ursprünge dieser Formationen diskutieren, noch
behaupten, es sei in irgendeiner Weise etwas Wahres an diesem Sachverhalt. Ich
möchte lediglich darauf hinweisen, dass der Sage nach diese Kornkreise auf
mysteriöse Art, als eine Botschaft von übernatürlichen oder außerirdischen
Lebensformen, in die Felder gesetzt worden sind. Die Sage ging zuallererst von
der Entdeckung eines einfachen Kreises in einem Feld aus. Daran ist vom
erzählerischen Standpunkt aus gesehen nichts Ungewöhnliches: Es sind nur
Fakten, die zu Erzählungen führen. Im Folgenden werden wir unsere Perspektive umkehren, hin zu Erzählungen, die zu Fakten führen:

Typen der Ostension

Jedes Jahr formt der britische Künstler John Lundberg Kornkreise, weil er den
Glauben an diese Sagenüberlieferung stärken will. In einer niederländischen
Dokumentation sagt er: „Sobald die Menschen aufhören daran zu glauben,

---

11 Ellis (wie Anm. 9), S. 41.
12 So der Untertitel von Ellis (wie Anm. 9).
13 Dégh (wie Anm. 10), S. 243 f.
14 Ellis (wie Anm. 9), S. 164.

werde ich aufhören, Kornkreise zu machen."[15] Lundberg führt also eindeutig eine Handlung nach dem Vorbild einer existierenden Sage aus. Für ihn ist das Konstruieren von Kornkreisen ostensive Handlung – wie es auch auf seiner eigenen Website zu lesen ist.[16]

Nun sollen ostensive Handlungen näher typisiert werden:

1. Pseudo-Ostension

Der Niederländer Remko Delfgaauw entschloss sich, zusammen mit Freunden einige besonders beeindruckende Kornkreise anzufertigen, um erfahrene Cereologen zu täuschen. Sie warteten, bis die Gläubigen den Kreis als authentisch – das heißt nicht von Menschenhand geschaffen – erklärten, woraufhin sie dann den Schwindel enthüllten.[17] Aus der Perspektive der Schwindler betrachtet, stellt diese Pseudo-Ostension das absichtliche Nachspielen einer Sage als eine Art Streich oder Scherz dar.

2. Proto-Ostension

Als Folge eines Aneignungsprozesses kann eine Volkserzählung in eine persönliche Erzählung, ein Memorat, umgewandelt werden. So kann ein Erzähler beteuern, eine Sage persönlich erfahren zu haben. Z.B. behauptet ein niederländischer Junge, Robert van den Broeke, er habe paranormale Fähigkeiten und sei mehrfach Zeuge der Entstehung von Kornkreisen durch Lichtkugeln geworden. Dabei sei er einmal von einer dieser Lichtkugeln getroffen worden und hätte im Anschluss daran inmitten eines Kornkreises sein Bewusstsein wiedererlangt. Die skeptischen Bauern aus der Nachbarschaft betrachten seine Memorate als Lügen oder Fantasien.

3. Quasi-Ostension

Bestehende Sagen können zu einer falschen Lesart gewöhnlicher Fakten führen. Wenn ich selbst Kornkreise besuche, begegne ich gelegentlich Kornkreis-Touristen, die mich über weitere Kornkreise in der Umgebung informieren. Prüfe ich dies nach, stellt es sich oft heraus, dass es sich lediglich um durch Sturm heruntergedrücktes Getreide handelt. Infiziert mit dem Sagen-Virus, beginnen einige Leute, sämtliche Abflachungen im Kornfeld für Kreisformationen zu halten. Quasi-Ostension ist also eine fehlerhafte Interpretation gewöhnlicher Ereignisse auf Grundlage von bekannten Erzählungen.[18]

---

[15] Netwerk (Nederland 1) vom 1. Juni 2002.
[16] Siehe www.ostension.org (Stand: 20.8.2008).
[17] Remko Delfgaauw: Uit je dak in het graan. De sensatie van het graancirkels maken. In: Skepter 12, 4 (1999), S. 12-14.
[18] Ellis (wie Anm. 9), S. 162 f.

Medien und Memetik

Geschichten werden nicht nur durch gewöhnliche mündliche Erzählung und menschliches Verhalten verbreitet, sondern auch durch Nachrichtenmedien. Fernsehen und Presse zum Beispiel versorgen uns täglich mit Geschichten.[19] Einige Geschichten haben eine außerordentliche Wirkung auf das Verhalten und den Glauben von Menschen.

Auslöser des ersten Golf-Krieges (1990-1991) war genau genommen die Zeugenaussage eines – in Tränen aufgelösten – kuwaitischen Mädchens vor einem Komitee des amerikanischen Kongresses. Das Mädchen erzählte, wie grausame, plündernde irakische Soldaten kuwaitische Säuglinge aus den Brut-kästen genommen und zum Sterben auf dem kalten Krankenhausboden liegen gelassen hätten. Diese Geschichte stimmt exakt mit anderen Horrorgeschichten aus anderen Kriegen überein. Weiterhin stimmt sie exakt mit dem Bild überein, das die Amerikaner bereits von den feindseligen irakischen Soldaten hatten. Am Ende des ersten Golf-Krieges leitete der amerikanische Journalist John McAr-thur eine Untersuchung dieser Geschichte ein, die sich als grundsätzlich falsch erwies: Kein einziger Säugling war aus seinem Brutkasten genommen und dem sicheren Tot überlassen worden. Die weinende Augenzeugin erwies sich als die Tochter des kuwaitischen Botschafters in den USA – die Geschichte war von einem Public-Relations Geschäft, Hill & Knowlton, frei erfunden und sorgfältig geleitet worden. Sponsor dieser Aktion war die wohlhabende Lobby-Gruppe „Citizens for a Free Kuwait" (Bürger für ein freies Kuwait).[20]

Diese Aufführung einer Augenzeugen-Geschichte zwecks Manipulation der öffentlichen Meinung ist ein weiteres gutes Beispiel für Ostension. In einem extremen Fall wie diesem und dank einer weltweiten Medienreichweite kann eine solche Geschichte einen Krieg auslösen. Obwohl Journalisten die Fakten prüfen und die Wahrheit berichten sollen, ist ein derartiger Auftrag nicht immer ausführbar. Abgesehen von der Tatsache, dass es so etwas wie die absolute Wahrheit nicht gibt, muss man akzeptieren, dass Ereignisse und Fakten nicht immer augenblicklich geprüft werden können.[21] Wie jeder andere Mensch kann selbst der gewissenhafteste Journalist auf eine vielversprechende Geschichte hereinfallen. Dies gilt insbesondere, wenn die Botschaft der Geschichte (zum Beispiel: „Iraker sind schlecht") perfekt mit Vorurteilen und bekannten Geschichten übereinstimmen.

---

[19] Vgl. Burger (wie Anm. 8), S. 72-75.

[20] Vgl. Jaap van Ginneken: Luchtspiegelingen in de Golf. In: De Groene Amsterdammer vom 12. August 2000; Ellis (wie Anm. 9), S. 237 f.; K. Verkaik: Verdraaide waarheden, complete leugens. In: De Volkskrant vom 21. Dezember 2002; Peter Burger: Broodje aap – de vervolgcursus. Beter luisteren naar sterke verhalen. In: Skepter 16, 2 (2003), S. 39-41, hier S. 39.

[21] R. Verdonck: Stop de persen! De waan van de dag bestaat! In: Trouw vom 1. Juli 1995.

Die moderne Erzählforschung beschäftigt sich nicht nur mit menschlichem Verhalten, das zeitgenössische Geschichten aufgreift, sondern auch mit dem Verhalten dieser Geschichten. Eine Sage kann als „Mem" bezeichnet werden, womit eine elementare kulturelle Einheit gemeint ist;[22] was die menschliche Biologie als Gen bezeichnet, ist als Analogon für die menschliche Kultur das Mem – ein Konzept, das mit anderen Worten einen unabhängigen Baustein kultureller Information vorsieht. In Bezug auf Sagen als Forschungsgegenstand wird der Begriff „Mem" häufig auch als „Gedanken-Virus" bezeichnet.[23] Eine Sage wird mit einem Virus verglichen, der von Mensch zu Mensch über das Erzählen von Geschichten übertragen wird. Ist der Virus ansteckend genug, um in den Gedanken als Parasit erhalten zu bleiben, kann er durch Weitererzählen den Verstand anderer Wirte infizieren. Sobald dieser Geschichten-Parasit seine Wirkung verliert, kann er komplett aussterben, aber in den meisten Fällen bleibt er still und verharrt eine Weile, oder er mutiert, um seine Wirkung zurückzuerlangen. Die Sage kann warten, bis die Zeit für ihre Botschaft erneut reif ist. Durch Mutation bleibt die Sage fähig zu überleben: Sie kann sich beispielsweise an neue Situationen anpassen, sie kann sich einen neuen Sündenbock aussuchen, oder sie kann gewalttätiger oder schrecklicher werden. Wie bei einem richtigen Virus können Menschen den Virus von Ort zu Ort tragen und so neue Infektionsherde schaffen, obwohl die „Gedanken-Viren" nicht in allen Fällen Krankheiten verursachen können.

Das heißt: Moderne Sagen können bisweilen Massenhysterien auslösen.[24] In den Niederlanden gibt es genügend Beispiele für Sagen über Entführungen, Organhandel, Kindesmissbrauch und satanische Rituale, die zu öffentlicher Empörung über Verbrechen führten, die niemals geschehen sind.[25] In einigen Fällen erweisen sich Humor und Satire als besseres Gegengift gegen Sagen als Leugnung oder Entlarvung.

„Gedanken-Viren" müssen nicht mündlich übertragen werden, sie können sich auch mittels Printmedien, E-Mail und Bildern verbreiten. Je besser die unterschwelligen Botschaften von Modernen Sagen zu der öffentlichen Welt-

---

[22] Ellis (wie Anm. 9), S. 76.

[23] Richard Brodie: Virus of the Mind. The New Science of the Meme. Seattle 1996.

[24] Natürlich ist das Konzept des Gedanken-Virus eine Art Metapher: Eine solche Art von kulturellem Organismus mit einem eigenen Willen und dem inneren Drang zu überleben gibt es nicht. Viren sind lebende Zellen, während Gedanken-Viren lediglich menschliche Konstruktionen sind – man kann sie nicht unter einem Mikroskop sehen. Selbst wenn ein Gedanken-Virus sich als sehr ansteckend erweist, wird es immer jemanden geben, der Immunität bewahrt.

[25] Tjalling A. Beetstra: Massahysterie in de Verenigde Staten en Nederland. De affaire rond de McMartin Pre-School en het ontuchtschandaal in Oude Pekela. In: Burger/Koetsenruijter (wie Anm. 1), S. 53-69; Theo Meder (wie Anm. 1), S. 97 f.; Oscar van der Kroon: Sekten en rituele kindermishandeling. Het verhaal achter een Nova-uitzending. In: Burger/Koetsenruijter (wie Anm. 1), S. 117-127.

sicht passen, umso leichter bleiben sie im Gedächtnis haften. Bestätigt die contemporary legend, was die Menschen glauben wollen, so wird sich das erzählerische Teilchen perfekt in das Puzzle des menschlichen Realitätssinnes einfügen. Kombiniert man die Konzepte der Ostension und der Memetik, lässt sich Folgendes feststellen: Zeitgenössische Erzählungen sind „Gedanken-Viren", die das menschliche Verhalten beeinflussen.

Realität kann „Sage" und falsches Memorat werden

Beginnen wir mit der bitteren Wahrheit. Ende des Jahres 1999 und Anfang 2000 wird das dreizehnjährige behinderte Mädchen Tessa Opfer einer mehrfachen Gruppenvergewaltigung. Mit einem Messer und einer unechten Handfeuerwaffe bedroht, wird sie von vierzehn Jungen im Alter von neun bis sechzehn Jahren bedrängt und vergewaltigt. Die Täter drohen damit, ihre Pflegeeltern zu töten und ihr Haus zu sprengen, sollte sie jemals darüber sprechen. Die meisten der Täter haben einen Migrationshintergrund, überwiegend sind es Marokkaner. Nach einigen Monaten wird die Polizei trotz allem verständigt. Die Straffälligen werden festgenommen und die über Zwölfjährigen verurteilt. Die Behörden des Westerpark-Distrikts beschließen, die Angelegenheit zu verschweigen, um Stigmatisierung und ethnische Aufstände zu vermeiden. Mehr als ein Jahr danach, im November 2001, führt eine undichte Stelle in der nationalen Presse zu allgemeiner Empörung, nicht nur aufgrund des schockierenden Charakters des sexuellen Missbrauchs, sondern auch wegen der Entscheidung der Behörden, den Vorfall zu vertuschen.[26]

Soweit zur Wirklichkeit. Nun zu den Geschichten, die Tatsachen imitieren. Im März 2002 meldet ein vierzehnjähriges Mädchen aus Nijmegen, Opfer einer Gruppenvergewaltigung zu sein. Nach der Untersuchung und Befragung durch die Polizei stellt sich heraus, dass das Mädchen sich das Geschehnis ausgedacht hat. Im November 2002 wird es für diese Falschmeldung verurteilt.[27]

Für mehr öffentliches Aufsehen als dieser Fall aus Nijmegen sorgte ein Fall von Gruppenvergewaltigung in Assen. Am 18. September 2002 berichtet die Zeitung *De Telegraaf* über die systematische Gruppenvergewaltigung der dreizehnjährigen Miranda.[28] Das Mädchen behauptet, die Gruppenvergewaltigung sei hauptsächlich durch jugendliche Marokkaner begonnen worden. In den darauf folgenden sechzehn Monaten sei es nicht weniger als zwanzig Mal von der Gruppe entführt worden. Erwachsenen Männern sei es dann als Sex-Sklavin angeboten worden. Wenn seine Eltern das Haus verlassen hätten, seien die

---

[26] Westerpark geschokt na verkrachting. In: Het Parool vom 19. November 2001; Meer openheid in grote zedenzaken. In: Het Parool vom 8. Januar 2003.

[27] Meisje verzon verkrachting. In: NRC-Handelsblad vom 2. November 2002.

[28] Op de vlucht voor verkrachtersbende. In: De Telegraaf vom 18. September 2002.

Jugendlichen in ihr Haus gekommen und hätten Miranda entführt, dabei mit einem Messer oder einer Handfeuerwaffe bedroht. Mit verbundenen Augen habe man sie in einem Mercedes mit abgedunkelten Fensterscheiben in eine Tanzbar gebracht. Sie sei gezwungen worden, sich in ein Bett zu legen und dann von mehreren Pädophilen missbraucht worden. Die Entführer erhielten dafür von den Vergewaltigern Geld und harte Drogen. Eines Tages habe das verängstigte Mädchen versucht, der marokkanischen Bande zu entkommen und sei nach Amsterdam geflohen. Nach fünf Tagen kehrt sie nach Hause zurück, um die ganze Geschichte ihren Eltern zu erzählen. Die Eltern glauben Miranda, und im Mai 2002 melden sie das Verbrechen vergebens der Polizei. Miranda verfasst daraufhin einen sorgfältigen Bericht über die Ereignisse, und das Verbrechen wird der Polizei ein zweites und ein drittes Mal gemeldet. Dennoch verlaufen die Ermittlungen weiterhin langsam, und es wird niemand festgenommen. Währenddessen seien die Täter an dem Elternhaus Mirandas immer wieder vorbeigekommen und hätten die Familie eingeschüchtert. Erst nachdem *De Telegraaf* die ganze Geschichte im September veröffentlicht hatte, war die Polizei anscheinend dazu bereit, ein Ermittlungsteam einzusetzen. In derselben Zeitung gibt Mirandas Therapeut an, dass „mindestens zwei weitere Mädchen" Opfer der marokkanischen Vergewaltigungsbande geworden seien. Ende Oktober, nach ausführlicher und gründlicher Untersuchung durch die Polizei, entscheidet die Staatsanwaltschaft, dass das gemeldete Verbrechen als „nicht glaubwürdig" eingestuft werden müsse. Miranda und ihren Eltern wird Unterstützung durch das Sozialamt angeboten.[29]

Allem Anschein nach lag das erzählte Szenarium in der Luft und war ansteckend, denn Anfang Oktober 2002 wurde auch in Hoogezand eine ethnische Gruppenvergewaltigung gemeldet. Ein dreizehnjähriges antillisches Mädchen namens Tathnoeska Edwards behauptete, dass sie von acht türkischen Jugendlichen vergewaltigt worden sei, die anschließend ihre Wohnung in Brand gesetzt hätten. Am 4. Oktober 2002 wurden Fotos des niedergebrannten Hauses in nationalen Zeitungen wie dem *Algemeen Dagblad* und dem *NRC-Handelsblad* veröffentlicht. Der Fernsehsender *RTV-Noord* übertrug ein Interview mit der Mutter des Opfers. Am folgenden Tag veröffentlichte *De Telegraaf* die Geschichte ausführlich, brachte Interviews mit dem Mädchen und seinen Eltern und zeigte Fotos der Betroffenen.[30]

Tathnoeska zufolge ist sie am Dienstag, den 1. Oktober, mit ihrem Fahrrad von der Schule nach Hause gefahren. Plötzlich sah sie sich einer Gruppe immigrierter Jugendlicher – möglicherweise Türken – gegenüber. Sie bedrohten sie und behaupteten, sie würden im Namen ihres marokkanischen Nachbarn spre-

---

29 Verzonnen verhalen over verkrachtingen. In: NRC-Handelsblad vom 24. Oktober 2002; Loek Mulder: Asser meisje verzint groepsverkrachting. In: Algemeen Dagblad vom 24. Oktober 2002.

30 „Ik weet niet wie mij hebben verkracht". In: De Telegraaf vom 5. Oktober 2002.

chen: Sie sagten ihr, sie solle sich aus dessen Angelegenheiten heraushalten und sich von ihrem früheren Freund Saïd fernhalten. Dann wurde sie geschlagen, anschließend erlaubte man ihr weiterzufahren. Zu Hause erzählte sie, dass sie Angst davor hätte, zur Schule zu gehen, weshalb sie ihre Mutter krank meldete.

Nach der Schilderung des Mädchens war es am nächsten Tag allein zu Hause und schlief auf der Couch. Plötzlich drangen acht maskierte Jugendliche in den Raum ein. Sie trugen Handschuhe und teure Designerkleidung. Sie schlugen das Mädchen, weil sie sich weigerte, mit ihnen zu schlafen. Während sie das Mädchen bedrohten, erkannte Tathnoeska an ihrer Sprache, dass es sich um Einwanderer handeln müsse. Bei nochmaliger Überlegung ist sie sich nicht länger sicher, ob es sich wirklich um Türken handelte. Sie sagte: „Eigentlich weiß ich es nicht. Sie haben eine Fremdsprache gesprochen. Es könnten genauso gut auch Marokkaner gewesen sein. Ich kann diese Sprachen nicht unterscheiden."[31]

Die Jugendlichen fesselten sie und versuchten, sie zum Schweigen zu bringen, indem sie ihr mit einem Messer ins Bein schnitten. Anschließend gaben sie ihr eine kleine Pille, klebten ihr mit Isolierband den Mund zu und entkleideten sie. Das Mädchen wurde von jedem der acht Täter vergewaltigt. Das Opfer verlor das Bewusstsein. Es wachte auf, als es die Schreie seiner Freundin Renate hörte. Die Täter waren bereits geflohen und das Haus stand in Flammen. Nur mit Hilfe ihrer Freundin Renate gelang es Tathnoeska gerade noch, aus dem brennenden Haus zu entkommen. Sonderbarerweise hatte Tathnoeska ihre Unterwäsche und ihr Top wieder am Körper, während die Fesseln und das Isolierband verschwunden waren. Schließlich nahm sie Zuflucht bei ihrem Onkel Mou, der zwei Häuser weiter lebt. Die Polizei traf ein, die Feuerwehr löschte den Brand und ein Krankenwagen brachte Tathnoeska zur Untersuchung ins Krankenhaus. Später tauchten Tathnoeska und ihre Eltern unter einer geheimen Adresse unter. Indessen war die türkische Gemeinde in Hoogezand zutiefst schockiert von den Ereignissen, und die anfänglichen Anschuldigungen führten zu einer schweren Unruhe.

Anscheinend ist die Ursache für diesen Sachverhalt in ethnischen Spannungen zu suchen, obwohl die Feindseligkeiten von einer verdächtigen mediterranen Gruppe zur anderen zu wechseln scheinen: marokkanischer Nachbar, ehemaliger marokkanischer Freund, immigrierte Jugendliche, türkische Vergewaltiger ... Wer kann einen Unterschied festmachen? Tathnoeskas Onkel Mou gibt zu, dass es Probleme mit dem marokkanischen Nachbarn gegeben hat.

Vater Jimmy Edwards ist empört über die Tatsache, dass die Bürgermeisterin von Hoogezand, Mirjam Salet, es vorgezogen hat, an einem Treffen der aufgebrachten türkischen Gemeinde teilzunehmen, anstatt die antillischen Opfer zu trösten. Edwards erklärt: „Man hat uns einfach einen Korb gegeben. Aber, wissen Sie, wir sind auch menschliche Wesen. Auch wir sind niederländischer

---

[31] Ebd.

Nationalität."[32] Bedenkt man die Umstände, so ist eine solche Aussage recht verständlich, aber es sieht danach aus, als spiele ethnische Rivalität hier keine unerhebliche Rolle.

Nach ausführlicher technischer und medizinischer Prüfung, nach Untersuchungen und Befragungen in der Nachbarschaft, gab die Polizei am 11. Oktober bekannt, dass das Mädchen sich die ganze Geschichte ausgedacht hatte. Am 8. November 2002 wird die Öffentlichkeit darüber in Kenntnis gesetzt, dass Tathnoeska die Couch im Wohnzimmer selbst angezündet hatte. Nachdem sie die Kontrolle über das Feuer verloren hatte, beschloss sie, die Geschichte von der Gruppenvergewaltigung zu erzählen – wohl hauptsächlich, um eine Bestrafung zu vermeiden. Im Februar 2003 verurteilte die Staatsanwaltschaft Tathnoeska zu fünfzig Stunden gemeinnütziger Arbeit sowie zu fünf Monaten zusätzlicher Jugendhaftstrafe. Wieder wurde Unterstützung des Sozialamts angeboten.[33]

John Staps, ein Spezialist für Fälle von Sexualverbrechen, behauptet in einem Interview, dass sich nach polizeilicher Untersuchung etwa zehn Prozent der Anschuldigungen als falsch erweisen. Eine Geschichte erfordert genaue Prüfung. Angaben, wie verbundene Augen, oder eine ungenaue Beschreibung des Angreifers können Indikatoren für eine Falschaussage sein. Eine unwahre Anzeige eines Sexualverbrechens kann andere Handlungen oder Motive verdecken, wie etwa Rache, Eifersucht, Ehebruch oder Reue in Bezug auf eine sexuelle Beziehung. Jugendliche können auch weitere Motive haben, wie eine unbeabsichtigte Schwangerschaft, Geschlechtskrankheiten, Verlust der Jungfräulichkeit oder einfach eine Ausrede für zu spätes Heimkommen. John Staps kommentiert dies wie folgt:

> „Sie werden von den Geschichten aus den Medien inspiriert. Das erklärt die extremen Verbrechen, wie die Gruppenvergewaltigungen. Eine gewöhnliche Vergewaltigung kommt heutzutage nicht einmal mehr in die Schlagzeilen."[34]

Der Vorwurf einer Vergewaltigung spricht für die eigene Unschuld und belastet jemand anderen. Wenn Kinder ihren Eltern eine solche Vergewaltigungslüge erzählen, sind sie sich oft der Konsequenzen nicht bewusst. An einem bestimmten Punkt erreicht die Geschichte einen Punkt ohne Wiederkehr: Sie kann nicht mehr zurückgenommen werden. Sobald das erfundene Verbrechen der Polizei

---

[32] Ouders Tathnoeska willen snel weg uit Hoogezand. In: De Telegraaf vom 7. Oktober 2002.

[33] Siehe z.B.: Politie: geen verkrachting Hoogezand. In: De Telegraaf vom 11. Oktober 2002; Meisje verzon verkrachtingen. In: De Telegraaf vom 12. Oktober 2002; Vrouw altijd in de knel bij valse aangifte. In: De Telegraaf vom 14. Oktober 2002; Meisje Hoogezand stak zelf woning in brand. In: De Volkskrant vom 8. November 2002; Straf geëist tegen meisje voor aangifte verkrachting. In: Nu.nl vom 17. Februar 2003. Für eine vollständigere Übersicht der Zeitungsberichterstattung siehe Meder 2004 (wie Anm. 1), S. 100-106, 114.

[34] Dorien Pels: Verzinsel bedekt ander probleem. In: Trouw vom 9. November 2002.

gemeldet wird und in den Nachrichten erscheint, sind die Folgen sehr unerfreulich.[35]

Nachahmungsverhalten und Proto-Ostension

Es lässt sich feststellen, dass die reale ethnische Gruppenvergewaltigung in Westerpark zu einer Mediengeschichte wurde, die zwischen den Menschen zirkulierte. Die Geschichte ist schockierend, aber für viele Menschen passt sie perfekt mit der negativen Berichterstattung aus den Nachrichten und dem allgemeinen Bild von kriminellen Banden immigrierter Jugendlicher überein. Das Medienereignis bot ein Horrorszenarium, das von minderjährigen Mädchen innerhalb weniger Monate leicht nachgeahmt und aufgebauscht werden konnte. Ihre ostensive Handlungsweise entspricht ziemlich genau dem so genannten Nachahmungsverhalten (copycat behaviour).[36] Dabei lösen Nachrichtengeschichten gleichartige Ereignisse aus.[37] Dieses Nachahmungsverhalten führt nicht nur zum Imitieren von Handlungen, sondern auch zur ostensiven Reproduktion und dem Nachspielen von Geschichten. In gewissem Sinne ist es die normale Situation, in der reale Ereignisse zu neuen Geschichten führen. Doch in der Wahrnehmung des nichts ahnenden Zeitungslesers, für die Freunde, die Verwandten und anderen beteiligten Menschen, sind diese Geschichten – zumindest eine Zeit lang – Wirklichkeit.

Was diese Art Geschichten anbelangt, befinden wir uns, mehr als wir bemerken, in einer Grauzone. Eine Geschichte kann wahr sein. Die Wahrheit kann leicht gedehnt sein. Die Reproduktion der Tatsachen kann leicht gefiltert oder gefärbt sein. Tatsachen können manipuliert sein oder sich als Propaganda erweisen. Geschichten und Ereignisse können nachgespielt sein. Eine Geschichte kann eine Moderne Sage sein, aber eine Moderne Sage kann ebenso zu einem realen Ereignis werden. Eine Geschichte kann ein Gerücht, Klatsch oder eine Lüge sein usw. Nicht alle Tatsachen sind nachweisbar, und viele Menschen glauben vor allem das, was sie glauben *wollen*.

Wird eine Geschichte über eine reale Gruppenvergewaltigung von Mädchen verwendet, indem sie erzählen, dass ihnen etwas Ähnliches geschehen sei, bezeichnet man dies als „Proto-Ostension": Ein schockierender Nachrichtenbeitrag wird zu einer persönlichen Geschichte, einem Memorat.

---

[35] Vrouw altijd in de knel bij valse aangifte. In: De Telegraaf vom 14. Oktober 2002; Ellen de Visser: Misbruik wordt niet meer steevast geloofd. In: De Volkskrant vom 8. November 2002.

[36] Dégh (wie Anm. 10), S. 245 f.; Gary Alan Fine und Patricia Ann Turner: Whispers on the Color Line. Rumor and Race in America. Berkeley u.a. 2001, S. 200.

[37] 1997 gab es eine Art Epidemie von Vätern, die ihre Kinder töteten; siehe Greta Riemersma: „Sleutelrol media bij verzonnen verhaal". In: De Volkskrant vom 8. November 2002.

Die Opfer können sich auf unsere Sympathie stützen: Sie sind grundsätzlich unschuldig. Die Zahl der Beispiele für solche Verwendungen von Szenarien des Missbrauchs und der Gewalt lässt sich leicht erweitern.[38] Daneben existieren Erzählbeispiele, die nicht nur die Gewalt von Einwanderern, sondern auch das Gegenteil thematisieren: Geschichten von Immigranten, die behaupten, sie seien Opfer von weißem Rassismus. Die Geschichten müssen nicht zwangsläufig ethnischen Hintergrund haben, sie können vielmehr alle möglichen Arten von Rivalität enthalten oder etwa wie folgt verursacht sein: 1995 erzählte der 11-jährige Donny seinen Eltern, dass eine Jugendbande in Groningen ihn angezündet hätte. Wie der Junge später zugab, hatte er mit Feuer gespielt, was einen Brandunfall verursachte. Die Geschichte hatte er aus Angst, von seinem Vater geschlagen zu werden, erzählt. Seine Geschichte verursachte einige Unruhe. Selbst nachdem sie sich als unwahr erwiesen hatte, betrachteten die Menschen in der Nachbarschaft sie als sehr exemplarisch. Während einer Zusammenkunft im Viertel entluden sich dann ihre eigenen Frustrationen: Es erwies sich, dass Brandstiftung, Diebstahl, Lärmerzeugung, Körperverletzung, Erpressung oder Einschüchterung zu den alltäglichen Problemen ihres Stadtteils zählen.[39]

Erzählungen als Exempla und die Dämonisierung der „Anderen"

Obwohl die Geschichte von Donny nicht wahr ist, stellt sie doch in der Wahrnehmung der Nachbarn ein Exemplum (eine exemplarische Erzählung im Sinne der katholischen Heiligenviten), in diesem Falle ein perfektes Beispiel für das Leben in einer ungemütlichen Gegend, dar. Donnys imaginäres Leid repräsentiert auf narrative Weise die Probleme in der Nachbarschaft. Es ist fast so, als hätten die Täter in der Geschichte versucht, die sozialen Probleme so deutlich wie möglich zu machen.[40]

In zahlreichen wahren, halbwahren und falschen Geschichten ist die Angst vor den „Anderen" wesentlicher Bestandteil.[41] Den „Anderen" zu misstrauen scheint eine universale menschliche Eigenschaft zu sein, fast wie eine evolutionäre Überlebensstrategie. Man begegnet dieser Art des grundsätzlichen Misstrauens gegenüber den „Anderen" überall und zu jeder Zeit. Der „Andere" unterscheidet sich in Hinblick auf Kategorien wie Kultur, Politik, Religion, sexuelle Ausrichtung und Ethnizität. In meiner Jugend hörte ich und glaubte an „urban legends", in denen gefährliche „Andere", wie Biker, Schwarze und

---

38 Weitere, in der niederländischen Presse geschilderten Fälle siehe Meder (wie Anm. 1), S. 107 f., 114 f.

39 W. Joustra: Nepverhaal leidt tot offensief tegen jonge Groningse criminelen. In: De Volkskrant vom 26. August 1995; Mishandeling kind blijkt verzonnen. In: NRC-Handelsblad vom 24. August 1995.

40 S. Sanders: Waar gebeurd. In: De Volkskrant vom 2. September 1995.

41 Ellis (wie Anm. 9), S. 47 f.; vgl. Fine/Turner (wie Anm. 36).

Homosexuelle eine Rolle gespielt haben. Später waren es Punk-Rocker und Skinheads. Nach dem 11. September verschob sich dann die Gewichtung auf ethnische und religiöse Unterschiede: Vor allem wurden die Immigranten und die Muslime zu den „Anderen".

Natürlich hat die Kriminalisierung und Dämonisierung von Einwanderern und Muslimen wenig mit politischer Korrektheit zu tun. Doch die Geschichten ermöglichen es den Menschen, offen über ihre Haltung zu reden, auf eine Weise, wie es in normalen Gesprächen kaum zu rechtfertigen wäre. Die Bereitschaft, diesen Geschichten, in denen Immigranten als kriminell und Muslime als Terroristen dargestellt werden, Glauben zu schenken, ist ein Indiz für die versteckten ethnischen und religiösen Befangenheiten.[42] In letzter Zeit werden diese Vorurteile durch weltweite Berichterstattung geschürt, insbesondere seit dem 11. September 2001 und nochmals seit den Terroranschlägen in Madrid vom 11. März 2004 und in London vom 7. Juli 2005. Momentan ist der Mittlere Osten der Schauplatz unfassbarer Gewalt. In westlichen Nachrichtenmedien werden Muslime fast ausschließlich als Steine und Bomben werfende Unruhestifter und Terroristen dargestellt. Die Verurteilung des Islam als eine „zurückgebliebene Kultur" („retarded culture") durch den rechten Politiker Pim Fortuyn fiel in den Niederlanden zeitweilig auf fruchtbaren Boden. Die niederländische Berichterstattung über fatale Fälle sinnloser Gewalt – in einigen davon waren mehrere Marokkaner und ein türkischer Junge verwickelt – haben den Ruf ethnischer Minderheiten in der niederländischen Gesellschaft weiter verschlechtert, wozu überdies der islamische Mordanschlag auf den Cineasten Theo van Gogh vom 2. November 2004 beitrug. Es werden kaum positive Nachrichten über Muslime und Immigranten in den Medien veröffentlicht: Gegenwärtig wird ihre Anwesenheit von vielen eher als Problem denn als Bereicherung angesehen.

Eine Umfrage vom Juni 2004 deckte auf, dass nur 14 % der weißen niederländischen Bevölkerung ein positives Bild von Muslimen hat. Nicht weniger als 36 % empfinden entschieden negative Gefühle gegenüber Muslimen. 16 % von ihnen fühlen sich durch deren Gegenwart in der niederländischen Gesellschaft eingeschüchtert: Diese Leute haben Angst vor aus Einwanderern bestehenden Straßenbanden, vor deren Terroranschlägen und einer künftigen muslimischen Vormachtstellung. Tatsächlich kennen weniger als 67 % der niederländischen Bevölkerung überhaupt keine Muslime persönlich: Diese Leute sehen Muslime lediglich auf der Straße oder im Fernsehen. Außerdem verdeutlicht die Umfrage, dass die meisten Menschen nicht mehr zwischen Einwanderern und Muslimen unterscheiden – sämtliche Einwanderer werden heutzutage als Muslime

---

[42] Zur amerikanischen Situation siehe Fine/Turner (wie Anm. 36), S. 192: „Again we see, in the willingness to believe the worst of others, echoes of white racial bias and black paranoia." („Wieder sehen wir die Bereitschaft, das Schlimmste von anderen zu glauben, Echos weißer rassistischer Tendenzen und schwarzer Paranoia.")

betrachtet.[43] Diese Tatsachen bieten wiederum einen beachtlichen Nährboden für Gerüchte und Moderne Sagen. Diese Geschichten imitieren oder übertreiben das wirkliche Leben. Sie können erfunden sein, Projektionen der eigenen Ängste und Illusionen darstellen oder als Mittel dienen, um die Schuld lieber bei anderen als bei sich selbst zu suchen. Die Erzählung kann sich verbreiten, weil sie die latenten Ängste perfekt konkretisiert. Anschließend können andere Menschen die Geschichten als Tatsachen wahrnehmen.

In Flandern und in den Niederlanden sind vor einiger Zeit folgende Geschichten über eine Einwanderer-Jugendbande in Umlauf gebracht worden: Die Jugendlichen halten nachts Mädchen, die ohne Begleitung unterwegs sind, an und lassen ihnen die Wahl zwischen einer Gruppenvergewaltigung und einem Lächeln. In Flandern wurde es „Engels Lächeln" genannt, in den Niederlanden „Smiley" – die Bande wurde sogar „Smiley-Gang" genannt. Entscheidet sich das Mädchen für ein Lächeln, so werden ihm die Mundwinkel mit einem scharfen Messer von Ohr zu Ohr aufgeschnitten. Danach wird ihm Salz in die Wunden gerieben, um die Narben zu verschlimmern. Diese grausamen Entstellungsgeschichten liegen aus England schon seit den 1950er Jahren vor: Die Methode ist schottischen Jugendbanden zugeschrieben worden sowie Chelsea-Hooligans und IRA-Terroristen. Sie wird als „Chelsea Smile" bezeichnet.[44]

Allem Anschein nach überquerte die Geschichte den Kanal im Jahre 2000 und tauchte in Brest wieder auf, wo ein Mädchen auf die gleiche Art und Weise von Algeriern angegriffen worden sein soll. In Frankreich ist die Geschichte also zu einer ethnischen Erzählung geworden, und der ursprüngliche Ausdruck „sourire kabyle" („algerisches Lachen", was eigentlich eine durchgeschnittene Kehle bedeutet) änderte sich bald in „sourire d'ange" („Engels Lächeln").

Es sieht so aus, als wäre die Erzählung vom Norden Frankreichs in den französisch sprechenden Teil Belgiens gewandert. Sie ist vermutlich im zweisprachigen Brüssel niederländisch geworden und wurde Ende 2002 in der flämischen Universitätsstadt Gent zum Hype. 2003 überquerte die Legende die niederländische Grenze und sorgte wochenlang für Angst. Besonders junge Mädchen und Jungen warnten sich gegenseitig vor der Smiley-Gang, die nachts in Bahnhöfen, Parkhäusern und verlassenen Einkaufszentren zuschlagen würde. Es wurden E-Mails mit Warnungen verschickt, die Geschichte wurde in Internetforen diskutiert. Besorgte Eltern kontaktierten die Presse und die Polizei,

---

43 Peter Kanne: Gevoelens van autochtone Nederlanders t.o.v. allochtonen & moslims. In: TNS NIPO (Amsterdam) vom 12. Juni 2004; siehe auch: Janny Groen und Lidy Nicolasen: Nederlander ziet moslim niet staan. In: De Volkskrant vom 26. Juni 2004; Janny Groen: Moslim schrikt van slecht imago bij autochtonen. In: De Volkskrant vom 28. Juni 2004; dies.: Iedereen ziet ons toch als fundamentalist. In: ebd.; Bang voor moslims. In: ebd.

44 Sandy Hobbs und David Cornwell: Killer Clowns and Vampires: Children's Panics in Contemporary Scotland. In: Supernatural Enemies, hrsg. von Hilda Ellis Davidson und Anna Chaudhri. Durham 2001, S. 203-217, hier 209. Die „Volksverhaal"-Datenbank verzeichnet ihn als Typ TM 6053 mit 26 Varianten (Stand: 21.8.2008).

die vielerorts Untersuchungen einleitete, welche immer mit demselben Ergebnis endeten: Es wurden keine Opfer, und somit auch keine marokkanischen oder antillischen Täter, gefunden.[45]

Für eine Weile kursierte das Gerücht, dass ein minderjähriges Mädchen in Soest Opfer geworden sei: Es kam mit einem Schnitt in der Wange in die Schule. Sein Mund war jedoch nicht aufgeschnitten. Das Mädchen erzählte, es sei von vier nicht erkennbaren Jungen am helllichten Tage angegriffen worden, wurde aber nicht gezwungen, sich zwischen Vergewaltigung und „Smiley" zu entscheiden, und der Schnitt heilte bald darauf ab. Dennoch erklärten sie andere Leute aufgrund der Legende sofort zum Opfer der Smiley-Gang.[46] Es handelt sich also deutlich um einen Fall von Quasi-Ostension: Tatsachen werden durch vorgeprägte Legenden falsch interpretiert. Die Geschichte erweist sich zusätzlich auch als ein Fall von Proto-Ostension: Im Mai 2004 enthüllte ein Lehrer vertraulich, dass sich das Mädchen den Einschnitt in der Wange selbst zugefügt hätte. Es hat also möglicherweise Elemente der Legende als Memorat benutzt. Um das Mädchen zu schützen, verdeckten sowohl die Medien als auch die Schule die Ergebnisse der Untersuchung, mit dem Resultat, dass es noch immer Kinder gibt, die Angst vor der Smiley-Gang haben.

Im Dezember 2002 erreichte die Niederlande eine Legende mit einer negativen Botschaft über Muslime. Am 17. Dezember schrieb der Journalist Peter van der Hoest in der Zeitung *Haagsche Courant* eine Kolumne über einen während des Weihnachtsmarktes drohenden Terroranschlag.[47] Er sei von der Wahrheit der Geschichte überzeugt und behauptet, dass er die beteiligten Frauen persönlich kenne. Anfang Dezember unternehmen zwei Damen eine Busreise über die

---

[45] E. Lambert: Le sourire d'ange n'est qu'une légende urbaine. In: Le Soir (Brüssel) vom 19. Oktober 2002; Gruwelijk verhaal over Engelenlach ... is verzonnen. In: Hikmagazine, November 2002; Pieter De Groote: „Engelenlach" angstpsychose Gentse studenten. In: 4ucampus (http://www.4ucampus.be/detail.asp?artid=940; Stand: 21.8.2008); Waag het niet te lachen. In: Schamper, Dezember 2002; Silvan Schoonhoven und Robbert Minkhorst: Sidderen voor Eeuwige Glimlach. In: Leidsch Dagblad vom 27. September 2003; Henk Verhagen: „Verminking" houdt Bommel in de greep. In: Brabants Dagblad vom 9. Oktober 2003; Thomas Blondeau: Broodje aap verkoopt goed. Peter Burger onderzoekt „urban myths". In: Mare 6 vom 9. Oktober 2003; Onrust door stadslegende over eeuwige glimlach. In: De Volkskrant vom 29. Oktober 2003; Politie druk met gerucht over „eeuwige glimlach". In: Metro vom 30. Oktober 2003; Dat ze weten wat ze moeten zeggen. In: Metro vom 21. November 2003. Während einer Konferenz der International Society for Contemporary Legend Research (ISCLR) in Aberyswyth (Wales, Juli 2004) legte Peter Burger eine Arbeit zu diesem Thema vor: From FOAFtale to media legend: the case of the Smiley Gang (Publikation in Vorbereitung).

[46] Henk Runhaar: Verminking gezicht van meisje in Soest lijkt op gruwelijke „smiley". In: De Gooi- en Eemlander vom 25. November 2003.

[47] Peter van der Hoest: Thriller. In: De Haagsche Courant vom 17. Dezember 2002; als Reaktion siehe Melchior Zeeman und Luuk Kortekaas: De terreur van een hardnekkig gerucht. In: De Haagsche Courant vom 19. Dezember 2002.

Grenze in die deutsche Stadt Oberhausen, um Weihnachtseinkäufe zu erledigen. Im Einkaufszentrum stolpern sie über eine verlassene Tasche, die mindestens 100.000 Dollar enthält. Gerade als sie beschließen, die Polizei zu verständigen, erscheint ein nervöser Mann mit arabischen Zügen. Er habe seine Tasche verloren, und da er in der Lage ist, eine genaue Beschreibung der Tasche zu geben, beschließen die Damen, ihm die Tasche zu geben. Der Mann möchte die Damen aus Dank zu einem Juwelier bringen, um ihnen ein Geschenk zu machen. Die Damen lehnen ab, und der Mann sagt: „Ich möchte Ihnen etwas geben! Darum sage ich Ihnen: Kommen Sie nicht vor Weihnachten hierher zurück!" Danach entfernt sich der Mann. Die Frauen erkennen, dass ein Terroranschlag bevorstehen müsse, also verständigen sie die deutsche Polizei. Sobald sie zu Hause angekommen sind, beschreiben sie den Vorfall der Tourleitung, die daraufhin beschließt, alle Ausflüge nach Oberhausen abzusagen. Schließlich bekundet der Journalist, dass beide Frauen verlässliche Quellen seien und dass sie sich noch immer von dem Schock erholen müssten.

Die Weihnachtsmarkt-Terror-Sage kursierte schon seit einiger Zeit, nicht nur in Oberhausen und anderen deutschen Städten des Ruhr-Gebiets, sondern auch in der niederländischen Provinz Limburg, besonders über die Weihnachtsmärkte in Maastricht, Sittard und Heerlen. Die Zeitung *De Limburger* gab an, dass durch die ständigen Gerüchte weniger Leute den Weihnachtsmarkt auf dem Vrijthof in Maastricht besuchen würden. Die Reiseagentur Milot in Rotterdam hat aufgrund der Geschichten sogar ihre Einkaufsausflüge von Oberhausen nach Düsseldorf verlegt. Die deutsche und die niederländische Polizei erhielten zahlreiche verärgerte Anrufe von Zivilisten, doch ein Verbrechen wurde niemals gemeldet. Untersuchungen der Polizei führten zu keinem Resultat: Weder die Damen noch die arabischen Männer wurden jemals gefunden.

Es ist aber eine Tatsache, dass die betreffende „urban legend" bereits fast ein Jahrhundert zurückreicht. 1915, während des Ersten Weltkrieges, ging das Gerücht in England um. Nachdem eine britische Krankenschwester einen deutschen Offizier gut behandelt hatte, warnte er sie aus Dankbarkeit vor einem Bombenanschlag, der in der Londoner U-Bahn durchgeführt werden sollte.[48] Direkt nach den Terroranschlägen vom 11. September feierte diese Sage ein sehr erfolgreiches Comeback: Sowohl in den USA als auch in den Niederlanden gingen die Gerüchte um, dass die Anschläge bereits von einem dankbaren Araber angekündigt oder weitere Anschläge von einer solchen Person vorausgesagt worden seien. In der Amsterdamer U-Bahn soll ein Araber seine Brieftasche verloren haben. Als eine Frau sie ihm zurückbringt, erzählt ihr der Mann, sie

---

[48] James Hayward: Myths and Legends of the First World War. Stroud 2002, S. 19.

solle an einem bestimmten Datum nicht nach London, denn dort würde es einen weiteren größeren Anschlag geben.[49]

Es wird deutlich, dass sich der gefürchtete „Andere" in der Geschichte zusammen mit den sozialen Umständen ändert. Früher war der Feind deutscher Nationalität, heute ist er muslimischer Extremist. Die Moderne Sage vom Weihnachtsmarkt-Terroristen spricht stark die versteckten Gefühle des Unbehagens gegenüber Muslimen an, das sich bis zur Paranoia steigern kann. Aus der weißen niederländischen Perspektive betrachtet lautet die unterschwellige Botschaft der Erzählung: „Sie sind *unter* uns, und sie sind *gegen* uns". Des Weiteren ist die symbolische Bedeutung dieser Geschichte über einen bevorstehenden Terroranschlag an Weihnachten immens: Die Erzählung suggeriert, dass muslimische Terroristen darauf abzielen, den westlichen Wohlstand sowie die christlichen Wurzeln zu zerstören.

Diese Art von Paranoia fand einmal mehr Bestätigung, als Anfang 2004 ein per E-Mail verbreitetes Gerücht über einen muslimischen Bombenanschlag in Amsterdam, der am Queen's Day, dem 30. April, ausgeführt werden sollte, kursierte. Das Gerücht besagte, dass sich die Muslime in den Niederlanden in den Moscheen und über E-Mail gegenseitig über einen geplanten, großen Terroranschlag informieren würden. Sämtlichen Muslimen wurde geraten, Amsterdam am Queen's Day entweder zu verlassen oder zu meiden. Die Muslime hätten also von dem geplanten Anschlag gewusst, ohne dies den Behörden mitzuteilen. Da die E-Mail tatsächlich unter Niederländern kursierte, leiteten Polizei und Presse Untersuchungen ein – ohne Erfolg. Vermutlich war das Gerücht per E-Mail von rechten niederländischen Jugendlichen verbreitet worden, um Muslime zu diskreditieren und um am 30. April die Leute aus Amsterdam fernzuhalten.[50]

Soweit es die Erforschung Moderner Sagen betrifft, offenbaren diese pessimistischen Erzählungen eine steigende Dämonisierung von Einwanderern, insbesondere von Muslimen. In den Geschichten werden sie mehr und mehr als die gefährlichen „Anderen" dargestellt: die nicht vertrauenswürdigen Außenseiter, die Gewaltbereiten, die Terroristen, die Kriminellen. Es versteht sich von selbst, dass unsere Einwanderer und muslimischen Bürger davon nicht begeistert sind und vehement gegen diese beschuldigenden Darstellungen protestieren.

---

[49] Zur Kommentierung der Sagen siehe Peter Burger: De onzichtbare veldwerker; usenet als corpus voor onderzoek naar moderne sagen. Amsterdam: Meertens Instituut 2001, S. 15 (www-document: http://www.meertens.knaw.nl/events/stdh2001/burger.pdf).

[50] Gijsbert Termaat: Moslims mijden hoofdstad op Koninginnedag. In: De Telegraaf vom 23. April 2004; Dreigende aanslag nieuwste hype op internet. In: Algemeen Dagblad vom 27. Mai 2004; Aanslag „broodje aap". In: Het Parool vom 28. April 2004; „Broodje aap" zeurt toch nog wat na. In: Het Parool vom 1. Mai 2004.

Fazit

Es lässt sich schlussfolgern, dass beim alltäglichen Erzählen von Geschichten, in denen Medien eine wichtige und manchmal entscheidende Rolle spielen, faktuale und fiktionale Darstellung oft vermischt werden. Moderne Sagen und ostensive Handlungen können einen enormen Einfluss auf die Wahrnehmung der Realität ausüben und stellen ein Barometer für das soziale Klima dar. Für Ethnologen sollte die *Wahrnehmung* der Wahrheit weit wichtiger sein als die Wahrheit selbst. Die Frage ist, warum heute bestimmten Sagen Glauben geschenkt wird, anderen hingegen weniger oder gar nicht.

Des Weiteren lässt sich feststellen, dass Geschichten nicht nur das wirkliche Leben imitieren; ebenso imitiert das wirkliche Leben die Geschichten. Wir erzählen, hören und sehen Sagen, doch glauben, erfahren, imitieren und leben wir sie auch. Der Begriff „Ostension" wird verwendet, um die Mechanismen Moderner Sagen, die wir leben, verständlich zu machen. Für eine Subgattung damit verwandter Sagen wird der Begriff „Proto-Ostension" verwendet, wenn sie von Menschen erzählt werden, als ob diese persönlich daran beteiligt gewesen wären – weil sie es *glauben*, es glauben *wollen*, oder weil sie wollen, dass es *andere* glauben. Dies gilt für das Mädchen aus Kuwait, für Miranda und für Thatnoeska. Wie in „urban legends" gibt es in ihren Geschichten gefährliche „Andere", die wenig vertrauenswürdig und schuldig sind. Mit steigender Tendenz sind dies Immigranten, darunter besonders Muslime. Für Ethnologen bedeutet dies eine kulturelle und historische Tatsache, für die Medien ein Grund zur Vorsicht und Zurückhaltung, und für die Politiker sollte diese Entwicklung besorgniserregend sein.

Sagen und Erzählungen, die auf ostensiven Handlungen basieren, können als „Meme", das heißt kulturelle Bausteine, aufgefasst werden, die sich verhalten und verbreiten wie Viren. Sie können Journalisten genauso infizieren wie den gewöhnlichen Bürger. Unglücklicherweise gibt es für MS Word keine Legenden-Kontrollfunktion. Wenn es eine solche Software gäbe, würde sie nicht wie das Rechtschreibprogramm, sondern wie ein Virenscanner funktionieren. Wie wir alle wissen, ist ein kreativer Computer-Virus dazu in der Lage, die Anti-Virensoftware zu umgehen, weil das Programm immer einen Schritt hinter den Fakten bleiben muss und nur in der Lage ist, alte, bekannte Viren aufzuspüren. Dies sind schlechte Nachrichten für die Medien: Trotz gewissenhafter und wiederholter Prüfung von Sagen und ostensiven Handlungen werden diese von Zeit zu Zeit die Medien nahezu wie das tägliche Leben kontaminieren.

Lassi Saressalo

Bemerkungen über Einwanderer, Fernsehen und Folkloristik[1]

Zu meinen Aufgaben als Kulturdezernent der Stadt Tampere gehören die Planung des Integrationsprozesses von Einwanderern und die Steuerung des kulturellen Aspektes in diesem Prozess. Ich hatte bereits Mitte der 1990er Jahre die Möglichkeit, an der Immigrantenpolitik unserer Stadt mitzuwirken. In einer von mir geleiteten Arbeitsgruppe wurde das erste Programm formuliert, das die physischen und kulturellen Aufnahme- und Fürsorgeprozesse von Flüchtlingen, Asylanten und anderen Einwanderern zusammenfügt. Das Ziel war und ist es, im Laufe des Integrationsprozesses sowohl die Einwanderer untereinander als auch die lokale Bevölkerung, die sie aufnimmt, zusammenzubringen. Dieses von mir geschriebene Programm ist kein Sozialprogramm, sondern vor allem ein kulturelles.

Immigration nach Finnland

Einwanderung nach Finnland im größeren Umfang ist ein relativ junges Phänomen. Erst seit den 1970er Jahren kann man von einer mehr als einzelne Einwanderer umfassenden Immigration sprechen. Damals kamen – nach ein paar Dutzend Chilenen, die hier lebten – aus Vietnam die ersten Kontingentflüchtlinge, die in dortigen Flüchtlingslagern dafür ausgewählt worden waren. Die Integration dieser Gruppe in die finnische Gesellschaft verlief relativ problemlos, denn sie stammte hauptsächlich aus Stadtgemeinschaften, wo sie in von der westlichen Gesellschaft definierten kulturellen Verhältnissen als Kleinunternehmer und Beamte gelebt hatte.

Erst mit der Übersiedlung der Somalierbevölkerung, die zuerst aus der Sowjetunion in den Westen stattfand und aus dem vom Krieg zerstörten Somalia Asylbewerber auch nach Finnland brachte, sowie aus dem daraus resultierenden Vereinigungsprozess der Familien kam eine Bevölkerungsgruppe in unser Land, die kaum kulturelle oder sonstige Bindungen zu einer westlichen Gesellschaft, geschweige denn zu der recht verschlossenen finnischen Lebensform, gehabt hatte. Die Akkulturation ist für beide Seiten schwierig gewesen, sowohl für die Einwanderer als auch für die lokale Bevölkerung.

Finnland hat auch Flüchtlinge aus dem Irak und Iran aufgenommen, Asylbewerber aus Kurdistan und Afghanistan, Albaner aus dem Kosovo, Serben und Kroaten aus dem ehemaligen Jugoslawien sowie darüber hinaus viele andere

---

[1] Einfachheitshalber und „finnischerweise" werde ich im Folgenden nur Maskulinformen der Ethnonyme und anderer entsprechender Bezeichnungen benutzen.

Kontingentflüchtlingsgruppen und Asylbewerber. Man muss bedenken, dass nur ein Teil der in Finnland lebenden gut 150.000 Ausländer zu Flüchtlingen oder Asylbewerbern zählen. Die meisten sind Einwanderer aus Schweden, Mitteleuropa, den USA usw. Sie brauchen keine direkte Fürsorge oder spezielle Unterstützung bei der Regelung ihres alltäglichen Lebens, obschon auch sie ihre Integrationsprobleme haben. Insgesamt beträgt die Anzahl derer, die als „Ausländer" klassifiziert werden, ca. 2,6 % der Gesamtbevölkerung. Ausgeschlossen sind hier natürlich Einwanderer, die bereits die finnische Staatsangehörigkeit erhalten haben.

Neben diesen Gruppen, deren Aufenthalt in unserem Land mehr oder weniger periodisch ist, muss man eine Besonderheit in der finnischen Migrationsgeschichte und -politik erwähnen, nämlich die Rücksiedler. Diese bilden die größte Gruppe der Einwanderer. Gemeint sind die „Ingermanländer" oder „russischen Finnen", die ab den 1980er Jahren nach Finnland zurückkehrten. Deren Vorfahren waren im 17. Jahrhundert in den Raum des heutigen Sankt Petersburg, nach Ingermanland, gezogen, als diese Region noch zum schwedischen Imperium gehörte.[2] Die zuvor ansässige orthodoxe Bevölkerung floh vor der lutherischen Bewegung nach Osten, in den Raum der heutigen Stadt Tver in der Nähe von Moskau. Die nachrückenden finnischsprachigen Einwanderer und deren Nachkommen konnten in Ingermanland ihre kulturelle Identität vergleichsweise selbstständig praktizieren, hatten ihre finnischsprachigen Schulen und lutherischen Gemeinden. Dies änderte sich in den 1930er Jahren mit der Kollektivierung der Landwirtschaft. Die finnischsprachigen Schulen wurden geschlossen und die lutherische Kirche zerschlagen. Ein großer Teil der ingermanländisch-finnischen Bevölkerung wurde auf die europäische Seite der Arktis, der andere Teil nach Sibirien vertrieben oder direkt liquidiert. Während des Zweiten Weltkriegs evakuierten die Deutschen zusammen mit finnischen Behörden Ingermanland, ca. 60.000 Ingermanländer wurden nach Finnland transportiert. Von dort wurden sie nach Kriegsende wider Willen, auf Stalins Geheiß, in die Sowjetunion zurückgeführt. Es folgte somit eine zweite Vertreibungswelle, die erst Ende der 1950er Jahre abgeschlossen war, nachdem die Ingermanländer nach und nach in ihre alte Heimat um Sankt Petersburg sowie nach Estland und in den russischen Teil Kareliens zurückgekehrt waren. 1990 ernannte der damalige finnische Präsident Mauno Koivisto auch die Ingermanländer zu „ethnischen Finnen". Diese Migrationsform kann in Deutschland mit der Einwanderungswelle russlanddeutscher Personengruppen, der „Spätaussiedler", verglichen werden.[3]

---

[2] Siehe dazu Lauri Honko: Geisterglaube in Ingermanland. Helsinki 1962 (FF Communications 185), S. 15-60.

[3] Vgl. hierzu: Migration und Bevölkerung, hrsg. vom Netzwerk Migration in Europa e.V., gefördert von der Bundeszentrale für politische Bildung (bpb) und dem Hamburgischen Welt-Wirtschafts-Institut (HWWI). Ausgabe 08 (Oktober 2003), Länderprofil Finnland.

Finnen und ethnische Minderheiten

Die Einstellung der finnischen Gesellschaft zu Immigranten ist in der Regel abweisend. Das besagt viel über die finnische Gesellschaft: sie ist verschlossen, kulturell und physisch homogen und fremdenfeindlich, zumindest aber Fremden gegenüber reserviert. In Finnland gibt es eine eigene, traditionell schwedischsprachige Minderheit (mit etwa 300.000 Mitgliedern), eine durch das Grundgesetz geschützte Bevölkerungsgruppe, die über alle kulturellen und rechtlichen Existenzmöglichkeiten verfügt. Darüber hinaus gehören zum traditionellen Bevölkerungsbild Finnlands ca. 5.000 Samen, die vorwiegend im nördlichsten Teil des Landes leben, sowie die gleiche Anzahl von Roma. Letztere Minderheit ist sprachlich zwar weitestgehend assimiliert, unterscheidet sich jedoch in kultureller Hinsicht deutlich von der Hauptbevölkerung. Es gibt auch etwa 1.000 Juden und ebenso viele islamische Tataren, die zur alten Bevölkerungsschicht gehören. Gegenüber diesen Minderheiten verhält sich die Mehrheit der Bevölkerung heute recht liberal.

Die offenen Konflikte, die es in den letzten Jahren gegeben hat, waren in erster Linie Auseinandersetzungen zwischen den neuen Bevölkerungsgruppen und kleinen finnischen Marginalgruppen. Aber hinter diesem im Allgemeinen scheinbar friedlichen Nebeneinanderbestehen zwischen Finnen und Migranten verbirgt sich eine ziemlich starke fremdenfeindliche Grundeinstellung, die ihren Ausdruck oft in alltäglichen Diskussionen oder Leserbriefen findet; Einwanderer werden angestarrt, auf sie wird mit dem Finger gezeigt, sie werden absichtlich oder unabsichtlich diskriminiert – sie werden als Andersartige wahrgenommen und für solche gehalten. Am stärksten kommt diese versteckte Attitüde bei der ältesten Altersgruppe vor, in der Generation der so genannten „grauen Panther", die die letzten Kriege erlebt und das Land danach wieder aufgebaut hat. Diese Menschen können einfach nicht verstehen, warum die von ihnen im Krieg vor dem Feind geschützte und wiederaufgebaute Gesellschaft Fremden ihre Dienstleistungen kostenlos bietet. Diese so genannten „Mehrheitserzählungen" leben im Korpus von modernen Warnsagen (Contemporary Legends)[4], rassistischen Witzen und negativen Stereotypen fort.

Das zentrale Ziel des Integrationsprozesses, das wir zu unserer Aufgabe gemacht haben, besteht darin, diese Art von Vorstellungswelt in ein neues, auf dem Prinzip der Gleichberechtigung beruhendes Gesellschaftsbild umzuwandeln. Nach unserer Auffassung besteht unsere Arbeit hauptsächlich darin, der Hauptbevölkerung zu zeigen, dass Einwanderer vor allem Menschen sind: Menschen, die entweder bei der Suche nach Existenzmöglichkeiten Emigranten geworden sind oder durch unglückliche Umstände ihre Heimat verlassen und in

---

4   Siehe hierzu den Beitrag von Theo Meder in diesem Band.

Finnland Schutz suchen mussten, weil sie in ihrem Herkunftsland aufgrund ihrer ethnischen Zugehörigkeit verfolgt wurden.

Integrationsarbeit in der Praxis

Die Umsetzung von Integrationszielen findet auf mehreren Ebenen statt. Die allerwichtigste und erste Aufgabe besteht darin, die eigenen städtischen Angestellten für Gleichberechtigungsfragen zu sensibilisieren, damit diese kulturelle Integrationsprozesse verstehen lernen und ihre Dienste vorbildlich im Umgang mit Immigranten ausführen können. Weil sich die städtischen Bediensteten aus der Durchschnittsbevölkerung rekrutieren, war dieser Prozess nicht einfach. Vorurteile existieren überall, sie sind daher auch tief im gesellschaftlichen Denken der Tamperenser, der Bevölkerung meines Arbeitsbereichs, verwurzelt. Es überrascht jedoch, dass krasse Vorurteile selbst dort kursieren, wo dies andersherum sein sollte, nämlich im Sozialbereich und unter Pädagogen.

Die nächste Ebene umfasst das Ziel, den Einwanderern zu helfen, die Reaktionen der finnischen Gesellschaft auf das Anderssein zu verstehen. Bei dieser Arbeit spielen die eigenen Organisationen der Immigranten, multikulturelle Vereine und Bürgerinitiativen des so genannten dritten Sektors der Gesellschaft eine zentrale Rolle. Diese werden von der Stadt Tampere finanziell und durch fachliche Hilfe unterstützt.

Auf der dritten Arbeitsebene bemühen wir uns darum, der städtischen Bevölkerung (den Tamperensern) das Phänomen der Immigration verständlich zu machen. Hierzu bieten wir ihnen zum Ausgangspunkt einen Vergleich mit jenen Faktoren an, welche unsere finnische Hauptbevölkerung zur Emigration veranlasst haben, stellt Finnland doch eher ein klassisches Auswanderungsland dar. So haben wir in Kooperation mit unserem Museumszentrum Ausstellungen veranstaltet und Forschungsberichte veröffentlicht, die sich mit der Emigration nach Ingermanland und Nord-Norwegen, das heißt mit der so genannten „Wohlstandsemigration", beschäftigen. Aus diesem Anlass forsche ich über Finnen, die ihr Land aus politischen, religiösen oder anderen Gründen verlassen haben, die vertrieben oder einem anderen Staat ausgeliefert worden sind.[5] Das soll alles dazu beitragen, dass die Finnen etwas Wichtiges verstehen: Flüchtlinge und

---

[5] Lassi Saressalo: Inkeri. Kertomus Inkerin kansoista ja kulttuureista [Ingermanland – Volk, Geschichte und Kultur]. Tampere 2000 (Tampereen museoiden julkaisuja [Schriften der Museen in Tampere], 56) [Begleittext einer Ausstellung über die finnische Population im St. Petersburggebiet, auch in Estnisch und Russisch]; ders.: Kveenit. Tutkimus erään pohjoisnorjalaisen vähemmistön identiteetistä [Kvenen. Eine Analyse der Identität der finnischen Minorität in Nord-Norwegen]. Helsinki 1996; ders.: Kveenien maa [Das Land der Kvenen]. Tampere 2002 (Tampereen museoiden julkaisuja [Schriften der Museen in Tampere], 60).

Asylanten, die hierher kommen, haben ähnliche Gründe für ihre Immigration wie jene Menschen, die im Laufe der Zeit aus Finnland ausgewandert sind.

Auf der vierten Arbeitsebene – und darum geht es in meinem Beitrag – besteht unser Bestreben darin, dem Einwanderer ein Gesicht zu geben. Hierfür sendet das Kulturamt der Stadt Tampere beim Lokalfernsehen in drei bis vier Sprachen Nachrichten, die über Veranstaltungen verschiedener Kulturgruppen und die aktuellen Kultur- und sonstigen Angebote der Stadt informieren und allgemeine Informationen über das Weltgeschehen geben. In diesem Programm werden aber keine internen politischen Nachrichten aus dem jeweiligen Sprach- oder Kulturgebiet bzw. dem Herkunftsland des Sprechers behandelt. Derartige Programme finden erfreulich großen Zuspruch: Sie werden sowohl von Zuschauern, in deren Sprache die Nachrichten gelesen werden können (zur Zeit in Russisch, Persisch und Arabisch), als auch von Einheimischen verfolgt. Die Sendung wird zusammenfassend untertitelt. Auf diese Weise bieten wir den „neuen Finnen" die Möglichkeit, Fernsehprogramme als Teil des finnischen Programmangebots in ihrer eigenen Sprache verfolgen zu können, also nicht nur per Internet oder über Sky-Channel. Entsprechend sieht die Hauptbevölkerung die Menschen und Fakten hinter der Fremdsprache und versteht, dass trotz der Sprache die „Fremden" ein ähnliches Bedürfnis nach Information wie die „Unsrigen" haben und dass zum Tamperenser Kommunikationssystem verschiedensprachige Nachrichtensendungen gehören. Außerdem ermöglichen wir unseren Moderatoren dabei auch einen tiefen Einblick in die Arbeit eines Redakteurs.

Kulturdezernent, Folklorist und Informant

Mein Beitrag zur Realisierung dieser Integrationsarbeit besteht darin, einmal im Monat ein persönliches Fernsehinterview zu produzieren, in dem den Zuschauern ein neues Mitglied unserer Gesellschaft bekannt gemacht wird. Wir haben uns entschieden, Einwanderer vorzustellen, die sich in Finnland durchgeschlagen haben und die finnische Sprache bereits so gut beherrschen, dass sie mit mir in einem öffentlichen Massenmedium kommunizieren können. Vor dieser Fernsehreihe habe ich für ein Lokalradio eine zweisprachige Wortsendung produziert, in welcher der Gast in seiner Muttersprache kommunizierte, die ein Dolmetscher ins Finnische übertrug, woraufhin mein finnischer Text in die fremde Sprache des Gegenübers übersetzt wurde. Das Programm funktionierte, zumal ein Auftritt mit mehr als einer Stimme für den Zuschauer interessanter und für den Interviewten sinnvoller ist. Doch wird das Fernsehen konzentrierter verfolgt als der Hörfunk, der als Begleitmedium eher nebenher wahrgenommen wird oder gar nur als Hintergrundgeräusch dient. In diesen Radioprogrammen wurden alltägliche Probleme von erst kürzlich nach Finnland gekommenen

Einwanderern sowie Hintergründe für deren Immigration und persönliche Fragen behandelt.

Die hinter dem Fernsehprogramm stehende Konzeption ist wohl etwas manipulierender Natur. Mein Ziel ist es, mit verschiedenen Persönlichkeiten, Vertretern verschiedener kultureller und sprachlicher Herkunft, in finnischer Sprache zu verdeutlichen, dass Einwanderer genauso gewöhnliche Menschen sind wie jeder der Zuschauer – mit ihren eigenen Charakteristika, Hintergründen, Geschmacksrichtungen und Vorlieben; dass mir in jedem Fernsehgespräch ein Individuum gegenübersitzt, ein Mensch, den ich den Zuschauern bekannt machen darf. So heißt die Programmreihe „Darf ich vorstellen".

Für einen Folkloristen ist die Produktionsarbeit einer derartigen Programmreihe äußerst interessant. Feldforschung, das heißt fremde Menschen zu treffen und die von ihnen erhaltenen Informationen zu sammeln, ist ein zentraler Gedanke der Folkloristik sowie der Traditionswissenschaft im weiteren Sinne, und sie bildet den Reiz und das Vergnügen an der Sache. Im Rahmen dieser Programmreihe konnte ich meine Erfahrungen mit der Feldarbeit ausnutzen, die ich während meiner Forschung zum Beispiel bei den Samen, den Finnen in Norwegen, den Wepsen in Russland oder den Nenzen am Busen des Ob in Sibirien gesammelt habe.[6] Jeder Interviewte, oder besser gesagt: Gesprächspartner, bietet eine Reise ins Unbekannte. Sie bedeutet einerseits eine Reise in das Subjekt, das gewillt ist, mit mir ins Fernsehen zu kommen, und andererseits eine Reise in dessen Hintergrundkultur und in den vielfaserigen Prozess, durch den es sich erfolgreich integriert und der aus ihm einen zwei- oder multikulturellen „neuen Finnen" gemacht hat.

Jedes Programm setzt eine bestimmte Vorarbeit voraus. Ich treffe meinen Gesprächspartner entweder am Tag zuvor, oder spätestens rechtzeitig vor der Aufnahme des Programms. Das Programm wird zwar erst später ausgestrahlt (voraufgezeichnet), aber nicht nachträglich editiert und entspricht in diesem Sinne einer Direktübertragung. Die Koordinatorin der Immigrantenarbeit im Kulturamt der Stadt Tampere, Frau Maris Reinson, schlägt mir den jeweiligen Interviewten vor, oder aber ich finde den passenden Gesprächspartner durch meine eigenen Kontakte. Frau Reinson verschafft auch Hintergrundinformationen über den Interviewten, und mit Hilfe dieses Grundmaterials mache ich mir ein vorläufiges Bild von dem kommenden Programm. Im Laufe der Vorberei-

---

6   Lassi Saressalo: Tiefenforschung in einem samischen Dorf. In: Fabula 22 (1981), S. 100-105; ders.: Die Veränderung der samischen Kultur am Tenofluß. In: Ural-Altaische Jahrbücher 6 (1986), S. 21-26; ders.: From Oicotype (Ecotype) to the Study of Ethnotypes. A Perspective to Studying the Identity of the Finnish Minority in Northern Norway. In: Acta Borealia 2 (1986), S. 3-17; ders.: The Kadja-Nilla Corpus. A case study of Teno Sami culture in Finland. In: Studies in oral Narrative, ed. by Anna-Leena Siikala. Helsinki 1989 (Studia Fennica, 33), S. 127-136; ders.: The Threat from Without. An Examination of Defensive Ethnic Folklore. In: Scripta instituti Donneriani Aboensis. Vol 12. Åbo 1987, S. 251-257.

tung und beim ersten Treffen mit dem Interviewkandidaten wird die Idee des Programms so bearbeitet, dass der Gesprächspartner weiß, worüber und warum diskutiert wird. In dieser Phase sprechen wir auch über seinen persönlichen Hintergrund und vor allem darüber, was er im Programm nicht zur Sprache bringen will. Ich betone auch immer, dass der Schwerpunkt unseres Gesprächs darauf liegt, was er erzählt und dass meine Rolle nicht die eines Prüfenden, sondern vielmehr die eines Zuhörers ist, der lediglich bei Bedarf die Diskussion steuert. Gleichzeitig verständigen wir uns darüber, dass er die Möglichkeit hat, einige für ihn wichtige Dinge zu betonen, dass er im Verlauf des Gesprächs in die Nahkamera schauen und die von ihm gewünschte Botschaft direkt an die Zuschauer vermitteln kann, obwohl wir während der Sendung in der Regel einander ansehen und diskutieren. Wir haben uns auch oft dahin verständigt, dass wir eventuelle sprachliche Fauxpas schlicht übergehen und dass sich der Gesprächspartner durchaus kritisch gegenüber dem finnischen System äußern kann. Wir erklären jedoch die Hintergründe seiner Herkunft nicht, wenn es sich um eine Person handelt, die ihre Heimat wegen Verfolgung verlassen musste. Wir verlangen auch nicht von ihm, dass er sich namentlich vorstellt, sondern er kann mit einem „Künstlernamen" auftreten. Im Gegenzug lehne ich es ab, einen Gast mit verhülltem Gesicht zu interviewen. Ich weiß nicht, wie ich reagieren würde, wenn ich eine Afghanin zu Gast hätte, die unbedingt in der Burka auftreten möchte. Vielleicht könnte ich in so einem Fall aber doch mein Prinzip etwas lockern.

Ethische Regeln des Redakteurs

Während der Vorbereitungsarbeit suche ich die ethischen Regeln einzuhalten, die ich in meiner wissenschaftlichen Laufbahn erlernte. Die vielleicht eindeutigsten dieser Regeln beziehen sich auf das Verhältnis zwischen dem Interviewer, den Interviewten und dem Publikum. Sie sind dem Regelwerk für die Prinzipien der fachlichen Verantwortung eines Kulturforschers des „Council of the American Anthropological Association" zu entnehmen, das im Jahre 1971 veröffentlicht wurde.[7] Diese Regeln können meines Erachtens auch als Prinzipien für die eben beschriebene, ethnisch und kulturell aufgeladene Fernseharbeit verwendet werden. Erstens ist der Redakteur vorrangig dafür verantwortlich, dass sein Programm das Ich des Interviewten nicht verletzt und dass es nicht zur Gefährdung seiner physischen, sozialen oder psychischen Sicherheit führt. Darum ist es äußerst wichtig abzuklären, was im Programm nicht behandelt werden soll, dass zu heikle Themen vermieden werden. Aber der Redakteur ist auch seinem Publikum gegenüber verantwortlich. Er muss in seinem Handeln jederzeit die Wahrheit anstreben. Wichtig ist auch, dass der Interviewte im

---

[7] AAA Statements on Ethics, siehe www.aaanet.org/stmts/ethstmnt.htm.

Laufe des Programms Meinungen äußern kann, die den Einstellungen des Moderators nicht entsprechen. Der Redakteur muss jedoch im Vorbereitungsgespräch dem Interviewten klar machen, dass dieser für seine eigenen Botschaften selber verantwortlich ist, die eventuell so kulturgebunden sind, dass der Interviewer sie nicht unbedingt versteht. Während des Interviews wird das Ich des Interviewten häufig so angegangen, dass er sich selbst definieren muss. Selbsterklärungen sind für den Akkulturationsprozess wichtig, weshalb ich meine Gesprächspartner bitte, sich darüber Gedanken zu machen, eine Bedingung, die sie schon vor dem Interview akzeptieren müssen. Dies kann jedoch zu Problemen in den Referenzgruppen des Interviewten führen. Kündigt sich dies in der Vorbereitung an, wird der betreffende Themenbereich nicht zur Sprache gebracht.

Zur Interviewsituation

Das von den Interviewten dargebotene Selbstbild offenbart die eigene Bewusstheit darüber, die schwierigste Periode der Umwandlung ihres Ichs in der fremden Kultur überwunden zu haben. Hier treten besonders die Sprachkenntnisse hervor; meine Gesprächspartner sind also fähig, auch auf abstrakter Ebene in der finnischen Sprache zu kommunizieren, was meiner Ansicht nach ein wesentliches Kriterium für die Beherrschung einer Fremdsprache ist. Selbstverständlich – mit Ausnahme einiger seltener Fälle – tritt der sprachliche Hintergrund meiner Gäste hervor, und in der Regel sehen sie sich selbst als bikulturelle Vertreter ihrer Herkunftskultur, die sich die finnische Lebensform angeeignet haben. Es ist interessant festzustellen, dass das von mir in der Theorie entworfene Bild von so genannten „dritten Kulturen" in den Interviews immer wieder bestätigt wird. Damit ist eine Lebensform gemeint, nach welcher der Einwanderer – oft nachdem er einen finnischen Staatsbürger geheiratet hat – seine eigene Familienkultur so aufbaut, dass darin die Hintergrundkulturen beider Ehepartner deutlich reflektiert werden. Auch wenn es sich um eine Lebensgemeinschaft von zwei Personen mit ähnlichem ethnischem Hintergrund handelt, kommt darin doch der aus der Integration zwangsläufig folgende Fennisierungseinfluss eindeutig zum Vorschein. Als Folge des Integrationsprozesses ändern sich zwangsläufig die Traditionen und sogar die individuelle Denkweise. Besonders heben sich hier die religiöse Beschränkungen und Frauenkulturen betreffenden Veränderungsprozesse hervor.

In der finnischen Gesellschaft wird physische Verschiedenheit noch immer als Beweis für Fremdheit angesehen. In einem Interview erzählte eine Koreanerin, dass sie ständig nach ihrer asiatischen Herkunft gefragt würde. Ein Ibo-Mann aus Biafra musste den Finnen immer wieder seinen afrikanischen Hintergrund und seine Beziehung zu afroamerikanischen Einwanderern erklären. Aber auch physische Ähnlichkeit kann den Immigranten Probleme bringen. Weibliche Immigranten aus Estland und Russland werden nach der finnischen Kategorisierung im Allgemeinen ähnlich behandelt wie Frauen, die aus diesen Ländern gekommen sind und von der Prostitution leben – ein kulturelles Phänomen, dessen Wahrnehmung durch die Medien in diesem Umfang in Finnland neu ist. Jeder Interviewte wird aufgefordert, im Prozess der Selbstdefinition auch nach seinem Ethnonym zu suchen. Eine bemerkenswerte Definition war unter anderem „finnische Kosakin" – so beschrieb sich eine in Wolgograd geborene Dame, deren Mutter Finnin und deren Vater Kosak ist.

Bei der Einstellung der Finnen gegenüber Einwanderern bildet meines Erachtens der Islam das größte Problem. Diese Religionsgemeinschaft ist in Finnland relativ unbekannt. Vor dem neuesten Immigrationsprozess wohnten dort nur etwa tausend Moslems, es gab zwei Moscheen im ganzen Land. Diese Menschen, die schon früher nach Finnland gekommen waren, unterschieden sich in keiner Weise von der finnischen Grundbevölkerung. Der Islam wird durch den Einfluss der Medien mit Gewalt, untergeordneter Stellung der Frau und mit Feindlichkeit gegenüber der westlichen Lebensart assoziiert. Dieses, durch die Medien vereinseitigte Bild von der islamischen Kultur widerspricht der finnischen Denkweise sehr. Doch sind wir nicht einmal dazu fähig, Schiiten von Sunniten zu trennen und diese als sich bekämpfende Religionen anzusehen – womit wir Parallelen zu den Religionskriegen der eigenen Kirchengeschichte, den Feindseligkeiten zwischen Katholizismus, Orthodoxie und Luthertum, ziehen müssten.

Der Homogenisierungsdruck hat seinen Teil dazu beigetragen, dass viele Einwanderer ihre Staatsangehörigkeit wechseln wollen. In Finnland ist das Leben für einen Menschen mit einem anderen ethnischen Hintergrund wesentlich einfacher, wenn der zur Hauptbevölkerung Gehörende erfährt, dass sein Gegenüber als finnischer Staatsbürger „akzeptiert" worden ist. Dadurch wird von ihm erwartet, dass er sich das Wert- und Normensystem der finnischen Gesellschaft und sogar deren eigenartige Formen kulturellen Benehmens angeeignet hat. Viele meiner Gesprächspartner halten die Staatsangehörigkeitsfrage für weniger wichtig als die Hauptbevölkerung. So haben manche von ihnen in Interviews festgestellt, dass ein Pass, auch ein finnischer, letzten Endes nur ein Reisedokument sei; wesentlich für ihre Identität sei vielmehr ihr kulturell-ethnischer Hintergrund. In solchen Situationen wird klar, dass die Frage der Staatsangehörigkeit für einen Einwanderer keinen solch entscheidenden Identitätsfaktor darstellt wie für einen in einem Nationalstaat erzogenen Staatsbürger. Dies schlägt sich auch bei der Wahl der Ethnonyme nieder: Den Einwanderern ist es lieber, sich als Vertreter ihrer Herkunftskultur zu bezeichnen als sich durch das nationalpolitische Ethnonym „Finne" zu definieren.

Manchmal wird der Wunsch geäußert, dass die Verleihung der Staatsangehörigkeit in einem feierlichen Rahmen verlaufen sollte. Zurzeit erhält der Erwerber nach einer positiven Entscheidung nur einen amtlichen, braunen Umschlag mit einem bürokratischen Dokument. Eine Verleihung der Staatsbürgerschaft im amerikanischen Stil würde zumindest einem Teil der Einwanderer gefallen, die mit einem sowjetischen beziehungsweise russischen Pass nach Finnland gekommen sind, nachdem sie in ihrem Herkunftsland zu einer schlecht behandelten ethnischen Gruppe von Finnen zählten.

Die Moderatoren unserer Fernsehnachrichten sind zwar in ihrem Wirkungskreis „berühmt", doch längst nicht so prominent wie die in den überregionalen Fernsehkanälen arbeitenden Redakteure geworden. Unser Programm ist keineswegs superbeliebt, wird aber von einem gewissen Zuschauerkreis regelmäßig verfolgt – das lässt sich aus dem positiven wie negativen Feedback herauslesen. Wesentlich ist, dass meine Gäste gern und unentgeltlich in unser Programm gekommen sind und dass sie sich sowohl als Vertreter ihrer selbst als auch ihrer Hintergrundgruppe voll eingesetzt haben.

Themen, Strukturen und Genres erzählter Migrationserlebnisse

So vielfältig die Erzählungen von Migranten und Minderheiten auch im Einzelnen sind, lassen sich doch bei der Präsentation typische Erzählstrukturen ausmachen. Die Erlebnisse werden also nicht willkürlich, sondern mit Hilfe bestimmter „Genres" geordnet, wobei besondere Themen bevorzugt werden. Die Kenntnis solcher Darbietungsformen und Themenpräferenzen kann bei den Migranten wohl vorausgesetzt werden, die sich ihrer entsprechend bedienen. Bei den Vorbereitungen und gefilmten Diskussionen kommen immer wieder die folgenden drei Erzählkategorien vor:

1) Erzählungen, in denen mein Partner seine Flucht oder seinen Umzug beschreibt. Diese sind gut mit Übergangsriten-Beschreibungen zu vergleichen, wo die Abfahrt von zu Hause, dann der Zwischenzustand in Lagern bzw. das heimatlose Umherwandern in der Fremde und zum Schluss der Grenzübergang in die Sicherheit beschrieben werden. Diese Beschreibungen kann man Flüchtlingserzählungen oder direkt Übergangsberichte nennen.

2) Beschreibungen des eigenen Integrationsprozesses, wobei die Verschiedenheiten konstatiert und die Möglichkeiten zur Anpassung bewertet werden. Diese Aussagen könnten Anpassungs- oder Integrationserzählungen genannt werden.

3) Themen, die nach einer Antwort auf Fragen suchen wie: „Wer bin ich?", „Zu welcher Gruppe gehöre ich?", „Wie heiße ich?" oder „Wie heißt meine Familie?" Dabei handelt es sich um Minderheitserzählungen (Minority-Lore) mit verschiedenen Ethnotypen.

Bemerkenswert ist die Beobachtung, dass sich meine Partner auf diese Weise selber stereotypisieren, obwohl ich im Rahmen der Vorarbeit oder in der Diskussion ja keineswegs darum bitte. Es muss sich bei diesem Mechanismus wohl um eine Schutzmethode des Individuums handeln, das seine eigene Unsicherheit mit Hilfe von Folklore darzustellen und zu erklären sucht.

Ibo fliegt nach Finnland

Zum Abschluss möchte ich eine Begebenheit aus einer Interviewsituation erzählen. Ich hatte einen Afrikaner als Gast, der sich vor Beginn des Programms umziehen wollte, um in der Sendung statt seiner westlichen Kleidung die Nationaltracht seines Volkes zu tragen. Das würde ihn nach seiner Aussage von anderen „ähnlichen" Afros unterscheiden. Meine Folkloristeninstinkte wurden wach, als er betonte, dass er nicht aus Nigeria, sondern aus Biafra käme und ethnischer Herkunft nach Ibo sei. Ich konnte mich gut an die Periode in der afrikanischen Geschichte erinnern, als die Biafraner für ihren eigenen Staat und ihre kulturellen und ökonomischen Rechte kämpften. In Finnland wurde jener Kampf mit Sympathie verfolgt – er war ja in gewisser Hinsicht eine afrikanische Version vom Winterkrieg zwischen uns Finnen und der Sowjetunion. Erwähnt sei auch, dass die Biafraner damals sogar die von unserem Nationalkomponisten Jean Sibelius komponierte Finlandia-Hymne zu ihrer eigenen Nationalhymne gewählt haben. Es gab Sammlungen für die Ibos, und ein jeder in meinem Alter erinnert sich immer noch an den rührenden Blick des biafranischen Kindes, der sagte: „Hilf uns!"

Mein Gast erzählte weiter, dass er nach Finnland gekommen war, um in Europa zu studieren. Auf meine Frage: „Warum ausgerechnet nach Finnland?", antwortete er, dass Finnland den Ibos bekannt und die Finnen für sie wie ein verwandtes Volk seien. Als wir der Sache auf den Grund gingen, stellte sich heraus, dass in der Glaubenstradition der Ibos der Gedanke an das ewige Leben eine wichtige Rolle spielt. Die Ibos wandern vor der Wiedergeburt nach Norden und somit logischerweise nach dem ihnen bekannten Finnland. Die Finnen sind also an sich Ibos im Zwischenzustand. Als ich dies mit dem jährlichen Zugverkehr der Schwalben von Afrika nach Finnland und zurück verband, konnte ich den von meinem Gesprächspartner dargebotenen Standpunkt von sich selbst als Ibo, der sich unter den – nur etwas helleren – Seinesgleichen wie zu Hause fühlt, sehr gut verstehen!

VI.

Product is Hero – Hero is Product
Überlieferte Helden im Werbekontext

Outi Tuomi-Nikula

Wäinämöinen als Medienstar
Zur Popularisierung des Kalevala-Epos in der finnischen Gegenwartskultur

Im Dezember 2001 wurden die Ergebnisse der PISA-Studie 2000 veröffentlicht. Bei dieser internationalen Vergleichsstudie wurde unter anderem die Lesefertigkeit von 15-jährigen Schülern getestet. Während die deutschen Schüler auf Platz 21 rangierten, nahmen die finnischen Schüler den ersten Platz ein, was wiederum in Deutschland eine rege Diskussion über die Gründe für den finnischen Erfolg auslöste. Die Wochenzeitung *Die Zeit* hatte schon bald eine Erklärung parat, wie ein Zitat aus einem Dossierbericht belegt. Der Autor reflektiert über seinen Besuch in einer Gesamtschule in Helsinki folgendermaßen:

> „Und alle lesen das Kalevala, das finnische Nationalepos. [...] Der nationale Mythos ist Pflichtlektüre. Er unterscheidet sich so sehr vom Schlachtengemetzel des Nibelungenliedes, wie die in sich gekehrten Jungen und Mädchen auf diesem finnischen Schulhof von den in den Pausen befreit aufschreienden Schülern deutscher Schulen."[1]

Diese Behauptung ist ein Mythos. Zwar gehört das Nationalepos *Kalevala* bereits seit dem Jahre 1843, als die finnische Sprache in die Schulordnung aufgenommen wurde, zur Pflichtlektüre finnischer Schüler;[2] es interessiert heute jedoch nur noch als Bestandteil der finnischen Literaturgeschichte. In der Tat haben die wenigsten Finnen das *Kalevala* vollständig gelesen, auch wenn in vielen Familien eine meist illustrierte *Kalevala*-Ausgabe – direkt neben der in Leder eingebundenen Familienbibel – im Wohnzimmerregal zur Schau gestellt wird. Trotz im Allgemeinen geringer Detailkenntnisse der Kalevala-Episoden scheinen die Hauptpersonen und in großen Zügen auch der Inhalt des Werkes den meisten Finnen bekannt zu sein. Ebenso scheint auch eine klare Vorstellung über das Aussehen und über die Charaktereigenschaften der das *Kalevala* prägenden mythischen Personen vorzuherrschen.

Als Indiz für diesen Tatbestand kann die außergewöhnlich heftig geführte öffentliche Diskussion um die letzte große *Kalevala*-Verfilmung des Jahres 1982 mit dem Titel *Rauta aika* („Eisenzeit") angesehen werden. Während der vom Regisseur Kalle Holmberg nach einem Manuskript des finnischen Schriftstellers Paavo Haavikko inszenierte Spielfilm im Ausland mehrere hochdotierte Preise gewann – u.a. den Prix Italia des Jahres 1983 – wurde das

---

1 Konrad Schuler: Das finnische Geheimnis. In: Die Zeit vom 4. Juli 2002, Dossier 28.
2 Pertti Anttonen und Matti Kuusi: Kalevala-lipas. Uusi laitos. Helsinki 1999, S. 136.

Werk in Finnland sehr negativ bewertet. Der Film wurde nicht nur vom ästhetischen Standpunkt aus als inadäquat und abstoßend empfunden, sondern vor allem als ein Verstoß gegen eines der wichtigsten Symbole der finnischen Sprache und Kultur, nämlich das Original-*Kalevala*. Das Duo Haavikko und Holmberg torpedierte das traditionelle mythische *Kalevala*-Verständnis, indem es eine völlig neuartige Mythenwelt des Nationalepos kreierte, was für die finnische Bevölkerung fast einer Heiligenschändung gleichkam.[3]

Ich gehe davon aus, dass die lang anhaltende, einseitige und kritiklose Überlieferung der Mythenwelt *Kalevalas* nicht auf der schriftlichen Form des Kalevala-Epos beruht, sondern auf die Rezeption der mythischen *Kalevala*-Welt im finnischen Alltagsleben zurückzuführen ist. An dieser Stelle soll gefragt werden, wie die Hauptfigur Wäinämöinen, die hier stellvertretend für das gesamte Kalevala steht, zum Medienstar avancierte und wo beziehungsweise wie sie in der heutigen Gegenwartskultur der finnischen Bevölkerung in Erscheinung tritt. Hat Wäinämöinen noch aktuelle Aufgaben zu erfüllen?

Bevor diese Fragen beantwortet werden können, soll eine kleine Zeitreise unternommen werden. Die Reise beginnt am 28. Februar 1835, als der Landarzt und Sohn eines mittellosen Schneidermeisters, Elias Lönnrot, sein Vorwort für die erste *Kalevala*-Ausgabe mit dem Titel *Das Kalevala – oder alte karelische Lieder aus den Urzeiten der Finnen* schrieb. Das so genannte *Alte Kalevala* war in metrischer Versform verfasst und bestand aus 32 finnischsprachigen Gesängen, die Lönnrot hauptsächlich während seiner Besuche bei der weißmeerkarelischen Landbevölkerung in verschiedenen Dörfern hörte und schriftlich festhielt.

Während seiner elf Reisen im Zeitraum von 1828 bis 1845 legte Lönnrot ca. 20.000 Kilometer vornehmlich auf Skiern oder zu Fuß zurück, wobei er rund 65.000 gesungene Verse epischer und lyrischer Gedichte aufzeichnete. Aus dieser Ausbeute entwickelte er ein Gesamtwerk mit einem zusammenhängenden Handlungsverlauf, indem er Ausschnitte verschiedener Lieder miteinander kombinierte und auf diese Weise neu zusammenstellte. Das so entstandene *Alte Kalevala* umfasst 12.078 Verse. Im *Neuen Kalevala* von 1849 hat Lönnrot die Anzahl der Verse unter Hinzunahme von Aufzeichnungen weiterer Volksdichtungssammler fast verdoppelt (22.795 Verse) und die Zahl der Gesänge auf 50 erhöht, sodass diese Ausgabe in weit stärkerem Maße als Lönnrots eigenständige künstlerische Schöpfung angesehen wird.[4]

Die erste Buchauflage des *Alten Kalevala* von 1835 betrug 500 Exemplare. Die finnischsprachige Originalausgabe war erst 13 Jahre später ausverkauft,

---

3 Anttonen/Kuusi (wie Anm. 2), S. 223.
4 Über die Entstehung des Kalevala-Epos gibt eine Vielzahl von Veröffentlichungen Auskunft; siehe z.B. Bertalan Krompecher: Die Entstehung des Kalevala-Epos (= Studia Fennica 4,1). Helsinki 1940; Väino Kaukonen: Lönnrot ja Kalevala [Lönnrot und das Kalevala]. Pieksemäki 1979; Pekka Laaksonen: Lönnrotin aika [Das Zeitalter Lönnrots]. Pieksemäki 1984.

obwohl das Erscheinen des *Kalevala* in Gelehrtenkreisen viel Beachtung gefunden hatte.[5] Der schlechte Verkaufserfolg des finnischsprachigen Textes erklärt sich aus der historischen und sprachpolitischen Situation Finnlands zu Beginn des 19. Jahrhunderts. Während der rund 600-jährigen politischen Anbindung Finnlands an Schweden, die bis zum Jahre 1809 andauerte, war Finnlands einzige offizielle Amtssprache Schwedisch, obwohl die schwedischsprachige Oberschicht und die bildungspolitische Elite des Landes nur eine Minorität der finnischen Bevölkerung darstellten. Demnach war die schwedischsprachige Minderheit nicht in der Lage, das in trochäischer Versform niedergelegte finnischsprachige *Kalevala* zu verstehen. Die finnischsprachige Landbevölkerung hingegen, welche die Mehrheit der finnischen Bevölkerung ausmachte, war nicht in der Lage, das *Kalevala* zu erwerben.

Allmählich wurde jedoch auch in Finnland der Zeitgeist von romantischen Strömungen erfasst, sodass innerhalb der schwedischsprachigen Gelehrtenkreise das Bedürfnis entstand, das *Kalevala*-Epos im Original zu lesen. Eine kleine Gruppe von Gebildeten hatte bereits in den 20er Jahren des 19. Jahrhunderts an der Turkuer Akademie – der einzigen Universitätseinrichtung des Landes – einen finnischgesinnten Gelehrtenkreis, den so genannten „Fennomanen-Kreis" gegründet, wo die mündlich tradierte finnische Volksdichtung als Entwicklungsträger der finnischen Sprache und Literatur angesehen wurde. Den enthusiastischen „Fennofilen" und ihren Sprachbemühungen zum Trotz blieb die Zahl derjenigen, die das Epos im Original lesen konnten, auch in der Mitte des 19. Jahrhunderts noch verschwindend gering.[6]

Dementsprechend groß war dann auch die Nachfrage nach einer schwedischsprachigen *Kalevala*-Version. Obwohl Lönnrot selbst in beiden Sprachen zu Hause war, war es der finnische Nationalschriftsteller Johan Ludwig Runeberg (1804-1877), der den Anfang machte und seinen eigenen Worten zufolge „das Kalevala aus den Fesseln der finnischen Sprache befreien wollte". Mit Hilfe eines finnischsprachigen Kollegen übersetzte er nur ein Jahr nach dem Erscheinen der Originalausgabe drei Gedichte aus dem *Kalevala* ins Schwedische. Sie wurden in der Zeitung *Helsinfors Morgonblad* zusammen mit rühmenden Worten von Runeberg publiziert, der die *Kalevala*-Gedichte den schönsten Liedern griechischer Epen gleichstellte.

Als das gesamte *Kalevala*, in Versform übersetzt von Matthias Alexander Castrén, dann im Jahre 1841 in schwedischer Sprache erschien, war damit der Grundstein für die internationale Bekanntmachung des Werkes gelegt. Unter anderem hatte Jacob Grimm die schwedische Übersetzung eingehend studiert und die Bedeutung des *Kalevala* für die internationale Mythologieforschung 1845 in einem Vortrag „Über das finnische Epos" vor der Berliner Akademie

---

5 Anttonen/Kuusi (wie Anm. 2), S. 131.
6 Outi Tuomi-Nikula: Zur Rezeption des finnischen Epos Kalevala in der deutschen und finnischen Volkskunde. In: Kieler Blätter zur Volkskunde 28 (1996), S. 77-92, hier 79 f.

der Wissenschaften gewürdigt.[7] Dies war zugleich der Beginn für einen regen wissenschaftlichen Briefwechsel zwischen Jacob Grimm und Elias Lönnrot sowie für die internationale Rezeption des *Kalevala*,[8] die nicht zuletzt zur späteren Gründung des Folkloristischen Forscherbundes und seiner internationalen Publikationsreihe, den *Folklore Fellows Communications* (FFC), beigetragen hat.

Der Inhalt des „Kalevala"

Um die Popularisierung des *Kalevala* in der finnischen Gegenwartskultur behandeln zu können, ist es erforderlich, auf einige inhaltliche Aspekte des Werkes näher einzugehen, wobei die finnische *Kalevala*-Ausgabe von 1849 als Grundlage dient. Dem finnischen Religions- und Erzählforscher Juha Pentikäinen zufolge ist

> „... das Kalevala ein ausdrucksvolles kosmisches Drama. Am Anfang werden die Welt und der erste Mensch, zugleich die Hauptperson des Epos – Wäinämöinen – von der Wassermutter erschaffen, und am Ende muss er als letzter Vertreter des Heidentums die Welt vor dem Christentum verlassen. Übrig bleiben zwei Symbole: das urfinnische Zupfinstrument Kantele, stellvertretend für die finnische Kunst und Kultur, sowie ein Kleinkind als Zeichen für den Fortbestand der Menschheit."[9]

Für das *Kalevala*-Epos ist es bezeichnend, dass Kämpfe und Auseinandersetzungen nicht mit Kriegsheeren und Waffen ausgetragen werden, sondern dass die Menschen ihre Feinde mit List überwältigen und ihre Probleme mit Hilfe übernatürlicher Kräfte lösen, das heißt den Kräften des Wortes, des Geistes und des Wissens. Dargestellt werden zwei einander entgegengesetzte Welten: Dem patriarchalisch geführten Land Kaleva mit seinen männlichen Helden Wäinämöinen, Ilmarinen und Lemminkäinen steht das düstere, matriarchalisch regierte Nordland gegenüber, wo die mächtige und hässliche Nordland-Herrscherin Louhi mit ihren wunderschönen Töchtern wohnt.

Alle genannten Hauptpersonen werden als hervorragende Sänger beschrieben, die über göttliche und schamanistische Eigenschaften verfügen. Als Menschen sind sie jedoch von starken Emotionsschwankungen betroffen und leiden unter persönlichen Misserfolgserlebnissen.

Die weiblichen Figuren des Epos lassen sich grob in zwei Haupttypen unterteilen: Zu den einen gehören die mit übernatürlichen und schamanistischen Eigenschaften ausgestatteten Mütter, das heißt Louhi und Lemminkäinens Mut-

---

[7] Jacob Grimm: Über das finnische Epos. Gelesen in der Akademie der Wissenschaften am 13. März 1845. In: Kleinere Schriften. Bd. 2. Berlin 1865, S. 75-113; siehe auch Erich Kunze: Jacob Grimm und Finnland (= FFC 165). Helsinki 1957.

[8] Tuomi-Nikula (wie Anm. 6), S. 83-87.

[9] Zit. nach Matti Kuusi und Pertti Anttonen: Kalevala-lipas. Pieksämäki 1985, S. 116. Das finnischsprachige Zitat wurde von der Verfasserin ins Deutsche übersetzt.

ter, die sowohl die Partnerwahl ihrer Töchter bestimmen als auch ihre Söhne immer wieder aus heiklen Situationen zu befreien wissen. Zur anderen Kategorie zählen junge, unverheiratete Frauen, wie die Nordland-Töchter Aino und Kyllikki, die von den männlichen Kalevala-Helden als Ehepartnerinnen begehrt werden. Nach ostkarelischem Familienmuster ist für die Partnerwahl neben der Mutter auch der Bruder der Braut zuständig. Dagegen scheint der Vater dabei nur eine untergeordnete Rolle zu spielen. Alle Frauen werden im *Kalevala* als starke Persönlichkeiten mit Verstand, Gefühl und eigenem Entscheidungsvermögen geschildert.

Die zentralen Ereignisse des Handlungsverlaufs konzentrieren sich auf die Brautwerbung um die Nordland-Tochter und den wundertätigen Sampo, den der Schmied Ilmarinen der Nordland-Tochter als Brautgabe geschmiedet hat. Der Sampo stellt das rätselhafteste Element des Epos dar.

Von verschiedenen wissenschaftlichen Disziplinen liegen weltweit mehr als 60 kosmologische, historische und abstrakte Deutungsansätze für den Sampo vor. Einer alten finnischen Überlieferung nach bedeutet er das Glück der Erde, dessen Gesamtvolumen immer konstant bleibt – nach dem Motto: Wenn jemand viel Glück besitzt, ist für andere dementsprechend weniger übrig. Dies ist auch die Erklärung dafür, weshalb Ilmarinen keinen zweiten Sampo schmieden konnte, da im ersten Sampo schon das gesamte Glück der Erde konzentriert ist.[10]

Da die Nordland-Herrin ihr durch die Tochter gewonnenes Glück, den Sampo, nicht teilen will, kommt es zum Krieg zwischen dem Nordland und Kalevala, der am Ende unentschieden bleibt. Beim Kampf um den Sampo zerbricht die magische Gabe in viele tausend Stücke und versinkt im Meer. Wo ihre Scherben an Land treiben, kommt es zu neuem Wohlstand und Segen.

„Kalevala" als bekanntestes literarisches Werk Finnlands

Das *Kalevala*-Epos Lönnrots wird heute weltweit gelesen und stellt das bekannteste literarische Werk Finnlands dar. Bis zum Jahre 2007 ist es in 60 Sprachen übersetzt worden. Weitere Übertragungen bzw. Neubearbeitungen schon veröffentlichter Übersetzungen sind derzeit noch in Arbeit. Viele Übersetzungen sind mit künstlerischen Illustrationen versehen, in denen die Künstler des entsprechenden Landes die Mythenwelt des *Kalevala* aus der Sicht ihrer eigenen Kultur visuell interpretieren. Für das zunehmende internationale Interesse spricht die Tatsache, dass allein in den 1990er Jahren 25 Übersetzungen erschienen sind. In die deutsche Sprache ist das *Kalevala* bislang 17 Male

---

[10] Siehe E.N. Setälä: Sammon arvoitus [Das Rätsel um den Sampo]. Helsinki 1932. Die Studie von Setälä analysiert 50 Sampo-Interpretationen; Anttonen/Kuusi (wie Anm. 2), S. 116-122.

übertragen worden, und zwar erstmalig 1852 durch den deutschbaltischen Sprachforscher und Ethnologen Franz Anton Schiefner (1817-1879).[11]

Die Anzahl der *Kalevala*-Ausgaben in finnischer Sprache ist kaum noch zu überblicken. Neben dem *Kalevala* in Vers-, Prosa- oder sogar Dialektform finden sich Ausgaben für bestimmte Zielgruppen, wie reichlich illustrierte Bilder- und Hörbücher für Kinder unterschiedlichen Alters, Ausgaben in Blindenschrift für Sehbehinderte, elektronische Buchversionen und Comic-Hefte. Die Spannbreite reicht von einfachen Volks- und Schulbuchausgaben bis zu prachtvoll ausgestatteten Kunstbüchern mit farbigen Drucken von Gemälden und Reliefs bekannter finnischer Künstler. 1996 ist ein von finnischen Erzählforschern ausgearbeitetes elektronisches *Hyperkalevala* als Multimedia-Produkt erschienen, das auf mehr als 500 Seiten 700 Bilder und einen Videofilm rund um das *Kalevala* umfasst.[12]

In der finnischen Gesellschaft ist das *Kalevala* allgegenwärtig: Zahlreiche Vereine und Organisationen haben sich bei ihrer Namensgebung vom *Kalevala* inspirieren lassen, wie z.B. „Kalevalas Jugend", „Kalevalas Frauen", „Vironlahtis Sampo" sowie die wissenschaftlich orientierte „Kalevala-Gesellschaft". An der Universität Turku ist das „Kalevala-Institut" mit der Herausgabe der FFC-Reihe als einem der wichtigsten Publikationsforen für Erzählforscher betraut.

Die größten finnischen Versicherungsgesellschaften tragen Namen wie Ilmarinen, Sampo, Tapiola und Pohjola (Nordland)[13]. Der Einsatz der Eisbrecher Sampo und Wellamo ermöglicht im Winter die Zufahrt zu den wichtigsten finnischen Ostseehäfen, und im Juli jeden Jahres werden im „Kalevan kisat" („Kalevala-Wettkampf") die finnischen Leichtathletik-Meisterschaften ausgetragen. In Finnland kann man das „Kalevala-Dorf" besuchen, dort im „Kalevala-Hotel" übernachten, zum Frühstück Wäinämöinens Mantelknöpfe aus Roggenteig essen und abends das Sauna-Bad mit kalevalischem Aino-Saunatorf genießen. Es ist sogar möglich, sich ein „Kalevala-Haus" an der Ilmarinenstraße im Stadtteil Väinölä in Pori bauen zu lassen. Weiterhin sind *Kalevala*-Motive auf alten Münzen, Banknoten und Streichholzschachteln zu finden, und Astrologen lesen ihren Kunden die Schicksalsprognosen aus Tarotkarten mit *Kalevala*-Motiven. Nicht zuletzt kommen alte finnische Vornamen, wie beispielsweise Aino, Kyllikki, Annikki, Ilmari, Sampo oder Väinö, für welche die *Kalevala*-Figuren Pate gestanden haben, im 21. Jahrhundert wieder in Mode.

Am 28. Februar feiern die Finnen den „Kalevala-Tag" als Tag der finnischen Kultur, an dem alljährlich Vertreter des Kulturfonds Finnlands (Suomen kulttuurirahasto) in einem Festakt auserwählten Wissenschaftlern Hunderte von Forschungsstipendien überreichen. Jährt sich das Erscheinen der *Kalevala*-Origi-

---

[11] Anton Schiefner: Kalewala. Das Nationalepos der Finnen. Helsingfors 1852.

[12] Anttonen/Kuusi (wie Anm. 2), S. 131-166.

[13] Vgl. hierzu und zum Folgenden Anttonen/Kuusi (wie Anm. 2), S. 237-297.

nalausgabe um ein oder anderthalb Jahrhunderte, ist dies stets mit großen Feierlichkeiten verbunden. Im Zusammenhang mit dem 100-jährigen *Kalevala*-Jubiläum des Jahres 1935 ließen sogar 100.000 Finnen ihre schwedischen Familiennamen ins Finnische übertragen, um somit die Bedeutung des *Kalevala* für die finnische Sprache zu demonstrieren.

Zur jüngeren Rezeptionsgeschichte

Mit immer neuen *Kalevala*-Übersetzungen wächst die Rezeptionsgeschichte des Epos von Jahr zu Jahr. Einem Urteil des deutschen *Kalevala*-Forschers und Übersetzers Hans Fromm aus dem Jahre 1980 zufolge ist es dem Einzelnen nicht mehr möglich, die umfassende Geschichte der internationalen Aufnahme und Wirkung des *Kalevala* aufzuarbeiten. Zu Beginn der 1980er Jahre fehlte eine wissenschaftlich aufgearbeitete Rezeptionsgeschichte selbst noch in Finnland.[14] Heutzutage liegen zwar zahlreiche Einzelstudien zur *Kalevala*-Rezeption aus den Bereichen Kunst, Politik und Kulturwissenschaften vor, doch steht eine interdisziplinäre Gesamtanalyse, die Aspekte des gegenwärtigen finnischen Alltagslebens berücksichtigen würde, derzeit noch aus.[15]

Dennoch soll hier kurz der Versuch unternommen werden, das mittlerweile 170 Jahre alte *Kalevala*-Epos in verschiedenen Kontexten und aus unterschiedlichen Perspektiven zu betrachten. Die wissenschaftlichen Bemühungen des finnischen Epenforschers Lauri Honko (1932-2002) um die Einordnung des *Kalevala*-Epos in den Gesamtkanon aller bisher bekannten National- oder Volksepen der Welt führten jahrzehntelang den internationalen *Kalevala*-Diskurs der Erzählforscher an. Honkos komparativ ausgerichtete Forschungsarbeit[16] setzte zugleich die Lebenswerke seiner finnischen Vorgänger fort, die sich vor allem für die Entstehungsgeschichte, den Aufbau und die Analyse der *Kalevala*-Motive interessiert hatten. Auch die feministische *Kalevala*-Forschung, die vor allem mit den Namen Satu Apo, Aili Nenola, Anna-Leena Siikala, Senni

---

14 Vgl. Hans Fromm: Zur Rezeptionsgeschichte des Kalevala. In: Congressus Quintus Internationalis Fenno-Ugristarum, Turku 20.-27.8.1980, hrsg. von Osmo Ikola. Pars I. Turku 1980, S. 25-55..

15 Z.B. Pirkko Alhonniemi: Die Rezeption des Kalevala und seine Aufnahme als nationales Kulturgut. In: Det finske Kalevala. 150 Jahre, 1835-1985, Kalevala – 150 vuotta Kalevalaa. Rapport om Kalevala-symposium i København den 17.-18. Mai 1985, red. af Sirkka Kroman. København 1985; Kalevi Aho: Suomalainen musiikki ja Kalevala [Die finnische Musik und das Kalevala]. Mänttä 1985. Vgl. Pertti Anttonen: Johdanto. In: Anttonen/Kuusi (wie Anm. 2), S. 11.

16 Z.B. Lauri Honko: Kalevala. Aitouden, tulkinnan ja identiteetin ongelmia [Kalevala. Probleme der Authentizität, Interpretation und Identität]. In: ders. (Hrsg.): Kalevala ja maailman eepokset [Kalevala und die Weltepen]. Helsinki 1987, S. 125-170 (= Kalevalaseuran vuosikirja, 65 = NIF Publications, 16).

Timonen und neuerdings Tarja Kupiainen in Verbindung gebracht wird, darf in diesem Zusammenhang nicht ungenannt bleiben.[17]

Aus dem in Finnland lebhaft geführten *Kalevala*-Diskurs sind zahlreiche Publikationen über den Einfluss des *Kalevala* auf die finnische Literatur und die bildenden Künste entstanden. Eine sich der *Kalevala*-Rezeption widmende Monografie stammt von Liisa Voßschmidt,[18] welche die Rezeptionsgeschichte des *Kalevala*-Epos im deutschsprachigen Raum vom literaturwissenschaftlichen Standpunkt aus betrachtet. Die Autorin unterscheidet vier Kategorien, wobei sie das *Kalevala* aus verlagspolitischer, wissenschaftlicher, ideologischer und populärwissenschaftlicher Perspektive betrachtet. Bei ihrer Analyse aus dem ideologisch-politischen Blickwinkel z.B. beruft sich die Autorin auf die Funktion des *Kalevala* als propagandistisches Mittel im nationalsozialistischen Deutschland. Der Schriftsteller Hanns Johst, der mit Heinrich Himmler befreundet war, hatte nämlich den Plan, ein heroisches Buch über die Heldentaten deutscher Soldaten zu schreiben, wobei das *Kalevala*-Epos Pate gestanden hätte. Des Weiteren deutet Voßschmidt auf die Lebenserinnerungen deutscher Soldaten an ihre Stationierung im finnischen Lappland während des Zweiten Weltkriegs hin, in denen das *Kalevala* als Teil eines positiv empfundenen Finnland-Bildes erscheint.

Während in Deutschland die Juden das Ziel des Rassenhasses bildeten, waren es in Finnland die Russen. Da im Laufe der finnischen Geschichte jahrhundertelange kriegerische Auseinandersetzungen mit den Russen stattgefunden hatten, löste der östliche Nachbar Angst und Bedrohung aus und war mit vielen Feindbildern behaftet. Es entstanden patriotische Vereine und Organisationen mit dem Ziel, die Zersplitterung des „kalevalischen Volkes" (das heißt der Finnen) zu verhindern. Das Deckblatt der faschistischen Zeitschrift *Sinimusta* (= „Blauschwarz") symbolisiert dies mit einem Motiv aus dem *Kalevala* im Jahre 1935: Ilmarinen, der Schmied des Himmelsgewölbes (= die Finnen) pflügt den Acker voller Giftschlangen (= die Russen), wobei die Schlangen durch die Pferdehufe getötet werden. Deutlich wird die nationalsozialistisch-kalevalische Symbolik auch bei einer neuen neofaschistischen Gruppierung namens „Finnland für Finnen", die in Finnland in den 1990er Jahren aktiv wurde und den Hitler-Spruch „Kraft durch Freude!" im Sinne des *Kalevala* in „Voimaa Kalevalasta!" („Kraft durch Kalevala!") umdeutete.[19]

---

[17] Louhen sanat. Kirjoituksia kansanperinteen naisista [Die Worte Louhis. Schriften über die Frauen in der Volksdichtung], hrsg. von Aili Nenola und Senni Timonen. Helsinki 1990.

[18] Liisa Voßschmidt: Das Kalevala und seine Rezeption im 19. Jahrhundert. Eine Analyse von Rezeptionsdokumenten aus dem deutschen Sprachraum. Frankfurt a.M./Bern/New York/Paris 1989 (= Bochumer Schriften zur deutschen Literatur, 9).

[19] Anttonen/Kuusi (wie Anm 2), S. 237-242.

Abb. 1:
Nationalsozialistische
„Kalevala"-Symbolik
aus den 1990er Jahren
(„Kraft durch Kalevala!")[20]

Aber auch in einem ganz anderen Zusammmenhang hat das *Kalevala* als ideologisches Vorbild seine Wirkung bis heute nicht verloren. Gemeint ist die Steiner-Pädagogik, in der die 1978 erstmals erschienene *Kalevala*-Prosaüber-setzung von Inge Ott[21] heute noch ein wichtiger Bestandteil des Schulunterrichts darstellt. Für Rudolf Steiner, der seine erste Rede über das *Kalevala* im Jahre 1912 in Helsinki hielt, bedeutete das *Kalevala* ein Mysterium, das er mit Hilfe von drei „Wesen", nämlich von Wäinämöinen, Ilmarinen und Lemminkäinen zu interpretieren suchte.[22]

Als weitere Rezeptionskategorie führt Voßschmidt die Aufnahme des *Kale-vala* in die Populärkultur Finnlands an, ein Phänomen, das zwar in Finnland stark ausgeprägt ist, doch in der finnischen Kulturforschung bislang wenig Be-achtung gefunden hat.[23] Zum Beispiel wurde das Epos von Keno Don Rosa als Schatzsuchergeschichte mit Dagobert Duck als Held adaptiert. Zuerst wurde der

---

[20] Nach Anttonen/Kuusi (wie Anm. 2), S. 240.

[21] Inge Ott: Kalevala. Die Taten von Väinämöinen, Ilmarinen und Lemminkäinen. Stuttgart 1978.

[22] Fromm (wie Anm. 14), S. 46.

[23] Schreiben von Mari Hatakka (Kalevala-Gesellschaft) an Outi Tuomi-Nikula vom 12. Juli 2005.

Comic im November 1999 in Finnland publiziert, wenig später erschien die 48 Seiten umfassende Broschüre in deutscher Sprache[24]. Ein weiterer, 2004 von Petteri Hakkarainen unter dem Titel *Väinämöinen, vanhana syntynyt* („Wäinämöinen, alt geboren") veröffentlichter Comic folgt zwar dem Handlungsverlauf des Original-*Kalevala*, ist aber in finnischer Umgangssprache verfasst.

Im Folgenden möchte ich die Popularisierung des *Kalevala* noch unter einem anderen Aspekt betrachten. Anhand einiger Beispiele soll aufgezeigt werden, wie zwei zentrale und den meisten Finnen bekannte Themen des *Kalevala* im populärwissenschaftlichen Kontext von Kunst und Politik verwendet und interpretiert wurden, nämlich die „Aino-Sage" und die „Verteidigung des Sampo". Dabei ist zu betonen, dass bei allen politischen Karikaturen nicht die Parodie des *Kalevala* als nationales Symbol der Finnen beabsichtigt ist. Die finnischen Karikaturisten benutzen vielmehr die im Epos dargestellten mythischen Handlungsabläufe als Werkzeuge, um gegenwärtige Ereignisse in der finnischen Gesellschaft überspitzt darzustellen. Dies setzt jedoch voraus, dass die Personen und Episoden des *Kalevala* den Lesern bekannt sind. Hierbei spielen die Gemälde des bekanntesten *Kalevala*-Illustrators Akseli Gallén-Kallela (1865-1931) eine besondere Rolle. Gallén-Kallela war der Hauptvertreter des so genannten „Karelianismus", einer nationalromantischen Kunstepoche im Finnland der 1890er Jahre. Mit seinen Gemälden und *Kalevala*-Illustrationen hat er den *Kalevala*-Figuren Gesichter gegeben und die Mythenwelt des *Kalevala* tief in das Bewusstsein der Finnen eingeschweißt. Die meisten, nach 1890 entstandenen Gemälde und Graphiken mit *Kalevala*-Motiven sind den Kunstwerken von Gallén-Kallela nachempfunden.

Die Aino-Sage

Das erste hier zu analysierende Thema beschäftigt sich mit der Aino-Sage. Aino war ein junges Mädchen, das durch ihren Bruder Joukahainen dem alten Wäinämöinen zur Frau versprochen wurde. Ainos Mutter war sehr angetan von dem Gedanken, einen berühmten Sänger als Schwiegersohn zu bekommen. Aino wählte jedoch lieber den Freitod durch Ertrinken, als einen alten Mann zu heiraten. Nach diesem Gesang fertigte Akseli Gallén-Kallela ein dreiteiliges Gemälde an, das einem sakralen Triptychon gleicht. Das linke Bild stellt die erste Begegnung von Wäinämöinen und Aino im Wald dar, wo das Mädchen für das Saunabad frische Birkenäste holt. Auf dem rechten Bild entscheidet sich Aino dafür, den Tod in Form eines Lebens unter Wassernymphen der Ehe mit Wäinämöinen vorzuziehen. Auf dem mittleren Gemälde hat Aino bereits den Tod

---

[24] Don Rosa: Die Jagd nach der Goldmühle (= Onkel Dagobert, 25). Stuttgart 2000; auch in: Micky Maus 01/2000.

durchschritten und ist in eine Wassernymphe verwandelt, die Wäinämöinen vergebens zu fangen sucht.

Abb. 2: Akseli Gallén-Kallela: „Aino-Triptyykki" (1896)

Abb. 3: Sirpa Alalääkkölä: „Aino-Triptyykki" (1988)

Elias Lönnrot und Akseli Gallén-Kallela waren Männer eines patriarchalen Zeitalters. Als Kind seiner Zeit wählte Lönnrot bewusst oder unbewusst von Männern vorgetragene epische Liedversionen für sein *Kalevala* aus, die den Patriar-
chismus unterstützten. Auch wenn im *Kalevala* der Abscheu der blutjungen
Aino, einen alten Mann zu heiraten, eindrucksvoll dargestellt wird, vermittelt
Lönnrot dem Leser den Eindruck, dass es eigentlich Aino war, die ein Verbrechen gegen das Patriarchat beging, wonach dem alten Wäinämöinen nur Mitleid
gebührt. Dementsprechend wird Aino auch nicht betrauert; es erfolgt lediglich
die Warnung an andere Männer, keine allzu junge Frau zu heiraten.[25]

Das Schicksal von Aino wurde aus Sicht der feministischen *Kalevala*-For-
schung mehrfach analysiert und hat zahlreiche Künstler der nachfolgenden
Generationen inspiriert, wie das Beispiel der Kunstmalerin Sirpa Alalääkkölä
von 1988 zeigt. Aino, einerseits mit erotischen, vor dem Zugriff gieriger Män-
nerhände schützenden Symbolen ausgestattet, wird für den aus Gallén-Kallelas
Gemälde bekannten greisen Wäinämöinen als unerreichbar dargestellt. Der
Kontrast zwischen dem Greis und der mannequinartig dargestellten jungen Frau
wird gesteigert. Ein Verhältnis zwischen den beiden Figuren scheint prinzipiell
unmöglich und wird vom Betrachter als abstoßend empfunden.

Abb. 4:
Kari
Suomalainen:
„Porno-
Kalevala"
(1971)

Kari Suomalainen (1920-1999) war lange Zeit Finnlands bekanntester Politkari-
katurist. Auf seiner Zeichnung wird Aino nicht als begehrenswerte Frau abgebildet, sondern als erstrebenswerter Hauptgewinn im Lottospiel. Ende der
1960er bis Anfang der 1970er Jahre nahm Finnland wie andere europäische
Länder an der Liberalisierung der Sexualität teil, was Kari Suomalainen mit seiner Karikatur zum Ausdruck bringt.

---

25 Tuomi-Nikula (wie Anm. 6), S. 91 f.

Die feministische *Kalevala*-Forschung hat an der Universität Helsinki Ende der 1980er Jahre begonnen und bis heute eine Reihe von Publikationen hervorgebracht, in denen die heroische Männerwelt des *Kalevala* infrage gestellt wird. In den feministischen Interpretationen werden die kalevalischen Männerfiguren als Antihelden verstanden, die Frauen rauben, vergewaltigen und töten. Die weiblichen *Kalevala*-Figuren hingegen beweisen Mut und Selbstständigkeit, sobald ihre Rechte gefährdet werden. Die Frauen des *Kalevala* werden sogar als symbolische Leitbilder der finnischen Frauenemanzipation angesehen, wie folgendes Beispiel mit vertauschten Rollen belegt: Eine ältere Frau versucht, einen nackten Jüngling aus dem Wasser zu fischen.

Abb. 5:
Vertauschte
Rollen. Aus:
Frauenzeitschrift
„Me Naiset"
(1997)

Abb. 6:
Bilderbuch-Adaption
von Mauri Kunnas:
„Koirien Kalevala"
(1992)

Auch Kindern wird eine eher emanzipatorische Version der Aino-Sage vermittelt. In einer in Finnland sehr bekannten Kinderbuchversion flieht Wäinämöinen panikartig vor der heiratswilligen Aino, die fest entschlossen ist, einen Mann zu fangen.

Die Verteidigung des Sampo

Das zweite Motivbeispiel beschäftigt sich mit der Verteidigung des Sampo. Das *Kalevala* erzählt davon, wie die Männer von Kalevala den wundertätigen Sampo aus dem Nordland (Pohjola) rauben, obwohl Louhi, die Herrscherin des Nordlands, den Sampo zuvor auf ehrliche Weise als Brautgabe für ihre Tochter erhalten hatte. Auf dem Meer entflammt ein Kampf zwischen den Männern von Kalevala und dem Volk aus Nordland. Louhi, die Nordland-Herrin, verwandelt sich in einen großen hässlichen Vogel, zaubert einen Sturm und dichten Nebel herbei und versucht, den wundertätigen Sampo zurückzuholen.

Abb. 7:
Akseli
Gallén-Kallela:
„Die Verteidigung
des Sampo"
(1896)

Diesem Gemälde von Akseli Gallén-Kallela ist eine politisch-ideologische Bedeutung eingeschrieben. Gemeint sind die Bestrebungen der finnischen Regierung, die autonome Stellung Finnlands als Teil des russischen Zarenreiches zu bewahren, nachdem sich die Beziehungen zwischen beiden Ländern gegen Ende des 19. Jahrhunderts verschärft hatten. Von 1809 bis 1917 war Finnland als autonomes Großfürstentum dem russischen Zarenreich angegliedert worden, doch die von dem Zarenreich ausgehenden Russifizierungsversuche lösten in Finnland Empörung und Widerstand aus. Auf dem Gemälde versuchen die Männer aus Kalevala, die das finnische Volk symbolisieren, mit Gewalt, das Symbol der finnischen Kunst und Kultur, den Sampo, vor dem drohenden Zugriff Russlands, dem Nordland-Volk, zu bewahren. Das Bild wurde erstmalig auf der Pariser Weltausstellung von 1900 im finnischen Pavillon ausgestellt.

Nicht umsonst fiel die Entstehungszeit des Werkes in die 1890er Jahre, als die in Finnland erstarkende Widerstandsbewegung sich unter anderem künstlerischer Mittel bediente. Musik, Theater, Oper, Literatur und die bildenden Künste verfolgten das gemeinsame Ziel, Finnlands autonome Stellung zu stärken. Die Kunstepoche des Karelianismus verband nahezu alle Künstler: Kunstmaler, Bildhauer, Schriftsteller, Komponisten und Theaterleute, mit Themen aus dem *Kalevala*, wobei die Karelia-Serie des Komponisten Jean Sibelius weltweit am bekanntesten ist.

Abb. 8:
Tarmo Koivisto:
„Verteidigung
des Sampo"
(Postkarte von 1998)

Das Thema „Verteidigung des Sampo" wird immer wieder in unterschiedlichen Kontexten verwendet und avancierte nicht zuletzt zu einem köstlichen Thema für politische Karikaturen, wobei das bekannte Gemälde von Gallén-Kallela als Vorlage dient. Auf der Karikatur von Tarmo Koivisto z.B. versuchen finnische Bauern als Kalevala-Volk ihren Sampo, die Landwirtschaft, vor den drohenden internationalen Märkten zu bewahren.

Ein weiteres Beispiel knüpft an die finnische Parlamentswahl des Jahres 1962 an, als es Probleme bei der Gründung der Regierungskoalition gab. Als Bedrohung der Demokratie wurde vor allem die kommunistische Partei angesehen, hier verkörpert durch Louhi, die Nordland-Herrin. Die Zentralpartei der Landwirtschaft versucht, sie mit Leckereien in die Koalition zu locken, während die Sozialdemokratische Partei ihre Pfeile bereits durchgebrochen und die Nationale Sammlungspartei das Interesse völlig verloren hat. Den Zusammenhang zum

Kalevala hat der Karikaturist Kari Suomalainen durch Verwendung des Bildes von Gallén-Kallela deutlich gemacht.

Abb. 9:
Kari
Suomalainen:
Karikatur zur
finnischen
Parlamentswahl
(1962)

Das verstärkte Interesse an Mythen ist ein Merkmal unserer Zeit, nicht nur in Finnland, wo sich wissenschaftliche Publikationen, Fernsehsendungen und Kunstausstellungen in zunehmendem Maße mythologischen Fragestellungen widmen. Nach Auskunft des „Kalevala-Instituts" arbeiten zur Zeit rund 170 bildende Künstler an Werken, die mit der mythischen Welt des *Kalevala* in Verbindung gebracht werden können. Der ungebrochene *Harry-Potter*-Boom sowie die Popularität der Tolkien-Verfilmung *Herr der Ringe*, deren Handlungsverlauf sowohl Elemente aus dem *Kalevala* als auch aus dem *Nibelungenlied* aufgreift, stehen für diesen aktuellen Mythologie-Trend, der weit über die europäischen Grenzen hinaus bis nach Japan zu beobachten ist.

Für den finnischen Kunstmaler Markku Laakso stellt ein Mythos zugleich eine Reise in die finnische Seelenlandschaft dar, wobei sich die eigenen Wünsche und Träume in eine subjektiv fassbare Realität verwandeln lassen. Auf Laaksos Bild hat Elvis Presley, das Jugendidol des Malers, den Platz von Wäinämöinen eingenommen.[26] Für den Betrachter stellt sich nur die Frage: Was oder wer wird hier durch Elvis verteidigt – die Träume der eigenen Jugendzeit?

---

[26] Kotimaan turistimatka suomalaiseen mieleen [Eine einheimische Touristenreise nach finnischem Geschmack]. In der Tageszeitung Kouvolan sanomat vom 24. Juni 2002.

Abb. 10:
Markku Laakso:
„Die Verteidigung
des Sampo" (1999),
der Väinämöinen
durch Elvis Presley
ersetzt

Wäinämöinen – ein Held mit Schwächen und Stärken

Ich kehre noch einmal zu Wäinämöinen zurück. Als mythischer Held ist er mit widersprüchlichen Charaktereigenschaften ausgestattet. Im *Kalevala* wird er einerseits als der erste Mensch der Welt, als Kulturheros, Schamane, als Gesellschaftsführer und als eine Person, die mehr weiß als die anderen, geschildert. Andererseits ist er ein Antiheld, der trotz eifriger Brautwerbungen zweimal einen Korb bekommt und den keine Frau haben will. Er zerbricht die Grenzen der gesellschaftlichen Ordnung und Moral und führt somit den Tod von Aino herbei. Seine physische Schwäche sind seine kranken Knie, und er weint wie ein Kind – ein unmögliches Benehmen für einen Helden, da es männlichen Verhaltensnormen innerhalb einer patriarchalen Gesellschaft widerspricht. Dennoch bleibt Wäinämöinens heldenhafte Vorbildfunktion unbestritten.

Könnte dies nicht an der einfachen Tatsache liegen, dass niemand ohne ein Eingeständnis der eigenen Schwächen den Heldenstatus erreichen kann, weil erst menschliche Schwächen und Unebenheiten die Persönlichkeit vervollständigen? Die menschlichen Schwächen des langjährigen finnischen Präsidenten Urho Kekkonen waren den Finnen sehr wohl bekannt, und auch die Nachsicht der Amerikaner im Fall Bill Clinton ist nur durch dieses mythische Modell zu erklären.

Wäinämöinen ist ein Medienstar, dessen mythische Kraft mit der Zeit noch zuzunehmen scheint, wenn beispielsweise finnische Politiker oder Personen des öffentlichen Lebens mit Helden des *Kalevala* verglichen werden. Oder wie wäre es sonst zu erklären, dass sich der Finanzminister Jouko Skinnari 1997 – als Wäinämöinen verkleidet – in einer der führenden Zeitschriften Finnlands abbilden ließ?[27]

Abb. 11:
Finanzminister
Jouko Skinnari
(1997)

---

[27] Aus: Image 8/1997.

Susanne Hose

Krabat – Zauberlehrling, Hoffnungsträger, Markenname
Die multimedialen Verwandlungskünste einer sorbischen Sagengestalt

Krabat alias Johannes Schadowitz

Am 29. Mai 1704 starb in der Erbschenke zu „Serchen" im Alter von 80 Jahren der kroatische Reiterobrist Johannes Schadowitz, der im Heer des sächsischen Kurfürsten Johann Georg III., des Vaters von August dem Starken, gedient hatte. Die Totenmesse fand vier Tage später in der katholischen Pfarrkirche zu Wittichenau statt. Die Tatsache, dass Schadowitz in der Kirche unter dem Wandlungsglöckchen begraben[1] und ihm eine Leichenpredigt gehalten wurde, weist darauf hin, dass er seinerzeit zu den beachtenswerten Persönlichkeiten der Gemeinde gehört haben muss, obgleich er nur zehn Jahre darin gelebt hatte. Seine Dienste im Feldzug gegen die Türken 1683 vor Wien[2] hatte ihm Johann Georg III. 1691 mit einem Gut in der Lausitzer Heide unweit von Wittichenau und Hoyerswerda gelohnt. Das Land war dünn besiedelt. Den trockenen sandigen Boden bedeckten weite Kiefernwälder. Die Bewohner lebten mehr schlecht als recht vom Handel mit Holzkohle, Teer und Kien sowie von bescheidenen landwirtschaftlichen Erträgen, die sie aus dem Anbau von Kartoffeln, Buchweizen, Hirse, Hafer und Roggen gewannen. Die Ende der zwanziger Jahre des 19. Jahrhunderts gesetzlich sanktionierte Aufhebung der Leibeigenschaft wurde in dieser Region erst Jahrzehnte später durchgesetzt. Reisende sprechen von rauer Heide und finsteren Sümpfen, von trostlosen, öden Wegen, von ebenso elenden Dörfern wie armseligen Landleuten. So berichtet der Jurist und Pädagoge Johann Andreas Tamm (1767-1795) über die Zustände, die besonders in der Region um Muskau und Schleife sowie in einigen Gegenden der Niederlausitz herrschten:

> „Ich sah sie oft in ihren Hütten, wo sie nicht bequemer als anderwärts das Vieh wohnen; ich fragte manchmal vergebens in Bauernhöfen nach einem Stück essbaren Roggenbrotes. […] Ich sah die Dörfer zusammengesetzt von alten, halbzerfallenen, bloß hölzernen

---

[1] Aus dem Totenbuch der katholischen Kirchgemeinde Wittichenau von 1704: „Den 29. Maij ist er in Serchen gestorben und allhier in der Kirchen den 2. Junij begraben worden unterhalb des Presbytorij am Gläkel der Gnädige Herr H. Obrist Joannes Schadowitz in Croatien von Agram gebürtig." Der Auszug ziert heute eine Gedenktafel, die in der Kirche zu Wittichenau an Schadowitz erinnert.

[2] Johann Georg III. unterstützte den Habsburger Kaiser Leopold 1683 in der Schlacht vor Wien gegen die Türken. Er verstärkte das christliche Heer unter Führung des polnischen Königs Johann Sobieski mit 11.000 Mann aus Sachsen.

Hütten. Unter einigen dreißig fand ich nur zwei, in denen hin und wieder ein Fruchtbaum stand. Die meisten übrigen sahen aus wie die Reste aus einem verwüstenden Kriege."[3]

Die Aussagen gleichen den umfänglichen Schilderungen des Pfarrers und Predigers der Herrnhuter Brüdergemeine Christian Gottlieb Schmidt, der allerdings in *Briefe über die Niederlausitz*, 1789 in Wittenberg erschienen, nicht nur von tiefen Sandmeeren und unfruchtbarer Steppenlandschaft berichtet, sondern auch idyllische Naturszenen nachzeichnet oder Betriebsamkeit und Gewerbefleiß der Bewohner hervorhebt. Diese Gegensätze begründen sich zum einen in den sich erheblich unterscheidenden Bodenverhältnissen; zum anderen entsprechen solche Beschreibungen immer auch den persönlichen Interessen und Sichtweisen des Reisenden und fallen demzufolge je nach Reisebedingungen wie dem Wetter oder der Reisegesellschaft bzw. der körperlichen Verfassung unterschiedlich aus. Darüber hinaus sind sie immer in einer bestimmten Absicht und für ein bestimmtes Publikum verfasst.[4] In unserem Fall mögen sie jedoch belegen, dass das Gut, das der sächsische Kurfürst seinem treuen Soldaten schenkte, in einem Landstrich lag, der weder in seiner geografischen noch in seiner ökonomischen oder sozialen Dimension Reichtum versprach. Schadowitz soll das Vorwerk Groß Särchen 1694 bezogen haben, nachdem es drei Jahre zuvor, kurz nachdem er es übernommen hatte, vollständig abgebrannt war.

Dreihundert Jahre nach seinem Tod wurde in Wittichenau und Groß Särchen feierlich seiner gedacht.[5] Der Hoyerswerdaer Kantor Johannes Leue komponierte ein Te Deum Laudamus, das anlässlich des Todestages von Schadowitz am 29. Mai 2004 in der Groß Särchener evangelischen Kirche von drei Chören, Solisten, Streichern und Bläsern uraufgeführt wurde. Die Ehre galt der Person des Reiterobristen, jedoch allein die Überlieferung vom „guten Zauberer" Krabat und ihre Bearbeitung durch Wissenschaft[6] und Literatur[7] hatten auf ihn auf-

---

[3] Johann Andreas Tamm: Noch etwas über Leibeigenschaft, Erbuntertänigkeit und Lassgüter in der Lausitz. In: Lausizische Monatsschrift 5 (1792), S. 162-170, hier S. 162.

[4] Eine Analyse der Wahrnehmungen der Niederlausitz als Kulturlandschaft und der jeweiligen Zuschreibungen liefern Günter Bayerl und Dirk Maier (Hrsg.): Die Niederlausitz vom 18. Jahrhundert bis heute: Eine gestörte Kulturlandschaft? Münster/New York/München/ Berlin 2002 (= Cottbuser Studien zur Geschichte von Technik, Arbeit und Umwelt, 19).

[5] Vgl. die ausführlichen Berichte in: Sächsische Zeitung (Landkreis Kamenz) vom 2. Juni 2004, S. 17; Lausitzer Rundschau Nr. 126 vom 2. Juni 2004, S. 14.

[6] Paul Nedo: Krabat. Zur Entstehung einer sorbischen Volkserzählung. In: Deutsches Jahrbuch für Volkskunde 2 (1956), S. 33-50; ders.: Sorbische Volksmärchen. Bautzen 1956 (= Schriftenreihe des Instituts für sorbische Volksforschung, 4), S. 135-151, 377-380; ders.: Mištr Krabat. Wo nastaću demokratiskeho ludoweho powědančka. In: Lětopis C 2 (1957), S. 3-34.

[7] Jurij Brězan: Čorny młyn. Budyšin 1968; ders.: Die schwarze Mühle. Berlin 1968, Lizenzausgabe: Dortmund 1976; Otfried Preußler: Krabat. Würzburg 1971; ders.: Krabat und der Schwarze Meister. Berlin 1989; Jurij Brězan: Krabat oder Die Verwandlung der Welt. Berlin 1976 (^{5}1986); ders.: Krabat oder Die Bewahrung der Welt. Bautzen 1995.

merksam gemacht. So spricht man heute zwar über Johann Schadowitz mit der Absicht, „historische Gerechtigkeit zu üben"[8] und den wahren Menschen zu würdigen, denkt aber an Krabat, dessen wohlmeinende wie sagenhafte Ruhmestaten in der Region allgemein bekannt sind. Hier zunächst eine Inhaltszusammenfassung der Sage:

„Aus Eutrich bei Königswartha stammend tritt der arme Viehhirte Krabat in die Lehre des Müllers zu Schwarzkollm ein. Schon der Name „Teufelsmühle" verheißt, dass die Mühle im Ruf eines magischen Ortes steht. Der von den Menschen aus der Umgebung gemiedene Müller unterrichtet stets zwölf Burschen, die er aber nicht nur im Handwerk, sondern auch in der Schwarzen Kunst unterweist. Am Ende eines jeden Lehrjahres muss ein Lehrling sterben. Die Wahl des Todgeweihten trifft das große Mühlrad nach einer Art Glücksradprinzip. Man kann demnach Glück haben und recht lange ein sicheres Auskommen genießen, oder auch nicht. Der noch unwissende Krabat schließt den Pakt mit dem Teufelsmüller, durchschaut jedoch bald dessen mörderische Absichten und bittet seine Mutter, ihn aus der Umklammerung des Hexenmeisters zu befreien, was mit einer List auch gelingt. Jedoch der Müller verfolgt ihn, denn Krabat hat sein Zauberbuch Koraktor[9] gestohlen. Beide liefern sich ein Verwandlungsduell, in dem Krabat siegt, der somit das Land von dem bösen Zauberer befreit. Fortan zaubert Krabat zum Wohle seiner Landsleute und zu Gunsten des sächsischen Kurfürsten, der ihm dafür das Gut in Groß Särchen schenkt. Mit Hilfe des Zauberbuchs, das ihm als Quelle seines magischen Wissens dient, macht er das sumpfige Heideland fruchtbar und wirkt als Wohltäter des Dorfes und seiner Umgebung. Im Anblick des Todes trägt er seinem Knecht auf, den Koraktor zu vernichten, da er in den Händen anderer Unglück über die Menschen bringen würde. Als Krabat stirbt, erscheint ein Schwan auf dem Haus als Zeichen seiner Erlösung."

Den ersten Beleg für die Behauptung, dass es sich bei Schadowitz und Krabat um ein und dieselbe Person handelt, liefert die Wittichenauer Chronik von 1848: „Dieser Croat Schadowitz ist derselbe, der in unserer Gegend unter dem Namen Krabat bekannt ist: denn ‚Croat' hat sich im Volksmund in ‚Krabat' verwandelt. Der Croat war reich – Herr von Särchen – und stand in dem Rufe eines

---

8 Nach 300 Jahren nicht nur die schönen Legenden erzählen. In: Sächsische Zeitung vom 2. Juni 2004, Ausgabe Kamenz, S. 17.

9 Unter dem Namen „Koraktor" vertreibt die Dimmel-Software GmbH Bautzen seit Dezember 2002 ein Informations- und Dokumentmanagement-System, das vorwiegend für Kunden aus dem Mittelstand entwickelt wurde. Der Name soll das Programm in eine regionale Verbindung bringen und darüber hinaus eine marketingwirksame Story erzählen: „KORAKTOR ist der Name des geheimen Zauberbuches von Krabat, dem guten sorbischen Zauberer. Mit Hilfe dieses Buches gelang es Krabat, so manches Gute in seiner Heimat, der Lausitz, zu bewirken. Er erleichterte damit sich und seinen Mitmenschen das Leben." Dimmels Software ermöglicht, alle Daten, Informationen und Dokumente eines Unternehmens in einer einheitlichen Oberfläche übersichtlich darzustellen. Egal, welche Information man benötigt – das Programm verspricht, dass man sie „zauberhaft schnell" zur Hand hat.

Schwarzkünstlers."[10] In der Tat nannte man die kroatischen Söldner im kaiserlichen Heer „Krabaten".[11] Jacob Grimm beschreibt sie im Deutschen Wörterbuch vermutlich wegen ihrer verwegenen Reitkünste und ihres fremdartigen Aussehens als „wildes Kriegsvolk". Analog dazu wird berichtet, Krabat wäre „wie der Teufel" geritten und auch wegen seines südländischen Aussehens und seiner stattlichen Gestalt jedermann aufgefallen. Man bedenke allerdings: Schadowitz war siebzig, als er in die Lausitz kam!

Die Versuche der Chronisten, Parallelen zwischen dem Leben des Reiterobristen und des legendären Krabat zu finden, reichen von der Mitte des 19. Jahrhunderts bis ins 21. Jahrhundert. Heute verbreitet vor allem die regionale Tagespresse die Nachricht vom engen Zusammenhang zwischen der überlieferten Sage und der historischen Wirklichkeit: „Bei kaum einer anderen historischen Person der Lausitz sind Wahrheit und Legende, Geschichte und Sage so untrennbar verwoben wie bei Krabat. Dass es für den sagenhaften sorbischen Zaubermeister ein historisch verbürgtes Vorbild gab – den Obristen Johannes Schadowitz, der heute vor genau 300 Jahren in Groß Särchen starb –, fasziniert viele Menschen."[12]

So kündigt beispielsweise die „Lausitzer Rundschau" die Eröffnung einer *Krabat*-Ausstellung an. Gegenwärtig bündelt der Name Krabat eine ganze Anzahl ehrenamtlicher Aktivitäten von Menschen, die die Verhältnisse, in denen Schadowitz seine letzten Lebensjahre zugebracht hat, detailliert zu ergründen versuchen und darüber publizieren. Dabei betrachtet man das Zusammenspiel von Sage und historischer Gestalt als eine Besonderheit dieser Region und nutzt dies, um bei Fremden wie Einheimischen Interesse an der heimatlichen Geschichte zu wecken. Alljährliche Festspiele mit den üblichen Umzügen, die Szenen aus der Vergangenheit zeigen, Wettkämpfe um *Krabat*-Pokale, Ausstellungen und zahlreiche Broschüren, *Krabat*-Denkmale (siehe Abb. 1), Estradenprogramme und Singspiele von Laiengruppen sowie professionellen Ensembles[13] sorgen dafür, dass Krabat in aller Munde ist.

---

[10] Franz Schneider: Chronik von Wittichenau und Umgebung. Bd. 1, 1848-1852, Handschrift, S. 145 f.

[11] Auch die „Krawatte" ist nach diesen Truppen benannt.

[12] Die historischen Spuren der Legende Krabat. In: Lausitzer Rundschau Nr. 124 vom 29. Mai 2004, S. 14.

[13] Das Sorbische Nationalensemble präsentiert sich entsprechend im Internet: „Krabat – Synonym der Sorben für Volksverbundenheit, Tapferkeit und Mutterwitz; geliebte Sagengestalt der reichen kulturellen Traditionen des kleinsten, in der Lausitz beheimateten, westslawischen Volkes. Ihm und seinen Geschichten sind die jüngsten Produktionen des Sorbischen National-Ensembles (SNE) gewidmet." Das Ensemble hat nach den literarischen Vorlagen von Jurij Brězan (vgl. Anm. 7) 2004 eine Ballettoper „Krabat oder Die Verwandlung der Welt" und 2005 ein getanztes Märchen für Kinder unter dem Titel „Krabat oder Das Geheimnis der Schwarzen Mühle" inszeniert.

Schon Friedrich Ranke hat die Erzählforscher aufgefordert, die Erzählungen „in ihrem Leben im Volk und in ihrer Bedeutung für das Volk zu erforschen".[14] Dieser Aufgabe widmet sich auch die folgende Untersuchung, die sich mit der Überlieferung der Sage und den Bedeutungen, die Krabat als Genius Loci in der Lausitz heute erfährt, beschäftigt.

Vom Zauberlehrling zum Faust

Abb. 1:
„Krabat"-Plastik in Schwarzkollm,
aufgestellt 2002
(Foto: Susanne Hose)

Der erste Beleg für eine Sage berichtet über das Wirken eines Magiers in der Lausitz „Von einem bösen Herrn in Groß Särchen", der aus schwarzen Haferkörnern Soldaten zaubern konnte und der an den Hof nach Dresden nicht übers Land, sondern „wie der Teufel" durch die Luft ritt.[15] Das Motiv des Zauberlehrlings, der von seiner Mutter aus der „schwarzen Schule" des Teufels in Leipzig[16]

---

[14] Friedrich Ranke: Aufgaben volkskundlicher Märchenforschung. In: Zeitschrift für Volkskunde 42 (1932), S. 203-211, hier S. 203.

[15] Joachim Leopold Haupt: Von einem bösen Herrn in Groß-Särchen. In: Neues Lausitzisches Magazin 14, N.F. 2 (1837), S. 203 f.; Karl Haupt: Von einem bösen Herrn in Groß-Särchen. In: Sagenbuch der Lausitz. Bd. 1, Leipzig 1862, S. 184 f.

[16] In Leipzig befand sich seit 1716 das Wendische Prediger-Kollegium, das die evangelischen Theologiestudenten aus der Oberlausitz in sprachlichen und geistlichen Übungen förderte und aus dem 1814 die sorbische Studentenvereinigung Sorabia hervorging.

erlöst wird und seine Zauberkünste zum Wohle der Armen anwendet, finden wir erstmals 1858 in einer sorbischen Zeitung.[17] Von 1861 stammt ein Beleg, der um die Rettung des sächsischen Kurfürsten aus der türkischen Gefangenschaft und die Erlösung des todgeweihten Krabat aus dem Bann der schwarzen Magie erweitert ist.[18] Nach 1885 häufen sich dann die *Krabat*-Texte. Der Volkskundler Georg Pilk (1858-1926) schließlich entdeckt die Sage für die Wissenschaft und veröffentlicht 1896 im *Sächsischen Erzähler* eine zehnseitige Version unter dem Titel „Der wendische Faust", die für die sorbische Zeitung rückübersetzt wird.[19] Durch Pilk erfährt die Sage eine entscheidende Bearbeitung, die den Ausgangspunkt für ihren Übergang zum literarischen Stoff bietet. Die Erziehungswissenschaftlerin Marie-Luise Ehrhardt hat die Überlieferung einer quellenkundlichen Untersuchung unterzogen. Sie hebt besonders die von Pilk bewusst gewählte Deutung des Krabat als „wendischen Faust" hervor:

> „Damit hat der Stoff die Stufen einer Erinnerung an einen milden Herrn, dem man merkwürdiges und unverständliches Verhalten zutraute, in verschiedenen Deutungen durchlaufen: Die christliche Deutung des harmlosen, uneigennützigen, mildtätigen und letztlich erlösten Herrn, die in der Zeit des zweiten deutschen Kaiserreichs allgemein geschätzte Verherrlichung des Faust, der mehr tätig und mystisch (weltfromm) Sinn und Erlösung findet, und schließlich in der dritten Stufe die vordergründige Deutung von arm und reich, Bauern und Junkern. [Sie] fand aber auch wieder den Anschluss an die Pilksche Idee des ‚Faust', jetzt aber verbunden mit der Frage nach der ‚Verwandlung der Welt'".[20]

Die dritte Stufe bezieht sich auf den Untertitel des ersten *Krabat*-Romans von Jurij Brězan: *Krabat oder Die Verwandlung der Welt*.[21]

Seine Popularität in Deutschland hat der Stoff jedoch weniger dem Roman, als vielmehr Otfried Preußlers Kinderbuch *Krabat*[22] zu danken, das in vielen

---

[17] Michael Hornig: Krabat. Powěstka z ludu. In: Serbske Nowiny. Měsačny Přidawk. Bautzen 1858, S. 22.

[18] Georg Gustav Kubasch: Khrabat. Z luda. In: Łužičan (1865), H. 12, S. 168-171. Als Quelle gibt Kubasch die handschriftliche Zeitung der sorbischen Studenten in Prag „Serbowka" von 1861 an.

[19] Georg Pilk: Der wendische Faust. In: Sächsischer Erzähler. Illustrierte Beilage Nr. 14 vom 4. April 1896; erneut in: Bunte Bilder aus dem Sachsenlande. Bd. 3, Leipzig 1900, S. 191-201; ins Sorbische übersetzt von Mikławš Andricki: Serbski Faust. In: Łužica 15 (1896), H. 5, S. 26-29, 33-37. Interessanterweise belegt Edmund Veckenstedt in seiner Sammlung „Wendische Sagen, Märchen und abergläubische Gebräuche" (Graz 1880, S. 91 f.) unter dem Titel „Faust", wie Faust mit seinem Kutscher samt Kutsche und Pferden durch die Luft fliegt und mit der Peitsche am Kirchturm in Ströbitz hängen bleibt. Dieses Motiv erzählen die Texte bei Haupt (wie Anm. 15), Schneider (wie Anm. 10), Hornig (wie Anm. 17), Kubasch (wie Anm. 18) und Johann Goltsch (Bajka wo Krabaće. In: Łužica 4 [1885], H. 5, 90 f.) von Krabat.

[20] Marie-Luise Ehrhardt: Die Krabat-Sage. Quellenkundliche Untersuchung zur Überlieferung und Wirkung eines literarischen Stoffes aus der Lausitz. Marburg 1982, S. 73.

[21] Siehe Anm. 7.

[22] Preußler (wie Anm. 7).

Ländern Deutschlands und Österreichs in den Lehrplan des Deutsch- und Literaturunterrichts der sechsten und siebenten Klasse aufgenommen wurde. Der aus dem nordböhmischen Reichenberg (heute Liberec) stammende Preußler hatte als Kind die Sage im Bücherschrank seines Vaters gefunden, vermutlich in Alfred Meiches *Sagenbuch des Königreichs Sachsen* (Leipzig 1903) oder in Friedrich Siebers *Wendische[n] Sagen* (Jena 1925). Preußler schildert die Geschichte eines jungen Menschen, der sich von finsteren Mächten faszinieren lässt, bis er erkennt, worauf er sich eingelassen hat – eine Geschichte für junge Menschen, die mit den Verlockungen der Macht in Berührung kommen, sich darin verstricken und sich nur mit Hilfe ihres festen Willens und durch den Beistand treuer Freunde befreien können. Begibt man sich heute via Internet auf die Suche nach Krabat, so verweist gut die Hälfte der 70.500 deutschen Belege[23] auf die Behandlung des Preußler-Buches in der Schule.

Das Markenzeichen Krabat

Der an Krabat interessierte Internetbesucher stößt schon auf der ersten Seite der Adressliste auf die Homepage des seit 2001 agierenden *Krabat*-Vereins (Verein zur regionalen Entwicklung in der zweisprachigen Lausitz e.V.), der die Rolle eines Organisators und Multiplikators übernommen hat. Ihm geht es vor allem um „die Unterstützung eines nachhaltigen regionalen Entwicklungsprozesses, insbesondere durch die Vernetzung lokaler, regionaler und überregionaler Akteure", was seit der Zusammenarbeit mit der 2002 gegründeten Marketing-Gesellschaft Oberlausitz-Niederschlesien mbH[24] professionelle Koordination und Beratung erfährt. Die Mitglieder dieses Vereins waren 2005 11 Städte und Gemeinden, 16 Vereine und 30 Personen.[25] Sie sind die Konstrukteure der „Krabat-Region" im Städtedreieck zwischen Bautzen, Kamenz[26] und Hoyerswerda, die von einem annähernd 80 Kilometer langen Radwanderweg mit 15 Stationen eingegrenzt wird.

---

[23] Suchdatum vom 10. Februar 2005, Suchmaschine „Google"; darunter befinden sich auch einige Seiten, die Krabat und Harry Potter an einer baden-württembergischen Zauberklosterschule zusammentreffen lassen: www.vangor.de/hogwarts/krabat.html.

[24] Die GmbH will den Raum Oberlausitz-Niederschlesien sowohl als Wirtschafts- als auch als Tourismusstandort bekannt machen. Zu ihren Aufgaben gehören unter anderem die Konsensbildung innerhalb der Region, die Förderung regionaler Schlüsselprojekte (wie Krabat) und zukunftsträchtiger Unternehmen, die Zusammenarbeit mit benachbarten Regionen in Brandenburg, Polen und Tschechien sowie die Erweiterung des Ausbildungs- und Bildungsangebots mit Blick auf die EU-Osterweiterung (Polen und Tschechien).

[25] Siehe unter www.krabatregion.de (bei Redaktionsschluss rückläufig).

[26] Die Gemeinde Nebelschütz an der Südgrenze der Krabat-Region, die sich ebenso wie Schwarzkollm und Groß Särchen Krabatdorf nennt und zu den aktiven Mitgliedern des Krabat-Vereins gehört, wird in den überlieferten Sagentexten nicht erwähnt.

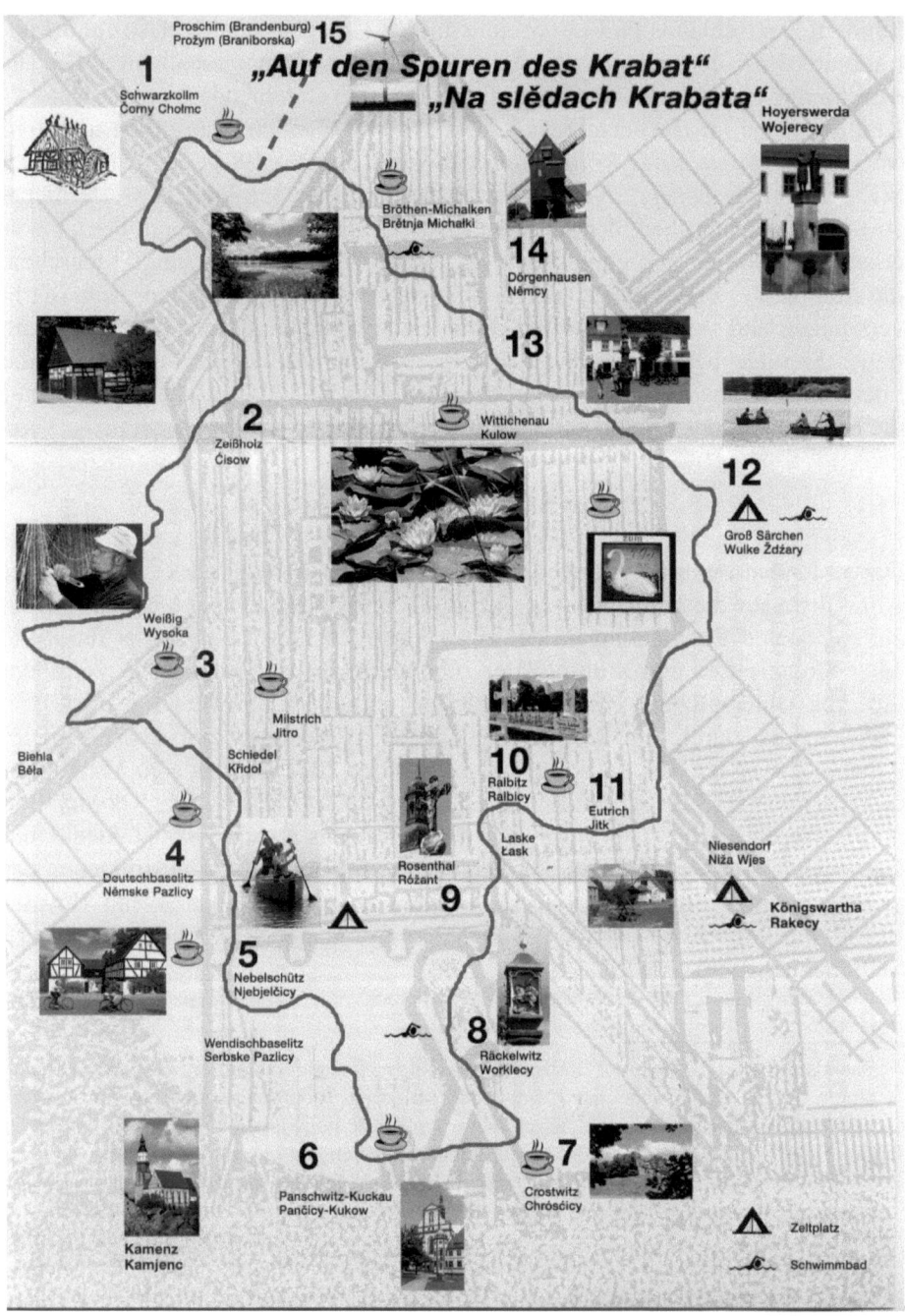

Abb. 2: Radwanderweg durch die „Krabat-Region", hrsg. von KRABAT e.V.

Auf den ersten Blick sind alle Aktivitäten nichts anderes als die ausgeklügelte Vermarktung einer lokalen Besonderheit à la Heidi im Heidiland[27], nur dass in der Lausitz unter dem „niedlichen" Signum des greisen Krabat die Region als einzigartige Kulturlandschaft dargestellt werden soll. Auf den zweiten Blick freilich fällt auf, dass die Initiative von engagierten Mitgliedern der Heimatvereine in Schwarzkollm, Groß Särchen und Nebelschütz ausgeht, die sich zunächst jeder für sich der Pflege ortstypischer Traditionen verschrieben hatten, ohne vordergründig an eine touristische Vermarktung im großen Stil zu denken. Natürlich liebäugeln die Gemeinden, vor allem die Gasthäuser, mit der Entwicklung des Fremdenverkehrs. Und so lag die Idee nahe, die strukturschwache Region als Lebenswelt des Krabat zwischen Dresdner Barock und Görlitzer Renaissance, zwischen Spreewald und Oberlausitzer Bergland, aufzuwerten.

Auch Krabat geht nun den von der berühmten kleinen Schweizerin vorgezeichneten Weg „Mythos – Marke – Medienstar". So wurde der Plan zu einem Spielfilm gefasst. Die Berliner Novafilm erwarb bei Jurij Brězan die Rechte zur Verfilmung seines Kinderbuchs *Die schwarze Mühle*. Als Drehort wurde Schwarzkollm auserkoren, das mit dem Bau einer „Krabatmühle" als Kulisse, die später als Begegnungsstätte fungieren sollte, entgegenzukommen suchte. Das Projekt wurde vom Hoyerswerdaer Stadtrat bestätigt, der jedoch vergeblich auf eine verbindliche Zusage von Novafilm wartete. Inzwischen hatte eine Münchner Konkurrenzfirma die Filmrechte bei Otfried Preußler erworben und machte schließlich das Rennen – gedreht wurde jedoch in Sibiu (Rumänien). In der Besetzung mit populären Schauspielern (z.B. mit Daniel Brühl, bekannt aus „Good bye, Lenin!") wird dem Film, der im Oktober 2008 sein Kinodebüt gibt, wohl internationaler Erfolg beschieden sein. Die „Krabatmühle" wurde gleichwohl in Schwarzkollm errichtet, was jedoch nur ein dafür gegründeter Förderverein („Krabatmühle-Schwarzkollm") vermochte. Dieser versucht nun, die Kulissen des inzwischen abgedrehten Filmes zu erwerben.

Wohl wissend um die Funktion der Medien als Kulturvermittler erwartet die Region, dass sich mit der Popularität des Zauberers auch das Image der Lausitz zum Positiven entwickelt. Krabat als Markenzeichen für eine heile Welt? Wie schaut sie aus, diese Welt, die offensichtlich auf ein Wunder hofft?

---

[27] Der Bündner Ferienort St. Moritz war der erste in der Schweiz, der den Heidi-Mythos touristisch vermarktete und 1978 den registrierten Markennamen „Heidiland" als Werbeslogan benutzte. 1996 sicherte sich Bad Ragaz die Rechte an der geschützten Bezeichnung und schuf das „Heidiland", das sich rasch in der Region Sargans und am Walensee ausbreitete. Vgl. Ueli Gyr: Heidi überall. Heidi-Figur und Heidi-Mythos als Identitätsmuster. In: Ethnologia Europaea 29 (1999), S. 75-95; ders.: Herzfigur und Markenzeichen. Zur Heidisierung im Schweizer Tourismus der Gegenwart. In: Heidi – Karrieren einer Figur, hrsg. von Ernst Halter. Zürich 2001, S. 187-199.

Der sozialgeschichtliche Hintergrund

Im Lichte der Volkskunde betrachtet, galt die Lausitz mindestens bis ins erste Drittel des 20. Jahrhunderts als Refugium für volkstümliches Leben. Vor allem die dort lebenden Sorben, die abseits von Stadt und Fabrik ihr slawisches Idiom im jeweiligen Dialekt sprachen, fielen Volkskundlern wie Richard Andree (1835-1912), Wilibald von Schulenburg (1847-1934) oder Oskar Seyffert (1862-1940) auf. Letzterer bereiste mit dem Vorsatz, Volkskunde „praktisch" zu betreiben, kurz nach dem Ersten Weltkrieg die Gegend bei Hoyerswerda, um „neben dem allsonntäglichen Gottesdienst noch zwei Taufen und vier Hochzeiten" zu erleben: „Alle Frauen und Mädchen, bis herab zu den kleinsten Kindern, gehen in bunter Tracht, ja selbst die Männer legen sie sonntags zum Kirchgang noch an, und uralte Sitten und Gebräuche haben sich hier erhalten", beschreibt er die Feiertagsidylle des Heidedorfes.[28] Die hohen Fabrikessen, die „ihren Rauch über den einsamen Wald senden", kündeten von industriellen Aktivitäten, die weiter nördlich bereits Mitte des 19. Jahrhunderts ihren Anfang genommen hatten und zu Seyfferts Zeiten den Wandel der wirtschaftlichen und sozialen Situation der Region um die Kleinstadt Hoyerswerda einläuteten. Oskar Seyffert nahm sie jedoch nur am Rande und als Kulturvernichter wahr. Er wollte „pralles Volksleben" beobachten und sich nicht mit den vielschichtigen Wandlungsprozessen innerhalb eines Kulturraumes beschäftigen, die obendrein mit der Zerstörung der Landschaft einhergingen.

Den Indikator für die frühe industrielle Entwicklung bildete zu Beginn des 19. Jahrhunderts die prosperierende Tucherzeugung in den Niederlausitzer Städten Cottbus, Forst, Spremberg und Finsterwalde. Mit der Einführung der Dampfmaschine wuchs der Bedarf an Brennstoff, dem die kleinen Kohlelöcher (so genannte Bauernlöcher) in der unmittelbaren Umgebung der Städte nicht mehr gerecht werden konnten. Parallel zur verkehrstechnischen Erschließung der Lausitz[29] entwickelte sich zwischen 1840 und 1870 der Braunkohlebergbau zu einem Industriezweig, der nicht nur immer mehr Einheimische, sondern auch Zuwanderer aus den preußischen Ostprovinzen und den agrarisch geprägten Provinzen Brandenburgs und Sachsens sowie polnische Wanderarbeiter beschäftigte.

Das Gebiet zwischen Baruther Urstromtal im Norden in Höhe der Städte Forst, Cottbus und Lübben und dem ca. 35 km weiter südlich verlaufenden Lausitzer Urstromtal zwischen Boxberg, Hoyerswerda und Ruhland bot besonders

---

[28] Oskar Seyffert: Aus Dorf und Stadt. Volkskundliche Bilder. Dresden 1920, S. 11-22, zit. nach Hartmut Zwahr: Meine Landsleute. Die Sorben und die Lausitz im Zeugnis deutscher Zeitgenossen. Bautzen 1984, S. 329 f.

[29] 1868 verbindet die Eisenbahn Berlin, Lübbenau, Cottbus, Spremberg und Görlitz, 1870 Cottbus und Großenhain sowie 1871 Cottbus und Guben. 1874 wird Hoyerswerda angeschlossen.

günstige geologische und hydrologische Bedingungen für den großflächigen Abbau der Braunkohle. Die Industrialisierung wertete die Armutsregion wirtschaftlich auf, denn sie band sie in ein überregional wirksames ökonomisches Verbundsystem ein. In der Lausitz hergestellte Klinkerziegel (die Ziegelwerke arbeiteten mit Braunkohlengas) waren ein international begehrter Baustoff: Das Offizierskasino in Sankt Petersburg und das Berliner Rathaus wurden mit Ilse-Klinkern aus Großräschen gebaut. Die 1917 in Lauta neben einer Tonerdefabrik und einem Braunkohlekraftwerk errichtete Aluminiumhütte, die Vereinigten Aluminium Werke AG, entwickelte sich in der Folgezeit zum größten Aluminiumproduzenten Europas.

Abb. 3:
Lauta, Aluminiumwerk mit Kraftwerk 1920-1925 (Stadtarchiv Lauta)

In 75 Glasfabriken wurden um 1900 unter der Warenmarke „Lausitzer Glas" Glühlampenkolben, Lampen, Konservengläser, Weinballons und Geschirr produziert, unter anderem die legendären Gebrauchsgläser mit der Rautenmarke des am Bauhaus ausgebildeten Gestalters Wilhelm Wagenfels (1900–1990). In einem Zeitraum von nur wenigen Jahrzehnten wuchsen die Heidedörfer und -städtchen zu industriellen Ballungszentren heran (beispielsweise Senftenberg, Lauta/Laubusch, Hoyerswerda, Weißwasser), die mit dem Bau von Werksiedlungen auch ein neues architektonisches Äußeres erhielten. All dies spielte sich natürlich auf Kosten der bis dahin kaum berührten Natur und der darauf historisch gewachsenen Siedlungsstruktur ab. Die von Seyffert beschriebene sorbische Spezifik verblasste in der Nähe der Fabriken schnell. Die meisten Einheimischen, vor allem die Jüngeren, suchten Arbeit in der Industrie, wo sie sich an das Leben und die Ideen der zugezogenen deutschen Arbeiter gewöhnten. Der sorbische Gelehrte Arnošt Muka (1854-1932) berichtet 1880 über seine Wanderungen:

„Wie oft hatte ich Gelegenheit, die sowohl lächerliche als auch traurige Mischung von übernommener Arbeiter-Aufgeklärtheit und alt überliefertem Brauchtum, das sie doch nicht ganz leugnen bzw. abweisen wollen, zu beobachten. Solch ein sorbischer Mann in seinen fremden Kleidern, die ihm an allen Ecken zu kurz sind, ist m. E. das bedauernswerteste Geschöpf auf der Welt."[30]

Die Situation in den „Krabat"-Dörfern Schwarzkollm und Groß Särchen

Die Anfänge der Braunkohlenindustrie in der Region um Hoyerswerda liegen unmittelbar in den Jahren des Ersten Weltkriegs. In dieser Zeit entstanden die Grube und das Braunkohlenwerk „Erika" der Ilse Bergbau AG bei Laubusch in der Nähe von Schwarzkollm und die Grube mit der Brikettfabrik „Werminghoff" der Eintracht Braunkohlenwerke AG nördlich von Groß Särchen.[31] Der Tagebau, der dicht an die Orte vordrang, wandelte das Leben in den Dörfern grundlegend. Die Absenkung des Grundwassers beeinträchtigte die Landwirtschaft, sodass die ohnehin schon kargen Erträge von Feld, Wald und Wiese die Familien nicht mehr ernährten. Die Männer gingen daher in den Tagebau oder in die Fabriken und überließen ihren Frauen die häusliche Wirtschaft, oder aber sie verkauften ihr Land an die Braunkohle-AGs. Ein Schwarzkollmer erinnert sich:

„Im Frühjahr 1917 war da, wo heute das Werk steht, nichts als einsamer Kiefernwald. Im Herbst desselben Jahres ragten schon gewaltige Fabrikgebäude mit mächtigen Schornsteinen aus dem Walde empor. Über 12.000 Menschen sind bei der Erbauung des Werkes tätig gewesen. Eine elektrische Bahn befördert von der Grube Erika die Braunkohle nach dem Werk, um die gewaltigen Kohlebunker zu füllen. Ein Anschlussgleis stellt die Verbindung des Werkes mit der Reichsbahn her. Der Bahnhof führt nun den Namen Schwarzkollm-Lautawerk."[32]

Mit dem Ausbau des Verkehrsnetzes verkürzten sich die Wege zu den Arbeitsorten und in die Städte. Nachrichten aller Art erreichten die Menschen in den abgelegenen Ortschaften nun schneller und wurden Gegenstand des Alltagsgeredes; der Radius für den Austausch lokaler Neuigkeiten vergrößerte sich. Dank der Industrialisierung erfolgte in den zwanziger Jahren der Anschluss der Ortschaften um Hoyerswerda[33] an das Stromversorgungs- und Wasserleitungsnetz, was die Arbeits- und Wohnverhältnisse nicht nur erheblich verbesserte,

---

[30] Ernst Mucke: Statistika łužiskich Serbow. Wobličenje a wopisanje hornjo- a delnjołužiskeho Serbowstwa w lětach 1880-1885. Budyšin 1884-86, S. 62 (übersetzt von S. H.).

[31] Vor den Toren der Brikettfabrik wurde die Bergarbeiterkolonie Werminghoff, seit 1950 Knappenrode/Hórnikecy, errichtet.

[32] Schwarzkollm/Čorny Chołmc. Ein Dorf mitten in der Lausitz, hrsg. von der Gemeindeverwaltung Schwarzkollm. Bautzen 1994, S. 44.

[33] Die Ortschaften Bergen und Neuwiese wurden 1922 an das Stromversorgungsnetz angeschlossen und erhielten 1926 eine zentrale Wasserleitung. In Groß Särchen gab es seit 1921 elektrisches Licht und seit 1933 ein Wasserwerk.

sondern auch Maßstäbe dafür setzte, was als bequem und schön galt. Das elektrische Licht erhellte die langen lichtlosen Winterabende, an denen bis dahin im Halbdunkel des Kerzenscheins Tratsch und Klatsch, Sorgen und Erinnerungen ausgetauscht worden waren. Die Zeit des Zeitungslesens brach an. Schwarzkollm besaß bereits Ende des 19. Jahrhunderts eine Bibliothek mit 230 Bänden in deutscher und sorbischer Sprache.[34] Man organisierte sich in Vereinen. Die Expansion der Kulturindustrie zu Beginn des 20. Jahrhunderts erreichte natürlich auch die verschlafenen Heidedörfer.

Einen Aufschwung erfuhr der Braunkohlenabbau nach dem Zweiten Weltkrieg in der DDR, zunächst als Wiederaufbau der teils zerstörten, zum großen Teil jedoch demontierten Anlagen, und nach dem Ölschock von 1973 als intensiv betriebener Industriezweig. Tagebaugruben soweit das Auge reicht mit riesigen Kombinaten charakterisierten nun das Bild der Landschaft um Hoyerswerda, die in keinem Vergleich zu den kleinen Löchern und Fabriken der Vorkriegszeit standen. Von den insgesamt 77 bergbaubedingten Ortsabbrüchen erfolgten 71 zwischen 1945 und 1989.[35] Allerdings ging wiederum mit dem Ausbau der Region zum Energiebezirk der DDR und mit der Kollektivierung der Landwirtschaft die Verbesserung der Sozialstruktur einher. Der befohlenen und für viele vermutlich schmerzhaften Zusammenführung von Ackerland und Viehbestand zu landwirtschaftlichen Genossenschaften zu Beginn der sechziger Jahre[36] folgte kaum zehn Jahre später die Modernisierung der öffentlichen Einrichtungen auf dem Land: Straßen wurden erneuert, Poststellen und „Dorfkonsums" eröffnet und Kindertagesstätten ausgebaut. Die materiellen Engpässe der DDR-Wirtschaft bremsten diese Entwicklung zwar – sie lassen keinen Vergleich mit ähnlichen Gebieten in der Bundesrepublik zu –, jedoch erklären gerade diese hart erkämpften kleinen Fortschritte, die meist auf Gemeinschaftsarbeit und gegenseitiger Hilfe gründeten, den Stolz vieler Einwohner, der uns heute zuweilen als „Ostalgie" entgegentritt.

Mit dem dramatischen Rückgang der Braunkohlenförderung in den letzten zehn Jahren, mit dem Schließen der Brikettfabriken sowohl in Laubusch als auch in Knappenrode, mit dem Abbau der Tierbestände und der Stilllegung der landwirtschaftlichen Nutzflächen verlor die Region nicht nur ihr wirtschaftliches Fundament, sondern auch ein Identität stiftendes Moment.

---

[34] Schwarzkollm/Čorny Chołmc (wie Anm. 32), S. 23.

[35] Zwischen 1924 und 1993 kam es insgesamt zu 77 Ortsabbrüchen und 46 Teilortsabbrüchen. Dabei wurden nahezu 25.500 Personen umgesiedelt. Vgl. Frank Förster: Verschwundene Dörfer. Die Ortsabbrüche des Lausitzer Braunkohlenreviers bis 1993. Bautzen 1995, S. 18 f.

[36] In Schwarzkollm hatte man im April 1960 den Letzten überzeugt, Mitglied der LPG (Typ I, gemeinsame Nutzung des Ackerlands) zu werden. Neun Jahre später war der Übergang der Genossenschaft zu Typ III (gemeinsame Nutzung von Ackerland, Viehbestand und Gerätschaften) vollzogen.

Abb. 4: Bergbau-Folgelandschaft bei Großräschen. Restloch des Tagebaus Meuro (Foto: Susanne Hose)

Die einst prosperierenden Lausitzer Gemeinden, in denen in den 1920er Jahren Schulen und in den 1970er Jahren Kinderkrippen gebaut oder erweitert wurden, vergreisen heute. Selbst mittlere und kleine Gewerbe- und Dienstleistungsbetriebe ziehen an den Rand größerer Städte. Die Arbeitsplätze im ländlichen Raum werden immer weniger und damit verbunden die Steuerleistung und Investitionskraft der einzelnen Gemeinden. Darüber hinaus hinterlässt der Bergbau Oberflächen mit völlig neuen Bodenverhältnissen: Restlöcher, Halden und Kippen, die fachdeutsch zwar malerisch als „Bergbaufolgelandschaft" bezeichnet werden, im Moment jedoch Brachland sind (siehe Abb. 4). Die Dorfgemeinschaft, die früher im Sinne von Nachbarschaft funktionierte (gemeinsamer Hausbau, gemeinsame Teilnahme am Kulturleben, Austausch von Produkten), zerfällt zusehends. Man lebt nicht mehr auf dem Lande, sondern wohnt nur noch dort und kauft sich die Dienstleistungen, die früher durch gegenseitige Hilfe erbracht wurden. Im Allgemeinen werden diese Erscheinungen der zunehmenden Individualisierung bedauert, was uns wiederum in verklärenden Erinnerungserzählungen über die früheren Zeiten begegnet.

Krabat – Hoffnungsträger und Patron

In dieser Situation stehen die Gemeinderäte vor der Frage, wie man ein Gemeinschaftsgefühl erzeugen kann, das ohne ökonomische Zwänge, sozusagen fakultativ, existiert und die Einwohner, vor allem die Jugend, zum Dableiben bewegt.[37] Zusammen mit den vor Ort agierenden Heimatvereinen suchen sie nach einer Vision, die diese „ausgekohlte" und mittlerweile „ausblutende" Region wieder zum Lebensraum werden lässt. Allein das Rückbesinnen auf Sage, Tradition und Brauchtum bzw. der Appell dazu versprechen erfahrungsgemäß wenig Erfolg. In Schwarzkollm und Groß Särchen nutzt man vielmehr die Überlieferung als Mittel zum Zweck, indem man sie zur Quelle des kulturellen Managements erklärt: Man konstruiert eine Region um die originalen Schauplätze der *Krabat*-Geschichte und leitet daraus, dass der „bekannte sorbische Zauberer Krabat in der Teufelsmühle zu Schwarzkollm" sein Handwerk erlernte und „auf seinem Gut in Groß Särchen seine letzten Lebensjahre verbrachte", den Anspruch auf besondere Beachtung ab, vor allem bei der Verteilung finanzieller Mittel: „Mit der Geschichte Groß Särchens eng verbunden ist die Sage über den Krabat. Aufbauend auf dieser Sage soll die weitere touristische Erschließung Groß Särchens erfolgen", lauten die ersten beiden Sätze der Förderdorf-Konzeption des Gemeinderats. Weiter unten heißt es:

> „Um die Vision mit Leben zu erfüllen, ist es erforderlich, die Bürger und Einwohner der Gemeinde Groß Särchen für eine aktive Mitarbeit zu begeistern und zu motivieren. Groß Särchen verfügt über eine Bevölkerungsstruktur, in welcher der Anteil der Senioren überwiegt. Dennoch bildet die Jugend eine große Gruppe und stellt somit das Potenzial dar, die Vision auch in Zukunft weiter zu tragen und zu entwickeln. Andererseits bildet das Wissen der Senioren, gerade das über die Sagen um den Krabat, die Grundlage der Vision. Partizipieren soll von der Umsetzung der Vision vor allem das Gewerbe in Groß Särchen. Dieses setzt sich überwiegend aus Dienstleistungsunternehmen zusammen und wird von einigen Baubetrieben ergänzt. Mit der Entwicklung der Gemeinde zu einem Krabatdorf und der Schaffung der Grundlagen für den Tourismus sowie von attraktiven Punkten im Ort, sollen die Gewerbetreibenden angeregt werden, Eigeninitiative zu ergreifen."[38]

Mit der Berufung auf die Überlieferung verfolgen die Gemeindeplaner zwei Absichten: Zum einen geht es um die Beschaffung der nötigen Finanzen für die Verbesserung der Wohn- und Lebensverhältnisse vor Ort[39], zum anderen aber

---

37 Je höher die Einwohnerzahl, desto höher die Steuerleistung und die Pro-Kopf-Ausgleichsquote für die Gemeinde.
38 Förderdorf Groß Särchen 2001-2004. Konzeptionsentwurf, Stand vom 2. Oktober 2000.
39 Das Konzept sieht zum Beispiel die Modernisierung öffentlicher Einrichtungen mittels Sanierung und Neubau, den Bau einer Trauerhalle und eines Gemeindehauses mit Heimatstubencharakter, den Ausbau des Wege- und Straßennetzes und die Förderung des Fremdenverkehrs vor.

auch um die Motivierung der Bewohner, um deren Engagement. Indem man die
Sagenfigur auf den Sockel eines Ortspatrons hebt – er ist Heiliger und Gönner
zugleich –, macht man ihn zum Vermittler zwischen Tradition und modernen
Lebensansprüchen, modelliert eine Integrationsfigur, die Identität stiftet und
heutzutage offensichtlich gerade deshalb als Argument bei der Verteilung
öffentlicher Mittel überzeugt.[40] Dieses Prinzip wirkt im Kreislauf: Die Argumentation mit Krabat hilft Gelder für die Modernisierung einzuwerben, die Dörfer
bieten attraktivere Bedingungen für die Einwohner, die ihren Wohnort wiederum entsprechend nach außen repräsentieren und das Image von „gegenwarts-
naher Traditionsverbundenheit" pflegen.

Eine Sagengestalt wird zum „Regionalheiligen", von dem man allerdings weit
mehr als die Unterschutzstellung der kulturellen Traditionen dieses Landstrichs
erwartet. Sie wird vielmehr zum Botschafter und vermittelt zwischen Tradition
und Moderne. Als Namenspatron für Wurst und Windkraft[41] soll Krabat
impulsgebend für Heimatverbundenheit auf der einen und modernes Wirt-
schaftsmanagement auf der anderen Seite wirken. Dabei stützt sich das *Krabat*-
Konzept auf drei Pfeiler:

- Erstens zitiert es die Erzählüberlieferung, die bis weit ins 20. Jahrhundert
  hinein unter der sorbischen Landbevölkerung mündlich weitergegeben
  wurde. Das Argument, dass es sich bei den Erzählungen über Krabat um altes
  volkstümliches Wissen und nicht um eine Erfindung der Neuzeit handelt,
  wirkt überzeugend. Man schöpft aus dem kulturgeschichtlichen Fundus, den
  die Region bietet.

- Zweitens wurde Krabat weit über die Grenzen der engen Region bekannt,
  was er nicht der Sage, sondern der Literatur verdankt, allen voran Otfried
  Preußlers vielfach ausgezeichnetem Jugendbuch[42], aber auch den Büchern

---

40 Letzteres bestätigte mir Lars Neitzel, Mitarbeiter bei der Marketing-Gesellschaft Oberlau-
    sitz-Niederschlesien mbH in unserem Gespräch vom 11. August 2004.
41 Mittlerweile verbindet ein 72 Kilometer langer Radwanderweg „die Lebensstationen" der
    legendären Gestalt, auf dem sich der radelnde Wandersmann mit „Krabatpeitsche" – einer
    35 Zentimeter langen Rohwurst –, Krabat-Brot, Krabat-Trunk oder Krabat-Likör stärken
    kann. Etwas nördlich vom Radwanderweg, in Proschim, wird im Krabat-Windpark Energie
    erzeugt.
42 Allein der Thienemann-Verlag hat 1,5 Millionen Bücher verkauft. Das Buch wurde in 31
    Sprachen übersetzt. Preußler erhielt dafür den Deutschen Jugendbuchpreis 1972, den Pol-
    nischen Jugendbuchpreis 1972, den Internationalen Hans-Christian-Andersen-Preis 1972,
    den Silbernen Griffel von Rotterdam 1973, den American Library Association Award
    1973, den Europäischen Jugendbuchpreis der Universität Padua 1973 und den Jugend-
    buchpreis 1977 des polnischen Verlegerverbandes.

von Martin Nowak-Neumann „Meister Krabat. Eine sorbische Sage"[43] oder Jurij Brězans Kinderbuch *Die schwarze Mühle* bzw. seinen Romanen *Krabat oder Die Verwandlung der Welt* und *Krabat oder Die Bewahrung der Welt*.[44] Die Untersuchung des Volkskundlers Georg Pilk und seine Übersetzung der Sage ins Deutsche liefert den Schlüssel für die Literatur-entwicklung. Die Literaturrezeption wiederum stellt die Medientauglichkeit der überlieferten Erzählungen unter Beweis: Die Figur des Krabat hat so viele Fassetten und erweist sich sogar als philosophisch-faustischer Stoff, dass sie sich zum literarischen Helden entwickeln konnte, der jüngst überdies das große Kino erobert hat.

- Den dritten Pfeiler schließlich bildet die Kopplung von Sage und Literatur mit den wenigen bekannten biographischen Daten des Reiterobristen Schadowitz. Der mittels Namenkunde definierte Zusammenhang zwischen Krabat und Kroat gilt gemeinsam mit der Existenz einer schriftlichen Quelle, des Totenregisters, das als Geburtsort Agram, das heutige Zagreb, vermerkt, als unumstößlicher Beweis dafür, dass es sich bei dem Toten in der Wittiche-nauer Kirche[45] um den legendären Zauberer handeln muss. Indem man die bislang als Sage behandelten „Geschichten" an einer historischen Person festmacht, wird Krabat der Realität näher gebracht. Einer Persönlichkeit, an deren wahrer Existenz nun niemand mehr zweifeln kann und der Verehrung gebührt, darf man ein Denkmal setzen, das sich – aufgrund der ver-meintlichen Entmythologisierung – dem Verdacht der nur folkloristischen Inszenierung enthebt. Man darf jemanden, der sich der Hexerei verdächtig gemacht hat und im Rufe eines Magiers stand, offiziell „als einen ökomeni-schen Vorreiter [feiern], der seinen katholischen Glauben bewahrte, ihn aber nicht seinen evangelischen Untertanen in Särchen aufzwang".[46] Und schließ-lich: Man darf von Krabats Vermächtnis sprechen, das zu erfüllen die Strate-gie des *Krabat*-Vereins bildet.

Aus der imaginären Gestalt wird ein Mensch, der in der Lausitz gelebt hat, der Wohl und Wehe ihrer Bewohner kannte. Die Bedeutung der Sagengestalt tritt zusehends hinter dem Markennamen zurück. Krabat wird immer mehr zu einem Produkt professioneller strategischer Planung. Die Vermarktung des Genius

---

[43] Martin Nowak-Neumann: Meister Krabat. Eine sorbische Sage. Berlin 1954; Měrćin Nowak-Njechornski: Mištr Krabat. Powědka wo pěknym serbskim kuzłarju. Budyšin/ Bautzen 1954; ders.: Meister Krabat, der gute sorbische Zauberer. Eine sorbische Sage. Bautzen 1978, 5. Aufl. 2001.

[44] Brězan (wie Anm. 7).

[45] Am 3. Juli 1933 wurde das Grab im Zuge der Umbauten der Kirche freigelegt, und die Gebeine wurden fotografiert.

[46] Aus der Predigt des katholischen Pfarrers beim Gedenkgottesdienst für Schadowitz. In: Wittichenauer Wochenblatt Nr. 21 vom 4. Juni 2004.

Loci bildet ein viel versprechendes Erfolgsrezept, dem auch folkloristische Elemente, Tracht, Lied und Tanz ebenso wie die einheimische Küche, als Versatzstücke dienen. Als Symbol für eine „heile Welt" wie Heidi in der Schweiz taugt er allerdings angesichts der wechselhaften Geschichte dieser Region und ihrer gegenwärtigen Situation nicht. Vielmehr erwartet man, mit Hilfe seines Symbolgehalts als kraftvoller Neuerer und Verwandler einen Raum zu schaffen, den die gemeinsame Erinnerung im Inneren zusammenhält und der wirtschaftlich effizient arbeitet.

Waltraut Bellwald, Ingrid Tomkowiak

Globi
Eine Schweizer Reklamefigur wird zum Mythos

Abb. 1: Erste „Globi"-Geschichte[1] *„Ein Ei liegt still verlassen da tief in der Wüste Sahara ..."*

Als diese erste *Globi*-Bildergeschichte am 24. August 1932 in den Deutschschweizer Tageszeitungen erschien und die Kinder dazu aufrief, dem Vogel mit den karierten Hosen zu folgen, war die Begeisterung groß. Schon bald avancierte Globi zum Kinderbuchhelden und ist mit seinen inzwischen über siebzig Jahren noch immer aktiv. Den Kindern vieler Generationen wurde er zu einem Freund, der sie ernst nahm und dem sie vertrauten. Er inspirierte sie zu zahllosen kreativen Werken, und die Kinder ihrerseits hielten den blauen Vogel mit ihrer Begeisterung, ihrer Anteilnahme, ihren Ideen und Aktivitäten am Leben.[2]

---

1   Abgedruckt im 60. Globi-Buch: Globi. Streiche aus den ersten Jahren. Hrsg. vom Globi-Verlag. Zürich 1992, S. 5.
2   Der Beitrag basiert auf Recherchen der Verfasserinnen für die Ausstellung „Globi. Begegnung mit einem Schweizer Phänomen. 1932 bis heute", die am 30. August 2003 im Gewerbemuseum Winterthur eröffnet und danach in verschiedenen Schweizer Städten gezeigt wurde. Das Material stammt zum größten Teil aus dem Privatarchiv von Beat Frischknecht, das auf den Nachlass von Ignatius Karl Schiele zurückgeht, und dem Archiv des Globi-Verlags, Zürich. Ausführlich zur Geschichte von Globi: Waltraut Bellwald: Globi – ein Freund fürs Leben. Die Erfolgsgeschichte einer Reklamefigur. Zürich 2003; Globi und seine Zeit. Begegnung mit einem Schweizer Phänomen. Hrsg. vom Globi-Verlag, Redaktion: René Ammann. Zürich 2003.

Zunächst war Globi eine Werbefigur. Die Wirtschaftskrise der 1930er Jahre erforderte innovative Strategien, um Kunden in die Geschäfte zu locken. Das Warenhaus Globus hatte zu diesem Zweck 1931 eine eigene Werbeabteilung geschaffen, Reklamechef wurde Ignatius Karl Schiele. Sein Motto lautete: „Lasst uns noch bessere Reklame machen!" Kontinuität, Präsenz, Wiederholung, Originalität und Ganzheit waren seine Maximen für solch gute Werbung.[3]

Als 1932 der Globus sein 25-jähriges Bestehen feierte, sollte ein großes Kinderfest der Kundschaft von morgen den Weg ins Warenhaus erleichtern. Aus diesem Anlass verfolgte Schiele die Idee zu einer Werbefigur, die vor allem Kinder anspricht und sie schon früh an dieses Warenhaus bindet. Generaldirektor Joseph Zimmermann schrieb rückblickend:

> „Wer die Jugend hat, dem gehört die Zukunft [...]. Unser Jugend-Meeting konnte nicht den Zweck haben, das karge Taschengeldchen der Kleinen aus ihnen herauszulocken. Der gemachte Aufwand hätte sich für diesen Zweck wahrlich nicht gelohnt [...]. Diese Sympathien erwerben, heisst ein Kapital erwerben, das in Zukunft seine sicheren Zinsen eintragen wird."[4]

Die Werbefigur sollte zum Fest einladen, dort als Unterhalter auftreten und schließlich dabei helfen, die Globus-Produkte zu verkaufen. Und so entwickelte Schiele zusammen mit dem Zeichner und angehenden Architekten Robert Lips den Globi, ein Mischwesen aus Mensch und Papagei.

Abb. 2: Gesichtsstudien[5]

Zum Potential der *Globi*-Figur auf der zeichnerischen Ebene schrieb Robert Lips später in der *Globus-Hauszeitung*:

> „Der Globi ist gewissermassen ein Grotesk-Stenogramm des gesamten menschlichen Ausdruckes. Diese in knappen Strichen dargestellte Figur besitzt die Fähigkeit, alle charakteristischen Eigenschaften des menschlichen Ausdrucks darzustellen. Die Möglichkeit, mit den geringsten Veränderungen der Linienführung Ausdrucks-Variationen hervorzubringen, sie in Übereinstimmung von Kleidung und Körperbewegung zu einer bestimmten Expression zu steigern. Ein beliebiges Gefühl und jeder Gedanke können durch den Globi zur bildlichen Darstellung gebracht werden."[6]

---

3   J.K. Schiele: Lasst uns noch bessere Reklame machen! In: Globus-Hauszeitung 1932, Nr. 1, S. 18.
4   Joseph Zimmermann: Kinder als Kunden. Globus-Hauszeitung 1932, Nr. 10, S. 335-338.
5   Abgedruckt in Globus-Hauszeitung 1932, Nr. 5, S. 136.
6   Globus-Hauszeitung 1942, Nr. 5, S. 137.

Anlässlich seiner Jubiläumsfeier lud das Warenhaus Globus 1932 also alle Kinder zu einem „Jugendmeeting" in seine Filialen in Chur, Bern, Aarau, Zürich und Basel ein. Laut Beschluss der Geschäftsleitung waren „Sämtliche Räume – vom Parterre bis hinauf zum Dachstock – alle Schaufenster, alle Veranstaltungen inner- und ausserhalb des Hauses, alle Inserate und Drucksachen [...] dem Kinde zu widmen!"[7] Und so gab es Schießbuden, Hau den Lukas, Tonwaren-Malerei, Marionetten-Theater, Geschicklichkeitsübungen, Zeichenwettbewerbe, eine Briefmarkenbörse, eine Yo-Yo-Meisterschaft und vieles mehr.[8] Die Globus-Hauszeitung berichtete:

> „In hellen Scharen kam das Jungvolk angerückt, quirlig und lebendig. Alle wollten dabei sein, alle wollten den sagenhaften Globi-Vogel sehen, der, unter der brennenden Saharasonne ausgebrütet, seinen Flug gen Limmat-Athen nahm, um höchstpersönlich den Eröffnungsfeierlichkeiten beizuwohnen [...]. Ein breites Band um das Haus herum verkündet der Stadt, dass der Globus die Jugend zu sich geladen hat."[9]

Schon bei diesem ersten Jugendmeeting waren die Kinder zum kreativen Mitmachen aufgerufen. Die Produkte ihrer vielfältigen Tätigkeiten konnten sie anschließend mit nach Hause nehmen. Höhepunkt des Jugendmeetings aber war ein leibhaftiger Globi, mit einem riesengroßen Kopf und karierten Hosen. Er selbst habe dieses Kinderparadies eingerichtet, hieß es. An den Aktivitäten der Kinder nahm er lebhaft Anteil, unterhielt sie mit Späßen und las ihnen ihre Wünsche von den Augen ab. Globi bummelte zudem mit den Kindern durch die Stadt und stattete den lokalen Zeitungsredaktionen einen Antrittsbesuch ab. Das zahlte sich aus, denn es erschienen durchweg wohlwollende Berichte über das kreative Programm der Jugendtage im Globus. „Eigentlich sollen solche Anregungen nicht nur 14 Tage in einem Warenhaus geweckt werden, sondern schon in der Schule ständiges Programm sein", meinte zum Beispiel der „Basler Vorwärts".[10]

In dieser für Kinder ansonsten reizarmen Zeit war es kein Wunder, dass sie solch weitere Feste verlangten und immer mehr von diesem seltsamen Vogel wissen wollten. Wochenlang gingen Kinderbriefe für Globi beim Reklamechef Schiele ein, der diese Zeichen einer beginnenden Freundschaft geschickt zu nutzen wusste. „Als ich nach drei Monaten noch immer solche Brieflein erhielt", so Schiele, „wurde mir klarer, dass Globi bereits zum Begriff einer bestimmten Haltung geworden war. Nun setzte ich sofort mit dem bewussten Ausbau seines Charakters ein."[11] Und so sorgte Globus für mehrere spektakuläre öffentliche

---

7 Zit. nach: 20 Jahre Globi. Globi-Illustrierte, Jubiläums-Ausgabe, Juni 1952, S. 2.
8 Über die Attraktionen der einzelnen Filialen berichtete die Globus-Hauszeitung im Oktober 1932.
9 Globus-Hauszeitung 1932, Nr. 10, S. 343.
10 Zit. nach: Globus-Hauszeitung 1932, Nr. 10, S. 353.
11 Globus-Hauszeitung 1942, Nr. 5, S. 134.

Auftritte der *Globi*-Figur und veranstaltete noch zwei weitere Jugendmeetings. Zu den Jugendmeetings 1933 und 1934 erschien jeweils eine Festschrift *Der Globi*, und im Tagblatt der Stadt Zürich gab es als Extra-Seite *Globi's Kinderzeitung* mit einem Schreibaufruf an die Kinder.

Abb. 3:
„Globi"-Zeitung
1945, Heft 1

Aber der Trubel, den die Kinderfeste ins Warenhaus Globus brachten, wurde der Direktion zu viel, und sie schaffte die Jugendmeetings ab. Dafür erschien von Januar 1935 bis 1970 monatlich die Zeitung *Der Globi*. Die Kinder, so schreibt „Euer Freund Globi" in der ersten Nummer, hätten mit vielen Zuschriften und stets wiederkehrenden Bitten, die *Globi*-Zeitschrift regelmäßig erscheinen zu lassen, Erfolg gehabt. Zum Inhalt der Zeitung gehörten Geschichten, Bastel- und Spielanleitungen und vor allem die gezeichneten *Globi*-Abenteuer. Dazu gab es Wettbewerbe und den Briefkasten der *Globi*-Redaktion. Mit der *Globi*-Zeitung standen der Reklamechef Schiele und seine Redaktion nun in engem Kontakt mit ihren Lesern. 1952 gab die Redaktion rückblickend folgende Einschätzung zu diesem Schritt: „Mit dem Erscheinen der Zeitschrift [...] vollzog sich bei Globi eine für seine ganze Zukunft entscheidende Wandlung: die Reklamefigur des Globus wurde geistig untermauert, verfeinert und entwickelte sich zu einem allgemeinen literarischen Wesen."[12]

Auf Wunsch der Kinder ließ Schiele 1935 das erste *Globi*-Buch drucken – *Globis Weltreise* in 8000 Exemplaren, dem bis heute jedes Jahr ein neuer Band folgte. Reklamechef Schiele bezeichnete sich immer wieder ausdrücklich als Schöpfer des Globi und dessen geistigen Vater, weil er in den meisten Fällen die Idee zum Buch hatte, die Rahmenhandlung und den Ablauf festlegte und inhaltliche Ziele fixierte, in manchen Fällen sogar ein Drehbuch verfasste. Nach seinen Vorgaben „trachtet Herr Lips danach", so Schiele wörtlich, „möglichst viele lustige und originelle Bild-Ideen zu finden, mit frappanter humorvoller Schlusswirkung." Bei der „Abfassung der Verse" sollte der ‚Dichter' Alfred Bruggmann stets eine „positive, moralische und pädagogische Haltung" anstreben.[13]

Reklamechef Schiele sah sich für die charakterliche Ausprägung der Figur zuständig, in seinen Augen war Globi ein „… froher Geselle, dem der Schalk aus den Augen guckt. Erfinderischer, durchtriebener Schlaumeier und Spässemacher. Oft frech wie ein Dachs. Dann aber wieder weichherzig und von ergreifender Gemütstiefe. Wie alle rechten Buben: draufgängerisch."[14] Doch Schiele formulierte auch strenge erzieherische Absichten:

> „An Globi's Dasein und Schicksal soll klar gezeigt werden, dass man auch in jungen Jahren nicht alles tun darf, was man tun möchte. Übertreibungen, Unbeherrschtheiten, falsche Gesinnung, böser Wille oder gar ungerechtes Handeln erfahren ihre offensichtliche Rüge oder Strafe. Aber nicht mit wirkungsloser, gouvernantenhafter Belehrung, sondern mit Geist und Humor."[15]

Häufig übte Schiele Kritik an den Entwürfen des Zeichners, griff in einzelne Details ein oder empfahl passende Lektüre, Gotthelfs *Bauernspiegel* etwa zum Buch *Wie Globi Bauer wurde* und Coopers *Lederstrumpf* für *Globi bei den Indianern*.

Abb. 4:
„Globi"-Buch von 1941

---

12 20 Jahre Globi (wie Anm. 7), S. 7.
13 Undatierte Notiz Schieles, Archiv Beat Frischknecht.
14 Globi junior. Zürich 1938, Vorwort.
15 Globi's Siege und Niederlagen. Zürich 1943, Vorwort.

Klassiker der Schweizer Produktmarken

Wenn Globi in der Öffentlichkeit auftrat, wurde er jedesmal enthusiastisch gefeiert. Zu regelrechten Massenaufläufen führten Globis Kutschfahrt beim Zürcher Frühlingsfest „Sechseläuten" 1946, sein Auftritt beim Zürcher Flugtag im selben Jahr und bei den Flugshows auf der Zürcher Allmend 1948 und in Dübendorf, seine Teilnahme am Fastnachtsumzug 1949 und seine Wasserskifahrt auf dem Zürichsee 1951.

Abb. 5: Der leibhaftige Globi beim Flugmeeting[16]

Einmal etabliert, konnte Globi weiter vermarktet werden. Schon seit den 1930er Jahren verkaufte Globus diverse Artikel, auf denen Globi abgebildet ist – nicht nur Kinderspielzeug und Schokolade, die Palette reichte von der Rasierklinge bis zum Spieleimer. So wurde Globi zu einem Klassiker der Schweizer Produktmarken. Marken flößen Vertrauen ein und geben den Konsumenten in einer sich ständig ändernden Welt Orientierungshilfen, sie stehen als Symbol für ein gleichbleibend hochwertiges Produkt. Albert Bosshardt, Central-Einkäufer bei Globus, sagte 1942: „Bei allen Globi-Artikeln ist Voraussetzung, dass es sich um qualitativ erstklassige, preislich interessante, gut verkäufliche Dinge handelt. Kinder sind strenge Kritiker."[17]

Globi wirkte gemeinschaftsstiftend, 1936 entstand aus den Kreisen der *Globi*-Leser heraus die *Globi*-Club-Bewegung. Jungen und Mädchen schlossen sich in Gruppen zusammen, bis 1952 entstanden rund 700 Clubs mit mehr als 9.000

---

[16] Archiv Beat Frischknecht.
[17] Globus-Hauszeitung 1942, Nr. 5, S. 167.

Mitgliedern, so genannten Globianern. Die *Globi*-Redaktion hieß jedes Mitglied einzeln willkommen und nutzte die Gelegenheit, für den Bezug der *Globi*-Zeitung zu werben. Diese formulierte Grundsätze für die Clubs und veröffentlichte 1941 „s'Globianer-Lied", das auch als Schallplatte produziert wurde. Pflege der Kameradschaft, sinnvolle Freizeitgestaltung und gute Taten gehörten für die „Globianer" zur Pflicht.

Abb. 6:
Grammophonplatte
„s'Globianer-Lied"[18]

1937 schrieb der Redakteur der *Globi*-Zeitung: „Die Globi-Club-Bewegung will also die guten Kräfte – die in jedem jungen Menschen schlummern – fördern und zur Entfaltung bringen. Sie will, dass sich die Jugend selber Aufgaben stellt und aus eigenem Antrieb freudig erfüllt."[19] Das tat sie und organisierte mit erheblichem Aufwand und großem Erfindungsreichtum zahlreiche Veranstaltungen und Hilfsaktionen.

In der *Globi*-Zeitung berichteten die Globianer über ihre Werbeaktionen für Globi und ihre Club-Aktivitäten. Einzelne Fans erzählten von ihren Helfertaten, so 1952 auch der spätere Schweizer Bundespräsident Kaspar Villiger: „Lieber Globi! Ich habe Dir noch 15 Fr. beigelegt. Verteile sie unter die Armen. Ich habe sie selbst verdient. Dein Kaspar."[20]

Die kreativen Angebote der *Globi*-Zeitung bestanden zu einem großen Teil in Wettbewerben, an denen die Kinder sich zu Zigtausenden beteiligten. Die verschiedensten Themen wurden ausgeschrieben. Die Kinder zeichneten und verfassten Geschichten, Gedichte und Theaterstücke, die sie dann selbst zur Aufführung brachten. Von der Redaktion wurden sie mit Anerkennung und Lob bedacht.

---

[18] Globus-Hauszeitung 1948, Nr. 5, S. 148.
[19] Globi-Zeitung 1937, Nr. 4, S. 63.
[20] Globi-Zeitung 1952, Nr. 7, S. 140.

Globi wird Soldat

1938 verkündete Bundesrat Philipp Etter mit seiner Kulturbotschaft die Idee der Geistigen Landesverteidigung: Heimatlich-patriotische Selbstbesinnung und geistige Abgrenzung gegen faschistisches Gedankengut. Bei Kriegsbeginn waren alle Institutionen der Schweiz aufgefordert, sich in den vaterländischen Dienst zu stellen. Schiele entsprach freudig diesem Wunsch, und so wurde auch Globi in Dienst genommen.

Die *Globi*-Bücher nahmen sich nationaler Themen an: 1939 erschien der Band *Globi an der Landesausstellung*, die Themen der Bildergeschichten korrespondierten mit dem Ausstellungsprogramm[21], wobei Wehrhaftigkeit der *Globi*-Redaktion besonders am Herzen lag. *Globi wird Soldat* (1940), das „erste humoristische Soldatenbuch für die Schweizer Jugend", zeigte das Einrücken und Exerzieren, Gefechtsübungen und fröhliches Soldatenleben nach dem Abtreten. *Wie Globi Bauer wurde* (1941) verarbeitete auf humorvolle Weise die Erfahrungen von Anbauschlacht und Lebensmittelrationierung.

Auch die *Globi*-Zeitung sollte einen Beitrag zur Stärkung des schweizerischen Selbstgefühls leisten. Zwischen 1938 und 1945 vermittelte sie ihrem jugendlichen Publikum neben Unterhaltung auch patriotische Werte. Sie veranstaltete Aufsatz- und Malwettbewerbe, zum Beispiel zur Landesausstellung 1939, zur Schweizer Geschichte, zu bedeutenden Schweizer Persönlichkeiten, zum Brauchleben. Nach Kriegsbeginn 1939 wurde ein Wettbewerb zum Thema „Mobilisation" ausgeschrieben. Die Zeichnungen zeugen zum einen von einer kreativen Aneignung des Globi, zum anderen geben sie Auskunft über die intensive Auseinandersetzung der Kinder mit dem Kriegsalltag.

Von 1940 an stand die *Globi*-Zeitung dann ganz im Zeichen des Krieges. Sie berichtete von Einquartierungen, vom Soldatenleben, von der Arbeit der Frauen, von Liebesgaben der Kinder an die Soldaten. Auch der Aufruf des Generals Guisan an die Schweizer Jugend, im Rahmen der so genannten Anbauschlacht in der Landwirtschaft zu helfen, wurde in der *Globi*-Zeitung abgedruckt. Die *Globi*-Redaktion – inzwischen in Uniform – kommentierte:

> „... findet Ihr es nicht etwas Gewaltiges, wenn die Schweizer Jugend vom Oberbefehlshaber der Armee dringend aufgerufen wird, Arbeit zu leisten, die sonst Männern zugedacht ist? Der General vertraut auf Euch, dass Ihr – wie seine Soldaten – für die Heimat gerne ein Opfer bringen werdet. ... Globianer, Schulkinder! Ihr seid die Zukunft unseres Volkes! Nur eine Jugend, die Opfer bringt, wird später fähig sein, das Erbe unserer Väter zu verteidigen. Jetzt gilt's!!"[22]

Die Globi-Zeitung druckte dazu passende Geschichten ab.

---

[21] Die Schweizer Landesausstellung von 1939 in Zürich gilt als Manifestation der Geistigen Landesverteidigung.

[22] Globi-Zeitung 1940, Nr. 5, S. 78.

Von nationaler Bedeutung waren die Sammelaktionen. Hunderte von *Globi*-Lesern beteiligten sich am Ährenlesen-Wettbewerb des Nationalen Anbaufonds. *Globi*-Clubs berichteten über erfolgreiche Altstoffsammlungen und ihren Einsatz für die Wochen-Batzen-Spende des Roten Kreuzes. Die Kinder setzten diese Aktionen zeichnerisch um, erzählten Globi aber auch über ihre Angst, die Schweiz könnte ihre Freiheit und Unabhängigkeit verlieren. Darauf erhielt ein Briefschreiber von der *Globi*-Redaktion die aufmunternde Antwort: „Aber nicht pessimistisch sein, sondern den festen Willen zeigen und trotzig sagen: ‚Ich bin und bleib ein Schweizerknabe!‘ Das ist Geistige Landesverteidigung, zu der jeder Bub und jedes Mädchen, vor allem jeder Globianer sein Bestes drangeben soll.“[23]

„Die Waffen ruhen!“, heißt die Sonderausgabe der *Globi*-Zeitung zum Kriegsende. „Wir Schweizer haben viel zu danken“, liest man dort. Dem General, aber auch den Soldaten, den Müttern und den Kindern und vor allem „Gott dem Allmächtigen, dass er die Schweiz vor diesem grauenhaften Krieg verschont hat.“ General Guisan schrieb zum Geleit:

„Die Nachkriegszeit stellt vor allem auch an die junge Generation grosse Anforderungen. Die militärischen Gefahren sind für unser Land vorläufig vorbei. […] Gewisse andere Gefahren beginnen sich jedoch bereits abzuzeichnen: Defaitismus, Gleichgültigkeit und Egoismus. […] Darum besteht die beste Art der Heimat zu dienen darin, stets als Schweizer zu denken und zu handeln. […] Glaubt an die Kräfte, die in Euch sind und unser Land stark machen.“[24]

„Sprachrohr der Jugend“ – die Globi-Zeitung

Über die Jahre gingen zigtausend Briefe aus dem In- und Ausland in der *Globi*-Redaktion ein, häufig mit Zeichnungen geschmückt. Ein wichtiger Grund für die Begeisterung und schöpferische Aktivität der Kinder ist darin zu sehen, dass diese von der *Globi*-Redaktion ungewohnte Aufmerksamkeit und Anerkennung erfuhren. So formulierte auch der Redakteur Emil Bannwart die Zielsetzungen der *Globi*-Zeitung dahingehend, „das Kind in allen seinen Belangen ernst [zu] nehmen und sich mit seiner Welt und in seiner Sprache auseinander[zu]setzen, ohne dabei kindisch zu werden“.[25] Reklamechef Schiele wollte die Zeitung „zum Sprachrohr der Jugend machen“, um zu zeigen, „welch schöpferische Kräfte in der Jugend liegen“.[26]

In vielen Briefen wird die große Bedeutung Globis als Ansprechpartner für die Kinder deutlich. Ein Mädchen schrieb ihm diese Zeilen:

---

[23] Ulla Aecherli-Rehnlund: Der blaue Nationalheld. Globi und die Geistige Landesverteidigung. In: Globi und seine Zeit (wie Anm. 2), S. 116-124, hier S. 117.

[24] Die Waffen ruhen. Sonderausgabe der Globi-Zeitung 1945, Nr. 6.

[25] Globi-Zeitung 1938, Nr. 12, S. 192.

[26] Ebd.

„Ich habe nur einen einzigen guten Freund, und das bist Du, lieber Globi. Du verstehst mich, weil Du in den Herzen der Kinder lesen kannst. Zu Dir habe ich Vertrauen, und darum will ich Dir mein Leid klagen. In der Schule werde ich immer ausgelacht, weil meine Kleider nicht so schön sind wie die der anderen Kinder. Auch hält man mir vor, ich hätte eine alte Mutter. Das ist nicht wahr, sie sieht nur so aus, weil sie immer traurig ist. Ich habe keinen Vater, der sich für mich wehrt. In der Schule tue ich zwar so, als ob ich nichts höre, aber am Abend weine ich dann mein Leid aus. Schreibe mir doch bitte recht bald wieder, lieber Globi. Ich habe immer so grosse Freude, wenn von Dir ein Brief kommt."[27]

Die Redaktion ermunterte die Kinder, auch außerhalb der Wettbewerbe ihre Bastelarbeiten, Zeichnungen und Gedichte einzuschicken. Diese Einsendungen wurden zumindest in der Anfangszeit zum großen Teil abgebildet. Das eigene

Werk in der *Globi*-Zeitung abgedruckt zu sehen, bedeutete für die Kinder viel: „Unbeschreiblich war meine Freude, als ich im nächsten Heftli meinen Globi abgebildet sah, und das Lob der Redaktion darunter stand, und es alle Globianer sehen konnten", schrieb ein Mädchen und fuhr fort: „Die Globi-Redaktion wurde fast überhäuft von meinen Werklein."[28]

Abb. 7: Kinderbrief mit Zeichnung[29]

Alle Einsendungen, jeder einzelne Brief, wurden individuell beantwortet und verdankt. Wichtig war dem Redakteur bei allen Arbeiten der Kinder die saubere Ausführung, immer wieder kommentierte er den Stil. Hatten sie sich in seinen Augen nicht genug Mühe gegeben, vermerkte er auch das in seinem Antwortbrief. Besonders gelungene Bastelarbeiten oder Zeichnungen wurden mit einer Ehrenmeldung belohnt und ins Goldene Buch der Ehrenmeldungen eingetragen. Nach zwanzig Jahren war von Hunderttausenden von Einsendungen die Rede.

Alle Kunstwerke wurden aufbewahrt. Die Bastelarbeiten wurden in der Redaktion in gläsernen Vitrinen ausgestellt, die Zeichnungen in „Künstleralben" gesammelt, die noch heute im Archiv des *Globi*-Verlags stehen. Besuch war auf der *Globi*-Redaktion immer willkommen, wo die Kinder in einer eigens eingerichteten *Globi*-Stube die Künstleralben mit den eingesandten Zeichnungen bestaunen konnten. Bis 1948 hatten nach Angabe der *Globi*-Redaktion 39.000 Kinder von dieser Möglichkeit Gebrauch gemacht.

---

[27] 20 Jahre Globi (wie Anm. 7), S. 26.
[28] Globi-Zeitung 1942, Nr. 5, S. 150.
[29] Archiv Beat Frischknecht.

Zum Jubiläum „20 Jahre Globi" veranstaltete die *Globi*-Zeitung eine Olympiade in fünf Etappen. Nicht eine Olympiade der Stärksten und Schnellsten, sondern eine Olympiade des Geistes, des Wissens und der Kreativität. Umfangreiches Wissen, Sinn für Originalität, zeichnerische und bastlerische Fähigkeiten, sorgfältiges Arbeiten sowie Fleiß und Ausdauer waren bei der Olympiade von entscheidender Bedeutung. Die *Globi*-Zeitung berichtete:

„5.881 Buben und Mädchen haben total 16.673 Arbeiten eingesandt. 9.246 Rätsel- und Wettbewerbslösungen, 5.032 Zeichnungen und farbige Helgen, 847 Aufsätze, 773 Gedichte, 698 Basteleien, 43 Theaterstücke, 19 Rätsel-Vorschläge und 15 selbstkomponierte Globi-Schlager. Nein, eine solch enorme Beteiligung und ein derart begeistertes Mitschaffen hätte der stärkste Mann nicht erwartet. Es ist also doch so: je mehr man von euch Globianern verlangt, um so mehr leistet ihr."[30]

In aller Welt und in allen Medien?

In den Nachkriegsjahren versuchte der Verlag, Globi auf dem internationalen Markt zu platzieren, besonders in den USA. In der Folge erschienen einzelne Strips in amerikanischen Jugendzeitschriften und *Globi*-Bücher in verschiedenen europäischen und außereuropäischen Ländern. „Im Namen Globi liegt auch die Weltverbundenheit, das Allgemeine, das Globale, das Hinüberschreiten über enge Grenzen hinaus in die Ferne, hinaus zu allen anderen", schrieb Schiele 1948 in der *Globus-Hauszeitung*.

Abb. 8: Macys Parade[31]

Auch wenn Lips und Schiele schon von Globis Präsenz bei Macys Parade in New York träumten, hatte dieser auf dem amerikanischen Comic-Markt keine großen Chancen. Schiele fasste das Urteil eines amerikanischen Experten zusammen:

„Alles muss drastischer, gröber, primitiver und somit klarer und deutlicher werden. Globi ist zu wenig sportlicher Draufgänger, er muss zügelloser werden, Revolver, Tomahawk, Skalp-Messer und ähnliche blutrünstige Instrumente würden seine Popularität in den USA bei der Jugend gewaltig fördern. Globi muss sich auch mit anderen viel mehr herumbalgen, er muss massiv zuschlagen und die anderen zusammenhauen und selbstverständlich am Schluss als Triumphator dastehen."[32]

---

[30] Globi-Zeitung 1952, Nr. 12, S. 228.
[31] Archiv Globi-Verlag.
[32] Reisenotizen von Ignatius Karl Schiele zum Amerika-Besuch. Archiv Beat Frischknecht.

Globi sollte sich nicht nur international behaupten, sondern auch andere Medien erobern. Schon früh hatte man begonnen, sich zeichnerisch mit der Problematik auseinanderzusetzen, Globi in Bewegung darzustellen. Julius Pinschewer, Pionier des Werbe- und Zeichentrickfilms, schuf 1949 den Film *Globis gutes Herz*. Der Film wurde im Sommer 1950 auf der XI. Film-Biennale Venedig gezeigt, die interne Aufführung für die *Globus*-Leitung jedoch stieß auf wenig Begeisterung. Erst 1985, zum 50. Geburtstag der *Globi*-Bücher, strahlte ihn das Schweizer Fernsehen aus.

Vor dem Hintergrund der Debatte um die Einführung des Fernsehens in der Schweiz produzierten die Magazine zum Globus zusammen mit der ETH Zürich in den 1950er Jahren Probe-Fernsehsendungen. So konnten Zehntausende zum ersten Mal Fernsehen erleben. Auch die *Globi*-Schöpfer Schiele und Lips beteiligten sich an diesen Versuchen.

Abb. 9: Fernsehversuche[33]

„Ein Maulheld in Vogelform" – Kritik an Globi

Trotz aller pädagogischen Ambitionen Schieles war Globi eine umstrittene Figur. Vor allem der Schweizerische Lehrerverband stand ihm von Anfang an eher abwehrend gegenüber. Gerade von dieser pädagogischen Institution erhoffte sich Schiele jedoch Anerkennung. Zwar wurde ihm Zustimmung für die in den *Globi*-Büchern vermittelte Gesinnung zuteil, aber, so hieß es, „leider müssen wir feststellen, dass die Jugend zu wichtig genommen wird."[34] Außerdem werde das „ästhetische Moment in den grell bunten Umschlagbildern nicht gewahrt."[35] Immer wieder traf den Globi der Vorwurf der Schundliteratur.

In seinen „Gedanken zur Lektüre Jugendlicher" sagte der Journalist Walter Widmer 1954 schlimme Folgen der *Globi*-Lektüre voraus: „Dabei wird [...] irgend ein Maulheld in Vogelform warm empfohlen und macht Bombengeschäfte. Sein grossmäuliges, wohlfeiles, windiges Heldentum wirkt sich ver-

---

[33] Archiv Beat Frischknecht.

[34] Protokoll einer Konferenz zwischen der Jugendschriftenkommission des Schweizerischen Lehrerverbands und dem Globi-Verlag vom 13. Oktober 1943; Archiv Beat Frischknecht.

[35] Brief der Jugendschriftenkommission des Schweizerischen Lehrerverbandes vom 14. September 1943 an Ignatius Karl Schiele; Archiv Beat Frischknecht.

mutlich weit verheerender aus als sämtliche Bände des so verpönten Karl May."[36]

Ein besonderes Ärgernis waren dem Lehrerverband die Bastelarbeiten der *Globi*-Anhänger: Sie seien „oft eigentliche Hausgreuel" und würden statt mit kritischem Auge allzu oft als „Meisterwerk" beurteilt.[37] Schiele sah den Grund für die ständige Zurückweisung im „Neid schriftstellernder Lehrer, einem Mangel an Humor und fehlendem Sinn für unbeschwerte Volkstümlichkeit". Er habe sich nun damit abgefunden, erklärte er 1955 in einem Brief, „möge links und rechts in Harmonie oder Dissonanz gekläfft werden".[38]

1970 erschien die letzte *Globi*-Zeitung. Die 1970er Jahre waren für den *Globi*-Verlag unbequeme Jahre. Verlagsleiter Schiele ging in Pension, Robert Lips war gesundheitlich nicht mehr in der Lage, zuverlässig für den *Globi*-Verlag zu zeichnen. Rund zehn Jahre lang versuchte man, sich mit Nachdrucken und Sammelbänden über Wasser zu halten. Zudem hatte die 68er-Bewegung das Land aufgewühlt, und auch die Kinder- und Jugendkultur war im Umbruch. *Globi*-Clubs und *Globi*-Zeitung passten nicht zum Zeitgeist.

Auch der Ideologiekritik wurde Globi in diesen Jahren unterzogen. Rassendiskriminierung, Sexismus und Gewalttätigkeit, aber auch Spießigkeit und Abgedroschenheit lauteten die Vorwürfe. Der Schriftsteller Gerold Späth sagte 1971 im Schweizer Fernsehen, Globi, der Superschweizer, sei „rassenfeindlich" und beeinflusse die Kinder in diesem Sinne. Die Kinderpsychologin Ursula Müller analysierte Globi als Inbegriff der weißen Rasse, als schlagkräftigen Mann, der alles kann und jeder Situation gewachsen sei – eine Siegernatur. Und Regula Renschler von der Menschenrechtsorganisation „Erklärung von Bern" schrieb 1981, in vielen *Globi*-Büchern würden „... Menschen anderer Rassen in einer ausgesprochen beleidigenden, rassistischen Form geschildert und gezeichnet." Mit „Klischees und stereotypen Zeichnungen werden Afrikaner immer wieder dargestellt. Sie tragen einen Bast- oder Bananenblätterrock, dazu häufig Spangen um Hals, Finger- und Fussgelenke, haben wulstige Lippen und runde Augen, die im Weiss rollen." Dazu würden die Bewohner Afrikas diskriminierend als „Neger" bezeichnet, als „Kannibalen, Mohren, Wilde und Hottentotten". „Alles in allem ist die Globiwelt eine paternalistische, chauvinistische, rassistische, sexistische und ziemlich gewalttätige Welt." Zu den problematischen Büchern zählte sie *Globis Weltreise* (1935), *Mit Globi und Käpten Pum um die Welt* (1944), *Freund Globi im Urwald* (1950), *Globi bei den Indianern* (1952)

---

[36] Walter Widmer: Vom Glockenton kindlicher Unschuld. Gedanken zur Lektüre Jugendlicher. In: National Zeitung Basel, Sonntagsbeilage vom 11. Juli 1954.

[37] Briefwechsel zwischen Ignatius Karl Schiele und dem Schweizerischen Lehrerverband 1943; Archiv Beat Frischknecht.

[38] Ignatius Karl Schiele 1955 in einem Brief an Ch. Schlaepfer; Archiv Beat Frischknecht.

und *Globis Kampf um die Schatzinsel* (1956).[39] Die Kritik erwies sich als zählebig.

Auf neuen Wegen

In Form neuer Medien versuchte man in diesen schwierigen Jahren, mit der Zeit Schritt zu halten. 1976 wurde das erste *Globi*-Hörspiel, *Globis Abenteuer*, produziert. Der Schweizer Schauspieler Walter Andreas Müller entwickelte Globis charakteristische Stimme, die zum lautlichen Synonym für Globi wurde.

Die Ära der ‚Gründerväter' war nun Vergangenheit. In den 1980er Jahren wehte im *Globi*-Verlag ein neuer Wind. Mit Peter Heinzer war ein neuer Zeichner gefunden, und später stieß mit Heiri Schmid ein zweiter Zeichner zum *Globi*-Team. In den neuen Büchern interessiert sich Globi auch für neue Themen: Umweltschutz und Tierschutz, aber auch bei der Feuerwehr und bei der Post ist er zu Gast. Dem Zeitgeist der politischen Korrektheit entsprechend wurde Globi gezähmt und geglättet und erhielt Vorbildcharakter. Die *Globi*-Bücher *Globi bei der Feuerwehr* (1985), *Globi bei der Rettungsflugwacht* (1988) und *Globi und die Bahn* (2001) sind voller sachlicher Informationen. *Globi bei der Post* (1997) erwies sich als besonderer Hit und wird von Lehrern sogar im Realkunde-Unterricht eingesetzt.

Wie schon zu Anfang seiner Laufbahn wandte sich Globi auch wieder heimischen Themen zu. Er machte 1984 eine „Schweizer Reise", erlebte mit „Wilhelm Tell" 1991 Abenteuer in der Vergangenheit und bereiste 1993 den „Nationalpark".

Mitte der 1990er Jahre brach wiederum eine neue Ära an. Der Verlag verstärkte seine Zusammenarbeit mit Schweizer Unternehmen und Institutionen: 1996 brachte die Post eine *Globi*-Sondermarke heraus, wenig später wurden zwei *Globi*-Postautos in Dienst gestellt.

Bereits 1984 hatte der *Globi*-Verlag zusammen mit den Schweizerischen Bundesbahnen *Globis abenteuerliche Schweizer Reise* veröffentlicht. Nun ließen die SBB drei Doppelstock-Schnellzugwagen mit *Globi*-Kinderspielwelten bauen. Der Reiseveranstalter Hotelplan integrierte *Globi*-Clubs in seine Horizonte-Hotels in Europa und Tunesien. Und im bündnerischen Disentis eröffnete 1998 der Ferienwohnungsanbieter Utoring das *Globi*-Hotel samt Kinder-Schloss.

Im Jahr 2003 haben sich der Verlag und die Kooperationspartner zu einer noch engeren Zusammenarbeit entschlossen: „Planet Globi" heißt das Label. Es vernetzt alle touristischen *Globi*-Angebote. Mit dabei sind auch die beiden

---

[39] Regula Renschler: „Neger hat er just erblickt, und die Lage wird verzwickt". Der krasse Rassismus in den Schweizer Globi-Büchern. In: dies. und Roy Preiswerk (Hrsg.): Das Gift der frühen Jahre. Rassismus in der Jugendliteratur. Zürich 1981, S. 213-234, Zitate S. 214, 216, 231.

jüngsten Partner, der Zoo Zürich und die Ferienregion Lenzerheide-Valbella mit ihrem *Globi*-Wanderweg.

Man beschritt inzwischen auch im Medienbereich wieder neue Wege. Zum einen gingen CD-ROMs in die Produktion, zum anderen kam im Jahr 2003 der lang erwartete, international produzierte Zeichentrickfilm *Globi* in die Kinos. Auch hier spricht Walter Andreas Müller den Globi. Trotzdem kam der Film bei Kritikern und dem Publikum nicht gut an. Die Kombination von *Globi-* und Manga-Ästhetik ist zu ungewohnt. Ein Journalist fragte sich anlässlich der Uraufführung, ob „die Schweizerische Volkspartei [nun] gegen den Ausverkauf heimischer Werte klagen" werde.[40]

Ein nationaler Mythos oder: Globi, der letzte Schweizer?

Der blaue Vogel mit den karierten Hosen, an den jede Schweizerin und jeder Schweizer in der Deutsch-Schweiz eigene Erinnerungen hat, scheint tatsächlich zur Auseinandersetzung mit der nationalen Identität herauszufordern.

Das Schweizerische wurde nach der Eröffnung der Ausstellung in Winterthur der Dreh- und Angelpunkt der Presserezeption. „Die Schweiz denkt über ihren zweitwichtigsten Sohn nach",[41] las man da, Globi erschien als „Papageno helvetischen Zuschnitts",[42] als „Der Schweizer Nationalheld",[43] als „fröhlich-anarchischer Schweizer"[44] und sogar als „Der letzte Schweizer".[45] Was würde der Schweizerische Lehrerverband, für den Globi vor fünfzig Jahren eindeutig zur Schundliteratur gehörte, wohl zu seiner Beförderung zum Nationalvogel sagen?

Wenn Globi hier in eine Reihe gestellt wird mit Wilhelm Tell und anderen Schweizer Nationalhelden, lässt sich von einer Stilisierung zum Mythos sprechen. Abschließend soll versucht werden, die möglichen Gründe für die Entwicklung von der Reklamefigur über den Kinderbuchhelden zum nationalen Mythos aufzuzeigen. Drei miteinander verbundene Stränge sind an dieser Mythenbildung beteiligt:

Da sind an erster Stelle die kindlichen Rezipienten zu nennen. Sie haben das interaktiv konzipierte Angebot des Globus-Warenhauses begeistert angenommen und sich kreativ angeeignet. In einer reizarmen Zeit erschien Globi den Kindern als leibhaftige Person, die ihnen mit Empathie begegnete und Vertrauen weckte. Manche *Globi*-Geschichten und die damit verbundenen Erziehungsziele mögen heute bieder und restaurativ erscheinen. Doch war das Phänomen *Globi*

---

[40] SonntagsZeitung vom 28. September 2003, S. 64.
[41] Neue Zürcher Zeitung (NZZ) am Sonntag vom 17. August 2003, S. 67.
[42] Appenzeller Zeitung vom 30. August 2003, S. 36.
[43] Tages-Anzeiger vom 30. August 2003, S. 15.
[44] Züri Tipp vom 28. August 2003, S. 51.
[45] Die Wochenzeitung (WOZ) vom 4. September 2003, S. 19.

Ausdruck einer Pädagogik, die den Bedürfnissen der Kinder im Vergleich zu dem Erziehungsstil, den sie aus Schule und wohl auch Elternhaus kannten, mehr entgegenkam und so ihr kreatives Potential freisetzte. Nicht nur in seinen Geschichten, wo Globi zuweilen sogar anarchische Züge hat, sondern auch durch die Förderung der schöpferischen Eigenaktivität und des Gemeinschaftserlebens der Kinder seitens der *Globi*-Redaktion erschien ihnen dieser Vogel als „die erlaubte Freiheit", wie es Adolf Muschg zu Globis 60. Geburtstag formulierte.[46]

Die Interaktion zwischen Redaktion und kindlichem Publikum zeugt – lange vor den Mitmach-Projekten der 1970er Jahre – von bemerkenswert fortschrittlichem pädagogischem Impetus. In den ersten drei Jahrzehnten des 20. Jahrhunderts hatten die Vertreter der Reformpädagogik wesentliche Elemente der dann von Reklamechef Schiele und seiner Redaktion vertretenen Grundsätze und Methoden entwickelt.[47] Hier standen die „Selbsttätigkeit" des Heranwachsenden und seine „Produktivkraft" im Zentrum. „Wir wünschen", sagte einer ihrer Protagonisten, Fritz Gansberg, „dass das Kind immer in Bewegung bleibe, arbeite, male, dichte, forsche, probiere, vortrage oder wozu seine Neigung es immer treibt."[48] Dichtung solle „vom Kinde aus" betrieben werden, kindliche Werturteile über Kinderliteratur ebenso respektiert werden wie ihr freies unzensiertes Schreiben als Kunstproduktion Anerkennung finden. Im Rahmen der Reformpädagogik wurde auf die Ergebnisse der experimentellen Kinderpsychologie zurückgegriffen. Dies tat auch Schiele: „Mein Entschluss, die Welt des Kindes zu der meinigen zu machen, war gefasst. Und von da an studierte ich nicht nur systematisch das ganze Gebiet der Kinder-Psychologie, sondern suchte auch persönlichen Kontakt mit den Kindern jeden Alters", schrieb er rückblickend 1945.[49]

Von Bedeutung für die Entwicklung Globis zu einer schweizerischen Ikone sind zweitens die über Jahrzehnte anhaltende Diversifizierung und Medialisierung der Figur.

Die durch die Ausstellung über die siebzigjährige Geschichte des Globi beförderte Auseinandersetzung mit dem Phänomen Globi ist an dritter Stelle zu nennen. Einstige und jetzige *Globi*-Fans und *Globi*-Gegner nahmen sie zum Anlass, sich mit der Bedeutung dieser Figur auseinanderzusetzen, für ihre eigene Biographie wie auch für die Schweizer Kultur und Mentalität.

---

[46] Adolf Muschg in: Globi. 60 Jahre Kinderfreund beliebter denn je! Hrsg. vom Globi-Verlag. Zürich 1992, S. 13.

[47] Vgl. Gisela Wilkending: Reformpädagogik, „Altersmundart" und Dichtung „vom Kinde aus". In: Theorien der Jugendlektüre. Beiträge zur Kinder- und Jugendliteraturkritik seit Heinrich Wolgast, hrsg. von Bernd Dolle-Weinkauff und Hans-Heino Ewers. Weinheim/München 1996, S. 27-49.

[48] Fritz Gansberg 1906, zit. nach Wilkending (wie Anm. 47), S. 30.

[49] J.K. Schiele: Mein Weg zum Kinderbuch. In: Bücher aus dem Globi-Verlag. November 1945, S. 1-4, hier S. 2.

VII.

Intermediale Bezüge
im Amateurtheater und Amateurfilm

Christina Niem

Erzählmedium Amateurtheater
Über die Bedeutung des Geschichtenerzählens auf der Laienbühne

Auf die Frage, wie er seine Rolle in einem Actionfilm wie Indiana Jones defi-
niere, antwortete der Schauspieler Harrison Ford: „Ich erzähle eine Geschichte.
Ich versuche, sie aus meiner Rolle zu entwickeln."[1]

Bevor ich der Frage nachgehe, inwiefern die Laienbühne ein Ort des Ge-
schichtenerzählens ist und ob es Amateur-Schauspielern ebenso wie Harrison
Ford darum geht, aus ihren Rollen Geschichten zu entwickeln und diese auf der
Bühne zu erzählen, möchte ich knapp die bisherige Beschäftigung unserer Fach-
vertreter mit theatralischen Formen beleuchten. Daran anschließend skizziere
ich eine Amateurtheatergruppe, die in den 1960er Jahren gegründet wurde und
damals noch weitgehend den Idealen der Laienspielbewegung verpflichtet war.
Dieser Gruppe stelle ich eine jüngere Form oder gar ein anderes Genre gegenüber: das Playback-Theater. Am Ende fasse ich meine Überlegungen zum
Amateurtheater als Erzählmedium und zu den Möglichkeiten einer fachspezifi-
schen Auseinandersetzung mit diesem Forschungsfeld zusammen.

Bei der Beschäftigung mit dem Theaterspiel von Laien wird man mit einer
verwirrenden Vielzahl von Begriffen konfrontiert, die auf den ersten Blick
wenig voneinander abgegrenzt sind. Aus diesem Grund möchte ich vier Termini
im Voraus klären: Laienspiel und Amateurtheater, Volksschauspiel und Volkstheater.

Laienspiel ist eine „Sammelbezeichnung für Formen des nicht berufsmäßig
ausgeübten Theaterspiels", womit im engeren Sinn eine Theaterbewegung
gemeint ist, die „um 1900 mit der Jugendbewegung entstanden ist"[2] und aus der
die Laienspielbewegung hervorging. Ich verwende den Begriff Laienspiel nur in
diesem speziellen Sinn, während er im heutigen Sprachgebrauch häufig mit
Amateurtheater gleichgesetzt wird, welches sich jedoch erst in den 1960er
Jahren entwickelte. Synonym verwendet werden auch häufig die Begriffe
Volksschauspiel und Volkstheater. Dietz-Rüdiger Moser definiert Volksschauspiel „als jene Arten eines von Laien für Laien in der Landessprache dargebotenen Rollenspiels, die inhaltlich oder von ihrer Verwendung her in den überlie-

---

1   Sendung „Ungeschminkt. James Lipton spricht mit Harrison Ford" vom 7. August 2004 in
    3sat (Erstsendung am 4. Juli 2003).
2   Jürgen Belgrad: Laienspiel. In: Reallexikon der deutschen Literaturwissenschaft, hrsg. von
    Harald Fricke u.a. Bd. 2. 3., neubearb. Aufl. Berlin/New York 2000, S. 375-377, hier S.
    375; vgl. ebd. Rolf Wilhelm Brednich: Laienspielbewegung, S. 377-379.

ferten Festkalender eingebunden" sind, während es sich beim Volkstheater um „Theater für die große Menge, für Jedermann"[3] handelt.

Volkskundliche Perspektiven auf das Theaterspiel von Laien

Die Disziplin Volkskunde hat sich in Bezug auf szenische und theatralische Formen lange Zeit auf das „Volksschauspiel" konzentriert. Mit dieser Forschungsrichtung verbinden wir insbesondere die Namen Hans Moser, Leopold Schmidt, Leopold Kretzenbacher, in jüngerer Zeit Dietz-Rüdiger Moser,[4] Hans Schuhladen und Edgar Harvolk. Letzterer legte in den 1970er Jahren eine Dissertation über das Volksschauspiel im oberbayerischen Endorf vor.[5] In seinem zusammenfassenden Beitrag über die Volksschauspielforschung in dem Band *Wege der Volkskunde in Bayern* forderte Harvolk, den „Blick auf die verschiedenen Phänomene in Vergangenheit und Gegenwart, in Stadt und Land zu richten."[6] Dieser Aufforderung kam er mit seinen Beiträgen zu theaterhistorischen Themen selbst nach.[7] Hans Schuhladen hat nach seiner Arbeit über die Nikolausspiele des Alpenraumes[8] die Amateurtheaterszene der Stadt München im Rahmen eines studentischen Projektes untersucht. Die Ergebnisse dieser gegenwartsbezogenen Studie wurden im Rahmen einer Ausstellung sowie in einer Publikation[9] präsentiert – eine singuläre Leistung auf diesem Gebiet Mitte der achtziger Jahre.

Mit szenischen Formen, die nicht in den Festkalender eingebundenes Volksschauspiel waren, hatte sich zuvor Richard Weiss beschäftigt. Er bot in seiner

---

3   Dietz-Rüdiger Moser: Volksschauspielforschung. In: Grundriß der Volkskunde. Einführung in die Forschungsfelder der Europäischen Ethnologie, hrsg. von Rolf Wilhelm Brednich. 3. Aufl. Berlin 2001, S. 637-660, hier S. 637 f.

4   Vgl. Dietz-Rüdiger Mosers Überblick zur Volksschauspielforschung (wie Anm. 3); zum liturgischen Drama vgl. auch Werner Mezger: „Quem quaeritis – wen suchen ihr hie?" Zur Dynamik der Volkskultur im Mittelalter am Beispiel des liturgischen Dramas. In: Modernes Mittelalter. Neue Bilder einer populären Epoche, hrsg. von Joachim Heinzle. Frankfurt a.M./Leipzig 1994, S. 209-243.

5   Vgl. Edgar Harvolk: Das Endorfer Volksschauspiel. Rosenheim 1974 (Quellen und Darstellungen zur Geschichte der Stadt und des Landkreises Rosenheim, VIII).

6   Edgar Harvolk: Volksschauspielforschung. In: Wege der Volkskunde in Bayern. Ein Handbuch, hrsg. von Edgar Harvolk. München/Würzburg 1987 (Veröffentlichungen zur Volkskunde und Kulturgeschichte, 25; Beiträge zur Volkstumsforschung, 23), S. 353-364, hier S. 363.

7   Vgl. z.B. Edgar Harvolk: Prinzipal Carl Lederer aus München und sein Repertoire. Zur Geschichte des ambulanten Theaters im 19. Jahrhundert. In: Bayerisches Jahrbuch für Volkskunde 1998, S. 1-54.

8   Vgl. Hans Schuhladen: Die Nikolausspiele des Alpenraumes. Ein Beitrag zur Volksschauspielforschung. Innsbruck 1984 (Schlern-Schriften, 271).

9   Vgl. So ein Theater?! Zum gegenwärtigen Spiel von Amateurbühnen in München, hrsg. von Hans Schuhladen. München 1986 (Beiträge zur Volkstumsforschung, 16).

für die Nachkriegsvolkskunde wegweisenden Monographie *Volkskunde der Schweiz* einen Überblick über den Bereich Schauspiel[10], der als umfassendes Programm künftiger Forschung verstanden werden konnte. Dort skizzierte er die Entwicklung der geistlichen Spiele von den Oster- und Weihnachtsspielen des 13. Jahrhunderts über die Dramen eines städtischen Bürgertums in der frühen Neuzeit, die allmählich vom Jesuitentheater einerseits und von der Verbreitung der Berufsschauspieltruppen andererseits verdrängt worden waren. Die bedeutendsten Einflüsse auf das – damals – gegenwärtige weltliche Volkstheater sah Weiss im 18. Jahrhundert mit seinen Ritterschauspielen und den dramatisierten Volksbuchstoffen, welche die ländlichen Bühnen dominierten. Richard Weiss gab 1946 an, dass in schweizerischen Gemeinden zweitausend Theatervereine existierten. Er plädierte dafür, „die Aufgabe des Volkstheaters der kleinen ländlichen und städtischen Laienbühnen und ihrer Theatervereine nicht gering"[11] zu schätzen und betonte die vielfältigen Funktionen des Volkstheaters für die Alltagskultur.

Vaterländische Festspiele und historisch-patriotische Schauspiele waren nicht nur in der Schweiz eine in der Vergangenheit bedeutende Gattung. Hier sind vor allem die zahlreichen Tell-Spiele zu nennen, die auch auf deutschen Dorf- bzw. Freilichtbühnen sehr beliebt waren. Für die Schweiz hat Regina Bendix Tell-Aufführungen von Laien-Schauspielern und die Funktionen solcher Inszenierungen im Hinblick auf ein schweizerisches Nationalgefühl untersucht.[12]

Eine 1955 am Tübinger Ludwig-Uhland-Institut durchgeführte Theaterumfrage zeugt von der Spielfreudigkeit in württembergischen Gemeinden in den zehn Jahren nach dem Ende des Zweiten Weltkriegs. Diese Erhebung diente Gerlinde Hole als Quelle, die sich historischen Stoffen auf württembergischen Laienbühnen widmete.[13] Ihre Dissertation entstand bei Hermann Bausinger, der selbst in mehreren Beiträgen auf aktuelle Tendenzen des Theaterspielens einging.[14]

---

10 Vgl. Richard Weiss: Volkskunde der Schweiz. Erlenbach-Zürich 1946, S. 199-213.

11 Ebd., S. 213.

12 Vgl. Regina Bendix: Backstage Domains. Performing William Tell in Two Swiss Communities. Frankfurt a.M. u.a. 1989; vgl. auch dies.: National Sentiment in the Enactment and Discourse of Swiss Political Ritual. In: American Ethnologist 19 (1992), S. 768-790.

13 Vgl. Gerlinde Hole: Historische Stoffe auf dem volkstümlichen Theater Württembergs seit 1800. Tübingen 1964 (Volksleben, 4).

14 Hermann Bausinger: Oberschwäbisches Theaterleben jetzt und einst. In: Württembergisches Jahrbuch für Volkskunde 1957/58, S. 49-70; ders.: Weihnachtsspiel und Weihnachtstheater. In: Schwäbische Weihnachtsspiele, hrsg. von Hermann Bausinger. Stuttgart 1959 (Schwäbische Volkskunde, N.F. 13), S. 157-179. Bausinger betreute auch die Arbeit von Brigitte Schöpel: Naturtheater. Studien zum Theater unter freiem Himmel in Südwestdeutschland. Tübingen 1965 (Volksleben, 9).

In den ersten Jahrzehnten des 20. Jahrhunderts bestand großes Interesse am so genannten „Grenz- und Auslandsdeutschtum", was zahlreiche Untersuchungen in deutschsprachigen Siedlungsgebieten Ost- und Südosteuropas zeitigte. Eng verknüpft mit der germanistischen „Sprachinselforschung" entstand die „Sprachinselvolkskunde". Auf dem Gebiet der Volksschauspielforschung waren vor allem Alfred Karasek-Langer, Karl Horak, Josef Lanz und Rudolf Hartmann tätig. Ihre Sammlungen und Untersuchungen entstanden vor, während und nach dem Zweiten Weltkrieg, dann im Zuge einer Volkskunde der Heimatvertriebenen und Flüchtlinge. Sie wurden zum überwiegenden Teil zwischen 1960 und 1986 in der Schriftenreihe der Kommission für ostdeutsche Volkskunde ediert.[15] Auf die „personelle Kontinuität, die von der Wandervogelbewegung der zwanziger Jahre bis zur Kommission für ostdeutsche Volkskunde in den Fünfzigern reicht", hat Herbert Schwedt hingewiesen.[16]

Kaum beachtet von der volkskundlichen Wissenschaftsgeschichte blieben bislang Kontakte zwischen Volkskundlern und Laienspielern bzw. den Akteuren der Laienspielbewegung, die ebenfalls durch den Wandervogel geprägt waren. Zwischen Will-Erich Peuckert und Rudolf Mirbt beispielsweise bestand eine Verbindung: Peuckert verfasste mindestens ein Stück für Laienspieler: „Maria in der Ackerstraße. Eine Legende in 9 Bildern" wurde 1931 von Mirbt in die Reihe der Münchener Laienspiele aufgenommen.

Rudolf Mirbt gehört zu den Praktikern und Theoretikern der Laienspielbewegung. Als 17-Jähriger hatte er am Ersten Freideutschen Jugendtag auf dem Hohen Meißner teilgenommen, war nach dem Ersten Weltkrieg „Gaugraf" im Altwandervogel gewesen, war als Buchhändler, Schriftsteller und in der Jugend- und Erwachsenenbildung tätig gewesen. Er leitete die Münchener Laienspiele, initiierte Laienspielwochen, verfasste selbst Spiele, gab Spieltexte heraus (die „Münchener Laienspiele" in den 1920er und 1930er Jahren, nach dem Zweiten Weltkrieg dann die „Bärenreiter-Laienspiele") und edierte Zeitschriften wie *Die Laienspielgemeinde* und *Spiel*. Darüber hinaus popularisierte er das Thema Laienspiel in zahlreichen Vorträgen.[17]

---

[15] Vgl. die Bände 3, 9, 10, 12, 14, 17, 30, 31 und 36 der Schriftenreihe der Kommission für ostdeutsche Volkskunde; vgl. auch Heinke Kalinke: „Teamwork" – Zur volkskundlichen Feldforschung in Ost- und Südosteuropa in den 1920er und 1930er Jahren: Alfred Karasek und der Bielitzer Kreis. In: Jahrbuch für deutsche und osteuropäische Volkskunde 42 (1999), S. 20-43.

[16] Herbert Schwedt: Die Anfänge der volkskundlichen Flüchtlingsforschung im deutschen Südwesten. In: Zur Integration der Flüchtlinge und Vertriebenen im deutschen Südwesten nach 1945. Ergebnisse der Tagung vom 11./12.11.1993 in Tübingen, hrsg. von Mathias Beer. Sigmaringen 1994 (Schriftenreihe des Instituts für Donauschwäbische Geschichte und Landeskunde, 3), S. 49-60, hier S. 56.

[17] Vgl. Rudolf Mirbt: Möglichkeiten und Grenzen des Laienspiels. München 1928; Begegnungen und Wirkungen. Festgabe für Rudolf Mirbt und das deutsche Laienspiel, hrsg. von Hermann Kaiser. Kassel/Basel 1956; Darstellendes Spiel. Jugendspiel, Schau-

Ein anderer, besonders für das Schultheater wichtiger Vertreter der Bewegung war der Reformpädagoge Martin Luserke. Auch er schrieb und inszenierte selbst Laienspiele, deren Inhalt und Aufführung zur Entfaltung der Persönlichkeit der Spielenden beitragen sollte. Für ihn war das Laienspiel ein zentrales Instrument des sozialen Lernens.[18] Auf die enge Verknüpfung zwischen der Entwicklung des Märchenspiels im Schultheater und der Laienspielbewegung hat Christoph Schmitt hingewiesen.[19]

Nach Lektüre der Protagonisten der Laienspielbewegung kommt man zu dem Ergebnis, dass die Bedeutung des Erzählens hinter andere Funktionen zurücktritt: Die Akteure des Laienspiels der Zwischenkriegszeit wollten nicht primär inhaltlich oder szenisch erzählen. Vielmehr stand – den Ideen der Reformpädagogik folgend – eine ganzheitliche Menschenbildung im Vordergrund, die erst in der Gemeinschaft erreicht werden konnte. Dieses Gedankengut wirkte gut zwei Jahrzehnte über das Ende des Zweiten Weltkrieges hinaus.

Der Terminus Laienspiel wurde im Zusammenhang mit dem Spiel der Jugendbewegung verwendet und gab der Laienspielbewegung der zwanziger Jahre ihren Namen. Rudolf Mirbt wies darauf hin, dass sich die Laienspieler nach dem Zweiten Weltkrieg vom Autodidaktischen weg hin zum Berufstheater orientierten und daher immer häufiger der Begriff „Laientheater" verwendet wurde:

> „Hatten wir alle einmal autodidaktisch begonnen, so standen wir nunmehr vor der Tatsache, daß die sogenannte große Kunst auch in der Welt des Laienspiels und also des gesamten darstellenden Spiels außerhalb der Berufsbühne immer stärker spürbar zu wirken begonnen hatte. Deshalb sprachen wir auch schon bald nicht mehr vom ‚Laienspiel', sondern von ‚Laienspiel und Laientheater', um damit auszudrücken, daß wir der Welt des Theaters näher gerückt waren."[20]

---

spiel, Volksspiel, Freilichtspiel, Studentenbühne, Amateurtheater. Rudolf Mirbt zum 70. Geburtstag, hrsg. von Paul Amtmann und Hermann Kaiser. Kassel/Basel 1966.

[18] Martin Luserke: Das Laienspiel. Heidelberg 1930; vgl. auch Ulrich Schwerdt: Martin Luserke (1880-1968). Reformpädagogik im Spannungsfeld von pädagogischer Innovation und kulturkritischer Ideologie. Eine biographische Rekonstruktion. Frankfurt a.M. u.a. 1993.

[19] Christoph Schmitt: Märchenspiel. In: Enzyklopädie des Märchens. Handwörterbuch zur historischen und vergleichenden Erzählforschung, hrsg. von Rolf Wilhelm Brednich. Bd. 9. Berlin 1997, Sp. 291-302; vgl. zur Laienspielbewegung auch Christina Niem: Volkskundliche Theaterforschung. In: Augsburger Volkskundliche Nachrichten 3, 2 (1997), S. 67-80.

[20] Rudolf Mirbt: Vom Wandel des Spielplans. In: ders.: Laienspiel und Laientheater. Vorträge und Aufsätze aus den Jahren 1923-1959. Kassel 1960, S. 149-156, hier S. 155.

Der Begriff „Amateurtheater" hat sich in Deutschland erst in den 1950er und frühen 1960er Jahren durchgesetzt.[21] Amateurtheater zeichnet sich im Gegensatz zum Laientheater dadurch aus, dass die Schauspieler sich systematisch in Kursen und Workshops weiterbilden. Sie lernen Sprechtechnik, Improvisation, Bühnenbau, den Einsatz von Ton und Licht, Schminktechniken und vieles mehr. Solche Angebote machen der „Bund deutscher Amateurtheater e.V." (BDAT) sowie seine Landesverbände.[22]

Tendenzen im gegenwärtigen Amateurtheater

Ein Amateurtheater, das in den 1960er Jahren entstanden ist, möchte ich im Folgenden vorstellen. Die „Volkshochschul-Theatergruppe Bad Kreuznach" war Gegenstand eines Theaterprojekts, das ich vor einigen Jahren zusammen mit Studierenden der Universität Mainz untersucht habe. Dabei sollte das Amateurtheaterspiel als Erscheinungsform gegenwärtiger Alltagskultur exemplarisch beleuchtet werden. Die Ergebnisse der Beobachtungen, Befragungen und der Auswertung von Archivmaterialien sind in der Zeitschrift *Volkskunde in Rheinland-Pfalz* publiziert worden.[23] Wir beobachteten damals einen Boom von Laien- und Amateurtheateraufführungen und gingen der Frage nach, was Menschen dazu veranlasst, einen großen Teil ihrer Freizeit mit Proben und dem Einüben von Theaterstücken zu verbringen, die meist nicht häufiger als dreimal aufgeführt werden. Zunächst warfen wir einen Blick auf die Geschichte der Theatergruppe: 1967 wurde an der Volkshochschule Bad Kreuznach unter der Rubrik „künstlerisches Laienschaffen" zum ersten Mal ein Laienspiel-Kurs angeboten. Er richtete sich an „diejenigen, die Freude an der Rollengestaltung, am richtigen Sprechen und an der natürlichen, ausdrucksstarken Bewegung haben"[24]. Von Anfang an leitete die Schauspielerin Inge Rossbach die Gruppe. Mit den ersten Inszenierungen und Aufführungen kam dieser Laienspielkreis seinem Anspruch nach, vor allem Jugendtheater zu machen, das heißt Märchen, Stücke für Jugendliche, aber auch Klassiker aufzuführen. Anfangs bestand demnach eine Laienspielgruppe, deren Ziel es war, „in künstlerischer Gemeinschaftsarbeit eine Aufführung zustande zu bringen"[25]. Regisseurin und Ensemble

---

[21] Vgl. Werner Simon: Amateurtheater in Deutschland. In: Darstellendes Spiel (wie Anm. 17), S. 42-51.

[22] Siehe www.bdat.de.

[23] Vgl. die Beiträge zum Schwerpunkt „Theaterspielen" in Heft 1 (1999), S. 2-48; einführend zum Projekt: Christina Niem: Laien- und Amateurtheater in Bad Kreuznach. Ein studentisches Projekt. In: Volkskunde in Rheinland-Pfalz 14, 1 (1999), S. 2-11.

[24] Dreißig Jahre Theatergruppe der Volkshochschule Bad Kreuznach 1967-1997, hrsg. vom Amt für Schul- und Kulturwesen der Stadt Bad Kreuznach. Bad Kreuznach o.J., S. 7.

[25] Inge Rossbach im Jahr 1967. Die programmatische Aussage habe ich dem Archiv-Ordner entnommen, den Frau Rossbach freundlicherweise zur Verfügung gestellt hat.

verstanden ihr Spiel als Gegenpol zu einer als bedrohlich empfundenen techni-schen Welt: „Im Zeitalter der Technik verkümmern so viele seelisch-musische Kräfte – im Laienspiel werden sie alle wieder lebendig!"[26] Diese kultur-pessimistische, programmatische Äußerung verdeutlicht die Tradition, in der die Gruppe in den 1960er Jahren noch stand: Wie in der Laienspielbewegung dominierte hier das pädagogische Ziel, Theaterspiel als Instrument des sozialen Lernens zu begreifen. Unter der Leitung von Inge Rossbach machte die VHS-Theatergruppe aber einen Schritt hin zur Professionalisierung: Sie entwickelte sich zu einem Amateurtheater.[27]

Das Repertoire der Theatergruppe VHS war und ist vielseitig.[28] Die Band-breite soll hier nur angedeutet werden: Inszeniert wurden Stücke moderner Autoren wie Peter Weiss, Edward Albee und Harold Pinter. Doch ebenso Thea-terklassiker von Autoren wie Carlo Goldoni, Johann Wolfgang Goethe und Johann Nestroy stehen bis heute auf dem Programm. Auch in Bezug auf Genres hat sich die Gruppe in keiner Weise festgelegt: gesellschaftskritisches Drama folgt auf Lustspiel, Farce auf Tanz- und Jazzpantomime, Kabarett auf Ballett-komödie oder Minidrama.

Jährlich wird zur Weihnachtszeit ein Märchen aufgeführt; hier sind es vor allem Märchenspiele nach den *Kinder- und Hausmärchen* der Brüder Grimm: „Der Froschkönig", „Dornröschen", „Schneeweißchen und Rosenrot", „König Drosselbart", „Das tapfere Schneiderlein", „Der gestiefelte Kater" oder „Rum-pelstilzchen". Daneben werden auch Märchen von Hans Christian Andersen und Wilhelm Hauff inszeniert sowie moderne Märchen und solche, die von einem Ensemblemitglied verfasst werden. Inge Rossbach betont die wichtige Funktion der Märchenspiele: „Das Märchen gefällt dem Publikum, Kinder lieben es gera-dezu", und daher ist es immer gut besucht, auch „weil es sehr nahe [am Origi-nal] ist, wie wir es spielen, im Vergleich zu einer großen Bühne, die mehr tech-nisches Brimborium macht." Auch für die Gruppe ist die Märchenaufführung wichtig, da sie eine gute Gelegenheit bietet, neue Mitglieder, vor allem Kinder und Jugendliche, zu integrieren, kleine Rollen zu vergeben – „und dadurch

---

[26] Inge Rossbach im Jahr 1968, in: Archiv-Ordner Rossbach.

[27] Vgl. auch Christina Niem: Zur Kultur des Amateurtheaterspielens. Das Beispiel der VHS-Theatergruppe Bad Kreuznach. In: Skizzen aus der Mainzer Volkskunde. Festgabe für Herbert Schwedt, hrsg. von Hildegard Frieß-Reimann, Christina Niem und Thomas Schneider. Mainz 1999 (Studien zur Volkskultur in Rheinland-Pfalz, 25), S. 227-238.

[28] Vgl. Dreißig Jahre Theatergruppe (wie Anm. 24); 2004 wurde die Gruppe umbenannt in „Vhs Theater art vor ort", Jubiläumsschrift: 40 Jahre Vhs-Theatergruppe der Volks-hochschule Bad Kreuznach, hrsg. von der Volkshochschule der Stadt Bad Kreuznach. Bad Kreuznach 2007.

kommen sie ran ans Theaterspielen"[29]. Die Regisseurin handelt also nicht zuletzt im Auftrag der Bildungsinstitution Volkshochschule.

Was bewegt die Schauspieler? Gründe, die eigene, oft knapp bemessene Freizeit mit einem derart zeitaufwendigen Hobby zu verbringen, sind in den Interviews viele genannt worden: die Möglichkeit, kreativ zu sein, sprechen und auftreten zu lernen, in andere Rollen zu schlüpfen, im Mittelpunkt zu stehen und sich zu präsentieren (ganz im Sinne Erving Goffmans[30]), Ängste und Hemmungen zu überwinden, das „Erlebnis des Miteinanders".[31] Dazu kommen andere: Von den berufstätigen Mitgliedern des Ensembles hörten wir, das Theaterspielen sei für sie eine Möglichkeit, „einfach auszusteigen" aus den alltäglichen Zwängen und sich ganz auf etwas anderes zu konzentrieren, ohne das eigene Tun erklären zu müssen – es sei so etwas wie ein „zweites Leben".[32]

In der Zusammenschau der Interviews wurde auch eine ambivalente Einstellung deutlich. Einerseits haben die Regisseurin Inge Rossbach und ihre Schauspielerinnen und Schauspieler den Anspruch, so professionell wie möglich zu sein, andererseits besteht für viele der Reiz des Theaterspielens auch in einer bewussten Abwendung vom überhandnehmenden Professionalismus und Perfektionismus. Mancher möchte sich gerade davon abgrenzen: Jugendliche distanzierten sich von den virtuellen Angeboten der PC-Spiele („Die Computergeschichten, die nehmen im Moment voll das ganze Leben ein") und von Filmproduktionen: „Im Kino kommen immer bombastischere Filme mit Specialeffects. Und gerade das – zurück zum handfesten Theater, das interessiert mich. [...] Nicht mehr dieses Große, Bombastische, sondern eben, was man selbst fassen kann."[33] Etwas selbst machen bedeutet auch, es selbst fassen und „be-greifen" zu können, die Chance einer allmählichen Aneignung zu haben und nicht schlagartig perfekt sein zu müssen. Ein weiteres Motiv sieht einer der Schauspieler in der Distanzierung vom „normalen" Theater, wenn er von Stücken spricht, die

> „in ziemlich abstrusen, modernen, abstrakten Formen auf die Bühne gebracht werden. Die man eigentlich als ‚Normalsterblicher' so nicht fassen kann. Die man nur noch mit theaterwissenschaftlicher Bildung erfassen kann. Deshalb gehen die Leute eher zum Laientheater, wo man das Stück besser verstehen kann. Wir wollen in der VHS-Gruppe ein bisschen Kultur pflegen in Kreuznach [...], indem wir historische Stücke spielen."[34]

---

[29] Interview Nr. 1. Die Interviews wurden im Zusammenhang mit dem Projekt geführt, sie sind an der Abteilung Kulturanthropologie/Volkskunde der Johannes Gutenberg-Universität Mainz archiviert.

[30] Vgl. Erving Goffmann: Wir spielen alle Theater. Die Selbstdarstellung im Alltag. München 2003 [zuerst 1959 unter dem Titel „The Presentation of Self in Everyday Life"].

[31] Interview Nr. 5.

[32] Interview Nr. 2.

[33] Interview Nr. 4.

[34] Ebd.

Theater machen, Kultur pflegen, Historie vermitteln – wo bleibt das Erzählen? In keinem der Interviews mit den Laien- und Amateurschauspielern wird das Erzählen erwähnt oder für wichtig befunden. Das Darstellen steht im Vordergrund, aber auch die Beschäftigung mit regionaler Geschichte und lokaler Kultur ist für die Gruppe und die Stadt, in der sie auftritt, von Belang. In Gesprächen mit zwei älteren Herren, die mehrfach Stücke für die Theatergruppe verfasst haben, wurde auch nicht explizit auf das Erzählen abgehoben, vielmehr werden beide durch leicht anders gelagerte Interessen angetrieben: Der eine, Clemens Schneider, pensionierter Lehrer, ist Mundartdichter. Er verfasst Stücke und Geschichten, in denen seine „Liebe zum Dialekt, der Reichtum und die Bildhaftigkeit der Mundart"[35] zum Ausdruck kommen. Der andere, Richard Walter, war von Beruf Journalist. Er möchte die Geschichte der letzten zweihundert Jahre auf die Bühne bringen und dem Publikum z.B. die Ursprünge des Kreuznacher Jahrmarkts in der napoleonischen Zeit präsentieren. Mit kurzen, von ihm verfassten Stücken hat die Gruppe mehrmals dieses Stadtfest eröffnet.[36]

Beide Autoren erzählen also Geschichten, welche die Amateurschauspieler szenisch darbieten. Aber ist das tatsächlich ein bedeutendes Movens? Spielt der „Homo narrans" auf der Laienbühne etwa keine Rolle? Für das Playback-Theater gilt das Gegenteil.

Inszenierung persönlicher Geschichten im Playback-Theater

Playback ist eine Form von improvisiertem Theater: Ein Zuschauer kommt auf die Bühne, nimmt auf dem Erzählerstuhl Platz und erzählt eine Geschichte. Diese Geschichte – meistens ein persönliches Erlebnis – wird „von den Spielern in Szene gesetzt […], gestisch/mimisch, spontan gesprochen und mit Musik ‚zurückgespielt' (played back)"[37].

Die Idee zu dieser Theaterform hatte Jonathan Fox zu Beginn der siebziger Jahre. Fox verbrachte nach seinem Studium der Literaturwissenschaft zwei Jahre in Nepal, wo er die „Ästhetik uralter Erzählformen"[38] kennenlernte. Dezidiert spricht er in Bezug auf das Playback-Theater vom „Wiederaufgreifen mündlicher Traditionen".[39] Ein weiterer Impuls war die Ausbildung zum Psychodrama-

---

[35] Interview Nr. 10.

[36] Vgl. Esther Schmidt und Simone Zahn: Zwischen „konsumierter" und „selbstgemachter" Kultur. Laien- und Amateurtheater in Bad Kreuznach. In: Volkskunde in Rheinland-Pfalz 14, 1 (1999), S. 12-27 und Niem (wie Anm. 23).

[37] Jonathan Fox: Die inszenierte persönliche Geschichte im Playback-Theater. In: Psychodrama 4 (1991), S. 31-44, hier S. 32.

[38] Vgl. Jo Salas: Playback-Theater. Berlin 1998 [Improvising Real Life. Personal Story in Playback, 1993], S. 21.

[39] Jonathan Fox: Ein Ritual für unsere Zeit. In: Playbacktheater – wo Geschichten sich begegnen. Internationale Beiträge zur Theorie und Praxis des Playbacktheaters, hrsg. von

Therapeuten, die er bei Jacob Levy Moreno absolvierte. Moreno (1889-1974) hat das Psychodrama als Verfahren der tiefenpsychologischen Gruppentherapie entwickelt.[40]

Playback-Theater entstand vor diesem Hintergrund. Jonathan Fox, seine Frau Jo Salas, eine Musiktherapeutin, und die Mitglieder seiner ersten Theatergruppe entwickelten das Playback-Theater gemeinsam. Es hat grundsätzlich andere Funktionen als das Psychodrama. Mit Hilfe der gespielten Geschichten soll nicht therapiert, sondern lediglich Erlebtes oder Empfundenes „gespiegelt" werden. „Die inszenierte persönliche Geschichte", lautet der Titel eines Aufsatzes von Jonathan Fox, in welchem er Form, Methode und Funktionen des Playback-Theaters beschreibt. Diese Theaterform hat sich vor allem in den neunziger Jahren verbreitet und wird inzwischen auf allen fünf Kontinenten praktiziert, im deutschsprachigen Raum existieren Gruppen in zahlreichen Städten. Viele der Gruppen sind im International Playback Theatre Network (IPTN)[41] organisiert, das die Zeitschrift *Interplay* publiziert.

Im Folgenden beschreibe ich den Ablauf einer Playback-Theateraufführung. Playback orientiert sich an Morenos spontanem oder Stegreif-Theater[42], am Psychodrama, aber auch an Jerzy Grotowskis „Armem Theater"[43]. Der Bühnenaufbau ist einfach. Auf der Bühne befinden sich die Schauspieler und der Leiter (conductor), wenige Requisiten – dazu gehören immer bunte Tücher – sowie Musikinstrumente, denn Musik gehört zum Spiel dazu. Ein weiteres Element der Aufführung besteht in dem Einsatz von Licht. Auf der Bühne befindet sich auch der Erzählerstuhl, auf den bei der Begrüßung extra hingewiesen wird. Hier nimmt derjenige Zuschauer Platz, der bereit ist, eine Geschichte zu erzählen. Dadurch wird er vom Zuschauer zum Erzähler (teller). Am Ende seiner Geschichte oder noch während er sie erzählt, leitet der Conductor die Rollenbesetzung, die aber der Erzähler selbst vornimmt. Wer soll wen spielen? Auch Dinge können von den Schauspielern dargestellt werden, z.B. ein Auto. Ebenso werden Emotionen personifiziert: das Schuldgefühl befindet sich leibhaftig auf der Bühne.

Jo Salas beschreibt in ihrem Buch *Playback-Theater* die Grundformen der Playback-Aufführungen. Es gibt fließende Skulpturen (fluid sculptures), Szenen

---

Jonathan Fox und Heinrich Dauber. Bad Heilbrunn 1999 (Schriftenreihe zur humanistischen Pädagogik und Psychologie), S. 134-156, hier S. 138; vgl. www.heinrich-dauber.de.

40 Zu Moreno vgl. Jonathan Fox: The Essential Moreno: Writings on Psychodrama, Group Method and Spontaneity. New York 1987; A. Paul Hare and June Rabson Hare: J.L. Moreno. London/Thousand Oaks/New Dehli 1996 (Key Figures in Counselling and Psychotherapy).

41 Siehe www.playbacknet.org.

42 Vgl. Jacob Levy Moreno: Das Stegreiftheater. Potsdam 1924 [1947 von Moreno in englischer Sprache veröffentlicht als „The Theatre of Spontaneity"]; zu Improvisationstheater und Theatersport vgl. Keith Johnstone: Improvisation und Theater. Berlin 1993.

43 Vgl. Fox (wie Anm. 37), S. 37.

(scenes) und Paare (pairs). Nach dem Eröffnungsritual – das sind die Erklärungen des Leiters, sein Hinweis auf den Erzählerstuhl – stehen am Anfang oft noch keine gespielten Szenen, sondern die fließenden Skulpturen. Sie erinnern an die Form der Lebenden Bilder, wie sie im Vereinstheater der Jahrhundertwende häufig verwendet wurden. Auf diese Weise wird z.B. eine Empfindung knapp dargestellt. Jo Salas führt ein Beispiel an: Der Leiter fragt nach dem derzeitigen Befinden am Freitagabend, nach einer Arbeitswoche. Eine Frau antwortet, sie sei „völlig ausgelaugt".[44] Ein Schauspieler beginnt mit hängenden Schultern, dieses Gefühl darzustellen, andere kommen hinzu und verdeutlichen den überstandenen Stress. Dabei entsteht eine „fließende Skulptur", die Darstellung dauert zirka eine Minute. Den Zuschauern soll in dieser Aufwärmphase auch die Aufgabe des Playback-Theaters verdeutlicht werden: „das Übersetzen realer Erfahrung in Theater".[45]

Erst nun beginnen das Geschichtenerzählen und die Inszenierung des Erzählten. In einer Szene werden fünf Stadien durchlaufen: Interview, Vorbereitung, Darstellung, Anerkennung und Rückgabe an den Erzähler. Zunächst fordert der Leiter zum Erzählen auf. Oft entsteht nun eine Pause – nichts geschieht, niemand traut sich sofort, etwas zu erzählen. Jo Salas hat die Erfahrung gemacht, dass in dieser „kurzen Zeit des Abwartens viele Geschichten reifen".[46] Hierauf begibt sich ein Erzähler auf den Stuhl und beginnt mit seiner Geschichte. Zuweilen stellt der Leiter Fragen nach ihrem Fortgang oder er fordert den Erzähler auf, die Rollen zu besetzen. Leiter und Erzähler bleiben auf ihren Stühlen oder Kisten sitzen, die Schauspieler treffen ihre Vorbereitung zum Spiel, indem sie die Bühne einrichten. Sie bereiten sich auch innerlich vor: Es gibt „kein Skript und keinen Handlungsentwurf", sie sind auf „ihr hochentwickeltes Gespür für Geschichten angewiesen".[47] Das dritte Stadium ist die Darstellung selbst, die Geschichte wird gespielt.

Anschließend folgt die Anerkennung. In diesem kurzen Moment wenden sich die Schauspieler dem Erzähler zu und erkennen dessen Mut an, seine Geschichte erzählt zu haben. Gestisch geben sie ihrer Hoffnung Ausdruck, diese angemessen umgesetzt zu haben. Zuletzt wird dem Erzähler seine Geschichte gleichsam zurückgegeben: Der Leiter fragt, ob die Darstellung in Ordnung war, oder ob er etwas korrigieren möchte. Korrekturen und Transformationen der Geschichte sind möglich, sie kann wiederholt werden, ihr kann ein anderer Ausgang gegeben, sie kann demzufolge transformiert werden.[48] Jo Salas weist darauf hin, dass

---

44 Salas (wie Anm. 38), S. 45.
45 Ebd., S. 46.
46 Ebd., S. 47.
47 Ebd., S. 49.
48 Vgl. ebd., S. 50 f. – Alfred Messerli wies in der Diskussion darauf hin, dass Max Frisch in seinem Stück „Biografie. Ein Spiel" (1966/67) den Protagonisten Kürmann alternative Verläufe seines Lebens durchspielen lässt.

„eine Geschichte mit einem schmerzlichen Ende in der Geschichte eines anderen Erzählers so etwas wie eine heilende Ergänzung finden kann. Eine Geschichte antwortet auf die andere und tritt in eine Art subtilen Dialog mit ihr."[49]

Dies bestätigt auch Claudia Bigus, mit der ich ein Gespräch über das Playback-Theater geführt habe. Sie ist aktive Playbackerin in der Gruppe „DAZU-Theater Obertshausen". Zur Zeit des Interviews konzipierte sie eine Examensarbeit zum Thema Playback-Theater in kulturwissenschaftlicher Perspektive.[50] Claudia Bigus verweist auf einen „roten Faden", der sich häufig an einem Theaterabend durch die erste Geschichte ergibt. Ein Thema kann durch den Raum bedingt sein, in dem gespielt wird, durch die Zusammensetzung des Publikums oder durch einen bestimmten Anlass wie den Muttertag: „da kommen natürlich Muttertags- oder Familiengeschichten oder Mutter-Kind-Geschichten [...] Und so entwickelt sich eigentlich immer ein roter Faden."[51] Die erste Geschichte hat demnach Pilotfunktion, eine Geschichte reagiert auf die andere. Jonathan Fox nennt diesen roten Faden eine „unbewußte Form des Dialogs"[52], Playback-Theater biete „eine Gelegenheit zu einer Art gemeinschaftlichem Gespräch [...] mit Hilfe von Geschichten"[53].

Playback wird nicht nur im Theater gespielt, sondern an unterschiedlichen Orten, auf dem Campus, in Krankenhäusern, in Betrieben, in Gefängnissen.[54] Oft werden „existentielle Geschichten" erzählt, Brüche in der eigenen Biographie mitgeteilt: „Dabei bekommt alles Gewicht, es sind immer wichtige Geschichten. Selbst so banale Geschichten, die unscheinbar daher kommen, haben eine gewisse Bedeutung, sonst würden sie nicht erzählt werden genau in dieser Situation."[55] Selbstverständlich gibt es auch hier unterschiedliche Typen von Erzählern, auf welche die Schauspieler reagieren müssen. Claudia Bigus berichtet:

> „Es gibt Leute, die erzählen zehn Minuten lang, wie sie von A nach B gehen, und dann muß man sich fragen: Was ist die Geschichte? Vielleicht geht es gar nicht darum, von A nach B zu gehen, sondern gehört zu werden. Und dann gibt es wieder Leute, die werfen einem ein Wort hin, aber es ist eine extrem tragische Geschichte."

---

49 Salas (wie Anm. 38), S. 52.
50 Vgl. Claudia Bigus: Playbacktheater – homo narrans trifft auf homo ludens. Unveröff. Magister-Arbeit an der Abteilung Kulturanthropologie/Volkskunde des Deutschen Instituts der Johannes Gutenberg-Universität Mainz, 2005.
51 Interview Bigus; für das Interview und viele andere Gespräche danke ich Claudia Bigus.
52 Fox (wie Anm. 39), S. 136; vgl. auch Folma Hoesch: Der rote Faden – Geschichten erzählen als heilender Prozeß. In: Playbacktheater (wie Anm. 39), S. 53-75.
53 Fox (wie Anm. 39), S. 138.
54 Vgl. z.B. Rich Menges: Playback im Gefängnis. In: Interplay 9, 2 (2004), S. 5-6.
55 Interview Bigus.

Playback-Theater bietet also dem Erzählen im wahrsten Sinne des Wortes eine Bühne. Jo Salas führt zahlreiche Funktionen des Erzählens auf, die dem Erzählforscher nicht neu sind: Selbstvergewisserung, Identitätsstiftung, Ordnung menschlicher Erfahrung.[56] Wenn sie vom „Bedürfnis nach Geschichten"[57] spricht, meint sie nichts anderes als Kurt Rankes „Homo narrans". Sie sieht letztlich in dieser Disposition den Grund für das „Gedeihen des Playback-Theaters": „Hier wird das Bedürfnis nach Geschichten gestillt."[58] Dabei gehen die Playbacker aber weiter:

> „Es ist unsere Aufgabe, die Gestalt und Bedeutung jeglicher Erfahrung zu enthüllen, selbst von solchen, die beim Erzählen unklar sind oder keine Form haben. Wir verleihen Geschichten durch Rituale oder ästhetisches Bewußtsein Würde und verbinden sie miteinander; so werden sie zur kollektiven Geschichte einer Gemeinschaft von Menschen".[59]

Das Playback-Theater bietet dem Homo narrans einen Anlass zum Erzählen. Diesen Anlass nutzt er, um Geschichten zu erzählen von Liebe, von Krankheit, vom Altern, vom Tod, von Übergängen im Lebenslauf, volkskundlich-kulturanthropologische Themen also. Unter Berücksichtigung eines kritischen Umgangs mit Quellen können wir die im Playback-Theater erzählten Geschichten als autobiographische Texte betrachten und als Beitrag zu einer „Bewusstseinsanalyse" im Sinne von Albrecht Lehmann auswerten, denn auch hier handelt es sich um „Reden über Erfahrung".[60]

Zusammenfassend möchte ich noch einmal drei Punkte herausstellen:

1. Auf der Laienbühne werden Geschichten für die Zuschauer erzählt. Für viele Spieler sind die Erzählstoffe und -inhalte jedoch nachgeordnet, im Vordergrund ihres Interesses stehen die Aufführung, das Gruppen-Erlebnis, das Sich-Präsentieren oder In-eine-Rolle-schlüpfen. Weitere Beteiligte sind die Autoren bzw. Verfasser von Stücken, die zur Kenntnis von regionaler Geschichte und deren Repräsentation beitragen wollen, sowie Städte oder Gemeinden, für die das Theaterspiel von Laien und Amateuren einen Beitrag zur lokalen Kulturpolitik leistet.

---

[56] Salas (wie Anm. 38), S. 34.
[57] Ebd., S. 30.
[58] Salas (wie Anm. 38), S. 35.
[59] Ebd., S. 37.
[60] Vgl. Albrecht Lehmann: Bewusstseinsanalyse. In: Methoden der Volkskunde. Positionen, Quellen, Arbeitsweisen der Europäischen Ethnologie. 2., überarb. u. erw. Aufl., hrsg. von Silke Göttsch-Elten und Albrecht Lehmann. Berlin 2007, S. 271-288; ders.: Reden über Erfahrung. Kulturwissenschaftliche Bewusstseinsanalyse des Erzählens. Berlin 2007.

2. Theaterspiel von Amateuren bedeutet oft eine bewusste Abkehr von den filmischen Medien einerseits (Effekte durch Computeranimationen werden als zu aufdringlich, zu künstlich, zu perfekt empfunden, daraus resultiert eine Tendenz zum „Selbermachen") und Abkehr von den professionellen Theaterbühnen andererseits, deren Inszenierungen als zu „abgehoben" und fern der Alltagsrealität empfunden werden.

3. Im Playback-Theater werden tatsächlich Geschichten erzählt, sogar in doppelter Weise: Ein Erzähler teilt seine Geschichte mit, die Schauspieler „spiegeln" die Geschichte und erzählen sie szenisch „zurück". Aufgabe der Narrativistik kann es sein, dem Erzählen im Laien- und Amateurtheater nachzuspüren. Das Playback-Theater ist ein Genre, in welchem persönlich erlebte Geschichten im Mittelpunkt stehen, ja, essentiell sind. Claudia Bigus bringt es auf den Punkt: „Wenn niemand erzählt, können wir nicht spielen."

Kathrin Pöge-Alder

Brav und demütig oder die Verwandlung aus dem Bonbon
Zur Rezeption des Aschenputtel-Stoffs durch Jugendliche heute

Am Kinder- und Jugendwettbewerb zum Thema „Märchen", den das Schul-museum – Werkstatt für Schulgeschichte Leipzig für das Jahr 2003 unter meiner Leitung durchgeführt hatte, beteiligten sich etwa 600 Kinder und Jugendliche zwischen fünf und 18 Jahren. Eine Reihe dieser Arbeiten spiegelte die mediale Lebenskultur der Beteiligten, wenn etwa Bilder zum Trickfilm *Lilo und Stitch*, Arbeiten über Harry Potter und Fantasy-Transformationen zum Thema eingereicht wurden. Darunter waren auch Bewerbungen zweier Gruppen mit je einem Film zum Märchen „Aschenputtel" oder „Cinderella", AaTh/ATU 510 A.[1] Die Jury erkannte den Jugendlichen einer 8. Klasse des Werner-Heisenberg-Gymnasiums Leipzig für *Aschenputtel 2002* einen Hauptpreis zu. Aber auch der zweite Film, *Das moderne Aschenputtel*, von Schülerinnen der fünften Klasse des Evangelischen Schulzentrums Leipzig ist für die Erzählforschung von Interesse. Gerade bei Fragen zur Rezeption traditioneller Erzählstoffe, wie etwa die Jugendlichen jeweils das tradierte Muster umsetzen oder wie sie das numinose Geschehen der Textvorlage rezipieren, ist der Vergleich der Videos nützlich. Die beiden Verfilmungen geben auch Aufschluss hinsichtlich des Verhältnisses von Bild und Text, des Erzählens von Gewalt und Unrecht und der Bewertung von Arbeit. Für die folgende Skizze werden einige Aspekte der Rezeption, wie sie sich in Filmversuchen von Schülern ausdrücken, analysiert. Generalisierende Schlüsse sind dadurch nicht möglich, doch können der Forschung einige Hinweise gegeben werden.

Der „Cinderella"-Stoff gehört zu den am häufigsten filmisch verarbeiteten Sujets. Andrea Kölbl hat in ihrer Jenaer volkskundlichen Dissertation Erfolgsfilme wie *Pretty Woman* auf ihre Nähe zum traditionellen Muster des Volksmärchens untersucht.[2] Seit 1899, der ersten „Aschenputtel"-Verfilmung von Georges Méliès entstanden bis 1974 mehr als zehn Streifen.[3] Für die herausragende Titelrolle waren sich auch angesehene Schauspielerinnen nicht zu

---

[1] Rainer Wehse: Cinderella. In: Enzyklopädie des Märchens. Bd. 3, hrsg. von Kurt Ranke. Berlin u.a. 1981, Sp. 39–57; Hans-Jörg Uther: The Types of International Folktales. A Classification and Bibliography. Based on the System of Antti Aarne and Stith Thompson. Bd. 1. Helsinki 2004 (FF Communications 284), S. 293-295.

[2] Andrea Kölbl: Fiktionen der Liebe. Europäische Volksmärchen und populäre Spielfilme im Vergleich. München 2006; vgl. auch den Beitrag von Andrea Kölbl in diesem Band.

[3] Willi Höfig: Film. In: Enzyklopädie des Märchens. Bd. 4, hrsg. von Kurt Ranke. Berlin u.a. 1984, Sp. 1111-1132, hier Sp. 1113.

schade: 1916 spielte Asta Nielsen die Hauptfigur, die Kamera führte Urban Gad.[4]

Die Ausstattungen waren höchst unterschiedlich: Der erste Film war von der im gleichen Jahr 1899 uraufgeführten Oper *Cendrillon* von Jules Massenet angeregt. Daher überwiegen Ballettszenen, opernhaftes Dekor und Theatergebärden. Ballettszenen gehören ebenso zu den deutschen Verfilmungen von Alf Zengerling (1932) und von Fritz Genschow (1955). Walt Disneys Zeichentrickfilm *Cinderella* (1950) könnte demgegenüber als minimalistische Version interpretiert werden.

Die beiden hier zu behandelnden Filme der Schüler sind jeweils in der Art eines Spielfilms gedreht. Sie holen den Stoff in die Lebenswelt der Kinder und Jugendlichen hinein. Die Achtklässler bemühen sich um die Inszenierung einer zum Geschehen passenden Kulisse: Die Küchenszene spielt in der Küche eines Hauses, dessen Flur Aschenputtel häufig kehrt. Das Kinderzimmer zeigt die schöne Umgebung der Schwestern, während Aschenputtel angezogen auf dem Sofa im Wohnzimmer schlafen muss. Die Party steigt in einem Gewölbekeller. Die Verfilmung der Fünftklässler spielt dagegen stets in einem Zimmer mit drei Türen zwischen einem großen Kachelofen, einem Klavier für die Musik zwischen den Szenen und einer Zimmerpflanze.

In ihrem Handlungsgeschehen sind diese Filme mit dem Märchen „Aschenputtel" (KHM 21) der Brüder Grimm verbunden, das zahlreiche Fassungen in Deutschland, Dänemark und Norwegen beeinflusst hat.[5] Es hinterließ auch in den vorliegenden Versionen seine Spuren.

Nähe und Abstand zur Grimm'schen Vorlage

In den *Kinder- und Hausmärchen* der Brüder Grimm wurde das Zaubermärchen KHM 21 zuerst 1812 veröffentlicht. Hier sagt die Mutter, Aschenputtel solle auf ihr Grab ein Bäumlein pflanzen: Wenn sie etwas wünscht, soll sie daran rütteln und sie wird Hilfe erhalten. Beim ersten Mal geht das Mädchen nicht zum Ball, sondern schaut vom Taubenschlag aus zu. Die Tauben kommen von selbst und machen beim zweiten Mal den Vorschlag, dass es zum Ball gehen soll. Ein passendes Kleid erhielte es vom Grab seiner Mutter. Hier findet sich auch die Anweisung, um Mitternacht wieder zu Hause zu sein. Ein Wagen hält vor dem Haus und bringt die Heldin zum Ball. Um Mitternacht kommt sie gerade noch rechtzeitig nach Hause. Die Schuhprobe gilt für alle Mädchen.[6]

---

[4] 77 Märchenfilme: ein Filmführer für jung und alt, hrsg. von Eberhard Berger und Joachim Giera. Berlin 1990, S. 7.

[5] M.R. von Cox: Cinderella. London 1893, num. 19, 62 und 87. Zit. n. Wehse (wie Anm. 1), Sp. 52.

[6] Kinder- und Hausmärchen der Brüder Grimm, hrsg. von Friedrich Panzer. Vollständige Ausgabe in der Urfassung. Wiesbaden o.J. (1942), S. 111-118.

In der Zweitausgabe von 1819 gibt es folgende Modifikationen: das väterliche Geschenk, ein Haselreis, wird eingefügt. Zugesetzt ist ebenso das Grabpflanzen-Motiv: Aschenputtel pflanzt das Reis auf das Grab der Mutter, betet und weint so viel darauf, dass aus ihm ein Wunderbaum mit einem Wünsche erfüllenden Vogel wächst.

Aschenputtel will selbst zum Ball, geht zum Grab und bittet mit dem bekannten Spruch um Hilfe. In dieser Gestaltung gehen die Jenseitsgaben, drei prächtige Kleider und Pantoffeln, auch schlüssiger aus dem Text hervor.[7] Der Prinz begleitet Aschenputtel jedesmal, wenn sie nachts nach Hause geht, doch sie macht sich dabei los und verschwindet im Haus ihres Vaters, weshalb auch dort nach dem Mädchen gesucht wird.

Das „Aschenputtel"-Märchen erfuhr wohl auch deshalb eine so umfassende Rezeption, weil es als ein herausragendes Beispiel für den Optimismus des Märchens gelten kann: Die Überwindung sozialer Schranken ist möglich[8], und das Leid findet mit dem Erhöhen der Erniedrigten ein Ende!

In Anlehnung an André Jolles' „naive Moral"[9] meint Wilhelm Solms, dass diese nicht befriedigt wird, wenn es in der Welt gerecht zugeht, sondern

> „wenn man selbst zu seinem Recht kommt. Das Publikum identifiziert sich mit der Heldin, nicht weil ihr Gerechtigkeit widerfahren würde, sondern weil sie allein das Glück gewinnt. Insofern vermag das Märchen, obwohl es in ihm nicht gerecht zugeht, das Gerechtigkeits-empfinden zu befriedigen."[10]

Mit solch tiefgründig-differenzierenden Deutungsansätzen haben sich die Schülerinnen und Schüler der fünften bzw. der achten Klasse nicht befasst. Sie verorteten den Stoff in ihrer Alltagswelt mit deren Ärgernissen, Defiziten und Wünschen.

Der Film der Achtklässler, *Aschenputtel 2002*, beginnt mit einem großen Wecker, der Anna, das Aschenputtel der Familie, weckt. Sie muss den Schwestern – leise – das Frühstück zubereiten – leise, damit diese noch schlafen können. Darauf weist die Mutter in einer ersten ‚Schimpfszene' hin. Die Mutter muss früh weg und kehrt erst am Abend zurück. Bevor sie das Haus verlässt, gibt sie den beiden Schläfrigen viel Geld zum Einkaufen.

Anna bekommt weder Geld noch eine freundliche Verabschiedung, erhält vielmehr die nochmalige Weisung das zu tun, was die Schwestern sagen, gehorsam zu sein und zu arbeiten. Ihre Kleidung besteht aus Kopftuch, Schürze und

---

[7] Vgl. Brüder Grimm: Kinder- und Hausmärchen, hrsg. von Hans-Jörg Uther. 4. Bd.: Nachweise und Kommentare. München 1996, S. 46.

[8] Ebd., S. 47.

[9] André Jolles: Einfache Formen. Legende, Sage, Mythe, Rätsel, Spruch, Kasus, Memorabile, Märchen, Witz. 6. Aufl. Tübingen 1982 [zuerst Halle 1930].

[10] Wilhelm Solms: Die Moral von Grimms Märchen. Darmstadt 1999, S. 10.

hohen Plateau-Turnschuhen und wirkt im Unterschied zur Garderobe der Schwestern abgetragen.

Beim Frühstück verabreden sich die Schwestern für eine Party am Abend bei Frank. Sie beleidigen Anna und sagen ihr deutlich, dass sie dabei nicht erwünscht sei (siehe Abb. 1). Anna spricht vor der Kamera ihre Gedanken aus: Sie wäre sowieso lieber allein und sie sollten nur abwarten, sie würden schon noch sehen ...

Abb. 1:
Anna denkt am Frühstückstisch
der beiden Stiefschwestern,
dass sie gerne zur Party mitkommen würde.
(Schüler-Film „Aschenputtel 2002")

Nachdem die Schwestern zum Einkauf neuer „Klamotten" fortgegangen sind, ruft Anna Frank an (siehe Abb. 2). Sie wird also selbst aktiv und sucht den Kontakt zu ihrem potenziellen Prinzen. Es stellt sich heraus, dass die Schwestern vorgegeben hatten, Anna könne aus Zeitmangel nicht zur Party kommen. Das Gespräch klärt, dass sie eingeladen ist. Ja, er würde sich sogar freuen, sie kennen zu lernen.

Abb. 2:
Vorführung von
„Aschenputtel 2002"
im Saal des
Schulmuseums Leipzig.
Zu sehen ist, wie
„Aschenputtel" Anna mit
„Prinz" Frank telefoniert,
der sie zur Party einlädt.

Die Schwestern kommen gerade nach Hause, als sie mit dem Telefonat fast zu Ende ist, und schüchtern sie ein, auf keinen Fall zur Party zu kommen. Sie solle vielmehr losgehen und Obst für die Zeit nach der Party kaufen.

Auf dem Weg nach Hause sieht Anna, dass die alte Frau Meier überfallen wird. Sie erobert deren gestohlene Handtasche zurück, vertreibt die Diebe, hilft der alten Dame auf und erbittet Hilfe von ihr. Die Alte schenkt dem Mädchen zwei Pillen, die eine direkte Wunscherfüllung möglich machen. Mit den braunen runden ‚Bonbons' kann man sich etwas wünschen. Beim Dank an Frau Meier sagt diese noch, dass die Wirkung aber nur bis Mitternacht anhalte. Fast ohne zu zögern schluckt Anna die erste Pille und äußert ihren Wunsch: Sie möchte schöner sein als ihre Schwestern und mit einer Limousine zur Party fahren. Als sie dort ankommt, gehört die Aufmerksamkeit nur ihr. Frank verliebt sich in das Mädchen, über das sich die Schwestern herablassend äußern (siehe Abb. 3).

Abb. 3:
Die Stiefschwestern fragen sich,
wer diese „Tussi" sein kann.
(Schüler-Film „Aschenputtel 2002")

Die Stiefschwestern sind auch zu Hause noch voller Wut über die Unbekannte. Das lassen sie auch Anna spüren. Sie geben ihr einen Schubs mit dem Ellenbogen, als sie zur Tür hereinkommen. Jetzt braucht Anna die zweite Pille, um für die Schwestern das gewünschte Obst herbeizuzaubern. Als die Mutter heimkommt, sieht man nur freundliches Verhalten gegenüber den eigenen Kindern.

Am nächsten Tag wird Anna wie immer durch einen lauten Wecker wachgerüttelt. Sie muss arbeiten. Frank kommt zu Besuch, denn er sucht die Schuhträgerin von gestern. Er will zu den Stiefschwestern. Es kommt aber doch zu einem vertrauten Gespräch zwischen Frank und Anna, das klarstellt, wer das schöne Mädchen von gestern war. Frank meint, er habe seine Frau schon gefunden und umarmt Anna. Eine Schuhprobe ist nicht mehr nötig. Nur für die Schwestern wird sie nachvollzogen, die daraufhin aus dem Zimmer laufen.

Die Einleitung zum Film *Das moderne Aschenputtel* von Mädchen der fünften Klasse des Evangelischen Schulzentrums Leipzig knüpft an die Grimm-Vorlage an. Die Erzählerin beginnt mit den Grimm-Worten: „Einem reichen Manne, dem" – nun folgt die geänderte Fortsetzung – „starb letzten Sonntag die Frau und da er seinem Kind Susi eine neue Mutter geben wollte, heiratete er wieder. Bald musste der Vater auf eine Geschäftsreise." Man sieht Aschenputtel Susi bei der Vorbereitung des Abendessens. Da klingelt es und die Freundin der Stiefschwester richtet eine Einladung aus: DJ H$_2$O gibt am nächsten Tag eine Disco und alle coolen Mädchen des Viertels sind eingeladen. Aschenputtel Susi fragt, ob sie mitgehen darf. Entrüstet wird das abgelehnt, sie soll lieber sauber machen. Vor der Party wollen die Freundinnen einkaufen gehen. Am nächsten

Tag sieht man Stiefmutter und -tochter mit geschminkten Gesichtern. Susi, die gerade kehrt, muss die Stiefschwester kämmen, die dann der DJ selbst abholt.

Abb. 4:
„Aschenputtel" Susi
betet vor einer Zimmerpflanze um Kleider.
(Schüler-Film „Das moderne Aschenputtel")

Allein zu Haus, kniet Susi vor der großen Zimmerpflanze Ficus Benjaminus nieder und richtet ihr Gebet an Gott, indem sie um Kleidung für die Party bittet (siehe Abb. 4). Prompt fallen eine Schlaghose, Top und Stiefel herab.

Angekommen in der Disco, wird Susi vom DJ zum Tanz aufgefordert. Um Mitternacht verlässt Susi die Disco mit den Worten: „Tschüss, ich muss gehen." Ihren Namen will sie H_2O nicht weitersagen. Auf der Treppe bleibt einer ihrer Lederstiefel an einem Kaugummi hängen. Der DJ hält den Stiefel vor die Kamera und fragt sich, wer das coole Rockergirl sei: „Ich werde sie suchen und ich werde sie finden."

Zu Hause richtet Susi unter dem Baum kniend ein Dankgebet an Gott und geht zu Bett, das heißt sie legt sich auf den Küchenfußboden.

Schon am nächsten Morgen erhält die Stiefschwester Besuch von ihrer Freundin. Der erzählt sie sofort, dass eine „komische Tussi" gestern die ganze Zeit mit dem DJ getanzt habe. Der DJ sucht das coole Rockergirl. Er hat den Stiefel mitgebracht, dessen Anprobe bei der Schwester misslingt, die ihren Ärger hörbar äußert. Er will nun auch die andere Tochter sehen, obwohl die Schwester diese herabwürdigt. Aschenputtel hat die Szene hinter der Tür verfolgt, und als geöffnet wird, fällt die Lauscherin ins Zimmer. Der Stiefel passt Susi, und der DJ fragt daraufhin: „Willst Du mit mir gehen?" Die Hochzeit bildet die Abschluss-Sequenz, gestaltet als tolle Party, auf der alle tanzen.

Obwohl sich beide Verfilmungen an die Fassung der Grimm'schen *Kinder- und Hausmärchen* anlehnen, weichen sie doch in einigen Punkten entscheidend voneinander ab. Natürlich geht es in den Filmen nicht um einen Ball, auf dem sich der Prinz eine Braut aussucht. Die jungen Erzählerinnen transformieren die Geschichte vielmehr in den Bereich ihrer Alltagserfahrungen: Aschenputtel und der junge Liebhaber lernen sich auf einer Party kennen, die als Disco gestaltet ist. Discotheken, in denen Tanzveranstaltungen mit Unterhaltungsmusik, die von einem Disc-Jockey („DJ") per Tonträgern eingespielt wird, stattfinden (in

Aschenputtel 2002 bei bunter Beleuchtung in einem Kellerraum), dienen vor allem zum Kennenlernen eines möglichen Partners.

Die Kleidung ist den Vorstellungen angepasst, die heutige Jugendliche von einer schicken Aufmachung für solch eine Veranstaltung haben: Jeanshosen und passendes Oberteil, Schminke und gestylte Haare, dazu passende Schuhe bzw. Stiefel.

Die Fortbewegung findet jeweils mit einem teuren Auto statt: Die Jugendlichen des Heisenberg-Gymnasiums blenden einen Oldtimer im Matchbox-Format ein. Die Erzählerin des Evangelischen Schulzentrums berichtet, dass der DJ seine Tänzerinnen mit einem Mercedes abholt. Die Küche ist in allen Fällen der zentrale Kommunikationsort. Dass es hier keine Asche mehr gibt, versteht sich von selbst. Es muss aber gewischt und gekehrt werden.

Numinose Schaltstellen

In der Grimm'schen Fassung von 1856 gibt es ein gegenseitiges Versprechen zwischen der sterbenden Mutter und ihrer Tochter: wenn diese „fromm und gut" bliebe, dann würden Gott und sie selbst um sie sein und ihr beistehen. Auf diese Zusage, ja „vertragliche Vereinbarung" mit Gültigkeit über den Tod hinaus[11] baut das Mädchen, als es zum Grab der Mutter geht und dort mit einem Spruch um Hilfe bittet. Daraufhin fallen die Kleider jedes Mal schöner auf es herab.

Die Schüler des Heisenberg-Gymnasiums haben sich auf das Konzept der konkreten Hilfe verlassen: Eine alte Frau steht Anna als Gegenleistung für deren Hilfe während eines Überfalls bei. Sie schenkt dem Mädchen zwei Bonbons, die wie kleine Pillen (bzw. Smarties) aussehen und Wünsche in Erfüllung gehen lassen. Die alte Frau warnt noch davor, dass um Mitternacht die Wirkung der Wunderbonbons nachlasse – eine Warnung, die nur in der Fassung von 1812 enthalten ist.

Die nähere Wirkung der süßen Gabe ist dem Mädchen unbekannt. Trotzdem zögert es nur einen kurzen Augenblick, ehe es seinen Wunsch ausspricht. Ein Knall ertönt und Anna ist schön angezogen, fertig für die Party: Die Kleidung ist hell, die Haare sind frisiert. Sie schaut an sich herab und strahlt (siehe Abb. 5).

Mit Entsetzen stellt Anna hingegen ihre mitternächtliche Rückverwandlung zum Aschenputtel-Dasein fest (siehe Abb. 6). Später nutzt sie die Wirkung der zweiten Pille, um das von den Schwestern verlangte Obst zu besorgen. Den Knall erklärt sie mit der Ausrede, ihr sei etwas in der Küche herabgefallen. Zur Pille und ihren Nebenwirkungen wird nicht nachgefragt – im Zeitalter von Drogen und Ecstasy nicht ganz unproblematisch. Auch im Nachgespräch zwischen der Autorin und den Darstellern auf dem Podium des Schulmuseums tauchten dazu keine weitergehenden Überlegungen auf. Die Pille scheint als

---

[11] Solms (wie Anm. 10), S. 15.

Märchenzaubermittel ungefragt die gewünschte Wirkung zu erzielen und wird daher sofort akzeptiert.

Abb. 5:
Anna, neben Frau Meier (im Anschnitt),
ist nach dem Verzehr des ersten Bonbons und
ihrer Wunschäußerung glücklich verwandelt.
(Schüler-Film „Aschenputtel 2002")

Abb. 6:
Anna, inzwischen rückverwandelt,
kommt nach Hause und
erinnert sich an den Auftrag,
Obst für die Schwestern zu kaufen.
(Schüler-Film „Aschenputtel 2002")

Religiösität ist nur im *Modernen Aschenputtel* der Kinder des Evangelischen Schulzentrums enthalten. Hier findet auch weniger eine Verwandlung statt, sondern die Gaben stellen wie bei Grimm ein Geschenk des Baums bzw. Gottes als Erfüllung des Gebets dar, sodass sich das Mädchen am Tanz beteiligen kann. Es erhält die Gaben von oben, von der Zimmerpflanze herab, kniet glücklich davor und dankt Gott dafür.

Wie bei Grimm ein Spruch am Grab der Mutter zu den gewünschten Gaben führt, so gibt es in diesen Schülerverfilmungen einmal einen Zauberspruch, um die Wirkung der Pillen zu aktivieren, sie müssen geschluckt werden und dazu spricht man: „Ich wünsche mir ...". Zum anderen ist jeweils ein Gebet erforderlich: „Lieber Gott, ich möchte ...".

Die Kinder verhalten sich in beiden Fällen der Märchenheldin gemäß: Sie sprechen ihre Wünsche aus und wundern sich nicht über deren Erfüllung. Nach Wilhelm Solms werden die Zauberkräfte und Wundergaben im Zaubermärchen allein der Heldin verliehen, weil sich diese „gegenüber den außerirdischen Figuren, die ihr unterwegs begegnet sind, als tugendhaft erwiesen und dadurch ein Anrecht auf ihre Hilfe erworben hat."[12] Dies trifft auch für die filmischen

---

[12] Solms (wie Anm. 10), S. 15.

Schülerversionen zu: Anna aus *Aschenputtel 2002* hilft einer alten Frau, und Susi, die Protagonistin des *Modernen Aschenputtel,* sagt ein frommes Gebet auf.

Arbeit und Diskriminierung Aschenputtels in der Familienkonstellation

Das Grimm'sche Aschenputtel leidet unter der Stiefmutter und steckt in einer Geschwisterrivalität[13]: „Obendrein taten ihm die Schwestern alles ersinnliche Herzeleid an, verspotteten es und schütteten ihm die Erbsen und Linsen in die Asche, so daß es sitzen und sie wieder auslesen mußte."[14] Das Mädchen hat kein Bett. Sie lebt in der Küche und muss alle schwere Arbeit tun, früh vor Tag aufstehen, Feuer anmachen, kochen und waschen. Das Schlafen in der warmen Asche verleiht ihm den degradierenden Namen. Die bösen Stiefschwestern verspotten Aschenputtel mit ihrem Lachen[15] und verlangen von ihm: „Kämm uns die Haare, bürste uns die Schuhe und mache uns die Schnallen fest, wir gehen zur Hochzeit auf des Königs Schloß." Im Unterschied zu „Sneewittchen" (KHM 53) gehört die Stiefmutter aus KHM 21 zum Motivbestand, ist also keine spätere Zutat der Grimms. Anders als in der Realität sind Stiefmütter im Märchen grundsätzlich böse, selbstbezogen, geizig, verlogen und ungerecht.[16]

Der Vater der Heldin ist bei Grimm und im *Modernen Aschenputtel* ohne Einfluss, in *Aschenputtel 2002* kommt er gleich gar nicht vor. Er erfüllt zwar Wünsche des Mädchens, bleibt aber blass und scheint gegenüber der Stiefmutter kraftlos, ihr völlig ausgeliefert zu sein. In einer vom Zweiten Deutschen Fernsehen koproduzierten Verfilmung missversteht der Vater seine eigene Tochter und deren Hilfeersuchen[17]. Im *Modernen Aschenputtel* erwähnt der Erzähler jedoch das weitere Geschick des Vaters, der sich erneut vermählen will. Wenig später reist der Vater zu neuen Geschäften, im Schlusstext erfährt der Zuschauer dann von seinen weiteren Entscheidungen.

Am Eingang des Märchens steht das äußere Erscheinungsbild der Schwestern im Widerspruch zu ihrem Sein: Aschenputtel steckt in einem grauen alten Kittel und trägt hölzerne Schuhe, aber ihr Herz ist rein. Die Stiefschwestern dagegen sind zwar äußerlich schön, aber bösartig. Mit dieser oppositären Gestaltung legt das Märchen den tatsächlichen Charakter der Handelnden bloß. Dieser Gestaltungsweise folgen auch die beiden Schüler-Filme.

Anna, die Heldin von *Aschenputtel 2002*, muss zeitig aufstehen, soll sich dabei aber unauffällig verhalten. Ein großer Wecker reißt sie unbarmherzig laut

---

[13] Bruno Bettelheim: Kinder brauchen Märchen. Stuttgart 1977, S. 276 ff.

[14] Brüder Grimm. Kinder- und Hausmärchen. Ausgabe letzter Hand mit den Originalanmerkungen der Brüder Grimm, hrsg. von Heinz Rölleke. Bd. 1. Stuttgart 1980, S. 137.

[15] Lutz Röhrich: „und weil sie nicht gestorben sind ..." Anthropologie, Kulturgeschichte und Deutung von Märchen. Köln u.a. 2002, S. 195.

[16] Ebd., S. 126 f.

[17] „Aschenputtel". Regie: Karin Brandauer. BRD 1989.

aus dem Schlaf, doch das Radio in der Küche muss sie leiser stellen, damit die Stiefschwestern ausschlafen können – Anlass des ersten Ärgernisses mit der hartherzigen Stiefmutter. Sie schüchtert Anna ein und geht aus dem Haus, ohne sich von ihr zu verabschieden. Im Vergleich zu ihren Töchtern sucht sie jedoch, äußerlich höflich zu bleiben, liefert diesen vielmehr Anna aus, die das Mädchen misshandeln. Nur die eigenen Töchter erhalten Geld, um sich neu einkleiden zu können, während Anna damit deren Besorgungen erledigen soll.

Als Zeichen für ihre Arbeitsamkeit trägt Anna ein Tuch auf dem Kopf, dagegen sitzen die Schwestern im Nachthemd am Frühstückstisch (siehe Abb. 1). Die Protagonistin behält ihre dunkle Arbeitskleidung (T-Shirt und Hose) an, auch nachdem sie ihre Dienste verrichtet hat (z.B. beim Telefonieren), und legt sie sogar beim Schlafen nicht ab. Nur beim Partybesuch trägt sie helle Kleidung (Longshirt). Die Protagonistin muss nicht nur dienen, für die Stiefschwestern das Frühstück bereiten und das Haus reinigen (Arbeit dient auch als Grund, Anna vom Fest abzuhalten, im Film stilisiert durch das Einkaufen von Obst), sondern wird von ihnen offen oder subtil gequält:

So fängt die Kamera Drangsalierungen ein, zeigt, wie die Stiefschwestern Anna anrempeln oder zur Seite schubsen, wenn sie den Raum verlässt. Auch verbale Gewalt wird verübt (z.B. „hinterlistiges Flittchen", „die dumme Gans da"; das Partyverbot wird mit Einschüchterungen und Drohungen verbunden: „wehe, wenn wir dich erwischen ..." oder „und denke ja an unser Obst, wir wollen etwas zu essen haben, wenn wir wieder nach Hause kommen"). Deutlich werden jugendtypische Mechanismen des Mobbing visualisiert. Die Jugendlichen meinten später, dass das Darstellen dieser Situationen aufgrund ihrer gegenseitigen Freundschaft nicht so schlimm gewesen sei.

Etwas milder gestalten sich die Formen „grausamen" Handelns im *Modernen Aschenputtel*, dem Film der Fünfklässler. Er reduziert den Anteil der Gegenspielerinnen, sieht nur eine Stiefschwester vor. Diese besitzt zwar eine Freundin, der jedoch nur die Botenrolle zugedacht wird. Hat Susi etwas falsch gemacht, hält ihr dies die Stiefschwester vor: Sie sei im Haushalt untätig, und wenn sie schon einmal zupacken würde, ginge es garantiert schief; sie solle endlich mehr im Haushalt tun, sie würde das auch der Mutter sagen. Die Kamera zeigt „Aschenputtel" Susi, wie sie die Küche sauber macht und fragt, was Stiefschwester und -mutter zu Abend essen und trinken möchten, wie Susi das Essen bereitet, die Familie bedient und die Wohnung kehrt.

Die charakterliche Nuancierung zwischen Susi und ihrer Stiefschwester, damit der Unterschied zwischen „gut und böse", ist in diesem Video geringer als in *Aschenputtel 2002*. Auch wenn die Erzählerin Stiefmutter und -schwester gleich zu Beginn als „sehr böse und faul" schildert, sind körperliche Drangsalierungen nicht zu sehen, sondern verbale, indem sich die Stiefschwester abfällig über die Heldin äußert. Natürlich wird Susi der Disco-Besuch verweigert, und sie wird an der Stiefel-Probe gehindert.

Der Tod einer Mutter, der eine „Stiefmutter" folgt, ist zwar für heutige Kinder weniger naheliegend, doch gehören Trennungen der Eltern beinahe zur Normalität. Feindseligkeiten in Patchworkfamilien werden daher sicherlich häufig erlebt, wo nicht selten eine Art „Mobbing" stattfindet, das sich in hämischen Reden, Schubsen oder Stoßen eher beiläufig ausdrückt.

Das Frauenbild der Protagonistinnen wurde in den beiden Schülerfilmen im Vergleich zur Grimm'schen Vorlage aktiviert: Weder Anna noch Susi wollen auf das von außen Kommende warten. Sie sind selbstbewusst, wollen ihr Leben selber verändern und nehmen daher ihr Schicksal in die Hand. Das Märchen wird den eigenen Welt- und Glaubensvorstellungen, dem eigenen Normen- und Wertesystem, angepasst, das heißt umerzählt. KHM 21 eignet sich dafür in besonderer Weise, denn so passiv die Heldin auf den ersten Blick scheint, hält sie doch, wie Rainer Wehse meint, „alle Fäden des Geschehens in der Hand" und „erreicht … in einer einzigen Nacht, wovon alle anderen Mädchen nur träumen können: sie macht den Prinzen völlig von sich abhängig"[18].

Die Schuhprobe

In der interpretierenden Sekundärliteratur spielen Aschenputtels Schuhe immer wieder eine wichtige Rolle.[19] Sie sind das Requisit, das zur Erkennung Aschenputtels als Sexualpartnerin und zum sozialen Aufstieg, der Heirat mit dem Prinzen, führt. Bei Grimm erhält das Mädchen zum ersten Ballbesuch „mit Silber und Seide ausgestickte Pantoffeln", zum dritten Besuch goldene.[20] Vermutet wurde, dass die Schuhprobe ein brauchgeschichtliches Relikt darstellt. Jacob Grimm sah darin Anklänge an einen germanischen Verlobungsbrauch des Schuhanziehens.[21]

Ein früher Beleg bei Strabo erzählt vom Pharao in Memphis, der im ganzen Land nach der Trägerin des ebenmäßigen Schuhs suchen lässt, den ein Adler in seinen Schoß fallen ließ.[22] Lutz Röhrich erinnert daran, dass es bei romanischen Völkern zum Teil noch heute Bräuche gibt, nach denen der Braut vor der Trauung die alten Schuhe ausgezogen werden, oft vom Bräutigam selbst.[23] Bei einer hohen Alterszuweisung dieses Motivs ist allerdings Vorsicht geboten.[24] Es han-

---

[18] Die Frau im Märchen, hrsg. von Sigrid Früh und Rainer Wehse. Kassel 1985, S. 5 (Vorwort von Rainer Wehse).

[19] So bei Bettelheim, der sich der Freudschen Sexualsymbolik bedient. Vgl. Bettelheim (wie Anm. 13), S. 309; Röhrich (wie Anm. 15), S. 54, 56, 399.

[20] Rölleke (wie Anm. 14), S. 140.

[21] Jacob Grimm: Deutsche Rechtsalterthümer. 4. Aufl. Leipzig 1899, S. 214.

[22] Emma Brunner-Traut: Altägyptische Märchen. Mythen und andere volkstümliche Erzählungen. Augsburg 1998, S. 197 f., 330 f. (Märchen der Weltliteratur).

[23] Lutz Röhrich: Märchen und Wirklichkeit. 3. Aufl. Wiesbaden 1974, S. 106.

[24] Uther (wie Anm. 7), S. 48.

delt sich um ein stehendes bzw. zentrales Motiv, dessen Funktion in diesem Text unverzichtbar ist.

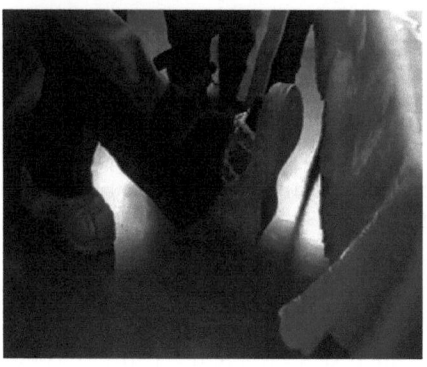

Abb. 7:
Annas glückliche Schuhprobe
(Schüler-Film „Aschenputtel 2002")

Die Vorstellungen der jugendlichen Theaterspieler über Schuhe, die einen „Prinzen" beeindrucken könnten, sind nicht mit Attributen wie „klein und lieblich" oder „reich verziert" zu umschreiben. Anna trägt in allen Szenen Schuhe mit hohen Plateauabsätzen, deren Schaft Turnschuhen ähnelt. Susi erhält vom Baum hochwertige, doch unverzierte Lederstiefel. Wie solch ein Stiefel auf einem Kaugummi hängen bleiben kann, wird im Stück nicht erklärt. Offensichtlich muss das Requisit den jugendlichen Darstellern und ihrer Peergroup gefallen. Überlegungen über Wert- oder Schönheitsvorstellungen der Zuschauer sind gleichgültig. Es geht ihnen um die Wiederentdeckung der Bekanntschaft vom Vorabend und die Begründung einer Liebesbeziehung.

Abb. 8:
Anna: „Ich wusste,
dass Du mich finden würdest!"
(Schüler-Film „Aschenputtel 2002")

Das gute Ende

Das Ziel der Partnersuche wird offen und unumwunden allen Umstehenden erklärt. So fragt DJ H$_2$O eher formal: „Willst Du mit mir gehen?" Und Frank sagt zu Annas Stiefschwestern: „Ich habe meine Frau schon gefunden." Die Darsteller lachen bei solchen Antworten ungewollt. Neben der mitunter Komik erzeugenden Modernisierung des Märchens ist dies der geringen Erfahrung im Schauspiel vor der Kamera geschuldet.

Schon für die Grimms war der positive Ausgang ein wesentliches Gattungsmerkmal des Volksmärchens, von so genannten Antimärchen wie *Von dem Fischer un syner Fru* (KHM 19) einmal abgesehen. Ihre Fassung von 1856 endet damit, dass der Prinz Aschenputtel per Schuhprobe identifiziert und heiratet, den Stiefschwestern picken die Tauben die Augen aus. Da deren Bosheit und Falschheit durch Erblindung bestraft wird, könnte man deuten, dass die innere Eigenschaft der Stiefschwestern, gegenüber Aschenputtel blind gewesen zu sein, am Ende äußerlich ins Bild gesetzt wird.

Insofern erzählen die Schülerfilme das Märchen nicht zu Ende. In *Aschenputtel 2002* klären Frank und Anna in einem Gespräch unter vier Augen, wer auf der Party das wunderschöne Mädchen gewesen sei, und Anna gibt sich von selbst zu erkennen. Die Schuhprobe führen die beiden nur noch als Bestätigung gegenüber den Schwestern durch. Diese rennen dann voller Wut aus dem Zimmer. So kann der Zuschauer nur hoffen, dass sie diese Emotionen später nicht an Anna auslassen. Im *Modernen Aschenputtel* wird die Heldin versteckt, die an der Tür lauscht und herausfällt, als diese aufgerissen wird – heimliches Lauschen ist der Heldin, die sich sonst wunderbarer Hilfe bedient, also nicht abträglich, Erfolg entscheidet über die Wahl der Mittel. Die Stiefelprobe von DJ H_2O erweist dann Aschenputtels Identität (siehe Abb. 9).

Abb. 9:
Stiefelprobe mit DJ H_2O
(Schüler-Film
„Das moderne Aschenputtel")

Darauf folgt die gemeinsame Feier – wiederum eine Party im Discostil. Susis Vater lässt sich von seiner neuen Frau scheiden, nachdem er erfahren hat, wie schlecht sein leibliches Kind von ihr und ihrer Tochter behandelt wurde. Am Ende der Geschichte zieht er seine Konsequenzen wie eine außenstehende Gerechtigkeitsinstanz (was für Susi, die ihr Glück schon erreicht hat, überflüssig ist). Alle versöhnen sich am Ende und feiern zusammen. Misshellige oder gar böse Töne gibt es nicht mehr. Die vorübergehend aus dem Gleichgewicht geratene Ordnung ist wieder hergestellt, in der Verfilmung der Fünfklässler deutlicher als in *Aschenputtel 2002,* der Produktion der älteren Schüler.

Thesen

Moral/Hilfe

1. KHM 21 drückt nach Solms das Glücksversprechen des Märchens aus: „Wer immer gut und fromm bleibt, auch wenn andere ihm Böses antun, erhält Hilfe und wird zuletzt reich belohnt."[25] Gemeint ist damit keine objektive Erkenntnis oder Handlungsanleitung, da die Alltagserfahrung meist Entgegengesetztes lehrt, sondern eine in die Zukunft gerichtete Moral: Menschen in ähnlicher Notsituation sollen die Hoffnung nicht verlieren.

2. *Aschenputtel 2002*: Die tätige Hilfe gegenüber einer Person (hier der alten Frau) bringt Hilfe für sich selbst, die sofort eingefordert und abgerufen wird.

3. *Das moderne Aschenputtel*: Hilfreich ist das Gebet zu Gott.

Verwandlung

1. KHM 21: Die Zaubergabe, hier Kleider, die Aschenputtel in Glanz erstrahlen lassen, stellt die Belohnung für das von der Heldin eingehaltene Gebot der leiblichen Mutter dar. Hierdurch wird der Prinz auf Aschenputtel aufmerksam und verliebt sich in sie.

2. *Aschenputtel 2002*: Ein unbekanntes Bonbon wird wie ein Medikament eingenommen und bewirkt die sofortige Verwandlung des Mädchens. Dies erinnert an einen möglichen Missbrauch von Drogen.

3. *Das moderne Aschenputtel*: Es findet keine direkte Verwandlung statt, sondern wie in KHM wird nur der Wunsch nach der Kleidergabe erfüllt, die zur Umgestaltung der Person führt.

Glückliches Ende

1. KHM 21: Der Prinz muss die Schuhträgerin finden und damit unter dem Gewand einer Küchenmagd diejenige entdecken, die innerlich und äußerlich schön ist.

2. *Aschenputtel 2002*: Frank findet die Frau, mit der er tanzte. Was suchte er? Liebt er sie? Wird die Beziehung von Dauer sein? Diese Fragen bleiben offen.

3. *Das moderne Aschenputtel*: Die Stiefschwester kann sich als cooles Rockergirl entdecken lassen. Eine große Hochzeit folgt wenig später.

Die Beispiele zeigen, dass Jugendliche je nach Einstellung, Erfahrungs- und Glaubenshintergrund in der Lage sind, die Muster tradierter Märchen mit wenig Mühe filmisch so zu gestalten, dass darin moderne Inhalte und eigene Lebenserfahrungen wiederkehren. Die Umsetzung von Themen wie Arbeit und Diskriminierung richtet sich nach den Kriterien der jeweiligen Peergroup. Es fragt sich, ob beim bloßen mündlichen Vortrag das Märchen ähnlich vorgestellt wird oder ob solche Konkretisierungen nur in der filmischen Arbeit entstehen.

---

[25] Solms (wie Anm. 10), S. 17.

VIII.

Media Lore
Erzählter Medienwandel

Reimund Kvideland (†)

Media-Lore
Erzählungen über Medien[1]

Viele Innovationen haben einen fruchtbaren Nährboden für Erzählungen gebildet. Beginnen wir mit der Schöpfung und verfolgen die Menschheitsgeschichte
bis in unsere Tage, so begegnen wir einem weiten Spektrum von Geschichten
über bedeutende oder auch trivial anmutende Innovationen bzw. Erfindungen.

Nicht zuletzt haben die großen technologischen Fortschritte unserer Zeit eine
reichhaltige Erzähltradition hervorgebracht. Diese Erzählüberlieferung thematisiert das erstmalige Aufkommen der Eisenbahn, der Elektrizität und des Telefons, umfasst Geschichten vom Auto und dem Flugzeug oder Erzählungen über
die Verbreitung von Radio und Fernsehen. Von den Volkserzählforschern blieb
sie bislang weitgehend unbeachtet; eine frühe Ausnahme bildet das Kapitel
„Technische Erscheinungen in den folkloristischen Formen" in Ulrich Bentziens
Doktorarbeit.[2]

Mit dem Begriff „Media-Lore" sind Geschichten gemeint, die Medien thematisieren oder durch Medien veranlasst sind. So verstanden, umfasst „Media-
Lore" eine Vielzahl verschiedener Textsorten, je nachdem, um welches Medium
und welchen Abschnitt im Prozess der Massenkommunikation (Kommunikator,
Botschaft, Distributionsform und Rezipient) es sich handelt. Zum Beispiel kursieren unter den „Machern" medieninterne Geschichten, Erzählungen über
Institutionen, spektakuläre Produktionsprozesse und anderes mehr. Mir geht es
indes um jene Geschichten, die sich Rezipienten über die Medien an sich erzählen, und zwar in den Phasen ihrer Einführung oder sensationellen technischen
Weiterentwicklung. Dabei handelt es sich um Geschichten, die einen gewissen
Verbreitungsgrad aufweisen, weshalb sie in verschiedenen, teils weit ausein-
anderliegenden Orten, aufgezeichnet wurden.

Hörfunk und Fernsehen bilden den Schwerpunkt meines Vortrags, doch bietet
es sich an, die Geschichten über die tertiären Medien mit den Erzählungen über
die Einführung neuer Techniken, wie Erzählungen zur Revolutionierung der
Maschinenkraft, schlechthin zu vergleichen.

Geschichten über technische Innovationen verteilen sich auf mehrere Genres,
von Wandererzählungen und Berichten über selbsterlebte Ereignisse bzw.

---

[1] Übersetzung: Karin Kvideland. Da der Verfasser verstorben ist, konnte er den Korrektur-
abzug nicht mehr überprüfen.

[2] Ulrich Bentzien: Das Eindringen der Technik in die Lebenswelt der mecklenburgischen
Landbevölkerung. Eine volkskundliche Untersuchung. Mschr. vervielf. Diss. Berlin (Ost)
1961, S. 286-315.

Memorate bis hin zu Chronikaten, Dorfgeschichten und Witzen. Ich möchte diese Textsorte als einen Beitrag zur Debatte über die Akzeptanz bzw. Ablehnung der betreffenden Neuerungen betrachten, welche die Alltagsbedingungen und Lebensweise stark verändert haben. Diese technischen Entwicklungen sind wesentliche Elemente des Modernisierungsprozesses, ihre narrative Behandlung stellt den volkstümlichen Teil des Modernisierungsdiskurses dar. Ich werde in meinem Beitrag zwei Aspekte behandeln, die Verbundenheit mit dem religiösen Weltbild und das Verständnis von Raum und Zeit.

Religiös motivierte Geschichten über technische Innovationen

Erwachsene, die zum ersten Mal Radio hörten und keinerlei Wissen über die technischen Bedingungen und Möglichkeiten des Medium besaßen, suchten die seltsame Erscheinung von ihrem religiösen Weltbild her zu verstehen. Sie übertrugen mit anderen Worten ihr vormodernes Weltbild auf das neue Medium.

Viele waren davon überzeugt, dass es nur der Teufel selbst sein konnte, der im Radio saß. In den 1930er Jahren lebte ein Mann, der sich weigerte, seinen Nachbarn zu besuchen, seit dieser in seinem Haus einen Radioempfänger hatte. „Ich bin entsetzt über Ola", sagte er, „ich hab immer gemeint, er sei ein in jeder Hinsicht anständiger Mensch, aber jetzt hat er sich den Bösen selbst ins Haus geholt".[3]

Argumente mit Bezug auf Radiogottesdienste und -andachten wurden kurzerhand abgewiesen, man sah in ihnen einen Beweis für teuflische List.[4] Das Radio war mystisch, mystischer noch als das Telefon, denn beim Telefon kam der Ton ja durch eine Leitung, zum Radio kam er durch die Luft. Das sei übernatürlich, war die Auffassung vieler Leute, und so etwas war mit dem Christentum unvereinbar.[5]

Andere hingegen änderten ihre Einstellung wegen der religiösen Programme, die der Rundfunk sendete. Radiogottesdienste waren in der Frühzeit des Hörfunks für viele Nachbarschaften ein Sammlungspunkt. Wenn aber Gottes Wort aus dem „Kasten" kommen konnte, musste man das als ein Wunder Gottes und nicht als Blendwerk des Teufels auffassen.

Auch die Eisenbahn wurde mit dem Teufel assoziiert. Wilhelm Heinrich Riehl notierte bereits 1853, dass sich die Bauern einen Sagenzyklus über die Eisenbahn konstruiert hätten. Einige der von Riehl genannten Sagen sind von traditionellen Teufelsvorstellungen geprägt. So sahen die Bauern im schnellen Auftauchen der qualmenden Lokomotive, die ebenso plötzlich wieder ihren Augen entschwand, den Auftritt des Teufels, mit dessen Abgang sie sich den

---

3 Arve Kværnum: Leamikk. Menneskets møte med moderne teknikk. Oslo 1997, S. 112.
4 Ebd., S. 114.
5 Ebd., S. 113.

Zug tatsächlich verschwunden dachten. Im Badischen erzählte man sich, dass jedesmal, wenn der Zug an einer größeren Station halte, er einen Erdenbewohner mitnehme. Es gab einen regelrechten Eisenbahn-„Aberglauben", der von der Kanzel bekämpft werden musste.[6]

Wie Hermann Bausinger in „Volkskultur in der technischen Welt" feststellt, habe man sich noch in den 1950er Jahren in vielen Orten Geschichten darüber erzählt, „wie einzelne Bürger oder gar die Häupter der Gemeinden in den Lokomotiven den Teufel oder doch irgendwelche bösen Mächte zu erkennen glaubten".[7] Auf deutschen Einblattdrucken vom schmalen Weg zum Himmel und dem breiten Weg zur Hölle erscheint die Eisenbahn als Teil des breiten Weges, der direkt in den flammenden Schlund der Hölle führt. Drucke dieser Art trugen dazu bei, Vorstellungen von der Eisenbahn als Teufelswerk am Leben zu erhalten, nicht nur unter der bäuerlichen Bevölkerung, sondern auch im pietistischen Bürgertum, das solche Bilder als Wandschmuck besaß.[8]

Ein anderes teuflisches Fahrzeug ist das Auto:

> „Ein Mann (Verdal, Trøndelag) wurde auf dem Weg nach Hause von einem dieser neumodischen Geschöpfe, die rauchten, dröhnten und tuteten, eingeholt. Der Mann glaubte, der Teufel selbst sei hinter ihm her und warf sich in den Graben, krallte sich am Gras fest und rief: ‚Ich will nicht mit Dir gehen, ich will nicht mit Dir gehen!'"[9]

Einige meinten, das Flugzeug sei des Teufels Reiseinstrument.[10] Vom Telefon erzählte man sich, der Teufel sitze am anderen Ende.[11]

Neben volkstümlichen Vorstellungen konnte sogar die Bibel als Referenzrahmen technischer Erneuerungen dienen. Ein Bauer von Jæren (Südwest-Norwegen) ging mehrere Kilometer zu Fuß, um sich das erste Auto in diesem Gebiet anzusehen:

> „Der Mann war mit den Propheten vertraut und sprach: ‚Ich wollte gern das Auto sehen, das Ihr bekommen habt. Ich kenne es gut vom Propheten Hesekiel, aber ich möchte es mir trotzdem doch gern etwas genauer ansehen.'"[12]

---

6 Siehe dazu Hermann Bausinger: Alltag, Technik, Medien. In: Sprache im technischen Zeitalter 89 (1984), S. 60-70, hier zitiert nach der englischen Übersetzung: Media, technology and daily life. In: Media, Culture and Society 6 (1984), S. 343-351, hier 345.

7 Hermann Bausinger: Volkskultur in der technischen Welt. Stuttgart 1961, S. 33.

8 Hermann Bausinger: Technik im Alltag. Etappen und Aneignung. In: Zeitschrift für Volkskunde 77 (1981), S. 227-242, hier S. 230.

9 NEG (= Norsk etnologisk gransking. Spørjelister [Fragebogen]) 31810, zit. nach Birgit Hertzberg Kaare: Mennskers møter med ny teknologi. In: Sagnomsust. Fortelling og virkelighet, hrsg. von Arne Bugge Amundsen, Bjarne Hodne und Ane Ohrvik. Oslo 2002, S. 100-125, hier S. 106.

10 NEG 31373 (Torpa), zit. nach Kaare (wie Anm. 9), S. 106.

11 NEG 31045 (Odda), zit. nach Kaare (wie Anm. 9), S. 110.

12 Theodor Dahl: Humor fra hav til hei. Stavanger 1944, S. 162.

Der Mann bezog sich auf die bekannte Vision des Propheten Hesekiel, dem Gott im Thronwagen erschien: Begleitet wurde das Himmelsgefährt von den geflügelten vier Cherubim, neben denen vier gleiche Räder liefen, die sich von der Erde erheben und in der Luft schweben konnten (Hesekiel 1, 15-21). Der Mann hätte sich hier ebenso gut auf Elias' Himmelfahrt im feurigen Wagen (2. Könige 2, 11) berufen können.

Notwendigkeit

Einerseits konnte man die neue Technologie und ihre Konsequenzen als Sünde ablehnen. Aber es gab auch eine andere Möglichkeit: Abgesehen vom religiösen Standpunkt konnte man dem Radio auch einen gewissen Nutzen beimessen. So hörte man sich den Wetterbericht von Süden bis Norden oder den für die Fischbanken in der Nordsee an und konnte die Verlässlichkeit solcher Angaben in der Wirklichkeit überprüfen. In der Frühzeit des Radios kam es auch hierbei zu Missverständnissen:

> „Ein Bauer aus Jæren hatte ein Radio bekommen. Als am zweiten Tag der Wetterbericht verlesen wurde, sagte er: ‚Jetzt kommt er mit dem ganzen Wetter. Das will ich nicht hören. Das habe ich gestern Abend gehört. Der Mann hatte unwahrscheinlich viel Wetter, soviel brauchen wir gar nicht.'"[13]

Wer zeigte die richtige Stunde an – die Taschenuhr des Bauern oder die Radiouhr? Man verließ sich noch lange mehr auf die eigene Taschenuhr als auf das Zeitzeichen des Hörfunks, so auch ein Mann, der auf die Zeitansage im Radio wartete. Als sie endlich kam, sah er auf seine Taschenuhr und sagte: „Heute sind sie spät dran!"[14]

Der Zeitaspekt

Für das Verständnis des Übergangs zur Moderne ist die sich wandelnde Auffassung von Raum und Zeit grundlegend. Was die Markierung der Zeit anbelangt, besaß man zwar schon länger Stand- und Taschenuhren; im täglichen Leben spielte die Uhrzeit jedoch kaum eine Rolle. Man richtete sich nach dem Stand der Sonne, der Helligkeit, der Essensglocke und anderem mehr. Mit der Einführung des Radios wurde die Uhrzeit wichtiger, aber es dauerte, bis man das zu akzeptieren bereit war. Und daraus entstanden Geschichten. Warum konnten die Nachrichten nicht warten, bis man mit der Arbeit fertig war?

---

[13] Dahl (wie Anm. 12), S. 163.
[14] Knut Tjønneland und Peder Vangsnes: Ka sa eg. Oslo 1991, S. 117.

„Auf einem Hof in Elverum hatte man ein Radio installiert. An diesem Tag sollte die Bäuerin abends das Vieh versorgen. Als sie ging, gab sie ihrem Mann Bescheid: ‚Du machst mir nicht die Nachrichten an, bevor ich aus dem Stall zurück bin!' Die Frau kam ins Haus, um die Nachrichten zu hören, aber sie kam ein bisschen zu spät, und so rief sie ihrem Mann zu: ‚Stell die Nachrichten etwas zurück, ich habe mich verspätet!'"[15]

Ein anderer beklagte sich darüber, dass das Programm zu schnell ablief und dass er es weder zurückspulen noch Fragen dazu stellen konnte.

Ähnliche Probleme verband man mit der Eisenbahn, die dem Fahrplan folgen und sich dabei nach der Uhr richten musste. Man nahm an, die Elektrizität hätte dieselbe Geschwindigkeit wie der Mensch, wie ein Schwede es darstellt, der mit dem Strom um die Wette gelaufen war:

„Ein Mann, er hieß Alfred Karlsson, geboren um 1880, sollte sich um den Transformator in seinem Dorf kümmern. Stolz erzählte er: ‚Als ich den Strom im Transformator eingeschaltet hatte, lief ich, so schnell ich nur konnte, nach Hause, aber als ich zu Hause ankam, war der Strom schon da.'"[16]

In einer Variante aus Norwegen hat sich diese an der Leistungsfähigkeit des menschlichen Körpers gemessene Vorstellung folgendermaßen konkretisiert:

„Ein norwegisches Dorf sollte Strom bekommen. Ein Mann dachte so: ‚Wenn sie im Elektrizitätswerk den Strom anstellen, wird er wohl in einer Stunde hier sein.'"[17]

Es gibt Beispiele, in denen die neue Technik so unmittelbar auf die vormoderne Wirklichkeit bezogen wurde, dass sie sich letzterer fügen sollte, besonders, wenn sie als Störung empfunden wurde:

„Es war zur Zeit des Streckenbaus. Ein Schienenstrang war so ausgelegt, dass er über einen Hof und durch einen Stall führte. Als dieser Plan dem Hofbesitzer von einem Ingenieur vorgelegt wurde, dachte er lange darüber nach und antwortete dann: ‚Ja, wenn das so ist, dass dieser Zug durch meinen Stall gehen muss, will ich Dir gleich sagen, dass ich nachts keinen Verkehr haben will, um sechs Uhr abends schließen wir den Stall zu, nur damit Du Bescheid weißt!'"[18]

Dazu eine Variante aus Tirol:

„Wie die Kalterer Bahn gebaut worden ist, und zwar der Trakt zwischen Kaltern und St. Anton, haben sie in Mitterdorf eine Hausecke wegnehmen müssen. Als sie das vermessen

---

15 Kværnum (wie Anm. 3), S. 109 f.
16 Göran Sjögård: Folkliga uppfattningar om elektricitet. En studie av människans möte med en ny teknik. In: Det farliga livet. Om avund, rädsla, rykten och fördomar, hrsg. von Jochum Stattin. Stockholm 1991, S. 142-160, hier S. 145.
17 Kværnum (wie Anm. 3), S. 22.
18 På folkemunne. 30. samling, hrsg. von Nils Johan Rud. Oslo 1979, S. 17.

haben, sagt halt der eine: ‚Ja, dann müssen wir einfach da durchfahren'. Die Bäuerin war dabei, hörte das und meinte: ‚Aber, das möchte ich die Herrn schon bitten, auf die Nacht, wenn die Bahn vorbei ist, dann will ich die Tür schön gesperrt haben.'"[19]

Diese Geschichte ist in so weit voneinander entfernten Gebieten wie Norwegen und dem deutschen Tirol aufgeschrieben worden und macht deutlich, wie der Bauer seine Zeit durch seine Arbeit strukturiert, während der Ingenieur Zeit als eine Konstruktion versteht, in der Arbeit (hier Eisenbahnstrecken) produziert wird.

Traurige Folgen hatte es, als ein Bauer seine Kuh am letzten Eisenbahnwagen festgebunden hatte, so wie er sie immer hinten an seinen Wagen angebunden hatte, wenn er mit dem davor gespannten Pferd in die Stadt fuhr. Denn die Eisenbahn hatte für den Bauer dieselbe Funktion wie Pferd und Wagen.[20]

Probleme mit dem Radio

Ohne es zu wissen, bereitete ich einmal einem kleinen Jungen in meiner Nachbarschaft ein Problem, als ich an einem späten Nachmittag im Garten arbeitete und gleichzeitig in einer lokalen Radiosendung zu hören war. „Wie kann er im Radio sprechen und gleichzeitig zu Hause in seinem Garten sein?", fragte er seine Mutter.

Man mag sich daher ausmalen, wie schwierig es für die frühe Hörerschaft war, die sensationelle, auf elektromagnetischen Wellen beruhende Übertragungstechnik des Rundfunks zu verstehen. Vorindustrielle Kulturen basieren auf dem Konzept der Einheit von Raum und Zeit, das durch das „Fernhören" des Radios durchbrochen wurde.[21] Man kannte dieses Phänomen zwar bereits vom Telefon, das jedoch die wechselseitige persönliche Kommunikationsform beibehielt. Der Rundfunk konfrontierte seine Hörer hingegen mit massenmedial verbreiteten Botschaften, die nur aus einer Richtung flossen. Einige Erzählungen thematisieren daher die Schwierigkeiten, die der Hörfunk vielen Leuten bereitete, weil sie mit den Menschen, die sie im Radio hörten, nicht kommunizieren konnten:

> „Lars war alt und lebte alleine und wohnte am oberen Ende des Dorfes. Seine Familie schenkte ihm einen Radioapparat. Nach einer gewissen Zeit besuchten sie ihn und fragten, wie ihm das Radio gefalle. ‚Ja', sagte der Alte, das ist gar nicht so schlecht, nur – ich kann nicht nochmal nachfragen …".[22]

---

[19] Zentralarchiv der deutschen Volkserzählung (Marburg), Original No. 66 aus Tirol (aufgezeichnet von Mai, erzählt von Leo Sölva, Siegfried Sölva und Sepp Geyer, April 1941).

[20] Glade sørlandshistorier, hrsg. von Steen Benneche. Oslo o.J., S. 98.

[21] Vgl. Christoph Schmitt: Rundfunk. In: Enzyklopädie des Märchens. Bd. 11, hrsg. von Rolf Wilhelm Brednich. Berlin/New York 2004, Sp. 906-918, hier Sp. 914.

[22] På folkemunne. 17. samling, hrsg. von Nils Johan Rud. Oslo 1968, S. 19.

Solch einseitige Kommunikation war ein bislang unbekanntes Phänomen, weshalb sich manche Hörer wie in der alltäglichen Kommunikation verhielten:

> „In den Kinderjahren des Hörfunks bekam ein Mann ein Radio. Es war ein besonderer Augenblick, als der Mann sich den Kopfhörer aufsetzte. Wie üblich begann der Hallomann mit ‚Hallo, dies ist der norwegische Reichsrundfunk aus Oslo'. Und höflich, wie der neue Radiobesitzer war, antwortete er: ‚Ja, und hier ist Hans Sevaldsrud aus Bjonskauen.'"[23]

Einige Geschichten thematisieren die zunächst nur schwer zu verstehende Trennung von Empfangsgerät und Sender bzw. Programm: Als ein Deutscher in Pommern zum ersten Mal sein Radio anmachte, hörte er einen polnischen Sender und glaubte, er habe ein polnisches und kein deutsches Radio:

> „Ein alter Rentier hat sich einen Radio-Apparat gekauft. Kaum ist der Apparat aufgestellt, fährt der Vertreter der Firma mit seinem Auto wieder weiter. Der Rentier dreht und dreht. Endlich meldet sich eine Stimme im Lautsprecher: ‚Hallo! Hallo! Polska Radio Warschowa'. Der Rentier horcht eine Weile gespannt zu. Dann schaltet er den Apparat wieder aus und sagt: ‚Dunnerwetter joa! Hütt am Doag is doch uck alles Betrug! Nu hätt dei dämliche Hund von Vertreter mi doch 'ne polsche Radelju-Perrat andreiht! Glick morje will ick doch hennfohre, o emm ümtusche! Ich häww keine polsche Perrat nicht köfft. Nee, ick verlang 'ne dütsche Perrat!'"[24]

Die Radiohörer fühlten sich beobachtet oder gar ausspioniert.[25] So wird auch erzählt, ein Mann habe seine Nachbarn mit seinem Radio erschreckt, indem er behauptete, er könne hören, worüber sie sprechen würden.[26] – Aber wo waren die Sprecher? Man suchte sie hinter den Apparaten oder schaute in die Empfänger hinein.

Eine entsprechende Geschichte stammt aus Lothringen:

> „Es hat noch kenn Mensch Radio g'hedd. No har dr Herr Paschdor Radio griet. No hat'r die Litt als horche gelost. ‚Do isch Wien, dies isch Paris!' Do hon se g'froht: ‚Huckt do ehner drin?' ‚Nee.' No sin se hem un hon g'saht: ‚Jetzt kinne mir uns nimeh re'hn, wonn do jeder hert, was mr do sahn.'"[27]

---

[23] Ebd.

[24] Zentralarchiv der deutschen Volkserzählung (Marburg), Archiv-Nr: 110542, Einsender: Walter Pigorsch, Greifswald; veröffentlicht in: ders.: Schnurren aus der Gegend von Vietkow. In: Ostpommersche Heimat. Beilage der Zeitung für Ostpommern, Jg. 1932, Heft 25.

[25] Vgl. Schmitt (wie Anm. 21), Sp. 914.

[26] Richard Bergh: „Når vi sitt' her og prate'". Folk i Laksefjord forteller. Oslo 1980 (Norsk folkeminnelags skrifter, 122), S. 60.

[27] Zentralarchiv der deutschen Volkserzählung (Marburg), aufgezeichnet von Merkelbach, nach L'abbé Antoine Rubeck (als Spassmacher bekannt), 1937.

Einzug der Television

Obwohl das Fernsehen erst später als der Hörfunk eingeführt wurde, fühlten sich unaufgeklärte Rezipienten auch von diesem Medium beobachtet, zumal man den Fernsehapparat als „sehend" imaginierte. Manche waren davon so sehr überzeugt, dass sie den Fernsehempfänger nicht ohne weiteres ausschalteten:

> „Ein Mann war tagsüber immer sehr müde. Er musste jeden Abend so lange aufbleiben, bis das Programm zu Ende war, er konnte den Hallomann ja nicht beleidigen."[28]

Man erzählte sich auch, dass Hausfrauen, als das Fernsehen noch neu war, sich darum bemühten, ihr Wohnzimmer, wo der Apparat stand, besonders in Ordnung zu halten. Die im Fernsehen konnten einem ja ins Wohnzimmer schauen! Viele zogen sich Festtagskleidung an, ehe sie den Apparat anmachten.[29] Andere winkten dem Fernsehmoderator zu und erzählten, dass er zurückgewinkt[30] oder vertraulich zugezwinkert hätte:

> „Freunde von uns hatten sich einen Fernseher angeschafft und luden uns und einen Onkel des Mannes ein, das Wunder zu bestaunen. Der alte Onkel erschrak, als er die Ansagerin sah. ,Sie hat mich angeblinzelt', sagte er und setzte sich so hin, dass sie ihn nicht sehen konnte."[31]

Basierend auf solcher Fehldeutung televisionärer Technik nimmt es nicht wunder, dass sich manche in ihrer Privatsphäre empfindlich gestört fühlten:

> „Eine Frau mochte keine Liebesfilme. Küssten die Schauspieler sich, empfand sie das als zu intim und musste ständig vom Fernseher wegschauen. ,Was die miteinander haben, geht uns nichts an', meinte sie."[32]

Erzählt wird, dass einige das Fernsehgerät bei Diskussionsprogrammen ausmachten, weil sie mit dem, worüber fremde Leute miteinander sprachen, nichts zu tun haben wollten.

Nicht alle waren mit dem Fernsehen gleichermaßen zufrieden. Dass es sich bei diesem Medium, besonders in seiner Frühzeit, um bebilderten Hörfunk handelt, kommt in folgender Erzählung zum Ausdruck:

---

[28] Kværnum (wie Anm. 3), S. 129.
[29] Ebd.
[30] Ebd., S. 119.
[31] NEG 31563, zit. nach Kaare (wie Anm. 9), S. 112.
[32] Kværnum (wie Anm. 3), S. 120 f.

„Ein Mann hatte sich einen Fernseher gekauft, und als die Nachbarn fragten, wie ihm der Apparat gefiel, sagte er: ‚Gar nicht so übel. Wenn ich die Augen zumache, ist es wie Radiohören.‘"[33]

Wieder andere meinten, alles, was im Fernsehen gezeigt werde, sei Fiktion und daher nicht wahr, egal, ob es sich um Spielfilme oder um Nachrichten handelte.

Jemand, der noch nie einen Fernseher gesehen hatte, konnte ihn mit einer Waschmaschine verwechseln. Uns erscheint das heute unglaublich, und wir nehmen das als einen schlechten Witz:

„Ein junges Paar hatte eine neue Waschmaschine und einen neuen Fernseher bekommen. Ein Nachbar kam, setzte sich und sah auf die laufende Waschmaschine in der Küche. ‚Bei so einem langweiligen Programm will ich kein Geld an den Kauf eines Fernsehers verschwenden‘, sagte er, stand auf und ging."[34]

Jokes über Hörfunk und Fernsehen

Radio und Fernsehen eigneten sich aufgrund ihrer zunächst nur schwer begreifbaren Technik in den verschiedenen Phasen ihrer Entwicklung auch für „practical jokes", also für Streiche, darunter besonders für Aprilscherze.

Ein Typus thematisiert das innovative Übertragungssystem per elektromagnetischer Welle, die man sich in Form einer Wasserwelle vorstellte. Beim Radio sprach man von Sendungen auf langer, kurzer und mittlerer Welle, worauf sich folgende Geschichte bezieht:

„Eines Abends baten sie einen etwas einfältigen Mann, runter ans Meer zu gehen um nachzusehen, ob es heute lange oder kurze Wellen gebe. Als der Mann bald danach zurückkam, konnte er melden, es sei keine einzige Welle zu sehen, es sei ganz still."[35]

In einem Ostfriesenwitz hat sich die Naivität dieser Vorstellung wie folgt niedergeschlagen:

„Warum nehmen die Ostfriesen immer ein Radio mit ins Wasser? – Damit sie die neue Welle einstellen können."[36]

Mit dem Übergang zum Farbfernsehen entstanden in Norwegen und Schweden zwei sich gleichende Geschichten. In beiden Ländern wurden sie als Aprilscherz bekannt, den das norwegische Fernsehen verbreitete: Wenn man den gesamten Stromverbrauch im Haus bis auf den Fernseher abschalte, dann könne man in Farbe fernsehen. Die Elektrizitätswerke im Land konnten daraufhin am 1. April

---

[33] På folkemunne. 17. samling, hrsg. von Nils Johan Rud. Oslo 1968, S. 19.
[34] Kværnum (wie Anm. 3), S. 118 f.
[35] Ebd., S. 116.
[36] Helmut Fischer: Kinderreime im Ruhrgebiet. 2. Aufl. Köln/Bonn 1994, Nr. 1264.

einen enormen Absturz des Stromverbrauchs notieren. Ich kann mich selber noch daran erinnern, wie man in den Häusern die Lichter ausknipste. Einer unserer Bekannten rief einen unserer Nachbarn an und jubelte begeistert: „Ich kann Farben schimmern sehen!" Der norwegische Reichsrundfunk hat diese Ankündigung für seinen besten Aprilscherz gehalten.

Mein Kollege Bengt af Klintberg erzählte mir, dass ein ähnlicher Aprilscherz in Schweden versucht wurde. Dort hieß es, man würde Farben sehen, wenn man dem Fernseher einen Nylonstrumpf überziehe. Später habe ein Mann Schwedens Rundfunk angezeigt, weil die Sendeanstalt ihm Kosten für sinnlos kaputtgegangene Nylonstrümpfe verursacht hätte.

Sind diese Erzähltraditionen klassenspezifisch?

In der deutschsprachigen Volkskunde hat Hermann Bausinger das Verhältnis von Mensch und Technologie im größeren Kontext beschrieben. Wurden technische Neuerungen einerseits als gefährlich oder sogar als dämonische Bedrohung angesehen, entwickelte sich bei denen, die Maschinen benutzten, die Illusion von Macht und Herrschaft. Mit zunehmender Veralltäglichung der Technik wird diese dann immer weniger hinterfragt. Heute nimmt die junge Generation die Datentechnologie sozusagen mit der Muttermilch auf, oder sie entdeckt das technologische Zeitalter ohne Kenntnis älterer Technologie, wie der Amerikaner Don Tapscott es ausdrückt.[37] Wie schon der Anthropologe Arnold Gehlen meint, sucht das Mängelwesen Mensch seine Organe mit Hilfe der Technik zu verstärken, eine Prothesentheorie, die Marschall McLuhan auf die Medien bezog. Diese dienen als Körperextensionen, als „Extensions of Man".[38] So ermöglicht das Radio das Fernhören und die Television das Fernsehen. Die amerikanische Medienforscherin Donna Haraway ist der Auffassung, das Verhältnis von Mensch und Technik sei inzwischen derart intim geworden, dass es schwer falle zu entscheiden, wo der Mensch aufhöre und die Maschine beginne.[39] Das wird besonders am Beispiel des Computers und des Handys deutlich. Gedankenmuster dieser Technologie bieten zwar keinen Nährboden für Geschichten, wie sie hier behandelt wurden, aber gewiss für andere.

Die meisten der hier genannten Erzählungen handeln von „dummen" Leuten, welche die Technik nicht beherrschen und erst recht nicht durchschauen. Die Erzählungen könnten von Städtern oder der jüngeren bäuerlichen Generation geschaffen und erzählt worden sein. Der Graben zwischen den Generationen ist

---

[37] Don Tapscott: Growing up Digital: The Rise of the Net Generation. New York 1998, S. 41.

[38] Marshall McLuhan: Die magischen Kanäle. Understanding Media. Düsseldorf 1992, bes. S. 109.

[39] Vgl. Kaare (wie Anm. 9), S. 121.

offensichtlich, und man kann, je tiefer man die Quellen durchdringt, deutliche Spuren von Frauendiskriminierung feststellen.

Erzählungen über „dumme Andere" kommen ethnischen Witzen sehr nahe. Die Geschichten schaffen eine gemeinsame Identität zwischen denen, welche die Technik beherrschen, und zugleich betonen sie den Abstand zu jenen, die das nicht können. Positive Geschichten, die man über neue Technologien findet, sind relativ selten. Sie treten meistens in Form von persönlichen Erlebnisberichten auf.[40]

Andererseits handelt es sich um Innovationen, durch die sich das Raum- und Zeitverständnis der Menschen änderte. Der Historiker und Kulturwissenschaftler Wolfgang Schivelbusch hat in seiner Wahrnehmungsgeschichte von Eisenbahnreisenden aufgezeigt, wie die Eisenbahn in der Vorstellung der Fahrbahngäste den Raum zwischen den Stationen änderte, wenn nicht vernichtete,[41] was zu einer neuen Zeit-Raum-Dimension bei den kulturellen Eliten führte. Als repräsentatives Beispiel zitiert er Heinrich Heine, der die Irritation dieser Wahrnehmung anlässlich der Einweihung der Eisenbahn von Paris nach Rouen und Orleans 1843 wie folgt kommentierte:

> „Welche Veränderungen müssen jetzt eintreten in unserer Anschauungsweise und in unsern Vorstellungen! Sogar die Elementarbegriffe von Zeit und Raum sind schwankend geworden. […] Durch die Eisenbahn wird der Raum getötet, und es bleibt nur die Zeit übrig. Hätten wir nur Geld genug, um auch letztere anständig zu töten! In vierthalb Stunden reist man jetzt nach Orléans, in ebensoviel Stunden nach Rouen. Was wird das erst geben, wenn die Linien nach Belgien und Deutschland ausgeführt und mit den dortigen Bahnen verbunden sein werden! Mir ist, als kämen die Berge und Wälder aller Länder auf Paris angerückt. Ich rieche schon den Duft der deutschen Linden; vor meiner Tür brandet die Nordsee."[42]

Dreißig Jahre später war Europa durch ein Eisenbahnnetz verbunden, und frühere Vorstellungen hatten ihre Gültigkeit verloren.

Schlussbetrachtung

Die hier behandelten Geschichten zeigen eine Reflexionsform an, die zwischen zwei unterschiedlichen Weltbildern balanciert: einem durch Traditionen geprägten Weltbild und dem der Moderne. Modernität wird mittels traditioneller Formen erklärt. So können wir diese Geschichten auch als Verteidigung eines Weltbildes lesen, dem das Supranormale wirklicher als die Technik ist.

---

[40] Dazu Bergh (wie Anm. 26), S. 26-49.
[41] Wolfgang Schivelbusch: Geschichte der Eisenbahnreise. München 1977, S. 38.
[42] Lutetia. Berichte über Politik, Kunst und Volksleben. Zweiter Teil. In: Heinrich Heine: Sämtliche Werke, hrsg. von Karl Kaufmann. Bd. XII. München 1964, S. 65.

Man hat diese Geschichten als volkstümlichen konservativen Widerstand
gegenüber technischen Innovationen aufgefasst. Man hat auch behauptet, das
Bürgertum habe sie erzählt, um sich über die Landbevölkerung lustig zu
machen. Empirische Studien zeigen jedoch, dass die Leute Schwierigkeiten
hatten, sich die neue Technik anzueignen. Sie erzählten solche Geschichten, um
auf ihre Probleme hinzuweisen oder um zu demonstrieren, dass sie solche Probleme überwunden hatten.[43] Sie greifen dabei auf vormoderne, dem „magischen
Denken" noch nahestehende Traditionen zurück, eine Reaktion gegenüber der
neuen Technik, die Hermann Bausinger als „Regression" bezeichnet.[44] Martin
Scharfe umschreibt diese Reaktionen als „flüchtige Rückgriffe der momentan
überforderten Menschen auf überwunden geglaubte ältere Kulturationsstufen"[45].
Sie sind überlastet oder sogar „geschockt", haben noch keine andere Bewältigungsstrategie entwickelt. Nach Bausinger entstehen solche „Regressionen"
besonders dann, wenn die Technik versagt, was wiederum die Furcht ausdrücke,
dass sie nicht ganz beherrschbar sei.[46] Sie sind „Verwirrungen und Pausen ... ein
Stolpern oder Innehalten beim allzu schnellen Vorrücken"[47] – und damit Dumm-
heit, die tieferen Sinn macht.

---

[43] Dazu Bentzien (wie Anm. 2); siehe auch ders.: Landbevölkerung und agrartechnischer
Fortschritt in Mecklenburg vom Ende des 18. bis zum Anfang des 20. Jahrhunderts. Eine
volkskundliche Untersuchung. Berlin 1983.

[44] Bausinger (wie Anm. 7), S. 42-53.

[45] Martin Scharfe: Technik und Volkskultur. In: Kultur und Technik. Zu ihrer Theorie und
Praxis in der modernen Lebenswelt, hrsg. von Wolfgang König und Marlene Landsch.
Frankfurt a.M. u.a. 1993, S. 43-69, hier S. 53.

[46] Bausinger (wie Anm. 7), S. 43.

[47] Ebd., S. 45.

Autorinnen und Autoren

SIEGFRIED BECKER, Prof. Dr., Studium der Europäischen Ethnologie, Geschichte und Geographie in Marburg, 1986 Promotion, 2000 Habilitation. Seit 1989 Wiss. Mitarbeiter am Institut für Europäische Ethnologie/Kulturwissenschaft in Marburg und Leiter der dortigen Archive. Forscht und lehrt zu den Themengebieten Fachgeschichte, Regionalforschung, Natur und Kultur, Erzählforschung, ländliche Sozialgruppen, Technikgeschichte, Sachkultur. Veröffentlichungen u.a.: Dienstherrschaft und Gesinde in Kurhessen. Kassel 1991; Kornblumen. Zur politischen und kulturellen Symbolik in den Nationalitätenkonflikten Österreich-Ungarns. In: Hessische Blätter für Volks- und Kulturforschung 34 (1998), S. 69-114; Das „Zentrale" am Archiv für Erzählforschung. Gedanken zu alten Großprojekten und zur neuen Diskussion um die Mitte des Faches. In: Volkskundliche Großprojekte. Ihre Geschichte und Zukunft, hrsg. von Christoph Schmitt. Münster u.a. 2005, S. 63-72.

WALTRAUT BELLWALD, freischaffende Kulturwissenschaftlerin, studierte und promovierte in Zürich. Lebt in Winterthur. Publikationen: Globi, ein Freund fürs Leben. Die Erfolgsgeschichte einer Reklamefigur. Zürich 2003; Sammeln – und die Welt ist in Ordnung. In: Alltag im Aufbruch. Ein psychologisches Profil der Gegenwartskultur, hrsg. von Herbert Fitzek und Michael Ley. Gießen 2003, S. 182-190; Papa Moll – Pädagogik mit dem Holzhammer? In: Spitzkehren und andere Kunststücke. Das Leben von Edith Oppenheim-Jonas. Erfinderin von Papa Moll, hrsg. von Joan Fuchs-Oppenheim und Roy Oppenheim. Baden 2008, S. 126-141.

HELMUT FISCHER, Dr. phil., Professor für Germanistik/Literaturwissenschaft an der Universität Essen; Lehrer und Schulleiter; Studium der Germanistik, Volkskunde und Geschichte; 1967 Promotion, 1972 Habilitation. Veröffentlichungen zur Rezeption und Verbreitung von Volksliteratur, zur empirischen und historischen Erzählforschung, zur Kinderfolklore und Kinderliteratur, zur Dialektologie und Volkskunde. Veröffentlichungen u.a.: Erzählen – Schreiben – Deuten. Beiträge zur Erzählforschung. Münster u.a. 2001; Mündliche Kinderliteratur. Über eine vernachlässigte literarische Gattung. Baltmannsweiler 2006; Volkserzählungen zwischen Rhein und Eifel. Erzähler und Schreiber, Sammler und Herausgeber vom 12. bis zum 21. Jahrhundert. Siegburg 2007.

BRIGITTE FRIZZONI ist Oberassistentin und Lehrbeauftragte des Instituts für Populäre Kulturen der Universität Zürich. Studium der Germanistik, Europäischen Volksliteratur und Filmwissenschaft, zuvor mehrjährige Berufstätigkeit als Primarlehrerin. Publikationen zu populären Literaturen und Medien, zuletzt: „Mad scientists" im amerikanischen Science-Fiction-Film. In: Wahnsinnig genial. Der Mad Scientist Reader, hrsg. von Torsten Junge und Dörte Ohlhoff. Aschaffenburg 2004, S. 22-37; Unterhaltung. Konzepte – Formen – Wirkungen, hrsg. mit Ingrid Tomkowiak. Zürich 2006; East meets West. Hybride Kulturen im Bollywoodfilm „Bride & Prejudice". In: Minderheiten und Mehrheiten in der Erzählkultur, hrsg. von Susanne Hose. Bautzen 2008, S. 278-290.

HELMUT GROSCHWITZ, 2001 Magisterabschluss in Germanistik und Volkskunde, ab 2002 Wiss. Mitarbeiter, seit 2007 Wiss. Assistent am Lehrstuhl für Vergleichende Kulturwissenschaft der Universität Regensburg. 2005 Promotion (Dissertationstitel: „Mondzeiten. Zu Genese und Praxis moderner Mondkalender"). Publikationen u.a.: (mit Daniel Drascek): Moldova. Alltag – Transformation – Zukunft. In: donumenta. Republic of Moldova, hrsg. von Regina Hellwig-Schmid. Regensburg 2004, S. 48-56; Historizität am Beispiel der heutigen Mondkalender. In: Historizität. Vom Umgang mit Geschichte, hrsg. von Andreas Hartmann, Silke Meyer und Ruth-E. Mohrmann. Münster 2007, S. 163-178; Ostbayern. Ein Begriff in der Diskussion. Regensburg 2008 (Hrsg., im Druck).

REET HIIEMÄE, geb. 1974. Wiss. Arbeitskraft am Estnischen Literaturmuseum, Sektion für Folkloristik, zurzeit freischaffend. Schrieb ihre Magisterarbeit über die estnische Pestüberlieferung in der Peripherie der westeuropäischen Pesttradition. Ebenso hat sie eine Monografie über die estnische Pestüberlieferung veröffentlicht (Esti katkupärimus. Tartu 1998. 517 Seiten). Forschungen über Kulturkontakte und den psychologischen Aspekt des Volksglaubens. Weitere Publikationen (Auswahl): Folklore als Tatsachenbericht, hrsg. mit Jürgen Beyer. Tartu 2001; Handling Collective Fear in Folklore. In: Folklore. Electronic Journal of Folklore, vol. 26 (April 2004), hrsg. von Mare Kõiva und Andres Kuperjanov, S. 65-80.

WILLI HÖFIG, Dr. phil., Jahrgang 1937. Studium von Publizistik und Volkskunde in Münster und Berlin. Promotion 1971 mit der Arbeit „Der deutsche Heimatfilm 1947-1960". Bibliothekar an der Staatsbibliothek zu Berlin und der Universitätsbibliothek Kiel, zuletzt als Oberbibliotheksrat. Seit Ende 2000 pensioniert, lebt in Niebüll/Nordfriesland. Autor der „Enzyklopädie des Märchens" sowie Verfasser und Herausgeber von Publikationen zu bibliothekswissenschaftlichen Themen. Umfangreiche Rezensionstätigkeit für volkskundliche Zeitschriften und in der Internet-Zeitschrift „Informationsmittel (IFB)". Mitglied der ISFNR und der Kommission für Erzählforschung der DGV.

SUSANNE HOSE studierte Sorabistik und Russistik in Leipzig. 1990 Promotion zur Sprichwortforschung, seitdem Wiss. Mitarbeiterin in der Abteilung Empirische Kulturforschung/Volkskunde am Sorbischen Institut Bautzen. Veröffentlichungen zur Sprichwort- und Erzählforschung (Sorbisches Sprichwörterlexikon. Bautzen 1996; Sorbian Proverbs, zus. mit Wolfgang Mieder. Burlington 2004; [Hrsg.:] Minderheiten und Mehrheiten in der Erzählkultur. Bautzen 2008) sowie zu fachgeschichtlichen Fragen und Problemen der Spracherhaltung bei den Sorben (Erhaltung, Revitalisierung und Entwicklung von Minderheitensprachen, zus. mit Leoš Šatava. Bautzen 2000).

ANDREA KÖLBL, Dr. phil. Nach dem Abitur Ausbildung zur Verlagskauffrau. Studium der Volkskunde, Germanistik und spanischen Literaturwissenschaft in München und Salamanca. 2005 Promotion in Jena (Fiktionen der Liebe. Europäische Volksmärchen und populäre Spielfilme im Vergleich. München 2006), danach Ausbildung zur Wiss. Bibliothekarin und Lehrkraft für bes. Aufgaben am Institut für Volkskunde/Kulturgeschichte in Jena. Seit Januar 2008 Projektkoordinatorin an der Bayerischen Staatsbibliothek München. Schwerpunkte: Technisierung des Alltags, Nahrungs- und Sachkultur, narrative Fiktionen, Filmtheorie, kulturelle Identität. Publikationen: „Ich wollt' nicht bei den Deutschen stehen". Engagement für Ausländer als Bewältigungsstrategie von wendebedingten Identitätskrisen (mit Irene Götz). In: Alltagskulturen in Grenzräumen, hrsg. von Kurt Dröge. Frankfurt a.M. 2002, S. 349-372; Pygmalion. In: Enzyklopädie des Märchens. Bd. 11, hrsg. von Rolf Wilhelm Brednich. Berlin/New York 2003, Sp. 77-84.

REIMUND KVIDELAND (†) war Professor für Folkloristik an der Universität in Bergen (Norwegen). Von 1991 bis 1996 war er Direktor des Nordic Institute of Folklore (NIF) in Turku (Finnland). Von 1987 bis 1990 hatte er die Präsidentschaft der Societé Internationale d'Ethnologie et de Folklore (SIEF), von 1989 bis 1998 die der International Society for Folk Narrative Research (ISFNR) inne. Seine Veröffentlichungen behandeln Märchen und Sagen, Lieder und Kindertraditionen, u.a.: Norske eventyr. Bergen u.a. 1972; Scandinavian Folk Belief and Legend. Minneapolis 1988; All the World's Reward: Folktales Told by Five Scandinavian Storytellers. Seattle/London 1999 (die beiden letzten hrsg. mit Henning K. Sehmsdorf); The Collecting and Study of Tales in Scandinavia. In: A Companion to the Fairy Tale, hrsg. von Hilda Ellis Davidson u.a. Cambridge u.a. 2003, S. 159-168.

GESA MACKENTHUN ist Professorin für Amerikanistik (Literatur und Kultur Nordamerikas) an der Universität Rostock. Ihre Forschungen konzentrieren sich auf die Analyse des kolonialen Diskurses und auf postkoloniale Theorien. Seit 2006 leitet sie an der Universität Rostock das interdisziplinäre

Graduiertenkolleg: „Cultural Encounters and the Discourses of Scholarship". Zur Zeit bearbeitet sie ein Projekt zur Reiseliteratur und zum Wissenschaftsdiskurs des 19. Jahrhunderts („The Conquest of Antiquity"). Publikationen: Metaphors of Dispossession. American Beginnings and the Translation of Empire, 1492-1637. Norman 1997; Fictions of the Black Atlantic in American Foundational Literature. London/New York 2004; (hrsg. mit Bernhard Klein:) Sea Changes. Historicizing the Ocean. London/New York 2004.

ULRICH MARZOLPH ist seit 1986 Redaktionsmitglied der „Enzyklopädie des Märchens" und seit 1996 Professor für Islamwissenschaft an der Georg-August-Universität Göttingen. Sein Hauptarbeitsgebiet ist die narrative Kultur der Länder des islamischen Orients. Seit 2004 hat er zahlreiche Publikationen zu den „Erzählungen aus den Tausendundein Nächten" vorgelegt, so u.a.: The Arabian Nights Encyclopedia (zusammen mit Richard van Leeuwen). Santa Barbara u.a. 2004; The Arabian Nights Reader. Detroit 2006; The Arabian Nights in Transnational Perspective. Detroit 2007; die maßgeblichen Artikel in der dritten Auflage der Encyclopedia of Islam und der Enzyklo-pädie des Märchens.

THEO MEDER, Dr. phil., studierte niederländische Sprache und Literatur an der Universität Leiden. Seit 1994 arbeitet er als Volkserzählforscher an der ethnologischen Abteilung des Meertens Instituts in Amsterdam. Er verfasste zahlreiche Bücher und Artikel über Märchen, traditionelle Sagen, Witze, Rätsel, Moderne Sagen und Memorate bzw. „personal narratives". Gegenwärtig arbeitet er als Senior Researcher und Manager der „Dutch Folktale Database" und der „DOC Volksverhaal", dem Dokumentations- und Forschungszentrum für Volkserzählungen in den Niederlanden. 2007 war Meder Gastherausgeber von Fabula (Bd. 3/4) mit dem Themenschwerpunkt „Narratives, Roles and Beliefs in the New Age Era: Homo narrans – Homo ludens – Homo religiosus". Jüngst publizierte er: The Flying Dutchman and other Folktales from the Netherlands. Westport (Connecticut)/London 2007.

ALFRED MESSERLI, Prof. Dr., geboren 1953 in Dietikon bei Zürich, studierte Germanistik, Sozialgeschichte und Europäische Volksliteratur an der Universität Zürich und in Bremen, lehrte an den Universitäten Pavia und Genf. Mitherausgeber der historisch-kritischen Ausgabe der Schriften Ulrich Bräkers (bisher erschienen Bd. 1-4; München: C.H. Beck Verlag 1998-2000). Seine Habilitationsschrift über „Lesen und Schreiben 1700 bis 1900. Untersuchung zur Durchsetzung der Literalität in der Schweiz" erschien 2002 im Max Niemeyer Verlag in Tübingen. Prof. Messerli lehrt seit 2000 an der Universität Zürich am Institut für Populäre Kulturen, Abteilung Populäre Literaturen und Medien. Forschungsschwerpunkte: Erzählforschung, Selbstzeugnisse (Tagebücher, Autobiographien, Briefe), Massenbilderforschung, Kinderfolklore und Lesergeschichte.

WILHELM F. H. NICOLAISEN studierte in Kiel, Tübingen (Promotion 1956), Newcastle und Glasgow Indogermanistik, Germanistik, Anglistik, Keltistik und Volkskunde. Von 1951 an war er als akademischer Lehrer in Glasgow, Dublin, Edinburgh, Columbus/Ohio, Binghampton/New York und Arkansas tätig. Seit seiner Emeritierung im Jahre 1992 ist er Honorarprofessor an der Universität Aberdeen, die ihm 2006 zudem einen Ehrendoktortitel verlieh. Präsidentschaften u.a. für die American Society, American Name Society, New Yorker Folklore Society, Society for Name Studies in Britain and Ireland, für die Scottish Medievalists und die Folklore Society. Zu seinen Forschungsschwerpunkten zählen die Onomastik (Dissertation über die Gewässernamen der britischen Hauptinsel; Scottish Place-Names. Their Study and Significance. London 1976, Neuaufl. 2001) und – angeregt durch Kurt Ranke und Walter Anderson – die Volkserzählungsforschung. Er ist Verfasser von mehreren Büchern und etwa siebenhundert Artikeln und Rezensionen.

CHRISTINA NIEM studierte Germanistik, Geschichte und Volkskunde an den Universitäten Trier und Mainz. Promotion 1993 über die Schriftstellerin Nanny Lambrecht und ihre sozialkritischen Werke (Nanny Lambrecht: 1868-1942. Eine unangepaßte Schriftstellerin. Soziales Engagement und literarische Erneuerung in der katholischen Kontroverse. Mainz 1993). Forschungs- und Lehrtätigkeit im Studiengang Kulturanthropologie/Volkskunde an der Johannes Gutenberg-Universität Mainz mit den Schwerpunkten Alltagskultur- und regionale Kulturforschung, volkskundliche Erzählforschung, Kultur des Laien- und Amateurtheaters. Publizierte größere Forschungsprojekte (z.B. mit Thomas Schneider: Zukunft kleiner Gemeinden in Rheinland-Pfalz. Ergebnisse eines interdisziplinären Forschungsprojekts. Mainz 1995). Derzeit Arbeit an der Habilitation „Eugen Diederichs und die Volkskunde. Ein Verleger und seine Bedeutung für die Volkskunde als Wissenschaft".

KATHRIN PÖGE-ALDER, Studium an der Universität Leipzig, promovierte 1991 in Hamburg. 1991 bis 1993 Forschungsaufenthalt in Boston, MA, USA. 1997 Stipendiatin der Universität Heidelberg. 1999-2001 Geschäftsführerin der Märchen-Stiftung Walter Kahn und Schriftleiterin des „Märchenspiegel. Zeitschrift für internationale Märchenforschung und Märchenpflege". Wissenschaftlich tätig u.a. für die „Enzyklopädie des Märchens", das Schulmuseum in Leipzig, die Schweizer Märchengesellschaft und die Universität Leipzig. Seit 2002 Lehraufträge, seit 2005 Wiss. Mitarbeiterin am Lehrstuhl für Volkskunde (Empirische Kulturwissenschaft) der Universität Jena. Publikationen (Auswahl): Erzählerlexikon. Deutschland – Österreich – Schweiz.

Marburg 2000; Alltägliches Erzählen. Ausschnitte aus der Gegenwart. Arbeiten von Studierenden aus Jena. Jena/Erfurt 2007; Märchenforschung. Theorien – Methoden – Interpretationen. Tübingen 2007; (hrsg. mit Christel Köhle-Hezinger) Europas Mitte – Mitte Europas. Europa als kulturelle Konstruktion. Jena 2008.

BERND RIEKEN, Univ.-Prof. Dr. Dr., geboren 1955 in Ostfriesland. Freiberuflicher Psychoanalytiker (IP), Privatdozent für Europäische Ethnologie an der Universität Wien und Professor für Psychotherapiewissenschaft sowie Leiter der Abteilung Doktoratsstudium an der Sigmund-Freud-Privatuniversität Wien. Monografien: Wie die Schwaben nach Szulok kamen. Erzählforschung in einem ungarndeutschen Dorf. Frankfurt a.M. 2000; Arachne und ihre Schwestern. Eine Motivgeschichte der Spinne von den „Naturvölkermärchen" bis zu den „Urban Legends". Münster u.a. 2003; „Nordsee ist Mordsee". Sturmfluten und ihre Bedeutung für die Mentalitätsgeschichte der Friesen. Münster u.a. 2005.

LUISA RUBINI MESSERLI, Prof. assistante (SNF-Förderungsprofessur). Studium der Germanistik, Anglistik und Europäischen Volksliteratur in Pavia und Zürich; 1996 Doktorexamen in Europäischer Volksliteratur; 2000-03 SNF-Forschung über: „Italienische Volksbüchlein zwischen 1480 und 1900". Ab 2003 Leiterin des SNF-Projektes „Unterhaltungsliteratur um 1500: Deutsche Bearbeitungen und Übersetzungen italienischer Novellenstoffe" und ab 2007: „Die erste deutsche Übersetzung von Boccaccios Elegia di Madonna Fiammetta in einer unbekannten Handschrift der Bibliothek von Maria Catherina Fugger (1630-1703) im ehemaligen Jesuiten-Kollegium Passau". Publikationen: Fiabe e mercanti in Sicilia: La raccolta di Laura Gonzenbach. Firenze 1998; (Hrsg.:) Fiabe siciliane. Rilette da V. Consolo. Roma 1999; „Les mots et les choses" ou *Dümmling, Dummling, dumm*. Termes techniques allemands et le durak de Mikhaïl M. Bakhtine. In: Fripon, Bouffon, Sot: Pour une relecture de M. Bakhtine, édité par Ekaterina Velmezova et Alexander Schwarz. Lausanne 2008, S. 137-170.

LASSI SARESSALO arbeitet seit 1989 als Kulturamtsleiter der Stadt Tampere, ist daneben Dozent an der Universität Turku und Mitglied der Leitungsgruppe der Finnischen Literaturgesellschaft. Er promovierte in Folkloristik (Dissertationsschrift: Kveenit. Tutkimus erään pohjoisnorjalaisen vähemmistön identiteetistä [Kvenen. Eine Analyse der Identität der finnischen Minorität in Nord-Norwegen]. Helsinki 1996), war Wiss. Assistent am Lehrstuhl für Folkloristik der Universität Turku und arbeitete am Nordic Institute of Folklore sowie dem Etno-folkloristisk institutt in Bergen. Er verfasste zahlreiche Artikel über die Kultur der Samen und Finnen im Polarzirkelgebiet sowie zur Minderheitenproblematik. Auswahl: Tiefenforschung in einem samischen Dorf. In: Fabula 22 (1981), S. 100-105; Inkeri. Kertomus Inkerin kansoista ja kulttuureista [Ingermanland – Volk, Geschichte und Kultur]. Tampere 2000; Vepsä. Maa, kansa, kulttuuri [Die Wepsen. Land, Volk und Kultur]. Jyväskylä 2005.

CHRISTOPH SCHMITT studierte Europäische Ethnologie, Kunstgeschichte und Literaturwissenschaft an der Universität Marburg. 1992 Promotion zur volkskundlichen Medienforschung. Seit 1996 Wiss. Mitarbeiter, seit 1999 Leiter des Instituts für Volkskunde (Wossidlo-Archiv) der Universität Rostock. Forschungs- und Lehrschwerpunkte: Erzählforschung, kulturwissenschaftliche Medienforschung, Volkskunde Mecklenburgs und Vorpommerns. Verfasser von Artikeln für die „Enzyklopädie des Märchens". Publikationen u.a.: Adaptionen klassischer Märchen im Kinder- und Familienfernsehen. Frankfurt a.M. 1993; (Hrsg.:) Homo narrans. Studien zur populären Erzählkultur. Münster u.a. 1999; mit Ralf Wendt: Das Schweriner Petermännchen. Sage und Wirklichkeit. Schwerin 2006.

INGO SCHNEIDER, Professor für Europäische Ethnologie, stellvertretender Leiter des Instituts für Geschichtswissenschaft und Europäische Ethnologie an der Universität Innsbruck, Vorsitzender des „Österreichischen Fachverbands für Volkskunde", Verfasser mehrerer Artikel für die „Enzyklopädie des Märchens". In der Erzählforschung hat Schneider besonderes Interesse an sozialen Folgen von Gerüchten und gegenwärtigen Sagen (zuletzt: 9/11 – fünf Jahre danach. Über Voraussetzungen und Folgen des Erzählens von Gerüchten und gegenwärtigen Sagen. In: kuckuck. Notizen zur Alltagskultur 2 [2006], S. 41-46). Jüngst Publikationen zur Kulturtheorie des Wassers (Wasser und Raum. Beiträge zu einer Kulturtheorie des Wassers, hrsg. mit Doris G. Eibl u.a. Göttingen 2008) und der Konjunktur des Kulturellen Erbe-Konzepts: Kulturelles Erbe, hrsg. mit Reinhard Bodner und Kathrin Sohm (= bricolage. Innsbrucker Zeitschrift für Europäische Ethnologie, Heft 3). Innsbruck 2005.

CHRISTINE SHOJAEI KAWAN studierte an der Universität Mainz Französisch und Spanisch. Seit 1979 ist sie Mitglied im Redaktionsteam der „Enzyklopädie des Märchens" (EM) und Redakteurin des Aufsatzteils der Zeitschrift „Fabula". In zahlreichen Aufsätzen und in Beiträgen zur EM befasste sie sich vor allem mit europäischen Zaubermärchen und zeitgenössischen Sagen sowie dem Zusammenspiel und den wechselseitigen Abhängigkeiten von populärer Überlieferung und Literatur; ihr Interesse gilt dabei genderspezifischen Aspekten sowie den zeitgenössischen Ausdrucksformen und Transformationen traditioneller Inhalte. Jüngst erschienen: Persistence and Self-Correction. The Case of Snow White. In: Estudos de literatura oral 11-12 (2005-06), S. 237-251; Rechtsverwirklichung und Rechtsverdrehung im europäischen Zaubermärchen. In: Dunkle Mächte im Märchen und was sie bannt. Recht und Gerechtigkeit im Märchen, hrsg. von Harlinda Lox u.a. Kiel 2007, S. 168-199; Ethnologie im Feminin – Yvonne Verdier (1941-1989). In: Maß nehmen – Maß halten. Frauen im Fach Volkskunde, hrsg. von Elsbeth Wallnöfer. Wien/Köln/Weimar 2008, S. 145-163.

INGRID TOMKOWIAK, Institut für Populäre Kulturen, Universität Zürich. Studium der Germanistik, Anglistik, Volkskunde und Filmwissenschaft in Freiburg i.Br., Stirling (GB) und Göttingen. Promotion 1987 in Hamburg, Habilitation 2001 in Zürich. Schwerpunkt in Lehre und Forschung: Populäre Literaturen und Medien. Publikationen: Die Schweizer „Heidi"-Filme der 50er Jahre. In: Johanna Spyri und ihr Werk – Lesarten, hrsg. vom Schweizerischen Institut für Jugendmedien. Zürich 2004, S. 205-222; Thomas Kinkade und die Moderne. Ein Maler populärer Vorstellungen des Schönen und seine Rezeption. In: Ort. Arbeit. Körper. Ethnografie Europäischer Modernen, hrsg. von Beate Binder u.a. Münster u.a. 2005, S. 301-308; Disneys Märchenfilme. In: Hören, Lesen, Sehen, Spüren: Märchenrezeption im europäischen Vergleich, hrsg. von Regina Bendix und Ulrich Marzolph. Baltmannsweiler 2007, S. 209-233.

OUTI TUOMI-NIKULA ist seit 2002 Inhaberin des Lehrstuhls für Cultural Heritage Studies an der Universität Turku (Finnland). Nach ihrer Habilitation 1982 war sie Stipendiatin der Alexander von Humboldt-Stiftung an der Universität Münster, von 1984-86 Professorin für Kulturanthropologie an der Universität Oulu (Finnland). Von 1987-2000 arbeitete sie als Forscherin, Oberassistentin und Professorin an mehreren deutschen Universitäten. Forschungsschwerpunkte: Auswanderung, Hausforschung und Minderheiten. Zu ihren Publikationen zählen sechs Monografien, mehrere Herausgeberschaften und rund 100 wissenschaftliche Aufsätze. Im Studienjahr 2007/08 hat sie einen Forschungsauftrag der Finnischen Akademie der Wissenschaften im Institut für Volkskunde (Wossidlo-Archiv) der Universität Rostock wahrgenommen.